地方院校德育研究

——谭仁杰　题

地方院校德育研究（第九辑）

社会实践与高校德育

主　　编　谭仁杰

编委会主任　谭仁杰

编委会成员　谭仁杰　李腊生　刘明钢　王小净　刘建新
　　　　　　龚　萱　张莉清　闵　杰　彭汉琼　舒　新
　　　　　　李志强　邱国勇

WUHAN UNIVERSITY PRESS

武汉大学出版社

图书在版编目(CIP)数据

地方院校德育研究. 第九辑,社会实践与高校德育/谭仁杰主编 . —
武汉: 武汉大学出版社,2017. 5
ISBN 978-7-307-19284-3

Ⅰ. 地… Ⅱ. 谭… Ⅲ. 高等学校—德育—中国—文集
Ⅳ. G641-53

中国版本图书馆 CIP 数据核字(2017)第 103871 号

责任编辑:田红恩　　责任校对:汪欣怡　　版式设计:马　佳

出版发行: **武汉大学出版社**　(430072　武昌　珞珈山)
(电子邮件: cbs22@ whu. edu. cn　网址: www. wdp. com. cn)
印刷: 虎彩印艺股份有限公司
开本: 720 × 1000　1/16　印张:38. 25　字数:550 千字　插页:2
版次: 2017 年 5 月第 1 版　2017 年 5 月第 1 次印刷
ISBN 978-7-307-19284-3　定价:88. 00 元

目　录

二、高校德育的多维探讨

三、思想政治理论课教学改革

社会实践与高校德育

——在中国伦理学会地方高校德育专业委员会2016年年会暨学术研讨会上的讲话（代序）

谭仁杰

德育是高等教育的灵魂，是培养社会主义合格建设者和可靠接班人的保证。但是由于历史和现实的原因，当前高校德育的一些现状不容乐观。站在新的历史起点上，探索高校德育创新实践，增强高校德育的针对性和实效性，是时代发展的必然要求，也是高等教育的神圣使命。随着高等教育越来越从社会边缘走向社会中心，大学生社会实践活动中的德育功能已日益凸显，成为高校德育的继续和德育活动的延伸。各高校应高度重视这一育人新阵地，实现大学生社会实践活动与德育的有机结合，以获得对学生开展德育的最佳效果和最大效益。

一、当前高校德育存在的主要问题

从高校自身来看，一方面，学生整体综合素质结构不适应新的社会形势，自信力与心理承受能力有待提高；另一方面，学生就业压力大，就业形势不乐观，社会认可度也有所下降，使得学生思想和选择比较迷茫；再加之有些地方高校德育观念陈旧、德育体制僵化、德育过程形式主义严重，从而导致德育工作被动，德育效果较差，难以适应社会发展的新形势和学生发展的现实需要。

1. 片面认识德育功能。德育既有社会整体功能，又有个体发展功能。从根本上说，在社会与人二者之间，人又是更根本的一个方面，因为社会是由人来组成的，社会只不过是人的存在形式和人的本质的表现。个体在其不断发展的人的各种道德性的过程中自我完善，得到社会肯定，是一种精神上的享受。只有使德育对人的发展功能不断得到提升和发挥，才能使学生不把各种道德规范视为约束，不把道德教育视为一种异己力量，而当做自我发展的实际需要。只有这样，道德教育才可能成为一种“愉快教育”，成为一种人们乐于接受的教育。现实中有教育者错把德育当做国家、社会、学校对学生个体的“管制”，忽视道德与个体的休戚相关，忽视德育特有的激发人向善、行善的审美功能，把个体与集体、个人与社会绝对地对立起来，从而导致了学校与学生情感的对立。这种德育观人为地破坏了和谐的师生关系，难以实现学生由德育客体向主动参与社会道德生活、主动创造新道德风尚的道德主体的转化。

2. 把德育过于“理论化”。高校德育的主渠道之一是通过思想政治理论课教育引导学生树立正确的世界观、价值观、人生观，即用《马克思主义基本原理概论》《毛泽东思想和中国特色社会主义理论体系概论》等课程教学解决学生的理想信念问题。老师照本宣科地讲，学生则带着抵触情绪听课的现象，还在一定程度上存在。当然，当前思想政治理论课最大的问题在于它怎样和实际相结合，怎样能帮助同学们释疑解惑。其实，同学们面临着很多问题和困惑，渴望在思想政治理论课得到疏导，获得帮助，但在思想政治理论课上却很难得到令人心悦诚服的答案。德育从本质上说是一种与实践活动紧密联系，并主要在实践中进行的教育活动。我们现行的德育忽视德育对象的主体参与、选择和内在情感需要，没有用道德实践去激发学生对道德修养的自觉追求，没有形成较客观的自我认识、自我评价，当然就不可能真正实现德育的预期目标。

3. 德育过程简单化。德育过程是对学生进行思想品德教育的过程，它是以一定的内容为依据，采用恰当的方法和手段，师生共同完成的活动。在当前高校德育过程中，还存在着以下一些弊端：一是以管代导。有人认为，德育就是对学生管理，只要学校制定出各种规章制度让学生遵守，再加上奖惩措施，就可以使学生服服帖帖。这种高压式的德育，无法真正将教育要求转化为学生的信念和行为品质，容易形成双重人格的现象：在校服从一切制度，出了校门便“解脱”了，可以为所欲为了。二是主客体颠倒。德育过程没有从社会发展实际和学生的需要出发确定方法、手段，而是简单地把学生作为教育对象进行说教，使学生视德育为外在的东西而不愿接受。三是德育过程形式化明显。德育过程没有形成全方位的、立体式的完整体系，而是单纯地强调某一方面或某一针对性的教育。德育活动完成之后，常以表面性的结果，如“效果显著”、“成绩很大”来评价学校德育工作，至于学生在知、情、意、行各方面到底是否发生了变化，则少人问津。

4. 德育理论研究滞后。对高校德育而言，面对不断发展变化的社会和形形色色的挑战，特别需要有理论研究的支撑。只有加强理论研究工作，德育工作才会做得更主动、更有力度。而我们在这方面的工作做得还不够，很多时候并没有意识到德育需要深入到学习者的内心和情感世界，并最终落实到受教育者的言行举止这些关键性的问题上。当前，不少高校缺乏专门的德育理论研究队伍，对德育基础理论和德育工作方法创新的研究也相对滞后；还缺乏有效的德育激励机制，没有充分调动相关人员的积极性，以及有效的经费投入保障机制，德育研究必要的硬件和软件设施不到位等。

二、当前大学生社会实践活动中的德育缺乏实效性

1. 德育目标的片面定位影响了实效性的发挥。目前，有些高校在大学生社会实践活动中的德育工作一味地强调思想政治教育，忽视了生活中最普遍、最基本的公民道德要求。这种片面强调德育的政治功能，片面拔高德育目标的做法，往往把作为公民应具备的基本道德素质要求忽略了。由于目标定位模糊，社会实践活动中的德育不可避免地出现注重功利、追求“政绩”的苗头。在大学生社会实践活动中的德育，往往存在着脱离实际、追求“轰动”效益的现象，出现了“口号好听、场面好看、内容空泛、收效低微”的情况。在组织社会实践活动过程中，忽视德育实质的内容和效果，忽视素质教育对社会实践的要求，忽视国民基础的文明教育、良好行为习惯训练和道德情操的培养，忽视学生思想、心理素质水平和接受能力，其结果必然造成德育目标与实效的偏差。

2. 德育内容单一并缺乏针对性。社会实践活动中，往往存在德育内容与学生的实际脱钩，被动地只是满足社会的某种需要或者是上级部门的要求。例如，很多高校通常是以理想信念教育为核心对学生进行正确的世界观、人生观、价值观教育，或是以爱国主义为重点对学生进行爱国情感教育，而对社会生活中基本的德育内容却忽视了。就目前大学生社会实践现有的德育内容来看，多强调党的历史教育、中国革命传统教育、社会主义现代化建设成果教育等，而对与学生个人成长密切相关的社会公德教育、职业道德教育、诚信教育、心理健康教育、就业创业教育等德育内容却涉及较少。按照德育的主体理论和社会实践的德育特征，社会实践的德育是注重学生主体参与、价值选择和生活体验的教育活动，德育内容应充分考虑学生的主体因素和特点。但现实表明，很多高校在社会实践活动中都是按照文件要求或上级部署指定的德育内容，较少考虑学生的主体因素，不能依据不同阶段、不同类型学生的特点，制定出适合学生实际、切实可行的德育内容，缺乏各有侧重、循序渐进、螺旋式上升的德育内容规划。

3. 社会实践活动的德育实效性考评机制流于形式。在一些高校，不重视社会实践活动的德育实效性考评的现象普遍存在。从学校层面到院系层面，没有设立专门的负责大学生社会实践活动实效性考评的机构和人员。这也就无从区分学生在社会实践活动中的德育实效性的强弱高低。社会实践活动中的德育实效性考评既是对大学生社会实践德育成果的检验，也是推动大学生社会实践的德育发展的一个重要环节。但是，目前国内对大学生社会实践的德育实效性的考评缺乏量化的科学指标体系和标准，即使有考评，也存在较大的主观性和随意性，缺乏科学性和规范性。大多只限于文字表述或个人填表式总结，有些学校仅仅依据学生参加社会实践的意见反馈表评语或学生的实践总结报告对学生进行评价。许多社会实践活动的接收单位为了让学生回校交差，不管学生的表现和实践情况如何，都会写上一大堆的好话，送个顺水人情。甚至有的学生根本就没有参与社会实践，通过家长或熟人，随便找一个熟悉单位，签个意见或是盖个公章了事。这使得学校对大学生参加社会实践活动的德育实效性考核流于形式。

4. 重视不够且引导不足。一些高校普遍对社会实践活动重视不够，指导也不到位。例如，指导老师配备不足、职责不明确，只注重对学生整体的教育，缺乏对学生个体的指导，不能根据学生的个体实际来指导德育活动，这也使得有些社会实践活动场面轰轰烈烈，但学生个体的收获甚微。另外，学校对社会实践活动中的德育指导往往侧重对学生感性层面上的教育，忽视理性层面的探究，鲜有引导学生较好地将感性认识上升为理性认识，不能在实践中引导学生主动去发现问题、分析问题、解决问题，在探究中提高道德认知能力。

三、大学生社会实践活动德育实效性缺失的原因

1. 社会合力尚未形成。在社会实践活动中，德育的实效性主要取决于环境和人的因素，环境主要指社会环境、社会实践单位环境、学校环境，而人的力量主要包括社会公众的力量、社会实践单位指导人员的力量、学校指导教师的力量、学生自身的能力。只有将德育寓于社会实践活动中，在环境与人的互动与通力作用下才能得到顺利开展并取得实效。但是，目前社会实践领域中环境的作用和人的力量尚未形成真正的德育合力。例如，从人力因素来看，各股力量对社会实践活动中的德育工作重视程度不一，在指导学生开展社会实践活动时积极性各有差异，社会实践单位指导人员往往只关注学生的业务能力和工作效率，而忽视对学生的德育引导。

2. 主体能动性未得到充分发挥。按德育主体理论，德育不单纯是一个孤立被动的事情，而是学生个体自觉追求的目标。学生个体内在地把各种德性的形成、道德人格的发展作为自身的一种需要，通过德育使这种需要得到满足，这就是社会实践活动中德育的本体价值体现。在社会实践中，德育的目标与个人成才的要求是内在统一的，其目的是培养人、塑造人、发展人和解放人。但是，目前的社会实践活动中却忽视了学生的主体能动性。一些高校在设计社会实践活动时，在指导思想上忽视德育中的人本思想，未能充分挖掘学生的潜能，未能充分调动学生的积极性和主动性，未能考虑

学生个性和身心发展的规律，未能公正、合理、科学地评价和看待学生个体的发展。这是社会实践活动中德育实效性缺乏的一个重要原因。

3. 社会负面影响和冲击。大学生是一个比较特殊的群体，他们对新事物有较快的接受能力，但由于自身还处于成长阶段，对事物的辨别力和价值的选择往往带有随意性和主观性，容易受到不良思潮的影响。在市场经济大潮下，大学生在社会实践中不可避免地受到各种不良的思潮、不正之风的影响和冲击。在现实生活中，萎靡的东西越来越多地显现在大学生面前，如“金钱比精神更重要”、“人生如梦”、“今朝有酒今朝醉”等，使得大学生在自身价值体系的构建时失去了社会价值规范的约束和指导，世界观、人生观、价值观也随之出现了很大变化，种种畸形的心态和错误认识也就随之产生。通常表现为背离传统道德规范，蔑视现存社会秩序，这在很大程度上对社会实践活动的德育效果产生不良影响。

四、重视借鉴国外大学学生社会实践活动的德育经验

关于社会实践，高校有必要从高站位的理论视角进行课程规划。澳大利亚教育研究者曾提出“无边界的教育”，鼓励学生跳出时间、空间限制，突破学科界限，培养创造性思维。将社会实践纳入学生综合素质培养体系，将社会实践与基础学科并重而行，为学生打造出多姿多彩的校外课堂，正是给予学生更加广阔的成长空间。国外的先进经验值得借鉴，在欧美一些大学，非常注重学生的自我教育、自我管理，通过学生自治和参与学校管理，充分体现学生的自主性和主体性；通过社会服务等活动，培养学生适应社会的能力。如美国的社会实践活动课程，被细分为社会服务、社会考察、社会公益等多种类型，学生可根据自身喜好进行自主选择。这种多样化的选择在我国并没有受到足够重视。不少学校开展社会实践活动还停留在粗放层面，甚至落入“走马观花”的形式主义误区。不同学段的学生对实践活动的需求各有不同。社会实践有必要课程化，在课程内容、时间安排、校外专家等支持方面得到系统规划，特别是学校要汲取校外专家的力量，为学生提供“菜单式课

程”。除了学校的努力之外，教育行政部门更要拿出魄力为社会实践顺利开展“保驾护航”。开展实践活动，学生不可能待在校园的“笼子”里面作文章，需要走向广阔天地，让大自然、大社会成为学生的大课堂。若是管理者一味以安全为由的“懒政思维”关上学生外出的大门，岂不是让社会实践“因噎废食”？作为教育行政部门应该加强的是审批把关，积极排查车辆、线路及驾驶人员的隐患问题，而非设卡取缔。

1. 重视专业实践活动。在欧美许多大学，专业实践或实习大多是正规教学计划的一部分，并给予一定学分。美国有的工科院校规定，大学生在大学四年学习期间要花 15 个月的时间在工厂、企业学习实践。在哥伦比亚大学，国际关系专业的学生可以到联合国旁听席上“听课”，学经济的可以去华尔街实习。在其他一些大学，学历史的要去档案馆、博物馆见习，学法律的要去立法、司法机构见习，学政治的要在政治机构或公共决策机构工作见习。在前苏联及一些东欧国家，专业实习的情形与美国类似。在德国高校，专业实习也受到高度重视。如工科院校规定学生参加实践或实习的时间不得少于 26 周。理工科学生在学完一至三年后参加“中间考试”，合格后必须参加一定的生产性实习，然后才能撰写毕业论文。以上这些专业实习活动，是以培养学生的专业能力、专业技能，提高学术水平为主要目的，同时也必然行使着影响学生在人生取向、道德价值等方面的观念、态度、品性等教育功能。

2. 把学生自我管理与参与学校管理作为教育改革的重要内容。学生自我管理与参与学校管理是现代欧美大学对于传统教育的重大改革之一。从 20 世纪 60 年代中期开始，由于社会与教育内部的矛盾引起的学生运动更加使学生自治成了现代欧美大学治理的原则之一，并且学生参与学校管理的观念和措施也成为现代欧美大学内部管理的重要原则与制度。学生自治与学生参与学校管理不只是现代大学管理中尊重学生权利和使管理更加民主与有效的问题，更是一个教育学生或通过学生自我教育而成为合格公民的问题。如果学生在大学里没有作为校园公民参与学校管理，第四年大学毕业后，他们仍将作为一个不合格的社会成员“孤立于公民生活之外”。学生自治和学生参与学校管理的范围是很广泛的。学生通过学生会、学生自治会等学生团体的形式进行自我管理，学校一系列规章制度的制定、办学措施的实行等都需要有学生参与，如学校的招生方针、评聘教师、课程设置与内容等。在维也纳大学，学校的学术评议会和选举校长的投票人是由教授、其他教职工与学生各占 1/3 的比例组成。在德国的每所大学的全体会议和评议会中，学生代表都占有较高的比例，如在大学的全体会议中，有校长 1 名，副校长 2 名，总务长 1 名，教授代表 18 名，学生代表 6 名及其他代表 9 名；在大学生的评议会中，也有类似比例的学生代表。在大学的各个学院、系中，有关管理、选举的机构与团体中，学生代表的比例也与此类似。总之，一定比例的学生代表参与学校事务的管理、决策已成了一个正式的制度。这无论从管理角度还是从对学生教育的角度看，这些做法都是值得学习的。

3. 重视社会服务对于道德教育的积极作用。在韩国，汉阳大学、同德女子大学已将社会服务列为必修课，每学期安排 48 个学时左右，大学生必须在孤儿院、养老院等场所从事服务工作，工作单位就献身性、诚实性、自觉性与工作态度等指标加以考评并给学分，目的是为了培养学生对他人的关心和改变利己主义充斥的校园气氛。在墨西哥的大学里，也开设了类似的社会服务课，并作为必修课进行考评和记录学分。在德国，大学生参加社会服务活动形成了一整套全国性的教育制度，最富有特点的是德国的义务民役制。早在 1960 年，德国联邦议院通过了《服民役代替服兵役法》，规定在联邦妇女与青年部下设民役管理局，义务兵役时间为一年。服民役者的待遇与服兵役者相同。服民役对于青年人来说既是一项义务，也是一个锻炼的机会，尽管开始有些人并不是自愿地参加服务活动，特别是一些有危险的或又脏又累的工作，但经过 15 个月的服务后，青年们都认为从中收获很大，了解社会的真实情况，锻炼了洞察社会的能力和实际工作的能力。义务民役制作为一种特殊的社会服务活动，对于青年大学生的人生观、价值观的确定以及养成良好的道德品性，如富有同情心、爱心、社会责任感和使命感的养成与发展有着积极的作用，是一种很有教育价值的道德教育活动。

4. 广泛开展勤工助学活动。在国外高校中，勤工助学活动开展得十分广泛。在美国，卡内基教学促进基金会调查资料显示，全美差不多所有全日制学生的30%和非全日制学生的84%，每周要工作21小时以上。在日本，许多大学课外参加工作的学生人数比例高达89%。在德国、美国、日本等国家，学生参加勤工助学活动的原因一方面是由于父母和政府经济资助能力有限，但更重要的原因是，在美国、西欧及日本，青年人的独立意识与自主要求非常强烈，很多青年人认为满18岁以后如果一味依赖父母的资助或政府贷款是一件不太光彩的事，青年人既要有独立、自由以及与其他成人平等的权利，同时也要承担自主与自我负责的义务或责任。他们认为勤工助学的主要目的首先是赚取学费与生活费，然后才是通过工作了解社会各个领域各个阶层的生活现状，提高适应社会的能力，并且通过勤工助学在人生观、价值观、道德品性方面受到无形的、潜移默化的影响。因此勤工助学既解决了社会对劳动力的需求，也解决了学生对教育与生活费用的需求，而且具有道德教育作用。

五、高校德育要贯彻"知行统一"原则，提高大学生社会实践活动的德育实效性

完整的道德过程包括知、情、意、行等环节，一定的道德知识和规范，只有内化为受教育者的道德情感和道德信念，并外化为道德实践，形成稳定的道德习惯，才意味着个体道德修养的提高。这一"内化"和"外化"的过程即为"知行统一"。"知行统一"是个体品德形成的基本规律和德育目标的最终体现，是中国传统文化的重要命题。然而由于种种原因，当前的德育一直存在着"知识本位"的倾向，重理论轻实践，重认知轻行为，德育异化为道德知识的讲解和道德辞令的记忆，大大降低了德育实效。德育不仅是道德知识的传授，更重要的在于寓学于行、躬亲践履。因此，实现由"知识本位"向"行为本位"的德育转型，将抽象的道德规范和要求转化为个体自觉的道德行动，是高校德育的"应然"取向。

实践出真知。道德教育离不开生动活泼的实践。而近年来开展

的大学生实践教育不少是流于形式的，没有形成实践育人的长效机制。为此，应积极拓宽实践育人领域，充分发挥学生的主体性，鼓励学生在参加志愿服务、公益劳动和勤工助学等活动中确立主体意识，塑造自由人格，增强社会责任感，努力做到知与行的统一，在广泛的社会实践中引导学生自我发展、自我完善和自我超越。注重通过组织、引导学生参与社会实践活动来提升文化素质内涵，提高人才培养质量，打造德育创新品牌，培养优秀德育实践团队，建设面向社会的德育实践基地，努力将“无形”的思想教育转化为“有形”的具体社会实践活动，使社会实践活动的德育实效性取得显著效果。

1. 要分层设定德育目标。目标是行动的指引航标，目标正确与否将直接影响行动的质效。因此，要提高社会实践的德育实效，就要构建一个合理的德育目标体系，从学生的身心特点和发展规律出发，不同的发展阶段提出相应的、具体的培养目标。在社会实践的德育目标制定中，要秉承德育“以人为本”的思想，注重在德育过程中培养学生道德主体参与意识，使主体根据自我实践传递的信息，及时调节主体自我与非我的影响因素，使自我的思想、观念与行为指向有意义的德育目标，从而实现道德的自我完善。

根据德育目标的层次理论，社会实践活动中的德育目标细化、分层要依据两个原则：一是要针对教育对象的身心特点，制定切实可行的德育目标，不能脱离实际，超越学生的认知水平；二是要根据社会发展的人才要求确立德育目标。在社会实践活动中，学校要根据实际，尽量把政治品质、思想品质、道德品质、行为习惯、个性品质、品德能力等德育目标分解到不同的年级和不同的学生群体中，有重点、分阶段、分层次地加以贯彻落实。

2. 要合理渗透德育内容。在不同的成长阶段，个体所表现出来的接受知识，所能理解和认同的观点是不同的。所以，在大学生社会实践活动中，我们要根据不同年级、不同层次学生的需求选择不同的德育内容。对一年级组织开展的社会实践活动，要重点选择国情教育、政治素质培养、理想定位、心理调适等德育内容，使之较快地适应大学生活。对二、三年级组织开展的社会实践活动，要重点选择价值定位、情感认同、学习观重建等德育内容，重点培养学生正确的人生观、价值观，增强社会责任感。对四年级组织开展的社会实践活动，则重点选择就业及创业指导、社会公德和职业道德养成等为主的德育内容，为学生顺利走入社会打下良好的基础。总之，在社会实践活动中选择德育内容，既要考虑德育的基本要求和社会需要，也要考虑大学生思想认识形成和发展的规律。

3. 要科学组织实践活动并加强管理。高校开展社会实践活动的出发点是使全体学生都能在社会实践中接受必要的道德教育，进行道德实践，从而达到完善自己、发展自己的目的。但要达到全员参与的这一要求，依靠现有社会实践活动中德育的组织模式是无法完成的。为此，要使社会实践德育取得理想实效，改革和创新组织管理模式势在必行。实践表明，要想有效推进新时期的大学生社会实践的德育活动，就要充分利用学校、院系、班级三级教育资源，发动一切可发动的力量，健全德育组织，明确职责分工，细化任务指标，形成齐抓共管的局面。另外，在学校投入有限的人力、物力情况下，积极鼓励和引导大学生开展自我社会实践的德育活动规划，并按规划实施德育活动，也是一条全面铺开社会实践德育的有效途径。在德育活动过程中，德育教师要加强对学生个体如何规划自我社会实践的德育活动、如何实施自我社会实践的德育规划、如何考评学生自我社会实践的德育等问题开展深入探究，为学生开展自我社会实践的德育活动提供更多的理论支持。

4. 要营造社会实践氛围，优化实践活动环境。马克思曾经提出："人创造环境，同样，环境也创造人。"在社会实践活动中，要创造各种相互作用的道德情境条件，使德育主体真正地主动参与道德教育过程，置身于真实的社会环境中去训练和实践。学校要在校园内积极创造适宜的环境和载体，努力建设校园文化，加强对大学生追求知识、崇尚科学、开拓创新方面的引导，促进学生完成道德认知、道德践行和道德内化，提高道德境界。同时，应充分发挥公共文化活动和设施的教化熏陶作用，突出营造育人氛围，创造宽容、健康、快乐、和善的人文精神，鼓励和引导学生自我塑造，使之从规范行为习惯做起，从身边小事做起，自觉追求良好的行为准则和行为习惯。在校外社会实践活动中，学生步入了一个全新的环境。面对复杂、纷繁的社会和人际关系，要求学生在实践中积极发挥主观能动性，对环境进行净化，减少不良环境因素对自身的干扰和影响。

5. 要健全考核机制，完善考评方法。目前，国内学者对社会实践的德育实效性考评研究较少，这也使得社会实践的德育实效性的考评缺乏必要的科学依据和理论支撑。在对社会实践活动的德育实效性考评中，往往存在考评任务不明确，考评标准不科学，考评缺乏规范性和系统性等弊病，这种状况直接导致了部分高校领导对社会实践活动不重视，教师敷衍了事，学生缺乏积极性，造成社会实践活动的德育工作有计划，无结果，有目标，无成效。因此，深入开展社会实践活动的德育实效性考评研究对推动社会实践活动中的德育工作的开展非常必要。社会实践活动中德育实效性考评应做到客观、公正，避免主观随意，力求对学生作出客观、真实的评价。它要求评价者首先要掌握学生全面丰富、客观真实的思想和行为的大量材料，在此基础上，去伪存真、去粗存精、由此及彼、由表及里，进而对学生作出正确、科学的评价。另外，能否充分调动德育指导教师和实践单位德育指导人的积极性和主观能动性，也是决定社会实践德育实效的一个重要因素。为此，在社会实践中的德育考评要将德育指导教师和实践单位德育指导人列入考评范围，而不能仅限于对学生的考评。要将对德育指导教师和实践单位德育指导人的考评与他们各自的工作业绩挂钩，与其评优晋职挂钩，这有利于发挥德育指导教师和实践单位德育指导人的积极性和主观能动性。社会实践德育要想真正取得实效，还要着手将社会实践的德育考评纳入德育课程的考评之中，纳入德育课程的学分管理。只有这样，才能激发学生参与的积极性与能动性，才能真正推动社会实践活动中德育向纵深发展，使社会实践活动中的德育实效性的考评走向规范化、制度化和科学化。

（作者为武汉市政协常务副主席、中国伦理学会地方高校德育专业委员会理事长、原江汉大学党委书记）

一、高校德育中的社会实践研究

社会实践：思想政治理论课话语权建设的重要途径

龚 萱

高校思想政治理论课是对大学生进行系统的马克思主义理论教育和思想政治教育的主渠道、主阵地。加强思想政治理论课话语权建设是巩固主渠道、主阵地所必需。思想政治理论课话语权是以思想政治理论课教学为基础，以课堂为教育载体，以思想政治理论课教师为主要教育主体，有目的地对教育对象系统讲解与教授思想政治理论知识，使他们形成符合社会要求的思想政治素质的权利和权力。思想政治理论课的话语权直接关系到思想政治理论课的效果和其存在的价值。在经济全球化、文化多样化、社会信息化趋势不断加强的今天，加强思想政治理论课话语权建设尤为重要。

思想政治理论课是理论性和实践性都十分突出的课程，它不仅是理论教育课，而且也是社会实践课。只有把理论教育与社会实践结合起来，才能发挥思想政治理论课在培养学生良好思想道德素质和科学文化素质中的作用，真正实现高校开设思想政治理论课的目的。因此，思想政治理论课话语权建设既要讲清讲透理论，巩固理论话语阵地，又要注重社会实践，通过实践促进学生的知识内化，知行统一，使他们真懂真信理论的内涵并从中受益，才能有效彰显思想政治理论课话语权。由此可见，社会实践是思想政治理论课话语权建设的重要途径。

一

思想政治理论课社会实践是指按照思想政治理论课教学目标的

要求，有组织、有计划、有目的地引导大学生深入实际、深入社会、深入生活，从而提高其思想道德素质的一种教育活动。在当前加强思想政治理论课话语权及话语体系建设的过程中，迫切需要重视和强化社会实践环节。

首先，加强思想政治理论课的社会实践是马克思主义理论本质的必然要求。马克思主义理论的本质是实践性。马克思主义是实践的唯物主义，它来自于实践，同时又为实践服务，并在实践的检验中丰富和发展自己。马克思主义归根到底是社会实践的产物，离开了社会实践，马克思主义就失去了根基，也就成了无源之水，无本之木。不仅如此，马克思主义还强调自己的全部理论要付诸实践，接受实践的检验，变为群众的行动，化作改造世界的物质力量。强调理论只有在指导实践、改造世界的过程中才能得到检验和发展。马克思明确指出，人的思维是否具有客观的真理性，这并不是一个理论的问题，而是一个实践的问题。人应该在实践中证明自己思维的真理性，实践是检验真理性的唯一标准。同时，实践又是马克思主义发展的推动力量。马克思主义的研究对象是人民群众的实践所创立的生气勃勃的现实生活；马克思主义发展的推动力是时代的进步、科学和历史的发展；马克思主义的理论品质是依据不断发展变化着的新的实践生活，纠正过时的理论，突破原来的认识水平，不断作出新结论。正是由于马克思主义与实践这棵长青之树密切相联，才使得马克思主义永葆青春。

既然马克思主义理论的本质是实践性，那么，学习马克思主义理论就必须同社会实践结合起来，加强社会实践环节。思想政治理论课要引导大学生积极参加社会实践，用实践来检验一切、审视一切，才能使他们的思想认识从那些不合时宜的观念中解放出来，从对马克思主义的错误的和教条式的理解中解放出来，从主观主义和形而上学的桎梏中解放出来，自觉地用发展着的马克思主义武装自己。

其次，加强思想政治理论课的社会实践是思想政治理论课本身的内在要求。思想政治理论课是体现我国高校社会主义性质的重要课程，其教育的基本目的，就是要引导学生树立中国特色社会主义的共同理想和正确的世界观、人生观、价值观，培养学生运用唯物辩证法认识和解决当代社会问题的能力，为造就高素质的劳动者、专门人才和创新人才，促进人的全面发展打好思想基础。思想政治理论课的这一教学目的和要求决定思想政治理论课的教学过程，是引导学生由对马克思主义理论的认知转化为认同，由认同内化为思想政治素质和科学思维方法，同时外化为分析问题和解决问题的能力的过程。在这一过程中，课堂讲授不可或缺，但还不够。如果说“认知”过程主要靠课堂教学的话，那么，“内化”过程则主要靠在“认知”基础上的社会实践。要使马克思主义理论内化为思想政治素质、科学思维方法，受教育者就必须到社会实践中去体验。由此可见，思想政治理论课的社会实践不是一种外在的可有可无的教育方式，而是实现思想政治理论课教学目的的关键环节。

再次，加强思想政治理论课的社会实践是提高大学生自身素质的根本要求。大学生在课堂上学到的马克思主义理论，只是间接经验，要把间接经验变成观察和分析问题的立场、观点和方法，只有通过社会实践。马克思主义认识论告诉我们，人的一般认识过程，就是在实践的基础上由感性认识上升到理性认识，再由理性认识回到实践的过程。一个正确的认识，往往需要经过由实践到认识，再由认识到实践这样多次的反复才能完成。教育过程也是一个认识过程，受教育者的认识过程也必须遵循一般认识过程的规律，即也要以在一定的实践基础上得到的感性认识为基础，才能获得新的理性认识。受教育者所学到的理论知识最终还要付诸实践，到实践中去经受检验。因此，只有把课堂中的理论教育与社会实践结合起来，到社会实践中去检验、体验理论，才能使马克思主义的理论变为自己观察和分析问题的立场、观点和方法。同时，思想政治理论课还要把马克思主义理论变成大学生坚定中国特色社会主义的信念，并且把这种信念变成建设国家的物质力量。而这种坚定信念的培养则依赖于社会实践的特殊教育功能。在社会实践中，让大学生亲身感受改革开放取得的巨大成就，真正懂得什么是社会主义、怎样建设社会主义的真谛，真正懂得在充满希望和挑战的21世纪建设一个什么样的党和怎样建设党的重要性。加深对国情、民情的了解，正确看待改革中的利益调整和社会矛盾，增强贯彻党的路线、方针、政策的自觉性，坚定跟党走，坚定中国特色社会主义信念。

二

思想政治理论课话语权建设离不开社会实践的有力支撑。探索思想政治理论课社会实践的有效机制，推动思想政治理论课社会实践的形式创新和内容深化，是思想政治理论课话语权建设需要正视的问题。

第一，引导大学生充分认识参加社会实践活动的意义。大学生参加社会实践的机会较少，对国情、社情、民情知之甚少，对环境和社会的适应能力较差，易于片面地认识问题、判断是非，思想很不成熟。许多青年学生了解现实不足，深入实际不够，缺乏实践能力和创新能力，这与飞速发展的时代是不相适应的。因此，要引导大学生认识到，参加社会实践的目的，是要更多地了解社会、改造社会、对社会有所贡献，实现理论与实践的有机结合，从有机结合中获得真知，增长才干。通过社会实践，把所学到的书本知识放到社会熔炉里去锻炼、去补充，发展所学的知识，从而在实践中提高分析解决问题的能力，提高自身的素质。

第二，加强思想政治理论课社会实践的组织安排。思想政治理论课社会实践活动的开展要取得好的效果，必须对整个过程进行周密的组织和规划，认真做到四个落实。一是组织落实。高校要加强领导，使社会实践纳入正常运行的轨道，做到组织与目标，组织与任务，组织与内容相符。二是资金落实。学校应拨出思想政治理论课社会实践专项经费用于社会实践活动，并积极争取社会资助，多渠道筹措大学生社会实践的活动经费，以确保社会实践活动保质保量进行。三是时间落实。思想政治理论课社会实践作为教学环节要纳入课程教学计划当中，并且与大学生的暑期社会实践活动相衔接，实现其稳定性和延续性的要求，才能提高质量，达到效果。四是场所落实。本着“立足基层，就近就便”，“双向受益，合理布局，分类建设”等原则，在当地各级政府部门的支持下，选择领导重视，态度积极，对大学生社会实践活动的意义有充分认识的单位和地区，建立稳定的社会实践基地，为思想政治理论课社会实践的开展提供切实保障。

第三，推动思想政治理论课社会实践的形式创新。尝试由服务型实践向产业化实践转变，积极推动社会实践成果合理转化成地方经济效益，通过产学研相结合促进地方发展；由个体性实践向组团式实践转变，提倡大学生自由组团，发挥团队凝聚效应和整合作用；由调查型实践向科研型实践转变，将社会实践目标转化成科学研究任务，开设和增加大学生社会实践科研项目，推动专业和德育互动发展；由分散型实践向学分制实践转变，将实践考核方式由团委认定转化成教务处学分考核为主，通过学分保障激发学生实践热情；由自发性实践向指导性实践转变，高校和指导教师发挥指导作用，将大学生社会实践动力转化成内在需求与外部指引相结合的合力，引导大学生积极参加社会实践。

第四，促进思想政治理论课社会实践的内容优化。针对社会实践的发展、大学生思想的变化，结合大学生思维惯性和思想特性，做到贴近实际、贴近学生、贴近生活，不断增强社会实践的针对性、实效性和亲和力、感染力，才能发挥实践育人的根本作用。科学优化社会实践内容，以社会主义核心价值观引领社会实践工作，通过社会实践加强理想信念教育，引导大学生坚定马克思主义信仰；通过社会实践促进爱国主义教育，积极开展民族精神教育和革命传统教育；通过社会实践实施道德规范教育，引导大学生遵守和践行爱国守法、明礼诚信、团结友善、勤俭自强、敬业奉献的基本道德规范；通过社会实践开展综合素质教育，促进大学生思想政治素质、科学文化素质、身体素质、心理素质全面协调发展，着重加强和拓展公民素养和公民道德教育、全球意识和全球视野培育、自主意识和竞争意识培育、科学发展观念和生态文明意识培育、网络公民意识和网络伦理教育等内容，促进大学生全面发展。

第五，完善思想政治理论课社会实践的考核与评价。思想政治理论课社会实践活动的作用和效果要更加充分地展现，就需要增强其考核评价方式的激励性。因此，要完善社会实践的激励机制，形成以项目激励、评优激励、学分激励、经费激励为主体的学生激励机制和以职称考核、课时核算、荣誉评估、奖金补助为主体的教师激励机制，增强指导教师和大学生参与社会实践活动的积极性和主动性。同时，要完善社会实践的评估机制，形成以实践成果、实践形式、实践过程相结合的学生评估体系，以教学效果、指导过程、参与力度相结合的教师评估体系，以学生实践报告、教师评审意见、接待单位鉴定和管理部门跟踪相结合的评估标准体系和以成果转化、思想变化、能力提升为主体的评估转化体系，扩大思想政治理论课社会实践的影响力。

随着思想政治理论课教育教学改革的不断深入，思想政治理论课社会实践活动也取得了明显的成效。大学生通过社会实践，感受到了时代的发展，社会的变迁，也加深了对思想政治理论课所学理论的理解，体会到思想政治理论课促进自身成长的价值。这充分说明思想政治理论课的说服力在增强，话语权在巩固。社会实践作为思想政治理论课话语权建设的重要途径，其育人功能将进一步发挥，对思想政治理论课话语权建设的推动作用也将进一步彰显。

（作者单位：江汉大学）

本文系湖北省教育科学“十二五”规划2014年度课题“高校思想政治理论课话语权研究”（编号：2014B053）和武汉市教育局教学研究项目“基于SPOC环境的思想政治理论课教学探索与实践”（编号：2015078）的阶段性成果。

关于高校思想政治理论课社会实践教学的思考

舒　新

理论教育和实践教育相结合是大学生思想政治教育的根本原则。社会实践教学通过让学生参与社会活动以充分发扬学生的主体性，从而达到将理论教学和社会实践相结合的目的，是高校思想政治理论课教学的重要和必要的途径。高校思想政治理论课实践教学环节的实施既符合现代学习理论的要求，也体现了马克思主义理论与实践相结合的主张。

一、高校思想政治理论课社会实践教学的基本内涵和重大意义

高校思想政治理论课社会实践教学既包括高校思想政治理论课教学体系中的实践性学习活动，又包括围绕高校思想政治理论课教学进行的广义的德育活动，即对大学生思想与思想道德发展有着客观必然影响的其他一切校内外的正规与非正规的教育活动，以及一切显形的与隐形的德育因素。高校思想政治理论课社会实践教学将高校思想政治理论课基本理论知识与大学生个性发展规律以实践活动的形式整合起来，实现学术性知识与体验性知识、理论与实践、课内与课外、校内与校外、显性实践教育与隐性实践教育的有机结合。

高校思想政治理论课社会实践教学环节是高校思想政治理论课教学环节中一个非常重要的环节，不能把它与思想政治理论课课堂教学环节割裂开来，应该把它理解为课堂理论教学的延伸。推动社

会实践教学创新与发展，具有十分重要的理论价值和现实意义。

开展社会实践教学是培养合格接班人的重要途径，也是提高高等教育质量的必然要求。社会实践教学本质职能是发挥思想政治理论课意识形态教育功能，教育和引导大学生认同马克思主义理论和中国特色社会主义理论体系，自觉自为地践行社会主义核心价值体系，牢固树立科学世界观、人生观和价值观。在各种社会思潮交流交融交锋日趋激烈的今天，大学生思想活动的独立性日益增强、选择性日益增多、多变性日益增大，要优化和发展社会实践教学指导思想，就必须科学分析大学生思想观念、道德品格和心理人格等基本特征，科学考察大学生知识诉求、实践需求和发展要求等主要需要，结合不断发展变化的国际国内环境和时代形势，与时俱进地充实新鲜内容，增强社会实践教学的鲜活力、吸引力和感染力。要形成以马克思主义为指导，坚持意识形态教育；以服务大学生为中心，促进大学生成才成长；以丰富实践形式为重点，优化社会实践内容和过程；以推动能力提升为本位，培养大学生综合素质，促进大学生全面发展的综合型、全方位、多层次的指导思想体系。

开展社会实践教学，有利于发挥德育教学、专业教学和社会实践的协同作用，增强实践育人的吸引力、感染力和凝聚力，深化教育教学改革，提高人才培养质量，建设创新型国家和人力资源强国。开展社会实践教学使学生在实践中受教育、长才干，有利于大学生推进自我管理、自我教育、自我服务，实现综合素质提升；有利于大学生增强社会责任感、创新精神和实践能力，担负起中国特色社会主义合格建设者和可靠接班人的伟大重任。

二、高校思想政治理论课社会实践教学存在的突出问题

高校思想政治理论课“05 方案”（即《〈中共中央宣传部教育部关于进一步加强和改进高等学校思想政治理论课的意见〉实施方案》实施以来，许多高校注重调整充实社会实践教学内容，改进社会实践途径和方法，努力提高社会实践教学效果和质量，积累了宝贵经验。但是，由于缺乏对社会实践教学的科学把握和深刻理解，社会实践教学依然面临着许多现实问题。

1. 时间难以得到保障

思想政治理论课老师承担的课堂教学工作量太多，没有足够的时间精心地组织实践教学。况且，由于思想政治理论课是公共课，一个教学班有几十人甚至上百人，而一个老师一般教四个班或更多，那就意味着一个老师所教学生至少几百人，多的甚至上千人。开展实践教学时必然面临种种难题。

2. 社会实践活动的组织乏力

高校思想政治理论课的实践环节一般是在课外、校外进行，其组织比一般的课堂教学要困难得多，涉及教师、学生、场所、经费、教学安排、培训和考核等环节。这就需要多个部门的协调工作，因此要有细致周密的安排和组织。但在现实中，虽然思想政治理论课老师自觉努力地进行各种实践教学活动的尝试，但由于缺乏其他部门的配合，使得实践教学的成果难以尽如人意。

3. 考核评估机制失当

思想政治理论课社会实践教学的效果怎样评价？思想政治理论课不同课程的社会实践教学效果的评价如何体现共通性和差异性？如何处理好评估指标体系稳定性与实践教学活动的创新性之间的关系？这些问题尚没有一致认同的答案。评价机制的失效，不仅没有起到社会实践应有的作用，相反耗费了师生大量的时间和精力去做无用功，且助长了投机取巧、弄虚作假的风气，与思想政治理论课的初衷相悖。

三、有效提高思想政治理论课实践教学环节的措施

思想政治理论课社会实践教学的特点在于学生参与的全员性，在于通过不同的实践教学环节把思想政治理论课的知识应用于学生的实践之中。它不只是表现为一般意义的社会实践性，而是运用课堂教学的知识、理论通过走进社会，进行有目的、有计划、针对社会热点问题、难点问题、焦点问题以及大学生关心的其他社会问题，在实践中学习与研究，在运用中提升的教学过程。所以，兼顾思想政治理论课“05 方案”的全部课程，兼顾全体在校大学生是进行思想政治理论课社会实践教学改革的基本出发点，要提高思想

政治理论课实践教学环节的实效性，必须做到以下几点：

1. 采取行之有效的社会实践教学运行机制

首先，在实践教学组织上采用了双重组织形式，即全员自主实践形式和专项集体实践形式。全员自主实践形式，一般是以学生个体为基本单位，结合思想政治理论课课程教学进度，自主选择主题和实践地点，利用暑期进行的社会实践形式，这是多数学生采取的实践形式。专项集体实践形式，一般是由任课教师和学生组成社会实践教学小分队，以集体合作的形式就某一典型性专题进行的社会实践形式。其次，建立一支专兼职结合的社会实践教师队伍，是有效开展社会实践教学的关键。一方面要求思想政治理论课专职教师都要承担相应的社会实践教学任务，另一方面注意根据教学的实际需要，打破学历和资历界限，在各主要社会实践教学基地聘请了一批有实践经验的兼职教师。此外，经费保障是前提。为有效开展社会实践教学，每年下达专项社会实践教学经费，保障社会实践教学的有序进行。教师承担社会实践教学任务计算教学工作量，享受课时津贴，作为岗位考核和职称晋升的依据。

2. 创建科学合理的社会实践教学效果评估机制

所谓对实践教学的评价，实质是从实践教学的有效性角度来说的。进行思想政治理论课实践教学的效果评估，是社会实践教学活动的重要一环。通过社会实践教学的效果评估，可以有效检验社会实践教学实践方案的执行效果。通过社会实践教学的效果评估，可以有效检验社会实践教学专项实践方案的执行效果，可以获得参加社会实践活动师生的反馈信息，为今后更好地组织学生的社会实践活动提供重要参考和指导。在社会实践效果评估机制构建中，必须坚持科学性原则、可比性原则、可行性原则，精心设计社会实践教学效果评估指标体系的框架和内容，建立科学合理的大学生社会实践教学效果评估指标体系。

3. 强化社会实践教学的队伍建设

首先要确定指导教师的工作目标和责任。指导教师在社会实践教学环节中发挥着指导、参与、管理和考核的重要职能，要以指导社会实践有效开展，推动社会实践深入进行，引导大学生思考社会问题，帮助大学生解决理论难题，促进思想升华、提升实践能力作为自己的工作目标和本职责任。其次要优化指导教师的队伍结构和层次。构建以学校党政干部为主体的管理队伍，以专家学者为主体的导师队伍，以教学教师为主体的指导队伍，以共青团干部、辅导员和班主任为主体的参与队伍，形成层次清晰、结构合理的师资队伍。再次要提升指导教师的理论素养和能力。指导教师既要夯实马克思主义理论基础、坚定理想信念、自主学习和系统掌握其他学科相关的知识和理论，扩展知识结构、提升理论水平；又要明确实践育人理念、掌握现代科技知识、创新实践途径与方法，以增强教学效果，提高教学质量。最后要激发指导教师的教学动力和热情。增强指导教师的自我认同度和职业自豪感，增强指导教师工作的神圣性和崇高性，获得工作的满足感和价值感；同时要给予物质和制度保障，提供职业发展的前景和空间，进一步激发教学动力和工作热情。

4. 推动社会实践教学的形式创新

社会实践教学要善于突破各种制度和规范的藩篱，冲破各种思想和观念的羁绊，打破各种行业和专业的限制，积极思考新形式、新载体、新途径，不断丰富新观念、新思路、新想法，着重开拓新平台、新领域、新境界，切实改变和提升社会实践教学服务学生成长、推动高校德育、促进地方发展的功能。结合大学生社会实践活动开展现状，迎合地方经济社会发展需要，根据高校实践育人新要求，在社会实践教学形式上，要由服务型实践向产业化实践转变，积极推动社会实践成果合理转化成地方经济效益，通过产学研相结合促进地方发展；要由个体性实践向组团式实践转变，提倡大学生自由组团，发挥团队凝聚效应和整合作用；要由调查型实践向科研型实践转变，将社会实践目标转化成科学研究任务，开设和增加大学生社会实践科研项目，推动专业和德育互动发展；要由分散型实践向学分制实践转变，将实践考核方式由团委认定转化成教务处学分考核为主，通过学分保障激发学生实践热情；要由自发性实践向指导性实践转变，高校和指导教师发挥指导作用，将大学生社会实践动力转化成内在需求与外部指引相结合的合力，引导大学生积极参加社会实践教学。

（作者单位：江汉大学）

构建以学生参与和体验学习为特色的思政课实践教学模式

郭　宪

高校思想政治理论课是大学生必修的一门公共基础课，承担着对大学生进行理论教育和思想引导的重要职责。但就其教育教学效果而言，却一直是一个颇受争议而令人尴尬的问题。究其主要因由，我们认为关键还是在于这门课程的性质和特点上。思政课不同于一般知识类或理论、学术类、专业技术类课程，应该是其具有的独特的教育目标的指向性，她是运用一系列思想政治理论的原理、观点和方法来教化、塑造一个人的思想观念和精神世界。从其设置开设的目的论，她是要解决世界观、人生观和价值观等人的基础性、根本性和核心性思想政治问题的。即解决“为谁培养人，培育什么样人”的教育本旨性问题。

一、问题的提出

长期以来，我们始终坚持高等学校思想政治理论课发挥着重要的教育教化人的积极作用的信念，因此，也就赋予了她更多、更大、更高的教育职责和功能，对她的教育教学效果也充满期待、深信不疑。这种情况至少在20世纪90年代之前是没有动摇的，也是不容争议的。可是，随着我国改革开放的深化和推进，人们的思想观念也自然遭遇到来自国内外各方面不同文化思想的冲击和影响，面临着在开放的、多元的、充满创新变化着的思想文化演变发展新格局、新趋势的激荡和混响。是选择品尝新文化思想的鲜嫩滋味呢，还是继续选择坚守原有文化思想的传统阵地，还是选择有所放弃、有所坚守两者兼得呢？

我们必须看到，自20世纪80年代改革开放以来，中国社会逐步进入到变化发展的快车道，社会各项事业日新月异、蒸蒸日上。尤其是经济社会的激烈，巨大变化也带来了人们思想观念的更新转变，在某些领域和方面，甚至是颠覆性的、革命性的变革。比如从中国社会主义的理想王国到中国特色社会主义的繁荣富强、从计划经济时代的困境到市场经济的强盛活力、从坚持党的一元化领导到推进民主政治建设的历史进步、从中国特色社会主义文化与资本主义文化的相斥对立到相持并存、交相辉映等。来自社会现实的这些强烈变化也一定会反映到大学教育的过程中，特别是在思想政治理论课的教学中。面对新时期、新形势、新情况、新问题，思想政治理论课的课堂首先感到前所未有的挑战和压力，原因在于原有的理论体系和思想观点不能或者不能完全解答、回应快速剧烈变化的现实。所以，在理论变革、创新和凝练尚未完成，仍处于重构、再建的过程之中时，思想理论界必然会有一定时期和一定程度上的震荡和激辩，高校思想政治理论课也首当其冲，成为颇受关注的混声嘈杂之地。各种争论、讨论、辩论的新观点、新见解、新主张，会同一些重新粉墨、修饰过的旧思想、老观点，纷纷披上什么自由主义或新自由主义、左派或新左派、儒学或新儒学甚或现代主义等时尚外衣甚嚣尘上、莫衷一是。客观而论，从20世纪90年代初到2015年的20余年里，高校思想政治理论课仍然一直是主流派坚守阵地，但不得不承认非主流派的活跃身影和咄咄逼人的话语诘难，期间虽然也有来自中央的重申和强调，中宣部、教育部也有一系列的针对性举措应对，但不和谐的杂音总是时断时续、反反复复。为此，回顾反思这30余年思政课的起伏过程和动荡情形，是否可以达成这样一个共识，即20世纪80年代之前的思政课风景不再、美好异样。毕竟，现如今思政课的身处时代、联结社会和触及历史的具体环境和实际氛围均有了显著变化。从改革开放以来的社会革命所掀起的制度改革、观念鼎新和思想解放的广度深度看，完全可谓之翻天地覆、面目全新。也印证了所谓社会存在决定社会意识，经济基础的变革必然导致社会意识形态的变化。所以，我们完全可以据此作出这样的估计或推断，至少在一定时期，思政课还会像今天我们感到的这般“一元与多元”、“主唱与伴唱”的合奏竞演的情景中并存，即主流话语占有中心阵地，把持局面，拥有优先和主导的话语权，而非主流言论也有其存在市场，保有一席之地的开放、宽容格局。我们有理由充满期待，这种缘起自思想解放和文化创新之本性的思想伸张与文化演进的弹性区域和空间的出现，必将开创出中国文化文明发展史上的又一个繁荣昌盛的崭新时代。

有了这样一个基本的判断，我们再回到思政课课堂，就不要再“心慌意乱、心灰意冷”，更不应“失魂落魄、自乱阵脚”。思政课的情况变化只是从过去的“一言堂”的独角戏转变成为今日的“大家唱”对台戏而已。有道是“理不辩不明、话不说不透”。既然我们的理论是实践中来的，又是经过了实践检验的“真理论”和“好理论”，那么我们就要有足够的理论自信和思想定力。思政课不会因有不同声音的存在而“烂去”，也不会毫无理由地主动缴械而“丢掉”，这不是我们中国共产党人的应有作风。客观而论，思政课需要只是更新内容和话语，需要的是变革形式和方法。所以，当务之急是要把精力和心思着重用到如何在这种新形势下继续坚守思政课的阵地，继续坚持思政课的教育教化功能。现行高校思想政治理论课教学主要由两个部分构成，一是课堂理论教学，二是社会实践教学。由于思政课教育教学的思想政治理论化倾向的特殊性，实践教学就显得愈加重要。因为，再好的理论，也要必须和实践联系结合贯穿起来，才能发挥出应有的指导人、开导人、引导人的教育作用。重视开展思想政治教育的实践教学，不断提炼实践活动主题，强化实践活动内容，完善实践活动形式，落实实践活动效果就是思想政治理论课在当前需要解决的核心问题。西安外事学院坚持以“学生参与”大学精神指引校园文化，注重构建新时期民办高校“立德树人”的德育体系，不断探索思想政治理论课实践教学模式，积累了一定的经验，取得了一些阶段性的成果，值得研究、需要总结。

二、精心谋划以学生参与为核心的教育教学特色项目

1. 转变观念、创新机制，建立思想政治理论课“教育责任制”。

实施思政部会同学生处、团委统一开展学生活动制度，思政课教师全部按小组深入联系到各二级学院，直接参与二级学院的学生教育和管理工作的“包院制”和“导师制”。创建学校、家庭和社会实践单位联合互动、有机协调、同时发力的“育人共同体”。

2. 实施学生参与思政课实践教学模式，全面推进和切实落实思想政治理论课的实效性。

即由思政课教师主导，以学生为活动主体，以充分满足学生健康成长和全面发展的实际需要为活动目的，遵循学生参与历经的三个阶段为学生转变提升的基本途径和具体方式，按照思政课教学目标要求并结合大一、大二、大三学生的不同发展状况，分别设计社会实践内容为活动载体，使学生在老师的引导下，在理论课堂与实践活动的交相辉映和联动共进机制中，全面创新思想政治理论课的教育教学方式，有力扭转思想政治理论课存在的“讲与学脱节，学生不喜欢听”，“学与用分离，学了不能用”的突出问题，做到“讲学统一、学用统一、行用统一”。真正实现思想政治理论课教育教学的具体化、现实化和个性化。

（1）把学生参与过程区分为三个不同阶段，分别设定相应任务内容。

依据大学生成长的基本规律和现行本科培育计划的“3 加 1”模式，即前三年在校内实施理论知识教育、第四年进入岗位实习并完成毕业设计的特点要求，把学生参与划分为针对大一新生的环境培育、针对大二学生的主体自觉和大三学生的引导成长等三个不同阶段的教育过程。其特点是实现了学生教育教学的阶段性和递进性的有机统一。

（2）紧贴课程目标任务，体现课程特点要求。

严格遵循现行思政课开设学期的特点要求，在明确教学内容具

体、课程目标准确，学习形式多样、适合学生特点，过程管理严格、全面反映状况，检测标准清楚、评价办法科学的教育教学原则的基础上，强化五门课程的直接教育目标和功能指向。

即形势与政策课——重在使学生了解当前国内外大事，明确国家政府的政策动向。

思想道德修养与法律基础课——重在使学生品德修养与法律意识的培养和提高。

中国近现代史纲要课——重在使学生掌握国情、国史，坚信四个选择的历史必然性。

马克思主义基本原理概论课——重在使学生掌握马克思主义基本原理、观点和方法，用于指导和帮助学生认识和解决自身成长过程中的问题。

毛泽东思想和中国特色社会主义理论体系概论课——重在使学生熟悉中国特色社会主义基本理论，坚守中国特色社会主义旗帜，坚信中国特色社会主义理论、坚持中国特色社会主义的制度，坚定中国特色社会主义道路。

依此分别选择实施项目和侧重安排相应的教育教学内容和社会实践活动形式。

(3) 结合学生参与过程的阶段性特征，适时开展实践教学活动。

首先，做好环境培育。大学新生入校后，立即会感受到学校倾心打造的适合大学生心理情感和思想行为发展特征需要的丰富多彩的浓郁校园文化的熏陶，奠定了学生得以健康成长和全面发展的良好“育人环境”。帮助学生熟悉大学生活，适应大学生活，加快融入、投入到大学生活中来，成为一名彻底的大学主人所必须具备的“角色”到位和“情景”吻合。

行为养成教育和觉悟意识培育的社会实践活动教学。

——与西安市雁塔区鱼化寨养老院、西安儿童福利院合作开展的志愿者服务活动；便捷灵活的勤工俭学活动；温暖亲切的多项社会公益活动；兴趣广泛、爱好多样的科技研发与创新活动。

坚信马克思主义、中国共产党和走社会主义道路的正确选择是历史的必然的社会实践教学活动。

——参观革命圣地延安与北方红都照金，接受革命传统教育活动；开展城市、农村专项问题和当前社会热点、焦点问题的调查活动；每年寒暑假组织学生赴美、日、韩等国游学活动等。

其次，促进主体自觉。进入大学二年级后，学生重在开始践行在大一时已经为自己设定的奋斗目标和发展计划，做到积极主动、乐观进取、发展个性、学有所成。

坚定马克思主义基本原理、基本观点和基本方法的社会实践教学活动。

——与社会主义新农村建设典型袁家村合作开展的社会实践教学活动；西安市经济开发区泾河工业园区的工业化道路建设模型的参观调研等。

坚信中国特色社会主义理论、道路和制度的“三个自信”和建设社会主义总体规划的“五位一体”的社会实践教学活动。

——联合创业学院与合作企业开展就业与创业的体验和尝试活动；西安市沣东新城建设“现代田园生态都市”体验活动；大学生艺术团文化下乡和文化惠民演出活动；暑期大学生系列社会考察活动等。

再次，实施成长引导。学生到了三年级后，思政课教师仍然是以学生“导师”的身份继续和学生保持紧密的联系，他们既是学生思想理论学习的直接指导者，也应该是学生完成学业和健康成长的有益引导者，要真诚帮助学生解决成长过程中的各种问题、耐心督促他们履行计划，完成任务。

明确大学生责任义务的社会实践教学活动。

——与西安公交公司合作的大学生义务维护乘车秩序，做文明乘客的活动；大学生义务献血宣传活动；设立重点公共区域（西安火车站、西安长途汽车站）“大学生便民服务站”（学生节假日和寒暑假）等。

三、扎实凝练学生参与思政课实践教学模式

（一）做实前期工作，打好发展基础

1. 学校已经把“学生参与”作为学校建设的文化标识和精神理念。

2. 学校已经成立“学生参与”研究会，专门开展此项研究，出版专著3部，研究报告2部，专题研究论文20余篇。

3. 学校专门设有“学生参与”研究专项资金，用于长远支持“学生参与”研究项目和开展各项活动。

4. 精心培育“学生参与”大学精神及校园文化已为全体师生所接纳认可并成为他们的信仰而坚守。

5. 围绕“学生参与”核心理念，坚持“以生为本，个性创新”的教学理念，已经组建并开展活动的学生社团多个，如西安外事学院“学生参与大学生合唱团”、“学生参与大学生勤工俭学会”，“学生参与大学生创业社”、“学生参与大学生志愿者服务队”、“学生参与大学生艺术团”等团体活动已经常态化。

6. 课堂理论教学的改革探索一直持续不懈，教学内容的不断更新和及时充实，教学形式的现代化、多样化创新尝试均取得一定成果，课程的网络化教学改革也已经全面展开。

7. 实践教学主题突出、内容鲜活、形式多样、方法灵活积累了一定经验。

（二）扎实推进，务求活动取得实效

1. 瞄准目标

即实现学生从“普遍厌学、学不进去，学而不用、知行不一”的当前思想政治理论课教育现状向“善学理论、真爱理论、会用理论”的显著转变。构建以“学生参与”为主题的大学生思想政治理论课社会实践模式，在逐步落实思想政治理论课的教育教学目标任务的过程中，有效提高学生的综合素质。

2. 明确思路

通过探索和实践以“学生参与”为核心理念的多种社会实践活动，使思想政治理论课很好地融入学生的校内外活动中去，切实解决当前思想政治理论课的理论脱离实际的突出问题。

通过整体设计规划，搭建多个特色项目、内容丰富的实践活动项目，有效地把思想政治理论课贯通融会到社会实践教学活动中，使学生在活动中学习理论、感受理论、掌握理论、运用理论。实现思想政治理论课的“学习教育启发人、培养引导促进人、塑造磨练成长人”的基本功能。

依此构建起一个开放的，动态的，富有时代气息、又有学校特色，而且适合学生、活动丰富、切实可行、成效显著的“学生参与”为主题的大学生思想政治理论课社会实践系统。

3. 凝练内容

（1）设计规划以“学生参与”为主题思想的大学生思想政治理论课社会实践活动实施方案。

（2）谋划筛选深受大学生喜爱且有教育意义的思想政治理论课社会实践活动的具体内容和相关活动方式、方法。

（3）铺设搭建能够承载和运行大学生思想政治理论课社会实践活动的机制和平台。

（4）建立监控和评价大学生思想政治理论课社会实践活动质量和效果的标准和体系。

4. 聚焦难点

如何将思想政治理论课的教化功能和教育目标具体细化、分解为一个个实践活动中。按照“学生参与”的三个过程（环境培育、主体自觉、引导成长）的特点要求，分别设计总体和阶段性活动主题和确定活动内容，以保证活动的针对性、操作性和实效性。

5. 坚持创新

以“学生参与”精神为核心构建大学生思想政治理论课社会实践模式的探索是一个全新的高校思想政治理论课实践活动的尝试和创新，具有开拓性和建设性，对于促进和改善高校思想政治理论课教育起到引领和开创意义。

（1）突出具有学校特色的“学生参与”文化精神的宗旨，主题鲜明，目标准确，贯彻始终。

（2）把思想政治理论课的教育内容分解、对应到“学生参与”的三个阶段，分别设计社会实践项目，具有针对性和阶梯型和递进性，可行性强、富有实效。

（3）拓展了“实践育人、环境塑造人”的具体途径和手段，确保了思想政治理论课接地气性，暖人心。

西安外事学院立意于建设高水平民办大学，注重学校的文化内涵培育和凝练学生参与大学精神。其宏远志向的实现需要我们思政课的紧密配合和有力支持。在学校建设发展的战略规划体系里，构建思想政治理论课学生参与实践教学模式的探索才刚刚开始，初具形态，面临的问题还很多。特别是学生参与实践教学模式中的活动主题的提炼、活动项目的设计、活动方式的组织管理、活动效果的保障、检测和评价等方面还不完善，仍需进一步的理论论证和实践检验。但我们清楚地知道，思政课的命运在于改革创新，实践教学是一个重要的方向，我们有责任、有义务坚持下去，开创思政课的新局面。

（作者单位：西安外事学院）

2015年度高等教育教学改革研究项目（重点）“民办高校向应用技术型高校转型背景下学生学习模式变革与创新研究”项目编号：15BY124

“互联网+”环境下提升大学生社会实践实效性的对策

周贵卯

在“互联网+”环境下，社会实践是大学生学习提高、成长成熟、创新发展的活动，是大学生认识社会、适应社会、服务社会的过程。通过社会实践能够进一步拓展和深化大学生的专业理论知识与科学的知识结构，开拓大学生的视野，培养大学生的创新精神和实践能力，提升大学生的综合素质，促进大学生就业创业。提升大学生社会实践活动的实效性，成为当前最紧迫的事情。

一、倡导正能量，寓思想教育于社会实践活动中

1. 社会实践让大学生深入社会，让他们在不知不觉中受到教育

现在大学生普遍人生定位不准确、价值多元化，遇到思想教育就反感，对学校开设的思想政治课不感兴趣，不了解基层，不了解社会，更不了解国情。通过开展社会实践活动，让大学生深入社会，了解国情，体察民情，增长才干，奉献社会，锻炼毅力，培养品格，促进大学生加深对思想政治理论课的理解、深化对党的路线方针政策的认识，坚定大学生在中国共产党领导下走中国特色社会主义道路、实现中华民族伟大复兴的共同理想信念，这些对于增强大学生的历史使命感和社会责任感，具有不可替代的重要作用。通过社会实践大学生能认识到社会的现实需要，发现自身的不足，促进思想觉悟的提高。这就解决了学校思想政治教育中经常遇到的一个难题，较大地提高了思政课的教学实效，较好地解决了思政课教

学中存在的理论不能很好联系实际的问题，使学生从理论与实践的结合上学懂理论，提高了学生对我国现在处于并将长时期处于社会主义初级阶段这个最大的实际的认识，从而进一步帮助大学生坚定建设有中国特色社会主义道路的信念。

2. 社会实践让大学生了解社会，让他们的不良思想观念得到转变

大学生社会实践的各个环节都要突出实现中国梦这一目标，增强社会实践的思想政治教育功能。大学生在社会实践活动中，增加对社会的了解，接受教育，从而提高内在的思想政治素质。一直以来大学生思想中存在一些深层次的问题，如价值取向与毕业就业问题。当前，社会主义市场经济体制的建立与发展，高校毕业生已由过去统包统配的计划分配模式逐步过渡到实行在国家就业方针、政策指导下多数学生在一定范围内自主择业的方式。这种择业方式，导致大学生复杂心态和矛盾心理的产生。实现了由“服从国家需要”到“尊重个人自愿”与“服从国家需要”并重的转变。改革开放三十多年来，经济急速发展带来竞争日益激烈，社会结构变革导致原有价值体系解体，在核心价值观尚未完全培育成熟并被全社会积极践行的背景下，大学生行为特点一定程度上表现出重视个人发展、轻视社会责任、淡漠国家利益的倾向。因此迫切需要引导大学生认识到国家和时代发展给青年带来的际遇和机缘，认识到国家富强、民族复兴、人民幸福、社会和谐的中国梦内在统一的家国情怀。通过社会实践，让大学生融入时代发展洪流来寻找人生坐标，在中国梦的生动实践中收获精彩人生。

3. 社会实践让大学生立志改造社会，为实现中华民族伟大复兴的中国梦努力奋斗

社会实践是实践育人的工程，在于全面贯彻党的教育方针，落实“立德树人”根本任务，必须遵循大学生成长规律和教育规律，引导大学生走出校门、深入基层、深入群众、深入实际，开展教学实践、专业实习、军政训练、社会调查、生产劳动、志愿服务、公益活动、科技发明和勤工助学等，突出个人实践与民族复兴的中国梦和热心公益的“奉献行”相结合。在实践中受教育、长才干、

做贡献，帮助大学生树立正确的世界观、人生观和价值观，努力成长为中国特色社会主义事业的合格建设者和可靠接班人。习近平同志指出：现在我们比历史上任何时期都更接近实现中华民族伟大复兴的目标，比历史上任何时期都更有信心、更有能力实现这个目标，这是当代青年的际遇和机缘，勉励青年“只有把人生理想融入国家和民族的事业中，才能最终成就一番事业”，希望当代青年“珍惜韶华、奋发有为，勇做走在时代前面的奋进者、开拓者、奉献者，努力使自己成为祖国建设的有用之才、栋梁之材，为实现中国梦奉献智慧和力量”。2014 年 5 月 4 日在与北京大学师生座谈时，习近平同志再次谈到当代青年是“两个一百年”目标的全过程参与者，希望大家努力在实现中国梦的伟大实践中创造自己的精彩人生。

二、创新新形式，让能力锻炼融入社会实践活动中

1. 创新与工农群众相结合的方式，增强大学生的动手能力

动手能力是人的智力转化为物质力量的凭借，是大学生必须具备的一种能力。当代大学生成长条件优越、劳动技能不足，动手能力差。“4-2-1”的倒金字塔式家庭结构导致作为独生子女的“80 后”、“90 后”大学生身上承载着父辈和祖辈全部的关爱，与他们祖、父辈成长时经历的劳动锻炼不同，他们劳动习惯有待养成、劳动技能较为匮乏，对劳动人民的情感也较为淡漠。这既不利于他们思想觉悟的提高，也不利于他们动手能力的培养。创新与工农群众相结合的方式，重点引导大学生加强劳动实践，养成热爱劳动的优良品质，是促进人的全面发展和传承中华民族优良美德的必然要求。习近平同志青年时期曾经在陕西省延安市梁家河村度过了 7 年的插队生活，期间积极参加生产劳动，“扛 200 斤麦子走十里山路不换肩”，被村民们誉为“好后生”。他多次以亲身经历指出劳动实践是宝贵的人生财富，是成长和进步的起始，引导青少年“生活靠劳动创造，人生也靠劳动创造，通过劳动播种希望、收获果实，也通过劳动磨炼意志、锻炼自己”，勉励青少年养成爱学习、爱劳动、爱祖国的优良品格。动手能力的强弱直接影响一个人能量

的发挥，社会实践能让大学生真正深入到工农群众之中，切实接受劳动教育，强化大学生爱劳动的意志品质，养成大学生的劳动习惯，培养大学生的动手能力。

2. 创新开展社会实践的类型，锻炼大学生的开拓能力

开拓创新能力是在多种能力发展的基础上，利用已经积累的知识和信息，通过不断地探索研究，创造出新颖独特具有社会价值的新理论、新思维、新产品的能力，是一种综合性的、高层次的思维能力和行动能力，它是人才素质的核心，是大学生必须具备的能力。21 世纪是崇尚创新的时代，创新的时代更需要具有开拓创新能力的大学生，所以大学生要通过社会实践，不断加强开拓创新能力的锻炼，培养开拓创新意识，为今后的工作有所突破奠定良好的基础。大学生社会实践应该在类型上创新，可以积极组织参加一些国家举办的各项创新大赛，比如机器人设计大赛、软件创新大赛等，也可自行举办或参加大学生创新创业大赛、职业生涯规划大赛、模拟沙盘、科研立项等活动，也可以组织一些志愿或义工活动，大学生必须充分调动自己的积极性、创新性，作为一个主动的参与者，要打破固有思维定势，提出一些有效的、具有创新性的工作思路或措施，要培养自己的创新精神，要敢于对传统观念和传统做法进行挑战，从而提高大学生的思维水平、创新能力和实践能力。

3. 创新社会实践阵地，提高大学生适应社会的能力

21 世纪是知识经济时代，科学技术突飞猛进，科技进步日新月异，高科技成果向现实生产力的转化越来越快，国力竞争日趋激烈，知识经济初见端倪，并对人类的经济社会生活产生巨大的影响。据估算，科技进步对经济增长的贡献率在农业经济时代不足 10%，工业经济时代后期达到 40%以上，而在知识经济时代将达到 80%以上。世界资源开发的核心已由物力资源开发转向人力资源开发，人才成为第一资源，成为经济发展中的决定性因素。人才首先是具有适应社会能力的人。大学生在大学期间要培养时间安排能力、表达能力、人际交往能力、心理调节能力、自立生活能力等各类适应社会的能力，以适应社会的需求。这一方面依赖于学习和知

识的积累，更重要的是依赖于各种基地的社会实践。拓展社会实践的活动领域，要建立德育教育基地、生产实习基地、课外科研基地和其他社会活动基地。把大学生寒暑假集中的、突击性的社会实践活动与大学生志愿者服务、勤工助学、教学实习、挂职锻炼、社区共建等各类课外活动和社会活动有机地结合起来，充分锻炼大学生的学习能力、生活能力、应用能力与控制时间的能力，拓展他们的眼界，完善他们的人生价值观念，激励他们成为一个理论与实践相结合的应用型人才。打造社会实践新阵地，让大学生走出校园，下农村、下厂矿、到学校、访军营、进商店，以社会为课堂，以实践为教材，全身心投入到社会实践中去接受教育和锻炼，了解和认识国情，认清就业形势，了解社会对人才的需要，学会与人交谈，掌握说话的技巧，增强随机应变能力，让自己的口才、说话的艺术、应变能力在不知不觉中得到了有效的提高，不断提高大学生认识和解决实际问题的能力。

三、提升精气神，把素质培养纳入社会实践活动中

1. 结合第一课堂，核心培育大学生的思想素质

社会实践活动必须与课堂教育相结合，开展社会实践活动必须与思想素质提高结合起来。社会实践活动是对青年学生进行国情教育、爱国主义、集体主义、社会主义教育及提高思想道德水平和能力素质的有效途径。现阶段，市场经济发展的负面效应使拜金主义、享乐主义、实用主义等极端利己主义的思潮已经在相当大的范围内影响和毒害着大学生。因此，社会实践活动要结合学生思想实际和客观要求，有意识、有针对性地用建设社会主义的共同理想和实现共产主义的最高理想，来教育和引导学生把全心全意为人民服务作为自己的人生观。结合第一课堂，注意及时引导解决社会实践活动中可能出现的一些负面效应，在价值取向上教育引导学生把国家和人民的利益放在首位；彻底改变那种重书本、轻实践、眼高手低的坏毛病，树立不唯书、不唯上、能力为本的求实精神。开展社会实践活动要与学生的日常行为规范教育相结合，克服大学生身上那种不拘小节，不注意基础文明，大事做不了，小事不愿做的不良

习惯，树立从小事做起、从自我做起的良好风尚，真正实现青年学生的自我教育、自我管理、自我服务。

2. 结合业务知识，着力培育大学生的专业素质

社会实践活动要与专业培养相结合，开展社会实践活动要与专业素质提高相结合。大学生社会实践应该注重引导学生在社会实践中获取业务知识，增强服务社会的本领。开展社会实践活动要与业务素质教育相结合，着力培养青年学生的创新意识、创新能力和树立创新精神。与专业相结合的社会实践活动，才能使成才教育收到实效，也才能真正服务于社会。像学术科技与创新创业社会实践，能真正体现学生课外从事的创新创业活动以及在参加各级各类学术、科技、创业等比赛中取得的成绩，也检验大学生宽厚扎实的专门知识和多门学科的专业知识，帮助大学生深入思考和探索人类社会所面临的一些重大问题，提高大学生熟练运用计算机等现代化工具的能力与对新技术、新观念的鉴别能力。长期以来，在高等教育的培养目标上有“通才”与“专才”的争论。解决这一问题的关键在于把握社会分工的“专业要求”和社会合作的“社会化要求”之间的关联。大学生社会实践铸造大学生适应社会的共同平台，突破狭隘专业划分所带来的知识局限，为大学生由专业人才成为通识人才奠定了坚实的基础。

3. 结合素质拓展，重点增强大学生的身心素质

社会实践活动要与身心状态相结合，开展社会实践活动要与身心素质提高相结合。大学生开展社会实践可以通过素质拓展训练促进身心素质的提高。素质拓展训练是通过信任训练、沟通训练、领导力训练、自信心训练、心理突破训练等，全面挖掘和提升大学生的身心素质。素质拓展训练融合了从低挑战到高挑战的元素，个人和团队都可透过危机感、领导、沟通、面对逆境和辅导的训练而得到提升。身心素质是做人的基础，提高大学生生理素质，培养大学生坚忍不拔的意志品质，增强大学生适应社会的能力，有利于人才素质的全面提高。素质拓展训练是富有挑战性的实验场，在培养健康身心素质方面有着明显的效果。训练过程中，在特定的环境和气氛中，大学生不断克服自己的心理恐惧、提高情绪，调节自我控制

能力、保持平和心态、挑战自己、战胜自己，从而塑造冷静、果断、坚忍不拔的良好意志品质。在参与训练中，身体素质也得到了增强，能力得到了提高，意志受到了磨炼，心灵进行了荡涤。

大学生社会实践，要以了解社会、服务社会，弘扬正能量为主要内容，以形式多样的活动为载体，以稳定的实践基地为依托，以提升精气神为目标，让真善美深入到实践活动中。随着互联网的普及，网络对大学生的负面影响也日益加深，价值多元化、前途功利化、责任感淡化、实践能力弱化、劳动能力退化，为高校在“互联网+”环境下开展德育工作提出了挑战。理论联系实际是我们党的优良传统和作风，教育与生产劳动和社会实践相结合是党的教育方针的重要内容，理论教育和实践教育相结合是大学生思想政治教育的根本原则，大学社会实践是高校思想政治教育不可或缺的重要环节。在“互联网+”环境下，提升大学生社会实践的实效性，必须丰富思想内涵，研究新情况，创新新方法，适应新要求，真正使社会实践常做常新，收到成效。

（作者单位：湖北警官学院）

高校思想政治理论课实践教学的实现路径探析

彭汉琼

高校思想政治理论课承担着对大学生进行系统的马克思主义理论教育的任务，是对大学生进行思想政治教育的主渠道和主阵地。实践教学是理论联系实际的有效形式，是深化高校思想政治理论课教学改革，增强思想政治理论课针对性和实效性的重要途径。加强实践教学对大学生了解社会、认识国情、锻炼毅力、陶铸人格、增长才干、奉献社会、认识自我、锻炼自我等都具有极其重要的作用。结合当前高校实践教学实际，探索思想政治理论课实践教学的实现路径，有助于实践教学的深入实施和实践育人功能的有效发挥。

一、思想政治理论课实践教学的主要形式

高校思想政治理论课实践教学主要有两种形式，一是利用实践教学基地进行社会调查，二是利用假期进行社会调查。

1. 利用实践教学基地进行社会调查。指由学校统一组织、统一安排时间、地点和经费，由思想政治理论课教师带队，在学校事先建立的实践教学基地开展实践教学活动。一般每个小组由 2 名指导教师和 30 名学生组成。学生在教师的指导下制定活动计划，围绕既定的主题开展调查研究工作，撰写论文或调研报告。

学生通过到爱国主义教育基地、改革开放取得较大成就的地区、新农村建设示范区等进行社会调查，让学生亲眼所见历史事实和改革开放的巨大成就，亲耳所闻社会对于改革开放的呼声，获取

大量真实的感性材料，扩大学生的视野，丰富思想政治理论课的教学内容，从而帮助学生加深对教师在课堂教学中所阐述的理论的理解与认同。实践教学基地建设是开展思想政治理论课实践教学的基础性工作，实践教学基地的建立应结合思想政治理论课各门课程的教学内容和特点，并且还应结合本地特色，充分利用学校所在地及周边城市改革开放和现代化建设以及革命历史时期遗留的相对丰富的教学资源，以学校名义与一些具有典型性、成就突出的单位签约，建成相对固定的实践教学基地，从而为实践教学开展提供便利条件。我校先后以学校名义与武汉规划馆、武汉科技馆、辛亥革命红楼纪念馆、辛亥革命博物馆、武汉市博物馆、武昌农民运动讲习所、汉口八七会议旧址纪念馆、社会主义新农村石榴红村签约挂牌，与武汉可口可乐饮料有限公司、百步亭小区、湖北省博物馆、中山舰等单位建立联系，签订协议，使他们成为学校稳定的实践教学基地。每学期由思想政治理论课教师带学生到以上实践教学基地进行社会调查，取得了良好的教学效果。

2. 利用假期进行社会调查。是指大学生利用寒暑期这段时间，按专业人才培养方案和思想政治理论课综合实践教学相关要求，自行联系实践教学单位，围绕思想政治理论课实践教学的主题，自行开展实践活动。活动结束后，学生撰写实践论文或调研报告。

假期社会实践活动是大学生深入社会深入基层，了解国情民情的重要渠道之一，也是大学生将所学理论知识联系社会实际、积累社会知识、增长实际才干的重要途径。学生按照思想政治理论课教师布置的社会实践主题，利用假期返乡深入社会不同领域，了解改革开放以来我国在各方面发生的深刻变化，撰写社会调查报告，使他们在实践中切身感受，从而增强对马克思主义的信仰和中国特色社会主义的信念。这种形式解决了目前学生多，难以组织大规模社会实践活动的难题，也是最经济的实践教学方式。

二、思想政治理论课实践教学的实现路径

1. 利用实践教学基地进行社会调查的组织和实施

（1）开展前做好动员和准备工作

首先根据思想政治理论课具体课程的教学内容和特点以及实践教学资源和学生关注的热点问题确立多个实践教学的主题，供学生选择。其次，召开实践教学动员大会，讲明开展此次实践教学的意义，介绍社会调查的方法，对学生提出明确的要求，要求的内容包括学生应在进行实践活动前搜集相关资料，制订自己的实践计划，实践活动中注意调研方法的选择，保护自身安全，实现实践目的，结束后撰写实践报告。最后，应明确对教师的要求，要求包括根据实践主题制定教学计划、教学目标、内容安排、经费预算、后勤准备、学生分组、活动对学生的纪律要求以及学生成绩考核标准，学习相关理论，对学生要负的责任和提供的指导，对社会实践基地的开拓和预先考察，与基地相关领导干部的沟通协调。

（2）实施过程中师生共同参与

由思想政治理论课教师带领学生实践小分队前往实践教学基地，按照已经安排好的教学计划进行相关的调查研究。在实施的过程中，要坚持集中与分散相结合，理论与实践相结合，教师主导与学生自主相结合，在实践教学中及时发现问题，解决问题。

（3）调查结束后做好总结和考评工作

学生应撰写社会调查报告并以班为单位进行交流，总结出优秀调查报告、优秀个人、先进集体、活动积极分子分别进行表彰。教师根据学生的调查报告、思想收获和学生在实践教学中的表现给出相应的成绩，并上交教务处纳入学生学籍管理档案。教师还应分析本次实践教学的成功之处和不足之处以及今后的努力方向。

2. 利用假期进行社会调查的组织和实施

（1）假期社会调查精心策划选题

结合当前社会的热点、难点问题，紧扣党和政府的宏观战略，从促进地方经济社会发展的角度出发，创设实践教学调研课题（项目），学生通过不同的方式参与课题的设计、申报、调研和报告撰写工作，实现思想政治理论课实践教学的目的。项目主导式实践教学关键在于是精心策划选题。选题一定要主题突出，否则很容易陷入盲目性，流于一般的形式，难以真正达到思政课实践教学目的。因此，马克思主义学院、学校教务处应结合当前社会的热点、难点问题，紧扣党和政府的宏观战略，甚至可通过网络或走访等多种渠道调查收集相关企事业单位、城市社区、农村的基本情况，汇集急需解决的问题，创设假期实践教学调研课题。譬如设计诸如“家乡的变化调查”、“魅力武汉”、“农村留守儿童学习现状及所思所盼”、“城市农民工生存状况调查”、“民生之就业调查”、“民生之分配调查”等大量覆盖城乡社区的选题，学生可以调查了解自己所在地这些情况或问题，集中汇编在学生实践手册上供学生选择和参考，要求每个学生必须参加调查。

（2）加强调研，讲求实效

学生按照教师布置的社会实践主题，利用寒暑期尽力通过多种途径和形式深入社会不同领域去调查、体验和感悟，了解改革开放以来我国在各方面发生的深刻变化，撰写社会调查报告。马克思主义学院通过各种渠道认真做好基层需求的了解收集工作，在调研基础上依据学生所学专业、兴趣爱好等，有针对性地组建、派出重点服务团队，选派相关教师带队指导，积极和对应的学生保持联系。引导学生把这些调研问题上升到书本中来，与社会主义初级阶段理论相结合，帮助学生在解决实际问题中运用马克思主义基本立场、观点和方法；在分析问题中理解现阶段党的路线方针政策的正确性；在比较中认识中国特色社会主义道路的正确性，使他们在实践中切身感受改革开放、科技创新取得的瞩目成就，从而增强对马克思主义的信仰和中国特色社会主义的信念。

（3）加强宣传，营造氛围

要高度重视新闻宣传工作，充分利用大众传媒和校园媒体特别是微博、人人网、手机报等新媒体，在活动的策划、动员、实施、总结等各个阶段进行宣传推广，形成校园媒体、学生记者、团队信息员、社会实践专题网站构成的社会实践信息网络，深入宣传报道我校社会实践成果。动员本次假期社会实践活动的学生以团队为基本单位积极加入相关微博群，参与相关平台的讨论；同时动员广大同学通过文字、图片、视频等方式，及时将社会实践中的所见所闻、所思所想、所作所为进行展示、分享，并开展“最佳微心得”、“最让我感动的实践活动”、“青春微事”等征集评选。

(4) 做好总结，巩固成果

根据青年学生新的思想行为特点和成长发展需求，主动从社会实践活动的内容设计、组织方式、运作机制等方面进行探索创新。每学期开始，学校将举行学生假期社会实践活动的交流、评比活动，通过各种传播方式让更多的学生分享重点团队的活动经验和成果，并及时做好普遍性、规律性的总结提炼。学校将编发专项工作简报，对假期社会实践活动的探索创新进行推广，欢迎积极投稿。同时做好考评工作，教师根据学生的调查报告及假期社会实践的表现给出相应的成绩。

三、思想政治理论课实践教学的作用

社会实践教学的加强，使广大学生获得了理论联系实际和在实践中进行自我教育的机会。学生适应社会能力显著增强，综合素质显著提高，思想政治教育实效性进一步显现。

第一，大学生在实践活动中通过自我教育提高自身道德素质和人文素质。大学生关爱留守儿童、关爱空巢老人、得到了被关爱者的感激、周围人的赞许和社会的认同，这实际上是一个道德体验过程，这个过程具有触动大学生心灵、提升精神境界的作用。参加活动的大学生普遍感到“学习道德是快乐的，做道德的人是幸福的”。实践过程变成了人世间最生动、最有效、能够影响学生一生的思想品德大课堂。

第二，大学生利用假期深入社会，从象牙塔走进真实的社会生活。在这个过程中大学生加深了对国情的了解。通过社会调查，大学生对改革开放后我国社会经济发展状况、农民收入状况、农村教育状况以及社会发展过程中出现的各种社会问题有了更深刻的认识，增强了大学生社会责任感。

第三，实践教学使大学生实际能力得到了全面提高。大学生要把理论应用到实践之中去，要接触各方面的人，学会与人沟通，学会观察、分析、解决各种实际问题，要克服在进行实践活动中遇到的来自生活的或来自工作的方方面面的困难。在这个过程中，大学生磨炼了意志，健全了人格，完善了自我，提高了实际生存的能力，实践归来的大学生已不再浮躁与空虚，他们走向了成熟，这是大学给予他们的一笔无形的人生财富。

（作者单位：江汉大学）

应用型本科院校思想政治理论课实践教学模式创新研究

陈育钦

思想政治理论课教学过程中，实践教学是十分重要的环节。根据应用型本科院校人才培养目标的要求，要特别注重实践教学环节，但在实际的操作中，思想政治理论课教师本身的惰性、实践教学经费的不足、对于社会实践安全隐患的恐惧、实践教学资源开发的欠缺、学生对实践教学流于形式的厌倦等因素的制约，给思想政治理论课实践教学带来严峻的挑战，创新思想政治理论课实践教学模式，对于提高思想政治理论课教学的实效性具有重要意义。

一、创新应用型本科院校思想政治理论课实践教学模式的紧迫性

大学生正处于价值观形成和确立的关键时期，抓好这一时期的价值观养成和培育十分重要。当前高校宣传思想领域主流积极健康向上，广大师生衷心拥护以习近平同志为总书记的党中央，对中国特色社会主义事业和实现中华民族伟大复兴的中国梦充满信心。与此同时，我们必须清醒认识到在经济全球化条件下，高校的思想政治教育面临来自多方面的冲击与挑战，政治理论课教学实效性、针对性不强已是当下不争的事实。为此，推进政治理论课教学改革，提高政治理论课的吸引力、凝聚力和实效性，科学回答大学生心中的各种困惑，树立科学的世界观、人生观和价值观，坚定建设中国特色社会主义的理想信念，仍然是当前思想政治理论课亟需解决的重要问题。要通过入脑入心的思想政治教育，将中国梦作为青年大

学生的共同时代理想，将社会主义核心价值观作为青年大学生的价值取向标准，从中华民族传统文化瑰宝中汲取丰富营养，引导大学生在勤学、修德、明辨、笃实上下工夫，踏实做人，锤炼本领，建功立业，报效祖国，真正扣好人生第一粒扣子。要高度重视学生的职业道德教育和法制教育，重视培养学生的诚信品质、敬业精神和责任意识、遵纪守法意识，培养出一批高素质的应用型人才。为此，在应用型本科院校思想政治理论课要始终坚持育人为本，德育为先，体现立德树人的教育理念，同时，结合应用型本科院校人才培养目标，创新思想政治理论课实践教学模式，贴近社会、贴近生活、贴近学生思想实际，使思想政治课成为学生“真心喜欢，终身受益”的课程。

二、应用型本科院校思想政治理论课实践教学设计的理念

根据“05 方案”（即《〈中共中央宣传部教育部关于进一步加强和改进高等学校思想政治理论课的意见〉实施方案》）文件精神，本科院校思想政治理论课，共有四门课程，即“马克思主义基本原理”、“中国近现代史纲要”、“毛泽东思想和中国特色社会主义理论体系概论”和“思想道德修养与法律基础”课（以下简称“原理”、“纲要”、“概论”和“基础”课）。因此我们在设计实践教学模式也是紧扣课程内容，本着让学生带着理论问题走向社会，以理论指导实践并检验理论，又带着实践问题回到课堂，丰富理论并达到内化理论的创新的设想，从而在理论与实践的结合中，促成教学目标的实现。“原理”课的设计是帮助学生树立唯物辩证的思维方式以及马克思主义的世界观和方法论，运用马克思主义政治经济学的基本原理分析理解我国当前经济面临的新常态和以习近平总书记为党中央的经济发展的新战略新举措，帮助学生从整体上把握马克思主义，正确认识人类社会发展的基本规律。“纲要”课的设计是帮助学生了解国史、国情以及中国近代以来抵御外来侵略、争取民族独立、推翻反动统治、实现人民解放的历史，帮助学生了解国史、国情，深刻领会历史和人民是怎样选择了马克思主

义，选择了中国共产党，选择了社会主义道路。“概论”课的设计是帮助学生系统掌握中国共产党把马克思主义基本原理与中国实际相结合的历史进程，充分反映马克思主义中国化的两大理论成果，帮助学生系统掌握毛泽东思想和中国特色社会主义理论体系以及习近平同志系列讲话重要思想，坚定在党的领导下走中国特色社会主义道路的理想信念。“基础”课的设计是帮助学生增强社会主义道德教育和法制教育，帮助学生增强社会主义法制观念，提高思想道德素质，解决成长成才过程中遇到的实际问题。

三、创新应用型本科院校思想政治理论课实践教学的具体模式

应用型本科院校思想政治理论课不仅是对大学生进行系统的马克思列宁主义、毛泽东思想和中国特色社会主义理论体系以及习近平总书记系列重要讲话精神教育，而且还突出应用型本科院校特色，重视学生的职业道德教育和法制教育，注重培养学生的诚信品质、敬业精神和责任意识、遵纪守法意识，着力提高学生的主动参与意识和社会实践能力，是一门政治性、科学性、时代性和实践性很强的学科。

1. 创新应用型本科院校思想政治理论课实践教学模式的思路

应用型本科院校思想政治理论课实践教学是思想政治理论课课堂教学的延伸和补充，通过实践教学帮助学生完成从书本到现实，从理论到实践的飞跃。目的是使应用型本科院校的学生能广泛接触社会，了解社会，了解群众，亲身体验改革开放给我们的国家和人民生活带来的可喜变化，加深对国情、乡情、民情的了解，从而加强对党的路线、方针、政策的认识和理解，更加坚定社会主义信念，形成朴实的爱国爱乡爱民朴实的情感，树立强烈的社会责任心，增强历史使命感，并将其外化为实际的行动，真正成长为思想素质好、实践能力强、具有科学精神和创新精神、能为国家和社会作出贡献的高素质技能型社会有用的人才，为实现中国特色社会主义现代化建设做出积极地贡献。

（1）利用各专业实践教学网络，强化思想政治理论课实践教

学环节。应用型本科院校教育中具有丰富的实践教学环节，各专业都包含有课程的实验、课程实习、校内实训、毕业设计、企业见习、企业实习等。这既是专业实践教学的重要环节，也是思想政治理论课实践的过程与实践的基地。传统思想政治理论课的实践教学往往只注重理论知识的教育灌输、案例的讲授，在观念上培养与提高学生的"思想素质"、"德性"与涵养，但忽视了思想道德实践，从而没能真正内化为"思想素质"、"德行"。应用型本科院校应把丰富的专业实践教育资源，统一纳入思想政治理论课程教学体系，统一规划、设计、实施和考核，让学生在专业实践的同时也进行思想道德实践，并在此过程中形成良好的思想道德素质，并内化为良好的行为，达到提高其思想道德素质的目的。

(2) 以企业对人才的需求营造环境，增强思想政治理论课实践教学效果。"环境育人"是思想道德教育的一条重要途径，要培养企业所需要的高素质人才，就必须按照企业的要求营造育人环境。为此，应用型本科院校的校园文化应该具有很强的职业性，应积极探索如何将校园文化的设计与企业文化进行对接。根据联合办学企业或定单式办学企业的企业文化来改造校园文化，在办学理念上突显以就业为导向，在产品定位上满足企业的要求，在制度文化建设上引进企业管理的相关理念。另外第二课堂的开展紧紧围绕"以就业为导向"这一主题，多开展企业与学校互动的活动，如请企业专家、优秀毕业生来校讲座，到企业进行见习参观，举办企业现场招聘会等活动。

(3) 探索以就业为导向，挖掘学生的学习潜力。跳出传统的校园灌输式、象牙塔式、闭门造车式的思想政治理论课实践教学模式，从而把视野扩充到岗位、企业、社区，直至整个社会，特别要以社会一线的职业岗位对人才的要求来规范我们的学生，通过形式多样的实践教学，培养学生适应现代和未来社会所必须具备的各种素质，如脚踏实地、吃苦耐劳、爱岗敬业、诚实守信、富有劳动纪律、富有合作精神等思想道德素质。

(4) 润物细无声，培养学生健康情趣以及乐观向上的精神。以走廊、绿地、教室、花园、宿舍、图书馆等为载体，建设"走廊文化”、“教室文化”、“绿地文化”、“宿舍文化”、“图书馆文化”等，润物细无声，培养学生健康的审美情趣、生活情趣和乐观向上的精神；利用电视、录像、广播、黑板报、手抄报、网络等宣传阵地对学生进行正面引导，使他们在各种文化思潮的冲击下，明辨是非，站稳脚跟。

2. 创新应用型本科院校思想政治理论课实践教学具体模式

在应用型本科院校思想政治理论课实践教学中遇到的经费、安全、基地、资源等“瓶颈”制约问题一时难以解决的前提下，构建以课堂实践教学、校园实践教学和社会实践教学相结合“三位一体”的实践教学模式，成为应用型本科院校思想政治理论课实践教学的一种必然选择。结合思想政治理论课教材的具体内容，积极创新思想政治理论课实践教学模式，提升学生学习思想政治理论课的兴致，培养学生发现问题、运用所学的马克思主义基本理论分析问题、解决问题的能力，确实解决思想政治理论课教学中存在的难题，提高思想政治理论课的教学实效性。

（1）创新应用型本科院校思想政治理论课课堂实践教学模式。根据教学内容的不同，采取以下灵活多样的教学方法：

角色扮演法。在《基础》课课堂教学实践中，我们结合国内外时事以及高职学生生活内容设置主题，由学生分别扮演相关角色，在互动中创造性地解决问题，提高应变能力，增强学生情感体验，引导学生将道德认知内化为信念，外化为行为。

情景教学法。根据教材内容和学生特点，引入或创设与内容相适应的教学情景，让学生置于特定的教学情景之中，利用能引起学生知识、情感、行为变化的自然、社会现象或人为创设的具体场景，激发起学生内心情感，引导学生在交流活动中获得知识、陶冶性情、提高能力，以达到知、情、意、行最佳统一。

案例讨论法。每章教学内容可以是一个主题案例导入，并提供相关的知识链接，在介绍案例的同时抛出问题，也可以是在线观看视频或网络链接案例，还可以组织学生听各种专题报告，组织学生收看党代会报告，收看了神舟载人航天的录像、每年“两会”的报告、中国梦主题教育、“一带一路”、感动中国十大人物报告，以及在线观看国内外专家学者的各种学术报告或录像等。这些录像和报告，使学生心灵产生巨大的震撼，开拓学生的眼界，这是纯理论教学所无法达到的效果。要求学生自主讨论并对疑问加以解决，提高学生独立思考和解决问题的能力。

课堂辩论赛。针对教材的相关内容和学生关注的焦点、热点、难点，教师预先设计好辩论题，由各教学班级为单位，以行政班为参赛方，由班长带头挑选本班参赛选手，组成正反方，再有两个行政班级推选评审团、辩论赛主席、计时员等，辩论赛参照大学生辩论赛的仿真模拟进行，所不同的是全班同学在自由辩论阶段都可以集思广益，为本班选手提供思路，这样可以调动全班同学参与的积极性，同时也培养学生的团队合作精神，辩论赛成绩作为全班平时表现的成绩。

模拟法庭。在《基础》教学过程中，我们在讲授法律基础部分时，我们在课堂教学中运用模拟法庭与角色扮演法相结合的课堂实践教学模式让学生亲身体会法律的神圣与尊严。

课前3分钟一周新闻播报。教师在课后布置以学生组成的小组为单位，收集国内外每周的重大新闻或是社会关注也可以是学生关注的热点、焦点、难点，在每次课前利用3~5分钟时间由学生代表上讲台进行一周新闻播报。目的是锻炼学生对时事的敏感性，尤其是“概论”课，是一门时效性、时事性都很强的课程，进行课前新闻播报对教学更有意义，同时也能有效提升学生学习本课程的积极性、自动性。

课题研究法。在教师的引导下，学生根据自身的知识体系和专业特点，选择自己感兴趣的领域，自由结合组成研究小组，开展对于本课程内容相关的课题研究，它可以是社会热点、焦点、难点问题，也可以是中国共产党领袖人物的研究、还可以是对区域文化(校园周边的)、中国梦主题、一带一路专题、习近平系列重要讲话精神、区域经济；甚至可以是学生身边的现象的研究等。

主题视频欣赏。根据不同时期的时事政治观看切合教材内容和时事热点给学生在线观看时效性强的影视视频，学生在多媒体视觉的冲击下，身临其境的接受教育，这是教师在课堂上理论教学所达不到的效果。利用课余时间组织学生观看各种影视资料观看纪念改革开放30年周年专题片《复兴之路》、《百年中国》、《毛泽东生平事迹》、《邓小平生平事迹》、《走进新时代》、《作风建设永远在路上》、《筑梦路上》等，对90后的大学生形成了很大的震撼，既可以增加学生感性认识，帮助学生更好理解党和国家的方针政策，达到毛泽东思想、中国特色社会主义理论进头脑的目的，同时也弥补由于理论教学课时的不足，加深对基本理论基本原理的理解。让学生感性的了解了中国共产党在领导中国人民解放全中国的艰辛历程，使学生更加热爱中国共产党，更加珍惜来之不易的现在的和平安宁的生活环境，也更加坚定了中国特色社会主义建设事业的理想信念，为实现中华民族伟大复兴的中国梦而不懈努力的决心。以上的种种课堂实践教学活动，增加学生感性认识，帮助学生更好理解党和国家的方针政策，达到思想政治理论课内化的目的。

（2）创新应用型本科院校思想政治理论课校园实践教学模式。读一本马列主义或中国化马克思主义相关书籍、以宿舍为小组举办政治手板报展览评比交流、以节假日为载体开展丰富多彩系列主题教育活动，如爱国主义主题教育活动、感恩教育活动、诚信教育活动、尊师重教活动、主题团课、大学生心理健康教育系列活动等；根据不同专业组织学生开展形式多样的校园实践活动，诸如社区管理专业的学生开展以每幢宿舍楼为单位进行模拟社区管理实践活动、市场营销专业的学生开展“跳骚市场”模拟市场交易活动、法学专业的学生开展模拟法庭演示、人文学院和国际贸易专业的学生开展“一带一路”跨文化交流模拟、人力资源管理专业的学生开展校园模拟招聘活动等，加深学生对和谐社会建设、“一带一路”、“供给侧改革”、“经济新常态”、“五大发展理念”、“四个全面战略”等中国化马克思主义理论体系最新成果的理解和认识。

（3）创新应用型本科院校思想政治理论课校外社会实践模式。利用校园周边环境充分挖掘思想政治理论课实践教学资源，如我们利用福建侨乡优势，组织学生参观考察，深刻理解中国共产党的统战思想、华侨爱国爱乡的情怀，通过参观、访谈等形式了解新农村建设成就与设想，使学生更深刻的理解新农村建设的内涵及意义，建设社会主义和谐社会的必要性有了更全面的认识，利用船政文化、两马（马尾、马祖）文化交流等，帮助学生理解祖国统一、爱国主义内涵以及中国特色社会主义文化建设重要意义；与院团委联合组织学生成立志愿者协会开展志愿活动；组织学生参观福建省革命历史博物馆，更加深刻理解中国共产党的领导是中国历史的必然选择，对建设中国特色社会主义伟大事业更加坚定不移；组织学生参观福州市“三坊七巷”、林则徐、严复、冰心、林觉民等历史名人故居，感受福州的历史文化传统和人文底蕴；组织学生暑期社会实践系列活动如：红色之旅、优秀校友访谈、市场调研、改革开放以来家乡发生的变化、暑期三下乡活动等；结合专业的实训活动感受我国社会主义现代化建设的成就及其变化；以假期组织部分学生参加暑期社会考察实践活动，使学生亲身感受祖国建设的伟大成就，激发学生建设祖国服务祖国的决心和责任感。

（作者单位：福建工程学院）

高校思想政治理论课实践教学与“两个课堂”的关系研究

叶雪梅　刘新华

近年来，高校在积极探索思想政治理论课（以下简称思政课）教学改革的过程中，越来越认识到实践教学的重要性。2015 年 7 月，中共中央宣传部、教育部关于《普通高校思想政治理论课建设体系创新计划》（教社科［2015］2 号）明确提出了要“努力强化实践教学，建设与课堂教学相互促进的思想政治理论课第二课堂教学体系”。作为思政课教师，我们需要深入思考的是：思政课实践教学与两个课堂的关系怎样？第一、第二课堂如何有机结合，共同促进思政课实践教学？

一、第一、第二课堂概念及相互关系的再认识

传统意义上，人们更多地把按照教学大纲、教学计划的规定要求进行的课堂教学活动平台称之为第一课堂，而第二课堂则是在教学计划之外引导和组织学生开展的各种有意义的健康的课外活动，它包括政治性的、学术性的、知识性的、健身性的、娱乐性的、公益性的（或叫服务性的）、有酬性的活动等。进而言之，第一课堂教学活动在传授理论知识、培养学生思维能力等方面起着主渠道作用，它主要是一种理论教学活动；而第二课堂教学活动则是对第一课堂教学活动的补充和延续，它在丰富学生课余生活、拓展学生动手能力、提高学生综合素质等方面起着重要的辅助作用，主要是一种实践教学活动。

当今社会，随着科学技术和经济、社会的发展，对人才素质

提出了更高的要求。调查研究发现，以第一课堂为主阵地的传统教学模式现在仍然起着主导作用，而第二课堂则更多地停留在“丰富学生课余生活、拓展学生动手能力”的理念上，它更像是学校教育的一种点缀，一个摆设，处于学校教育的附属地位，这种情况至今存在着。由于人们对第一、第二课堂的价值认识存在着偏差，第一、第二课堂的衔接并不顺畅，二者的矛盾也一直存在着。

就第一课堂的教学活动而言，它不仅仅是在课堂上传授理论知识、培养学生思维能力的理论教学活动，它还是一种教学实践活动。一方面，第一课堂的教学活动本身就是一种实践活动。按照马克思主义的实践观，无论是教师的讲授还是学生的学习都是一种有目的的实践性活动，在这种活动中可以很好地对理论知识进行理解、反思和接受；另一方面，第一课堂的教学实践活动不仅有讲授、提问、练习等以教师为主导的理论教学方式，还包括了讨论、辩论、演讲、案例分析、课堂演示、情景体验等充分发挥学生主体性作用的教学方式，这是一种以实践体验形式展现出来的教学实践活动，称之为课堂实践教学，它与理论教学活动一起构成了第一课堂教学活动的两种基本形式。

就第二课堂而言，实践性是其最突出的特点。它主要是以学生亲自参与课外实践体验的方式，以社会调研、志愿服务活动、参观考察、采访报道、发现之旅、音视频制作等形式和手段进一步理解和验证课堂上所学的理论知识，提高学生的综合素质与能力。第二课堂作为对第一课堂的重要补充和拓展，无论是实践教学还是实践课程，都不同于第一课堂，它们比第一课堂的实践教学更灵活开放、形式更多样、实践度更高。就其外延而言，第二课堂的实践教学主要包括校内实践教学和校外实践教学两大类，而实践课程则可以通过开设必修课、选修课、讲座等方式，引导学生在第二课堂教学活动中进一步拓展思维能力和创新能力。

综上所述，第一课堂和第二课堂二者既各自区别，又相互联系、相互作用，共同促进教学的发展。

二、思想政治理论课实践教学在“两个课堂”中的现状与问题分析

自改革开放以来，思政课教学一直不同程度地存在着重理论轻实践、针对性和实效性不强的问题。人们在“两个课堂”实施思政课实践教学方面的认识偏差，更是一个非常值得关注的因素，本文着重对这一因素进行分析。

1. 思政课实践教学在第一课堂方面一直存在着被忽略的现象

高校的思政课教学主要包括五门课程，除了“形势与政策”课程外，其余四门课都具有一定理论性或理论性很强。由于思政课的政治性、理论性和思想性等特点，从一开始，思政课教师就非常重视对学生进行理论教育，在课堂教学中主要采取灌输、启发、讨论、案例分析、辩论、观看视频等教学方式和手段，不可谓方法不多，但效果并不尽如人意。究其原因，主要与教师对第一课堂思政课教学方式的认识偏差有很大关系。

思政课教师普遍认为，思政课既然着重于意识形态教育，又有一定的理论深度，一定要把理论讲深讲透才能实现教学目标，这种想法本身并无不妥，也符合思政课自身的特点。关键在于，在讲授思政课内容的过程中，由于担心不能讲深讲透，往往采取满堂灌的方式，使思政课教学显得枯燥单调，加上思政课的教学内容和课时是既定的，要在有限的时间内完成繁重的教学任务，只能继续强化理论灌输，而在第一课堂中本应发挥重要作用的实践教学方式如专题讨论、主题演讲、热点难点辩论、情境体验、课堂演示等，则被忽略甚至虚化。长此以往，学生的学习积极性和主动性得不到有效调动，在课堂教学中往往采取显性或隐性逃课的方式应付思政课教学，不仅教师感到无奈，学生更有消极抵触情绪。

2. 思政课实践教学在第二课堂方面存在着分类不清的问题

关于思政课实践教学的定位，有的学者认为，实践教学不是教学层面的一种教学方式，而是课程层面的一种具有独立形态的课程，它由思政课单项性实践教学、综合性实践教学和潜在实践教学构成；还有的学者认为实践教学应从课堂拓展到校园环境乃至社会

环境当中，将思想政治教育寓于学科竞赛活动、校园社团活动和学生社团的日常管理中；也有学者把思政课实践教学定位为“课堂实践+社会实践+科研实践+生活实践+网络实践”的“五实践”教学模式；等等。

关于思政课实践教学的分类，有的学者认为，实践教学形式主要有三种：一是课内实践教学，包括案例教学和课堂展示课；二是校内实践即第二课堂，主要是以社团活动实践或课外学生活动实践的方式进行的；三是社会实践，组织学生参与各种主题明确、形式多样的社会实践。还有的学者把“校内实践教学”纳入“课堂实践教学”的范畴，认为“隐性的实践教学”和“课堂实践教学”、“社会实践教学”是紧密相关，密不可分的。也有的学者把思政课实践教学归纳为课堂实践教学、校园实践教学和社会实践教学三种模式，分别称之为“第一课堂”、“第二课堂”和“第三课堂”。

上述界定和划分，不一而足，但总的来看，界定与划分仍然比较模糊。这些问题的存在影响和制约着第二课堂实践教学的效果。我们应该重新界定和划分思政课实践教学。

3. 思政课实践教学在两个课堂中的课时安排比较混乱，实践教学流于形式

按照“05 方案”（即《〈中共中央宣传部教育部关于进一步加强和改进高等学校思想政治理论课的意见〉实施方案》），思政课教学有明确的课时保障，绝大部分学校都能按照要求制定详细的思政课教学计划，按一定比例分配理论教学和实践教学的学时或学分。然而，一些高校借着加强思政课实践教学改革的政策精神，在教学课时上做起了文章，有的高校直接压缩思政课理论教学的授课时数，也有的高校虽然没有压缩思政课教学的总课时数，但采取虚化的方式，即表面上减少思政课理论教学的课时数匀给了思政课实践教学，但实际上思政课的实践教学课时数很少甚至没有课时数，教师和学生都不重视，这样的思政课实践教学效果可想而知。当然，也有很多高校真心进行思政课实践教学改革，按照规定，很多高校开设了独立的思政课实践课，还有的高校在课堂教学中调整了思政课理论教学的课时数，分配一部分课时给了实践教学。然而，

存在的问题是，实践教学目的不太明确，实践课时安排上缺乏系统性、计划性与规范性，管理比较混乱，思政课实践教学仍然处于无序、无力、弱效状态。因此，科学安排与规范第一、第二课堂的实践教学课时应是推动思政课实践教学改革的一个重要抓手。

三、强化思政课实践教学，促进“两个课堂”思政课实践教学活动的有机结合

1. 正确认识和处理第一课堂理论教学与实践教学的关系，努力强化课堂实践教学，完善第一课堂思政课实践教学模式

当前第一课堂思政课教学改革的一个重要内容就是努力强化课堂实践教学，不断完善理论教学与实践教学相互渗透、相互促进的实践教学模式。可以从两个方面来分析。

第一，第一课堂思政课实践教学应正确认识和处理好理论教学与实践教学的作用关系，既不能狭隘地认为实践教学从属或依附于理论教学，也不能将它们简单混同或者彼此取代，而是应将二者并重，相互补充，相互融合，共同提高思政课的质量和效果。同时，在实际操作中应紧紧围绕思政课的教学内容来设计实践教学方式和手段。教师可根据课程中的重点难点给出主题，指导学生利用课余时间查阅资料并通过 PPT、演讲、情境体验、观看视频等形式将自己的研究成果在课堂上演示出来。这种教学方式避免了简单说教，让许多原本枯燥难懂的理论问题在学生自我研学的过程中被学生更好地理解和消化，教学效果比单纯讲授要好得多。另外，随着网络技术的发展，思政课的实践教学手段也在不断创新，如课堂微辩论、微时评等，它们也是一种很好的实践教学方式。

第二，第一课堂思政课实践教学所针对的内容一般来说是理论热点问题、社会焦点问题以及学生的思想困惑问题等。对于这些问题，如何精心设计课堂实践教学，一方面对教师提出了挑战，要求教师要有很高的业务水平和组织能力；另一方面对学生也提出了更高的要求，要求学生能够按照教师布置的学习任务先去查阅资料，然后在教师的指导下进行各种形式的交流讨论，最后完成学习任务。强化课堂实践教学的重要意义在于，能够创造让学生参与的平

台，充分发挥学生在学习过程中的主动性、积极性与创造性，增强“存在感”，使学生在学习过程中真正成为信息加工的主体和知识意义的主动建构者，而不是外部刺激的被动接受者和知识灌输的对象，有利于提高学生的学习兴趣与实现课程的教学目标。

2. 对思政课实践教学进行科学分类，建设形式多样的第二课堂思政课实践教学平台

思政课实践教学可以从第一、第二课堂两个方面进行界定和划分。第一课堂思政课实践教学又称课堂实践教学，第二课堂思政课实践教学又称课外实践教学，教学过程中需要关注以下几个问题：

第一，第二课堂实践教学与思政课的教学目标、教学目的相一致，具有明确的政治性，它应是判断是否属于思政课课外实践教学的一个原则与标准。有的课外实践教学活动虽然也能提高学生的综合素质，但它不属于思政课的课外实践教学活动，如有的教学竞赛活动、讲座活动、勤工俭学活动、社会兼职活动，等等，不能把思政课的课外实践教学活动当作一个筐，什么都可以往里装。

第二，第二课堂思政课的实践教学相对独立，有自己的特点，它与校园文化中的社会实践活动既有交叉也有不同。因此，思政课的课外实践教学与校园文化中的社会实践活动如歌舞比赛、辩论赛、就业大赛等可以相互合作、相互支持、相互促进、相互融合，但不能完全混淆和等同。

第三，第二课堂思政课的实践教学可分为校内、校外两个模块。校内实践教学最突出的特点是实践教学活动与思政课教学直接相关，在校内进行的思政课调研、征文比赛、思政课讲座报告以及以社团活动为依托开展的思政课实践活动等都属于校内实践教学；校外实践教学是与思政课教学间接相关的实践教学活动，如在校外进行的社会调研、青年志愿者活动、参观学习、发现之旅、“三下乡”活动等都属于校外实践教学。因此，思政课教学部门应与学校团委、学生处或二级学院紧密合作，把他们组织的带有思想政治教育目的的社会实践活动纳入到思政课实践教学活动的范畴中去，使思政课实践教学得到更多方面的支持。

第四，校外实践教学基地作为思政课课外实践教学的一部分，

将是今后建设和发展的一个重要内容。教育部《高等学校思想政治理论课建设标准》明确指出，“实践教学覆盖全体学生，建立相对稳定的校外实践教学基地”。

第五，独立开设的思政课实践课，它与其他专业的实践课一样，有独立的实践教学大纲、教学计划、教学时数、考核大纲等，它既不同于第一课堂的实践教学模式，也不同于第二课堂的实践教学活动，它应该作为思政课实践教学中一个特殊的形式，借鉴专业实践课教学的要求和规定进行实施，其教学内容和形式既有可能在校内也有可能在校外。

3. 以规范第一、第二课堂实践教学课时为抓手，促进第一、第二课堂实践教学活动的有机结合

要促进第一、第二课堂实践教学活动的有机结合，应该以规范实践教学课时为抓手，着重注意解决好以下两个方面的问题：

第一，关于第一课堂理论教学课时与实践教学课时的安排问题。调查发现，目前，很多高校已经对四门思政课的教学课时进行了分配，做法大致有三种：第一种是直接从额定课时中按一定比例划出一部分作为实践课时，如《思想道德修养与法律基础》和《马克思主义基本原理概论》都是48个学时，分别从中拿出16个学时作为该门课的实践课时，《毛泽东思想和中国特色社会主义理论体系概论》共计72个学时，也从中拿出16个学时作为该门课的实践课时。第二种是不直接从额定课时中划出一部分作为实践课时，而是根据教学内容的不同，安排专题开展实践教学，这也符合了教育部关于“中班上课，小班研学讨论的教学模式”的政策精神。第三种是探索在每学期期中安排社会实践周作为教学计划的实践教学环节。这些做法都为科学处理第一课堂理论教学课时与实践教学课时的比例问题提供了一定借鉴和启发。

第二，关于第二课堂实践课时的安排问题。2015年教育部《高等学校思想政治理论课建设标准》明确指出，“实践教学纳入教学计划，统筹思想政治理论课各门课的实践教学、落实学分（本科2学分，专科1学分）、教学内容、指导教师和专项经费”。同时提出“积极创造条件开设本科生和研究生层次思想政治理论

课选修课”。这为科学安排第二课堂实践课时提供了重要依据。其实，在此之前，很多高校已经开设了独立的思政课实践课，集中承担四门思政课的实践教学环节，有的学校安排为48学时，有的安排为36学时，也有的学校利用暑假安排2周以上的时间开展思政课实践课教学。目前，有条件的高校也在积极探索开设思政课的选修课，作为对思政课实践课的重要补充。

中共中央宣传部、教育部关于《普通高校思想政治理论课建设体系创新计划》明确指出，“注重发挥教与学两个积极性，形成第一课堂与第二课堂、理论教学与实践教学、课堂教学与网络教学相互支撑，理念手段先进、方式方法多样、组织管理高效的思想政治理论课教学体系”。在思政课教学改革中，应充分发挥两个课堂的作用，把第一课堂的理论教学与实践教学，第二课堂的课内课外、校内校外实践教学以及社会实践活动有机结合起来，共同促进大学生的成长成才。

（作者单位：厦门理工学院）

思想政治理论课课堂教学与社会实践的互动关系

李腊生

中央宣传部、教育部制订的《普通高校思想政治理论课建设体系创新计划》(教社科〔2015〕2号)强调要“努力强化实践教学,建设与课堂教学相互促进的思想政治理论课第二课堂教学体系”,进一步明确了高校思想政治理论课教学改革的大方向,丰富和完善了思想政治理论课教学体系。理论与实践相结合是人类认识或学习活动的普遍规律之一,也是教学必须遵守的基本原则。高校思想政治理论课教学过程应遵循这一规律和原则,将理论教学与实践教学相结合,不断优化整合,形成教学合力,深化大学生对马克思主义理论的认识和理解,提高思想政治理论课教学效果。

一、实践教学是思想政治理论课的特殊内在要求

思想政治理论课是我国高校所有专业学生必修的公共课,体现社会主义大学的性质和办学方向。从课程形态来看,思想政治理论课是一种理论课,其根本任务是用马克思主义理论,特别是马克思主义中国化最新理论成果武装大学生,把大学生培养成中国特色社会主义事业合格建设者和可靠接班人。马克思主义作为一种系统化的理论体系,不可以通过零星、偶发和间接方式进行教育,也不能把教学内容停留在感性活动层面,这就需要通过系统理论教育来实现。思想政治理论课就是进行系统马克思主义理论教育的主干渠道。一般来讲,理论课教学的目标主要指向课程本身知识结构,以传授知识或技能作为主要课程教学目标;而思想政治理论课有其特

殊性，其教学过程更为复杂，教学活动不仅应系统传授马克思主义理论体系及其立场、观点和方法，而且还需要通过知识的学习，建构学生的精神世界，帮助大学生树立正确世界观、人生观和价值观，实现从知识教育与价值引导的统一。从这个意义上说，思想政治理论课与其他理论课相比具有更高的要求，它不仅要求思想政治理论课体现理论课教学的理论性、系统性、规范性，而且要求在课程教学中进行理论武装和价值引领。这就使得思想政治理论课具有内在实践教学要求。因此可以说，思想政治理论课就是以理论为中介帮助大学生树立正确世界观、人生观、价值观的实践教育活动，是一种以大学生思想理论武装为特征的理论教学活动，一种以大学生世界观人生观、价值观、体验为特点的特殊实践教学活动。

思想政治理论课的实践教学作为一种以学生实践经验为主要方式的教学活动，与理论课或课堂教学相比，其特点和优势在于：第一，以学生为中心的教学理念。实践教学并不完全是以某一理论观点或学科体系为中心开展的教学活动，其目的不是为了使学生学习掌握某一学科或者某一门具体课程知识，它不仅仅着眼于大学生认知的提高，更是着眼于学生的实践活动，以学生本身成长为出发点来展开，体现了学生整体发展的要求。第二，以学生直接经验为教学内容。理论课学习比较重视间接经验的学习，或对人类社会实践的结果的学习运用、掌握，特别是系统的、理论化的教学内容和观点的把握；而实践教学比较强调从学生直接经验出发来学习，强调学生从实践中亲自感受和体会，强调学生的参与性。第三，以实践活动为主要载体。实践教学活动虽然重视学生在课堂教学活动中的内在体验，但其主要载体是学生的各种课外活动，如参观考察、党团活动、社团活动、公益性活动等。这些活动既可以在课堂内进行，更可以在课堂外进行，把实践教学纳入思想政治理论课教学体系，进行有目的、有计划、有组织地设计和开发，不仅深化和丰富课堂教学中的思想理论观点，而且丰富和发展了学生的生活感受和人生体验，更为重要的是使理论课教学内容找到了运用的广阔空间和舞台。因此，实践教学是理论教学的有益补充，只有把理论教学与实践教学结合起来，才能构成一个完整的教学活动。思想政治理论课由于特殊的实践要求，使之更需要实践教学作补充。

二、思想政治理论课课堂教学与实践教学的优化整合

高校思想政治理论课课堂教学（或理论教学）和实践教学既可以看作是两种不同的教学过程，也可以理解为同一个教学过程中不同的两个教学环节，在个体认识事物的过程中相辅相成。

1. 教学内容上有机结合

思想政治理论课理论教学是通过课堂讲授的形式，向大学生传授马克思主义理论知识、中国特色社会主义理论体系的过程，实践教学是通过一定的课内课外形式，结合学生个体实际和社会现实，组织学生体验、参与具体的教学过程，加深学生对马克思主义理论的理解和认知，培养学生观察问题、解决问题的实际能力。理论教学和实践教学的优化整合首先体现在内容上的有机结合：一是理论教学内容的传输离不开实践成果的印证。理论教学内容以教材为准，但又不能完全照抄照搬教材，在具体教学过程中需结合社会现实、学生实际来展开。例如，中国特色社会主义理论本身就是在社会主义革命和建设实践中总结发展而来、被实践证明科学正确的理论体系。课堂讲授中以此为主线，引用大量案例予以印证，既有吸引力，又有说服力。二是实践教学内容离不开科学理论的指导。大学生思想、心理尚未成熟，对社会现实认知能力有限，在参与社会实践时存在一定的盲目性。实践教学内容应紧紧围绕课堂理论教学内容，在科学理论的基础上，选择大学生心存疑惑或有认知误区的教学主题，引导他们带着问题参与实践，在实践中学习运用马克思主义理论认识、分析、解决问题，从而进一步建立对马克思主义理论的正确认知。

2. 教学模式上协调互动

思想政治理论课理论教学多以课堂教学为主，一般采取静态教学模式，主要是教师在固定的时间和地点讲授理论观点；实践教学既有课内实践教学，也有课外实践教学，一般采取动态教学模式，主要是学生参与体验不同类型的实践活动。理论教学与实践教学优化整合，是不同教学模式的动静结合，协调互动：一是课堂实践教

学紧密结合理论教学，以服务于理论教学的有效模式激活课堂。单纯的课堂理论灌输过于单一、枯燥，教师在课堂中根据教学内容组织一定的课堂活动，如案例讨论、情景展示、比赛活动等，在有限的课堂教学时空里注入动态教学要素，引导学生积极思考、主动参与，有利于提高理论教学效果。二是课外实践教学积极配合理论教学，以时空转移的方式拓展理论教学。通过建立思想政治理论课实践教学基地、开展校地合作、校企合作、组织各类大学生社会实践活动等形式，将动态实践教学从课内移到课外，带领大学生走向社会，以活生生的现实和切身体验增强教学吸引力。

3. 教学功能上优势互补

思想政治理论课理论教学和实践教学各具不同功能，在教学过程中形成互补。首先，理论教学促进大学生马克思主义理论学习“入脑、入心”。课堂理论教学通过讲解马克思主义基本理论和观点，提高大学生的马克思主义理论认知，做到对马克思主义理论真学、真懂。其次，实践教学促进大学生马克思主义理论学习“入情、入行”。理论教学只能为大学生提供坚实的马克思主义理论基础，实践教学则提供了将知识运用于实际的机会和平台。学生通过亲身体验强化对马克思主义理论的情感认同，提高马克思主义理论知识的运用能力，最终实现对马克思主义的理论认同。再次，理论教学与实践教学有机结合，促进大学生马克思主义理论学习“入信”。辩证唯物主义认识论认为，认识过程是从感性认识到理性认识，再从理性认识到实践的过程，如此“实践、认识、再实践、再认识，这种形式，循环往复以至无穷”。思想政治理论课理论教学与实践教学相结合，正是遵循了认识论规律，促进大学生在马克思主义理论学习中从真学、真懂到真信、真用，树立坚定的马克思主义信仰。

三、思想政治理论课课堂教学与实践教学优化整合体系的设计

思想政治理论课课堂教学和实践教学的优化整合，要从科学、合理的原则出发，通过教学内容、教学模式、教学运行机制等方面

的系统设计，将两种不同的教学环节统筹安排，有机结合，实现教学效果最大化。

1. 优选理论教学与实践教学优化整合的内容结合点

实践解释理论，同时理论也解释实践。思想政治理论课在开展理论教学和实践教学时，只有选好内容上的结合点，才能充分发挥两个教学环节的“互释”功能。首先，根据理论教学的需要选择合适的实践教学内容。思想政治理论课的理论教学可以采取模块化或专题式教学，根据不同的模块或专题选择与之相对应的实践教学内容。例如，“思想道德修养与法律基础”课在适应教育模块中，可以安排以“了解校史，走访校友，熟悉专业”为主题的实践教学活动，让学生在校园里动起来，互相交流起来，并在课堂上汇报自己的活动成果，帮助他们更好地适应大学新生活。其次，按照实践教学的需要选取相应的理论内容支撑。在实际的教学过程中，也可以从具体的实践教学内容出发，选取与之相关的背景知识、核心观点，对实践教学过程进行解释和支撑。例如，“中国近现代史纲要”课可以充分利用本地现成的红色资源开展实践教学活动，组织学生去参观考察，事先给学生设定好参观目标和任务，并以现场教学的形式，讲解相关理论知识，引导学生更好地参与实践教学活动。

2. 设计理论教学与实践教学优化整合的有效模式

思想政治理论课理论教学的内容和形式相对比较固定，实践教学则可以采取多种形式进行。在理论教学和实践教学进行整合时，应充分结合不同课程理论教学的学科特点与教学侧重点，探索科学有效的整合模式。以四门主干课程为例，可以采取“1 + N”的组合模式，即以 1 种契合课程理论教学内容的实践教学方式为主，N 种其他不同方式为辅的整合模式。如“马克思主义基本原理”课学科性、理论性较强，可以组织学生开展马列主义原著导读为主要形式，引导学生领略经典原著的理论魅力，辅之以主题讨论、知识竞赛、社会考察等形式；“毛泽东思想和中国特色社会主义理论体系概论”课理论教学内容具有鲜明的时代气息，贴近社会实际，可以以社会调查为主要形式，帮助大学生深入了解我国社会主义改革开放波澜壮阔的大好形势，深入理解中国特色社会主义理论体系，辅之以专家讲座、读书会、有奖征文等形式；“思想道德修养与法律基础”课内容涉及大学生活、人生价值，与大学生活的思想实际、心理动态联系密切，可以采取各类学生比赛活动为主要形式，引导学生在互动、体验中健康成长，更符合刚入校新生的心理特征，辅之以励志电影赏析、校内调研和专家讲座等形式；“中国近现代史纲要”课的主要教学内容是向学生介绍国史、国情，可以以历史影像欣赏为主要形式，指导学生观看中国近现代历史资料片或重大历史题材片，辅之以历史纪念日征文活动、爱国主义教育基地考察、演讲会等形式。通过“1 + N”模式，形成以理论认知、现实考察、互动体验、历史感悟为核心要素的四位一体的理论教学和实践教学的优化整合模式。

3. 完善理论教学与实践教学优化整合的运行机制

理论教学和实践教学的优化整合关键在于落实执行，在具体的实施过程中应完善与之相配套的运行机制。首先，完善理论教学与实践教学优化整合的组织机构。马克思主义学院是具体的教学组织实施部门，应负责制定完善的思想政治理论课理论教学与实践教学的大纲和实施方案，并组织教师认真落实。教务处是学校统筹安排教学工作、协调教学关系的教学管理部门，应在本科人才培养方案制定、课程设置、教学组织等方面给予思想政治理论课支持和保障。学生处、团委等部门分管辅导员工作和学生工作，应当与马克思主义学院建立联动机制，将各类学生活动与思想政治理论课实践教学互通共享，共同开展。其次，完善理论教学与实践教学优化整合的组织形式。可以采取中班理论教学与小班实践教学相结合，集中理论教学与分散实践教学相结合的组织形式，将理论教学的面和实践教学的点对应起来，充分发挥理论教学的认知引导和实践教学的行为养成作用。最后，建立合理的理论教学与实践教学优化整合评价监督机制。可以采取思想政治理论课教学科研机构自我评价、学生评价与学校教学督导部门评价相结合的方式，从不同角度对思想政治理论课两个教学环节进行检查、对其整合有效性进行评估，以便有针对性地进行整改和优化。

（作者单位：江汉大学）

论大学生思想政治理论教学与实践教育的交互作用

周立新

大学生思想政治教育课程是集思想性、政治性、知识性、综合性和实践性于一体的课程。该课程的实施，必须注重联系实际。理论教学只有和实践教育融合，才会生动、有效。

一、思想政治理论教学与实践教育交互作用的表现

大学生思想政治理论教学与实践教育的交互作用主要表现为以下五个方面：

第一，拓宽思想政治理论教学与实践教育内容。

在实践中要把马列主义、毛泽东思想、邓小平理论、“三个代表”重要思想、科学发展观以及党的基本路线、方针和政策作为基本点，加强基本理论教育，提高学生的科学理论水平。当前特别要以习近平系列讲话为重点，增强学生的使命感、时代感，以迎接新的挑战。根据学生中普遍关注的热点问题，如“大学生恋爱”问题，“60 分万岁”问题等，进行细致地引导和教育，帮助他们树立正确的人生观、价值观，端正学习态度，把握人生机遇，为社会创造出更多的价值。同时，面对学生中迷惑不清的疑点，如对社会上一些腐败现象的认识偏激、片面，就要对他们进行耐心地教育和帮助，做到弄懂弄清，澄清认识，转变观念，既要保持清醒的头脑，又要增强学生的辨别是非、善恶、美丑的能力。

第二，创新思想政治理论教学与实践教育有效方法。

科学的方法是一把开启智慧大门的金钥匙，是走向成功的最佳

捷径。为此，要从以下几方面入手。一是时时教育、处处教育、全方位教育。思想政治教育工作不是一时一人的，也不是某个部门的事。要真正发挥教书育人、管理育人、服务育人的作用，充分调动各方面的积极性，形成全员、全方位、全过程育人的氛围和共抓共管共育的育人格局。二是要调动学生自我教育、自我管理、自我服务、自我完善、自我提高的“自我养成”的积极性。在学生之间形成一种互相学习、互相帮助、团结友爱、共同提高的风气。充分发挥学生会、学生社团组织的作用，在实践中成长，在活动中锻炼，增强学生的自主性、自立性、自强性。三是以典型带整体、以情感带管理、以载体带教育。榜样的作用是巨大的，充分发挥典型的示范作用，以点带面，形成一种“比、学、赶、帮、超”的学习竞争机制，形成一个团结向上、坚强有力的集体。教师在工作中不但要晓之以理，更要动之以情，把说教管理变成关心爱护。要用家长的关心、朋友的诚心来爱护、帮助他们，这样才能达到心理上的沟通，使工作做到实处。思想政治教育工作不仅只有言传身教，而且还要有一些活动载体，“寓教于乐，寓教于学”。把握好各种文体活动和实习、实践的契机，不失时机地进行思想政治教育。如“校园文化活动月”，主题系列活动，“基本功”过关，教育见习、实习，社会实践活动等，使学生在实践中受教育、长知识。四是分年级、分专业、分学生循序渐进，具体问题具体分析地开展学生思想政治教育工作。一年级要进行敬业教育，二年级要进行乐业教育，三、四年级要进行从业教育。同时还要结合专业学科特点进行不同方面的思想政治教育，稳定学生的专业思想，培养专业情感，树立专业信心，提高专业技能。由于学生的个性、性别等差异，用同一种方法、同一标准做思想政治教育工作是盲目的、形而上学的，应该做到具体问题具体分析，有针对性地解决一些实际问题。五是发挥思想政治教育课程主渠道作用，更新内容、改革考核办法。思想政治教育课程要以时代为主旋律，踏着时代的节拍而不断更新内容。开展科学理论学习、时事政治教育，世界观、政治观、人生观、道德观、法制观等教育，把学生培养成21世纪的合格人才。同时，切实改变那种以卷面分数来衡量学生思想道德水准的考核办法。在动态中教育，就要在动态中考核，这样才能把握住学生的思想实际状况。在以一定理论水平为考核标准的同时，更要以学生的日常行为表现来完成对其考核的另一半答卷，用他们平时的言谈举止书写自己的历史。

第三，加强思想政治理论教学与实践教育队伍建设。

随着社会主义市场经济的发展，社会对人才的要求越来越高。这就要求政工干部不但要有丰富的科学文化知识，而且还要有洞察社会的敏锐眼光和站在时代前列的超前意识，同时还要具有热爱本职工作、干好本职工作的强烈的敬业精神，只有这样才能全面提高学生思想政治工作的整体水平。

第四，促进良好育人环境的形成。

以班风促学风、以学风带校风、以校风抓学风、班风，每个班集体都是学校的基本组成部分，班风的好坏直接影响到学风、校风的建设。所以，每个班级都必须成为一个团结友爱、开拓进取、有凝聚力和战斗力的班集体，这就要求每个学生端正学习态度，发扬集体主义精神，进而形成良好的学风，这样校风就可以自然而然地好转并健康发展了。同时，以校风为目标很抓学风、班风的建设，在全校中形成政治方向坚定、学习空气浓厚、文体活动健康、生活氛围文明的良好育人环境，学生既能得到教育，学校又能得到发展。

第五，深化课程改革进行思想品德再教育。

由于高校过分强调专业发展，导致美育在高校教育中是一个薄弱环节。有的高校美育课程不健全；有的高校美育课程没能做到在教学中充分挖掘其美育内涵，导致大学生普遍缺乏美学知识，对美的事物的认识模糊不清，使社会上一些庸俗的文艺作品和表演对大学生的健康成长造成极坏影响。因此，加强美育教育，净化社会文化，净化学生心灵，美化社会环境是时代的呼唤。这就要求思想政治教育课程教师在教学中充分挖掘教材美育内容和对社会美的提炼，增加学生的审美知识、增强学生的审美能力，进而培养学生高尚的审美情操和精神力量，形成正确的人生观、价值观并提高文化艺术修养，使学生的内在美得已养成，进而达到思想政治教育的目的和要求。教师对学生进行美育教育，其自身应具备较高的美感和审美能力，从这个方面来讲，对教师也有提高修养的要求，即教师有进行思想品德再教育的迫切需要。

二、思想政治理论教学与实践教育交互作用实现的依据

1. 思想政治教育蕴含着个体价值和社会价值

思想政治教育的个体价值在思想政治教育系统内部实现；当受教育者具备了统治阶级所要求的思想政治素质，通过参与社会实践把思想政治素质外化于社会实践之中，就形成了思想政治教育的社会价值。社会实践活动是“主体—客体”和“主体—主体”双重关系的有机结合，是生产实践与交往实践的辨证统一。马克思指出：“个人是社会存在物，因此他的生命表现，即使不采取共同的同其他人一起完成的生命表现这种直接的形式，也是社会生活的表现和确证。”“孤立的一个人在社会外进行生产……是不可思议的。”社会之所以为社会，是因为其本质是实践的。首先社会不断地进行着人们的生产实践活动，生产实践是社会形成的决定性因素。其次，生产实践同时伴随着人们的交往实践活动，交往实践形成了人们现实的社会关系。生产和交往都是主体的实践活动，两者共同构成人的生存与发展方式。生产实践重点探讨关系中的活动，交往实践重点探讨活动中的关系，二者是统一的社会实践。

2. 思想政治教育社会价值实现的根本途径是社会实践

思想政治教育社会价值实现的实质是客体主体化，是受教育者思想政治素质转化为社会实践的过程。在这个阶段，思想政治教育的价值潜藏于受教育者身上，价值实现的过程是由潜到显的过程。受教育者通过改造社会的活动，把自己身上已经赋予的潜在的思想政治教育价值外化为显现的价值，实现社会对思想政治教育的价值期待。这种期待是一种理想，思想政治教育社会价值能否实现就看这种价值理想能否变成现实。通过受教育者的实践引起社会诸方面的改变而达到理想到现实的转变。思想政治教育系统本来就是社会的一个子系统，社会对它的价值期待通过系统内部个体价值的实现而生成具有一定思想政治素质的人。这些人在新的思想政治素质的

指导下去改造社会，使原来实然的社会系统向应然的理想状态发生改变。这个过程完结后好似回到了原来的出发点，但社会却以改变了的新面貌出现了。

3. 思想政治教育理论教学与实践教育交互表现出思想政治教育社会价值

思想政治教育的社会价值，表现为对社会诸要素的改变上，细分为思想政治教育的经济价值，政治价值，文化价值，生态价值等。思想政治教育的政治价值居于首要地位。

政治价值是首要价值，主要探讨了对政治关系、精神生产、政治稳定及发展的价值意义，即“扩大政治认同，形成政治共识；维护政治稳定，平衡利益冲突；营造舆论氛围，进行社会动员；造就一代新人，促进政治发展”等。在革命战争年代思想政治教育主要是政治教育；在和平建设新时期，思想政治教育依然发挥传授政治意识、引导政治行为、造就政治人才和谐政治关系的作用。思想政治教育的经济价值是指思想政治教育劳动所创造的能促进社会经济发展、满足人们物质和精神需要的效应。思想政治教育的文化价值指思想政治教育在文化选择、文化传播、文化创造和抵制文化渗透方面的价值。在全球化与网络化的今天，思想政治教育要在多元文化中选择一元来主导文化发展并抵制西方资本主义的文化渗透，这与反对和平演变的政治价值又是直接相关的。思想政治教育的生态价值是指通过培育生态人改善人与自然的关系，创造生态文明。思想政治教育还有和谐社会的构建价值。这种价值是思想政治教育经济、政治、文化、生态价值的综合表现。思想政治教育通过其价值实现把社会诸要素整合成一个和谐的有机整体，促进社会良性运行与协调发展。

三、思想政治理论教学与实践教育交互作用实现的基础

现代思想政治教育是主体性思想政治教育。思想政治教育过程，就是教育者与受教育者主体间的交往实践过程。

1. 理论教学与实践教育交互具有实践性

实践精神是马克思主义哲学革命的本质，但过去我们却对实践

存在严重的误读。传统的理解大多局限于苏联“教科书”的经典解释上，遮蔽了马克思主义哲学实践概念的真正内涵。把实践主要界定为主体对自然、社会的直接变革，仍然只是在近代传统的“主体—客体”社会实践观的框架内来认识实践，只抓住了实践活动的“主体—客体”向度。这种传统理解把主体间的交往行为排除在实践之外，甚至有人把实践仅仅理解为生产实践。马克思主义哲学的实践内涵是全面的，不但包括生产实践而且包括交往实践。生产实践是以个人彼此之间的交往为前提的。在交往实践中，个体面对的既有主体之间的关系，也有主体与客体之间的关系，人与人之间的交往是以共同客体为中介的。主体之间的交往是建立在每个主体与共同客体发生的对象化活动的基础之上。交往实践的完整结构为“主体—客体—主体”。

2. 理论教学与实践教育交互的特殊性

思想政治教育交往实践的结构也是“主体—客体—主体”。教育交往实践有自己的特征。一是多极主体性。与生产实践不同，思想政治教育的主体是多极主体，即教育者与受教育者都是主体。以往思想政治教育中的实践多以人与物（主体—客体）关系为思考框架，受教育者往往被列为被支配的客体。多元主体间的交往实践则将实践的视界移向人与人之间的关系，在交往中既有对自我价值的肯定，也有对对方价值的尊重。二是主体异质性。只有异质才需要交往和对话。主体间的差异性是交往实践发生的前提。思想政治教育实践中对话和交流只会发生在异质主体之间，双方既有统一，又有差异，对话才有可能。双方都突破了原有的理解局限，达到一个新的视界。视界融合的过程即是教学相长的过程。三是客体中介性。从中介的角度看，现代思想政治教育的客体不是受教育者，而是教育中介，是教育内容、方法与载体。主体间的联系就是靠教育中介，这种中介是一种对象化的中介和中介化的对象。作为对象化的中介，它要受到多极主体的对象化规定，被作为共同认识与改造的对象；作为中介化的对象，它是主体之间交往实践的纽带。

3. 理论教学与实践教育交互的主体性意义

王策三先生曾经指出，在以往，人们对马克思所讲的全面发展，习惯于只从数量上考虑问题，即理解为人类要在身、心或德、智、体、美、劳动技术等诸方面得到发展，却未能深入追究它的精神实质或从质上考虑问题。其实之所以要培养全面发展的人，其中关键之一就是要发展人的主体性。主体性是全面发展的人的根本特征，它集中了人的一切优秀品质和个性特征，是身、心或德、智、体、美诸方面都得到良好发展的综合表现。这一观点大大地推进了主体性教育的意义，培育人的主体性就是造就全面发展的人。主体性包括主体—客体间的主体性以及主体—主体间的主体间性。只有这两方面讲全了才是完整的主体性思想政治教育。而交往式思想政治教育本身就是个体主体性与主体间性的统一。在思想政治教育交往实践中，教育主体与教育客体之间的对象性关系与教育主体间的交往关系共存于思想政治教育过程中。多极主体都对教育中介进行认识和改造，发生主体客体化与客体主体化的双向运动。而教育主体间又通过教育中介的联系而进行双向建构、共同提高。这样既提高了教育主体的个人主体性，又提高了交往双方的主体间性，这种教育过程是迈向人的全面发展这一教育目标的重要步骤。

（作者单位：江汉大学）

思想政治理论课实践教学中的“四三五”

陈友放

2013年江苏海事职业技术学院获批江苏省高校思想政治理论课示范点建设项目“思想政治理论课实践教学‘一二三四五’模式的构建”，2016年3月，顺利通过江苏省教育厅组织的专家组答辩验收。两年多来，我们在搭建“四个平台”的基础上，紧紧抓住“三个环节”，不断探索实践教学新路径，探索出了一条符合当代大学生特点的卓有成效的“五个特色”实践教学模式。

一、全力打造实践教学“四大平台”

1. 网络资源平台

“十八大”报告强调，“加强和改进思想政治工作，注重人文关怀和心理疏导，加强和改进网络内容建设，唱响网上主旋律”。为积极响应中央号召，增强大学生思想政治教育的时效性，我部开辟并建成了思想政治教育教学网站，为学院思想政治教育增添了新的内容。网站特别设立了“友情链接”、“解疑答惑”栏目。广大师生通过“友情链接”可以直接进入“马克思主义中国化论坛”、“光明网思想频道”等红色网站及时获取理论信息。同时学生在学习、生活中遇到困惑，可以通过“我要提问”渠道，与教师互动交流，教师及时“解疑答惑”，由此体现了我部网站以学生为本，注重人文关怀的精神。网站上传了大量有关政治、经济、文学、历史等课后读物，如《平凡的世界》等作品，吸引了众多学生。

2. 实践基地平台

思政部充分利用南京丰富的历史人文地理资源优势，积极开展和有关单位共建实践育人基地，得到了相关单位的大力支持。实践基地平台分为爱国主义教育基地、社区服务基地等，现在已和南京大屠杀纪念馆、雨花台烈士陵园、南京博物馆、静海寺等单位达成协议，建成了4个爱国主义教育基地，与南京中山门社区、江宁成山社区等建成了挂牌社区实践教学基地，为大学生的成长成才提供了实践的舞台。

2014年12月20日，学校社团“海德社”组织学生自愿报名，有42位同学到南京中山门小区参加了打扫小区卫生的活动，在两个多小时的活动中，学生共清理打扫38幢楼道，还对小区的整个卫生进行了死角清理，得到了社区居民的高度赞扬。学生深刻体会到了为社会服务、为人民服务的责任意识。随后学生就近参观了南京博物院，亲身感受我国悠久的历史文化，增强了学生的民族自豪感。2015年7月10日到11日，学生社团深入街道、社区、企业进行社会主义核心价值观理论宣讲。此次社会实践活动是体验生活、践行服务、锻炼自我的良好机会，以当代大学生的积极阳光的形象为社会主义核心价值观代言。

3. 校园文化平台

思政部充分利用学校的文化建设平台开展实践教学活动。一是利用学校航海文化广场校友赠送的“螺旋桨”、“锚”等作为主景观，开展现场实践教学。二是通过学院百川讲坛，为学生开设党的十八大、十八届三中、四中、五中全会精神、“中国梦”、“四个全面”、生态文明、理想信念、角色转换等讲座二十余场次，牢牢抓住主阵地、主战场。三是组织学生观看航海模拟器，足不出室，学生就可以乘“海洋巨轮”周游世界，感受大海的博大胸怀和航海人勇敢执着、乘风破浪的航海精神。

4. 教研教改平台

学院完善了科研管理办法，在此基础上，思政部建立健全了教研教改平台。建立了教研教改攻坚团队，在实践教学研究方面由老教师有计划开设示范课，中年骨干教师开设公开课，年轻教师积极开设研究课。两年来，每学期安排教师参加相关学术活动，主持申报了实践教学相关课题，如江苏省教研教改重中之重课题“专业教育与素质教育并重的人才培养模式研究”、“政行企校四方合作办学体制机制创新研究”等。

二、精心构建课前、课中、课后“一体化”实践教学环节

“四大平台”是项目建设的外部条件，“课前课中课后”三个环节是项目建设的重点任务和中心环节。实践教学改革坚持以问题为导向，以解决问题为目标，按照“课前实践：找出问题；课中实践：解决问题；课后实践：体验感悟”的逻辑思路精心谋划、全面构建三环节的实践路径，经过坚持不懈努力，现已形成了一套成效比较显著的“三环节”的实践教学模式。

1. 课前“两条线”找出问题

坚持以“问题导向”为逻辑起点，课前实践着力做好两项工作。

（1）学生社会调查研究，找出理论知识困惑。思想政治教育根本目的在于解决学生的思想和理论问题，学生的思想和理论问题最终来自于社会实践生活，只有培养学生观察社会生活，深入调查研究社会才能帮助学生发现真问题。因此，两年多来示范建设首先从学生调查研究发现问题入手。每学期放假前安排学生分专题和学生自选课题进行社会调查。大一和大二分别围绕道德法律和毛中特教学内容进行有重点地调查研究，增强大学生的问题意识，提高观察和思考问题的能力。

从2013年寒假开始，每学期的寒暑假都布置学生开展社会调查活动，组织学生深入农村、企业、社区进行社会调查。2014年暑期，我院开展“保护长江水资源，实现美丽中国梦”的生态资源主题调查实践活动，受到有关海事主管部门和行业企业的赞誉。另外，在总结以往活动经验的基础上，利用暑期组织学生前往南京梅山海事处进行参观学习并与靠泊在弘阳码头海洋船舶船员交流船舶防污染措施及经验。同学们在实践中运用专业知识，提高了发现和解决问题的能力，增强了环保意识，培养了社会责任心和职业道德。

(2) 教师调查了解学生，发现学生思想困惑。

思政课如何让学生真心喜爱，首要的就是要对学生存在的思想问题进行分析和了解，找出学生的思想困惑，对症下药，唯有如此，理论课才有实际价值，才能受到学生的欢迎。因此每次课前深入找寻学生思想中存在的问题和困惑是上好思想政治理论课的关键所在。

问卷调查。每个专题讲解前，老师制定好调查问卷，在课前发给学生，学生做好后由老师整理归纳，最后总结找出学生最为关心的和最困惑的问题。

师生座谈。座谈会采取随机抽取和定向选择相结合，尽可能扩大座谈的范围，以便深入了解学生的思想状况，掌握学生所思所想。

师生个别交谈。思政教师担任班主任，辅导员担任思政教师的意义即在于此。

网络答问。通过思政部网站、微信、QQ 平台等及时回答学生的疑问。

2. 课中“三步骤”解决问题

构建以专题教学为基础、解决问题为核心的实践教学课程体系。课中实践教学始终紧扣课前查摆出的问题，通过“导入问题——驱动探究——联系应用”三个环节，最终达到课堂教学中的理论联系实际。

(1) 问题导入。对接课前查摆的问题，以解决问题为核心，通过案例、社会热点导入问题。问题是知识点的直观体现，纯粹的说教难免生涩，以契合问题的案例或者故事导入，有助于学生形象、深入、深刻地理解。如在爱国主义教育专题以屈原案例引出什么是真正的爱国者，在道德教育专题中以南京彭宇案引出现代社会的道德困境问题，在改革开放专题中以“大逃港”这个案例导入改革开放前的状况，理解为什么深圳宝安区的老百姓会说“改革开放”这四个字，你们是用笔写的，而我们是用鲜血书写的等。总之，问题导入就是通过案例展示来引发对理论问题的分析和思考。

（2）驱动探究。问题是不同的见解、不同的思想火花在一起的碰撞，而真理是经受了检验的客观存在，这就需要研讨，因此课堂实践教学的中心环节围绕问题进行驱动探究。驱动探究的关键在于调动学生对问题研究的积极性，为此，就要密切联系学生的实际。比如在设计《概论》课程“毛泽东思想”这一专题时，学生对于“毛泽东的历史功绩”的认识还存在一些认识误区。那么，如何引起学生兴趣、驱动对该问题的深刻认识？我们的做法是：及时抓住社会热点问题如“毕福剑事件”，以热点问题驱动对问题的探讨。再如通过播放视频“无手无脚的演说家”尼克·胡哲，“感动中国”人物等案例驱动学生对相关问题的探究。通过学生对问题的研讨与辨析，教师适时引导、点评、总结，最终使学生消除困惑，达成共识。

（3）联系应用。“面对面”解决思想困惑。学生在课堂上当堂提出问题，由教师根据相关理论对学生的问题进行现场解答。问题提问采取无记名方式，要求问题必须与自身实际密切相关，问题不限定范围，只要是学生自身内心真实困惑都可以在现场提问。对于收集到的问题教师采取两种方式回答，对于一般性容易理解的问题由学生自己讨论互相印证观点，对于具有普遍困惑性的问题，教师结合理论给出理论依据，引导学生辩证分析问题。通过此项实践教学，激发了学生的学习积极性，开阔了学生的视野，锻炼了学生的语言表达能力、综合分析能力和解决问题能力，切实提高了思想政治理论课的教学实效性。

3. 课后“四类型”促进践行

课后实践，一方面是巩固所学理论，使学生对所学理论能得到更深刻的认知和理解，另一方面就是使理论在实践中能得到更好的运用。思想政治理论课的任务和使命并不仅仅在于让学生“知道”，更重要的是使学生在实践中能够正确分析和运用所学理论、从而在教育教学过程中帮助学生形成坚强的意志，按照“知—情—意—行”的认知发展规律，最终达到“知行合一”。课后实践已经形成了一系列形式多样的模式。

（1）思政主题实践。思政主题实践活动区别于一般校园文化活动，始终围绕思想政治理论课教育教学内容设计活动主题，将思想政治理论教学内容通过活动形式内化到学生思想。思政主题实践活动具体内容一般包括播放主题视频、学生畅谈体会、学生才艺展示三个部分。

每个班级在每学期至少开展一次思政主题实践活动。实践活动由该班思政老师担任指导老师，由学生分工协作，每个同学都承担实践活动的任务，每次活动班级成立实践活动的主要策划团队，团队先设计好实践活动策划书，然后认真选择和主题密切相关的视频、确定主持人以及才艺表演的节目形式。思政主题实践活动中的视频，由学生亲自精心选择一些围绕主题的励志视频，也可以由学生设计和创作的有情景有剧情的自拍视频。播放完，学生自由发言，从理论和实践的结合上，畅谈感想感悟。才艺展示形式多种多样，有歌曲、小品、相声、朗诵、舞蹈、演讲、宣誓等。这些节目全部紧紧围绕理论的主题，绝不是为了演出而演出。视频播放、展示才艺和畅谈感悟交错进行，还穿插着少量互动游戏环节，以增强活动的趣味性。

每场思政主题实践活动都全部录像，学生所在院部领导、校团委领导、思政部领导、思政老师和班级辅导员均到场观看指导，并担任节目的评委，给节目评出一二三等奖，活动结束时由思政部领导进行精彩点评，最后由现场老师宣布获奖作品。

主题实践活动是我院进行思想政治理论课实践教学模式探索的一大亮点，是理论与实践相结合、思政教学与素质教育相结合的一个重要创新。

例一：主题实践活动首先在轮机学院 2014 级内燃机班开始实施。2014 年 11 月 3 日晚内燃机班同学在海涵楼 306 大教室成功举行了以“践行社会主义核心价值观”为主题的实践活动，在思政部张连老师的精心指导下，整场活动主题鲜明，形式独特，体现了当代大学生对社会主义核心价值观的深刻理解，展现了当代青年的使命担当。随后该项活动在 2014 级轮机学院所有班级陆续展开，该项活动深受大学生的欢迎和喜爱。

例二：2014 年 11 月 26 日晚 6：30，一场由思政部主办的精彩的思想政治理论课主题实践活动在图书馆大报告厅举行。活动以“爱我中华”为主题，在轮机工程学院和院团委的大力支持下，由思政部陈友放老师精心指导，由轮机士官141131班同学自己策划，由学生自己通过活动形式展现了对爱国之情、报国之志的系列诠释，整场活动充分体现了教师主导、学生主体的教育教学改革思想，活动效果具有强烈的震撼力，不仅有力地促进了思想政治理论课爱国主义精神的教育教学，而且实现了从思想政治理论课教学向学生全面素质提高的延伸。思政部张威副主任对主题实践活动进行了精彩点评，轮机工程学院党总支陈江江书记对优秀节目进行了表彰。

（2）特色社团实践。思政部联合团委以思政理论主题组建了相关学生社团，如“爱智慧”读书会、海德社、海言辩论社、流萤文学社、心理健康实验室等，区别于其他社团的主题，两年多来思政社团重点围绕社会主义核心价值观和思想政治理论课教学需要开展一系列社团活动，如2014年12月14日晚，我校第六届“海院杯”辩论赛。2014年11月26日“流萤”文学社举行的“海浪淘沙”杯诗歌朗诵比赛，2015年5—6月思政部联合学院心理健康咨询中心共同举办了“心海杯”大学生辩论赛等。社团活动中注重发挥学生的主体性，促进学生学会人际交往、磨练生活和生存意志等，充分发挥了社团在培养学生知识、能力和素质方面的自我教育、自我提高、自我发展的整体功能。

（3）社会公益实践。支教实践：为将人才培养目标与学生实践活动相结合，思政部与团委积极研讨、策划和组织具有实践意义的“三下乡支教活动”。2013年7月13日至7月28日赴安徽孙店明星小学开展了为期16天的支教活动，宏扬了我院“海涵地负德诚志远”的校训，传递了“用爱杨帆，让梦想起航”的理念，培养了学生正确的人生观、价值观和幸福观，传递了正能量，提升了学生的服务意识和综合素养。

爱心助残：2014年7月16日，爱心帮扶团在王超逸老师带领下到南京社会儿童福利院看望残疾儿童。此次活动，我院学生对残疾儿童这个特殊的群体有了深入的了解，学生们学会了关爱他人，懂得奉献社会。

服务社区：2014年12月20日，思政部组织海德社成员到中山门社区服务，帮助社区打扫卫生，美化社区环境。

（4）参观体验实践。利用南京独特的历史人文景观资源，发动学生积极参观游学，让青年学生走进社会、走进历史、走近自然，使学生从历史人文的实景中去体验理论和感悟人生。经过长期探索，我们把这项实践活动命名为“自主游学”。“自主游学”缩小了学生与社会之间的距离，既增进了学生对社会生活的了解，也增强了学生独立生存和生活能力，具有社会综合实验效果，是一项社会综合实践。

每学期，每个班级至少组织一次“自主游学”活动。具体做法是：以小组为单位（以4人为一个小组，设组长1人），利用周末参观爱国主义教育基地、游览名胜古迹等，拍下精彩瞬间，记录相关资料，进行加工提炼，写出感想感悟，做到理论上有提高，思想上有感悟，行为上有体现。活动之前搜集资料，列出提纲，并告知班长和课代表；现场认真听、看、记、思；在标志性的地方拍2张照片或者视频；每人写出2000字左右的观后感，挖掘正能量，对自己和他人有借鉴和教育作用，并交电子稿；小组讨论；并用PPT在班级交流；思政课教师批改、点评、计分，计入实践成绩（10%）；实验班文章结集出版：江苏海事职业技术学院大学生实践体验·人生感悟集。实践体验，感悟人生，坚持了理论与实践相统一，坚持了教育与自我教育相结合，既有集中，又有分散，既贴近当代大学生学习生活的实际，又符合教育教学规律，具有针对性强、灵活性大、安全性高、简便易行等优点，确保了每一个大学生都能参加思政课社会实践，深受大学生欢迎。

三、卓有成效的“五个特色”

一是理论内容与实践形式相统一。实践教学形式紧紧围绕思想政治理论课教材的主要理论内容展开。

二是教学重点难点与实践专题设计相统一。项目组经过多次反复研讨，将教材中的重点、难点，渗透到实践专题设计之中。

三是课前筹划、课中引导、课后指导相统一。根据教材内容，我们将《基础》课分为五大模块，《概论》课分为九个专题，编写并出版了《思想道德修养与法律基础实践教学指导书》和《毛泽东思想与中国特色社会主义理论体系概论实践教学指导书》。每个专题都从课前、课中、课后三个环节上精心设计，既注重知识点的讲述，又特别注重实践育人。

四是教师主导作用与学生主体地位相统一。充分发挥教师和学生在实践教学活动中的两个积极性。

五是教材知识考核与实践能力、日常行为评价相统一。对学生的成绩评定，不仅看是否掌握教材中的理论知识点，而且看实践运用能力，还要看平时的行为表现。制定了《江苏海事职业技术学院思想政治理论课考核评价办法》，将实践教学环节纳入思政课教学总体考核，学生平时在校思想政治表现由辅导员考核评价后纳入思想政治理论课教学评价体系，学生思想政治理论课成绩=思想政治理论考试60%+思想政治实践考核20%+学生平时操行考核20%。

（作者单位：江苏海事职业技术学院）

高校思想政治理论课“以学为中心”的实践教学体系建构

吴培爽

思想政治教育就是对人进行思想政治的教化。这样的教化从方法上又可以分为理论教化和实践教化两种类型。理论教化又叫言传，实践教化又称身教。言传与身教二者又是紧密联系不可分割的。教化总是通过教学来实现的。教学又可分为理论教学和实践教学两种形式，理论教学是基础，实践教学是目的。无论理论教学还是实践教学都要正确认识和处理好教与学的关系。一般地，理论教学以教为中心，实践教学以学为中心。但从现代教学理论的观点来看，理论教学和实践教学都要以学为中心，方能建构起完整的教学体系。以学为中心建构高校思想政治课的实践教学体系，对于深化思想政治课实践教学改革，有力提升实践教学效果将具有积极的作用。

一、“以学为中心”：建构高校思想政治课实践教学体系之思想特质

教与学的关系问题是课程教学的基本问题。根据矛盾分析法，教与学的关系中又存在着哪一方面为中心的问题。具体说来，教与学的关系问题涉及“教什么怎么教教的怎样”和“学什么怎么学学得怎样”之基本问题，其中，“教的怎么样和学得怎么样”最为核心。“教的怎么样”是过程，“学得怎么样”是结果，过程与结果是对立又统一的关系。因而教学的终极指向是“学得怎样”，这样的结果即“教学效果”。这样一来，以学为中心的教学就成为教

学的根本理念，增强学生的核心素养（能力和素质）、培养学者的学力（不是学历）就成为教学的核心要素。抓住教学的这一核心要素，是课程教学的立足点、出发点和根本归宿。

传统教学是“以教为中心”而不是“以学为中心”。以教为中心是以教师和教师之教为中心。其基本特点是教师主导教学的全过程并企图掌控教学的最终结果。在包括课程设置、教学内容、教学方法、教学目的、效果考核等在内的，即人才培养之总体上全部由教师来主导。这样的人才培养体系不是“因材施教”、“人尽其才”，而是“浪费人才”“毁人不倦”。这种教学满足于知识的习得和再现，教与学的关系上“学”的一面处于似有实无的地位，其所推崇的是“有教无类”“没有教不好的学生、只有教不好的教师”之类的错误价值观。在实际教学中过分强调教师的主体责任，给予教师过多的压力，并最终把教学的失败完全归咎于教师这一方。

2015 年 5 月 19 日联合国教科文组织网站公布了一份由国际教育局围绕课程问题发表的《处于争论和教育改革中的课程问题——为 21 世纪的课程问题做准备》的工作文件，明确了以学为中心的课程教学是课程改革的基本方向。所谓以学为中心即是以学习者和学习者的学习为中心。以学习者为中心，就是以学习者自身的天赋爱好、认知兴趣、自我发展为中心；以学习者的学为中心，就是在学习者“学什么怎么学学得怎样”诸方面主要由学习者自我主导。换言之，“以学为中心”就是以学习者“我想要学什么”“我要成为什么样的人才”为中心，使人才培养既适应社会发展的需要又满足个体自我发展的需要。这种教学的优点是把学习者的广泛参与和与教师之间的互动全面结合起来，也就是让学习者全面参与到课程建设、教学方法、教学目标、课程考核、教学效果评价等各个教学环节和整个教学过程中来。

以学为中心并不否认“教师与教 ”的地位和作用，而是使“教师与教”的地位职责更明确更精准。在教与学的关系上教与学相得益彰互动协调，实现二者的辩证统一动态和谐的关系。以学为中心的教学之所以更适合于高校的人才培养，这是因为高校学生思想状况更为成熟，其学习目的更加明确、专业选择自主性更强、塑造自我的自觉性更高。一句话，相对独立自由之精神的追求更为强烈，因而十分适宜高校学生自我发展自我成才的需要。教师成为学生的“守护人”“引导者”应该是高校教师更为恰当的角色。教师的边缘性和次要性并不意味着教师在人才培养中失去主动性和积极性，教师要积极主动地把成才的权力和成才的方式让给学生自己，教师只施雨露和阳光，让学生自我成长。这毋宁说教师的工作是更加隐秘的“无为而教”，是真正的“因材施教”。

理论教学和实践教学是思想政治课教学的两个基本环节。理论教学是以教为中心，实践教学是以学为中心。这不是理论上的而是事实性的。以学为中心成为教学根本指针，这与实践教学以学为中心的理念是高度一致的。这样的高度契合源于实践教学正是学生的自主实践活动本身。理论教学时学生是被动的，可以是听而不闻，似懂非懂，效果评价只具有主观性而无客观性；而实践是具有强烈的主体性现实性直接性的感性活动。学生不可不懂装懂、似是而非，教学效果完全表现在学生自主自觉的直接的行动及其结果上。显而易见，实践教学就是以学为中心的教学。由此可知在理论教学和实践教学的关系上，坚持以实践教学为中心就是坚持以学为中心；坚持以学为中心就是要坚持以实践教学为中心。这是理论上逻辑上的认知。事实上，在现今的世界各国的高等教育和人才培养体系中，实践教学占比逐渐提升，正是这一教学思想的最有力的证明。

二、“以学为中心”：建构高校思想政治课的实践教学体系

高校思想政治课的实践教学体系是以高校思想政治课的理论课程为依托，主要由教学目的、教学模式、教学效果考核评价等构成的比较完整的体系。下面简要地从三个方面适当地加以阐述。

（一）“以学为中心”的高校思想政治课实践教学的目的指向

思想政治课的教学目的包括满足社会发展需要的外在性目的和

满足个体发展需要的内在性目的二维指向。以教为中心的教学思想指导下的思想政治课实践教学目的主要指向外在性的满足社会发展需要这一单向度指向，主要目的是要求学生通过社会实践在思想政治层面获得高度认同，形成共识、共同理想和共同信念。追求“统一、同一、共同、普遍”似乎是思想政治课实践教学之唯一目的，没有认识到思想政治课实践教学在满足个体发展需要和发展学生个性方面的重要价值。况且这样的目的指向性的思想政治课实践教学与相关的思想政治课理论教学在内容上极其容易造成二者的分离与断裂。

以学为中心的思想政治课实践教学目的不仅要最大程度地满足社会发展的客观需要，而且始终要注重满足学生个体发展需要和个性发展。除了要追求“统一、同一、共同、普遍”的目标，更要满足个人成长发展的需要。从这个意义上说，思想政治课教学的根本目的是培养学生思想政治的内在素质和实际能力。现有的思想政治课程体系从理论内容到实践活动涉及个人的世界观、价值观、人生观、道德修养、法律素养、政治素养、历史文化素养，还有人类情怀、世界眼光，甚至理论素养、创新思维等，这是一个关于哲学、历史学、政治学、法律、道德、经济学、社会学诸多学科并联的课程体系。诚如马克思所说现实的个人是社会关系的总和，思想政治课程体系所传授的理论与实践智慧是与世共在的个体生存发展所必需的。学生可以从思想政治课所包含的多方面的理论和实践智慧中自主选择最感兴趣的智慧点开展自主的实践和实训，并通过实践训练把理论知识内化为自己的实践生存智慧。哲学家雅斯贝尔斯说，“科学家从无限多的可能性里选定一个问题，促成这个选择的可能是莫名其妙的冲动、热爱和仇恨”。雅斯贝尔斯还指出，“教育的过程是让受教者在实践中自我练习、自我学习和成长，而实践的特性是自由游戏和不断尝试”。可见，明确思想政治课实践教学的满足个体生存发展需要和个性发展这一目的指向，从而进一步细化和完善思想政治课实践教学具体章节目的具体教学目标，有效地指导学生个体的实践活动，是思想政治课教学的迫切要求和教师们必须尽快完成的工作。

（二）"以学为中心"的高校思想政治课实践教学的模式建构

高校思想政治课的实践教学模式是一个新话题和新问题。传统思想政治课教学模式无论在理论上和实践上只涉及理论课的课堂教学，其中包括"专题式""问题式""研讨式""案例式"等多种，课堂教学步骤也是"三步法""四步法""五步法""六步法"等不一而足。其指导思想自然是以教为中心的。这样的教学模式尽管也极其强调师生互动和学生参与，但由于是教师主导，学生被动适应，很难激发学生的积极性主动性。学生对所学目的不明确，教学体系相对封闭，使得学生必须"痛苦地"接受"被教化"的艰难过程，学生对"学什么""怎么学""学得怎么样"缺乏自主性而且是模糊不清的。

在这样的境况下，即使是开展了思想政治课实践教学即大学生社会实践，也不过是观摩博物馆、纪念馆、著名公司和文明社区等，如此实践，其目的性不强，其亲身性明显不足。与其说是实践，不如说是走马观花。学生收获也不大，甚至学生参加这样的参观活动积极性也是每况愈下了。

"以学为中心"建构思想政治课实践教学模式，必须以培养学生思想政治理论素质和能力这一根本目的作为立足点、出发点和归宿。思想政治课的课堂教学是以教师为中心，实践教学要以学为中心。实践是理论和实际的结合，也是对理论的实现、检验和深化，更是学生把理论智慧转化为实践智慧的过程，是学生实实在在的个体思想政治素质和能力的自我形成与自我考验。从宏观的一般的角度说，思想政治课的实践教学模式是由"实践目的、实践主题、实践内容、实践步骤、实践主体、实践场所、实践方法、实践成果"等诸多环节构成的体系。以学为中心开展实践教学，就意味着教学过程的每一环节必须由学生积极主动参与和起主导作用。

"以学为中心"即是学生的学习为中心，思想政治课的实践教学就是让学生"在实践中学习""在干中学"。从上述思想出发，建构思想政治课实践教学模式，实际上是要变革传统的学习方式。在教与学的关系上，"教"隐而不彰。这样，教学模式的转变，不仅表现为以理论教学为重心转变为以实践教学为重心，同时也是以教师的教为重心转变为以学生的学习为重心。因而所谓的教学模式其实就成了学习模式。大学生的学习模式成为了大学教学模式的核心要素。21世纪以来，问题学习成为教育界最为推崇的学习方式。以此为根据，把上述思想政治课实践教学的一般模式具体化，我们自然就得到姑且名之曰“思想政治课问题式实践教学模式”。这个模式的结构是：①学生提出问题；②获取解决问题的信息资源；③行动方案与实施；④体验过程与结果评析；⑤新的问题，按此顺序再循环。粗略地看，这个所谓教学模式并无特别之处，但当我们实际去操作的时候，其精神实质就显现出来了。

思想政治课的实践教学仍然要建立在课堂的理论教学基础上，教师的理论教学首先要让学生简明扼要地把握基本理论和基本方法。教师的理论教学要以激发学生的兴趣和疑问为核心。

①学生提出问题、确定实践课题。教育的目的是要让学生成为有学问的人。所谓学问就是，要学会回答问题，要学会提出问题。关键点在问上。学生通过理论学习知识储备面对宇宙、社会与人生自然生出各种疑问。以教师为中心的教学的问题式是老师代替学生提问，所谓传道解惑的工作都由教师解决了。何况老师提出和解决的只能是普遍问题，每个学生都有各自的个别的实际的问题。这类个别的实际的问题正是思想政治课应当给予解决的问题。学生在思想政治课提出切中肯綮的问题并给予实践解决，这才是“思想政治课问题式”实践教学的关键点。

②获取解决问题的信息资源。在实践中解决问题首先要有理论指导。为此学生就要参与到理论教学内容的自主选择中来。“学什么”的问题清晰可见。正是问题引导他去钻研理论和方法。“怎样学”也不成问题了。学生要完成实践课题就必须依赖相关理论和信息资源。教师的理论教学资源就会被利用。搜集整理学生的实践课题，开展有目的的有针对性的理论教学成为教师重要工作。这样在教学内容的重点难点选择上，我们看到了学生的积极主动的参与。

③行动方案与实施。传统实践教学学生就是接受者，教师负责

组织实施。问题式实践教学的行动方案及实施完全由学生自行解决。教师要给予指导、监督、检查，并及时提出合理建议。实践过程持续时间可能是长期的。这就要求学生的实践环节的成绩给出可以是滞后的。

④体验过程与结果评析。学生必须交出实践环节的报告。学生的切身感受和自我评价在实践环节的成绩中有较大占比，学生的实践解决的是实际的问题，而且是具有专业性质的。问题是否得到了解决也会反映在实践报告里。这与传统实践教学学生只是给出考察报告具有明显区别。

⑤新的问题。学生在实践中产生新的问题，这可能激发学生更为强烈理论兴趣和实践冲动。这对学生的思想和心灵的震撼将是巨大的，甚至改变学生的一生。

以学为中心来建构思想政治课实践教学模式，也就是在以学为中心建构大学生的思想政治素质和实际能力。这样的教学模式是否真正可行有效，也需要依赖相关考核评价方式给予合理客观的评判。

（三）“以学为中心”的高校思想政治课实践教学的效果评价

高校思想政治课教学效果的评价，是一个经常性的话题。依照我们的逻辑，要从两个方面给予评价：一是高校思想政治课教学是否适应和满足了社会发展的客观要求；二是是否适应个人发展需要和对学生产生了实际的影响。当然，也可以从时间层面对效果进行评价，即是暂时的还是长效的。还可以是形式的还是实质的等。

以学为中心的思想政治课的实践教学效果如何评价依然是个难题。“学得怎么样”仿佛是如人饮水冷暖自知。我们的评价更加侧重于学生的思想政治理论素养、实践生存智慧和能力。而检验学生的思想政治理论素养、实践生存智慧和能力的方式标准只能是个人的思想政治实践本身。以考核的方式来评价效果也是必不可少的。

三、“以学为中心”的高校思想政治课实践教学体系实施过程中可能存在的问题与应对策略

（一）可能存在的问题

“以学为中心”的思想政治课实践教学体系只是进行了初步的试验和理论设计。在具体操作过程中，可能遭遇意想不到许许多多的问题。我们推测这些问题可能是：一是政策环节的。如课时不够，缺少相应的制度条件的约束，导致难以实际地推行。二是学生主体缺少实践的兴趣点和真正的个体的问题域。这样会造成思想政治课的实践流于形式。三是通过怎样的方式对学生实践环节进行考核和成绩评定最为合理客观，也是一个难以很好解决的问题。

（二）解决问题的策略建议

面对上述可能的问题，我们的初步建议是：一是尽最大的努力争取政策和制度方面的支持。这主要是把思想政治课的实践教学像其他学科如医学、工学等一样纳入到教学体系中来。二是在思想政治课实践教学过程中，教师要善于启发引导学生，激活学生的思想和实践兴趣。此外，教师还要努力创建马克思主义哲学实践学、马克思主义经济实践学、马克思主义社会实践学、马克思主义政治实践学以及相应的具体的教学大纲。三是思想政治课的课程考核方案必须让实践环节占有重要的位置，如占到总成绩的30%，将会有力推进实践教学。

（作者单位：江汉大学）

简论高校社会实践活动的德育功能

张小秋

在最本质的意义上，德育就是道德教育，就是培养人的德性与德行的教育；就学校德育而言，德育是培养学生的道德品质和道德行为的教育。基于此，所谓高校德育就是指高校教育者依据教育对象（大学生）品德生成的规律，将社会道德规范内化为教育对象的品德并引导其外化为道德实践，以实现其道德人格的自主构建和价值引导的教育活动。因此，德育归根到底是一种实践教育，是培养良好的思想行为的养成教育。高校德育是高校人才培养的重要内容，在高校人才培养中占有重要的地位。党的十八大强调指出，把立德树人作为教育的根本任务，培养德智体美全面发展的社会主义建设者和接班人。因此，高校在德育工作中，必须把大学生的品德培养放在突出的位置，这不仅需要高校充分发挥课堂教学的主阵地作用，更要注重发挥实践教育的比较优势。社会实践活动作为高校德育的重要途径，有助于大学生了解国情、锻炼能力、奉献社会、增长才干，对于促进大学生坚定理想信念、激发爱国情怀、增强社会责任感等具有不可替代的作用。

一、社会实践是高校德育的重要途径

马克思、恩格斯十分重视作为活动主体的人的主动性，强调实践特别是革命的实践活动对人的思想政治观念的影响。马克思认为："现代工业吸引男女儿童和少年来参加伟大的社会生产事业，是一种进步的、健康的和合乎规律的趋势。"因此，他们把教育与生产劳动相结合作为未来社会教育的一个基本原则，认为智育、体育与劳动技术教育相结合是培养全面发展的人的唯一正确的途径。列宁曾明确指出："学习、教育和训练如果只限于学校以内，而与沸腾的实际生活脱离，那我们是不会信赖的"，实际上就是强调在教育方式上要坚持理论与实际相结合的原则。毛泽东认为："一切真知都是从直接经验发源的"，并把"愿意不愿意、并且实行不实行和广大的工农群众结合在一块"作为评价一个学生是否是革命的唯一标准。从马克思主义经典作家的相关论述来看，马克思主义经典作家十分重视实践活动对个体思想政治观念形成发展的重要性，把实践活动作为个体发展的本质力量，大学生的道德发展与良好道德品质的培养当然也离不开实践活动。

大学生社会实践活动是高校课堂教育的有益补充，更是高校德育的重要途径。我国历来高度重视大学生社会实践活动，把它看成是贯彻党的教育方针，全面加强思想道德建设和实施素质教育的要求。为了充分突出社会实践在大学生德育中的重要作用，国家相继出台了一系列的政策和措施。早在1994年，中共中央下发的《中共中央关于进一步加强和改进学校德育工作的若干意见》明确指出，学校德育要加强实践环节，要把社会实践纳入教学、教育计划，组织学生参加社会调查、生产劳动、科技文化服务、军政训练、勤工俭学等活动，加强对社会实践的管理与指导。在2001年国家颁发的《公民道德建设实施纲要》中强调，公民道德建设的过程，是教育和实践相结合的过程。2005年5月，国家又下发了《教育部关于整体规划大中小学德育体系的意见》，把课堂教学和社会实践作为德育的根本途径。社会实践作为知行合一的德育过程，有利于大学生在实践活动中深化道德认识，提高思想品德修养水平，并内化为自身的道德准则，外化为规范的道德行为。此外，社会实践活动还是对高校课堂教学和校内第二课堂的延伸与拓展，有利于大学生理论联系实际，加深对理论知识的领会和理解，促进其对技术与技能的掌握和应用，在此过程中培养大学生的劳动观念、职业道德与社会责任感。

二、正确把握社会实践的德育功能

大学生的社会实践活动对于培养大学生的劳动观念、引导大学生继承发扬艰苦奋斗的优良传统、加深大学生对国情和民情的认识、激发大学生的爱国情感、帮助大学生树立坚定的理想信念、增强大学生的社会责任感、提高大学生的综合素质从而促进其全面发展具有重要意义。

1. 有助于培养大学生的艰苦奋斗精神

马克思主义认为，劳动是人和社会赖以生存和发展的基础，是人在社会生活中共同的道德准则。因为种种原因，当代大学生从小很少参与劳动锻炼，劳动观念比较淡薄。作为大学生，如果没有经过劳动锻炼，就不能理解劳动的意义，不能形成正确的劳动习惯和劳动观念，就不可能实现自身的全面发展，就不能很好地服务于国家的经济建设和社会发展。所以，劳动是大学生踏入社会、服务社会、实现其自身价值的的基本条件，大学生通过参加社会调查、生产劳动、志愿服务、公益活动、科技发明和勤工助学等社会实践活动，能够很好地锻炼自身的劳动观念和劳动能力，同时也是对大学生坚韧不拔的意志品质的磨炼。大学生通过社会实践活动能够体会到人生的价值在于通过自身的劳动对社会和他人的贡献，从而真正明白劳动的本质和意义，培养其艰苦奋斗、吃苦耐劳的精神品质。

2. 有利于激发大学生的爱国情感

对大学生而言，爱国首先体现在认真对待自己的学业上：珍惜来之不易的学习机会，充分利用高校各种学习资源，不断提高自身的专业素养和服务社会的本领等。然而我们不难发现，不少的大学生学习态度不端正、学习目的不明确，有的大学生甚至沉迷于网络游戏，虚度光阴。通过参加社会生产、勤工助学、顶岗实习等社会实践，能够使大学生真正明白社会的发展要求其具有扎实的专业知识和过硬的专业技能，这些都依赖于平时的努力与积累，远远不是考前临时抱佛脚，突击复习通过考试那么简单。在社会实践活动中，大学生能够亲身感受到国家的发展和社会的进步，切身体会到改革开放带来中国经济的飞跃发展和人民生活水平的显著提高，同时也更直观地感受到社会发展进程中不尽如人意的地方和作为当代大学生应该肩负起的历史使命，有助于大学生了解国情、锻炼能力、奉献社会、增长才干，激发大学生心底对于祖国和人民的热爱，把原来停留在口头上的爱国主义转化为实实在在的爱国行为。

3. 有助于坚定大学生的理想信念

通过社会实践，大学生加深了对中国共产党的领导、中国特色社会主义道路以及中华民族伟大复兴的中国梦的理解，真正从情感上、思想上认同“没有共产党就没有新中国”、“只有中国特色社会主义才能发展中国”、尤其是习近平总书记提出的“两个一百年”的伟大目标的深刻内涵。课堂教学带来的理解也许是肤浅的，但是参加社会实践可以使学生真切感触到我国在经济、政治、文化、教育、社会以及民生领域取得的巨大成就，而这些成就的取得如果没有中国共产党的正确领导、没有中国特色社会主义制度与道路是不可能的。尤其是习近平总书记对“中国梦”的解读，深入人心，因为它不仅是中华民族的复兴之梦和富强之梦，更是每一个炎黄子孙追求幸福生活的梦想，是国家梦、民族梦和人民梦的有机统一，它与每个人的生活密切相关，它的实现更加需要每个青年大学生的积极参与和勤奋努力。“四个全面”战略布局的提出，为我们实现“两个一百年”的奋斗目标描绘了更加清晰的蓝图，不断提升了当代大学生对中国特色社会主义的理论自信、道路自信、制度自信和文化自信。由此可见，社会实践提高了大学生的政治觉悟，增进了他们对中国共产党的信赖、对社会主义的信心和对实现中华民族伟大复兴中国梦的信念。

4. 有助于增强大学生的社会责任感

全面了解社会、正确认识国情是大学生参加社会实践的重要意义所在，也是他们思考祖国未来发展与作出个人选择时的出发点和立足点。有些大学生并未全面了解中国的历史和现状，不完全了解当今的世情与中国的国情，虽然满怀激情，却往往陷入空想和幻想，愿望与实际相去甚远。而要改变这种情况，仅仅依靠校内教育是不能实现的，必须通过社会实践、亲身体验获得第一手的感性认识，理论与实践相结合，才能把书本知识与社会实际紧密结合起来，把自己的主观认识和理论知识建立在社会现实之上，才能真正地了解社情、国情、世情，才能理解党的方针政策是由中国国情决定的，才能更加清楚社会发展对大学生的要求与期望，才能恰当地认识自我、评价自我，找到社会要求与自身实际的差距，从而合理地规划自我、完善自我，也只有这样才能对自己做好准确的定位，端正人生态度，明确责任担当，确立正确的价值取向和奋斗目标。

高校德育实践已经充分证明，大学生社会实践活动具有丰富的德育内容，是大学课堂德育和校内德育活动的必要补充，是高校德育的重要途径。但是，我们也不能忽视仍然有很多高校对大学生社会实践的德育实效认识不清，大学生社会实践的德育功能并没有得到充分的发挥。比如实践育人的理念没有得到足够重视，实践育人的合力没有形成；实践活动经费单纯依靠高校支持，无法满足社会实践广泛性、深入性的要求；社会实践的内容和形式陈旧单一，与大学生的个性发展不相适应；大学生主体对社会实践缺少主动思考，不少学生对此停留在“走过场”的层面等主客观因素严重制约和影响着高校社会实践德育功能的发挥，这些都需要在以后的高校德育工作中不断改进与完善。

（作者单位：江汉大学）

论高校实践育人共同体与社会主义核心价值观教育

张映彬　赖锦标

社会主义核心价值观凸显了社会主义内在本质和发展诉求，是社会主义意识形态的核心内容，对大学生进行社会主义核心价值观教育意义极其重大。袁贵仁同志提出：要实施“实践育人共同体建设计划”，建立一批青少年社会主义核心价值观实践基地，推动学校阵地与社会基地、校内课程与校外实践、校内教师与校外导师之间的衔接互动。“实践育人共同体”是指促进政府、学校、企业、社会等按照“目标共同、机制共建、资源共享、责任共担”原则建立实践育人共同体，旨在以实践育人共同体为载体，深化社会主义核心价值观的内化与践行。针对大学生社会主义核心价值观培育与践行面临的困境，探索运用实践育人共同体来推进核心价值观教育具有重要的现实意义。

一、大学生社会主义核心价值观教育面临的困境

（一）教育背景：多元化时代给一元化取向带来的冲击

伴随着世界经济全球化的全面推进，我国市场经济的深入发展以及互联网运用的不断普及，一个多元文化的时代到来了。在多元文化的时代里，思想观念的冲突与碰撞，价值取向的差异与博弈都将成为新的事实，成为一种新常态。可见，当前社会的价值取向已有一元化转为多元化态势。不可避免的，受多元价值观的影响，尤其是西方所谓“普世价值”的渗透，大学生面临着价值选择的困

惑、价值判断的迷茫。因此，如何引导大学生树立正确的核心价值观，怎样实现“主流”引导“潮流”，“一元”统领“多元”，是当前社会主义核心价值观教育面临的重大挑战。

（二）教育内容：核心价值的理论性与现实生活的具象性相脱节

社会主义核心价值观教育的宗旨在于引导民众明确社会生活的目的与价值所在。然而，由于社会主义核心价值观是社会主义价值体系的高度概括，具有一定的凝练性，也是社会主义本质的体现，具有一定的抽象性。这种凝练性、抽象性有别于现实生活的具象性、经验性，在一定程度上导致了抽象的核心价值与具象的生活经验相脱节。“不是意识决定生活，而是生活决定意识”。这种抽象化的教育内容很难与学生的现实体验形成有效链接，以致削弱了教育的实效性。社会主义核心价值观的内容既来源于生活、超越生活，又必须贴近生活、服务于生活，因此如何让社会主义核心价值观教育融入大学生的生活世界是急需突破的困境。

（三）教育渠道：单一化路径向多元共同体的诉求

在社会主义核心价值观教育的诸多路径中，学校是核心渠道。学校教育是一个完整的、系统的教育体系。通过制订教学计划，有目的有组织的以直接授课的方式，或是学校社团活动进行价值观教育，对培育大学生的核心价值观具有立竿见影的效果。但社会主义核心价值观教育不能仅仅停留在培育层面，应是贵在践行，即通过生活实践使之内化于心、外化于行。大学生的生活环境是立体式的，除了学校，还有家庭、企业、社区等，因此核心价值观教育应嵌入大学生的整个实践环境中。然而，当前核心价值观教育路径通常是各自为营，相对独立，缺乏必要的配合与融合，大大地弱化了其教育效果。应当认识到，学校是核心价值观教育的核心路径，但不是唯一途径，为了使核心价值观教育达到最佳效果，需有效整合各方资源，形成多位一体的教育联动机制。

二、以实践育人共同体助推大学生社会主义核心价值观教育——以黎明职业大学为例

高等学校并非是与社会完全隔绝的“象牙塔”，实践育人是高等学校与社会连接的重要桥梁。教育部等七部委下发的《关于进一步加强高校实践育人工作的若干意见》中强调：进一步加强高校实践育人工作，是全面落实党的教育方针，把社会主义核心价值体系贯穿于国民教育全过程，深入实施素质教育，大力提高高等教育质量的必然要求。实践育人是课堂教学的拓展与提升，也是核心价值观教育的重要途径和有效载体，欲使其达到预期的目的和效果，需加强学校、社会、企业的有机结合与积极互动，构建以高等学校为主体的实践育人共同体。黎大充分借助这一共同体将社会主义核心价值观融入实践育人活动中，开创了核心价值观教育的新路径和新方法。

（一）通过思政课实践教学，指导大学生正确地判断和选择核心价值观

为认真贯彻落实教育部等部委下发的《关于进一步加强高校实践育人工作的若干意见》，需深化高等学校思政课教学改革，充分发挥思政课实践教学的育人功能，引导大学生将书本上的理论知识与生活实践相结合，达到“知、情、意、信、行”的转化，实现知行统一。这就要求思政教师要转变重教书轻育人、重理论轻实践、重知识轻能力的传统教学理念，高度重视思政课实践教学，充分发挥其育人作用。

“黎大”的思政课实践教学采取课题组形式，组织学生分组进行调查研究、撰写调查报告，并于期末进行演讲汇报。理论教学与实践教学是整个教学体系中不可分割的两个组成部分，有着共同的育人目标，应密切联系及相互统一。因此，教师要求调研课题的选择范围应遵循以下三个原则：一是紧扣思政课理论教学大纲，加深对理论知识的掌握与理解；二是贴近学生的学习生活与成长需求，帮助学生树立正确的人生观、价值观；三是关注社会时事热点，引

导学生运用马克思主义的立场和观点分析、看待问题。通过思政课的实践教学环节，让学生走出课堂，深入社会，近距离地观察社会动态，直面问题，思考困境，探索对策。在这过程中，会面临价值观上“主流”与“潮流”、“一元”与“多元”的碰撞。当学生出现价值观判断与选择的困惑时，思政教师可结合调研的具体事例，有理有据地引导学生辩证地分析问题，从而树立与践行社会主义核心价值观，增强中国特色社会主义的道路自信、理论自信、制度自信、文化自信。

（二）通过学校—社区共创的社会志愿服务，进行大学生社会主义核心价值观培育

2014年的“五四”青年节，习近平同志在北京大学师生座谈会上强调：青年要自觉践行社会主义核心价值观，要于实处用力，从知行合一上下工夫，核心价值观才能内化为人们的精神追求，外化为人们的自觉行动。即须充分发挥社会实践对大学生社会主义核心价值观的培育作用。

社会志愿服务是指任何人志愿贡献个人的时间、技能、资源等，在不为任何物质报酬的情况下，为改善社会，促进社会进步而提供的服务，其蕴含着深刻的奉献精神、互助精神、友爱精神。高等学校定期组织大学生走出校门，走进社会，深入街道、社区、乡村等基层开展志愿服务活动，让广大学生通过社会志愿服务，接触社会、感受社会、服务社会，营造良好的育人氛围，让学生拥有一颗友善仁爱之心。

黎大为让学生更好地增长才干、提升素质、践行核心价值观、服务社会，鼓励学生积极参与志愿服务活动，并纳入综合测评中。学校要求学生每学年必须至少参加一次（一项）的社会实践、志愿服务活动方可得基本分，如在志愿活动中获奖还可给予相应的奖励分。同时，学校还以党员、入党积极分子和享受国家助学金等受资助学生为主体，制定了学生义工制度实施办法。为了将志愿服务活动长期化、制度化，学校已建立泉州海交馆、开智学校等10多个青年志愿者基地，常年定期开展环保、助老、

助残、家教等定点志愿服务活动。这些志愿服务活动不仅让学生将核心价值观内化于心，外化于行，实现了核心价值观由理论认同到实践认同的转变，同时大学生的志愿服务活动极大地促进了社会的和谐与文明。

（三）通过校企合作的实训实习活动，引导大学生积极践行社会主义核心价值观

企业实训实习是大学生进一步巩固专业知识、提升专业技能，为将来从学校走上工作岗位做准备的必要环节。企业实训实习阶段是由学校、企业、带队教师、学生四方共同参与，具有管理主体多元化，地点分散化等特点。如缺乏有效的管理体制和规章制度，往往会导致思想政治教育工作不到位，甚至被边缘化。因此，这一阶段是高校思想政治教育工作的重点与难点，同时也是社会主义核心价值观融入大学生社会实践生活的契机。为了做好大学生在企业实训实习期间的思想政治工作，需建立职责明确的管理体制与制度，建设一批长期合作的实习基地，并发挥大学生党团组织作用。

“黎大”为了更有效开展大学生实训实习期间的思想政治教育工作，成立了学校、院系、带队教师、学生干部层层落实的实训实习管理工作领导小组，明确各自具体的职责，并与所在企业形成齐抓共管的共识，组建一支学校、企业、带队教师、学生干部四方联动的管理体制。近年来，为贯彻落实实践育人的教育目标，学校不断深化校企合作，促进产教深度融合。截至 2014 年 8 月，学校已建立 198 个校外实习实训基地，覆盖所有专业，为学生实训实习提供了一批稳定的实践基地。在实训实习期间，充分发挥学生党团组织的功能，要求学生干部定期组织同学进行思想、工作、生活各方面的交流汇报，帮助同学进行社会主义核心价值观的自我教育。同时，学校要求带队教师要深入企业、走进学生的日常生活，及时了解学生的思想动态，帮助学生正确地认识工作生活中的各种困惑，指导学生在社会实践中自觉地践行核心价值观，让社会主义核心价值观由理论力量转化为实践力量。

三、结束语

社会主义核心价值观承载着一个民族、一个国家的精神追求，体现着一个社会评判是非曲直的价值标准。大学生是未来的希望，社会主义建设要赢得未来，就必须赢得大学生。在大学生成长成才的关键阶段，进行社会主义核心价值观教育具有重大的深远意义。而实践育人共同体正好实现了核心价值观教育的个体化、具象化、生活化，增进了核心价值观的认同，是大学生培育践行社会主义核心价值观的重要渠道。因此，当大学生社会主义核心价值观教育面临困境之时，实践育人共同体以其自身的特点与优势，成为当下推进社会主义核心价值观教育的新思路、新载体。

（作者单位：黎明职业大学）

论高校思想政治理论课实践教学的理论依据和有效性

冷小青

实践教学是培养学生综合素质的重要平台，也是提升高校思想政治理论课实效性的重要途径，它能够全方位、多渠道地引导学生在直接参与中感知社会、体验人生，有助于实现教化与内化的结合，达到知行统一。

一、高校思想政治理论课实践教学的理论依据

高校思想政治理论课实践教学的理论依据是什么？首先，是马克思主义的认识论。马克思主义认为，实践是联系主体人和客体物质之间的桥梁。实践是人们有意识、有目的地进行探索和创造的客观物质性活动，实践意味着人对生命的自觉。人的认识是主体在实践基础上对客体的能动反映，认识不是在纸上谈兵的讨论中形成的，更不是在死记硬背的背诵中形成的，而是必须经由自身的实践、体验、感悟才能形成。

高校思想政治理论课实践教学是一种教学活动，是富有实践性内涵的教学，是理论教学的补充和延伸。高校思想政治理论课实践教学的目标，包括思想素质目标、知识目标、能力目标三项内容。思想素质目标是实践教学的核心目标。在实践中，教师引导学生深入社会，接触各个阶层的人，通过面对面的交流，了解群众的疾苦和需求，明确社会责任和历史使命。学生运用辩证的方法分析各种问题，从而加深对基本理论的理解，促进正确世界观、人生观和价值观的形成，增强培养良好道德品质的自觉性，培养学生积极的生

活态度。知识目标，也就是巩固理论知识和加深对理论的认识。通过实践，学生达到开拓思维空间、深刻认识社会、增强理论教学的实效性的目的，目标是帮助学生完成从书本到现实、从理论到实践的飞跃。要使学生的能力得到锻炼和提高，除了学习和掌握组织能力、表达能力、写作能力、社交能力外，还要充分激发其批判精神和创新能力，帮助学生完成从书本到现实、从理论到实践的飞跃。有了这次飞跃，再一次回到理论和书本上的时候，学生的认识水平会有质的升华。这符合马克思主义的认识论。

其次，高校思想政治理论课实践教学契合“教学做合一”的教育理论。“教学做合一”的教育理论是教育学家陶行知先生提出的。陶行知先生非常强调“做”，也就是实践。他不仅强调实践，而且强调认识要指导实践，获得直接经验和间接经验的统一，他说：教学做合一是生活法，也是教育法。它的含义是：教的方法根据学的方法；学的方法根据做的方法。事怎样做便怎样学，怎样学便怎样教。教与学都作为中心。高校思想政治理论课也一样，既需要理论教学，也需要实践教学，理论教学和实践教学相互补充，有机渗透，以使学生形成完整的知识结构，让学生既可以系统地学“深”，又可以联系实际学“活”。只有把二者结合起来，才能提高思想政治理论课的实效性。

二、高校思想政治理论课实践教学的有效性

高校思想政治理论课实践教学的有效性体现在哪些方面？首先，实践教学有利于提高思想政治理论课的渗透力、说服力和感染力。第一，增强课程的渗透力。社会上负面的各种思潮、价值取向、生活方式渗入大学校园，影响了许多大学生的世界观、人生观和价值观，而大学生所处的独特的成长环境，也使他们的人格特征出现了新的变化，比如部分学生思想单纯、认知片面、情感异化、意志薄弱、交际困难。加强高校思想政治理论课实践教学，有利于引导学生在实践活动中明辨是非，增长才干，提升内在素质，实现自我教育，切实增强教学的渗透力。第二，提升理论教育的说服力。思想政治理论课的教学内容丰富，理论性较强，教学形式单

一，容易使学生失去兴趣和热情。实践教学相对来说，具有学生广泛参与、形式灵活多样、气氛生动活泼的特点，而且思想政治理论课的有些教学内容通过实践体验让学生进一步理解理论，验证理论，才能使理论知识真正入脑入心，才能使学生做到真学真懂真用。第三，彰显主流引领的感染力。教师如果只注重理论讲授，不联系实际，往往会造成教学的空洞乏味，使学生失去学习动力甚至产生逆反心理。通过实践教学，思想政治理论课教师走出课堂，走向社会，关注社会现实，指导学生实践，从而有助于提升教学能力，提高教学效果。另一方面，通过实践教学，教师对自己讲授的内容感同身受，授课时能以饱满的热情和深厚的感情讲授课程内容，既重视以理服人，也注重以情动人，就会增强思想政治理论课的感染力和影响力，从而取得良好的教学效果。

其次，高校思想政治理论课实践教学可促进理论知识和实践能力的双向转化。第一，促进理论知识外化为实践能力。通过实践教学方式，让学生把课堂中学到的思想政治理论运用到实践活动中，在具体活动中领会理论知识的内涵，比如在实践教学中需要学生做到动脚、动笔，动口，动脚就是让学生走出去感受社会，学生深入基层、接触社会，围绕主题有重点地开展调查研究活动，前往有代表性的城市、农村、工矿企业进行实地考察，能多角度了解中国社会发展现状。动笔就是让学生写下来训练思维，学生用课堂教学中所掌握的理论观点和思维方法，将自身在开展实践活动中的见闻、感悟形成文字材料，既可以训练学生灵活运用理论知识，也可以作为检验学生理论学习效果、开展课程考核评价的重要参考依据。动口就是让学生说出来交流思想，通过开展社会实践报告会、调研成果交流会、主题演讲比赛、热点问题访谈会、读书心得交流会等交流活动，使他们在相互交流中碰撞思想火花、分享成长体验，也培养了他们关注现实问题的自觉性，也锻炼了他们分析问题、解决问题的能力。第二，促进实践体验升华为理性认识。通过对实践教学的精心设计与周密组织，使实践活动与课堂讲授互为补充，相得益彰。一方面，在实践教学实施中，教师以课程教学要求为牵引，在积极指导学生组织开展社会实践活动和各类社团活动的基础上，认真批阅学生撰写的实践心得体会，并进行必要的点评和分析，再次将学生的关注点引回课堂，努力推进师生之间的良性互动，帮助学生深化对课堂理论教学内容的理性认识。另一方面，教师及时对实践教学的实施情况进行归纳总结，不断提升对实践教学的设计与组织能力，将实践教学中涌现出来的好做法、好经验及时归纳总结成科学的教学方法，形成有推广价值的教学成果。教学主管部门也定期开展教学改革、教学方法研讨会，总结交流实践教学经验，最终促进思想政治理论课教师理论素养、学术修养和教学能力的整体提升。

三、构建高校思想政治理论课实践教学的几点建议

第一，理念更新是构建高校思想政治理论课实践教学的前提。理念是思想，是观念，任何一项改革的前提之一就是思想解放与观念更新，实践教学的构建也是这样。比如《思想道德修养与法律基础》教材关注大学新生的思想特点和成才需求，重点阐述大学生普遍关心的人生、理想、道德、民主、法制、纪律等方面的问题，这是进行“基础”课实践教学的思想理论指导。为此，“基础”课实践教学应遵循“紧扣教材主要内容、关注成长成才需求、贴近大学校园生活”的理念而展开，将课程教学内容与大学生的现实生活结合起来，在每一章中确立相应的实践教学内容。江汉大学思想道德修养课部就设计了十几个实践主题，如：走近名师、共话“大学生活规划”、参观革命前辈故居或革命陈列馆、爱国主义主题演讲、爱国主义主题报告会、“家乡美”交流评选会、寻访制造业“中国品牌”、参观高新科技企业、人物传记读书会、在校园里做义工、开展大学生诚信状况调查、展示“中华传统美德格言”、开展公民法律意识调查、组织学生收集整理与大学生活相关的法律、法规和条例、开展校园文明状况调查、开展大学生婚恋观调查、开展“感动于心　感恩于行”等系列活动，这些活动都取得了很好的效果。

第二，规范的教育和管理模式是高校思想政治理论课实践教学顺利运行的保障。在实践教学活动中，既要明确任课教师是第一责

任人，同时也要依靠广大教职员工和社会人士的广泛参与。高校要充分发挥相关部门、其他干部教师以及社会人士在创设实践机会、开展活动指导方面的积极作用，大力营造全员育人氛围，不断提升思想政治理论课的教学实效。具体说应从三个方面构建运行和保障机制。一是整合思想政治理论课各门课程的实践教学内容，形成独立的教学体系。二是细化职能部门具体工作任务。思想政治理论课教师负责组织编写实践教学大纲、教材和指导书，制定实践教学具体要求和成绩评定标准，制定实践教学计划的实施方案和调研课题指南，外派实践教学指导教师，检查指导教师的实践教学活动，总结评估实践教学的效果；教务处根据教学计划下达实践教学任务，制定教师实践教学工作量计算办法并审核其经费的使用情况，检查、督导、协调全校的实践教学活动；指导教师会同团组织和学生工作处根据教学任务组织落实实践教学并考核学生实践课成绩。三是设立专项经费并合理使用。关于思想政治理论课教学经费问题，教育部曾下发过多个相关文件，明确要求各高校每年要按一定的生均数额标准划拨专项经费用于思想政治理论课教学。教学主管部门有必要设立实践教学专项资金，激发师生参与实践教学的积极性，保障实践教学活动的正常开展。

构建稳定、科学、合理的实践教学考核评价标准，关键问题是三个方面：一是可行性，主要是实践教学课评估指标的可操作性。这就是说，指标必须简便易行，各项指标的设计便于获得，符合实情，对反映教学成果具有实际意义。二是方向性。实践教学考核指标制定时，必须与课程特点紧密结合，注重考察对学生世界观、人生观、价值观形成和认识能力的提高，如参与社会实践的积极性、观察社会的视角、对社会热点问题的倾向等。三是整体性。实践教学评估体系作为一个系统，在设计指标项目时，必须注意整体性。当然，实践最后结果（调查报告、问卷分析、观察体会等）是最重要的，但实践过程的每一个环节最好有量化的办法，以便于操作。通过成绩评定与评优表彰，有效激励学生参加实践课程的热情。

第三，实践教学资源是有限的，如何充分利用这些资源？结合各校实际，应从两个方面入手：一是地域资源的开发利用。主要指校内和校外实践教学基地，包括博物馆、纪念馆、革命遗址等爱国主义教育基地；学校董事单位、校友所在单位等社会资源以及高校自己设立的大学生创业基地、就业基地、军民共建单位、科教合作单位等；在高校内，校史馆、各种人文景观等，都是实践教学资源。二是横向管理机构资源的开发利用。教学部门拥有理论功底扎实的师资队伍、学术资源和少量的经费资源、组织资源，而学生管理工作机构则拥有广泛的组织资源、充足的活动经费和丰富的校外资源。加强相互间的沟通，优势互补很有必要。

近年来，高校将实践教学作为改进高校思想政治理论课教学方式方法的重要内容进行了积极的探索。但探索过程中也遇到了一些问题，例如，课时规定比较随意，实践教学内容与课堂理论教学内容联系脱节，缺乏稳固的实践教学基地，与学校相关部门组织的社会实践常有冲突，实践教学不符合学校的实际情况，组织策划过程中不到位等。为进一步提高实践教学的实效性，有必要认真总结、整合，逐渐摸索出一套普遍适用、切实可行的实践教学运作方法，以固化实践教学活动的成果，为高校思想政治课的实践教学提供一个有章可循的模式。

（作者单位：江汉大学）

大学生思想政治理论课实践教学意义及问题探略

陈胜利

一、大学生思想政治理论课实践教学的含义

大学生思想政治理论课实践教学区别于大学生社会实践。大学生社会实践是按照高校大学生培养目标，根据大学生思想政治教育的任务，结合学生政治发展的特点和思想政治教育规律，有目的、有组织、有计划组织大学生走出校园，深入基层、深入群众、深入实际，以了解社会、认识国情，增长才干、奉献社会，锻炼毅力、培养品格，增强社会责任感为目的的各种实践活动。大学生思想政治理论课实践教学是相对于思想政治理论课理论教学而言的一种教学活动，它以理论知识为依据，以强调创造性和实践性的学生主体活动为形式，以激励学生主动参与和主动思考为特征，引导学生有目的地参加课内与课外、校内与校外的各种实践活动，通过对社会实际生活的参与和体验，在实践中不断提高思想觉悟和认知能力、磨炼意志、养成良好的行为习惯，使其主观世界得到感性的再教育和主体能力得以优化的过程。前者是针对全体大学生的社会实践而言的，而后者是专门针对思想政治理论课而言的实践教学；前者的内涵更广泛，后者的内涵更具体。当然，大学生社会实践教育不可能脱离思想政治教育而孤立地进行，大学生社会实践是思想政治教育的重要载体和场域。

二、大学生思想政治理论课实践教学的意义

1. 培养全面发展的社会主义事业建设者的要求。大学生思想政治理论课实践教学是大学生健康成长的必要条件。大学生要成为社会主义事业合格的建设者，保持健康地成长，就必须有过硬的业务素质和政治素质。大学生思想政治理论课实践教学坚持理论与实际相结合的原则，要求大学生刻苦钻研马克思主义理论的同时，要投身于实践之中，将先进的理论与丰富的实践结合起来，将思想政治理论与历史实际、现实实际、社会实际和个人的思想实际在实践中相结合，经风雨见世面，增长知识能力，提高思想上政治上的素质，健康成长。实践教学活动可以促使大学生个体的既有素质和赖以生存的社会环境成为个体发展的现实基础，使个体的个性发展和道德品质在二者的相互作用中得到发展。大学生个性是在自主实践和广泛社会交往中形成的，大学生在实践中可以充分展示自己的个性，有利于他们的身心健康发展。在实践活动中，大学生通过自身的体验，构建一种自主探究合作的学习方式，以形成对事物一定的看法和价值观。这样就创设了一个有利于沟通、交流和合作的学习情景，相互体验情感、分享彼此的成果。大学生思想政治理论课实践教学也是对大学生进行素质教育的有效途径。大学生普遍接触社会很少，社会阅历和实践经验严重不足，对社会缺乏了解，各种能力和素质有待发展。大学生思想政治理论课实践教学通过一系列实践活动，在提高大学生思想政治素质的同时，还培养和提高了大学生的洞察能力、动手能力、协作能力、创新能力，从而养成合作、分享、积极进取的良好个性心理品质，使其身心素质、业务素质、文化素质得以提高，从而提高了大学生的综合素质。

2. 主客体相协调的教育规律的客观要求。大学生思想品德的形成与发展离不开思想政治理论课的理论教学与实践教学。只有通过实践教学与大学生这一主体相联系，客体因素才能起作用，大学生这一主体才能真正获得思想政治品德认识，只有通过思想政治理论课实践教学首先实现知与信的统一，才能在此基础上实现知与行的统一。仅仅依靠理论灌输是难以达到教育效果的，教育学的客观

规律要求思想政治理论课教学选择立足于社会现实生活和学生实际的实践教学，结合社会现实在实践中对学生进行思想政治教育，高校思想政治理论课才会有实效。也只有通过实践教学，才能使主体适应客体，使大学生了解国情，适应社会。大学生多是从校门到校门，缺乏社会实践体验，容易造成认识的片面性、局限性，这就会使他们看待社会和人生使容易理想化，对事物的发展抱有很高的期望，但对事物发展的困难认识不足，当事物发展顺利时兴奋无比，当事物发展出现阻力时，则垂头丧气，缺乏艰苦创业的精神和应有的社会责任感。通过组织实践教育活动，让大学生走出校门，到工厂农村亲身去感受体验，可以使他们充分了解社会，既看到社会发展的成绩，又看到各种困难和不足，向工人学习，向农民学习，从而真正了解社会、了解国情，增强社会责任感。

3. 提高高校思想政治理论课教学实效的基本手段。高校思想政治理论课的根本目的是让学生接受并真正领会理解马克思主义基本理论，树立起正确的人生观、世界观和价值观，确立为国家、为社会服务的信念。帮助大学生更好地认识人生的目的、意义和价值，从而树立起为人民服务的人生观和人民利益高于一切的价值观，确立为中国特色社会主义而奋斗的坚定信念。可以引导大学生向实践学习、向人民学习、使他们在实践中不断提高政治鉴别力。如果仅仅依靠在课堂上向学生灌输这些理论，效果是很不理想的。很多学生对这样灌输式的讲授难以接受甚至是反感抵触。理论的学习既要灌输，但更多的是要靠内心的自觉接受。如何让学生做到自觉地接受，思想理论课的实践教学是最为有效的手段。它可以让学生在实践中学，在愉悦中学，可以使学生由被动地接受转化为主动掌握。实践教学具有直观性、贴切性，可使学生获得社会现实生活的直接体验，并在实际运用中得以消化吸收，从而较好地提高了思想政治理论课教学的实效性。

4. 它是培养学生创新精神、锻炼和增强学生多种能力的需要。实践教学既解决了学生对思想政治理论的认同感，更是发挥了学生在教学活动中的主动性。实践教学贯彻了以学生为本的教育思想，强调在培养学生的过程中还给学生自主权，以学生为主体，使学生由被动的知识容器变成追求真知、道德和情操的能动主体，使学生具有自我探索、自我教育的能力，使他们积极主动地开展学习，不死记硬背，针对现实问题进行独立思考，作出判断，形成正确的观点，从而将学习的理论创造性地运用于实践之中。实践教学也培养了大学生的洞察能力、分析和解决问题的能力、社交能力、独立活动的能力、创新能力和自我教育的能力。

三、大学生思想政治理论课实践教学存在的问题

1. 对时间教学重要性的认识不到位。长期以来，受传统教育观念的影响，人们认为理论教学才是课，只要上好课就可以了。而对实践教学缺乏深刻的认识，实践教学被看成无足轻重、可有可无，对实践教学的重要性认识严重不到位，没有树立实践教学是思想政治理论课教学的重要组成部分的思想观念，甚至把相关的投入看做是额外的负担。持这种观点的不仅有部分领导，也有部分思想政治理论课教师。

2. 保障实施的措施不到位。目前，很多高校没有按照教育部的规定开足思想政治理论课的课时，课时被缩减。如《毛泽东思想和中国特色社会主义理论体系概论》这门课，教育部规定的课时数是96学时，而在一些高校实际只开设了64学时。在这种情况下，理论教学的任务都难以完成，更别说保障充分的实践教学环节了。具体来说：一是组织保障滞后。思想政治理论课实践教学的有效运作需要高效的保障机制。其中有思想政治理论课教学部门、学生管理部门、党团部门、后勤保障部门、财务部门、学生社团等机构各司其职、齐抓共管，形成合力，才能为实践教学的顺利开展并取得良好的教学效果提供强有力的组织保障。从现实的情况来看，不少高校在实践教学管理上存在着制度不健全、措施不得力等方面的欠缺。实践教学没有列入学校教学的统一安排中，部分学校即便建立了一些相关制度，大多也只停留在文件上。缺乏有力的组织保障是当前高校思想政治理论课实践教学面临的一个最现实的问题，也是实践教学流入形式的深层次的原因。二是经费投入不足。资金缺乏是制约当前高校思想政治理论课实践教学顺利进行的最大问

题。实践教学活动中，交通、通信及给学生相关指导等，都需要有经费的支持。但是，不少高校投入都相当有限，大部分学校未按要求设立专项活动经费，即便有专项经费，数量也很少，只能用于组织小范围的实践教学，参与的学生比例小，难以充分调动学生的积极性。与专业教学相比，思想政治理论课有一种被淡化、甚至边缘化的危险。这一切直接影响到思想政治理论课的教学效果。

3. 实践基地建设不到位。实践基地建设面临诸多困难。许多企事业单位表示，没有那么多时间、人员和精力来接待学生的社会实践，不愿意接待实践教学的师生。有的实践基地还要收取较高的费用。部分学校和基地之间双方没有签订协议，以明确各自的权利和义务，使得实践教学基地接待不力，流于形式。由于全社会共同配合、支持大学生社会实践的局面尚未形成，目前思想政治理论课实践教学普遍缺乏相对稳固的实践教学基地，实践教育活动随意性很大。没有固定的课外实践教学基地，很大程度上影响了思想政治理论课实践教学的有效进行。

4. 师资不到位。思想政治理论课是全校必修的公共课，教师教学任务繁重。随着近年来的大规模扩招，高校普遍采取大班授课的方式，班级人数普遍都是近百人左右，这么大规模的教学班，组织一次实践教学需要耗费教师大量的时间和精力，即便组织了也难以对每个学生进行有效的指导。同时，思想政治理论课教师除了完成繁重的教学任务外，每年还有一定的科研任务。任务这么重，不少教师认为，能搞好理论教学就不错了，哪里还有时间和精力去研究和组织实践教学活动呢？很多思想政治理论课教师对实践教学缺乏热情，要么敷衍了事，要么干脆不搞实践教学。加上部分教师本身的实践经历和社会阅历不深，经验也不足，无法有效指导学生开展社会实践活动。

5. 对教师的评价激励机制不当。大多数高校教师评价标准过度量化、简单化，具有较强的功利性和实用性。但是思想政治理论课的实践教学难以量化，并且由于思想政治理论课的实践教学效果在短期内表现不明显，按照现行的高校教师评价标准就难以对实践教学的付出作出正确的评价。具体说，许多高校对思想政治理论课实践教学没有规定工作量和相应的报酬或津贴，教师安排实践教学活动的劳动与他们所得到的报酬不成比例，有的学校只是按实际实施的课时计算工作量，不再另外计酬，这就不利于调动高校思想政治理论课教师实践教学的积极性。

6. 对学生的监督、评价机制不当。在对学生的监督方面，许多实践教学是在课外、校外进行的，更有许多实践活动是安排在假期，在没有建立完善的实践教学机制的状况下，对实践教学无法进行有效的监督管理，使实践教学变成学生可参与也可放弃的个人行为。在对学生的评价方面，偏重于结果，将学生撰写的调查报告、社会实践材料等同于实践活动所取得的成果并作为评价的主要或唯一依据，忽略了对学生实践活动过程中认知水平、认识方法等的评价，更缺乏对学生在实践中所表现的理想、信念、智慧、能力等作出综合评价，这就造成一些学生对思想政治理论课实践教学简单应付，对实践报告进行抄袭复制的现象比较严重。

（作者单位：江汉大学）

新形势下创新大学生社会实践活动的几点思考

熊腊仙

社会实践是大学生思想政治教育的重要手段，同时也是大学生接受教育、增长才干、施展才华和奉献社会的有效途径。在创新成为时代精神核心的新形势下，积极推进大学生社会实践创新研究，是我国高校德育发展的必然要求。本文试图对当前大学生社会实践中存在的问题进行研究，提出创新大学生社会实践活动的几点思考。

一、大学生社会实践活动的开展及存在的问题

自1980年以来，我国大学生社会实践活动的发展迅速，实践方式增多，主要有：教学实习，包括课程实习，专业实习，实习基地建设；社会调查，包括走向社会，参观考察，社会经济调查，暑期社会调查；科研创新，包括学术调研，“挑战杯”赛，大学生创业；学生社团，包括社团与校园文化；大学生自我管理，包括学生会，团委，学联活动；自治组织，包括勤工俭学，校外兼职等。30多年来，大学生社会实践活动积累了丰富的经验，取得了不俗的成绩。但是，由于社会、学校和学生个人等多方面的原因，使大学生社会实践工作存在诸多问题。

1. 社会对大学生社会实践的重视程度不够

首先是有关领导部门没有真正形成合力。大学生社会实践是由中宣部、中央文明办、教育部、团中央、全国学联共同举办，联合发文下达通知，但是在实际的开展运行过程中，却几乎都成为了共

青团系统独自负责的事情；其次是地方政府、企事业单位对大学生社会实践的认可和重视不到位，有些地方政府，把大学生社会实践活动当成观光活动，并把学生当特殊客人应付对待；许多企业担心学生的社会实践活动影响了企业的生产和管理活动，尤其是可能带来生产的安全隐患，所以企业对大学生的社会实践更多的是敷衍了事；再次是家长对学生的社会实践重视也不够，有些家长存在认识上的偏差和理解上的失误，认为大学生社会实践是不务正业的活动，纯粹是为了游山玩水，有些家长怕他们的孩子吃苦受累，所以并不予以支持。所以，大学生的社会实践活动，表面上开展得热火朝天，轰轰烈烈，而实际上只是少部分学生在真正参加。此外政府和学校对大学生的社会实践活动经费的投入非常少，其结果导致大学生的社会实践活动难以收到成效。

2. 实践教学资源的相对匮乏

大学生社会实践教学基地的建设是教学质量提高的重要环节，然而，目前本科院校学生的社会实践教学基地的建设远远不及中等职业院校，由于没有稳定的社会实践基地，学生需要花大量时间和精力寻找实践场所，结果就形成了“课程教学实习打游击，毕业实习靠自己”的现状，社会实践活动和社会调查研究只能是零散的放羊式的，没有固定的实践场所，现在许多大学生进行社会实践几乎全是自己联系实践单位，由于很难联系到专业对口的单位，学生的实习往往专业性不强，根本学不到什么实质性的东西，不可能有真正的实践经验的累积，导致学生的教学实习变成了走过场，收效微乎其微。

3. 社会实践缺乏科学的指导

从整体来看，大学生社会实践活动必须要按照“接受教育、增长才干、作出贡献”的原则，采取灵活多样的实践方式，才能收到良好的实践效果。但是由于缺乏足够的科学指导，目前这方面存在不少的问题：第一是形式比较单一，缺乏实践的创新性。目前的大学生社会实践通常局限在社会调查研究、参观访问、文艺演出、生产劳动等形式，还停留在社会实践的初步发展阶段，缺乏深入发展的改革和形式的创新。第二是内容太空洞，缺乏针对性。实践内容往往与大学生的专业结合不够紧密，不能做到学以致用。此外，也不能针对社会的具体实际情况去服务社会。第三是只注重表面现象，缺乏实践的有效性。社会实践活动通常是宣传的多，但是实际往往是雷声大，雨点小，追求一时的“轰动效应”，走形式主义，收不到“社会认可、群众支持、学生满意”的实际效果，导致大学生社会实践活动缺乏应有的生命力。

4. 社会实践绩效评价体系缺乏科学合理性

许多高校现行的对于学生实践活动成绩的评价，主要是依据实践报告的长短和接收单位的意见，以及盖公章的情况等，对此学生们评价褒贬不一，有的学生认为：做实践活动就是做实践材料，谁的材料做得丰富，谁的评价就高。有这种想法的学生并未真正参与社会实践活动，他们的社会实践材料中充满水分，若仅凭材料的字数的多少给予评价的话，势必将学生社会实践活动引入误区。这种不合理的奖惩机制也很难调动学生参与社会实践的积极主动性。

二、创新大学生社会实践的几点思考

1. 进一步明确大学生社会实践活动的价值取向

大学生在实践中学会做人、拓展自身能力、发展个性，实现自身的全面协调发展，是新形势下开展大学生社会实践活动的价值取向。

首先，把社会实践活动作为思想政治教育的有效途径，让大学生在实践中学会做人。“德者才之帅”。从近年来大学生社会实践活动的内容来看，主要包括“三下乡”活动、商务实践、社会调查、青年志愿者行动和社区服务等。通过参加这些实践活动，大学生加深了对我国国情的认识，增强了社会责任感。社会实践对他们坚定意志、丰富情感、培养良好品格起到了积极作用。来自社会实践的教育，其深刻性、丰富性、持久性是校园环境所无法替代的。例如，深入到农村的同学了解农村现状后更加珍惜来之不易的学习机会，激发起他们运用所学的知识报效祖国的雄心壮志；在军营中，大学生学到了刻苦训练、无私奉献、时刻准备着为祖国牺牲的伟大精神；而在对下岗职工子女的义务辅导中，大学生们更是从下岗职工身上学到了自强不息的精神。

其次把社会实践活动作为形成大学生知识能力结构的重要途径，让大学生在实践中拓展自身能力。新世纪的高等教育，重在培养学生综合运用知识分析问题和解决问题的能力。社会实践正是大学生学习锻炼并提高各方面能力的有效途径之一。在社会实践中承担责任、解决实际问题的过程，既是对学生智力的锻炼的过程，也是对学生创新能力、业务能力、社交能力和组织管理能力的培养。而社会实践活动因其内容的丰富性、形式的多样性、过程的自主性，给了大学生更多的选择权，可以培养学生自我判断、自我教育，自我控制、自行负责的能力，锻炼学生识别、控制、利用、改造环境的能力，使学生按照社会的需要和自身的需求来塑造自己，充分发展个性。

2. 把大学生社会实践纳入高校的教学计划

在形式上，目前各高校已基本上将大学生社会实践活动纳入了教学计划。但同教学环节相比，大学生社会实践活动又缺乏必要的规划、大纲和考评体系。要从根本上解决大学生实践活动的有效管理，必须将社会实践活动纳入教学计划，要根据不同层次、不同专业、不同年级学生的特点科学安排社会实践活动的内容，要制定相应的政策，对社会实践的指导思想、方针原则、目标要求、形式内容、方法途径、时间要求、成绩考评、工作量计算、奖励办法、组织指导及有关政策都作出明确规定，使活动有章可循，实现运行程序的规范化。同时加强对社会实践活动的领导和管理，鼓励教师积极主动参与社会实践活动，在工作性质的评定和工作量的计算、工作绩效的评优评奖、职称晋升等各方面作出统一的明确规定。

3. 发展相对稳定的实践基地，走“大众实践”的发展道路

社会实践基地是大学生社会实践走向规范化的前提保证，是大学生都能得到实践机会的有效中介和载体，因此，各高校有必要因地制宜地建立一批稳定长久的社会实践基地，为大学生及时地进行社会实践提供有效的保证。

目前的大学生社会实践活动，各高校主要采取“点面结合，以点带面”的方式。“点 ”是指由院系或者学校组织，落实经费、

人员、地点、内容的若干社会实践小分队的实践活动，也就是“精英 实践 ”。“面”是指全校学生的社会实践活动，学校一般仅进行宏观的管理和调控，即由学校党委及有关部门在放假前发文确定社会实践的主题及意义，要求全校同学按照就近就便的原则参加的社会实践，即“大众实践”。在大力倡导素质教育的今天，“精英实践”组织模式正越来越多的暴露出它的局限性。其最为突出的问题是，只把实践机会集中在一部分骨干学生身上，忽视了广大普通同学的实践要求，忽视了普通学生的成才需要。教育应面向全体学生。“只有面向全体学生而不是少数学生，使他们的基本素质都得到普遍提高，使他们的特长和潜能都得到发展，使他们都能有适合自身的发展方式，才是符合 21 世纪要求的高质量和高水平的教育，才能达到提高整个中华民族素质的目的。”为达到“大众实践”的目的，学校应利用各种途径，积极与工商企业、社会组织、城镇社区、农村乡镇保持联系，建立一批稳定的实践基地，形成以学校为中心的辐射状网络，帮助全体学生寻找到适合自己的实践平台。

4. 拓宽实践活动的领域和时限

大学生社会实践的时间基本上安排在暑假期间，在校期间利用双休日、节假日开展社会实践活动的项目和次数极其有限。纳入教学计划后，社会实践活动可分为勤工助学、暑期科技文化卫生“三下乡”、科教文体法律卫生“四进社区”活动、学生课外科技活动、社会事务性工作、专业实践、课题调研、青年志愿者行动等若干项目种类，学生可根据自己的实际情况选择适合自己的时间和项目进行实践。如贫困生可选择勤工助学，利用双休日、节假日开展经常性社会实践活动，在了解社会、服务社会的同时取得生活费用；农村生源的学生想了解城市的生产生活方式可参加社区服务和业余挂职；城市生源的学生可参加寒暑期“三下乡”了解农村状况；善于钻研课题的学生立项进行科研开发，这样的实践活动将能满足学生个性发展的需要。

市场经济的进一步发展越来越多地提供了有偿或无偿的短期工作机会，如各种钟点工、志愿者翻译、会场礼仪，以及利用互联网接受任务等，学生可以按照自己的需要和社会单位的要求选择实践活动项目，合理安排实践活动的时间，甚至休学创业。这一切必将进一步丰富大学生社会实践的内容，拓宽实践活动的领域。

5. 构建大学生社会实践科学评价体系

建立科学合理的社会实践教学的绩效评价机制，做到科学、合理的评价社会实践的教学，做到“六个挂钩”，即：社会实践活动情况与学生德、智、体综合测评成绩挂钩，与奖学金挂钩，与评选先进个人和集体挂钩，与团员民主评议、推优入党挂钩，与学院（系）和个人的经济利益挂钩，与教师工作量和干部业绩的奖惩挂钩。

大学生社会实践活动的效果评价应是定量和定性相结合。社会实践作为一种教育活动，不像物质产品那样可以采用多种手段精确测定或清晰评判。因此，成绩考核评价可采用定性方法和定量方法相结合的方式，学校制定统一的科学的实践基本要求，明确实践论文的撰写格式，由实践指导老师认真逐一批阅，用优秀、良好、中等、及格、不及格 5 个等级作为评分的标准，成绩合格，以学分方式计入总学分中。

总之，新时期的大学生的社会实践，必须建立对社会实践认识的新视野，侧重对大学生社会实践新资源的充分开发和利用，以增强社会实践活动的有效性，实现社会实践育人作用的最优化。

（作者单位：江汉大学）

论高校思想政治理论课的实践教学*

邱国勇

高校思想政治理论课实践教学是指高校在相关教师的主导下，为实现高校思想政治理论课教学目标，在课堂按照既定的教学计划进行的，与高校思想政治理论课理论教学相融合的富有社会性、实践性内涵的实践教学活动。这种活动既可以在课堂里进行，也可以在与课堂相关的校园与社会中进行，既可以包括课堂中的讨论、讲座、案例分析、情境观摩等教学活动，也包括以班团和社团活动为主的校园实践活动，以及以社会调查、参观考察、公益服务等为内容的社会实践活动。以这种较广的视角去理解高校思想政治理论课实践教学，有利于不同的高校从自身的状况出发，开展丰富多彩的，更为实际有效的实践教学活动，有利于高校思想政治理论课实践教学落到实处。

一、高校思想政治理论课实践教学的特点

从思想政治理论课的学科特点和教学目标来说，高校思想政治理论课实践教学不应仅局限于社会实践形式，课堂内外的模拟教学、辩论研讨等教学活动也应该视为是一种实践教学。相比于社会实践，实践教学是目前更合乎高校思想政治理论课情况的实践教学类型。在具体形式和内容方面，高校思想政治理论课实践教学应注意学生之困惑，学生专业以及社会对人才的素质与能力要求进行设计。为此要把握好以下特点：

第一，从教学内容方面看，高校思想政治理论课实践教学的内容是相对于一般的纯理论教学而言，它更多注重的是社会性、实践

性内容的注入。

第二，从教学方法方面看，高校思想政治理论课实践教学的方法是相对于过去“灌输”式的教学方法而言，它更多注重的是启发式教学，着力注重的是学生的思维能力和创新能力。

第三，从教学对象方面看，在高校思想政治理论课实践教学的过程中，作为实践教学对象的学生，其地位相对于传统教学而言需更加注重展现其积极性、自主性、参与性。

二、实践教学在思政课实践教学中的合理定位

高校思想政治理论课实践教学是思政课教学的主要形式，具有其他实践教学方式不可替代的作用。实践教学是在教师的指导下，以学生为主体，通过课堂实践活动的方式让学生在参与、互动和演练中学习理论知识、增强综合素质和提高实践能力的教学活动。简言之，就是在课堂进行的实践教学。实践教学的具体活动方式是多种多样的，包括问题讨论、专题讲解、课堂辩论、案例分析、情景模拟、影视观摩、演讲撰文等。高度重视和合理定位思政课的实践教学，是提高思政课时效性的必要条件。

首先，实践教学是学生改造主观世界的重要途径。思政课的实践教学活动与我们通常理解的实践不同，它不是直接以改造客观世界为目的的活动，而是一种以改造主观世界、优化主体素质为宗旨的实践化、应用化的教学活动。在思政课的课堂教学中，教师以思想政治理论为指导，借助于直观鲜活的声像播放、发人深省的案例分析、形象逼真的情景模拟、充满激情的演讲比赛、富有哲理的专题讨论等形式，创设一系列的生动活泼的教学情境，把课程内容与社会实践巧妙地结合起来，紧扣社会热点、焦点问题开展讨论与思考，这对于学生理解马克思主义的真谛，树立科学的人生观、价值观、世界观，优化内在的思想道德品质，提高综合素质和能力具有十分重要的作用。

其次，实践教学体现了理论与实践相结合的教学原则。思政课不论就其内容和方法来看，都是一门理论与实践相结合的学科，它不仅涵盖马克思主义基本常识、党的路线方针政策、思想道德和法

律规范等理论知识，也包含丰富的社会历史事件和人们关注的社会热点和焦点问题。在传授理论知识的同时，需要用大量的事例加以说明和验证；在对实例的介绍中，需要用马克思主义的理论和思想方法加以分析和解释。教师在课堂上把理论的讲解与社会生活和实践中遇到的实际问题很好地融合在一起，无疑能体现思政课实践性的特点，符合理论与实践相统一的要求。

再次，实践教学有助于进一步改进教学方法。实践教学形式简约，针对性强，参与面广，与理论教学的内容联系融合度大。开展实践教学，有利于改变长期形成的“填鸭式”的理论灌输的教学模式，强化理论联系实际，分析解决问题，提高能力素质的教学理念，有利于采取灵活多样的教学方法，启发学生，调动学生的参与热情和学习积极性；有利于增强学生对教学内容的感悟能力，形成促进学生成长的内化机制和氛围。

最后，在课堂上开展思政课实践教学也是完全可行的。实践教学有其自身的特点和独特的优势。一是经费支出少，普通高校现有的教学设施已经能满足实践教学的需要，无需增加额外的费用；二是可操作性强，只要开设思政理论课教学就可同时进行实践化教学，使理论与实践融合在一起，让广大学生参与受益；三是有利于师生交流互动，在课堂实践的教与学中，教师与学生可以面对面地相互交流，积极互动，增进师生感情，实现思政课的教学互长。此外，思政课实践教学所涉及的历史实际、社会实际、学生思想实际，通过报纸杂志、广播电视网络等媒体途径都可获得，这也为实践教学的实施提供了便利的条件。当然，开展实践教学并不排斥课外实践活动，事实上，实践教学与校外实践活动是相辅相成、相得益彰的。有条件的学校可以组织学生参观当地的历史文化资源如名人故里、红色圣地等，让学生感悟历史、激发爱国主义情怀。但需要指出的是，校外实践活动必须与思政课理论教学内容相关联，并且在课堂上进行信息反馈、心得交流、成果分享，否则的话很难成为真正的思政课教学活动。

总之，实践教学与理论教学的相互融合、相辅相成，才是增强思政课教学针对性和时效性的理想模式。在当前资源有限、条件不足的情况下，对众多高校来讲，课堂是开展思政课实践教学最现实的操作平台，实践教学是落实思政课实践教学要求最明智的选择。

三、高校思政课实践教学的组织实施

高校思政课实践教学不是授课教师能独立完成的工作，它涉及教师、学生、学校的管理部门等各个方面，只有相互配合、相互支持、密切配合与协作，才能使高校思政课实践教学有声有色地进行并取得良好效果。

1. 发挥教师在课堂实际教学中的主导作用。高校思政课教师在实践教学中处于中心环节，是实践教学的组织者和设计者，对于实践教学的实施起着至关重要的作用。对发挥教师在课堂教学中的主导作用，应当考虑到以下几个方面：

一要发挥教师的主动性。有的教师长期从事思政课的理论教学，对实践教学认识不足，重视不够；有的教师认为实践教学花费的精力多，实际效果不明显，不如理论教学轻松省事；还有的教师自身能力不足而又不注意学习提高，不知如何开展实践教学。只有思政课教师提高认识、克服自身存在的不足，才能全身心的投入到实践教学活动中来。

二是激发教师的创新意识。实践教学与单纯的理论教学不同，它不再是教师单纯的讲授、学生被动地接受，而是要充分的发挥学生的主体性作用，激发学生的主动性、创造性，这就需要教师树立创新意识，转换角度，转变观念，改革课堂教学方式方法。

三要激发教师提高自身的能力和水平。实践教学需要教师具有扎实的理论知识、广泛的社会知识，还要有组织能力和引导能力即课堂气氛的把控能力，不断提高自己的理论知识水平和实践教学的专业素质。

2. 发挥学生在实践教学中的主体作用。高校实践教学的主体参与者是学生，最大受益者是学生。因此，是否引导学生参与到实践教学中来，是实践教学能否得以实施并取得效果的关键所在。一是要鼓励学生积极参与到实践教学。教师通过课堂教学要有意识引导学生认识到思政课课堂教学的必要性，明确实践教学的目标和具体考核要求，使学生提高对实践教学重要性的认识，以积极的态度和主动的作为参与到思政课实践教学中来。二是要发挥学生的主体作用。当代大学生思想活跃，观念新颖，有强烈的主体意识和参与意识。教师应采取多种方式引导学生关注理论和现实中的热点问题并采取分析和讨论，鼓励学生提出自己的观点和看法，使学生在课堂实践中增强自主性和创新意识；同时也锻炼了学生的应变能力、思维能力和表达能力。三是要强化师生的良性互动。实践教学过程不仅是理论和实践、思想与现实的交锋与融合的过程，也是师生之间思想交流、情感交换、知识对话、人格互塑的过程。要在实践教学中搭起一座师生互动的平台，通过角色互换、共同讨论、平等对话的方式，增进师生之间的情感，使学生在快乐融洽的教学氛围中获得知识，开启心智，深化对理论知识的理解和掌握，提高和研究新知识的能力。

3. 发挥高校主管部门的支持保障作用。高校实践教学的开展离不开学校主管部门的支持，只有学校主管部门支持到位，认识到位，管理到位，教师在开展课堂教学实践中才能获得精神动力、物质条件和体制保障。一是把实践教学纳入总体课堂教学中来考虑，明确实践教学是提高课堂教学效果的重要环节，提倡和鼓励教师在课堂上进行实践教学活动，使实践教学真正成为提高思政课教学质量和效果的方法和手段。二是制定相关的政策和措施，落实必要的经费和设备，为课堂实践提供便利的条件，使教师普遍重视和乐于在课堂上开展实践教学。三是总结实践教学的经验，开展专题研究，力求使实践教学在培育目标、实施方法、考核考察、效果评价等几个方面的研究有所突破。四是广泛开展校内外交流与合作。要积极培育实践教学典型，展示实践教学效果；努力创造条件让教师走出去，开阔视野，增长知识，丰富阅历；进一步加强校际之间的联系，通过各高校教师之间的相互观摩和交流借鉴，共同探讨实践教学规律，创造思政课课堂实践模式。

总结这些年思政课实践教学的经验，可以发现高等院校思政课实践教学是一个有待进一步认真研究和深入挖掘的课题，要立足于众多高校的实际，开拓思路，突破认识上的局限性，把实践教学纳入到思政课教学的整体视野中来，并作为思政课实践教学的重点加以实施，唯有如此，才能开拓出高校思政课实践教学的新天地。

（作者单位：江汉大学）

思想政治理论课实践教学资源整合与运用探析

闵　杰

思想政治理论课是巩固马克思主义在高校意识形态领域指导地位，坚持社会主义办学方向的重要阵地，是全面贯彻落实党的教育方针，培养中国特色社会主义事业合格建设者和可靠接班人，落实立德树人根本任务的主干渠道，是进行社会主义核心价值观教育、帮助大学生树立正确世界观人生观价值观的核心课程。实践教学是思想政治理论课教学体系的重要组成部分，对于加深大学生对马克思主义理论的理解，深化对党的路线方针政策的认识，坚定在党的领导下走中国特色社会主义道路、实现中华民族伟大复兴的理想信念，增强历史使命感和社会责任感，具有不可替代的重要作用。多元化整合、合理化配置、高效率利用各种实践教学资源，是完成思想政治理论课实践教学活动、实现思想政治理论课实践育人总目标的前提与基础，决定着思想政治理论课实践教学目标的实现范围和水平，是进一步增强思想政治理论课教学实效性的有力手段。

一、思想政治理论课实践教学有待进一步优化

思想政治理论课实践教学，是整个思想政治理论课教学体系中不可分割的重要组成部分，是思想政治理论课实践育人的有效载体，是提高思政课教学质量的关键环节。

相对于理论教学而言，思想政治理论课实践教学一直是高校人才培养中的薄弱环节。相关主管部门敏锐地观察到了这一问题，并出台了相关政策、采取了相关措施予以解决。在中央相关文件精神

指导下，特别是2015年9月教育部印发的《高等学校思想政治理论课建设标准》中明确提出“实践教学纳入教学计划，统筹思想政治理论课各门课的实践教学、落实学分（本科2学分，专科1学分）、教学内容、指导教师和专项经费。实践教学覆盖全体学生，建立相对稳定的校外实践教学基地”等具体要求以来，思想政治理论课实践教学的状况有了相当大的改善。但由于受一些高校重视不够、执行不力、实践教学资源短缺、闲置与低效使用等多种因素制约，从整体上看，思想政治理论课实践教学还存在着零散、不系统、不规范，实践教学环节薄弱甚至缺失、实践教学低效等诸多短板，有待进一步优化。

1. 目标意识有待进一步明确，组织管理有待进一步提高效率。从对思想政治理论课实践教学的认识来看，目前很多高校有了正确的定位。但在具体执行的过程中，还存在着一些模糊认知，导致资源共享内动力不足。比如：轻视思想政治理论课实践教学，以为思想政治理论课实践教学可有可无、可实可虚，认为校学工部、校团委以及各院系组织的大学生社会实践活动已经涵盖甚至超越了思想政治理论课实践教学的全部意蕴，根本没有必要再劳力费钱去专门搞思想政治理论课实践教学，思想政治理论课实践教学因此而实施乏力。一些责任心不强的思想政治理论课教师对实践教学的理解与设计也过于简单化，认为实践教学很麻烦、学生外出不安全，认为只要围绕教学内容让学生利用假期自行搞一两次调研就足够了，思想政治理论课实践教学因此而形同虚设。从实践教学的管理来看，实践教学缺乏系统性、统筹性、长效性、可操作性，资源共享的制度设计有待进一步完善。一方面，由于缺乏科学管理，尽管不少高校在中央的三令五申下意识到了实践教学的重要性，教学计划中也列出了实践教学的学时和学分，但实践教学的实施途径、实施方案、检验标准、经费来源等均缺乏明确规定。一些高校仅安排思想政治理论课的理论教学时间而不安排实践教学时间，或者从理论教学时间中挪出一部分形式上用于实践教学。思想政治理论课任课教师既要保证在短少的理论学时内完成繁重的课堂教学任务，又要自己寻找课余时间组织开展人数众多的实践教学，其难度可想而知。

另一方面，由于缺乏统筹协调，校内现有的实践教学资源难以得到整合利用。目前，校内实践教学资源为思想政治理论课教学科研机构和以校学工部、校团委、专业院系为代表的学生管理机构分别占有。虽然这些教育主体有着共同的实践育人总目标——培养中国特色社会主义的合格建设者和可靠接班人，但由于这些教育主体的岗位职责和工作任务不完全相同又缺乏有效的沟通合作，使得思想政治理论课教学科研机构很难把思想政治理论课实践教学延伸到大学生的社团活动、社会实践活动和专业实践教学活动之中，学生管理机构组织的各种实践活动也很难与思想政治理论课教学科研机构主导的思想政治理论课实践教学活动协调对接起来，实践教学资源闲置浪费严重。

2. 实践教学保障有待进一步加强，实践教学途径有待进一步丰富。从实践教学保障来看，还存在有思想政治理论课师资力量不足、实践教学经费短缺、分配不科学等问题。一方面，不少高校思想政治理论课师资的配备跟不上学生增长的速度，思想政治理论课教师只得合班上大课、超工作量上课。另一方面，思想政治理论课实践教学要求学生课内有经典影视观看、主题演讲等，课外有社会考察调研，这都离不开相应的资金支持。教育部要求各高校统筹思想政治理论课各门课的实践教学、落实学分（本科 2 学分，专科 1 学分）和专项经费，但一些高校没有严格执行这个明确要求，即使有所投入，经费数量也十分有限，有的高校在实践教学指导教师的工作量认定等方面也没有严格执行教育部的要求；而对专业课方面的实验室建设、专业实习等则有着充足的资金投入和保障。经费上的短缺、指导教师工作量认定上的差别对待等使得实践教学的开展缺乏坚实的物质基础，使思想政治理论课教师及其教学对象的参与热情大打折扣。从实践教学途径来看，思想政治理论课实践教学模式单一，缺乏校外实践与校内实践的有机结合、体验式实践与研究型实践的协调统一等问题急待解决。思想政治理论课实践教学，重在校外实践教学，贵在体验式实践教学，但因为受制于师少生多、时间跨度长、地域分布广、开放性强、教学环境复杂、经费匮乏、资源短缺等因素，一些高校的思想政治理论课校外实践教学无法落实，本该丰富多彩的实践教学变成了纯粹的“课堂实践”；很多高校虽然也开展了思想政治理论课实践教学，但往往是教师预先在课堂上布置几个题目，让学生自己找时间分散调研，然后提交一份考察报告或心得体会了事，实践教学流于形式；一些高校虽然是由思想政治理论课教师带领学生外出实践，但往往也只是由教师象征性地从授课班级中选取一两个优秀学生组队考察，大多数学生无缘参与其中，实践教学异化成了“精英实践”，实践教学的功能难以完全实现。

二、思想政治理论课实践教学资源的整合与运用

要进一步优化思想政治理论课实践教学，就得注重实践教学资源的整合与运用。思想政治理论课实践教学资源，是指在思想政治理论课实践教学组织实施过程中必不可少的、一切可以利用的、有利于实现实践教学总目标的人力、物力、财力等显性要素资源以及信息、技术、管理制度、运行机制等隐性要素资源的总和。实践教学资源整合与运用应当以强化实践教学相关要求为重点，以创新实践育人方法途径为基础，以加强实践育人基地建设为依托，以落实实践育人经费投入为保障，积极调动整合各方面资源，着力构建长效机制，形成实践育人的整体合力，从而增强思想政治理论课教学的实效性、感染力。

1. 明确认识，凸显地位。高校的各级管理者以及包括思想政治理论课教师在内的广大教师应充分认识到，在建设高水平大学、培养高素质人才、助推国家富强与人民富裕的征程中，抓好大学生思想政治素质与抓好大学生专业技术素质同等重要，抓好思想政治理论课教学与抓好专业课教学同等重要，抓好思想政治理论课实践教学与抓好思想政治理论课理论教学同等重要，抓好思想政治理论课实践教学与抓好专业课实践教学同等重要。思想政治理论课鲜明的意识形态属性要求在教学中必须坚持用发展着的马克思主义武装大学生头脑，必须突出实践育人的重要地位。社会是个大课堂，当代大学生要成长为国家栋梁之才，既要读万卷书，又要行万里路，要高度重视实践育人。目前，高校学生支教、送知识下乡、志愿者

行动等活动，都展现了学生的风貌和服务社会、报效国家的情怀。许多学生正是在这样的社会实践和社会活动中树立了对人民的感情、对社会的责任、对国家的忠诚。思想政治理论课实践教学，对拓展学生眼界和能力、充实学生社会体验和丰富学生生活十分有益。当代大学生最讨厌的是干巴巴的说教，最不喜欢的是理论与实际的脱节，思想政治理论课实践教学可以让学生在亲身参与中认识国情、了解社会，受教育、长才干。高校要坚持把社会主义核心价值观融入实践育人工作全过程，把实践育人工作摆在人才培养的重要位置，纳入学校教学计划，系统设计实践育人教育教学体系，全面落实教育部关于思想政治理论课实践教学的规定和要求，以确保实践育人工作的全面开展。

2. 强化管理，有效协同。科学的领导与管理体制是推进思想政治理论课实践教学的组织与制度基础。思想政治理论课教师大多是大课堂教学，面向的是不同院系的学生，其实践教学的实施不可能由思想政治理论课教学科研机构一个部门、一个老师单独完成，必须由教务处、学工部、团委和思想政治理论课教学科研机构等校内各部门齐抓共管、协同联动。一是建立完善大学生实践育人工作领导机制。如，高校可以成立由主要领导牵头的实践育人工作领导小组，由党委宣传部、学工部、教务处、校团委、思想政治理论课教学科研机构、财务处以及各院系负责人为成员，由领导小组集中领导、统筹实施全校大学生的社会实践活动和思想政治理论课实践教学活动。把实践育人工作纳入重要议事日程和年度工作计划，统筹安排，抓好落实，确保每一个学生都能参加社会实践，确保思想政治教育贯穿于社会实践的全过程。二是建立多种形式的社会实践活动基地。实践育人基地是开展实践育人工作的重要载体，思想政治理论课实践教学在全面利用课堂、充分立足校园、创新校园实践教学活动的基础上，还要积极面向社会、深入扎实地开展校外社会实践活动，努力提升校外实践教学的质量。高校要加强实习实训基地、实践教学共享平台、科技创业实习基地等校外实践教学基地建设，积极联系爱国主义教育基地和国防教育基地、城市社区、农村乡镇、工矿企业、驻地部队、社会服务机构等，建立多种形式的社会实践活动基地，力争每个院系、每个专业都拥有一批相对固定而思想政治理论课实践教学又可以充分利用的实践教学基地。

3. 整合资源，构建体系。思想政治理论课实践教学，是一项由领导者、组织者、实施者与参与者共同组成的多边活动工程，社会调查、生产劳动、志愿服务、公益活动、科技发明和勤工助学等社会实践活动是实践育人的有效载体，高校要多策并举、内引外联，充分挖掘、有效运用校内校外各种实践教学资源，使各部门各院系以及思想政治理论课各门课程的实践教学在内容和形式上互为依托、相互衔接，使课内课外、校内校外、网上网下、集中与分散的实践教学活动有机结合，构建完善的多层面立体化的实践育人体系，力争实现思想政治理论课实践教学对大学生的全覆盖。一是积极整合思想政治理论课各门课程的实践教学资源。思想政治理论课各门课程在内容上既相对独立又相互关联，要积极整合各门课程的实践教学资源，编写统一规范的实践教学大纲、实施方案，尽量避免各门课程实践教学内容的简单重复。二是努力整合学校各部门各院系组织的各种实践教育活动。要制定全校统一的实践育人总体方案，使校内各种实践教学资源共占共享，推动思想政治理论课实践教学可持续发展。要坚持思想政治理论课实践教学与校学工部、团委、各专业院系等组织的大学生社会实践、专业技术实习、就业创业实践的有机融合，充分发挥大学生自身特长、专业特点、学科交叉优势，积极开展综合实践教学活动，力争一次实践活动安排、完成多项任务、达到多重收效；要坚持思政课实践教学与学校校园文化建设的有机融合，引导学生在校园文化建设中形成科学的价值标准和行为规范；要坚持思政课实践教学与学生军训、军民共建活动的有机融合，增强国防观念、国家安全意识，弘扬爱国主义、集体主义和革命英雄主义精神，培养艰苦奋斗、吃苦耐劳的作风。三是建立思想政治理论课教师和专业课教师、辅导员和班主任协同联动机制。所有高校教师都负有实践育人的重要责任。高校要特别强化思想政治理论课教师队伍与学校党团组织工作者和辅导员、班主任队伍密切协作的组织形式。思想政治理论课教师要紧密配合社会、学校的重大思想理论斗争和形势政策教育工作，调整、补充有关实践教学内容，为社会、学校的思想政治教育工作提供理论支持、智力支持；党团组织工作者和辅导员、班主任在开展思想教育工作、实践教学活动时要主动邀请思政课教师进行指导帮助。四是创新方式，拓展途径，为学生参与社会实践创造更多机会和舞台。既要不断拓展学生社会实践的平台和路径，也要办好学生社团、抓好学生创新实践。抓好实践教学工作，既需要高校努力，也需要各级党委和政府重视、全社会支持。社会各界应该主动同高校合作，为高校思想政治工作创造大舞台。高校要积极构建家庭、社会、学校三位一体的思想政治理论课实践育人大系统，实现实践育人效果的整体优化。要加强与学生家长的沟通与交流，促使每一个家庭都肩负起促进大学生健康成长的神圣责任；要加强与地方党委和政府的沟通与交流，为大学生参观爱国主义教育基地、文化艺术场所等创造有利条件。

（作者单位：江汉大学）

高校德育工作与社会实践活动的结合与探索

袁俊杰

高校德育的理论教育固然重要，但是实践教育比理论教育更能发挥教育优势，因为“人们的品德是在社会实践活动中形成的”。大学生社会实践属于高校德育的实践环节，它能够促进高校德育工作取得显著成效，达成高校人才培养的德育目标，有力推进中国特色社会主义合格建设者和可靠接班人的培养。经过多年来的发展与演进，社会实践活动已成为高校育人的一种重要方式，受到当代大学生的普遍认可和喜爱。但是多年来，社会实践活动的内容和形式一直缺乏创新，运行模式一直循规蹈矩，安于现状重复开展活动的情况比较突出，降低了大学生参与实践的热情，限制了社会实践德育功能的提升。在社会实践活动中增强高校德育功能成为当前和今后一段时间高校德育工作的重要任务。

一、德育工作的内涵

德育是指对人的品德的教育与培养，而品德“包含政治思想观点、思想意识倾向、道德品质三个方面，是一个人的社会特质”。所谓高校德育，它属于学校德育范畴，是指高校针对大学生的身心特点而开展的有计划和有目的的思想意识、政治观点和道德品质的教育与培养。高校德育是高校人才培养的重要内容，在高校的人才培养中占据重要地位。党的十八大指出，把立德树人作为教育的根本任务，培养德智体美全面发展的社会主义建设者和接班人。因此，高校在德育工作中，必须将大学生的品德培养放在突出位置，切实提高大学生的思想政治和道德素质，把他们培养成为高素质的社会主义建设者和接班人。

二、大学生社会实践的现状分析

为了更加深入、真实的了解大学生社会实践的现状，了解大学生对社会实践规模、体系、影响力和实效性的认知情况，笔者对省内 3 所高校的学生进行了问卷调查，3 所高校中 1 所为“985 工程”高校，1 所为“211 工程”高校，1 所为省属高校，共发放问卷 300 份，收回有效问卷 293 份，调查涉及 18 个专业、大一至大四的在校大学生。在被调查对象中，男生 166 人，女生 127 人，男女比例为 1.3∶1。结果如下：

1. 高校社会实践参与规模的调查

《中共中央国务院关于进一步加强和改进大学生思想政治教育的意见》出台以来，高校社会实践活动如雨后春笋般迅速发展，规模不断壮大，受益人群不断增加。调查显示：67.14%的大学生认为近三年来社会实践的参与规模逐年加大，覆盖面越来越广；58.91%的大学生表示大学期间自己至少参与过一次社会实践；但仅有 10.17%的大学生表示自己在大学期间参加过二次以上（含两次）社会实践。这表明社会实践由于内容和形式缺乏创新对于有实践经验的大学生吸引力不足。

2. 高校社会实践体系构建的调查

社会实践体系的构建不仅反映了高校开展社会实践工作的水平和层次，也能从侧面反映社会实践德育功能的发挥情况。调查显示：70.58%的大学生了解社会实践是通过寒暑假的集中社会实践；20.72%的大学生了解社会实践是通过日常性的社区挂职锻炼；仅有 8.7%的大学生通过专项社会实践了解此项工作。这表明高校逐渐形成了以寒暑假集中社会实践为主，日常性社区挂职为辅的社会实践体系，但社会实践的项目化程度不高，开展的专项社会实践较少。

3. 高校社会实践影响力的调查

社会实践的影响力不仅直接关系到大学生投身社会实践的积极

性，也能体现出高校、社会、家庭等方方面面是否形成了开展社会实践的合力。调查表明：78.98%的大学生认为社会实践是自己在大学生涯必须要参与一次的活动；60.58%的大学生认为大学中最有意义的活动是社会实践活动；但仅有7.8%大学生参加的社会实践活动是由学校团委与其他职能部门联合举办的；仅有34.58%的大学生将社会实践活动告知了其父母、并得到了其家庭的支持；仅有23.32%的大学生了解社会实践基地这一概念；仅有10.78%的大学生参加社会实践的单位是与学校长期合作的企业和单位。这表明社会实践活动在大学生心中影响力较大，但实践育人的理念在高校各职能部门、社会各企事业单位和学生家庭等主要群体中并没有得到充分重视，实践育人的合力没有形成。

4. 高校社会实践实效性的调查

社会实践的实效性是大学生最为关注的一项内容，也是社会实践德育功能发挥的一个重要保障条件。调查显示：80.66%的大学生认为能够通过实践了解社会、了解国情，增加对企业文化和用人标准的认识；25.68%大学生表示通过实践能够深入思考，形成卓有见地的调研报告；仅有15.36%的大学生表示自己对于将要参与的社会实践有着充分的准备，能够带着问题和思考参与社会实践；而58.88%的大学生表示自己对于社会实践意义的认识大多仅限于活动本身，没有参与前期的策划和后期的总结。这表明社会实践对于绝大多数大学生了解国情、民情具有实际意义，但是由于很多大学生只做活动参与者，只是不假思索地“走过场”，致使社会实践的德育功能没有得到充分的发挥。

三、社会实践活动在高校德育工作的重要作用

高校德育的途径是指教育者对大学生实施德育时可以利用和选择的路径，是实现学校德育目标、落实德育内容的组织形式，是做好德育工作不可缺少的重要条件。高校德育的途径通常有如下几个方面：一是教师课堂教育，包括开展中国特色社会主义理论教育，思想品德教育，形势与政策教育等；二是辅导员日常教育，包括开展日常思想教育、网络思想教育、纪律教育、行为规范教育、法制

教育、安全教育、就业教育以及心理健康教育等；三是教育者工作教育，包括开展教书育人、管理育人和服务育人工作，党建团建工作，学生会工作等；四是校内实践教育，包括开展军事训练、社团活动、文体活动、校内技术技能实训等；五是社会实践教育，包括志愿服务、三下乡、社会调查、绿化环保、勤工助学、生产劳动、顶岗实习等。在这些德育途径中，社会实践教育极其重要，它是"青年学生按照学校培养目标的要求，有计划、有组织地参与社会政治、经济、文化生活的教育活动"，是以"受教育、长才干、做贡献"和提高大学生综合素质为目标的实践育人活动，是校内实践教育的延伸。社会实践成为高校德育的重要途径。

1. 社会实践是高校开展大学生思想政治教育的有效形式

社会实践有助于将学生的思想认识转化为价值观念，因而在思想政治教育中能够发挥出积极作用。青年学生参与社会实践，既能让他们开阔视野，又能让他们认识社会现实和了解国情民意，同时还能让他们亲身感受我国改革开放以来进行社会主义现代化建设取得的伟大成就，深刻领会党的基本路线的实质和中国特色社会主义理论体系的时代内涵，树立走中国特色社会主义道路、实现中华民族伟大复兴中国梦的理想信念，增强对中国特色社会主义的道路自信、理论自信和制度自信，增强历史使命感和社会责任感。其实，社会实践是对青年学生坚定政治立场与方向的培养和锻炼，也有助于他们正确理解我们党"全心全意为人民服务"的宗旨，有助于增进他们对党的情感并积极向党组织靠拢，应该说实践教育的效果比单纯的思想政治理论教育效果更直接、更显著。

2. 社会实践是培育和践行社会主义核心价值观的重要平台

社会主义核心价值观的基本内容是"富强、民主、文明、和谐，自由、平等、公正、法治，爱国、敬业、诚信、友善"，它涵盖了国家层面的价值目标、社会层面的价值取向及公民个人层面的价值准则，是高校德育工作的大目标。大学时代是青年学生核心价值观形成的重要时期，他们思想开放、思维敏锐，问题分析与解决能力较强，但容易受到一些不良现象的困扰，因此我们应抓住时机引导其树立正确的价值观。社会主义核心价值观的树立只靠书本学习和理论教育是不够的，必须注重发挥社会实践的养成作用。因此，我们应充分利用社会实践平台，让大学生亲身感受国家层面和社会层面的核心价值追求，从社会汲取积极营养，将对“爱国、敬业、诚信、友善”深刻内涵的理解，内化为个人的核心价值观，并转化为自觉行动践行自己的核心价值追求。可见社会实践在培育和践行青年学生的社会主义核心价值观中有着不可替代的作用。

3. 社会实践是“知行合一”的德育过程

思想品德是指“个人根据一定社会的道德准则和规范行动时所表现出来的稳定的心理特征和倾向”，其实质是“一定社会的道德准则和规范在个人思想和行动上的表现”。品德的培养和形成只有“知”或只有“行”是办不到的，需要“知行合一”方能取得效果。而社会实践的特征符合“知行合一”的要求，因而它是实现品德养成“知行合一”不可缺少的方式与途径。社会实践是德育的实践环节，本身属于“行”的范畴。青年学生参加社会实践是以其“知”指导其“行”，并通过其“行”丰富其“知”、矫正其“行”，以实现“知行合一”，因此社会实践便成为“知行合一”的德育过程。青年学生参加社会实践，通过丰富、深化道德认知，提高思想品德修养水平，并转化为符合准则和规范的道德行为，促进其正确世界观、人生观和价值观的形成。

四、高校德育工作与社会实践活动结合的策略

1. 加强社会实践的项目化管理，保障社会实践德育功能的发挥

社会实践作为进行大学生思想政治教育的一个重要途径和有效载体，其德育功能的发挥与社会实践各项流程开展的质量密切相关。目前高校的社会实践活动大多采取团队自主申报与学校评审考核相结合的方式来进行选拔和评比，虽然在很大程度上鼓励了学生参与实践的自主性和积极性，但是学校主管部门也缺乏对实践团队和活动的有效指导和规划。加之学校组织的专项社会实践数量非常有限，致使大学生社会实践的开展还处在“粗放型”的阶段。创新大学生社会实践的运行机制，要鼓励实践的组织者以项目管理的

思想对实践进行系统思考和过程控制，进而提高社会实践各个环节的育人能力。在组织社会实践的过程中，通常会引导学生从项目启动环节、项目规划环节、项目实施环节、项目监控环节、项目收尾环节等五个环节来设计社会实践项目化管理的运行机制，以确保社会实践每个环节中的德育功能都能得到充分的发挥，社会实践的质量和水平能够得到大幅度的提高。

2. 增强大学生的实践主体意识，创建全员思考、全员参与、全员展示的“三全模式”

大学生对于社会实践的参与意识和投入程度直接影响到社会实践德育功能的发挥情况。高校应该积极解决大学生实践主体意识淡薄这一关键问题，才能从根源上避免许多大学生参加实践“走过场”的情况发生。要切实提高大学生对于社会实践的重视程度，需要在社会实践的组织形式上不断创新，学校应该大力提倡和鼓励社会实践全员思考、全员参与、全员展示的“三全模式”。所谓全员思考就是指实践团队的实践目标、方案、实施流程应该是全体成员思考的产物和智慧的结晶，全体成员集思广益一方面可以让每名成员充分了解活动的宗旨和目的，还可以使实践活动的实施方案更加合理和完善；所谓全员参与就是指要使每名实践团队的成员在实践过程中各司其职，各负其责，带着思考去实践，通过实践来思考，这样可以促进社会实践宗旨和意义的凝练与升华，在实践团队成员自我思考、自我感悟的过程中发挥社会实践的思想政治教育功能；所谓全员展示就是要扩大社会实践评审和答辩环节大学生的参与度，将一两个代表的展示和总结变为全体成员的展示和总结，进而充分调动每一个成员从始至终参与实践的思考，加强成员对实践团队的归属感，增强成员参与实践的使命感。

3. 精心设计社会实践中德育的考评指标

社会实践的德育考评指标是社会实践中德育目标的具体化、行为化和操作化，它是考评工作得以顺利开展的重要因素。没有考评指标，考评工作将无从下手，更谈不上考评的实效，考评的鉴定、评判、诊断、导向、激励、修正和规范等功能也就发挥不出来。为此，研究社会实践的德育考评要从建立考评指标开始。一方面，要求考评指标必须充分反映德育目标，与德育目标相一致，反映高校开展大学生德育的基本规律和基本目标，真正把社会实践作为德育的根本途径之一。另一方面，要体现考评指标的差异性，要依据不同年级的社会实践、不同类型的社会实践和学生在社会实践中担当的不同角色，将社会实践的德育考评指标分等细化，体现社会实践德育考核指标的差异性。

总之，社会实践为高校德育提供了平台与支撑，不仅拓展了高校德育的途径，而且增强了高校德育的成效，促进了大学生综合素质的提升。因此，我们应该重视和加强大学生社会实践，并不断探索和创新，让社会实践在高校的人才培养中发挥显著作用——助力高校德育。

（作者单位：江汉大学）

对高职院校思想政治理论课实践教学的思考

木拉提·巴海

高校思想政治理论课是对大学生进行系统思想政治教育的主渠道，而实践教学则是思想政治理论课教学过程体系中的重要部分，也是实现思想政治理论课教学目的、提高教学效果的重要手段，它对于提高思想政治理论课的实效性具有不可替代的作用。因此，结合高职教育的培养目标与高职学生的特点，探讨思想政治理论课实践教学的内涵，分析影响实践教学的主要因素及如何提高实践教学的实效性，具有十分重要的理论意义和现实意义。

一、思想政治理论课实践教学对提高高职院校思想政治理论课实效的作用

党的十八大报告指出，“社会主义核心价值体系是兴国之魂，决定着中国特色社会主义发展方向”。大学生能否真心实意地接受社会主义核心价值观，并将其内化为自己坚定的政治立场、正确的思想观念和良好的道德素养，实践教学环节是关键。注重职业素质和职业能力的培养，强化实践性教学，是高职教学的主要特征。通过实践教学这一环节，使学生能够运用所学理论去认识社会、指导实践，在接触、参与社会主义现代化建设的实际中接受教育，加深对马克思主义基本理论的理解，增强培养良好道德品质的自觉性，锻炼和提高分析问题、解决问题的能力；有利于更好地贯彻理论联系实际的教学原则，进一步增强思想政治理论课教育教学的针对性、实效性和吸引力、感染力，进一步提高思想政治理论课的教学

质量和教学效果。

第一，加强实践教学有利于增强提高思想政治理论课程的渗透力。随着改革开放的深入，社会上的各种思潮、价值取向、生活方式不可避免地渗入大学校园，对许多大学生的世界观、人生观和价值观产生影响。加之当代大学生大多是20世纪90年代初出生的独生子女，独特的成长环境、自由的生存空间和网络的飞速发展，使他们的人格特征出现了新的变化：部分学生思想单纯、认知片面、情感异化、意志薄弱、交际困难。加强高校思想政治理论课实践教学环节，有利于引导学生在实践活动中明辨是非，增长才干，提升内在素质，实现自我教育，切实增强教学的渗透力。

第二，加强实践教学有利于提升思想政治理论课理论教育的说服力。思想政治理论课的教学内容丰富，理论性较强，教学形式单一容易使学生失去兴趣和热情。通过开展实践教学，引导学生走出课堂，走向社会，通过与改革开放30多年来中国特色社会主义事业已经取得的巨大成就和向现代社会转型过程中的生动实践进行"零距离"接触，深刻体会马克思主义理论及其最新理论成果在推进社会进步中的强大生命力。通过实践体验来进一步理解理论，验证理论，使理论知识真正入脑人心，使学生做到真学真懂真用。

第三，加强实践教学有利于思想政治理论课理论教育彰显主流引领的感染力。一方面，教师如果只注重理论讲授，不联系实际，往往会造成教学的空洞乏味，使学生失去学习动力甚至产生逆反心理。通过实践教学环节，思想政治理论课教师也走出课堂，走向社会，关注社会现实，指导学生实践，从而有助于提升教学能力，提高教学效果。另一方面，教师对自己讲授的内容如果没有感同身受，授课时便会没有激情，更不可能感动学生。经过实践教学环节，思想政治理论课教师能以饱满的热情和深厚的感情讲授课程内容，既重视以理服人，也注重以情动人，从而取得良好的教学效果。

二、加深对思思想政治理论课实践教学内涵的新认识

实践教学是实现思想政治理论课教学目标的重要环节，是新时

期增强思想政治理论课教学针对性、实效性、吸引力的重要途径。目前思想政治理论课中的实践教学还面临诸多问题需要解决，但在实践教学的概念、内容、形式、作用等方面也存在着不同观点和不同的认识，这就影响了思想政治理论课实践教学实施的效果和评介的体系，因此，要提高思想政治理论课实践教学的有效性，首先要从概念上明确实践教学实效性的含义，完整规范地理解把握高校思想政治理论课社会实践教学环节的基本内涵。

思想政治理论课实践教学是以理论知识为依据，以强调创造性和实践性的主体活动为形式，通过引导学生有目的地参加课内与课外、校内与校外的各种实践活动，以促进学生整体素质全面发展为目的的一种新型的教学观和教学形式。

思想政治理论课实践教学具有不同的形式，主要有基地教育、案例教育、社会实践、校园文化、专题研讨等类型。通过这些多样性的实践教学形式，可以充分发挥各种教学手段的互补性，从而达到全方位、立体化的教育教学效果。在思想政治理论课教学中引入实践教学，体现了大学生思想政治教育理论教育和实践教育相结合的原则，是提高思想政治理论课教学实践性的有效途径和方法。

三、高职院校思想政治理论课实践教学存在的主要问题

近几年来，各高职院校都在探索思想政治理论课实践教学的新思路，并开展了形式多样的实践教学活动。但目前不少高职院校该课程实践教学的实效性不明显，主要有以下几个薄弱环节和需要解决的问题：

第一，实践教学远没有像理论教学那样被重视。高职院校的思想政治理论课实践教学没有像理论教学那样被重视，主要表现在四个方面：一是目前不少高职院校对实践教学重视程度不够，对全体学生都要参与的实践活动缺乏有效的指导和具体组织措施。二是没有形成专兼职结合的实践教学师资队伍，现有师资主要承担理论教学任务，没有过多精力承担实践教学的研究和教学。三是对思想政治理论课在实践教学环节上物力和财力的投入都十分有限，实践教学开展相当困难。四是实践教学的社会资源开发不足，没有建立功

能完善的实践教学基地。

第二，教学活动随意性大，缺乏规范性。当前，大多数高职院校在思想政治理论课的教学计划中，都设置了实践教学的部分，并且标明了实践教学的方式，在实践教学中的各项活动，但思政课实践教学在具体安排和组织上不规范、不落实，缺少具体可行的实施方案，教学开展带有很大的随意性、偶然性和主观性，导致思政课实践教学难以全面、深入、持久地开展下去，停留在自发的、随意的、即兴的层面，在一定程度上影响了实践教学的效果。

第三，教学形式单一，缺乏创新意识。教学形式是教学内容的载体，没有形式的多样性，就没有教学内容的创新。现实的实践教学形式单一，没有突破传统的以单门课程甚至章节为对象的实践模式，仍仅限于参观、考察、认识层面的实践方式，致使学生积极性不高，参与面不广，实践教学的开展带有较明显的局部性和偏向性。还有很多学校把思政课社会实践等同于校内实践甚至课堂实践，把校园内各种文体活动简单地看做是实践教学，把课堂案例教学、讨论式教学或辩论式教学等教学方法改革的内容等同于实践教学。

第四，教学内容陈旧，缺乏整合创新能力。现有实践教学模式仍然局限于以单门课程为对象，问题设置为形式，参观考察为手段，课堂实践为主体这样一种陈旧的教学内容。既没有体现各门课程内容的整合，又没有基于理论联系实践基础上的大型综合性调研项目的设置等，把专业实习、军政训练、生产劳动、志愿服务、公益活动、科技发明和勤工助学等活动完全等同于思政课的实践教学。虽然从广义上看，这些内容都可以被纳入思政课社会实践的内容，但从狭义上看，思政课社会实践的内容又有其特殊性，它既是对思政课教学的检验，又是对思政课教学内容的运用。所以，思政课实践内容应根据课程内容的变化，根据当前国内国际形势的发展不断调整创新。

第五，专任教师人数不足，缺乏实践经历，影响实践教学的实效。思想政治理论课教师的教学任务完成繁重，每年还要完成一定数量的科研任务，结果是导致一年到头忙于应付，没有充足的时间备课和收集大量讲课素材以及钻研课程教法学法、探索教研教改。同时，课程及教学内容的不断调整，对教师提出了新的挑战。不少教师认为，教学、科研任务这么重，理论教学能搞好就已经不错了，哪有时间和精力研究和组织丰富多彩、形式不一的实践教学活动。所以，很多思想政治理论课教师对实践教学缺乏热情，要么实践教学形式陈旧单一，敷衍应付了事；要么干脆找各种借口不搞实践教学。加上一些任课教师本身的实践经历和社会阅历不深，理论结合社会实践的机会不多，担当学生的实践指导经验也相当缺乏，不能有效指导学生开展实践活动。

第六，教学测评不严，学生重视不足。严格的教学测评机制是引起学生重视、强化教学效果、提高教学质量的重要手段。由于大部分学校实践教学流于形式。没有把实践教学纳入教学计划，明确学时和学分，因此，多数学校没有建立起实践教学考核标准或体系。实践活动实施完之后，学校既没有对活动过程的考核，也没有对活动效果的评估。由于没有与学生是否取得学分挂勾。这一方面影响了学生参与的积极性，另一方面教师也没有引导学生进行实践活动的热情。思政课实践教学运行中存在的这些问题，已经在很大程度上影响了实践环节的实效，影响了思政课的教育效果。

四、提高高职院校思想政治理论课实践教学的对策

高职院校思想政治理论课实践教学是发挥思想政治理论课主渠道作用的有效形式。当前，针对高职院校思想政治理论课实践教学中存在的问题，要从实践教学的目标、形式、评价和保障着手，构建完整、系统的高职院校思想政治理论课实践教学体系，以增强教学的实效性，具体而言，可从以下几个方面来采取措施：

1. 科学安排实践教学的内容和形式。思想政治理论课的实践教学环节是与课堂理论教学相辅相成的，是提高学生分析问题、解决问题能力的重要环节。因而，对于实践教学的内容，应该紧紧围绕思想政治理论课各门课程的教育教学任务和目标，从学生发展与成长的需求入手，并根据不同课程的内容与特色来考虑和设计。多

途径开展实践教学活动，不断丰富思想政治理论课实践教学的方式。在实践教学活动中，要充分利用校内外资源来开展实践教学。在校内，可结合思想政治理论课的内容，利用各级团学组织和学生社团，开展辩论赛、演讲赛、影视教学资料片观摩、讨论会、社会调查和知识竞赛等形式多样的实践教学活动。在校外，可加强与博物馆、纪念馆和企事业单位的沟通和联系，开展参观、访问、学术讲座和相关的纪念活动。这样既可加深学生对思想政治理论课知识的理解，巩固基础知识，又能使大学生在活动中增进对社会的了解，提高参与社会的能力。

2. 整合教学资源，凸显思想政治理论实践教学特色化。积极整合教学资源，是实现实践教学特色发展的重要前提和关键环节。当前，高校思想政治理论实践教学中一个突出的问题是没有树立正确的资源观，教学资源的利用效率比较低，因此，思想政治理论课实践教学资源的开发、利用和管理，需要从实际出发，在资源整合中不断凝练出一个与学校人才培养目标相融合、本土资源有高效利用的、对学生思想品德素质发展效果显著的、相对稳定的实践教学模式。整合各种实践教学资源，形成思想政治理论课实践教学的合力，要把思想政治理论课实践教学与学校现有的各类教育活动（如大学生素质拓展计划、暑期社会实践活动、青年志愿者活动、社团活动）有机结合起来，与学校所在地区可供利用的社会教育资源有机结合起来，编制统一的实践教学计划与教学方案，整合校内外各种思想政治教育力量和教学资源，做到优势互补、资源共享、分工协作、形成合力、统筹安排、精心组织，这样不仅可以充分利用现有的实践教学资源，而且可以缓解思想政治理论课实践教学时间安排上的困难，还可以解决组织和指导实践教学的力量不足的问题。

3. 组建结构优化、素质精良的思想政治理论课实践教学指导教师队伍。制定严格的准入制度和管理制度，建立一支由党政干部和共青团干部、思想政治理论课为主体，学生政工干部、辅导员、专业课教师、社会各界有关人士广泛参加的社会实践课程师资队伍。以社会实践教育学科建设为载体，以专业化课程建设和集体备课为手段，以干部、教师职业化发展为途径，以聘任校外兼职教师为补充，使实践课程教师的力量得到有效保障。加快师资队伍的培养力度，提供外出考察、学习交流、进修提高的机会。明确指导教师的工作职责，确保指导教师与学生的密切联系。

4. 建好社会实践基地。创建实践教学基地是开展大学生思想政治理论课实践教学的重要场所和依托。在基地创建的过程中应抓住基地的分类、工作方式、评价体系等关键问题，按照一定的要求，建成性质吻合、形式多样、共建共享的一批相对固定的思想政治理论课实践教学场所，深化思想政治理论课的教育教学效果。

5. 建立系统的评价机制。建立合理、客观、系统的教学考核评价机制是提升思想政治理论课实践教学质量的关键。应坚持过程与结果相结合、动态评价与静态评价相结合、教师评价与学生自评相结合的原则，根据各门课程的教学要求，细化评价标准，对学生在品德修养、团队精神、综合能力、创新精神等方面作出综合评价。在评价方式上，应避免单一死板，可采用笔试、实际应用和答辩等形式对学生进行考核。加大对知识运用能力、行为表现及创新能力考核的力度，力求做到考核全面、客观、公正，充分发挥实践教学的优势，进一步激发学生的学习积极性。

6. 加大支持力度，为思想政治理论课实践教学提供制度、条件和环境保证。思想政治理论课实践教学与其他课程的实践教学相比，具有面广、参与学生多的特点，因而在经费上，学校要根据思想政治理论课实践教学的需要安排思想政治理论课实践教学的经费投入，以保证实践教学活动的正常开展。

总之，开展思想政治理论课实践教学是加强教学的现实性、针对性、调动学生学习的主动性、积极性的有力措施。只有对思想政治理论课实践教学的内容、形式和管理进行不断总结创新，才能使思想政治理论课实践教学不再是一种简单的教学方式、教学载体，而是在独立特征的基础上更加接近于一种独立形态的课程。我们有必要对思想政治理论课实践教学进行辩证分析，澄清认识，掌握规律，以促进思想政治理论课实践教学进一步发展。

（作者单位：乌鲁木齐职业大学）

基于职业导向构建高职思政课实践教学模式探析

林春蓉

高职院校与普通院校的教育方向同中有异。在差异方面，主要在于前者具有突出的职业导向性，而后者并不明显。面向高职大学生的思想政治理论课（以下简称“思政课”），无论是理论教学还是实践教学除了应具备明确的政治导向性，还应该充分体现基本的职业导向性。特别是实践教学，就必须自觉适应高职院校职业教育发展的要求，以职业导向为基点，精心设计与学生专业特点相适应的教学目标、教学内容、教学模式和考核方法，以提升学生的职业能力为落脚点。但就目前高职院校思政课实践教学而言，依然存在较多难以解决的突出问题，故本文将在概括总结近些年来在该领域出现较为典型的若干教学模式的基础上，探讨如何才能真正有效地促进思想政治理论教学与专业教学的深度融合，构建一种更具综合性、普适性和多元性的实践教学模式，从而进一步提高高职思政课教学的针对性与实效性，推动高职思政课实践教学研究朝着实证研究及可操作性研究的方向发展。

一、高职院校思想政治课实践教学典型模式概览

纵观近些年来我国高校对思政课实践教学进行了各种各样的探讨，对实践教学内容与形式的创新研究也日益深入，对具体的实践教学模式也不断地作出归纳和总结，呈现出多种模式，其中由课堂实践、校园实践和社会实践“三位一体”构成的立体化实践教学模式受到普遍认同，在高校思政课实践教学的实施过程中产生了一

定的影响。尽管如此，高校思政课实践教学如何才能更好地与大学生的职业导向紧密结合的重要问题，则一直是我国高校，尤其是高职院校思政课实践教学改革的薄弱环节。为能更好地解决这一问题，下面我们简要地介绍一下近年来有关高职院校思政课实践教学改革的几种典型模式。

行动导向模式。即为培养具有职业能力的专业技术人才而创立的职教模式。它主张知识不是通过教师授予，而是学习者在特定情景下借助他人的帮助与合作，利用必要的课程材料，通过自己的探索获得的。该模式强调以具体问题为中心，将教材内容整合成若干专题，设计讲座内容，并且在每一个讲座中采用专题研讨、案例分析、演讲辩论等多种教学方式，引导学生参与其中，在参与过程中将知识内化。该模式突出了行动的引导作用，适合“轻理论、重实践”、动手能力较强的高职生。

志愿服务为主的多元化模式。即以志愿服务为主，包括三大板块和六种形式。三大板块指认识性实践、调查性实践和服务性实践。六种形式包括项目、服务、兴趣小组活动、讲座、参观和调查。让学生通过听、查、看、做形成感性认识，然后运用知识指导自己的行为，解决实际问题，提升为理性认识。

任务教学驱动模式。即“四要六能”模式。教师将每个教学主题内容对应四个学习任务，即四要——要会制作课件、要会设计调查问卷和活动方案、要会撰写调研报告、要会演示成果。“四要”任务又对应培养学生的六种能力——计算机操作技能、社会调研能力、社交能力、书面表达能力、口语表达能力、分析解决问题的能力。此模式以任务为导向重在培养学生实际动手能力、职业潜能及集体协作意识。

双基地模式。即学校在企业建立的实习实训基地具备双重功能，既是专业实习实训基地，又是思政教育基地。此模式以双基地为依托，以校企合作为主要方式培养具备较强专业素质及思想政治素养的高职人才。

电影课教学模式。指为达到一定的教学目的，运用电影作为教学的载体，在教学活动中把教学的主体与教学的客体有机的结合起来的教学形式。具体有五个操作步骤，课前阅读课本——课中观片——课堂研讨——课后撰写观后报告——成果展示。

以上几种较为典型的实践教学模式虽然各具特色，但在实际操作中缺乏系统性、全员参与性及普适性，教学设计与学生的专业学习和职业规划联系不够紧密，运行和保障机制不够健全等诸多不足。因此正确认识及重新建构与职业导向紧密结合的实践教学模式显得十分必要和迫切。

二、高职思政课实践教学与职业导向相结合的必要性

高校思政课传统的理论教学模式是教师“一言堂”，犹如滔滔江水、孤芳自赏，而学生则是默默倾听、心不在焉甚至呼呼大睡，在这种传统教学方法之下的教学实效性和针对性基本无从谈起。因此，作为高职院校要顺利实现人才培养目标，其思政课程首先就要有效开展社会实践教学活动，从实践教学方面突破传统教学的局限性，把握高职院校专业教学实践性的重要特点，以培养学生技能性、实用性和应用型等综合职业能力为目标，在思政课实践教学的设置中有必要紧紧地围绕着其职业导向性来展开，探索适合高职特点的实践教学模式。故构建基于职业导向的高职思政课实践教学模式是非常必要的。然而，近来年虽有不少的研究成果和一些较典型的观点，但大多与高职院校专业性的实践教学相脱离，无法真正体现高职院校思政课实践教学的现实价值。

1. 构建基于职业导向思政课实践教学模式的必要性

面对当前信息时代的多元环境，高职思政课实践教学模式也应当与时俱进，体现多样性。当前众多高职院校思政课实践教学跳不出“课堂实践、校园实践、社会实践”三位一体的模式，尽管有的学校也想在实践基地、实践内容及实施途径等方面有所突破，但从总体上看高职院校实践教学缺乏职业导向性的弊端十分明显。有的学校忽视思想政治课实践教学，偏重专业课实践教学；有的学校“重技能、轻理论”，甚至认为思政课实践教学可有可无；只有少部分学校积极尝试将思政课与专业课的实践教学相结合，但效果不尽人意。究其主要原因在于多数学校领导、主管部门及思政课教师

对实践教学、思政课实践教学的科学内涵及重要现实价值认识不足，对高职院校思政课教学目标应该将思想政治导向与职业导向相结合的重要性认识不足，从而淡化、弱化了高职思政课实践教学为大学生全面发展所应承担的服务功能。正如对高职生进行职业道德教育是高职院校思想政治教育必不可少的重要环节，思政课教师在开展职业道德教育实践教学的过程中，就不能一概而论，必须针对不同专业的学生进行与之专业相适应的教学设计，即采取不同的实践教学内容及教学方式，因为不同的职业岗位对职业道德要求都会有不同的侧重点。因此，高职院校思政课就非常有必要建立起与职业导向相结合的实践教学模式。

2. 提升高职思政课师资团队职业技能水平和实践教学能力的必要性

实践是高职教育的生命线，思想政治理论课本身也具有很强的实践性。思政课实践教学要求教师应具备较强的实践教学指导能力。目前高职思政课实践教学实效性不够突出的直接诱因就是缺乏“又红又专”的师资团队。思政课教育工作者多数是中青年教师，由于自身阅历不深、实践经验不多，不能有效地指导学生实践；大多数教师由于受师资不足、教学任务重、科研要求高等因素影响，将主要精力花在理论创作及课堂理论教学研究上，片面追求理论教学的系统性与完整性，忽略了学生参与的主体性，忽视了高职教育人才培养目标即“培养面向生产、建设、管理、服务第一线需要的实践能力强、具有良好职业道德的高技能人才”的教学要求，从而很难有效地指导不同专业学生的实践活动。作为高职院校的思政课教师，必须牢牢树立“理论够用、实践为重”的教育理念，必须主动契合高职教育人才培养目标的要求，在增强自身思想政治业务素质的同时更要注重提升自己的第二专业素养。思政课教师必须熟悉本校乃至高职相关专业设置及专业人才培养目标，深入了解国内外职业发展态势及用人单位对相关专业岗位的设置和职业能力要求，必须积极参与相关专业的内涵建设和学生专业实习实训活动，从中了解行业发展态势及社会相关岗位职业素养的要求，并将这些信息融入思政课实践教学设计方案当中，只有这样才能制订出适合学生专业特点的思政课实践教学计划及具体方案，才能实现思想政治教育与专业教育的深度融合。

3. 合理分工多方协作形成德育合力机制的必要性

目前，高职院校仍然普遍存在将思政课的“实践教学”等同于与所有“课堂教学”相对应的“社会实践教学”。这种混淆概念的模糊理解，很容易使思政课的课堂教学与实践教学相分离。因此就普遍出现了高职院校思政课课堂教学是由思政部教师承担，而课外的社会实践教学主要是由学校的学生处、团委会、教务处等部门分工协作完成的，至于其他的专业实践教学则是由各院系的班主任、辅导员及专业教师承担等情况。这几类教学分别属于教学管理系列和行政管理系列，在开展理论或实践教学过程中各部门很难及时有效沟通，这就导致几股力量分兵作战、各行其是，使实践教学效果表面化，使高职大学生“知行”教育人为脱节。因此，高职思政课实践教学要真正发挥其实践育人的实效性，真正体现为高职生就业服务的现实功能，就必须成立由学校领导、思政部、学生处、团委会、教务处甚至辅导员联合组成的领导行动小组，以思政课教师为主体，在明确课程实践的职业导向性的基础上，对实践教学的进行合理规划，明确分工与多方协作，真正发挥合力机制，使思政课的政治导向与职业导向紧密结合，切实有效地借助思政课实践教学活动提升高职生的职业核心能力及综合素养。

三、基于职业导向构建高职思政课实践教学多元模式的具体途径

高职院校思政课实践教学是一个全方位、多层次、宽领域、开放多元的系统。目前多数高职院校皆选择由课堂实践、校园实践和社会实践相结合的三位一体的立体化实践教学模式。对于此类模式的普遍认可，为高职院校思政课实践教学提供了良好的基础。但此类模式明显存在与大学生的职业导向及其所学的专业内容相脱节的缺陷，不利于高职大学生全面发展及职业核心能力的培养。对此，我们将从以下几个方面，重点考虑高职思政课实践教学与学生专业教育教学的紧密结合，探寻基于职业导向构建高职思政课实践教学

多元模式的具体途径，力求对实践教学模式进行理论高度的提升，以期形成具有普遍指导意义的理论模式及实践方案。

1. 加强内涵建设，构建多层次教学平台

近些年来，高职院校思政课实践教学改革虽然取得了诸多成效，但仍然存在形式主义、随意性强、针对性不强等问题。究其原因，主要是由于多数参与者对思政课实践教学内涵的认知存在偏差所致。如将实践教学等同于社会实践教学，或社会实践教学活动，甚至等同于第二课堂活动。这种认知局限极大地制约着思政课实践育人的功效。因此，我们很有必要对高职思政课实践教学的内涵进行再思考。思政课实践教学是对大学生进行思想政治教育主渠道的教学方式之一，它与理论教学一样，也应该作为一种课程形态，实际纳入学校教学计划及人才培养方案，有明确规定的学时、学分保证，有规范的教学大纲、具体的教学内容、明确的教学目标及完整的评价体系等。从根本上讲实践教学是一种课程意义上的社会实践活动，但不仅仅包括校外社会实践教学，还包括具备“实践本质”的各种类型的实践教学，如课堂实践、网络实践和校内实践教学等。与此相对应，我们应积极构建多层次的教学平台，其中包括课堂、校园、社区、企业、基地、网络等领域，主动占领大学生思想高地，尽可能拓宽大学生参与实践教学活动的渠道，将高职生的成才及就业教育、职业规划教育与思想政治教育有机结合起来。

2. 立足三位一体，摸索多渠道教学途径

以“课堂实践、校园实践与社会实践教学”三位一体立体化的实践教学平台为基本依托，积极开展课堂实践教学活动，如组织学生开展专题研讨、讨论辩论、情景模拟、主题演讲、时事评论等多种实践方式，以学生社团活动为平台，组织引导学生主动参与校园各类文化艺术活动及参加各种社团组织，从中锻炼自身的综合素质和职业潜能；充分利用学校周边社区、企事业基地等社会资源为思想政治教育所用，注意挖掘、整合并合理利用这些社会资源服务于学生的专业学习。以上所述实践活动均可以采取灵活多样的实践方式，如采取集中实践与分散实践相结合，假期实践与课堂实践相结合，课内实践与课外实践相结合，实体实践与虚拟实践相结合等多种形式，这样更能满足不同专业学生对实践教学方式选择的自由度。如课内实践教学活动可以让学生根据自己的兴趣爱好及专业特点，自主报名组成兴趣小组，可以有多媒体制作小组、访谈小组、辩论赛小组、时事点评小组、摄影小组、汇报编撰小组等，之后根据教师提供的选题分工协作共同完成实践任务，提交实践心得或调查报告。

3. 以职业导向为基点，设计多维度教学内容

高职院校思政课实践教学内容十分丰富多样，授课学生所涉及的专业领域较为广泛。高职教育的特点是直接面向职业岗位，培养技能性应用型人才，与普通高校相比，最本质的差异就在于其职业性很强。职业教育的任务是使受教育者最直接、最快捷的获得综合职业能力，尽可能使受教育者毕业即就业。因此，思政课实践教学不但应该围绕思政课理论教学开展，还应该围绕学生专业学习开展，让学生根据课程相关理论和自身专业特点来选择实践内容，这样更有利于提升思政课实践教学育人功能，也能更有效地提高学生动手实践能力及就业竞争能力。教学内容设计上应针对学生专业实际及现实需求，具体专业设计具体方案。如针对旅游管理、酒店管理及社区管理等专业的学生采用志愿服务实践模式，针对影视制作、医学及信息策划传播专业采用电影课教学模式或任务驱动模式。针对不同专业开展不同内容的职业道德教育。针对不同阶段的大学生设计不同的实践教学方案，将思政课和专业课在理论上和实践上进行多层次和多领域的结合。如对大一新生着重引导其在实践活动过程中明确职业方向及就业目标、合理规划大学生活、处理好人文学科与专业课学习的关系；对即将毕业的高职生应重视就业形势及岗位要求的分析、重视实习前的职业道德教育及法制安全教育，开设劳动法及劳动合同法知识讲座。这种结合不但可以发挥思政课的理论导向作用，还能更好地发挥其对专业课的具体指导作用，这将直接有效地推动高职生自由全面的发展。

总而言之，近些年来已经有越来越多的高职教育工作者努力引导大学生通过思政课实践教学活动掌握一定政治理论常识的同时，不断提升自身的职业核心能力及综合素质。这种教学效果的不断提

升，在很大程度上无疑是有赖于实践教学模式的不断创新。本文所探讨的基于职业导向构建的高职思政课实践教学多元模式，不仅延续了眼下已通行的“三位一体”的实践教学模式作为多元模式的基本点，同时又在此基础上结合了高职教育所应具备的职业导向性及专业设置的多样性，成为此复合型模式的创新点。很显然，这是一种崭新的具有普适性的复合型的多元实践教学模式，有利于推动高职院校思政课实践教学改革的新发展，从而为培养高职大学生优秀人才作出新贡献！

（作者单位：黎明职业大学）

高职院校思想政治理论课实践教学的探索

詹春燕

实践是认识的源泉和动力，实践是检验真理的唯一标准，实践还是认识的最终目的。根据《教育部等部门关于进一步加强高校实践育人工作的若干意见》的要求，思想政治理论课要注重实践环节，要完善实践教学保障机制，建立实践育人的长效机制；围绕教学目标，制定教学标准，规定实践学时，提供经费支持；同时还要加强组织管理，把实践教学与社团服务、公益活动、专业实习结合起来，引导大学生走出校园，到基层去，到群众中去；要通过多种形式的实践活动，提高大学生分析问题和解决问题的能力，不断深化实践教学的育人功能。习近平同志也强调指出："我们的学习应该是全面的、系统的、富有探索精神的。既要向书本学习，也要向实践学习；既要向人民群众学习，向专家学者学习，也要向国外有益经验学习。有理论知识的学习，也有实践知识的学习。"习近平同志强调既要扎实打牢基础知识又及时更新知识，既要刻苦钻研理论知识又积极掌握专业技能，要学以致用，在改革开放的大熔炉中，在社会的大学校里，掌握真才实学，增长专业技能，努力成为社会主义建设的栋梁之才。

高职教育的目标是培养应用型、技术型的高技能人才。高职教育要以能力培养和品德养成为本位，教学过程要大力加强实践教学环节。高职教育思想政治理论课教学中也应该加强实践教学环节，思想政治理论课实践教学在实施过程中，应坚持科学理论的指导，重视教学的互动，采取校内与校外相结合，课内与课外相结合等多样化方式，同时要建立实践教学的长效机制，使实践教学与理论教学相辅相成互相促进，切实提高思想政治理论课的针对性和实效性。

一、高职院校思想政治理论课实践教学的困境

1. 思想认识不足，活动项目泛化。一些高职院校对实践教学的科学内涵认识不足、理解不深，有些高职院校仅仅是把课堂讨论、看教学录像、看红色电影纳入实践教学活动之中，甚至以不属于实践教学形式的课堂教学活动取代真正意义上的实践教学，这种对实践教学内涵理解的偏差，会使思想政治理论课实践教学形式泛化，会直接影响实践教学的正常开展，直接影响思想政治理论课实践教学的效果。

2. 学生人数众多，活动组织弱化。近年来，随着高校的扩招，高职院校的学生人数也在急剧上升。在绝大部分高职院校，思想政治理论课一般都采用合堂的形式上课，一个班少则 60~80 余人，多则 100~120 余人，在课堂上分组讨论，抽签辩论都不好组织，尤其是到爱国主义教育基地参观，排队、乘车都存在很多实际困难。而一个思想政治理论课教师往往要给 6~8 个合堂班上课，带着 600~800 多名学生，要在短时间内组织学生外出参观，管理难度非常之大。尽管思想政治理论课教师在上课时也把学生分成一个个小组，甚至也指定了组长固定了组员，但这些小组多是一些临时性的组织，组织功能往往也不健全，在组织学生分组讨论辩论或外出参观时，很难真正地发挥作用。

3. 学校经费短缺，活动形式简化。由于高职院校经费相对短缺，而学校又往往把经费放在重点专业和专业课程的建设上，真正用在思想政治理论课上的经费非常有限，用在思想政治理论实践教学上的经费往往是少之又少，学生实践活动大多数集中在教室或者是学校附近，活动范围比较小，活动形式比较简单。根据相关数据表明，当前一些高职院校对政治理论课在实践环节上物力和财力的投入非常有限，与专业教学的投入存在较大差别。据调查，某经济发达地区有 54.2%的学校实践教学经费为零，8.3%的学校在 1 万

元以下，12.5%的学校在1万元至5万元，8.3%的在5万元至8万元，8.3%的学校需要临时申请。由于经费相对短缺，一些高职院校思想政治理论实践教学活动形式只好简化，仅仅局限于看看视频、听听讲座、谈谈体会、写写心得、擦擦玻璃、扫扫院落。

4. 保障机制缺乏，活动内容虚化。由于一些学校对思想政治理论课实践教学重视程度不够，没有领导组织机构，缺乏经费保障机制，更没有车辆和后勤保障机制，思想政治理论实践教学活动的形式比较简单，内容还比较单一，几乎仅仅局限于在教室看看录像、到校园搞搞卫生，活动内容过于单一和虚化，学生根本不感兴趣，实践教学往往也是做做样子、走走形式、摆摆过场，教学效果不甚理想，更有甚者，只是发发文件，开开会议，以文件落实文件，以会议落实会议，文件写得洋洋洒洒，会议开得轰轰烈烈，活动开展得却是虚头巴脑虎头蛇尾。

5. 监控机制匮乏，活动效果弱化。社会实践教学活动离不开专门教师的有效指导，更需要有效的监控机制和考核评价体系做支撑。据调查显示，一些高职院校每年都也安排学生参加由团委组织的暑期社会实践，而绝大多数学生只能利用暑假时间，在家庭所在地自行参加一些简单的社会实践或是兼职活动，更有一部分学生根本就没有去实践，只是找家长托熟人在社会实践报告上签了个字盖了个章。这些大规模的社会实践活动缺乏有效指导，随意性强，时效性差，最终往往以一篇百度上搜来的调查报告或者心得体会应付了事。这种现象的出现，就是因为思想政治理论课实践教学环节缺少有效的监控机制和考核评价体系，使得实践教学活动疲于应付、流于形式，活动效果明显弱化。

二、高职院校思想政治理论课实践教学的探索

1. 努力探索，大力开展“情景体验式”实践教学活动。情景体验式学习方法就是设定一定的教学情景，让学生在相对真实的教学情景中学习体验，以获得身临其境的真实感受和真切体验。情景式学习方法，因为其有仿真逼真的效果，是高职学生非常喜欢并乐于参与的教学活动形式。根据高职院校一年级学生形象思维活跃，

兴趣爱好广泛，自我意识较强等特点，我们可以在思想政治理论课实践教学中大力开展此类活动。

我们可以把“思想道德修养与法律基础”课的实践教学分为思想篇、道德篇、法律篇三个基本模块、设计六项情景式实践教学活动活动。在思想教育模块部分，我们设计了两项活动，第一项活动是开展“中国梦想我实现”为主题的演讲比赛，制定详细的比赛规则，设计真实的比赛场景，让学生进行主题演讲，组织评委点评，对学生进行理想信念教育。第二项活动是开展“革命精神我弘扬”为主题的参观体验活动，我们与八路军办事处等签订协议，建立思想政治理论课实践教学基地，定期组织学生“参观爱国主义教育基地”，学习先烈革命精神，撰写学习心得体会，对学生进行爱国主义教育。在道德修养模块部分；我们设计了两项活动，第一项活动是通过组织“精彩人生我感悟”的道德小品表演，让学生撰写剧本，制作道具，设计场景，饰演角色，进行道德小品表演，对学生进行人生观、价值观教育；第二项活动是开展“和谐社区我建设活动”，对学生进行社会公德教育。在法律教育模块，我们可以设计两个活动，第一项活动是组织“法律知识我知道”的手抄小报制作比赛，让学生研读法律知识，进行排版设计，绘制警示插图，抄写法律法规，增强学生的法律意识；第二项活动是开展“法律纠纷我裁决”的模拟法庭活动，让学生选好典型案例，组织模拟法庭，分别扮演法官和律师、扮演法警和犯罪嫌疑人，开展法庭辩护，对学生进行法制教育。

2. 勇于创新，积极开展“任务驱动式”实践教学活动。任务驱动式实践教学活动是一种以学习者为中心，以实际应用为动力和目的，培养学生综合实践学习能力的实践教学活动。任务驱动式实践教学活动有两类任务：一类是教育教学任务，另一类是真实或仿真的工作任务。根据职业院校二年级学生专业课程负担重，对理论课程学习投入不够，不愿意参加单纯的政治活动的特点，我们可以在二年级的学生中多开展此类活动，通过任务驱动式实践教学活动，促使学生主动学习理论知识，不断掌握理论知识。

我们可以把“毛泽东思想和中国特色社会主义理论体系概论”

课程的实践教学主要分为八个专题，设计成八个任务模块，例如：一是在专题一“马克思主义中国化的两大理论成果”部分，我们通过收集新中国成立以来我国取得的伟大成就，了解中国特色社会主义理论重要意义；二是在专题二“毛泽东思想活的灵魂”部分，我们通过举办“毛泽东诗词”朗诵会，对学生进行毛泽东思想的教育；三是在专题三“建设中国社会主义总依据”部分，我们通过举办“家乡的新变化”主题演讲会，加深学生对社会主义初级阶段理论的认识；四是在专题四“社会主义本质和建设中国特色社会主义的任务”部分，我们通过举办“中国梦 我的梦”演讲会，加深学生社会主义本质理论和改革开放理论的认识；五是在专题五“建设中国特色社会主义总布局”部分，通过举行“社会主义新农村和国有企业”的参观活动，让学生学习和了解“五位一体”的中国特色社会主义总布局；六是在专题六“实现祖国的完全统一”部分，我们通过组织“如何解决台湾问题”课堂辩论，加深对祖国统一的认识；七是在专题七“中国特色社会主义外交”部分，我们通过“新疆稳定是中国周边国家之福”的课堂讨论，让学生进一步关注新疆稳定和国家安全；八是在专题八“建设中国特色社会主义的依靠力量和领导力量”部分，我们通过举办优秀共产党事迹调查活动，加深学生对中国共产党的认识。

3. 大胆尝试，不断开展“主题探究式”实践教学活动。主题探究式实践教学活动就是以探索研究为目的的实践教学活动。是指教学过程是在教师的启发诱导下，以学生独立自主学习和合作讨论为前提，以现行教材为基本探究内容，以学生周围世界和生活实际为参照对象，为学生提供充分自由表达、质疑、探究、讨论问题的机会，让学生通过个人、小组、集体等多种解难释疑尝试活动，将自己所学知识应用于解决实际问题的一种教学形式。

在“马克思主义哲学”课程的实践教学中，可以积极运用“主题探究式学习方法”。可以把“马克思主义哲学”课程分为七大理论教学模块，在讲述七大理论教学模块的七个专题讲座的过程中，给学生布置一系列探究式实践教学活动的参考题目，如：一是在哲学概论教学模块，让学生探寻哲学家的哲学思想；大学生学习哲学有什么用；二是在唯物论部分，让学生讨论如何理解网络世界与现实世界的关系；让学生用联系和发展的观点分析中国特色社会主义建设事业；让学生辩论人工智能能否战胜人类意识；三是在辩证法部分，让学生用否定之否定规律分析自己的成长；让学生用对立统一规律分析当前中国构建和谐社会面临的主要矛盾；四是在实践论部分，让学生探究用实践的观点来理解人与动物的本质区别；并让学生利用“五一”假期设计开展一次有意义的实践活动；五是在认识论部分，让学生探究如何理解社会主义核心价值体系的真理性和价值性的统一；六是在唯物史观部分，让学生探究如何实现人类社会与自然界的和谐发展；七是在人的全面发展部分，让学生探讨如何认识英雄和人民在历史中的作用；什么是个人和社会发展的方向等。教师要求学生先查找资料，再进行构思，交流和讨论，然后拿出提纲，制作成幻灯片，上课进行交流汇报，最后由教师进行点评总结。

三、高职院校思想政治理论课实践教学的对策

1. 建立人员保障机制，不断增强思想政治理论课实践教学的凝聚力。高职院校思想政治理论课实践教学计划主要靠思想政治理论课教师去落实，到实践基地后，他们既要联系、安排和组织教学活动，又要照顾学生的生活，还要操心学生的安全，非常的繁忙和辛苦。高职院校一方面要充分肯定思想政治理论课教师的奉献精神，另一方面也要给予思想政治理论课教师适当的课时补贴，充分保护教师的积极性。另外，高职院校还可以动员团委干部、辅导员、班主任老师积极参与思想政治理论课实践教学的组织和管理工作，不断形成合力，不断增强思想政治理论课实践教学的凝聚力。

2. 建立经费保障机制，不断增强思想政治理论课实践教学的吸引力。高职院校思想政治理论课实践教学要想取得成效，还必须建立实践教学经费管理制度和保障机制。高职院校的实践教学经费可以每年由学校以专项经费形式，下拨思想政治理论课教学部门；在教学实践过程中发生的交通费用、参观费用、考察费用等一系列支出，必须经带队教师、教研室、思想政治理论课教学部门领导审

核后才能报销。同时学校建立相关的实践教学经费管理制度，保证专款专用，任何个人和部门都不能私自截留和挪做他用，以便更好地开展思想政治理论课实践教学，不断丰富思想政治理论课实践教学的形式和内容，以增强实践教学的吸引力。

3. 建立基地保障机制，不断增强思想政治理论课实践教学的影响力。高职院校可以给予实践教学基地适当经费支持。在资金允许的情况下，可以适当地给予实践教学基地一些资金支持；例如，对基地指导学生实践活动的教师发放一定数目的课时经费。高职院校还可以为实践教学基地提供一些技术服务和员工培训。对思想政治理论课实践基地提出的方案设计、设备维修等方面的需要，高职院校也应该尽量给予大力的帮助和扶持。高职院校还可以组织学生为实践教学基地开展一些义务劳动和文艺演出，在实践教学中，我们还可以把义务劳动定为必修内容，使我们的实践教学活动深受当地干部群众的欢迎和支持，同时，增强思想政治理论课实践教学的影响力。

4. 建立后勤保障机制，不断增强思想政治理论课实践教学的战斗力。高职院校思想政治理论课实践教学要想长期坚持下来，并得到不断完善，除了形式符合教学规律，深受学生欢迎之外，还与相关部门的有力保障、协同配合密不可分。首先，高职院校的相关部门要为思想政治理论课实践教学提供物质保障。在实践教学中，用于交通、食宿等方面的费用为数不少，今后，随着实践教学的不断深入和办学规模的逐步扩大，这方面的费用还会有较大幅度的增加，高职院校领导班子必须统一思想认识明确，不管发生什么情况，不论遇到什么困难，实践教学都一定要坚持下去。其次，高职院校的相关部门要为思想政治理论课实践教学提供有力的后勤保障。实践教学的后勤保障如交通车辆、劳动工具等，后勤部门必须给予全力的支持，提供优质的服务，实施有力保障，以增强思想政治理论课实践教学的战斗力。

5. 健全制度保障机制，不断增强思想政治理论课实践教学的生命力。为了保证高职院校思想政治理论课实践教学规范运作，针对每一次的教学实践，我们都应该事先做好详细的计划准备，并制定完整的管理措施，建立健全制度保障机制。首先，要建立实践教学报告制度。实践教学之前，教研室要把实践教学的时间、经费预算报告相关系部；实践教学之中，教师要全程跟进，认真组织教学，并填写表格进行记录；实践教学之后，教师要报告实践教学情况，并写出教学小结。其次，建立学生管理制度。实践教学可以实行统一管理，实践指导教师负全面责任，并重点负责教学管理，辅导员负责生活、纪律和安全，基地工作人员负责讲解和指导。再次，建立实践教学考核制度。集中实践结束后，学生要按照教师的要求撰写心得体会和社会实践报告。指导教师根据学生在实践期间的表现和实践报告综合评定，成绩合格者可以获得学分，不及格者必须重修。通过健全制度保障机制，不断增强思想政治理论课实践教学的生命力。

（作者单位：乌鲁木齐职业大学）

高职院校立德树人的实践路径探析*

祁凤华　常永青

根据教育部公布的数据，到2014年7月9日，全国高等学校（除去独立学院）共计2542所，其中普通高等学校2246所（民办普通高校444所）。在2246所普通高等学校中，高职高专院校1337所，所占比例达到了59.53%。同时据国家统计局发布的数据统计，2014年普通本专科招生699.8万人，在校大学生2468.1万人。其中，高职高专院校招生318.4万人，占比45.5%；在校生973.6万人，占比39.5%。从以上的数据中可以看出，高职院校无论是规模、在校生人数，还是每年的招生人数几乎都占据了中国高等教育的半壁江山。《国务院关于加快发展现代职业教育的决定》（国发［2014］19号）中更是明确指出到2020年，专科层次职业教育在校生达到1480万人，接受本科层次职业教育的学生达到一定规模，从业人员继续教育要达到3.5亿人次。高职教育作为培养人才重要阵地，理当把立德树人当作当前教育的重中之重。在党的十八大上，我党明确指出："立德树人是我们教学工作的主要任务，对培养德智体美全面型人才有着非常重要的意义，是社会主义建设的必然趋势。"《教育部关于深化职业教育教学改革全面提高人才培养质量的若干意见》中再次明确指出：落实立德树人根本任务。高职院校立德树人的重要性由此凸显，它不仅是学生终身发展的保障，也是学生成才的关键，更是学生适应社会的立足之本。因为如此，本课题组对高职院校立德树人的实践路径展开了研究，以期通过研究能够全面构建高职院校立德树人教育改革全面的、内在关联的并且能够相互支撑的可行路径网络。

一、立德树人实践路径的研究现状

立德树人作为教育的根本任务，顺应国内外形势而成为中国教育改革与发展的中心课题之一，受到学术界最为广泛地关注，成果丰硕。在中国知网上输入“立德树人”四个字共搜索到期刊13873篇。对于立德树人的实施途径的研究成果比较突出。对于高职而言，立德树人在高职院校的德育实践中已经展开，但相关的研究成果并不多。在中国知网上输入“高职院校立德树人”的关键词，共搜索到357篇文章，关注高职立德树人的比重只占到了2.5%。而对于高职院校立德树人的实践路径的探索仅仅处于起步阶段。

无论是高职院校还是普通大学，学者在探索立德树人的实践路径时主要都从校园文化、党支部组织生活、各类课程、辅导员队伍、班导师制度等方面展开探索，以此作为成功实施立德树人的重要载体或有效途径。也有部分学者为成功实施立德树人教育根本任务提供了一揽子的路径规划。但是目前的研究仍然只偏重于育人过程的某个环节或某个方面，缺少一个全面的、内在关联的并且能够相互支撑的可行路径网络。很多学者讲立德树人的实践路径，但对“立德”的内涵阐述不全面，“立德”是“树人”的前提，不明所立之德何以实现树人？“德”不仅包括学者已经指出的“师德”，作为教师人格素养的个人品德和作为职业素养的职业道德，还应该包括全社会共同尊奉的价值规范，即社会主义核心价值观。习近平总书记明确指出，“核心价值观，其实就是一种德，既是个人的德，也是一种大德，就是国家的德、社会的德”。同时，在立德树人的实践路径研究中缺乏对中国深厚教育文化传统的继承，没有对中国传统文化教育资源进行挖掘与现代诠释，从而让那些历史遗产古为今用，重新焕发传统理论的时代价值。目前研究对“立德树人”实践路径完成的工作机制和保障机制还没有涉及，几乎是空白。

在我国高等教育进入“十三五”时期的新阶段、在我国加快现代职业教育体系建设的关键时期，高等教育要想实现立德树人的根本任务，必须关注高职学生这一特殊的群体、关注高职院校立德树人的实践路径。这对于我国全面实现小康社会、全面实现四个全面的战略布局，实现创新、协调、绿色、开放、共享的发展理念具有至关重要的作用。

二、构建高职院校“立德树人”的实践路径

1. 明确一项任务。即把培育和践行社会主义核心价值观融入高等职业教育全过程。社会主义核心价值观本质上就是一种德，是涉及三个层面的德，即国家的德、社会的德、公民的德（国家无德不兴，社会无德不和，公民无德不立）。因此必须把培育和践行社会主义核心价值观融入高等职业教育全过程，包括校内课堂教学过程、校外社会实践过程、校园文化熏陶过程。社促使高职学生在学习理论知识、增强实践能力、树立社会主义核心价值观这三方面齐头并进，均衡发展，并且有机融为一体，使高职教育能够成为学生树立正确的人生观、世界观、价值观和荣辱观的重要支撑，全面落实 2014 年 5 月 4 日，习近平总书记在北京大学师生座谈上，发表的题为《青年要自觉践行社会主义核心价值观的重要讲话》中对大学生和青年人明确提出的“勤学、修德、明辨、笃实”的培育和践行社会主义核心价值观的总要求，真正将“立德树人”工作落实到学院教育教学改革的实处，确实做到增强和提高其成效。

2. 做到两个必须。即空间方面必须全覆盖，时间方面必须无间断。所谓空间方面必须全覆盖，就是落实立德树人根本任务的意见，必须构建全方位、立体化的育人体系。研究制定符合高职学生发展核心素养体系和学业质量标准，根据高职学生的成长规律和教育规律，把党的方针、政策和社会主义核心价值观细化、具体化，转化为学生的核心素养和学业质量，有机融入高职教育的人才培养方案、质量监控体系、考试评价等各方面育人体系之中，做到空间全覆盖，不留死角。

所谓时间方面必须无间断，就是时间具有一维性和不可逆性，在对学生德育的培养过程中必须做到时间上的连续性，在点滴渗透和正面引导中使学生逐渐树立起正确的人生观、世界观、法治观和社会主义核心价值观。

3. 加强三大建设。首先，加强师资队伍的师德师风建设，建设教书水平高、育人能力强的教师队伍，提高教师职业道德素养。古人云，“其身正，不令则行，其身不正，虽令不从”。教师师德师风的优劣对学生的道德思想和行为产生直接影响，教师高尚的道德情操会感染、激励学生，榜样的力量是无穷的，学生不仅会将老师的道德思想转化为自己内心的信念，而且会自觉付诸实践，此时，教师对学生所进行的道德教育就会收到事半功倍的效果。所以说，实现立德树人的根本任务，先要抓好教师队伍的师德师风建设。其次，加强校园文化建设。校园文化对学生的成长起着十分重要的作用，良好的校园文化使大学生受到潜移默化的教育，从而促进和引导他们形成高尚的思想道德情操。因此，要积极正确引导，学校要加强校园文化建设，培养良好的校园文化。逆水行舟，不进则退，我们要积极行动起来化被动为主动，充分认识到校园文化建设在落实立德树人根本任务中的重要作用。再次，加强德育基地建设。适应经济发展新常态和技术技能人才成长成才需要，进一步完善产教融合，和德育基地一起协同育人。进一步探索校校、校企、校地、校所以及国际合作的协同育人机制，促进学生德智体美全面发展。

4. 深化四项改革。首先，深化思想政治理论课教育教学改革。以思想政治理论课改革为着力点，发挥“立德树人”的主渠道作用。思想政治理论课是高职落实立德树人根本任务、开展大学生思想政治教育的主渠道和主阵地，也是高职高专院校意识形态的前沿阵地。其次，深化专业课改革，挖掘并发现各专业本身所蕴藏的价值观念和道德内涵，让职业教育发挥人才培养的特殊作用。《教育部关于深化职业教育教学改革全面提升人才培养质量的若干意见》中明确指出“加强公共基础课与专业课间的相互融通和配合，注重学生文化素质、科学素质、综合职业能力和可持续发展能力培养，为学生实现更高质量的就业和职业生涯更好发展奠定基础”。这就要求各高职院校要明确全体教师尤其是专业教师立德树人的教育责任，在专业建设和专业教学中要自觉遵循职业教育规律和学生的身心发展规律，把培养和践行社会主义核心价值观和本专业所蕴藏的价值观念和道德内涵结合起来，关注学生职业生涯和可持续发展的需要，保证立德树人根本任务的实现。再次，深化教学监控与评价体系的改革，把德育教育作为重要的评价指标，实行一票否决制。各高职院校要创新教学监控与评价体系，将师德教育贯穿教师培养、岗前和职后培训、管理的全过程。同时要健全师德考核，将师德表现作为岗位聘用、职称评审、评优奖励等的重要指标，实行一票否决。严格师德惩处，对违反师德行为发现一起、查处一起，坚决将违反师德行为关进制度的笼子里，从根本上遏制违反师德行为的发生。最后，深化"立德树人"的管理制度改革，层层落实责任制。立德树人是一项系统工程，建立和完善各项工作机制，加强制度建设和严格管理是保证立德树人根本任务实现的重要条件。一要强化组织领导体系建设，成立院系两级领导小组。二要动员全院各系、各部处室都应把立德树人建设当作自己责任的一部分，层层落实责任制，在教书育人、管理育人、服务育人中自觉对大学生进行德育教育与管理。三要定期组织召开立德树人研讨会，为立德树人工作有效开展提供组织保障。四要修改和制定若干个配套文件和中长期规划，使立德树人贴近高职学生培养工作的实际，做到有章可循。五要在全院中倡导快乐学习，秉承"以学生为本"的工作理念，在学生中大力倡导"快乐学习"之风，让学生快乐学习，快乐生活，快乐成才。六要建立信息反馈、约束机制，对于立德树人建设中出现的问题，及时总结，加以改进，进一步修订和完善工作机制。七要建立奖惩机制，对于在立德树人工作中表现优秀的个人和集体予以表彰，对于先进的经验予以总结和推广。

5. 搞好五个结合。第一，把日常道德教育与学生的自我教育结合起来，使德育教育内感于心，外化于行。对德育而言，任何时代的德育观念和价值，都不会单纯因为灌输得以确立和宣扬，自动地根植于人们的内心，进而内化为德性品质和行为规范。学校应立足高职学生的特点，尊重道德教育本身的特殊机制，从认知和践行两个维度，从道德认识、道德情感、道德意志、道德信念四个方面来勾描现代高校日常教育的现实图景、内在机理和发展态势，从而使学生将知、情、意、信转化为实际行动，并坚持道德行为的锻炼，养成道德行为习惯，并最终真正形成具有稳定倾向性的思想道德，真正使“立德树人”的目标在教育实践中得以实现。第二，把正面激励教育和反面警示教育相结合，做到修德、明辨。通过向典型学习，凝聚人心，鼓舞士气。通过深入剖析反面典型违法违纪的原因，避免警示道德沦丧到底线，让学生充分认识到我们不能在成为物质上的巨人之时却反而变成了精神上的矮子，真正做到修德、明辨。第三，把提升学生思想道德认识与弘扬中华传统文化结合起来，做到明辨化用。努力从中华民族世世代代形成和积累的优秀传统文化中汲取营养和智慧，延续文化基因，萃取思想精华，展现精神魅力。以时代精神激活中华优秀传统文化的生命力，推进中华优秀传统文化创造性转化和创新性发展，引导高职学生树立和坚持正确的历史观、民族观、国家观、文化观，不断增强中华民族的归属感、认同感、尊严感、荣誉感。第四，把道德教育与学生生活实践结合起来，做到知行合一。学生的德育教育必须生活化，在实施思想政治教育的过程中以大学生的现实生活为中心，关心大学生的生活情况、了解这个时期大学生对自身所处环境产生的心理，全面提升大学生的基本素质。在关注学生实际生活的同时，还需要对国家利益和学生的精神世界进行充分的考虑，避免思想政治教育目标过大、过空泛，使思想政治教育内容深入学生的生活中，教育学生从小事做起，做到知行合一。第五，把企业文化和学生的职业道德教育与实践相结合，形成合力育人。新时期企业文化是立德树人的有效载体，高职院校引入企业文化来开展职业道德教育，增强对职业精神、职业规范、职业素质的基本了解，帮助学生树立职业理想，为学生的成功就业构筑桥梁。大力开展“订单培养”，将企业文化理念融入职业道德教育之中，突破原有的教学理念，将经济发展的客观规律引入教学之中，充分考虑高职院校学生在未来就业中对企业的适应能力，认识到职业道德教育是人力资源开发的重要内容，优化大学生对企业、对社会的认知结构，帮助大学生树立职业理想，实现大学生从“校园人”向“企业人”的转变。

（作者单位：邢台职业技术学院）

本文是河北省教育厅2016年人文社会科学研究青年基金项目《高职院校立德树人教育改革的研究与实践》（课题编号：SQ161123）的研究成果之一。

思政课实践教学面临的困境及其支持体系的完善

游　洁

实践的观点是马克思主义认识论中最基本的观点。马克思主义认为，实践不仅是认识的唯一来源，而且是推动认识不断发展的动力，是检验认识真理性的唯一标准。思想政治理论课具有非常显著的实践性特征，但是，现实中，无论是实践教学的目标和内涵方面，还是实践教学的模式和方法方面都处于探索阶段，受课时、师资力量、资金及考评机制等方面的影响，实践教学普遍存在目标不一，组织困难，有形式无效果，师生参与积极性和主动性不高的问题。鉴于此，建立和完善系统、科学、有效的实践教学支持体系，对有效开展思想政治理论课实践教学具有十分重要的意义。

一、高校思想政治理论课实践教学的必要性

实践教学是思想政治理论课的重要组成部分，具有独特的作用和价值。实践教学是指在教学过程中建构以具有教育性、创造性、实践性的学生主体活动为主要形式，以激励学生主动参与实践、思考、探索和创造为基本特征，以促进学生整体素质全面发展为目的的一种新型的教学观和教学形式。2004 年《中共中央国务院关于进一步加强和改进大学生思想政治教育的意见》指出："社会实践是大学生思想政治教育的重要环节，对于促进大学生了解社会、了解国情，增长才干、奉献社会，锻炼毅力、培养品格，增强社会责任感具有不可替代的作用。"2005 年《中共中央宣传部教育部关于进一步加强和改进高等学校思想政治理论课的意见》也强调："高

等学校思想政治理论课所有课程都要加强实践环节……要通过形式多样的实践教学活动，提高学生的思想政治素质和观察分析社会现象的能力，深化教育效果。”可见，加强和重视实践教学，既是贯彻中央教育方针的需要。

1. 实践教学是帮助学生理解和认同马克思主义理论的有效途径

思想政治理论课所教授的马克思主义理论是一个完整的科学体系，它是从无产阶级的伟大实践中产生、发展的，与政治、经济、法律、道德等紧密相连，它不仅来自于实践，而且随着实践的发展而不断丰富完善着其自身的内容。多年的实践已经证明，学好马克思主义理论，有助于青年大学生形成正确的世界观、人生观和价值观。然而，由于马克思主义理论具有高度的抽象性，纯粹的理论教学往往让课堂显得枯燥而乏味，很难激起学生的学习兴趣，而实践教学环节的设计，让大学生可以借助实践活动，由被动接受者转变成为主动参与者，在直接感知课堂教学以外生动的社会实践的同时，辨别真伪，完善思维、提高境界，达到真正相信马克思主义理论的目的。

2. 实践教学是完善学生思想素质和综合素质的有效途径

实践教学是提高学生理论分析能力的有效方法。理论与实践之间的转化是一个复杂的过程，其中，从实际出发来思考、认识实际问题，深化对实际问题的理论思考，是理论向实践转化的决定性环节。实践教学是使抽象理论具体化的过程，是使学生由理论学习到实际运用，由知识接受到生活经验转化的重要途径，它把理论和实际紧密结合起来，教会大学生灵活运用马克思主义的基本立场、观点、方法来主动分析社会生活中遇到的一系列难题，不仅有助于提高大学生理论分析能力，更有助于提高大学生解决问题的能力。

3. 实践教学是提升思想政治理论课教学效果的有效途径

在当前复杂的国际国内环境下，大学生的思想政治素质的提高，世界观、人生观、价值观的建构以及道德认知、道德情感、道德意志、道德行为的养成是一个极其复杂的系统工程，仅仅依靠教师在课堂上讲授，没有实际的生活阅历、情感体验和意志的磨砺，是很难在思想、道德和人格方面获得全面的进步与发展的，而实践性教学环节作为理论教学的合理延伸，是提升大学生思想政治素质、培养大学生实践创新能力、完善大学生人格修养的有效途径，有效的实践教学活动，可以让大学生走出校园，深入到实际的社会生活之中，面对现实的思考问题、寻找答案，活学活用马克思主义的理论、原则和方法，进而提升思想政治理论课的实际教学效果。

二、高校思想政治课实践教学的现状分析

实践出真知。只有把思想政治理论教育与实践教育融为一体，以实践为途径进行思想政治教育，马克思主义理论的科学性、丰富性和创造性才能生动地显示出来，思想政治教育的实效性才能得到增强。近几年来，各高校都在探索思想政治理论课实践教学的新思路，但在实际中，思想政治理论课实践教学环节还存在一些问题和不足，普遍存在理论讲授空洞乏味，缺少针对性；教学方式单一呆板，缺少启发性；学生学习消极被动，缺少实效性等各种问题，具体有表现如下：

1. 教师与学生重视程度不够

就教师而言，长期以来，受传统教育观念的影响，部分教师认为理论教学更重要，只要上好课就足够了，对实践教学缺乏深刻的认识，部分教师甚至认为，实践教学的组织工作费时费力，效果也不甚理想，在这方面投入是额外的负担。而有些学生也只重视课堂听课，对实践教学的认识存在错误的理解，片面地认为，读大学的主要任务是拿到文凭，至于实践教学是无足轻重、可有可无的。

2. 组织保障不到位

思想政治理论课实践教学的有效运作需要高效的保障机制。只有教学部门、学生管理部门、党团系统、后勤部门、财务部门、学生社团等机构各司其职，齐抓共管，形成合力，才能为实践教学的顺利开展并取得良好的教学效果提供强有力的组织保障。从现实的情况来看，多数高校在实践教学管理上存在着制度不健全、措施不得力等方面的问题，实践教学普遍没有列入学校统一的教学计划，部分学校虽然建立了一些相关制度，但大多只停留在文件上，组织

保障的不到位问题已经成为当前高校思想政治理论课实践教学的主要困境一，也是实践教学流于形式的深层次原因。

3. 经费投入不足

经费支持是当前高校思想政治理论课实践教学顺利进行的重要环节。实践教学活动中，交通、通信以及给学生相关指导等，都需要有经费的支持。教育部曾多次下发文件，要求各高校按照一定的生均标准划拨专项经费用于开展思想政治理论课教学，但许多高校并未按要求设立实践教学专项经费，即使有专项经费，数量也非常少，只能用于组织小范围的实践教学，很难充分调动学生的积极性。

4. 实践教学形式单一

高校思想政治理论课实践教学的形式应该是多种多样的，但由于各方重视程度不够、组织体制不健全、经费投入不足、实践教学基地缺乏等原因，致使高校思想政治理论课的实践教学形式过于单一，多数人一提到实践教学就单纯地理解为社会参观、访问，而忽视课内实践和第二课堂的作用，因而达不到思想政治理论课实践教学应有的效果。

5. 缺乏监控机制

当前高校思想政治理论课不但缺乏稳定、持续、规范、有效的实践教学环节，而且还普遍缺少对思想政治理论课实践教学的监控考核机制，学生思想政治理论课的考核往往采用纸笔化考试，而对于学生的平时表现、是否参加社会实践或是在社会实践活动中的表现都没有纳入考核，这就造成了学生对思想政治理论课实践教学的漠视，进而严重影响了高校思想政治理论课实践教学的有效开展。

三、完善实践教学支持体系，切实提升实践教学效果

要有效提高思想政治理论课实践教学的活动效果，必须加强实践教学支持体系建设，具体需要包括如下几个方面的工作：

1. 必须以学生为本，高度重视实践教学

人的思想是以社会存在为反映对象、以人的社会实践为基础，随历史的发展而发展的、具有内在结构的系统。现代社会是一个开

放的时代，家庭、社会的影响，尤其是发达的信息获取方式，受教育者不再是一张任由施教者描绘“白纸”。当代大学生已初步形成了自己的世界观、人生观和价值观，如果继续进行单一的灌输，必然会适得其反。因此，我们必须高度重视思想政治教育中“人”的核心地位，坚持以学生为本，通过实践教学调动大学生学习思想政治理论课的积极性和主动性，引导大学生了解中国社会现状，培养学生观察问题、思考问题和解决问题的能力，激发大学生的责任感和使命感，帮助大学生树立科学的世界观、正确的人生观和积极的价值观，使大学生自觉顺应社会与时代主旋律。

2. 探索“自主实践”的教学模式，积极创设有利于学生实现自主实践教育的环境和氛围

鉴于思想政治理论课的实践教学所面临着许多现实的问题和困难，我们必须拓展思维，丰富实践教学方式方法。除进行社会调查、参观访谈、实验体验、志愿者活动、勤工助学、创业实践外，还必须探索更为丰富的实践教学方式，将政治理论课的实践教学活动与其他活动及党团活动、社团活动、院系社会实践、专业实习相结合，同时，重视与校外相关单位的沟通和联系，定期走出去请进来；重视与学生日常生活、学习、活动相联系，将实践教学寓于日常生活之中；特别是要利用网络和先进的教育技术、传媒手段设计新的实践教学方案。总之，就是要探索一种“自主实践”的教学模式，让学生在课堂内外、校园内外均能自主学习、自我教育、自我发展，真正将思想政治理论教育和实践教育融为一体，既能在课堂教学中鼓励和引导大学生以提问、对话、辩论等方式进行相互的思想碰撞，又能充分发挥第二课堂的作用，同时又能与博物馆、纪念馆和企事业单位保持密切的沟通和联系，经常开展参观、访问、学术讲座和相关的纪念活动，让大学生融入社会，深入生活，开阔视野，在认识和解决实际问题的过程中加深对马克思主义理论的认同和理解，培养大学生独立思考问题和解决问题的能力。

3. 建立全方位的实践教学保障机制

思想政治理论课实践教学活动的开展是在校领导和有关职能部门的指导下，由教学实施者进行的有目的、有计划、有组织的教学

活动。这项工作能够切实有效的开展，首先就取决于教学活动的领导者和组织者的认识程度，因此，必须建立全方位的保障机制，以保证实践教学能全面实施、持续开展。目前，从中央到地方乃至学校党委都高度重视教学政治理论课，在课程教学安排中，实践教学都占有一定的学分和比例，但是在实际落实实践教学工作时却并不尽如人意，大有应付之嫌。例如与校内实践（如课堂讨论、演讲、辩论、播放爱国题材影音资料，阅读文献典籍等）相比较而言，受教师、学时、配套经费等多方面因素的影响，要带领学生走出校园，进入社会去进行校外实践（外出考察、参观、访问等）则困难重重，即使组织一次校外参观，每个班也只有很少几个优秀学生能够参加。因此，必须强化实践教学保障机制，在组织上，建立有效的领导体制和工作运行机制，由学校主管领导负责，思想政治理论教学部门具体落实，其他部门积极配合；在制度上，将实践教学纳入正常教学计划，给予学分、学时、师资保障，并与学生的毕业、学位直接挂钩；在考核评价上，要注重实效，制定符合实践教学特色的考核评价标准，切实考察实践成效，避免实践教学流于形式；在经费保障上，要严格按照教育部规定的标准下拨，全部用于实践教学；在教学资源上，要拓宽视野，建设、联系一批实践教学基地，同时结合实际，鼓励多渠道地开展实践教学。

4. 构建科学的思想政治理论课实践教学的综合评价体系

思想政治理论课实践教学也应明确考核标准，否则，极有可能流于形式，达不到预期的效果。很多高校对思想政治理论课实践教学的评价工作由任课教师单独完成，这种单纯量化的考核方式很难反映实践教学的实际效果和大学生的综合实践能力，因此，必须构建科学的思想政治理论课实践教学的综合评价体系。首先，要建立学生评估体系，主要考核学生的出勤情况、在实践教学中的参与程度和主观能动性的发挥程度、实践总结报告的质量和实际应用价值、实践中理论联系实际解决问题的能力等，尽量做到公平、公正，给学生平等的机会。其次，要建立教师评估体系，侧重于考核实践教学选题内容的质量、实践方案设计的科学性、实践教学计划的实施程度、教学组织的到位与否、学生对指导教师的综合评价情况等。再次，要建立实践教学效果评估体系，通过参加社会实践活动的师生所反馈的信息，有效检验实践教学方案的执行效果，做好实践教学的总结评估工作，加强实践教学的后期总结，为今后更好地组织实践教学活动提供参考和指导。此外，还要建立双向沟通式的考核信息反馈机制，让考核带给学生和教师更丰富的双向沟通评价信息，帮助教师和学生正确对待和分析评价结果。

总之，加强思想政治教育理论课的实践教学，既是现代大学思想政治教育的要求，也是学生自身发展和完善的要求，既符合时代的特点，也符合现代思想政治教育的要求，是高校提高大学生思想政治素质的重要途径。因此，高校的管理者和从事思想政治教育理论课的教师都必须重视并探索有效完成实践教学活动的方式和方法，最终落实高校思想政治教育的目标以提高大学生的马克思主义理论修养和思想道德水平。

（作者单位：江汉大学）

高校思想政治理论课实践教学的困境及出路

彭　沛

实践教学是高校思想政治理论课的重要组成部分，也是切实提高思想政治理论课教学效果的必要途径。中宣部、教育部在2015年7月印发关于《普通高校思想政治理论课建设体系创新计划》的通知中再次强调高校思想政治理论课必须“坚持理论与实际相结合，注重发挥实践环节的育人功能，创新推动学生实践教学和教师实践研修”。在教育部2015年9月10日印发的《高等学校思想政治理论课建设标准》中，进一步把实践教学作为考量思想政治理论课课程建设成效的重要标准，并强调把“实践教学纳入教学计划，统筹思想政治理论课各门课的实践教学、落实学分、教学内容、指导教师和专项经费。实践教学覆盖全体学生，建立相对稳定的校外实践教学基地”。自“05方案”课程改革以来，经过多年实践，高校思想政治理论课的实践教学已取得一定的成绩，但仍然存在规范性不强、教师实践教学能力不够、实践教学效果难以评价和缺乏经费支持等诸多不足。针对当前高校思想政治理论课实践教学存在的困境，通过加强实践教学的规范化设计、强化教师队伍建设、建立完善的实践教学考评体系、设立实践教学专项经费和教学基金等措施，积极推动实践教学的深入发展，切实提升思想政治理论课实践教学的教学效果，成为当前思想政治理论课课程建设的迫切任务。

一、当前高校思想政治理论课实践教学的困境

近年来，高校思想政治理论课的实践教学日益受到重视，各高

校相继出台了一系列实践教学的具体方案，也进行了很多的尝试和创新，并取得了一定的成绩。但总体看来，高校思想政治理论课的实践教学还没有真正形成一整套普遍有效、操作性强的运行模式，还存在一系列较为突出的问题，这些问题主要存在以下几个方面。

首先，高校思想政治理论课实践教学的规范性有待进一步加强。

当前，大多数高校思想政治理论课教学计划中都明确规定了实践教学的内容、环节、教学方式等。但从具体实施的情况来看，大部分高校既没有制定出规范的教学大纲，也没有设定统一的实践教学内容、方式和具体的要求，因此主要由教师根据自身的情况安排，使实践教学停留在自发、随意和即兴的层面，这严重影响了实践教学的效果。同时，大部分高校对思想政治理论课实践教学的可操作性问题认识不足，没有找到与思想政治理论课相适应的、学生可广泛参与的实践教学方式。思想政治理论课实践教学作为正常教学环节，应该是每个学生都参加，也必须都参加的。但事实上“由于多数高校在认识上仅仅把思想政治理论课实践教学的内涵定位在社会实践上，其实现的形式也只是社会调查和外出参观，因而这样的实践教学不可能在全校学生中普遍展开，要么虚置于教学计划上，要么以点代面，只由部分学生代表参与”。同时，即便是将思想政治理论课实践教学变为狭义的社会实践活动，也往往缺乏对社会实践活动的具体指导和规范，特别是多头管理与多主体之间的协同联动机制的缺乏，也使得社会实践活动难以形成育人合力。有的学校归口学生工作部门或团委直接负责，有的虽由思想政治理论课教研单位牵头组织但具体还是由学生工作部门落实，甚至很多学校是借用寒暑期学生返乡期间由学生本人自行开展调研，思想政治理论课教师难以或很少亲身参与全过程的指导，也使社会实践活动的教育功能大打折扣。

其次，高校部分思想政治理论课教师缺乏实践教学的能力。

高校部分思想政治理论课教师对实践教学不重视，认为只要把课堂教学抓好就足够。与此同时，实践教学的深度开展对教师提出了更高的要求，需要教师全面提升自身素质，方能胜任。但事实上，并非所有思想政治理论课教师都具备开展实践教学的能力，尤其越来越多的青年教师投身到思想政治理论课教学一线，自身不仅在教学技能与教学方法方面亟待提升，而且缺乏对新中国成立以来中国特色社会主义艰难探索历程的深切体会，大多由学校到学校，从学理论到教理论，缺乏必要的实践经验。要适应广义的实践教学，不仅需要丰富的知识、良好的课堂驾驭能力、对社会现象深刻的认识和把握能力，而且需要真正了解和理解学生特点的能力。需要针对不同专业学生的特点，了解其知识结构、认知态度、兴趣爱好等，再根据其特点开展合适的实践教学方式。要具备这些能力对于思想政治理论课教师尤其是青年教师来说是很大的挑战。在教学关系中，学生是主体，教师是主导。教师的素质与教学质量、教学效果紧密相关。思想政治理论课是一门政治性强、变动性快、现实针对性强的课程，要求思想政治理论课教师既要有较强的业务素质，又要有较高的政治素质，还必须深入实际把握社会发展的新情况、新问题；要求教师既要关注学科本身的学术动态、国内外发生的重大事件，也要到社会实践中去提高认识、更新观念、增强素质，这样才能在教学中紧密联系实际、提高教学效果，也才能指导学生的社会实践活动。

再次，高校思想政治理论课实践教学的效果难以评价。

当前，各高校专业课程的实践教学已经建立了相对比较完备的评价指标体系。但是，高校思想政治理论课实践教学的效果还没有建立具体的评价指标。关于思想政治理论课的实践教学与教学效果的评价如何体现共同性和差异性，以及如何处理好评估指标稳定性与实践活动的创新性之间的关系等，这些问题都还需要不断的探索和实践。

通过思想政治理论课的实践教学，促使大学生思想价值观念的转变并非一蹴而就、立竿见影的，而是一个潜移默化的过程。因此，对思想政治理论课实践教学效果的评价，应该是多元的、全方位的，而不是单方面的。在思想政治理论课实践教学评价上有两种倾向值得注意，一种倾向是以获取知识为本位，过分看重在实践教学中获得了多少知识，得出了什么结论，却忽视了对实践方法和过程的指导，忽视了学生的感受和体验，以及实践活动对学生情感、态度和价值观的影响。另一种评价倾向是偏重结果，把实践活动所取得的成果如学生所撰写的调查报告、社会实践材料作为评价的主要甚至是唯一依据，却忽视了实践活动对学生认识水平、认识方法等方面的评价，更缺乏对学生在实践活动中所表现出来的理想、信念、智慧、能力等进行综合评价。

最后，高校思想政治理论课的实践教学缺乏经费支持。

当前高校的思想政治理论课实践教学的经费严重不足。早在“05 方案”实施之初，相关文件就对高校思想政治理论课各门课程的实践教学提出了明确的课时、学分等方面的要求，但由于对思想政治理论课实践教学的意义认识不足、对其地位和作用重视不够，一些高校管理部门认为高校思想政治理论课只需要在课堂上对学生进行讲授就可以了，根本不用搞社会实践，即使有些高校迫于教育部门的相关文件而不得不提供支持，通常也不很积极。又加上受学生人数多、课时紧张、现实条件等诸方面因素的限制，常常导致很多高校的实践教学在制度上难以保证，或虽有明确规定，但各高校在操作方面仍然弹性过大，有的甚至形同虚设，工作做不实、做不到位。因为思想政治理论课实践教学，难以像专业课那样在狭小的实验室、实习单位里进行，而只能在社会这个广阔的大课堂里进行，尤其是在社会的大课堂里进行实践教学又困难重重。这就需要各高校提供充足的经费支持。虽然目前思想政治理论课实践教学已得到教育部门的大力支持，但经费总量以及具体的落实还有待进一步加强。

二、提升高校思想政治理论课实践教学效果的出路

要切实提升高校思想政治理论课实践教学的效果，使实践教学能真正达到立德树人的目标，必须针对当前高校思想政治理论课实践教学存在的主要问题，切实采取措施，积极推动实践教学的深入发展。具体而言，需要从以下几个方面努力：

第一，加强思想政治理论课实践教学的规范化设计。

要切实加强高校思想政治理论课实践教学的规范化设计，首先

要全面深化思想政治理论课程建设综合改革，加强课程的整体规划与日常管理。通过充实教学内容，优化教学设计，改进教学方法，丰富教学手段，切实使思想政治理论课让学生真心喜爱、终身受益。其次，要高度重视思想政治理论课教育教学的研究与实际拓展，树立对实践教学的正确认知。应推动思想政治理论课实践教学规范建设，启动研究制定《高校思想政治理论课实践教学大纲》。应专门就思想政治理论课实践教学做出更为细致和明确的具体规定，细化要求，建立标准，加强督促检查，不断推进实践教学的深入发展。再次，必须健全和完善实践教学的组织运行与保障机制。各高校应充分重视实践教学在思想政治理论课教育教学中的重要地位，制定切实可行的具体政策，完善思想政治理论课实践教学的保障机制。将实践教学列入整体教学计划，合理设置班级规模与分类设计教学环节，规定合理的学时与学分，适当提高实践教学的权重比，并加强四门思想政治理论课课程之间的实践教学内容的统筹规划。

第二，强化思想政治理论课教师队伍建设，提升教师实践教学的能力。

首先，按照实践教学的基本要求和规范，加强对思想政治理论课教师的培训，不断提升教师的综合素质和能力。应继续实施思想政治理论课教师攻读马克思主义理论专业博士、国内高级访学计划、择优资助计划、教师骨干研修项目、教师社会实践研修基地建设等有效举措，全方位提升思想政治理论课教师队伍的素质。其次，要建立和完善实践教学的指导体系，强化对教师的指导作用。通过制定关于实践教学的规定，明确指导教师的职责，使实践教学有章可循。再次，必须对教师对实践教学的探索提供足够的支持，鼓励教师自主研究和探索创新。一方面，学校既要在人才培养、科研立项、评优表彰、岗位聘用等方面充分重视思想政治理论课教师，为教师发展营造好的制度环境；另一方面，又要切实对热爱教学、研究教学、积极创新教学的教师提供支持，鼓励教师加强对教学方法的探索和实践。最后，应加强实践教学的研讨和经验交流，促进教师间相互学习。对有效、有特色的实践教学方式，应适时加强宣传和推广，促进好的实践教学方法与经验的共享，从而提升思想政治理论课实践教学的整体水平。

第三，建立完善的思想政治理论课实践教学考评体系。

不断探索和完善思想政治理论课实践教学效果的评价体系并不意味着只对课程的社会实践活动进行评估。几门相关思想政治理论课的理论教学、阅读经典、主题讨论和师生互动等过程中的实践环节也可以纳入评估体系。最重要的是要根据各门课程实践教学的具体情况，建立一套完整的、切实可行的、科学合理的评估制度和体系。一方面，要对思想政治理论课各门课程实践教学的基本形式有更为明确、具体的规定，并且能够形成分类指导；另一方面，要对每门课程实践教学具体的形式和做法进行细化，突出考核评估指标的可操作性。与此同时，从教育主管部门角度而言，还应按照有关文件、《思想政治理论课建设标准》以及课程教学大纲等要求，加强对不同院校思想政治理论课实践教学开展情况的督查，及时纠正不良做法，促进其良性发展。通过多方的探索与实践，逐步建立和完善实践教学的考评体系和评价方式，不断提升思想政治理论课实践教学的规范化、科学化。

第四，设立思想政治理论课实践教学的专项经费和教学基金。

思想政治理论课的实践教学环节需要各种经费，如交通费、门票费、讲解费、误餐费、企事业单位接待人员的讲课费等。高校应根据相关课程实践教学的基本原则和主要目标，严格按照中央有关文件的精神和要求，充分落实，积极保障思想政治理论课实践教学的经费投入，为实践教学的顺利开展和教学研究提供经费支持。由此应当设置思想政治理论课实践教学的专项经费，该经费由专门的部门负责管理，专用于思想政治理论课实践教学的各项活动，如学生的参观考察、社会调研、演讲比赛、PPT 大赛等活动的各种支出。同时进一步加大思想政治理论课教师本身的社会实践投入，建立实践教学教师的专项经费。该经费同样由专门的部门管理，并专用于支持思想政治理论课一线教师关于实践教学方面的活动，如实践教学研究、相关的学术交流、外出进修、继续教育、教研成果奖励、社会实践、社会考察等。由此提高思想政治理论课教师的自身素质，使其能与时俱进，胜任新形势下思想政治理论课的实践教学。

（作者单位：江汉大学）

高校德育中社会实践难题及其化解

王焕东

理论结合实际是思政课教学的基本原则和方法论，要真正地落实和贯彻这个基本原则和方法论就不能只重理论、轻视实践，而要真正地投身于实践之中，在实践中检验和发展理论。高校德育具有强烈的实践色彩，要接受实践的检验才能发挥它的导向作用和引领作用，高校德育与社会实践的碰撞会为思政课教改提供许多思想的火花，极大地提高思政课教学改革的成效。当今时代，以互联网为代表的新技术极大地影响了社会实践的内容和形式，也对高校德育和思政课教学提出了新的挑战，我们必须做出及时合理的回应。

受制于种种原因，高校德育的社会实践难题是始终存在的。本文所说的高校德育的社会实践难题包含两层意思，一是指：思政课教学所教的德育的理论理念为什么不一定能够见之于人们的行为行动？为什么知与行之间没有打通？二是指：高校德育的社会实践活动组织开展难，取得实效难。

高校德育的社会实践难题为思政课教改提出了一个重要的课题，如何在教学过程中尽可能地容纳高校德育的社会实践内涵，在教学方法中渗透着社会实践的要求，在教学考核中体现社会实践的分量。高校德育的社会实践难题的解决有利于发挥高校德育的导向引领作用，应该引起大家的重视。

一、高校德育的社会实践难题是不容忽视的

高校德育的种种理想情境在遇到社会实际生活中的种种现实问题时，有时会出现与思政课教学不一致的答案，甚至会出现截然相

反的答案。这样的所行非所学、所行非所知的现象，可以说并非个别现象，而是具有一定的普遍性。下面举出几个实例。

其一，在思政课的整个教学环节中，考试是一个重要的关节点，以考促学、以考评学、以考促教等目的都建立在一个真实的考试过程与结果之上。然而总有一定比例的学生违背考试诚信的原则，在考试中弄虚作假、营私舞弊。只要不挂科，手段无所谓，这样的想法在一些学生中颇有市场，这样的行为当然应该受到严厉遏制，否则将会产生非常严重的后果，直接挑战高校德育的底线。

其二，古人有云："一屋不扫何以扫天下？"然而"一屋不扫"这样的现象在大学校园里也确实存在。思政课教学中有"生态文明"的重要内容，人人皆知生态文明事关人类的现实生存状态和子孙后代的可持续发展前景，对生态文明的知和行已经成为高校德育的重要抓手。但是在现实中我们却经常可以发现大学校园里能源浪费的现象，比如教室里的"长明灯"，人走室空而空调电扇仍在运转，也不乏有的老师已经结束一天中最后的课程离开教室而投影仪却无人关闭的情景。

其三，教学实践环节存在不尽如人意之处。教学实践环节是高校思政课不可或缺的重要组成部分。学校投入人力物力保证教学实践环节的正常进行，老师们也为此付出了大量的时间精力，但一些学生并不领情，或者积极性不高，或者抱着完成任务的心态。

其四，当今的大学生已经出现了比较明显的"脱实就虚"的现象和趋势。不少大学生是低头族、刷屏族、剁手族等，有的甚至基本生活于虚拟世界之中，对网络之外的事物兴趣不大。这就提出了高校德育和社会实践的新课题，这样的现象和特点应该成为高校德育和思政课教学关注的重点之一。

凡此种种现象，不必一一列举。这些现象归纳起来说明了高校德育的社会实践难题确实是在一定范围内存在着，甚至是具有一定的普遍性和典型性。我们要冷静客观地分析难题存在的原因、机理及可能的解决办法。

二、高校德育社会实践难题的存因、机理分析

其一是考试诚信问题所表现的德育难题。高校德育的一个重要目标是教育学生如何做人如何为人如何成人，少数学生在考试中没有做到诚信公平，为了眼前的利益而失去了自己为人的基本原则，甚至不以为耻，只求达到目的，不问手段正当与否，这是非常让人担心的一种现象，而这样的现象在一些学生中有一定的市场。要解决考试诚信所表现的德育难题，关键的是让学生建立起自我约束、自我监督的心理机制。目前的考试主要依赖的是监考即外部约束、外部监督，而且学校对考试舞弊的惩罚也是非常严厉的，但即使这样并不能消除所有的舞弊现象。考试舞弊的根本原因是少数学生没有树立起应有的道德信条，并且用来规范自己的行为。思政课德育所讲的是一种道德要求，这种外在的道德要求只有转化为内在的道德信条，才可能规范人们的行为，纠正人们的不当行为。如果受到外部利益的诱惑、干扰，人们就有可能动摇甚至抛弃应有的道德要求，转而追求眼前的现实利益。有的学生平时不烧香，临时抱佛脚，没有平时的辛勤积累，却又要里子又要面子；也有的学生看到舞弊现象不举报不制止，反而同流合污。一场考试关系到很多人的相关利益，而少数人就是经受不住利益的检验，因而失去了自己的人生信条。可见在现实的利益面前，思政课德育所说的人生信条会遇到极大的考验！现实的利益随时随地都有可能出现，因此对我们人生信念的检验也会无时不有无处不在，考试就是这样的一个重要场域。

其二是知而不行、行非所知、知行脱节的现象。这种知行脱节的现象早已有之，在今日的大学校园里也并不罕见。为什么明知生态文明的紧迫性却不愿费举手之劳，任由灯光长明，自来水白流，面对发生在眼前的小事情，举手投足间即可施行善举，何乐而不为呢？这里面恐怕潜藏着普遍而近似的心理程式：关了并不记我的功劳，不关也不记我的过失，何必多此一举呢？有这种心态的普遍存在，“多此一举”的自然就少了。由此推而广之，大学校园之外的“扶不扶、让不让、管不管”等现象都是根出同源事出同因。人们

如果普遍存在近似的消极心态，而没有建设起积极的心态，长此以往，人们会成为谨慎的自身利益的计算者、维护者，那么国家层面的德育、德治的目标就会受到很大的阻碍了。高校德育要帮助大学生建立起道德思维，即我道德我快乐，比如人们常说的助人为乐。但在现实生活中，道德思维往往会遭到商业思维、市场思维的冲击挑战，而显示出脆弱单薄的特质来。古人说勿以善小而不为，可见行善贵在恒常持久，难也难在持之以恒。

其三是思政课德育教学实践环节的实效性问题。从客观上看，学校和老师对教学实践环节高度重视、投入较大，但由于这种条件的限制，教学实践环节往往时间有限、次数很少，在形式和内容上不能完全满足学生们的心理预期，导致实践环节的实效性有待提高，这样也就不难理解有的学生参与的积极性不高。从主观上看，实践环节的设计往往也需要得到不断地完善，相关部门人员需要持续不断地投入人力物力。比如实践环节的可行性通常都有较大的不确定性，随着时间的推移，相关机构单位的情况也会发生变化，要求我们实地联系走访相关机构单位，跟踪掌握相应的变化情况。为此投入的时间精力意味着相关老师们默默的付出。

其四是一些学生的网络依赖现象。由于网络的普及便捷性、多元丰富性，有的人会产生这样的幻觉：网络世界就是真实世界，真实世界就是网络世界。也有的人觉得网络世界比真实世界更精彩，几乎可以满足自身所有的需求，远离道德说教和人生的烦恼。

三、化解高校德育中社会实践难题的途径

1. 要更加重视对社会实践的分析研讨，真正落实社会实践是高校德育的根本和目的

思政课的常识告诉我们：社会实践往往具有根本性和目的性，是我们所有认识的出发点和归宿地，德育必然要走向社会实践，这是不以我们意志为转移的客观规律。从根本上来说，有了社会实践才有德育，没有社会实践就不会有德育，社会实践的发展变化决定了德育的发展变化。社会实践是在不断发展变化的，每一时代的社会实践都有不同的内容和形式，这就决定了每一时代德育所应具有

的相应的内容和形式。例如在当前，中华民族的伟大复兴及其面临的机遇和挑战是今日社会实践的主脉，这就决定了今天的德育要围绕这个主脉来研讨和发展。德育应该主动融入到社会实践的历史运动之中，成为其中的有机组成部分。

研究把握每一时代社会实践的内容和形式是每一时代搞好德育的前提和基础。如果不能较好地把握发展变化中的社会实践的特点和规律，必然会导致德育的内容和形式缺乏时代精神而显得滞后，失去其应有的功效。比如在当前，网络时代已经以不可阻挡之势来到我们面前，使我们的世界发生了一些重大的变化，也不可避免地深刻地影响了高校德育的实效性。网络时代思政课教学改革和德育的挑战已经来到我们眼前，我们应该大力加强对网络时代新兴社会实践内容和形式的学习研讨，要承认网络时代对思政课教学和德育的挑战是前所未有的，可以毫不夸张地说，它给人类带来千年未有之巨变，让我们不得不重新认识和思考世界。如果我们不能积极主动地适应、学习、探究这个奇妙的事物，我们便可能成为网络时代的“古人”，被搁置在“前网络时代”。以网络为中心，世界再一次划分了“中心”和“外围”的区别，这与高校德育和思政课教学所讲的“中心”显然是有一定距离的，如何与网络世界相处，已经成为高校德育和思政课教学的必答题了。

高校德育和思政课教学应该顺应网络时代的趋势和规律，以网络为载体不断拓展其自身的内涵，将人机互动、虚拟空间、智能课堂等层出不穷的新概念新功能渗透到高校德育和思政课教改之中，这样一来，网络时代带给我们的绝不是担心，而是惊喜！

2. 思政课教学要顺应当今社会实践网络化、智能化、虚拟化的特点和趋势

在网络化、智能化、虚拟化大行其道的今天，我们的考试也应该作出相应的改变，然而我们的一些考试在形式和手段上仍然停留于“前网络时代”，比如一次性的纸质化考试成绩的权重被高估，而学生的平时成绩的权重被低估，而且平时成绩的打分与网络化智能化有相当的距离，这样的状况是需要我们重视并且加以改进的。有的学生平时不用功，却能够在考试中通过弄虚作假、违规作弊而

得到相当的利益，产生不可低估的负面效应。要改变这种“一次纸质化考试定高低”的状况，消除成绩考核中的弄虚作假违规舞弊现象，是可以通过网络化智能化的方法手段实现的。比如实现考试的无纸化，通过网络化、智能化的手段保证考试的公平诚信。提高平时成绩的权重，注重对学生平时学习态度和学习行为的跟踪、记录、打分，最终形成一个全面客观公平公正的成绩。

3. 加强思政课教学实践环节的管理，规范教学实践环节的方案设计和实施，力争取得良好的效用

学校学院两级都要重视并且强化对教学实践环节的管理，加强领导、督促、落实、改进，保证所需人力物力的及时到位。

教学实践环节的方案设计是非常关键的，是保证教学实践实效性的根本。相关课程的老师应该集思广益、群策群力，对教学实践环节的方案设计进行充分讨论，对组织实施相关教学实践活动的必要性和可行性要仔细研讨，尽量完备，为以后的实施打下扎实的基础。教学实践方案的实施需要大家的相互配合、通力协作来共同完成。

思政课的教学实践资源是很稀缺也很宝贵的，是大学生参与社会实践的可靠的形式之一，我们一定要十分珍惜它，想方设法用好这个资源，不断提高教学实践的效用。

4. 加强高校思政课教学的网络化、智能化、虚拟化建设，满足网络时代大学生的合理需求

当今的大学生出生于网络时代，成长于互联网时代，学习生活于校园网络之中，高校思政课教学应该尽可能满足他们对于网络化、智能化、虚拟化的合理需求，这是由当今时代的趋势和规律所决定的，也必然会助益于高校思政课教学。在思政课教学中，新民主主义革命是一个重点，也是一个难点，难在由于时间跨度大而造成的“时代隔阂”。比如“长征”是新民主主义革命的一个重要事件，长征具有丰富的历史内涵、德育内涵，如何让长征走入大学生的视界，如何获得他们的注意力？传统的方法就显得比较单薄了，而以虚拟技术为代表的新手段则有了用武之地。通过VR技术将长征栩栩如生地展现在学生眼前，其说服力、感染力是非同寻常的。

时代在变化，我们的教育对象在变化，高校思政课教学应加强网络化、智能化、虚拟化建设，不断提高教学实效。

（作者单位：江汉大学）

基于五大发展理念的高校思政课实践教学德育功能初探

刘　利

十八届五次全会强调：实现“十三五”时期的发展目标，破解发展难题，夯实发展优势，必须牢固树立并切实贯彻创新、协调、绿色、开放、共享的发展理念。五大发展理念是一场关系我国发展全局的深刻变革，集中体现了中国共产党对人类社会发展规律和中国特色社会主义发展建设规律认识的深化，具有鲜明的时代特性和问题意识，是实现“五位一体”总体战略、全面建成小康社会、实现中华民族伟大复兴中国梦的重要保障。五大发展理念为新时期高校思想政治理论课实践教学德育功能提供了新动力、新途径、新目标、新选择和新的落脚点。对深化高校思想政治理论课，特别是“毛泽东思想和中国特色社会主义理论体系概论”课程（简称《概论》）具有重要的现实意义和深远的历史意义。

一、创新发展是实现高校思想政治理论课实践教学德育功能的新动力

创新发展在五大发展理念中居于首要位置，是引领发展的第一动力。2016年3月5日，习近平总书记在全国“两会”期间参加上海代表团审议时强调：“在五大发展理念中，创新发展理念是方向、是钥匙，要瞄准世界科技前沿，全面提升自主创新能力，力争在基础科技领域做出大的创新、在关键核心技术领域取得大的突破。”

众所周知，创新是一个国家发展进步的根本，是一个民族进步

的魂。坚持创新发展，必须把创新摆在国家发展全局的核心位置，不断推进理论创新、制度创新、科技创新、文化创新等各方面创新，让创新贯穿党和国家一切工作，让创新在全社会蔚然成风。在新的历史时期，在我国经济发展进入新常态、经济运行压力渐增、社会矛盾凸显、大学生难免受到各种不良社会问题困扰的背景下，创新在高校思想政治理论课教学各个环节中的重要性日渐明显。创新是实现高校思想政治理论课实践教学德育功能的新动力。

1. 创新内容。提升高校思想政治理论课实践教学德育功能首先需要创新内容体系。在现阶段就是要在课堂上传授马克思主义中国化的最新理论成果，使其进教材、进课堂、走进当代大学生的头脑。当代在校大学生基本上都是90后，他们是中国与中国特色社会主义理论新探索共同成长的一代人。这代人在他们的成长时期都不同程度地接受过思想政治理论课的教育。到了大学，这一学习经历时间会更长。以《概论》课程为例。一般情况下，各高校在大学一年级的第二学期开设《概论》课程，每一位在校大学生，无论专业如何都会经历这样的学习过程，并由此会经历与课程要求相应的实践教学环节。比如走进机关、走进农村、走进企业等。社会实践使学生更好地了解当代中国社会发展的方方面面。然而，随着中国特色社会主义理论和实践的深入发展，一方面是理论创新内容的增加。比如，从十八大到十八届三中、四中、五中到六中全会的召开，从“五位一体”、“四个全面”到“五大发展理念”等的提出和实施，当下的中国特色社会主义理论不断创新，需要与此相适应的课程社会实践内容要不断推陈出新，以便更好地武装大学生的头脑，使之不仅具有扎实的理论基础，而且能够面对复杂多变的国际和国内形势的发展和变化，做到思想的坚定性和处事不惊。

因此，创新发展新时期高校思想政治理论课实践教学的德育功能重点要找寻与课程内容、与时下新发展观、与当下热点问题相关的内容。制定最能反映国家和社会发展项目（比如武汉市长江新城建设、泗水共治、提高武汉市文化软实力等）、社情民意的考察点。带学生深入这样的实际，在考察和研究中找寻问题的关键，在提高学生正确认识问题和解决问题能力的同时，提高他们的思想觉悟和道德素养。

2. 创新方法。实现创新发展高校思想政治理论课实践教学德育功能目标的重点是创新方法。目前，高校思想政治理论课实践教学环节方法多种多样。分校内和校外、平时和寒暑假。有考察参观法、进点调研法等。适应创新发展新要求，发挥新时期思想政治理论课实践教学的德育功能，要在实践教学环节上做足文章，做好文章。其中制定好社会实践规划，切实落实课程规定的课时，并持之以恒的坚持非常重要。其中加大社会实践的试点，特别是增加学生最为关注的社会问题相关的调研试点非常重要。并要求学生不能走马观花式地参观，而要进点做调研，写出有水平的调研文章。做到在引导学生面对各类现实问题的同时，正确认识问题，找出解决问题的方法。此外，直面当代大学生的思想动向与关注热点，要善于运用微信、QQ、微博等新媒体、新载体和新手段技术，不断提升思想政治理论课实践教学的德育功能的时效性。

二、协调发展是推进高校思想政治理论课实践教学德育功能的新途径

协调发展是中国共产党正视发展不平衡问题而提出的发展理念。其重点在国家和社会层面，强调的是各个系统的健康持续发展。当下中国社会，随着经济的持续发展，发展中的各种不和谐因素日渐显现。比如城乡区域协调发展问题、新型工业化、信息化、城镇化、农业现代化同步发展问题、经济建设和国防建设融合发展以及坚持发展和安全兼顾、大学生人数不断增加和就业难问题等。高校思想政治理论学科是个系统工程，包括诸多内容体系，各体系的协调发展对于德育功能的有效发挥具有重要意义。

1. 协调课程建设和人才培养的关系。高校思想政治理论课在整个高校课程建设中占有特殊地位，是一项肩负着育人使命的工程，既培养学生学习能力，又塑造学生正确的世界观、人生观和价值观。因此，做好这项工作首先需要高校思想政治理论课教师树立“四个意识”，特别是“大局意识”。做到思想政治理论课教学要服务于国家人才培养的大局，做到教学与育人的有机统一、课堂教学

与学校教育主管以及学生管理等部门相配合，为学生的健康成长作出应有的贡献。

2. 协调学生和老师的关系。新时期高校思想政治理论课教学主要以课堂教学为主，以社会实践为辅。随着学分制在各高校的全面推广和90后大学生自主意识的提升，目前在高校思想政治理论课教学中存在着师生不融洽的现象。主要表现在：少数学生对于思想政治理论课教学及其实践环节不感兴趣，但老师基于教学需要严格要求学生的考勤和学习；课程内容多和学时数不够、文理工等学科学生的基础差距与任课教师统一要求等矛盾等。对此，需要做出更多、更仔细的研究，出台针对性的政策。此外，协调好学校、家庭和社会之间的关系对于发挥好高校思想政治理论课实践教学的德育功能也具有重要意义。

3. 协调课堂教学和网络新媒体的关系，处理好社会实践与课外活动的关系。目前，各高校思想政治理论课都在极力打造“四个课堂”，即课堂教学、社会实践、网络新媒体和课外活动。以《概论》课为例。四个部分分别占比为6∶2∶1∶1。其中作为高校思想政治理论课的主渠道的课堂教学占比最大；其次是作为有效载体的社会实践部分。作为思想政治理论课重要渠道的网络新媒体和支撑力量的课外活动所占比例还不能适应当代大学生的需求。需要加大课时数量和有效试点。

三、绿色发展是确保高校思想政治理论课实践教学德育功能的新目标

党的十八大提出生态文明建设的思想，这一思想在十八届五中全会中得以进一步发展，并且成为绿色发展的重要载体。绿色发展是将生态文明建设融入国民经济和社会建设各方面和全过程的全新发展理念。绿色突出显现的是生态，重点强调的是环境，要求的是节约和集约。用绿色发展理念引领高校思想政治理论课实践教学德育功能，就是要切实履行好“育人”的职责，守住高校意识形态主阵地。

1. 通过社会实践树立绿色发展观。习近平同志多次强调：金

山银山，不如绿水青山。这一通俗易懂的比喻为新时期中国发展指明了的方向。作为生态文明重要标志的绿色发展，它是人类文明的重要组成部分，理应成为高校文化不可或缺的组成部分，成为思想政治理论课的必讲内容。面对新形势，要提升高校思想政治理论课实践教学德育功能的科学化水平，夯实社会实践的基础，使其在内容上更接近现实、贴近民众，更能反映当下经济社会发展中的热点和难点问题。以《概论》为例。将绿色发展理念贯穿于生态文明建设课程内容中，教育和引导学生树立人与自然和谐发展的现代化建设新格局理念，为推进美丽中国建设，美丽武汉发展，为全球生态安全作出力所能及的贡献。

2. 通过社会实践践行绿色发展理念。绿色发展是建立在中国传统文化基础上并结合现代科学技术产生的生态文明新理念。在生态文明理念指导下，绿色发展既满足人类生存和发展的需要，又保护自然；既满足当代所有人的需要，又不损害后代人生存和发展的需要，是生态文明建设的发展模式和路径。目前，通过高校思想政治理论实践教学，培养大学生生态文明的新理念和新风尚，切实增强大学生绿色环保意识，践行绿色环保生活，做到绿色出行、绿色生活和绿色消费。

四、开放发展是开展思想政治理论课实践教学德育功能的新选择

习近平同志指出：“中国越发展，就越开放。”开放是当今世界的一大潮流，是一个国家繁荣发展、一个城市现代文明的必由之路，是实现现代化最根本的出路。全面建成小康社会和实现中华民族伟大复兴的中国梦，需要通过开放发展拓展发展的空间，通过深度融入世界经济体系，构建广泛的利益共同体，实现互利共赢。因此，高校思想政治理论课要承担树立大学生正确开放发展理念的使命。

1. 要直面我国对外开放中的成就和突出问题。中国改革开放30多年成就举世瞩目，其中顺利实现了从贫穷落后大国到世界第二大经济体、成为第一大货物贸易国的飞跃最为耀眼。但是，同我

国在世界经济中扮演的新角色相比，我国对外开放水平总体不够高的矛盾非常突出，我们的国际话语权还远远不够。为此，需要高校思想政治理论课教师深入研究高校思想政治理论课的内容体系，把握其实质，就当前中国开放发展中存在的问题与学生进行面对面的交流，使学生明确开放发展理念是作为引领我国未来五年乃至更长时期发展的“五大发展理念”之一，是向世界表明中国开放的大门永远不会关上，中国经济的发展不仅惠顾全体中华儿女，而且将继续造福世界各国人民。

2. 创新实践教学方法，践行开放发展理念。新形势下，高校思想政治理论课实践教学要把握宣传大局，顺应开放大势，引导大学生深入践行开放发展理念。其中，通过“开门办教学”，“走出去”和“请进来”，通过互联网+引导大学生在大范围、广领域、高层次上积极参与各种经济交流合作，使之努力为成为经济社会健康持续发展的新动力、新活力，通过拓展新空间，在开放交流中实现互利共赢，实现自我价值的提升。

五、共享发展是实现思想政治理论课实践教学德育功能的落脚点

习近平同志指出：“共享发展是人人享有、各得其所，不是少数人共享，一部分人共享。”这是对我们党经济社会发展理念的创新发展，反映了我们党对共产党执政规律、社会主义建设规律和人类社会发展规律认识的升华。共享是人类对理想社会的美好追求，是社会主义的真谛，也是中国特色社会主义的本质要求，是新形势下推动经济社会发展的基本遵循和重要指南。以共享发展理念指导高校思想政治理论课教学，服务于全体大学生，服务于社会。

1. 要树立大学生正确的共享发展教育理念。共享发展就是要使全体人民共享发展成果，其中也包括大学生在内。高校的思想政治理论课是为全体在校大学生开设的，其既有“传道，授业，解惑”的功能，又具有其他课程不具有的特殊育人功能。高校思想政治理论课的实践教学理应面向所有在校大学生，所有一切工作的出发点和落脚点都是为了更好地服务所有大学生。

2. 要引导大学生服务于社会，在实现共享发展中贡献力量。通过加大学生深入社会、贴近实际、了解生活、了解大学生自身的实践活动的工作力度，引导和教育大学生积极投身实现全面建成小康社会和实现中华民族伟大复兴的中国梦的建设事业中，致力于“大众创业，万众创新”。鼓励大学生要把个人奋斗与群众利益结合起来，积极参加诸如“青春助力扶贫”活动中，通过自己的知识实现切实帮助贫困群众脱贫致富奔小康，让广大群众共享经济社会发展成果的国家梦和青春梦。

总之，创新、协调、绿色、开放、共享五大发展理念是对我们党关于发展理论的丰富和发展，是中国特色社会主义理论体系的重要组成部分，是我国经济社会发展必须长期坚持的重要遵循。深刻认识和全面把握五大发展理念的重大意义，将五大发展理念贯穿于高校思想政治理论课的全过程，使之真正成为引领高校思想政治理论课实践教学德育功能的引擎，成为高校培养国家所需人才发展实践、开创美好未来的一面旗帜。

（作者单位：江汉大学）

武汉历史文化资源在“中国近现代史纲要”课实践教学中的运用

张莉清

中共中央教育部十分重视高校思想政治理论课的实践教学，同其他部门印发了《关于进一步加强和改进高等学校思想政治理论课的意见》和《关于进一步加强高校实践育人工作的若干意见》等文件，强调“思想政治理论课所有课程都要加强实践环节”。“中国近现代史纲要”课（以下简称“纲要”课）从历史教育的角度承担着思想政治教育的功能，实践教学是该课程教学的重要组成部分。每个城市承载着自身厚重的历史和故事，通过时间的积淀就形成了自身独有的历史文化资源，这些是加强和改进大学生思想政治教育的重要途径和优势特色。把地方历史文化资源引进“纲要”课实践教学，有利于帮助青年大学生树立爱家乡和建设家乡的信念，培养学生的爱国情感；提高大学生的综合能力，搭建起从象牙塔到社会的桥梁等方面具有重要意义。因此，充分挖掘地方历史文化资源，并将其融入实践教学，是提高“纲要”课程教学效果的重要途径。

一、在“纲要”课实践教学中运用地方历史文化资源的必要性

在“纲要”课实践教学中运用地方历史文化资源，促进学生做到“两个了解”和透彻领悟“四个选择”的必然性。“纲要”课的教学目的是帮助学生了解国史、国情，深刻领会历史和人民怎样选择了马克思主义，怎样选择了中国共产党，怎样选择了社会主

义道路，怎样选择了改革开放。“纲要”涵盖了1840年以来的中国历史，时间跨度长，内容十分丰富，而教学学时十分有限（32个学时，其中课堂教学28个学时），仅通过课堂理论教学，教学目标很难实现。地方历史文化尽管存在较强的地方性，但地域性与全国性互相依存。地方近现代历史是中国近现代历史的有机组成部分，从微观角度呈现了中国近现代史，地方历史文化资源是思想政治教育的生动教材和有效载体，是各地方在长期的历史发展过程中形成的凝聚在地方的历史、风土人情、时代风貌中的地域精神以及反映这些精神的历史遗迹、文物、博物馆、纪念馆、展览馆、烈士陵园和杰出人物等，无论在内容、形式，还是在空间分布上都可以成为“纲要”课实践教学的基本素材。将高校所处之地的历史文化资源运用到“纲要”课的实践教学中，理论联系实际，可有效避免教学内容枯燥乏味，空洞无力，言之无物的现象。具体、直观、形象生动的地方历史文化资源与教材内容相融合，相印证，能有效提高教学的说服力和感染力，从而有助于教学目标的实现。

在“纲要”课实践教学中运用地方历史文化资源，可提高教学效果。“纲要”课的教学内容与中学的历史课有重复之处，一定程度上影响了学生的学习兴趣，难免会降低教学实效。加上“纲要”时间跨度大，教材编写比较宏观，要学生真正掌握一百七十年的中国近现代历史，领会近现代中国“四个选择”的正确道路，往往比较抽象。那么，在实践教学过程中融入地方历史文化资源，与书本理论知识相互印证，以小见大，以点代面，可以增强学生对中国近现代历史发展轨迹的理性认知。大学生对母校所处地方的历史文化资源略虽不完全了解，但有着天然的亲近感和一定的认同感。与书本知识相比，地方历史文化资源一般比较具体、直观，且易于观察，它讲述的人物和事件，距离学生比较近，学生对其具有强烈的了解和认知的愿望。因此，将形象生动的地方历史素材引入教学中，容易引起他们的兴趣和共鸣，增强亲和力，体验感和现实感，激发他们的历史使命感和责任感。兴趣是最好的老师，学生有了学习的兴趣，就会更加关注教学内容，课堂教学质量也就会随之提高。

二、武汉拥有丰富的历史文化资源

武汉历史悠久，远在5000年前，已有先民在此生息繁衍。自春秋战国时期以来，武汉地区一直是中国南方的军事和商业重镇。清初，作为“中俄茶叶之路”起点的汉口开始逐步成为世界茶叶贸易之都，被欧洲人誉为“茶叶港”。1861年汉口“开埠”以来，尤其是1889年张之洞督鄂、主持“湖北新政”以来近20年间，武汉三镇兴实业、办文教、练新军，成为中国早期工业化的重要发祥地，助推中国近代化起步。武汉因之获得跨越式发展，到清末，其工商业水平在全国仅次于上海，成为“驾乎津门，直追沪上”的全国第二大城市，被誉为“东方芝加哥”。推翻帝制的辛亥革命以武昌起义为发端，打开了中国社会变革与进步的闸门。新民主主义革命时期，武汉一度成为大革命的中心。毛泽东、周恩来、董必武、陈潭秋和蔡和森等不少老一辈革命家都在武汉生活、战斗和工作过。抗战期间，武汉会战毙伤日军20万，粉碎了日军迅速解决“中国事变”的企图，也鼓舞了全国抗战的热情，成为抗战中最伟大的转折点。社会主义建设时期，武钢、武重、武锅、武船等一批“武”字头大型国企在“一五”期间建成，武汉一跃成为新中国的工业重镇，被誉为“南方工业基地”。

因此，武汉在中国历史上拥有无法取代的地位，无论上是在中国文化史、经济史，还是革命史，或党史上都有着重要的地位和影响。武汉三镇至今留有大量珍贵的历史文化资源，有256处各级文物保护单位，其中国家重点文物保护单位4处（盘龙城商朝遗址、辛亥革命首义军政府旧址、中共“八七会议”旧址和武汉国民政府旧址），省级51处，市级104处，区级87处。有大量的历史遗址遗迹、革命纪念地。武汉二七纪念馆、武昌中央农民运动讲习所旧址纪念馆和辛亥革命武昌起义纪念馆等被列为“全国百个爱国主义教育示范基地”之一。还有众多的博物馆纪念馆、丰富的历史档案及音像资料、烈士陵园等。

武汉是一座历史悠久而又富有光荣革命传统的国家历史文化名城，有极其宝贵的与众不同的历史文化资源。这些珍贵的历史文化资源成为“纲要”课实践教学的鲜活教材。“纲要”课程的每个章节几乎都有可用的资源。比如，参观盘龙城遗址，或湖北省博物馆，深刻感受“灿烂的中国古代文明”。汉口老租借建筑充分揭示了殖民主义侵略中国的罪行。比如，讲到第一次国共合作的原因，可以参观“二七”纪念馆。“二七”烈士血染武汉，促使年幼的中国共产党意识到，中国工人阶级需要强大的同盟军，团结其他党派，尤其是孙中山领导的国民党一致革命的重要性。讲到第六章“中华民族的抗日战争”中的武汉会战，可以参观中山舰博物馆，从中深刻体会中华民族抵御外侮、顽强奋斗、英勇献身的爱国精神。

三、武汉历史文化资源在“纲要”课实践教学中运用的途径

在武汉高校，依托这些丰富的资源开展“纲要”课实践教学，无疑是非常必要的。将代表性的武汉历史文化资源融入“纲要”课实践教学之中，可采用以下几种途径：

1. 参观考察

教师对武汉历史文化资源应十分熟悉，结合教学大纲及教学计划，筛选与教材内容结合紧密，对全国有重大影响的事件或人物，作为实践教学的主题，组织学生实地参观、考察武汉市典型的历史遗迹、遗址、爱国主义教育基地等。通过参观考察，可以让学生直接或间接地了解当地的历史变迁概况，从而接受思想政治教育和爱国主义教育，并激发大学生立足家乡、热爱家乡和建设家乡的信念，培养学生爱国、爱家乡的高尚情操。比如，学习教材第三章“辛亥革命与君主专制制度的终结”，可以带领学生参观辛亥革命武昌起义纪念馆和辛亥革命博物馆。教师要充分发挥指导作用，做好组织协调工作，提醒学生做好行前有关事项准备并记好参观笔记，必要时临时充当讲解员，以便学生在有限的时间内留下深刻的印象，从而避免学生把参观视作免费的班级旅游活动，使他们进一步了解辛亥革命的过程，学习和弘扬孙中山先生和中国民主革命先驱为振兴中华而矢志不渝的崇高精神，以及英勇无畏、敢于创新、

甘于奉献、爱国爱民的精神，增强学生的历史使命感和社会责任感。

2. 社会调查

由于经费不充裕，参观名额有限，大班教学情况下，不能保证每个学生都有机会前往纪念场馆或遗址考察。此外，武汉的历史文化资源分布比较分散。因此，社会调查不失为另一种常用的实践教学方式。组织学生开展本地历史文化资源的社会调查，有助于提高大学生的综合能力，搭建起从象牙塔到社会的桥梁。“纲要”课同其他思想政治理论课一样，在向大学生传授马克思主义理论知识的同时，也要培养他们的综合能力。学生是开展社会调查的主体，但教师的指导作用也必不可少。教师需合理安排教学内容和实践内容，引导学生制定详细清晰的计划和正确地选择素材。比如，在讲解第二章第二节“洋务运动的兴衰”时，考虑到学生在中学阶段已学过有关内容，可安排学生在课前进行社会调查，充分发挥他们的积极性和主动性，指导他们采取灵活多样的方式，或实地调查，或上网搜索，或个案访谈，或几种方式相结合，搜集“张之洞与武汉的洋务运动”的有关资料。通过社会调查，学生不再觉得历史是遥不可及的，它们就发生在我们身边，是活生生的，可触可摸的，从而激发学习的热情和兴趣，也深化了对洋务运动内容的记忆和理解，并提高了搜集资料和储备信息的能力。

3. 课堂讨论

学生在实地考察结束或社会调查完成后，教师要求学生撰写考察体会，调查报告或小论文，或制作 PPT，对他们进行指导，及时提出修改建议，鼓励他们以小组为单位，在课堂展示自己的学习成果。并营造和谐民主的课堂氛围，因势利导，启发和引导学生深入思考和理解问题。比如，学生在汇报参观辛亥革命武昌起义纪念馆和辛亥革命博物馆后的成果时，可让学生深入分析武昌首义取得成功的原因。经过讨论，学生不但掌握了教材有关内容和理论知识，提高了口头表达能力，而且，思维的深度和广度得到拓展，思辨能力进一步增强。

综上所述，实践教学是“纲要”课教学的重要环节，武汉丰富的历史文化资源是对大学生进行思想政治教育的生动教材。通过形式多样的实践教学活动，将这些资源有效地运用到“纲要”课的实践教学中，不仅可以激发学生的学习兴趣，增进教学的吸引力和感染力，还可以提高学生思想政治素质和观察分析历史问题的能力，深化教学的效果。

（作者单位：江汉大学）

“中国近现代史纲要”课实践教学模式探析

刘源泉

“中国近现代史纲要”（以下简称为“纲要”）是高校思想政治理论课“05方案”中的新增课程。它既不同于义务教阶段和高中阶段偏重知识普及的历史课，也不同于大学历史系本科的专业课。“纲要”课的开设是为了帮助大学生了解国史、国情，增强大学生对于“四个选择”（选择马克思主义、选择中国共产党、选择社会主义道路和选择改革开放）的理解和认识，并能够运用历史唯物主义基本观点分析历史事件。经过十年的教学，“纲要”课教学中存在的问题业已显露。如何提高教学的实效性，成为了大家关注的焦点。作为一名一线教师，笔者认为，要增加学生的兴趣感和教学参与度，变“被动接受”为“主动认知”，进而提升教学的效果。为此，应在“纲要”课的教学中增加实践环节的比重，改进实践教学的方法，形成有效的实践教学模式，以期调动学生的积极性和主动性。

一、“纲要”课改进实践教学环节的缘起

改进“纲要”课实践教学环节，是由当前“纲要”课教学中存在的问题所决定的。在“纲要”课的教学中，除了遇到高校思想政治理论课教学的共性问题外，还存在一些特有的问题。众所周知，“纲要”课教学内容较多、时间跨度长、人物线索复杂，而课时量却偏少，为教学造成了不小难度。如果授课老师略讲，可能会照本宣科，难以吸引学生的注意力；如果授课老师细讲，固然能激

发学生兴趣，恐时间不够。而从学生角度来说，大学生在中学阶段已系统学过中国近现代历史，对有关历史事实、重大事件和重要人物已基本了解。"纲要"课程与中学内容的部分重复，使他们一定程度上缺乏学习的热情和动力。在此情况下，沿用过去的"我讲你听"的教学方法上，势必会影响"纲要"课教学的质量与实效。因此，必须运用科学的教学方法和手段，让学生的身心真正"动"起来。

改进"纲要"课实践教学环节，其根本目的是要提高学生的主动学习意识。当代大学生成长于科学技术迅猛发展的新时代，深受经济全球化、政治多元化、文化多样化的影响，主体意识强、善于接受新事物、渴望独立思考，对教学过程中的"说教"、"灌输"、"重复"等较为反感。因此，传统的以老师为中心的教学方式，已不适应当代大学生的新特点，反而会阻碍学生对"纲要"课学习的主动性。从另一个角度来说，现代教育理念也强调学生在教学活动中的主体地位，重视培养学生的自我学习能力、创新能力和认知能力。为此，在"纲要"课的教学过程中，必须将教师的主导作用与学生的主体地位结合起来，因循利导，才能使在师生在"有序互动"中达成最终的教学目标。

如何解决课程内容繁多且重复、教学形式固化及大学生的逆反心理等问题，笔者在教学中真切地感受到，科学运用实践教学理念及相关方法，是一种可以尝试的路径。

二、"纲要"课教学中实践教学方法的运用

基于上述关于改进"纲要"课实践教学必要性的分析，笔者认为可以通过四种形式开展"纲要"课的实践教学。

第一，课内影视作品赏析。课内影视作品赏析，就是利用课内时间，播放经典影视作品的片断，由师生共同完成该片断所涉及的"纲要"课教学内容的学习。影视作品、纪录片、专题片等是历史场景的再现与记录。经典影视作品，可以使学生在"活"的"历史现场"，获得对所学内容的感性认识。而直观的视觉体验可以弥补大学生知识和阅历的不足，提升学生对历史的理解能力。可以

说，课内影视作品赏析，是最受学生欢迎的、操作比较容易的实践教学方式。然而，一次成功的课内影视作品赏析，不仅需要任课教师精心选择课内播放内容，全面了解该影视作品的创作历史，还需要任课教师结合课本，客观、科学地诠释影视作品再现的相关历史问题。换句话说，对教师而言，课内影视作品赏析，重点不是"赏"，而是"析"，也就是要做到科学、严谨和恰到好处地解读分析。

第二，实地参观考察。由于"纲要"课的特殊性，任课教师及其相关教研室可结合当地条件，充分利用文化资源开展以参观、考察为主要形式的实践教学。所谓实地参观考察，就是组织学生走出课堂，到纪念馆、博物馆、档案馆、历史遗址开展"纲要"课的实践教学。城市的各类文化场馆，为"纲要"课的实践教学提供了得天独厚的资源。充分利用这些资源，可以增加学生的历史现场感，提升教学品位。课外参观，可利用课堂时间，也可选择周末或节假日。教师可大规模组织学生集体前往参观地点，也可将学生分成小组，令其自行前往，独立完成参观学习。课外参观前，教师应交代设计意图，要求学生查阅相关资料，做好参观前的各项准备工作；参观结束后，必须组织学生交流参观心得，分享参观体会。在此基础上，教师应针对教学内容对该活动作出恰当的分析与总结。

第三，"翻转"式讨论课。在"纲要"课的教学设计中，除随堂讨论外，可设置专门的"翻转"式讨论课。所谓"翻转"式讨论课，即学生按照老师规定的话题，根据个人理解或不同角度，自己搜集材料、制作课件，然后在课堂上轮流发言，阐述自己的认识和观点。经过两年来的实践证明，大多数学生对于这样一次能够展示自己的机会非常珍惜，课堂发言积极踊跃。许多同学花费相当的时间和精力去收集资料，制作了较为精致的多媒体课件，其中不少观点具有研究性，甚至启发了教学，让教师感受到"教学相长"的魅力。需要注意的是，"翻转"式讨论课离不开教师的精心组织和点评。教师点评，尤其要注意开放式的思维。既要向他们澄清历史事实与真相，引导他们树立正确的政治立场，也要给予学生一定的宽容和理解，对不同观点进行客观的评价和适度的表扬。

第四，课外调查研究。所谓课外调查研究，可称之为“寻找现实中的历史”。历史并不仅仅存在于书本中、档案里，更不是遥不可及的过去。历史就在我们的身边。课外调研，就是要求学生通过调查、采访，亲自发现身边的历史，体会现实中的历史。改革开放以来，中国发生了翻天覆地的变化，这是支撑“纲要”课开展实践教学的最直接、最具体的新鲜的“活”材料。开展课外调查研究，就是组织学生发现它、挖掘它、感受它，从而培养学生担当社会责任的意识。类似于做口述史的课外调研，其选取的对象是一个个鲜活、具体的当代人，调查的内容是涉及政治、经济、文化、社会生活等领域的变迁与发展。课外调查前，任课教师应与学生共同设计调查提纲，确定采访范围，并动员各种社会资源，保证课外调查任务的完成。必要时，教师应与同学一起共同完成课外调查。课外调查结束后，教师应指导学生完成调查报告，展示调查成果，及时对活动作出评价。

三、“纲要”课实践教学评价体系的构建

教学评价是依据教学目标和原则，利用可行的评价方法对教学过程和预期达到的效果给予的价值判断。既是教学各方面情况的综合反映，也是保证教学质量的重要环节。完善的考核制度和科学合理的评价体系，对于教学目标的实现与学生的长远发展有着积极的促进作用。那么，如何建立和完善“纲要”课实践教学评价体系呢?

传统意义上“纲要”课教学，主要通过卷面分数来考查学生对知识的掌握情况。评价主体和评价形式单一，以教师评价为主，片面注重量化评价；过分注重学业成绩，忽视综合性评价，不能全面地检验学生的整体水平和综合能力，不利于“纲要”课教学目标的实现。“纲要”课实践教学的考核，应以学生是否能够结合自身情况、根据自身需求得到充分的学习为准则，全面客观地考查学生在整个学习过程中的表现。在“纲要”课的实践教学中，可以把学生参与的表现、参与的热情和参与的能力量化为分数，把参与

教学过程中的重点、难点和热点问题纳入期末考核范围，在考查中国近现代史知识的同时，更要考查学生独立思考的能力及灵活运用马克思主义观点分析解决现实问题的能力，使考核真正成为检验学习效果、保证教学质量的有效手段。要注重评价主体的多元性和评价形式的多样性。教师要注重发挥学生的主体性作用、突出学生的主体地位，通过学生自评、学生互评和师生互评等形式鼓励学生参与“纲要”课的教学评价环节，把评价的权力下放给学生，帮助学生及时掌握、反思和调控自己的学习过程；同时，要根据学生的个性差异与情感需要实行分层性评价，进一步体现发展性评价原则。

此外，也要形成对任课教师开展“纲要”课实践教学的制度要求，即要求任课教师必须重视实践教学的研究，改变重视理论研究、轻视实践教学研究的思想观念；坚决杜绝“热热闹闹走过场，轰轰烈烈搞形式”的“架子工程”；定期参加实践教学检查；建立科学有效的激励制度等。

（作者单位：江汉大学）

本文系武汉市市属高校教学研究重点项目“中国近现代史纲要”课程实践教学模式研究（项目编号：2015013）阶段性成果。

对“思想道德修养与法律基础”课实践教学的若干思考

水　晶

在高校思想政治理论课系列课程中，“思想道德修养与法律基础”课（以下简称“基础”课）是一门实践性很强的课程。它以珍惜和适应大学生活、开拓人生新境界为切入点，紧扣大学生成长过程中遇到的思想修养、道德素质、法律意识等方面的问题，对大学生进行人生观、价值观、道德观、法律观的教育，提高大学生的思想道德素质和法律素质。“基础”课的突出特点，就是鲜明的实践性，因而除了理论教学之外，该课程的实践教学也是课堂教学的重要组成部分。“基础”课中加强实践教学，对于增强课程的针对性和实效性具有重要的意义。

一、“基础”课实践教学的重要意义

（一）有助于大学生树立正确的人生信念，做到知行统一

苏格拉底说过，美德是可以被教会的。无论道德或是法律都是实践理性的活动，道德与法律品质的形成必须要经过道德、法律意识和其行为实践之间长期地相互作用，相互影响方可养成。“基础”课面对的是正处在树立理想信念、形成是非观念、培育个人心性关键时期的大学一年级新生，课程的实践教学活动是他们认识自我、了解社会的重要途径。在实践中让大学生接触和体验纷繁复杂的社会生活，探究真实的道德与法律问题，运用所学理论说明问题，助其明辨是非善恶、完善自我修养，形成正确的人生观、道德

观、价值观、法律观。

（二）有助于提高大学生对于道德法律行为的判断抉择能力

“基础”课的宗旨是要为社会培育更多的高素质公民，他们具有人文素养，有学识、敢批判、明义利、存良知；获悉与感悟一个人的“为人之道”、“处世之道”，形成和充实自我的内在人格，在未来的社会生活中，具有更多的道德与法律上的自觉、自主意识，获得一种有别于权钱外物的力量，用以对抗这个纷繁复杂的世界，贫贱不移，宠辱不惊，坦然把握自己的人生。这种良好的个人品性的形成与发展，仅靠教师单一的课堂讲授是无法实现的，必须要通过组织学生广泛参与和体验现实社会生活，以更宽广的维度观察和理解社会现实，提高分析、解决实际问题的能力，达到知与行的统一。

（三）有助于培育大学生的主体意识与创新精神

当代中国社会日益向着自由、民主、多元与开放的方向发展。多元化的社会生活让大学生从思想观念到成长需求都趋于多样化，在生活中越来越要求彰显自我。而在“基础”课传统的教学模式中，教师是绝对主体，以灌输、命令式的课堂讲授方式进行教学。这种单纯的理论说教不仅消解了课程的实效性、趣味性，也在很大程度上限制了学生的能动性，他们学习的热情与积极性都会受到抑制。实践教学的方式则很好地突破了这种束缚，它既可以在课堂教学中进行，也可以走出课堂，进入社会，集多种形式于一身，从而充分调动学生自主思维的积极性，使他们在不知不觉中受到教育和影响，更好地促进教学双方主体作用的发挥，实现了师生间的良性互动。实践教学也有利于大学生创新精神与实践能力的培养。当今时代对于人才的要求进一步提高，不仅需要有扎实的专业功底，还要有良好的创新精神和实践能力。实践教学一改传统教学局限于课堂上的缺陷，让学生参与实践，使他们从真实的社会中学会做人做事，对于调动学生的积极性、主动性、创新性和提高其团队协作能力都大有裨益。

二、“基础”课实践教学中存在的问题

第一，对实践教学的认识不到位。人们习惯上认为只有理论教学课才是课，而实践教学只是理论教学的辅助而已。所以，长期以来，困扰“基础”课教学的一个突出问题就是教学模式的单一化，较多地强调道德基本理论和法律基本知识的灌输，教师与学生之间缺乏互动。“基础”课教学中学生往往不能亲身体验理论与知识的内涵，导致学生对本课程的学习不感兴趣，有的甚至产生抵触情绪。虽然学生通过背诵记忆了大量的理论知识、行为规范和法律条文，但在面对纷繁复杂的社会现实时，却表现出缺乏以科学理论为指导的正确分析和判断，以及对自身行为的正确选择和有效控制。

第二，实践教学的运作过程松散，管理不完善。实践教学在组织上要比纯粹的理论教学复杂很多，涉及许多的环节和要素，在教学实施过程中要制定详细的教学大纲，包括明确的教学目标、具体的教学内容、合适的实践教学模式等，还要有相当的课时保障和配备充足的师资力量。现实中，由于对实践教学目标认识的不统一，教师往往并未结合“基础”课教材体系内容，结合实践教学诸如贴近学生、贴近生活、贴近实际等基本原则，而是根据自己的感觉和经验来开展实践教学，内容单一，流于形式，为应付而开展实践。因此，作为实践教学主导者的教师积极性不高，作为参与者的学生更是缺乏主动性，从而导致实践教学的效果大打折扣。

三、“基础”课实践教学的对策

（一）建立立体化、全方位的实践教学模式

“基础”课实践教学是课堂教学内容与形式的外化和延伸。它通过组织学生直接参与道德和法律的实践活动，将教材理论与学生的思想实际紧密结合，从而达到内化于心、外化于行的良好教学效果。

1. 课堂实践教学

课堂“讲授”教学模式上，教师应强调理论知识与实践方法

的结合，紧密围绕社会现实和学生的思想实际，在理论教学中渗透实践教学的理念与方法，综合运用调查问卷式、互动式、讨论式、视频影像式、辩论式、情景模拟式、演讲式、案例分析式、社会调查式、角色互换式等多种教学方法和手段来辅助教学，充分调动学生参与教学活动的热情，发挥学生的主体性，将理论课堂实践化，提高教学的实效性。如：本课的影像资源非常丰富，每一章教学过程中，都有教师精选剪辑出来的案例、实例的视频，使得学生可以通过视觉效果获得最直观的信息，受到心灵上的震撼。又如，将师生角色互换，学生们分组进行专题研讨，围绕主题，形成讲课方案，确定主讲人，全组同学合力收集案例、资料，借助图片、音视频制作 PPT，教师根据每组表现，设立激励机制，既能锻炼学生与他人分工协作、课件制作、上台讲课的勇气、口头表达能力，又极大地提升了课堂的教学效率。教师还可以采取角色模拟式实践教学法，根据内容设定情景，由学生扮演其中的角色，按角色需要去表演、思考和活动。如，在“恋爱婚姻家庭中的道德与法律”部分，安排学生进行“恋爱角色”、“家庭角色”扮演，归纳其中常见的道德和法律问题，诸如大学生未婚先孕、在校大学生结婚、结婚的条件、程序步骤等，由同学就剧中人物阐述自己的观点、看法，帮助他们学会自己分析、思考问题，并引导其更为明确自身所肩负的对他人、对家庭的道德责任和法律责任。又如，在学习程序法时，由教师设计一个法庭的情景，让学生分别扮演法官、原被告等不同身份，通过角色扮演，对法律程序的基本环节有初步的了解。

2. 校园实践教学

校园实践教学对大学生具有潜移默化的影响作用，是课堂教学的延伸和补充。校园实践教学可以采取专题辩论赛、校园调研、读书笔记与报告等多种具体形式来组织实现。如：组织学生在课后完成爱国主义主题的演讲稿，并要求人人上台演讲一次。在此基础之上，选拔优胜的同学参加院级演讲比赛和随后的全校演讲比赛。此种方式既锻炼了学生各方面的能力，又很好地丰富了校园文化生活。再比如“公德”部分，要求学生完成“大学生公德状况”的校园调查，针对校园生活中的不文明行为进行道德观察，引导学生自觉改善自身的道德行为，从我做起，从小事做起，从现在做起。在“恋爱婚姻”部分，拟定“大学生婚恋观”调研主题，了解学生的恋爱态度，以及对于同居、堕胎等现象的看法，并要求提供调研报告作为平时成绩的参考指标之一；在不同的教学时段为学生选择合适的阅读书目，鼓励学生多读书，读好书，要求学生完成读书心得的小论文并举行交流会，教师给评语，并将其作为综合成绩考评的一部分。除此以外，还可以组织邀请社会知名学者、专家，或先进人物如我校历年感动江大人物做专题报告，与学生现场互动，使学生从他们的人生经历中获得感悟与启发。

3. 校外实践教学

校外社会实践教学模式是课堂教学和校内实践教学的提升和检验，它具有较强的综合性。可以采用符合“基础”课目标要求的参观考察、社会志愿服务、社会公益劳动等多种具体形式，鼓励学生走进社会，参与社会实践活动，如义务献血、义务植树、宣讲公民道德规范、或到养老院、儿童福利院慰问等，使大学生在参加社会公益服务活动中增强奉献意识、协作意识和服务意识，培养大学生的感恩之心和社会责任感，从真实社会中学会做人做事。还可以把校外实践教学与勤工助学活动结合起来，引导大学生在不影响学习的情况下适当从事家教、家政服务等有偿劳动，通过勤工助学体验社会，用自己的诚实劳动获得报酬，受到艰苦奋斗精神和劳动观念等方面的教育；把校外实践教学与假期社会实践活动相结合，组织大学生到革命传统教育基地进行参观考察，如可以利用武汉本地丰富的人文、历史资源，参观辛亥首义纪念馆、湖北省博物馆等，将真实的社会生活生动、鲜活地呈现于学生面前；组织学生到法院旁听民事、刑事案件的审判，使学生对于各类诉讼程序有一个直观、感性的认识；组织大学生到企业、事业单位、农村进行社会调查、送科技文化下乡、普法宣传等活动，使大学生能从多方面多角度接触社会。

（二）建立完善、科学、高效的评估体系

“基础”课实践教学其实是非常复杂的一种教学形式，需要教

师具备深厚的理论功底、很强的社会活动能力和组织能力，投入大量的精力和时间，承担比理论讲授更多的责任。除此以外，它还是涉及师生之间、课堂上下、校园内外的一项复杂的系统工作，需要相应的组织管理机构保障实践教学的正常开展，尤其是依靠明确的奖惩措施和多元化的评价机制来确保它的实效性，推动其朝着更加规范化的方向发展。

首先，对教师的考评应当针对实践教学实施的过程进行全程化的考核，实行同行互评、学生评价和教学管理部门评价三者结合的多元化综合评价模式。考核要订立严格的标准，对照具体的完成指标来进行。主要指标包括：对实施实践教学的态度是否积极、实践教学计划是否完备、实践教学安排是否合理、理论联系实际是否紧密、实践模式是否得当、是否能积极参与或对学生的实践活动进行有效指导、能否及时总结实践教学活动、实践教学的实际效果是否良好等。每一项指标都要有量化的分值标准，教师同行、学生和学校的教学管理部门要根据实践教学开展的实际情况和效果进行评价打分，根据加权平均得出每位教师的综合考评分数。对教师的激励机制方面，高校要从制度上予以保障，健全奖惩制度并切实执行。要根据每位教师的综合考核得分情况，通过评选实践教学先进个人等形式，对先进教师进行精神和物质的双向奖励，使教师在“基础”课实践教学中产生更大的工作动力。

其次，对学生的考核既要注重对其参与实践活动全过程表现的考核，又要注重对其参加实践活动后实际收获情况的考核。考核评价内容主要包括：学生出勤记录、实践日记记录、调查报告或总结的完成情况、学生在实践活动中理论联系实际、解决问题的综合能力和取得的实际效果、团队精神与合作状况如何、创新精神等。可以采用类似对教师的考核评价方法，建立以任课教师考核、同学互评、学生自评“三位一体”的多元化评价体系，三者评分加权处理后作为学生参与实践教学的最后得分。同时，要不断加大实践教学考核分值所占“基础”课成绩总分的比重，并辅以诸如评选实践活动先进个人等形式，激发学生的热情，提高他们对实践教学的重视程度与参与的自觉性。总之，要根据“基础”课实践教学的独特性要求，以各种考评激励的方式充分调动师生开展和参与实践教学的积极性和主动性，才能使“基础”课实践教学产生最佳的效果。

“基础”课的着眼点是帮助学生形成和发展良好的个人品性，这是知、情、信、行等要素相互作用、相互影响，并反复内化和外化的动态过程。因此，我们的教学必须要以思想政治教育的基本理论和知识为依据，以学生实践性和创造性的主题活动为形式，通过组织引导学生有目的地参与课内外、校内外的各种实践活动，广泛参与和体验现实社会生活，身体力行，才能把道德、法律认知转化为道德和法律实践，达到知与行的统一。

（作者单位：江汉大学）

“思想道德修养与法律基础”课实践教学的基本原则探析

鲁 源

中共中央国务院在《关于进一步加强和改进大学生思想政治教育的意见》提到：“社会实践是大学生思想政治教育的重要环节，对促进大学生了解社会、了解国情、增长才干、奉献社会、锻炼毅力、培养品格、增强社会责任感具有不可替代的作用。”中宣部文件也提出实践教学规范化和完善实践教学制度的要求，要求高校思想政治理论课教学改进教学内容，贯彻实践教学原则。因此，实践教学在提高思想政治教育实效性的过程中具有重要意义，探析思想政治教育实践教学的基本原则是十分必要的。本文就《思想道德修养与法律基础》课程实践教学为例，探析该课程实践教学的基本原则，希望抛砖引玉，共建完善课程体系。

一、实践教学的人本关怀与尊重原则

《思想道德修养与法律基础》（以下简称“基础”课）实践教学是在课堂教学的基础上，通过社会实践增强学生树立正确人生观的自觉性。在“基础”课实践教学中，教师应尊重并爱护学生，引导学生自主参与，以青年的兴趣和道德需要为出发点，促进个体品德的整体性发展。

尊重学生，在于理解学生学习特征的不同，在于尊重学生的思想空间与精神领域的独立自主，必须理解学生的差异化需要，对内向沉默、敏感怯场的学生给予更多肯定与鼓励，并帮助其做好知识与心理准备，督促团队友好带动，使之顺利进入实践学习。对不情愿参与的学生，需要付出耐心和善导，以平等与和平的态度以身示范，晓之以理，帮助其自我调节、自我教育，避免出现懈怠消极而误会实践教学流于形式主义，甚至产生逆反心理或对现实的悖理判断。实践教学指导学生观察和辨析社会生活的同时，也不能忽视学生的实际需求，应当尽力协助学生投入能力发展、品德养成的锻炼，如社会调查、志愿服务，分工安排需周全考虑。

尊重学生，要鼓励学生积极思考，允许思考的多元呈现，并给予合理点评。大学生的道德品质与法律素养的提升非一时之功，长期的自我教育和自我规范能力，对优良道德、法律制度的认知积累与深度认同，是独立选择正确的道德行为及具备依法办事能力的前提。道德教育的目标不是道德规范的记诵，而是伦理精神生活的和谐、超脱，达成人类及个体生活的和谐幸福。人类的道德追求不仅应重"公平"，而且应重"关怀"。培养道德情感、道德直觉，培养关怀人的心理和能力，应同培养其他道德品质结合起来，成为核心目标。

二、实践教学的体系性与科学性原则

实践教学内含思想政治理论课贴近实际及生活化的理念要求，大学生通过参与现实活动掌握伦理法律概念和中国社会科学理论，培养自主辨析的理智能力，对思想和行为确立正确导向。思政课程的各类实践教学旨在把课堂上讨论分析的理论转换到社会实践中去检验与运用，大学生增加对教学内容的感性认识，从而巩固和认同所学。"基础"课实践教学意在培养学生的良好品德、理智辨析能力，具有教程长期性和训育整体性。所以实践教学不但必须具有周全的规划、严谨科学的统筹部署，根据学生的身心发展规律安排的教程及考查要求，而且还要切实实施，使实践参与者能在较完善的训育领域得以成长成才。过于刻意的指令型活动、不合年龄心理特征的教学内容，仓促的快捷完成任务等，未触及心灵的德育与教学目标之间隔阂的正是科学精神，尊重教学及理解教学对象是开展引导成才教育的首要责任意识。

如在理想信念教育中，观影评鉴、优秀校友座谈、主题辩论会等，可以激发学生对青春梦想的畅想，在讨论分析中坚定追求理想的信心，不畏挫折不受诱惑，塑成良好的意志力。在爱国主义教育中，参观革命纪念馆、红色基地、演讲比赛等，促使学生更多了解老一辈人在革命岁月中的感动事迹和伟大精神，新中国建设的艰辛奋斗史，激励学生勤奋学习，忠诚爱国。在心理健康教育中，开设心理通识讲座、读书心得交流会、心理测试与咨询宣传组等，鼓励学生多学多思考，提高心理健康认知，了解自我分析与调节的方法，阳光向上，塑成良好的心理素质和人格要素。在个人道德与公民教育中，情景剧表演、诗词朗诵或社会走访调查、志愿公益服务等，不仅增强学生的思辨能力、语言表达能力，也磨炼他们的处世经验、感悟真善美、懂得奉献和感恩。在法治教育中，模拟法庭、旁听庭审、案件有奖征答等，引导学生提高法律意识，学会守法和用法，提升现代法律素养。

“基础”课的实践教学的整体建设思路具备科学特点之余，具体实施的过程也蕴含着规范理性的要求。如完整的教学大纲规划、清晰的教学目标与层次分明的教学内容、合理有效的教学组织形式、逻辑理性与感性并存的教学过程、专门的实践教学服务机构及人员等，都需要明确而严谨的规范与执行。在实践开始、中间、完成等各个环节，教师的责任、学生的责任、实践学习的目标，应有详细周到的安排和常规督查。此外，依据心理学的要求，结合学生的年龄特征，实践教学不能过于程序化，应与传统课堂教学的质量考核标准有所区别，适度放松实践活动环节的监督考评标准。

三、实践教学的多样性与灵活性原则

实践教学应适应转型社会对大学生全面发展的需要，引导学生在学习理论知识的基础上，通过了解国情民意，体验改革开放的成就，增强自身的责任感；关心国家民族的前途命运，追求远大理想，确立科学世界观。实践教学可以使学生在现实社会中感同身受，加深对社会的认识，领会到思政课理论的正确性，提高运用理论解决实际问题的能力。学生在实践教学中，通过参观爱国教育基地、访谈优秀校友和专家、分析模拟情景事件、参加志愿者公益活动等活动，接触到具有较深远的道德影响力的榜样人物、时代楷模等，能很好地发挥思想政治教育的积极功能。

“基础”课开展实践教学的方法丰富多样，一般归纳为三类形式：(1) 感受型，常见于参观展览、法院旁听等形式。(2) 体验型，常见于社会调查、模拟法庭、情景剧或小品表演等形式。(3) 践履型，常见于志愿服务、主题宣传等形式。“基础”课根据不同章节的教学内容选择设计适合学生特点的丰富多样的实践教学形式，如体验劳动、职业培训、科学考察、社会服务、学生社团活动等，增强学生参与实践的主体意识和责任意识，拓展学生发挥自主能力的活动空间。

四、实践教学的客观性与创新性原则

实践教学促使学生运用科学理论分析社会现实、解决实际问题，加深对社会复杂现象的了解，提高适应能力，从客观现实中提取学习的重点和辨别方法，在客观环境中检验学习的成效和掌握知识运用的程度。

实践教学依托于现实环境与学生的认知水平，根据“基础”课教材体系的内容，结合热点、疑点，针对学生的专业特点来制定实践教学方案。既不能脱离教学大纲和学生的实际情况，也不能浮于表面形式，过分看重地点、人员、流程、组织方式，而忽视了参与者对活动关键内容的理解程度，更不能敷衍应付，无引导解析，任由学生消极应付，抵消实践教学的意义。

实践教学与理论学习相结合，使学生积极探索，学以致用，在复杂现实中理性观察，收获感悟，成就自主思考，提升人生境界，提高行为能力。随着网络知识平台的开放，新媒体对实践教学内容产生强大的影响力。教学中应抓住国内外热点问题，既不回避时政焦点，也不回避社会负面事件，在海量信息中，为学生开拓维护信念、去粗取精、辨伪存真的道路，为理论知识寻找现实支撑，通过纵横比较，指导学生进行思考，坚定基本国情下的共同理想信念，使之成为树立正确世界观人生观的引航明灯。

实践教学内容开阔，可不拘于教材所涉范围，从古代文明到现代前沿科技，从政治国防到法律文化，中外道德与传统节俗等，都能够成为实践教学的知识背景。交叉创新的思维和综合教学方法因此而发掘运用。在教学时间的安排上可以采用有时限的网络交流，学生自由分散进行，根据内容质量给予评分，既可以是一对一的师生交流，也可以是一对多的群体交流，头脑风暴的成果共鸣共享。思想政治理论课实践教学人员可以不局限于校内老师，不同领域的专家和先进模范人物也可以成为实践教学的指导教师，与师生们共同交流，促进有效学习。“基础”课实践教学推动学生积极投入学习和生活，勇于挑战，开拓眼界，突破自我思维框架，通过主动发现与表达、实施指导规范、独立辨析社会事件、磨砺专业技能，具备较高的知识素养和品德素质，迎接新的事业考验，秉有终身学习的动力。

（作者单位：江汉大学）

提升研究生参加社会实践的道德自觉性研究

李海燕

研究生社会实践是全面推进素质教育，提高研究生综合素质，培养研究生创新精神及实践能力的教育活动。研究生教育是人才培养的最高层次，是中国社会主义现代化建设拔尖创新人才培养的重要渠道，因此在研究生培养过程中，研究生是否具有志愿参加社会实践的自觉性，关系到研究生人才培养的质量。提升研究生参加社会实践的自觉性和志愿服务社会的精神，是培养高层次创新性、服务型人才的必然途径。当前在各高校开展的研究生社会实践中存在着一些问题：有些研究生不愿意参加无偿性服务的社会实践活动，有的高校没有建立有效的切合实际的研究生社会实践平台等。把握当前大学生社会实践中的问题，发挥社会和学校的的资源优势，提升研究生参加社会实践的道德自觉性，充分发挥社会实践在大学生思想政治教育中的作用，是研究生政治素质培养和社会责任感形成的重要环节，是研究生道德教育中不可忽缺的重要内容。

一、研究生自觉参加社会实践的重要性

（一）研究生自觉参加社会实践是国家高层次人才培养的总体要求

社会实践是指高等学校依据其培养目标的需要，采取多种形式引导学生积极主动地接触社会、了解社会、服务社会，借助社会力量完成的提高学生综合素质，全面推进素质能力，培养学生创新精

神和实践能力的教育活动。国家十分重视社会实践在研究生培养教育中的地位，国家教育部《2003—2007年教育振兴行动计划》强调，高校要全面贯彻党的教育方针，以培养德智体美等全面发展的一代新人为根本宗旨，以培养研究生的创新精神和实践能力为重点，继续全面实施素质教育。《国家中长期教育改革和发展规划纲要（2010—2020年）》多次提出教育要加强社会实践，研究生教育同样如此，把理论学习和社会实践相结合，强化能力培养，成为教育的必然之选。《教育部关于进一步加强和改进研究生思想政治教育的若干意见》（教思政〔2010〕11号）更是明确提出：要强化研究生实践教育环节，将社会实践纳入研究生培养方案，作为研究生培养的必要环节，做到有计划、有规范、有考核，形成长效机制。研究生参与社会实践，在实践中“受教育，长才干，作贡献”，既可以提高研究生理论知识和专业技能，还能提高研究生思想政治素质和研究生的社会责任感，使研究生在积极正确的世界观、价值观、人生观的指引下服务社会，奉献社会。研究生通过自觉深入的社会实践，锤炼精神品格、陶冶情操、提高道德境界、增长知识才干，是学位与研究生教育的题中应有之义。社会实践让研究生自主参与到开放的应用性实践活动中，通过切身的体验，主动发现并解决实际问题，对所知理论进行深层次探究，以提高研究生的综合素质，满足其专业需求及事业发展需要。在研究生参与社会实践的过程中，需要指导教师加强对研究生科研能力的培养，引导研究生主动实践、主动探索，培养研究生的问题意识，以提高研究生的创新能力。同时要引导研究生在社会实践中主动提高修养，锤炼品格，培养能适应和驾驭新环境的能力。可见社会实践能力具有丰富的内涵。这些能力靠单纯的课堂学习得不到，只有通过参加社会实践，在实践中不断地进行摸索和锻炼才能获得。

（二）社会实践活动有助于解决研究生对现实社会中诸多问题和矛盾的认识

随着社会主义现代化建设的发展和改革开放的不断深入，在取得巨大成就的同时也出现了许多新的问题和矛盾，如何来认识和解决这些新问题和矛盾，一直是学校对研究生进行思想政治教育过程中的一个难题。学校可有针对性地安排研究生进行社会实践活动。通过深入社会和实践，使研究生了解和认识国情，认清就业形势，了解社会对研究生的需要，结合自身的实际，激发刻苦学习和开展科学研究的动力，实现个人志愿与祖国需要的有机结合。通过社会实践活动的开展，让研究生深入基层、了解国情、体察民情、分析社会的现实需要、发现自身的不足，提高了高校研究生思想政治教育的实效性，使研究生从理论与实践的结合上学懂专业理论，提高了研究生对我国现在处于并将长时期处于社会主义初级阶段这个最大的实际的认识，从而有助于研究生坚定建设有中国特色社会主义道路的信念。

（三）社会实践活动是研究生成长成才的自身需要

社会实践活动这种研究生自我教育的手段和形式，有助于问题、矛盾的认识和解决，是学校加强和改进对研究生道德教育的一种有效办法。近年来，各研究生培养单位越来越重视对研究生社会实践能力的培养，在构建研究生社会实践能力培养机制的理论研究和教学实践上进行了积极的探索，但由于中国高等教育整体水平离社会发展目标的差距仍较大，并没有形成完整的机制体制，有的社会实践内容和专业不能有效结合得不到培养的预期目标，一些工科专业的研究生导师只让学生为自己做项目不愿意学生参加社会实践活动等状况，一定程度上制约了研究生社会实践教育的有效开展。探索建立适合本培养机构和研究生发展的社会实践能力培养机制，提高研究生参加社会实践的道德自觉性刻不容缓。

二、研究生缺乏参加社会实践道德自觉性的原因

研究生参加社会实践活动是研究生实现理论与实际相结合的重要途径，对学校而言，其活动对加强研究生思想政治教育和提高研究生素质方面注入了活力，增强了高校思想政治教育工作的力度和实效。然而，有大部分研究生不愿意自觉参加社会实践活动，其原因概括起来主要有以下几个方面：

（一）研究生对参加社会实践缺乏正确的理论认识

一是目前高校的培养体系没有将研究生综合能力提升作为一项重要的内容，因此在思想上不重视，进而对研究生社会实践缺乏整体规划和系统设计；二是一些专业教师片面地认为研究生社会实践是思想政治教育的一部分内容，只是思想政治工作者的任务，与自己没有关系或者关系不大；三是研究生本身受传统应试教育的影响，缺乏积极投身到社会实践的自觉性和主动性，往往只是被动地参加社会实践，将社会实践看成是走过场和完成任务，因此不愿参与到社会实践中；四是受市场经济的影响，一些教师和研究生从经济效益方面片面考虑社会实践，歪曲了社会实践的本质，给研究生社会实践带来负面的社会影响。

（二）研究生社会实践缺乏良好的社会支持系统

如果整个社会对研究生社会实践没有良好的支持，研究生社会实践活动的开展将受到极大的阻碍。主要存在的问题是政府、用人单位对于研究生社会实践的重要性和意义缺乏正确的认识，缺乏主动利用高校研究生智力资源的意识，缺乏人才培养的全员意识，因此缺少对研究生社会实践的统筹。主要表现在：一是在资金上不愿意有效投入；二是社会对研究生参与社会实践的接纳程度不够；三是研究生社会实践基地建设力度不够。对研究生社会实践基地的建设缺乏有规划的设计，存在社会实践基地数量普遍不足、软硬件条件较差、层次上缺乏梯度以及稳定性差等问题。这些问题在一定程度上影响到研究生参加社会实践的道德自觉性。

（三）研究生社会实践运行模式单调、内容陈旧

从20世纪80年代教育部提出高校学生社会实践以来，研究生社会实践的形式和内容都比较陈旧。主要表现在于：一是形式单调、缺乏创新。绝大多数研究生社会实践一直停留在初级阶段的形式，如社会调查、政策宣传、参观访问、文艺演出、支教扫盲，而在社会实践的深度、厚度方面缺乏改革与创新，生机和活力不够；

二是内容陈旧、缺乏多样性和针对性。大部分社会实践活动往往不能与研究生的专业特点紧密结合，不能使研究生做到学以致用，更没有结合社会实际和研究生个人实际，尤其是研究生作为人才培养的最高层次，没有把研究生的专业智力优势发挥出来，对学生在社会实践中了解的问题，如果指导教师不能及时进行辨析与答疑，也会直接影响到社会实践的效果。三是高校对于研究生社会实践活动的开展情况也缺乏有效的管理和考核体系。

三、提升研究生参加社会实践的道德自觉性的途径

研究生社会实践能力培养最终要从潜移默化的被动提升转变为自我培养的主动升华。研究生只有主动参与到社会实践活动中，才能使自身的社会实践能力有较明显的提高。

（一）强化研究生参加社会实践的自觉意识

研究生应提高对社会实践的认知程度，充分认识到参加社会实践活动的重要性。不断激发自我培养社会实践能力的动机，提高自我培养的积极性、主动性和创造性。建立激励自我成才的内在心理机制，按社会对人才的要求完善自己，使自己将来成为对社会的有用之才。不断丰富研究生自觉参加社会实践的思想内涵，强化社会实践在思想政治教育中的育人功能，使研究生自觉领悟，接受教育，从而丰富和提高其内在的思想政治素质。

（二）树立研究生正确的人生价值观

社会实践活动作为第一课堂教学的延续和补充，是研究生吸取课外知识、丰富实践经验、培养个性情操、树立正确的人生观、世界观、价值观的重要阵地。研究生要自觉学习科学理论，并通过深入社会实践，加强对国情、社会的了解，使研究生把自己的人生理想与社会的需要结合，把自己的人生价值与社会价值结合，对自己未来的职业进行正确定位，用奉献社会衡量和体现个人价值。

（三）开拓研究生参加社会实践活动的新思路

培养研究生树立大实践观，使社会实践日常化。随着社会的发展和人才培养的需求，研究生的社会实践活动不应该仅仅是寒暑假集中的、突击性的活动，应该与研究生志愿者服务、勤工学、助教、挂职锻炼、社区共建等各类社会活动有机地结合起来，树立广义实践的意识，使社会实践活动日常化，思想政治教育经常化。并把社会实践纳入研究生教学体系，使社会实践规范化。加上高校科学的管理，确保师资的健全、时间的合理、评定的规范、经费的专项，变短期活动为长效教育，变临时考核为规范管理。

（四）建立研究生实践基地，使社会实践阵地化，师资队伍专业化

社会实践要发挥其教育功能，达到知识与实践的统一，校内和校外的结合，阵地建设是不容忽视的。要广泛赢得社会支持，逐步有计划地建立一批稳定的德育教育基地、生产实习基地、课外科研基地和社会活动基地，不断拓展社会实践的活动领域；社会实践要想做得更扎实更深入，就必须建立一支业务精、能力强、勤思考、善研究的校内外、专兼职相结合的组织指导队伍。在精心组织、认真督导、全面总结的基础上，不断研究新情况，解决新问题，随时调整工作思路，创新工作方法，适应时代要求，变活动的简单组织为工作的专门研究，使社会实践常做常新。

（五）构建研究生社会实践育人培养机制

研究生社会实践育人培养主要涉及高校、政府、用人单位、研究生四个方面，是一个复杂的系统工程。在本系统中，高校和研究生是培养研究生社会实践育人的内部环境系统，政府和用人单位是研究生社会实践育人的外部环境系统。研究生社会实践强调高校、政府、用人单位、研究生四方的共同参与、共同管理和共同受益。充分发挥政府和高校对研究生社会实践的宏观调控作用，调动用人单位、研究生的积极性。遵循与社会长期合作、互惠互利的原则，

建立和完善工作机制，特别是以科技服务和扶贫帮困为主要内容的实践活动，就要让研究生带着目标去实践，回来带问题研究，信息不断线，成果有回馈，使短期实践行为和长期合作联系相结合，培养研究生的诚信意识和合作能力。只有构建良好的研究生社会实践育人培养机制，内外环境互相支持、协调发展，形成良好的社会实践氛围，才能更好地提升研究生自觉参加社会实践的道德自觉性。

（作者单位：武汉大学）

关于在成人高校开展思想政治课实践教学的思考

郑春玲

广播电视大学作为一所成人高校，面向在职成人开展高等学历教育和非学历教育培训以及公共服务，包括为行业、企业从业人员和部队士官及其他社会成员提供接受高等教育的机会，其学习形式为开放教育（现代远程高等教育）。从某种意义上讲，相比普通高校的学生而言，对电大的成人学生进行思政课教育和意识形态阵地的建设具有更深远的战略意义。

一、开展思政课实践教学的必要性

中共中央办公厅和国务院办公厅在《关于进一步加强和改进新形势下高校宣传思想工作的意见》中明确指出，加强和改进新形势下高校宣传思想工作的指导思想有："积极培育和践行社会主义核心价值观，不断坚定广大师生中国特色社会主义道路自信、理论自信、制度自信、文化自信，培养德智体美全面发展的社会主义建设者和接班人。"如果让成人高校的这些学生能够做到"道路自信、理论自信、制度自信、文化自信"，并把这些"自信"能潜移默化到自己的工作和生活中，我们就能圆满地完成思政课教育这一"重大而紧迫的战略任务"。具体来讲，开展思政课实践教学具有以下的必要性。

1. 思政课实践教学可以使学生在思政课理论学习的基础上，生动形象地受到实践教育，增强思政课教育的实效性。课堂讲授是思政课教学的基本形式，但它是一种单向性的思想交流方式，很少有相互作用和反馈，同时只用语言媒介来交流，形式单一、呆板，跳不出课堂的空间。而思政课课程的实践教学则特别强调理论联系实际，它可以通过亲身实践来加深对思政课基本理论的理解和掌握，以弥补课堂讲授的不足。

2. 思政课实践教学可以帮助学生在掌握科学理论的基础上形成科学的世界观和正确的人生观，可以坚定政治立场和共产主义信念。在社会实践中，学生可以看到社会客观需要和个人自身认识的差距，看到个人与社会的真实关系，从而主动去思考科学理论的正确性。特别是当亲身体验到社会主义建设和改革开放的成就，看到广大人民群众对党和社会主义的深厚感情，自然深化了对邓小平理论、“三个代表”重要思想、科学发展观以及习近平总书记系列重要讲话精神的认识。

3. 思政课实践教学可以提高成人大学生运用马克思主义理论分析现实社会、解决实际问题的能力。思政课教学的重要目的之一就是提高大学生科学的分析问题和解决问题的能力。通过实践教学可以把学生带到现实社会生活中，亲自体验科学的思想理论在现实生活中的表现及巨大作用，理解它的正确性、真理性，从而向三大实践中的人民群众学习，提高分析问题解决问题的能力。

4. 思政课实践教学可以培养和提高大学生的综合素质。思政课课程的实践教学除了培养大学生的思想政治素质外，对提高他们的综合素质可起到积极作用。实践教学运用了课堂讲授以外的各种教学手段和方式，在更广阔的空间进行教学活动，充分调动大学生各方面的学习能力，使他们在接受思想教育的同时也提高了个人的素质。

二、对成人大学生进行思政课教育具有特殊性

1. 成人大学生的特点分析

作为现代远程开放教育的成人大学生具有如下特点：（1）年龄差异大。广播电视大学是一所没围墙的大学，它的办学性质决定了学习者的年龄差异非常大，学习者年龄小的在 20 岁左右，多为 30~40 岁之间，也有花甲之年者。（2）文化基础差别大。电大的

学习者来自不同的行业领域，有着不同的文化层次，有的是高考落榜者，但由于工作或提升自身素质等方面的原因，也有一些跨专业的大专、本科毕业生也来学习，他们的文化基础与高中阶段毕业生完全不同。（3）社会实践经验差别大。单从是否从业这个问题上来看，有的学生已经工作很多年，有的尚未就业，还有下岗待业者，甚至还有退休人员，其社会实践经验的差别就显而易见了。但他们都有一个共同愿望：完成学业，提高自我。

2. 开放教育思政课实践教学的特殊性

由于广播电视大学的学生来自于社会的各行各业，学习之初往往会重视思政课理论知识的学习，而忽视思政课实践环节的学习，因为他们也需要考试过关以便拿到毕业证书。有些年纪较轻、无工作经历或工作经历短的学生因缺乏思政课实践经验也不重视实践学习；有些年纪稍长、工作经验比较丰富的学生又认为自己的“三观”早已形成，没有必要进行思政课实践学习。在这种情况下，就需要成人高校的思政课老师在进行“分类教学”。

三、成人高校思政课实践教学情况分析

高校思政课的实践教学是教学过程和思政课实施中的重头戏，由于思政课课程的特殊性，其实践教学既区别于其他课程的课堂教学，又不同于一般的实践活动。思政课课程的实践教学是在教师的指导下，以理论知识为依托，遵循“实践因地制宜”的原则，通过成人学生对社会实际生活的参与和体验，使其主观世界得到感性的再教育和主体能力得以优化的过程。其主要方法有以下几种：

1. 案例教学法。教师根据教学内容，精选案例，课堂上让学生思考案例，讨论案例，由教师分析案例，解剖案例，最后引出需要学生掌握的理论观点。案例教学的最大特点是通过提供具体现实的案例材料，使学生了解理论产生的时代背景及其形成发展的过程，创设一种情境，然后让学生进行思考并进行分组讨论、发言，分析具体问题，作出判断和决策，从而培养学生运用所学理论解决实际问题的能力。案例教学法的运用，能很好地体现本课程的实践性和开放性特征，帮助学生提高解决实际问题的能力。

2. 问题讨论教学法。教师根据课程内容和学生关心的重大社会热点、焦点问题确定讨论题目，在上课过程中由学生围绕布置的问题有组织地进行主题发言，自愿自由讨论发言，鼓励学生讨论和辩论。讨论或辩论结束后，由教师点评总结，充分发挥了学生自我学习、自主教育的积极性主动性。

3. 演讲教学法。教师根据教学内容和现实问题，凝练一个或两个题目，通过演讲的方式进行教学。此教学法大多以两种形式来进行：一是由学生自愿报名进行演讲，最后由教师进行点评；二是教师进行演讲式教学，通过演讲方式，将教学内容传授给学生。这种教学法极大地调动了学生学习和思考的积极性。

4. 调研教学法。教师根据课程内容和学生思想状况，列出一定题目，在学生进行了一定社会调查研究之后，在课程上进行交流讨论，分析提高。

5. 参观式教学法。利用教学实践基地和教学联系点，组织学生前往参观学习、考察调研，以我国改革开放的实践成果教育学生。在组织学生参观前，老师会根据实际情况，给学生布置思考题，要求学生边参观边思考。参观结束后，则要求学生写出心得体会文章，组织交流与讨论。

四、思政课实践教学存在的主要问题及原因

目前，成人高校在思政课课程的实践教学过程中存在着诸多的问题，其中最突出的问题就是实践教学过程难以落实。因为思政课课程实践教学活动需要时间、精力、经费等，还要考虑安全等方面的因素。具体来讲，主要原因有以下几点：

1. 思政课实践教学缺少足够的重视。有些领导和教师对思政课课程实践教学的重要性认识不足，一些教师将理论“灌输”绝对化，把学生当做被动地接受理论知识的“容器”，忽视了受教育者的主体性和实际感受。有的教师甚至认为，广播电视大学的学生大多是成人，在学习中只要不旷课、不迟到、不早退，能掌握相关的理论知识，最终能通过考试，教学目的就完成了。

2. 缺乏专项经费和实践基地的有效保障。大多成人高校在思

政课实践教学上缺少必要的资金投入，实践教学的经费很紧张，所需资料无法购置，必要的社会实践与社会调查无法开展。思政课实践基地缺乏是也该课程实践教学面临的又一个难题，由于思政课教学的内容包罗万象，其教学内容涉及经济社会的发展进程和重大事件，因此其实践教学难以在狭小的实验室和实习工厂里进行，而只能在社会这个广阔的大课堂里进行。

3. 思政课实践教学的组织实施不规范。实践教学从计划的制订到实践基地和各种资源的整合利用都要求有系统的组织管理，而就目前社会实践环节的组织状况来看，成人高校的思政课实践活动还没有像对待专业课程实践环节那样得到足够地重视，思政课实践教学仅仅停留在一般号召和要求上，缺少具体可行的实施方案，组织上不规范，无论在实践教学的规范化、制度化方面，还是在构建科学且行之有效的实践模式等方面，都缺少有效的管理和指导，这些因素极大地阻碍了该课程实践教学的开展。

4. 思政课实践教学质量评估体系不完善。成人高校在对思政课实践的教学考评的问题上带有较大随意性，未能形成科学的考评制度及方式。有的只注重实践教学的形式而不注重其效果，对实践教学的考评如同课堂教学考评一样，学生的成绩只用一份调查报告或总结来决定。有的教师在社会实践活动之后，不能及时组织学生进行交流和讨论，无法了解学生通过实践教学真正学到了什么。缺乏客观的教学效果评价体系严重影响着思想政治理论课实践教学的开展，使其一些实践教学流于形式。

五、提高课程实践教学的对策

针对以上思政课实践教学过程中存在的问题，作为一名成人高校的老师，我们要改变思政课教育理论脱离实际的授课方法，增加社会实践，使理论与实际相结合是教学改革是大势所趋。课程的实践性教学环节要纳入教学计划，并因地制宜地切实开展教学，增强教学的针对性和感染力。

1. 完善思政课实践教学制度，建立实践教学体系。思政课的实践性教学环节要纳入教学计划，对实践教学进行整体设计，并根据课程教学的要求，确定具体的实践活动项目和方式，制定了实践教学的规章制度、教学大纲和实践教学指南，使实践教学规范化、制度化。

2. 利用社会教育资源，搭建思政课实践教学的多种平台。要构建课堂、校内与校外实践教学三级立体化的实践教学平台体系，为学生开展实践教学活动搭建广阔的平台。首先是充分利用课堂这个平台，通过组织专题演讲、难点、热点问题讨论或辩论、学生登台当小老师讲小专题、情景模拟、读书活动等方式给予学生展示的空间。其次是有效利用校园的各种设施为平台，以学生学习小组为依托，以重大节日、纪念日或国内外重大事件为载体，在校内开展与理论教学内容紧密联系的丰富多彩的各类活动，如校园文化广场等。再次，创新校外实践教学基地建设。如充分利用地缘优势将学校周边的社区建设成学生开展调研的重要基地，有时还会将此课程的实践教学渗透于专业实习过程，使专业实习基地成为一个实践教学平台。通过构建课堂、校内与校外三级立体化的实践教学平台体系，可以有效解决实践教学基地不足的困境。

3. 创新思政课实践教学方式，实现实践教学形式多样化。实践教学过程中，要采用多形式多样的教学手段和形式，主要包括基地教育、社会实践、案例教学、阅读实践、校园文化、研究实践等。不同类型的实践教学形式所发挥的教育功能各不相同，体现了教学形式的多样性与层次性。科学综合运用这些形式，可以充分发挥各种教学手段的互补性，从而达到全方位、立体化的教育教学效果。建议建立网上实践课堂，整合全国电大资源，利用各地不同的实践教学资源。

4. 落实思政课实践教学经费，创造实践教学条件。学校领导要重视思想政治理论课的实践教学，建立和完善实践教学保障机制，各职能部门要为教师实施实践教学提供各种必要的条件，在经费安排上，要设立思想政治理论课程实践教学专项经费，以保证社会实践教学活动的正常开展。

总之，思想政治理论课的实践教学，要根据课程和学生特点，遵循开放教育规律，充分发挥了教师的创新能力和学生自主学习的能力，广泛使用课堂之外的教学资源。只有这样，才能进一步提高实践教学的有效性。

（作者单位：湖北省广播电视大学）

马克思主义理论创新的实践论阐释

刘建新

马克思指出："任何真正意义的哲学都是自己时代的精神精华，因此，必将出现这样的时代：那时哲学不仅在内部通过自己的内容，而且在外部通过自己的表现，同自己时代的现实世界接触并相互作用。"这个论断科学揭示了真正理论的本质，指明了理论随时代变迁的历史必然性，也强调了马克思主义理论的实践根基。这种特征最主要之处在于它同现实世界变化的关系，以及由此导致的它对以往形式的突破。与以往的理论形态不同的是，它不再是"喜欢冷静的自我审视"，而是"面对""当今世界"，并作为世界的"一般"，进入现实世界的各个领域，广泛发挥其"活的灵魂"的作用。

一、马克思主义理论创新的基本内涵

一部社会发展的历史就是人类不断创新的历史。人按其本性来说，是一个创造者，是自身和自己的创造者。人的存在方式的本质就在于这种积极性，这种积极性是人在世界中的一种自我活动和自我肯定。创新是人的特殊的创造性行为，是基于主体长期、反复的认识与实践特别是理论与实践的辩证运动，并在此基础上实现突破和飞跃，在观念、理论，特别是在实践的创造性活动及其结果的基础上产生飞跃。

早在1848年《共产党宣言》中，马克思和恩格斯就指出："资产阶级除非对生产工具，从而对生产关系，从而对全部社会关系不断地进行革命，否则就不能生存下去。"他们认为，原封不动地保存旧的生产方式，是过去的一切工业阶级生存的首要条件。生产的不断变革，一切社会状况的不停的动荡，永远的不安定和变动，这是资产阶级时代不同于过去一切时代的地方。马克思恩格斯的这一论述，是创新思想的最初阐发。此后，美籍奥地利经济学家熊彼特追寻马克思的足迹，进一步提出了创新理论，认为创新就是把一种从未有过的关于生产要素和生产条件的“新组合”引入生产体系，创新就是建立新的生产函数。目前，创新已不单是一个经济学范畴，而是一个渗透科学研究和社会实践各个领域的普遍概念。以宽阔的视野界定理论创新，我们应该把握创新的两个本质的规定。第一，创新是一种破旧立新、除旧布新的实践活动，即所谓“不断破坏旧结构、不断创造新结构”的“创造性破坏过程”（熊彼特语）。第二，创新是从实践的需要出发有效地改造客观世界的实践活动。这是创新与发明、发现之区别所在，也是创新与标新立异、胡思乱想的根本区别所在。因此，理论创新就是破除与客观事实不相符合的旧观念、旧理论、旧模式、旧做法，发现事物的新联系、新规律，并运用这些新联系、新规律去实际地改变客观世界的实践活动。

在人类历史上，作为人们对社会规律的认识成果的理论是不断发展的，它不可能停留在一个水平上。如果理论停滞不前，就会丧失生命力，就会失去对实践的指导意义。人们的认识之所以成为理论，就在于这种理论反映了鲜活的社会生活的本质，体现出主体的自身价值。因此，包括人的认识在内的一切事物总是在不断超越旧事物、旧理论、旧方式的过程中实现创新和发展的。没有创新，就没有人类的进步，也就没有人类的未来。随着实践的发展创造新的理论成果，这是历史发展的规律，也是理论自身发展的规律。在当今时代，创新意识和实践能力构成了人的最突出的现实本质，它不仅是人区别于动物的根本特征，而且也是今人区别于前人的突出品格。马克思主义理论创新，是在思想上对传统理论的超越，这种超越集中体现在以下三个方面：

首先，理论创新就是回答新问题。“问题就是公开的、无畏的、左右一切个人的时代的声音。”任何一个历史时期都会出现新问题。这些问题不仅是一定社会历史条件下社会矛盾的集中反映，也是一定社会发展阶段的标识。在变化了的历史条件下，我们不能苛求用传统理论解答新的问题。事实上，在传统理论框架内也不可能解答新的问题，而作为体现时代精神的新理论，必须对这些新的重大问题给予科学地解答。所谓科学解答，就是把握问题的本质和规律，具有对现实问题认识的彻底性和说服力。彻底性是马克思主义理论的重要特征。对于现实问题的解答越彻底，这种理论也就越科学，也就越有说服力。因此，要实现理论创新，就必须根据社会的发展和形势的需要，研究新情况，回答新问题。

其次，理论创新就是形成新观点。作为一种新的理论，它在解答新问题的过程中，必然要产生新的思想内容，形成新的理论观点，并由此构成新的理论框架。如果仅仅停留在对已有思想和观点的解释、论证和阐发，就不足以成为新的理论。理论创新的一个重要标志，就是在解答新问题的过程中，在思想上和认识上实现对传统理论的超越。当然，超越不是完全摆脱、甚至彻底抛弃传统理论，而是对于传统理论的批判中的继承、改造中的发展。

再次，理论创新还必须能够指导新的实践。新的理论，固然要解答新问题，形成新观点。然而，这还不是理论创新的根本目的。理论创新的根本目的在于指导新的实践。正如马克思所指出的："哲学家们只是用不同的方式解释世界，而问题在于改变世界。"新的理论无疑需要解答新的问题，而解答问题不是理论的终极目的，解答问题的根本目的在于解决问题，在于改变世界。而在解决问题和改变世界的过程中，必然蕴藏着历史主体的目标价值，实现历史主体的理想性选择。这就要求把理论理性转化为实践理性，即把新的理论转化为路线、纲领、方针和政策，并在实践活动中使理想转化为现实，使精神转化为物质。由此可见，理论的价值性也是理论创新的一个重要特征。

二、实践是理论创新的深厚根基

立足于实践进行理论创新，是马克思主义区别于以往旧理论的重要特征。马克思从人的实践活动及其历史发展出发，去批判全部旧有的理论形态和开拓现代意义的新的理论形态。马克思说："从前的一切唯物主义（包括费尔巴哈的唯物主义）的主要缺点是：对对象、现实、感性，只是从客体的或者直观的形式理解，而不是把它们当作感性的人的活动，当作实践去理解。因此，和唯物主义相反，能动的方面却被唯心主义抽象地发展了。"在这段文字中，马克思揭示了以往哲学的共同之处，在于它们都不懂得革命的、实践批判的意义。马克思认为，他的新唯物主义是历史唯物主义，"这种历史观和唯心主义历史观不同。它不是在每个时代中寻找某种范畴，而是从物质实践出发，来解释观念的形成"。所以，马克思主义坚决摒弃脱离实际的抽象思辨，一切从客观存在的事实出发，从人类实践的总和作为全部立论的基础。科学和马克思主义理论之所以具有强大的、永不衰竭的生命力，正在于它时刻注意倾听实践的呼声，永不故步自封而具有不断创新的理论品格。

批判精神和开放精神是理论创新的前提。理论的批判精神，在马克思主义手中不是一只手电筒，只照别人，不照自己别人，而是一种普照的光，既照别人，也照自己。也就是说，既以批判的眼光审视其他的理论形态，辩证地看待自己的理论形态。这是马克思主义理论区别于其他理论形态的根本之点。马克思恩格斯一再声明，他们并没有结束真理，而只是开辟了通向真理的道路。恩格斯也曾明确强调，唯物主义要根据自然科学的发展不断改变自己的形式。任何理论都不能将自己绝对化、神圣化，马克思主义理论也一样。理论形态绝对化、神圣化的必然结果是走向封闭，而封闭的结果必然是使理论之树缺乏源源不断的养料而枯萎，这是理论存在和发展的规律。任何理论的存在和发展都不能抗拒这一规律。马克思实践唯物主义的本性决定了它不需要将它神圣化，它需要的是人们不断地为它提供新养料，以保持它的理论之树长青不衰。

对于自己理论的历史使命，马克思这样论述道："真理的彼岸消失以后，历史的任务就是确立此岸世界的真理。人的自我异化的神圣形象被揭穿以后，揭露具有非神圣形象的自我异化，就成了为历史服务的哲学的迫切任务。于是，对天国批判就变成了对尘世的批判，对宗教的批判就变成了对法的批判，对神学的批判就变成了对政治的批判。”在这里，马克思既总结了近代哲学的基本状况，又提出了近代哲学的历史任务。与近代以来的哲学所不同的是，近代以来的哲学是消解人在非神圣形象中的自我异化，把异化给神圣形象的人的本质归还给人，也就是说，要揭穿在宗教神学中被扭曲了的封建专制主义制度下的人与人之间的真实关系，为资产阶级的民主革命作舆论准备；现代哲学的使命则是消解人在非神圣中的自我异化，把异化给非神圣形象的人的本质归还给人，从而揭示在资本和理性中扭曲了的资本主义制度下的人与人之间的真实关系，从而为无产阶级和人类解放指出道理。因此，马克思要求把对天国的批判变成对政治的批判，并具体地对德国古典哲学、英国古典政治经济学和英法空想社会主义的批判，从而实现了“凡是把理论引向神秘主义的东西，都能在人的实践中以及对这个实践的理解中得到合理的解决”。即实现了哲学史上革命性的实践转向，并以辩证唯物主义的立场、观点和方法为人的发展和解放揭示出一条与各种唯物主义世界观根本区别的正确的认识和实践路径。在此基础上，马克思主义哲学也从根本上消解了人在哲学为化身的普遍性中的自我异化，从而使人类能够在以自身的实践活动及其历史发展去实现人类自身的解放——“以个人全面发展为基础的自由个性”。正是对现实社会实现革命地改造，马克思主义才实现了认识史上的最伟大的变革，完成划时代的历史使命。

三、现时代马克思主义理论的创新路径

站在历史发展的新窗口，面对社会实践的新变化，面对科学技术的发展，面对世界范围内各种不同思想文化思潮的相互激荡，马克思主义必须对当今时代的特征、社会的主要矛盾，以及世界的前途、人类的命运等一系列问题进行深入思考，做出新的具有说服力和解释力的回答，实现马克思主义的理论的发展和创新。

1. 发展马克思主义理论，必须转变人的思维方式。人们从来都是按照一定的思维方式去认识、把握和改造自己同对象世界的关系。思维方式的优劣新陈，影响着人的眼界和视角，规定这人们的思维走势和思维程序，影响着人们对对象的把握深度和正确程度。

很难设想，思维方式依旧理论体系可以创新。当前，我们正处在社会大变革和大转折的时代，强烈呼唤着思维方式的变革。理论的生命力在于它把握、理解和解决时代重大课题的程度和水平。对于当代社会生活的巨大变化，实践和科学日新月异的发展，和由此产生的层出不穷的新现象、新问题，我们必须站在马克思主义的立场上，用创造性的理论思维加以研究和思考，认真总结实践中的新经验，说出实事求是的新道理，提炼出启迪智慧的新方法，形成富有时代特色和生活气息的新思想和新观点，促进马克思主义的新发展。

2. 自觉地将辩证思维能力与改造生活的实践相统一，在观察世界和改造世界的实践中发展马克思主义。这一客观要求也是我们通常讲的理论联系实际原则。马克思在他的革命活动和理论活动的初期，就公开申明过："我们不想教条式地预料未来，而只是在批判旧世界中发现新世界。"恩格斯也曾针对当时流行的把共产主义只是视为一种从理论原则出发所作出的结论的看法，表示了自己的鲜明立场："被共产主义者作为自己前提的不是某种哲学，而是过去历史的整个过程，特别是这个过程目前在文明各国的实际结果。"因此，共产主义不是从原则出发，而是从事实出发的。列宁也曾明确地提出过"实践高于理论的认识"的思想，认为"马克思主义的精髓和活的灵魂：对具体情况的具体分析"。毛泽东把马克思主义的普遍真理与中国革命的具体实践相结合，对理论与实践相统一的原则作了新的发挥，并反复地向人们指出，马克思主义必须和我国的具体特点相结合并通过一定的民族形式才能实现，把理论和实践的联系生动地比喻为"有的放矢"，要求我们必须做到"实事求是"，即"应当从客观存在的事实出发，从其中引出规律，作为我们行动的向导"。理论联系实际，是马克思主义活的灵魂，也是马克思主义发展的内在要求。

3. 以正确的原则和开放的胸襟来对待马克思主义发展中出现的新成果。理论的权威正是生活和实践赋予的，通过实践而发现真理，又通过实践而发展真理。理论面对现实生活，意味着它既是用已有的理论模式去反省和调整人们对世界的理解和要求的过程，同时更是通过现实的理论升华来矫正已有的理论模式并重新构筑新的理论模式的过程。而相对来说，后一过程对理论来说尤为重要。否则，如果人们把理论变成超越时空的教条，势必会削弱理论的力量，使理论最后失去向前发展的基础和生命力。马克思主义是立足现实而面向未来的理论，我们如果把这种科学的世界观当作教义，把其中的个别结论当作教条，就会扼杀马克思主义发展的生机。20世纪在不同国度、不同民族出现的不同形式的教条主义，严重地破坏了马克思主义的声誉，阻碍了马克思主义的发展，甚至使马克思主义有背离人类文明发展大道的危险，我们是深有感触的。所以，我们必须坚持马克思主义的基本原则，关注时代的发展，努力吸收人类文明发展的最新成果，以开放的胸襟来对待马克思主义发展中出现的各个分支、各种新的理论创造。只有这样，才能不断地把马克思主义推向前进，才会有马克思主义的繁荣。

4. 在对世界和未来进行探索和思考中寻求马克思主义的新突破。理论思考的本质是立足现实而面向未来的，理论思考的意义不仅仅是解释已经发生的事物，更重要的是帮助人们去预测可能发生的事物，以更好地优化未来、优化人生。人类进入20世纪以来，随着大工业文明的高歌猛进，人与对象世界的关系越来越引起人们的关注，乃至于到了人们在做这样的思考时，不得不把人类的生存作为出发点的境地。如果说西方近代是以弘扬人的理性，以改造自然、向自然界进军为主旋律，那么当代理论的主导倾向则是检讨和反省人的理性，谋求人与自然的统一。在现代社会，人越来越感到，人的生活离不开环境，然而，人的理性在改造自然造福人类的同时，也在自觉不自觉地破坏着人类赖以生存的环境，产生影响人类生存和未来发展的种种问题。这些问题如不妥善解决，势必制约着人与社会的进一步发展。21世纪，马克思主义的发展必将出现一种新的发展态势，那就是在马克思主义不断创新所取得的丰富成果的基础上，按照时代精神的新特点并根据时代发展的新要求，建构马克思主义新的理论形态。中国的马克思主义者必将融会人类文明一切优秀成果，在走向未来的中国大地上发展马克思主义理论，这种理论形态既是中国的，也是世界的。这个过程是极其艰难的，但趋势是可以断定的。

（作者单位：江汉大学）

论邓小平实践智慧的基本特征

王晓云

众所周知，邓小平虽然没有专门的哲学著作，但他擅长于把哲学睿智体现在探索中国特色社会主义建设道路的实践过程之中，可以说是一位应用哲学家、实践哲学家。正如江泽民在邓小平同志追悼会上的悼词中所说："在开拓新道路的进程中，他尊重实践，敏锐把握时代发展的脉搏和契机，既继承前人又突破陈规，既借鉴世界经验又不照搬别国模式，总是从中国的现实和当代世界发展的特点出发去总结新经验，创造新办法。"这段论述正是对邓小平实践智慧基本特征的准确概括和高度评价。在中国现代化建设的今天，矛盾错综复杂，问题层出不穷，如何运用实践智慧处理人与世界的关系，成为应用哲学的研究的重点。因此，有必要对邓小平实践智慧的基本特征和实现条件进行哲学反思，对于推进中国现代化进程有着重大的现实和理论意义。

一、实践智慧与邓小平实践智慧

在西方最早明确提出实践智慧的是古希腊的亚里士多德。为了揭示实践智慧的特殊性，亚里士多德在《尼各马可伦理学》一书中作了专门的研究。他认为实践智慧是以善为目的和导向的行为，"实践智慧是一种与正确计划相联系并坚持正当行为的践行能力"。他把人的理性分为实践智慧和理论智慧两类。他认为以掌握理论智慧为己任的理论科学探讨的对象是人不可改变的宇宙万物的普遍本质和运动变化的原因。实践科学探讨的对象都是人可以改变的事物，它以实现最大限度改善人类生活为内容，其思维方式是一个从一般到个别的个性化的动态的发展过程。正如洪汉鼎先生所说“以掌握实践智慧为己任的实践科学既不是数学形式上的理论科学，也不是得心应手地把握某种操作过程意义上的纯粹技能，而是一种致力于人类生存价值和意义并理论与实践相统一的特殊类型的科学”。为此，我们有理由说实践智慧指在实践活动中形成的有关实践客体的真理性和有关实践主体的价值性的认识，是一种能够把真理和价值、主体和客体统一的思维能力和行为能力的统一。它来源于实践活动过程中实践主体通过对具体的实践客体（环境和事件）的关注和反思，将感性的、表面化的经验提升，使其内化为实践主体的实践能力，因而，具有实践智慧的人善于把理想转化为现实。

邓小平无疑是当代中国最具有实践智慧的人之一，他把共产党人建设一个富强民主的社会主义国家的政治理想逐渐变成今天社会主义中国的现实。邓小平实践智慧的最本质特征就在于：解放思想、勇于创新。其创造性集中体现在他善于把马克思主义的精华，灵活运用到建设有中国特色的社会主义实践中并加以发展，形成了一套完整地建设有中国特色社会主义的理论即邓小平理论。由于邓小平理论与马克思主义、列宁主义、毛泽东思想是一脉相承的思想体系，所以，邓小平实践智慧以马克思主义的世界观和方法论为指导，以解决当代中国社会主义建设的重大实际问题为目的，充分发挥了人民群众的聪明才智，为建设有中国特色的社会主义开辟了一条崭新的道路。邓小平的实践智慧集中表现在其独特稳定的思维方式、领导方法和工作方法之中，我们有必要对邓小平实践智慧的基本特征做深入研究。

二、邓小平实践智慧的基本特征

邓小平实践智慧的创造性来源于他独特的思维方式。思维方式是认识主体在独特的生活经历中形成的一种思维定势，邓小平通俗地解释为人们“脑筋里的框子”。它是一定认知结构、价值指向和思维方法的有机统一，具体表现在以下三个方面的特征：

第一，从邓小平实践智慧的认知结构看，其特征在于整体性，这里的思维指向是求真，旨在发现事物本质的、必然联系即规律性。邓小平在观察和解决中国社会各种问题时始终注意把认识客体放在世界的大背景中来考察和把握，同时注意客体之间的相互联系、相互影响，从而把握事物的本质和发展趋势。其实践智慧的整体性、全局性集中体现在他为景山学校的题词中："教育要面向现代化、面向世界、面向未来。"这是他要求党的领导干部转变思维方式的基本着眼点。他要求人们树立一种现在与未来相统一、中国与世界相统一的整体性、全局性的世界观。邓小平深刻认识到解放思想是党的实事求是思想路线的不可或缺的组成部分，解放思想是实事求是的前提，实事求是是解放思想的归宿。他提倡解放思想的目的就是要求人们破除思维定势，从不断变化的"实事"中"求"到"是"，他说："解放思想，就是使思想和实际相符合，使主观和客观相符合，就是实事求是。"因此，看到事物之间的内在联系。这种整体性的思维有助于人们全面把握事物的存在及其与它事物的内在联系，从而发现事物的本质和规律，而这种整体性的思维是邓小平不断总结新经验，创造新办法的思维前提。

第二，从邓小平实践智慧的价值指向看，其特征在于实效性，这里的思维指向是求善，即以推动中国高效、稳定、持久地发展为着眼点，有着鲜明的目的性。邓小平实践智慧最根本的价值指向就是中国的发展，如何高效、平稳的发展一直是邓小平关注的焦点。中国要发展这是符合中国人民根本利益的最大和最具有实效性的问题。市场经济是一把双刃剑，它固然可以调动社会生产部门的发展潜力带来经济的高效率的增长，但是，它也可以导致社会成员收入差距的加大。中国既然选择了市场经济，以效率优先，那就不能忽略市场经济可能带来的社会危机，为此，邓小平同志对社会主义本质的重新定位，他认为"社会主义的本质，是解放生产力、发展生产力，消灭剥削，消除两极分化，最终达到共同富裕"。其中，解放生产力和发展生产力体现了发展原则，消灭剥削和消除两极分化体现了社会的公正原则，共同富裕既是社会发展和社会公正协调统一的结果，也是社会主义社会发展的根本目标，更体现了我们党实现共产主义奋斗目标的根本要求。

邓小平主张说实话、办实事、讲实效。从60年代初他提出的所谓“猫论”，到70年代末的关于真理标准大讨论之后确立的实践标准，到80年代的生产力标准，再到90年代“三个有利于”标准的提出，都是这一思想的逐步完善和发展。1992年，邓小平同志把上述思想进一步概括为著名的“三个有利于”标准即应该主要看是否有利于发展社会的生产力，是否有利于增强社会主义国家的综合国力，是否有利于提高人民的生活水平。“三个有利于”标准将实践标准、生产力标准、人民利益标准融为一体，是以社会主义社会、国家、人民为价值主体和评价主体，以实现共同富裕为最终的价值目标和提高人民生活水平为价值取向，它比单纯的生产力标准更完善、更科学、更具有实效性。

第三，从邓小平实践智慧的方法论看，其特征在于可行性。这里的思维指向是求美，即追求的是把理想变成现实，实践主体和客体的和谐统一。邓小平实践智慧思维方法的可行性表现在他对实践主客体关系的机智把握，力求做到实践是主体和客体矛盾的和谐统一，这正是邓小平实践智慧所达到的美的境界。邓小平实践智慧突出的体现在他处理人与世界的关系上，善于在错综复杂的局势中，把握事物的本质，抓住历史的机遇，把理想变成现实。他的这种灵活应变的能力和创新精神，来源于他独特的思维方法论即在实践中是否具有可行性，这种可行性集中体现在他的实践观中。邓小平实践智慧的思维方法的可行性表现在他对实践的主体和客体之间矛盾的辩证把握。既尊重实践客体的客观规律性，又注意尊重人民群众的主观愿望即实践主体的目的性，始终把握实践主体和客体、真理的本质性和价值的目的性的有机统一和结合。“三个有利于”标准实际上是实践标准在社会历史领域的运用和发展，实现了实践标准的主客观的统一。事实上，是否有利于生产力的发展，是否有利于综合国力的提高，都是从实践的客体方面提出的标准，而是否有利于人民生活水平的提高，则是他从实践主体方面提出的标准。

三、邓小平实践智慧的现实意义

邓小平实践智慧的现实意义集中体现在他善于把理想化作可以

操作性的原则，这是邓小平实践智慧实现的重要条件。这些原则本身就体现了理论与实践的结合，具有简明、生动、画龙点睛的特征。例如，“解放思想、实事求是”的思想路线，“一个中心、两个基本点”的基本路线，“科学技术是第一生产力”，“两手抓、两手都要硬”等，这些原则中，既是对事物本质的高度概括，又是处理实践活动中主客体矛盾的思想方法，更是形象、生动便于操作的工作方法。“一国两制”理论的提出和实践，就典型反映了这个基本特征。“一国两制”理论的核心内容是祖国的和平统一，在承认一个中国的前提下，台湾、香港、澳门是中国的一部分，允许他们保持原有的资本主义制度和社会方式长期不变，这既是对中国在国际社会中的经济实力和政治地位的客观反映，又是对香港、澳门、台湾等地区历史事实的尊重，还能保证祖国统一过程中的平稳过渡，是当事双方国家和民众都能接受的形式，具有极强的现实性和可行性。因此，邓小平并不像毛泽东晚年仅仅从主观愿望和经典理论出发，而是始终把握矛盾的主要方面，即从实践的客体出发，从具体国情的实际出发，同时兼顾实践主体的理想和愿望，真正做到理论联系实际。只有做到主观和客观具体的历史的统一，在实践中才能制定出切实可行的发展战略。为此，邓小平的实践智慧不是从理论到理论，而是从理论到实践的再创造、再提炼。

如何建设社会主义，邓小平提出并完善了建设有中国特色社会主义理论体系，这一体系凝聚了邓小平实践智慧的精华，它体现了以马克思主义为指导的共产党人在20世纪向世界发出的政治宣言，又是中国迈向21世纪的行动纲领。它体现了中国共产党人追求真理的勇气、为实现理想的美好愿望、追求卓越的坚定意志。从实践主体看，邓小平理论实现了中国共产党人知、情、意的统一；从实践客体看，则实现了真、善、美的统一。正是在这种实践智慧的指导下，邓小平同志提出了社会主义初级阶段的理论，从认识和实践统一的高度为实践客体做了准确的定位，它决定了我们今天的社会主义实践的发展战略不可能是跑步进入共产主义，而只能是“三步走”战略，逐步实现现代化，以达到和超过世界发达国家的发展水平，实现了长远目标和近期目标的统一，这“三步走”战略既反映了实践客体——社会主义初级阶段的本质要求，又体现了共产党人的远大抱负。

综上所述，邓小平实践智慧思维方式既是知、情、意的统一，又是真、善、美的统一，它蕴涵了规律性、目的性、可行性三者的统一，是马克思主义科学的认识论、正确的价值观和方法论的统一。正如邓小平所说的那样，学理论不在多，而在精，在于管用。今天，我们对邓小平实践智慧思维方式的反思，正是意在抓住其实践智慧的灵魂和核心，转变我们的思维方式，以适应知识经济时代发展的要求，对于我国正在进行的现代化建设和中华民族的伟大复兴有着重要的方法论意义。

（作者单位：江汉大学）

二、高校德育的多维探讨

高校社会主义核心价值观教育要注重“典型引领”与“底线约束”

房　正

“典型引领”与“底线约束”是经过长期实践检验的、行之有效的、高校思想政治教育的两种工作思路和方法。在全社会掀起培育和践行社会主义核心价值观高潮的新形势下，高校作为社会主义核心价值观宣传教育的重要阵地，既要充分发挥先进典型的示范引领作用，也要重视法律和道德底线的约束机制建设，抓好两端，才能带动中间，最终形成人人、时时、处处自觉践行社会主义核心价值观的良好局面。

一、“典型引领”是高校思想政治教育不可或缺的重要工作思路和方法

1. “典型引领”是中国共产党宣传教育工作的优良传统和重要经验。典型是时代的先锋、社会的脊梁、群众的楷模，凝聚着先进的理想信念，代表着高尚的人生境界和道德追求，在社会发展中发挥着重要的作用。中国共产党历来重视发挥先进典型的示范引领作用。毛泽东同志就曾要求党的领导同志，要“注意收集和传播经过选择的典型性经验，使自己领导的群众运动按照正确的路线向前发展”。[1]在革命战争年代，以三五九旅为代表的边区大生产运动，对于打破敌人的封锁，巩固和壮大抗日根据地发挥了重要的示范作用；以张思德、刘胡兰、董存瑞为代表的一大批英雄模范人物，对于引导广大军民以高度的革命热忱投身于民族独立和解放战争，起到了极大的激励作用。和平建设时期，以铁人王进喜、县委

书记的好榜样焦裕禄为代表的一大批先进典型，对于动员全国人民艰苦创业，改变我国的贫穷落后面貌，发挥了巨大的推动作用；以南京路上好八连、雷锋等为代表的一大批军队先进典型，不仅有力地推动了军队的各项建设，而且在全社会产生了巨大影响。[2]改革开放新时期，从张海迪、李素丽、孔繁森，到徐洪刚、许振超、郭明义，更多来自基层工作岗位的模范人物被树立起来，引导和鼓舞人们在改革开放和市场经济条件下，服务国家、奉献社会、实现人生价值。可见，不论时代如何变化，社会对楷模的需要、人们对榜样的需要是不变的。选树先进典型，用先进典型的事迹教育人，用先进典型的精神感染人，是我们党开展宣传教育工作的优良传统和重要经验。

2. “典型引领”进入高校思想政治教育领域经历了一个历史过程。“典型引领”的工作思路从党的宣传教育工作进入到青年道德教育，进而固化为高校思想政治教育的重要思路和方法，经历了一个历史过程。1954年，青年团中央书记处面对新中国成立后部分青少年还存在纪律松弛、道德败坏等不良现象，提出“更有计划地运用正面的教育方法”，“放手而实事求是地表扬和宣传青年先进单位、先进个人和模范事例……只有在青年中广泛地树立生动的榜样，才能有效地去教育青年。”但在之后的很长一段时间里，除了“学雷锋”活动之外，高校在学习宣传先进典型方面，仍然缺少系统的有组织的动员和部署。[3]1990年，李瑞环同志在谈到职工思想政治工作时曾这样指出，“坚持正面教育为主，最基本、最生动、最有效的方法是开展树先进、学先进的活动。这种活动的教育作用是其他任何思想政治工作方法所不能替代的”。“应当承认，近些年来由于思想上的混乱，这方面（指先进典型）的教育大大削弱了。我们要重新认识树立先进典型的重要意义，把这方面的工作真正重视起来，活跃起来。”[4]1996年，伴随着党的十四届六中全会关于进一步加强社会主义精神文明建设的决定和部署，先进典型选树宣传成为其中一项重要工作，全会通过的《中共中央关于加强社会主义精神文明建设若干重要问题的决议》指出，“要采取多种形式，大力宣传他们（先进集体和先进个人）的事迹和思想，在全社会形成崇尚先进、学习先进的风气”。1999年，《中共中央关于加强和改进思想政治工作的若干意见》指出，要“注重运用先进典型影响和带动群众”，“各行各业都要注意发现和总结自己的先进典型，做到学有榜样、赶有目标，在全社会形成崇尚先进、学习先进、争当先进的良好风气”。2004年，《中共中央国务院关于进一步加强和改进大学生思想政治教育的意见》指出，“要坚持团结稳定鼓劲、正面宣传为主，反映高等学校思想政治教育工作的先进典型和优秀大学生的先进事迹”，对高校思想政治教育运用“典型引领”的工作方法提出了明确要求。

3. “典型引领”已经成为当前高校思想政治教育不可或缺的重要工作方法。“典型引领”进入高校思想政治教育工作领域后，在理论和实践两个层面都迸发出了无限活力。在理论层面，“典型教育法”成为思想政治教育方法论的有益补充，刘新庚在《现代思想政治教育方法论》中提到，“典型教育法也叫示范教育法，是通过典型的人或者事物来进行示范，引导人们分析和解释典型事物或现象，促使人们学习或吸取教训，从而达到提高思想认识的目的”。[5]此外，针对典型教育与思想政治教育实效性、典型教育的心理学原理解析等一系列研究也逐渐引起学界广泛关注，极大地丰富了思想政治教育方法论研究。在实践层面，各高校先后选树宣传了“全国模范教师”孟二冬、“最美女教师”张丽莉、为救落水少年而献出生命的长江大学学生、扎根服务西部的华中农业大学“本禹志愿服务队”等先进个人和集体。这些从大学校园里、从广大师生身边走出来的先进典型，更加可亲、可敬、可信，更能够激发广大师生的情感认同和共鸣，调动广大师生的积极性，促使他们自觉、主动地以先进典型为榜样，用先进典型激励、鞭策自己。长期以来，先进典型的事迹和精神不断引领和激励广大师生，而受到激励和感染的广大师生中又不断涌现出新的典型，这样的良性循环在高校思想政治教育领域不断持续地发挥着重要作用。

二、高校思想政治教育离不开法律和道德的“底线约束”

1. “底线思维”是开展各项工作必不可少的战略思维。2013

年7月，习近平总书记在党外人士座谈会上提出要坚持“底线思维”，强调“无论做什么事情，都要有‘底线思维’，不回避矛盾，不掩盖问题，凡事从坏处准备，努力争取最好的结果，做到有备无患、遇事不慌，牢牢把握主动权”。“底线思维”是一种科学的思维方法。掌握这种思维方法就能做到认真评估决策处事的风险，估算可能出现的最坏情况，从而处变不惊、守住最后防线。《礼记·中庸》有云：“凡事预则立，不预则废。”这个“预”就是有备无患、遇事不慌。这种“底线思维”转化到我们日常生活中，就是主体依据自身利益、情感、道义、法律所设定的不可跨越的临界线、临界点，类似于升学招生考试的录取线，居民生活不能低于的贫困线，道德所不能突破的底线，法律所不允许践踏的底线，商业谈判双方各自坚守的交易底线，等等。底线一旦被突破，就会出现行为主体无法接受的坏结果，甚至导致彻底失败。所以，从唯物辩证法的角度来看，底线是由量变到质变的一个临界值，一旦量变突破底线，即达到质变的关节点，事物的性质就会发生根本性的变化。[6]因此，我们要时刻牢记忧患意识和“底线思维”，居安思危，牢牢把握住工作开展的底线。

2. 高校思想政治教育所面临的挑战要求必须具备“底线思维”。当前，国际国内形势正在发生深刻变化，高校思想政治教育正面临着前所未有的严峻挑战。从国际上看，当今世界正处在大发展、大变革、大调整的关键时期。和平与发展仍然是当今时代的主题，国际环境保持总体稳定，但影响和平与发展的不稳定、不确定因素也在增多，中东、北非、东欧一些国家政治陷入动荡，经济危机对世界经济的影响长期存在，有的国家社会骚乱频发，这些国际上的动荡局势通过网络等媒介快速进入高校师生视野，对他们的思想认识不断产生强烈冲击要看到的是，一些西方敌对势力企图祸水东引、搞乱中国，西化、分化我国的图谋始终没有停止。他们凭借经济、军事和科技上的优势，加紧对我国尤其是对青年人的价值观渗透，企图将其政治理念和价值观念推销、扩张到中国，把所谓的自由、民主、人权等资本主义理念冠以“普世价值”之名，以文化商品为载体，以更加隐蔽的方式，向高校师生渗透。从国内来看，我国正处在经济体制深刻变革、社会结构深刻变动、利益格局深刻调整的复杂社会转型期，随着社会经济成分、组织形式、利益关系和分配方式的日益多样化，人们思想的独立性、多样性和差异性进一步增强，各种非马克思主义的思想观念有所滋长，各种影响社会和谐稳定的思潮和舆论时有出现，并通过各种方式渗透到高校师生中，对高校师生的思想观念产生了不可忽视的影响。要继续保持高校这片“净土”，守住高校思想政治教育的重要阵地，不仅需要选树宣传一大批先进人物和典型事迹，更需要具备“底线思维”。

3. “底线约束”在高校思想政治教育中运用不足，效果不够。与“典型引领”相比，“底线约束”在高校思想政治教育中的运用仍显不足，不少高校还没有树立起强烈的“底线意识”，或者仅在校园安全稳定等工作中设立底线，而没有将其作为思想政治教育的重要工作思路和方法。从现有的各高校的舆论宣传来看，大多数高校都深入挖掘了校园内外的先进典型，但却很少有高校列出师生思想和行为的“负面清单”，多数高校花大力气宣扬了“应该做什么”，却很少明确提出“什么不能做”。结果导致社会主义核心价值观被高高挂起，停留在“号召”层面，缺乏保障落实的有力举措，培育和践行的实效性大打折扣。

三、高校培育和践行社会主义核心价值观要抓好“典型引领”和“底线约束”不可偏废

1. 科学选树宣传高校在培育和践行社会主义核心价值观中涌现出的先进典型。中央《关于培育和践行社会主义核心价值观的意见》要求，“大力宣传先进典型，评选表彰道德模范，形成学习先进、争当先进的浓厚风气”。具体到高校，就是要对照“三个倡导”，深入挖掘、广泛宣传广大干部师生中涌现出的模范践行社会主义核心价值观的先进人物和典型事迹。从宣传对象来看，要从广大师生中选取最真实、最贴近实际、最具有代表性的人物和事迹，不能“假大空”，人物和事迹越朴素、越真实、离师生距离越近，就越有说服力、越能打动人，要时刻注意发现“身边的感动”，用

身边事教育身边人，才能真正让受教育者看得见、够得着、学得会。从宣传途径来看，不仅要广泛调动校报校刊、校园广播等传统媒介，更要注重利用现代信息技术，通过校园网站、学校微博微信、师生论坛等多种途径，有条件的高校还要通过舞台剧、微电影等多种呈现方式，共同达到宣传教育效果。从宣传方式来看，要有计划、分阶段地开展，前期要集中力量广泛、深入地报道宣传先进人物和典型事迹，从情感上打动受教育者，中期要集中开展座谈会、报告会和研讨会，总结、凝炼、研究先进人物和典型事迹背后的思想特点和精神魅力，后期要结合高校师生实际，将先进人物和典型事迹的精神推广到具体工作、学习和生活中，转化为可供学习、要求具体、操作性强的思想和言行规范。

2. 用“底线约束”保障高校培育和践行社会主义核心价值观落细、落小、落实。党的十八大以来，尤其是习近平总书记五四重要讲话以来，各高校在教育部和地方教育主管部门的安排部署下，广泛开展多种形式的主题教育活动，在校园中积极培育和践行社会主义核心价值观，取得了很大成效。但对照中央要求和习近平总书记殷切期望，高校社会主义核心价值观教育还有很长的路要走，尤其是在把社会主义核心价值观融入高等教育全过程、各方面，真正落细、落小、落实，不仅要“典型引领”，更需要“底线约束”。高校要加强“底线约束”，首先要进一步强化高校师生的法制意识，要通过入职培训、课堂教育等多种途径分别对高校师生开展法制教育，通过各种方式调动师生学法、知法、懂法、守法的自觉性，使每个师生都掌握基本的法律知识，具备较高的法律素养，绝不触碰违反法律法规的“高压线”；其次要进一步完善校纪校规，要针对近年高校师生在学术研究、项目经费使用以及学生日常管理中暴露出的问题，并结合学校实际情况，不断完善校纪校规，既不片面强调师生的义务而忽视权利，也不片面强调权利而绝口不提义务；再次要注重道德底线建设，通过建立师生“诚信档案”、列出师生言行“负面清单”等多种方式，强化对师生言行的“软管理”，让好的行为得到褒奖，让不好的行为得到惩罚。但值得注意的是，必须将高校思想政治教育的“底线约束”与中小学思想品德教育的行为规范区别开来。高校学生大多已经步入成年人行列，知识层次较高，心智相对成熟，思想和行为都体现出更独立的一面，中小学思想和行为规范显然难以满足其需要。我们强调高校思想政治教育“底线约束”，更多地要因时制宜、因地制宜，要紧密结合高校师生工作、学习、生活的实际，更要结合法律法规、校纪校规来设置底线。忽视了这一客观状况，就会使“底线”形同虚设，甚至反过来妨害了校园正常秩序，适得其反。

3. 把“典型引领”和“底线约束”有机统一到培育和践行社会主义核心价值观的系统工程中。中央《关于培育和践行社会主义核心价值观的意见》强调，要“注重宣传教育、示范引领、实践养成相统一，注重政策保障、制度规范、法律约束相衔接”，从指导思想上就明确了既要“典型引领”，又要“底线约束”。高校培育和践行社会主义核心价值观是一个复杂的系统工程，从工作思路和方法来看，既要靠教育引导，也要靠法律、政策和规章制度，必须综合运用多种手段，把提倡与反对、引导与约束结合起来，通过严格科学的管理，培养文明行为，抵制消极现象，在校园内外形成扶正祛邪、扬善惩恶的良好风气。抓住了“典型引领”与“底线约束”，就抓住了两端，抓住了关键，就能把广大师生带动起来，积极主动地培育和践行社会主义核心价值观。

“九层之台，起于垒土；合抱之木，生于毫末”，青年的价值取向决定了未来整个社会的价值取向，高校作为青年培育和践行社会主义核心价值观的重要阵地，责任重大，使命光荣。既注重“典型引领”，又加强“底线约束”，系统地、立体地开展高校社会主义核心价值观宣传教育是保证工作取得实效的重要思路和方法。

（作者单位：教育部社科中心）

注释：

［1］毛泽东文集，第5卷［M］. 北京：人民出版社，1996.

［2］赵可铭. 发挥先进典型的示范引导作用［N］. 人民日报，2000-02-29.

[3] 中共中央宣传部办公厅、中央档案馆编研部编．中国共产党宣传工作文献选编 [C]. 北京：学习出版社，1996.

[4] 李瑞环．关于职工思想政治工作的若干问题 [A]. 中国共产党思想政治教育史料选编 [C]. 武汉：武汉大学出版社，2009.

[5] 刘新庚．现代思想政治教育方法论 [M]. 北京：人民出版社，2008.

[6] 张国祚．谈谈“底线思维” [J]. 求是，2013（19）.

海上丝绸之路文化资源融入高校社会主义核心价值观教育的实践路径研究

杨建锋

海上丝绸之路所蕴含的文化价值，是中华民族生存经验、精神历练和心理磨砺集中体现和累积的一种“本质力量”，是植根中华文化的本源并与其他国家和民族文化彼此碰撞、融合和创新的文化体系，与社会主义核心价值观具有深层的内蕴意义关联。高校应挖掘海上丝绸之路的文化价值，融入社会主义核心价值观教育之中，作为大学生涵养社会主义核心价值观的丰富资源载体。

一、文化性契合：海上丝绸之路与社会主义核心价值观教育的底蕴关联

1. 文化开放性的拓展，呈现富强的价值追求特征

海上丝绸之路以一种开拓性的姿态，吹响中华民族渴望富强的进军号角。以福建为例，在探索和利用海洋的漫长历史中，福建人形成了“以海为家”的独特生活方式，孕育出辉煌的海洋文化。面对广袤的大海，福建先民以莫大的勇气，视大海为“闽人之田也”，发挥“习水善舟、走船航海”的鲜明优势，“资食于海外”，开辟海上通商贸易的新进程。拢资出海和越洋经商是福建先民的一项主业，贸易风气盛行。勇于冒险的福建先民出海贸易经商，从而实现个人财富累积，并带动家族、地方的经济繁荣。在对外贸易记载里，以福州港、泉州港为代表的贸易港口，启动通往东亚、东南亚、南亚、非洲等不同航线的海外经济贸易活动，开辟与一百多个国家和地区的经济贸易、文化交流往来。海上丝绸之路的文化基

础，就是以开放向海的勇气，铸就追求富强的价值基因。沿海先民跨越海上丝绸之路，将丰饶的中国物产和异邦物产实现交换增值，开展对富强追求的中国式道路探索。

2. 文化主体性的兼容，呈现文明的价值精神特征

海上丝绸之路坚定守护中华文化的精神内核，又以博大胸襟对其他文明兼容并蓄，坚持文化主体性基础上的文明兼容，是海上丝绸之路的独特文明气质。海上丝绸之路的文化特质演变，是传统的本土文化在与各种外来文化经过不可避免的抗拒与冲突，逐渐整合、包容和影响而成的。海上丝绸之路善于借鉴吸收不同文化的优秀成果，最终创造更符合时代要求、更具备先进特征的文明形态。以唐代为例，域外的艺术、宗教、习俗、器用等诸多文化通过海上通路传入中国，对外文化交往呈现自由开放的特性。中华文化与域外文化以其频繁交流互动的模式，产生相互间的碰触和冲撞。在融合的过程中，中华文化对外域民族中的文化精髓部分加以批判性吸收，并以创造性发展的形态被溶化于中华文化的内涵之中，最终成就绚丽多姿的盛唐文化。

3. 文化冲突性的解决，呈现和谐的价值交往特征

在海上丝绸之路历史上，崇尚中庸之道的中华文化遇到不同类型、不同性质、不同模式、不同特点的文化之间的矛盾。面对悬殊的价值观念，海上丝绸之路以平等、和谐的传统中华智慧成功解决文化冲突问题，提供了一份外来文化与本土文化融合共存的样本。以最为典型的宗教为例，唐代以降，由于海路的开放畅通，大量来自阿拉伯、印度、波斯等诸国的使节、商人、僧侣前来泉州传教。一时间，泉州各类宗教教寺林立，多种宗教信仰、语言文字、习俗礼仪竞相传播。在全盛时期，佛教、道教、基督教、天主教、伊斯兰教等在泉州和睦共处，让泉州赢得“世界宗教博物馆”的美誉。海上丝绸之路的文化交流就是中华文化与世界各国各个文化圈之间的双向互动。海上丝绸之路摒弃一个文明暴力征服另一个文明的惯有思维，完成了不同文化要素互学互鉴、和谐共处的生动实践。

二、现代性转换：海上丝绸之路与社会主义核心价值观教育的逻辑贯通

1. 在历史文化传承中，坚定核心价值观的信仰

一个民族、一个国家的核心价值观必须同这个民族、这个国家的历史文化相契合，抛弃传统、丢掉根本，就等于割断了自己的精神命脉。当前，大学生的理论认知和思想观念正发生深刻变化，重新塑造和定义对历史文化的价值评价和行为选择。作为开拓了中华海洋文明空间的宏伟社会实践，海上丝绸之路在空间的广度和时间的宽度上，不断注入以中华意志为标志的深层记忆，从整体格局发挥着影响社会思想观念的作用，成为贯通中华优秀传统文化的一道有力主线，对历史文化的价值选择起着强基固本作用。这种以强化和支撑中华传统文化的宝贵资源，时刻发射以认同中华文明为旨归的文化信号，辐射到学生的全部生活实践之中，最终稳定学生以认同中华传统文化为轴心的个人思想认知、情感倾向和行为取向，藉以完成对中华历史文化的继承和认同。

2. 在多元文化比较中，明确核心价值观的选择

如何引导大学生在多元价值中明确核心价值的正确选择，是高校社会主义核心价值观教育面临的现实问题。从多元文化比较的角度而言，海上丝绸之路文化展现的文化互信互惠模式，为学生明确多元文化选择提供经典范例。“海上丝路”的悠久历史和蕴含的共同价值观，是全世界建设21世纪繁荣社会、海洋强国的基础和指南。海上丝绸之路“其内核是基于华夏文明的和平之路，其根本是基于彼此发展的共赢之路，其措施是基于民族交往的友谊之路，其要义是基于文明交融的人文之路”。高校要通过解析海上丝绸之路呈现出的文化价值模式，以历史借鉴和当前的国家行为作为时空呼应来厘清、协调、主导核心价值观与非主流价值观之间的关系，可以帮助学生更加清晰地理解国家价值观产生的正能量和影响力，引导学生在正确的多元选择中孕育和强化社会主义核心价值观。

3. 在国家文化层面中，强化核心价值观的自信

所谓文化自觉和文化自信，本质上是对本民族固有文化的历史

使命和发展前景的自觉与自信。从国家层面的价值教育而言，高校应以“丝绸之路经济带”和“21世纪海上丝绸之路”这一重大国家事件作为社会主义核心价值观教育的资源载体，以实现聚焦效应，“吸引”学生眼球。这一事件对90后大学生国家价值的教育意义在于，实现了以“世界的中国”作为价值坐标的国家意识的一种“强化”，将国家意识放在融入和服务其他国家共同发展的背景进行价值呈现，传递中国与邻为善、守望相助的责任意识。高校要通过对这种国家价值观的教育和解读，深入分析“丝绸之路经济带”和“21世纪海上丝绸之路”所体现出来的国家制度、理念和行为，精准传递背后蕴含的国家价值取向，以学生接受的方式进行全景展示，真正达成一种国家价值的深度认同。

三、实践性融入：海上丝绸之路与社会主义核心价值观教育的行动嬗变

1. 重返历史遗迹的主体感悟，强化学生价值观认知体验

学生对于社会主义核心价值观的认同离不开主体心理感悟这个必经的基础阶段。要将海上丝绸之路历史遗迹承载的价值能量传导到学生心中，须以回到历史现场的直接理解和感悟，化为主体生命活动的内在形态。海上丝绸之路在泉州、福州、厦门等地都存有大量的历史遗存和文化遗迹。郑和自太平港“累驻于斯，伺风开洋”，到访亚非三十多个国家和地区，“与诸番贸易”，“宣德化而柔远人”，完成七下西洋壮举，印刻下海上丝绸之路的辉煌记忆，成为中华民族的重要精神财富。高校可以组织学生开展海上丝绸之路遗迹的文化调研和社会实践活动，让学生回到历史现场，领略和感受海上丝绸之路的文化内涵和历史底蕴，才能产生出更加直观的价值认识和心态感悟。学生不仅从感性基础了解和触摸中华民族从过往到当下不懈追求富强文明的历史心灵轨迹，也更理性地激发出强烈的社会责任感，懂得了一个古老民族的历史担当、责任和使命。

2. 深化时空对话的理性思辨，强化学生价值观研究体验

弘扬传承海上丝绸之路的文化价值，既是高校将传统文化引入

主流教育的职能所在，更是秉承人性视角和理性精神，对中华民族生存精神和生存智慧及活态文化存在的认知继承和文化整合，代表历史文化的血脉和记忆的延续。高校应以弘扬民族文化和地域精神为主旨，利用海上丝绸之路资源开设全校性公共选修课程，以课堂教学的方式开展综合性的人文素养教育，引导大学生对海上丝绸之路的深层思辨和理解。诸如，开设《海上丝绸之路的文化价值研究》等素质教育课程，向学生系统介绍海上丝绸之路历史文化的内涵、特征及其发展等，使学生学史明智，对海上丝绸之路的文化魅力从感悟上升到理性思考，不断巩固大学生核心价值观的逻辑基础。这是为弘扬和传播优秀传统文化探索有益途径，也是加强大学生思想政治教育的重要途径。

3. 融入校园活动的模式设计，强化学生价值观行为体验

社会主义核心价值观教育只有与实践相结合，并指导实践行为的开展，才能焕发出应有的力量和意义。作为调动学生能动性的有效方式，校园文化活动往往起到调和价值观念、促进学生理性行为的作用。当前，深入挖掘海上丝绸之路在社会主义核心价值观教育中的实践资源，并以合适方式融入校园活动，可以切实发挥其在大学生价值观行为转化的“催化剂”作用，其产生的影响力和感染力是不言而喻的。高校社会主义核心价值观教育要精准把握二者结合的节点，将其导入社会主义核心价值观的实践内容，可以实现在常规思想教育手段下难以收获的教育成效。诸如，在校园文化建设中融入海上丝绸之路的模块内容，以形象的载体依托弥补理论教育的枯燥性。诸如，以学生喜爱的创意方式举行海上丝绸之路的文化展设计、舞台剧编排、微电影拍摄、动漫制作等活动，结合声光、影像等多种方式，进入学生的认知视野。这种将海上丝绸之路文化资源与学生活动融合并促使学生情感迸发、行为升华的活动设计，可以在深层次培育学生价值观生长、发育、转化的生理心理机制。

在国家实施“一带一路”战略计划的今天，海上丝绸之路的价值弘扬和底蕴提升，正和国家文化价值合拍共振。重新审视和发掘海上丝绸之路的价值，融入高校社会主义核心价值观教育，可以

激发大学生的价值感悟，让海上丝绸之路成为学生涵养社会主义核心价值观的文化沃土。

（作者单位：福建工程学院）

利用武汉地区红色资源加强对大学生核心价值观培育模式探究

詹爱霞

党的十八大报告提出，要大力加强社会主义核心价值体系建设，积极培育和践行社会主义核心价值观。高校思想政治理论课是对大学生进行思想政治教育的主要阵地，在当前形势下要担负起对大学生核心价值观培育的重大职责。作为一名承担《中国近现代史纲要》课教学的教师，笔者对于能够生活在武汉这座城市感到非常幸运。武汉是一座历史文化名城，近代又数度成为中国革命的中心，堪称中国革命史、中共党史的大型博物馆，为《中国近现代史纲要》课的实践教学提供了最丰富的资源、最广阔的天地。利用武汉地区红色资源、培育大学生核心价值观，任重而道远。

一、武汉地区红色资源的界定

对红色资源的界定，关键在于对“红色”的理解。首先，在近代中国，最早赋予红色“热血”“革命”含义的是资产阶级革命党人。亲历武昌起义的赵师梅回忆，共进会领导人刘公在起义前命其制作铁血旗时曾说，铁血旗为红底和黑九角星，象征革命必须使用武力，以热血驱逐鞑虏、恢复中华。中华民国的青天白日满地红旗，同样以红色为底。由此可见，红色所具有的革命、奉献、奋斗的属性也深深地镌刻在那些资产阶级革命党人的足迹中，仅仅将红色资源与中国共产党的实践活动联系起来是有失偏颇的。其二，近代以来，人们对武汉“敢为天下先”城市精神的最初记忆，源自于张之洞的湖北新政，承继于武昌首义，勃发于北伐战争，辉煌于武汉抗战。在 2011 年 12 月 1 日，经过历时四个月的征集和 20 万武汉市民的热情参与，武汉的城市精神应运而生：敢为人先、追求卓越。这八个字是对武汉城市历史文化的升华、是广大市民精神气质的提炼，是社会主义核心价值观在武汉的高度凝结，是对于武汉这座城市光辉历史的共同记忆。试想，武汉地区红色资源界定，倘若缺失了革命党人敢为天下先的首义精神，那么，承载了无数武汉人对未来的美好向往和追求的武汉城市精神“敢为人先、追求卓越”必将黯然失色、暗淡无光。有鉴于此，武汉地区红色资源应该是指：近代以来，武汉地区人民在探寻国家出路、谋求民族振兴的历程中留下的物质和精神财富总和。从时间跨度来讲，它从鸦片战争延续到中国特色社会主义现代化建设的今天；从实践主体来讲，包括了农民阶级、地主阶级、民族资产阶级、无产阶级和如今的各类行业标兵及道德模范；从存在形式来讲，包括物质和精神两个方面，其中，物质层面的红色资源，有各式事件旧址、遗址、纪念碑、烈士墓、博物馆、故居、陵园等；精神层面的红色资源，有口耳相传的叙事、人物传记及各类精神（首义精神、武汉抗战精神、武汉城市精神）等。

二、利用武汉地区红色资源，引导大学生培育和践行核心价值观的意义

1. 从国家发展层面来看，是建设社会主义文化强国的迫切需要。在全社会积极弘扬和培育社会主义核心价值观的当下，必须尤为重视青年尤其是大学生价值观的养成。大学生是中国特色社会主义事业的建设者和接班人，利用地区红色资源，积极引导大学生培育和践行社会主义核心价值观，将他们培养为合格的接班人，是增强中国文化软实力、构筑民族精神长城、维护国家意识形态安全的一项意义重大的政治任务。敢为人先的武汉应该再挑重任，在探索积极开发和利用红色资源，增强核心价值观教育实效性方面先行先试，积聚经验，以期示范全国。

2. 从地方现实状况来看，是维护武汉地区社会稳定、推进武汉和谐社会建设的迫切需要。首先，武汉地区高校云集，大学生基

数庞大。2016 年，武汉以 130 万（数据来自武汉城市宣传片）的在校大学生数高居全球城市在校大学生人数排名榜榜首。来自不同民族、不同地域、不同发展程度地区的如此巨大的受众群体，对核心价值的感受各不相同，要他们全部接受并践行核心价值观，无疑是一项极大的挑战。其次，武汉九省通衢的地理位置、自古以来“包容并存”的城市气质及现时代文化、价值观念的多元化，造成了武汉地区大学生复杂的思想政治状况。一项武汉高校大学生宗教信仰问题的调查显示：29.3%的学生对宗教有兴趣（且有逐年增长趋势），30.2%的学生偶尔出入宗教场所，52.6%的学生认为宗教包含着真理，55.3%的学生认为宗教与科学精神不违背，认为宗教信仰利大于弊的占总数的 30%，还有 54.4%的学生认为出现了信仰危机！在复杂的外部环境、冲突的价值观念、多变的社会现实中，及时疏导数量庞大的武汉学生群体思想上的疑虑，解决他们在价值观和信仰问题上的困惑，对于维护武汉地区社会稳定、推动武汉和谐社会建设是极其重要的。

3. 从武汉发展愿景来看，是弘扬武汉城市精神、振兴大武汉、实现武汉成为中部崛起龙头的迫切需要。人无精神不振，城无精神不立，城市精神是一个城市发展的强大精神支柱和动力源泉。塑造和弘扬武汉城市精神，必须提高武汉人民的公德精神、公民意识、时代精神和人文精神。大学生作为这座特大城市的特殊群体，应该率先垂范、身体力行，成为武汉城市精神的倡导者、宣传者和践行者。在武汉地区，许多历史遗存闪耀着武汉人民敢为天下先的精神光芒。因此，利用地区红色资源，培育核心价值，弘扬城市精神，是实现武汉美丽愿景的应有之举。

三、利用武汉地区红色资源培育大学生核心价值观存在的问题及应对方法

1. 当前利用武汉地区红色资源推进核心价值观培育存在的问题。经过调研，笔者认为存在的主要问题有以下几点：首先，利用率极低，不仅如此，损毁和保护不力的现象时有发生。其次，形式主义倾向较严重。笔者注意到，某些热闹、繁华地区的红色景点，

游人还是较多的，其中以武昌起义军政府旧址（俗称红楼）居最。那么游人能否从参观中领悟到核心价值的某些精髓？经询问，笔者发现红楼的参观者主要是两类：学校和事业机关组织参观、旅行社组织参观。前者是为了完成某项任务，后者则好奇者有之，更主要的是随旅行社安排。无论哪一类，都是走马观花。再次，红色资源是中华民族重要的精神食粮，是社会主义核心价值观重要的载体。但是，对武汉地区红色资源内蕴的核心价值的挖掘远远不够。虽然，对于武汉地区精神层面红色资源的核心价值发掘和宣传的工作起步较早，在全国都有一定影响，但是也存在问题：宣传面过窄、宣传手段有待进一步优化。笔者注意到，不仅红色景点自身忽视了对资源核心价值的整合利用，武汉学界对这一方面的研究也很少。笔者知网查询不到此方面的信息。最后，红色资源景点的布展和接待能力有待进一步提升。笔者今年四月带学生参观中山舰博物馆，发现两个问题：图片布展略显混乱；偌大展厅，仅有有限的几名工作人员，我们连讲解员都找不到。在随后的参观中，笔者无意听到了一个讲解员的讲解，发现其人将大量的野史掺入其中。在辛亥革命博物馆，笔者发现问题也较多，比如，第一个展厅复印的信件是反的；对近代中国担任海关税务总司职务时间最长的英国人赫德的介绍，时间上是错误的。这些不仅会误导没有历史常识的观众，而且极大损害了观众心目中博物馆、纪念馆的权威。

2. 利用武汉地区红色资源推进核心价值观培育的有效模式。利用武汉地区红色资源推进大学生核心价值观培育的实践，绝不是思想政治教育工作者的单打独斗，它需要全社会的合力推动，才能形成一条系统培育践行核心价值观的有效模式。

（1）上级部门宏观统筹。武汉地区市局级教育管理部门，可以根据本地区所拥有的红色资源，联通其他地区学校，统筹安排，结合学生不同实际情况和接受状况，制定出一个适应大学生不同阶段的核心价值养成规划，为大学生培育核心价值观奠定坚实基础。

（2）学校就地取材。武汉地区红色资源不仅内容极其丰富，而且广泛分布在学校、居民区和机关单位，这为各类学校随时随地利用红色资源对不同群体、尤其是大中小学生进行核心价值观培育提供了现实可能性，从而有效解决红色资源利用率低下的问题。

（3）社区和基层组织联动。社区和基层组织在学生形成自己价值观的漫长过程中是大有可为的。社区工作人员可以在上级基层组织的支持下，以文艺晚会、红歌比赛、故事会、宣传栏、宣讲会、画报等不一而足的方式，大力宣扬核心价值，在学生身边营造浓郁的彰显正能量的社会氛围，激起他们情感上对核心价值的强烈共鸣，使他们在从小的耳濡目染中逐渐形成正确的价值观、人生观和世界观。

（4）专家学者配合。专家学者要本着高度的社会责任感，配合文化管理部门，深入挖掘红色资源德性内涵。习近平总书记指出："核心价值观，其实就是一种德，既是个人的德，也是一种大德，就是国家的德、社会的德。"从某种程度而言，大学生社会主义核心价值观培育，本质上是"塑德"教育。武汉地区红色资源作为武汉先进群体奋斗历史的见证，蕴涵着丰富的道德内容和伦理观念，其所体现的道德风貌和核心价值观高度契合。当前，全社会都意识到核心价值培育的重要性，但普遍没有重视红色资源所蕴含的核心价值属性，在这个方面所进行的研究严重滞后。因此，专家学者必须充分挖掘武汉地区红色资源中蕴涵的核心价值因素，使之成为大学生在参观红色资源中感悟核心价值的精神力量。

（5）红色资源景点自我完善。打铁还需自身硬，要形成对全社会的影响力、扩大辐射面，红色资源景点必须全面整改，提升各方面能力。红色资源景点整改，核心是两条：提升红色资源景点布展内容的文化内涵、彰显核心价值；提升景点接待员讲解员文化素养、凸显红色文化魅力。这是两个决定性的硬件，红色资源景点必须联通相关文化管理部门和专家花大力气解决。当然，还有一些其他问题，譬如接待能力不足、很多红色资源景点布展内容趋同等，前者在短期内无法培训更多高素养接待员的情况下，完全可以通过预约已满、限制参观等方法妥善处理；后者则需要相关管理部门联合各景点单位协商解决。

（6）高校行政管理部门通力合作。目前，囿于课时不足、资金短缺，高校思想政治理论课实践教学还很薄弱，存在的主要问题是：形式比较单一、无量化考核标准。究其原因，归根到底还是思政课没有受到学校领导和相关行政管理部门的真正重视；看其结果，自然是走过程的形式主义使实践教学效果大打折扣。要进一步加强和改进高校思政课社会实践环节，不仅需要教师付出更多的心血，更需要学校相关部门大力合作。教务管理部门在制订教学计划时，应该充分考虑思想政治理论课社会实践的复杂性（学生数目庞大、文化素养不一等），给老师开放更多的权限，同时，量化核算学生与教师社会实践活动过程与结果，前者计入学分，后者计入教学工作量。学校团委、学生处及各学院辅导员也应该积极协同承担思政课的院系，有效开展思政课程的社会实践。

（作者单位：江汉大学）

“纲要”课教学中积极培育大学生社会主义核心价值观的思考

王　哲

习近平同志在第十二届全国人大一次会议上满怀深情地指出，实现中华民族伟大复兴的中国梦，就是要实现国家富强、民族振兴、人民幸福。中国梦的实现离不开社会主义核心价值观的引领。高校思想政治理论课是大学生社会主义核心价值观教育的主渠道，“中国近现代史纲要”课（以下简称“纲要”课）作为思想政治理论课课程体系的重要组成部分，在其课程教学中积极培育社会主义核心价值观，必将极大地推动社会主义核心价值体系建设以保障中国梦的实现。

一、“纲要”课教学内容与社会主义核心价值观的内在联系

“纲要”课教学内容和社会主义核心价值观的内涵密不可分。

富强、民主、文明、和谐，是立足国家层面提出的中华民族全面复兴的价值理念。实际上一部近现代史，就是中国人民为实现中华民族的富强、民主、文明、和谐而不断探索和奋斗的历史。从鸦片战争到五四运动前的八十年间，太平天国、洋务运动、戊戌变法、辛亥革命虽然都失败了，但中国的先进分子在千辛万苦的求索和血的奋斗代价中，最终选择了马克思主义理论，选择了中国共产党的领导，选择了中国特色社会主义道路。富强、民主、文明、和谐，就是要实现国家昌盛、人民幸福和社会和谐，代表了近代以来中国人民寻求民族独立、人民解放和民族复兴、共同富裕的热切期

盼，昭示了中国特色社会主义伟大事业的美好前景，始终是鼓舞人心、振奋精神的价值追求，是一个能够凝聚起亿万人民群众智慧和力量的宏伟目标。

自由、平等、公正、法治，是立足社会层面提出的党和国家执政的核心价值理念。中国共产党是马克思主义政党，马克思主义追求的终极目标是人的自由而全面的发展，中国共产党自成立之日起就将马克思主义写在自己的理论旗帜上，并为之作出不懈奋斗。近代以来中国人民备受帝国主义的奴役凌辱和封建主义的剥削压迫，其在世界民族之林所遭受的不自由、不平等、不公正、非法治的程度和苦难是前所未有的。为了民族的独立和人民解放，中国共产党领导中国人民，前赴后继，完成了新民主主义的革命任务，建立了伟大的中华人民共和国，引导中国人民走上了社会主义的发展道路，为建立一个自由、平等、公正、法治的社会奠定了根本的发展基础。新中国成立六十多年来，我国在建设中国特色社会主义的伟大实践中，极大发展了人民的自由和平等，极大发展了社会的公正和法治。

爱国、敬业、诚信、友善，是立足公民个人层面提出的公民个人应当树立的基本价值追求和应当遵循的根本道德准则。在历史发展的长河中，中华民族形成了自己独特的民族精神和传统美德，这就是爱国主义精神、自强不息精神、勇于奉献精神、诚信节俭精神、互助友善精神等。近代以来，面对外来侵略，我们的国土被分割，民族遭涂炭，人民受尽了屠杀和凌辱，但苦难的命运没能使中国人民甘于沉沦，中国人民抗击强暴、百折不挠、英勇不屈，涌现出无数的爱国民族英雄和救国救民的仁人志士，充分显示了中华民族精神和爱国、奉献、责任、担当的美好品德。在当代，中华民族精神成为社会主义核心价值观的重要组成部分，爱国、敬业、诚信、友善，涵盖了社会主义公民道德行为各个环节，贯穿了社会公德、职业道德、家庭美德、个人品德各个方面，集成了中华民族传统美德、中国共产党人革命道德和社会主义新时期道德的精华，具有很强的全面性和系统性。

总之，“纲要”课的教学内容和社会主义核心价值观的内涵高度契合，其核心价值理念渗透于中国近现代历史发展的客观进程和必然趋势之中，“纲要”课的教学过程就是积极培育大学生社会主义核心价值观的过程。

二、“纲要”课教学中积极培育社会主义核心价值观的基本原则

“纲要”课教学中要想达到培育社会主义核心价值观的教学目标，必须遵循以下基本原则。

1. 价值引领和价值认同相一致的原则。在“纲要”课教学中积极培育社会主义核心价值观，教师就必须充分发挥其主导的价值引领作用，把“三个倡导”所体现的国家层面、社会层面、公民个人层面的价值取向，融会贯通于整个教学过程。教师引领作用的实现和对学生认同社会主义核心价值观影响的大小，首先基于教师对社会主义核心价值观认同和践行的程度。“纲要”课的任课教师作为思想政治理论课教师队伍的组成部分，承担着社会主义核心价值观的传播者和大学生成长成才的引路人的角色，必须具有坚定的社会主义理想信念，在对中国特色社会主义的道路自信、理论自信、制度自信的基础上，对社会主义核心价值观的内涵有深切体悟和自觉认同，这样才能起到引领大学生认同社会主义核心价值观的主导作用。

2. 学术评价与学术批判相结合的原则。“纲要”课教学内容所涉及的学术评价和近代以来中国人民的“三个选择”紧密联系在一起，对历史人物、历史事件、历史过程的评价具有价值导向的作用。“纲要”课教学中要用马克思主义历史唯物主义的观点揭示和证明近代以来中国历史发展的必然趋势和客观规律，批判历史虚无主义等错误的学术观点和社会思潮，解疑释惑，坚定学生走中国特色社会主义道路的决心和信心。

3. 历史和现实相结合的原则。“纲要”课的教学目的是通过讲授近代以来的历史，使学生在了解国史、国情的基础上，懂得“三个选择”的必然性和正确性，本质上是通过历史教育的作用，使大学生在学习的过程中感悟和把握近代以来历史发展的规律，自

觉认同中国特色社会主义核心价值体系，自觉践行社会主义核心价值观。从这个意义上讲，近代以来中国社会的发展史，就是“没有共产党就没有新中国”的历史，“只有社会主义才能救中国”、“只有社会主义才能发展中国”的历史。近代以来中华民族伟大的复兴，离不开中国化的马克思主义理论创新，离不开中国共产党的领导，离不开走中国特色的社会主义道路。历史是一面镜子，当代的一切社会现象都可以从已经过去的历史中找到答案，从这一视角出发，历史和现实是永远结合在一起的，关键是我们学习历史的过程中，感悟到了什么是真理，吸取了那些历史智慧和经验教训。

三、“纲要”课教学中积极培育社会主义核心价值观的方法途径

1. “纲要”课理论教学培育社会主义核心价值观方法途径的探索。“纲要”课理论教学的内容，上自 1840 年鸦片战争的爆发，下至中共十八大马克思主义中国化最新的创新理论，要用 32 个学时完成规定的教学任务，不在教学内容的安排和教学方法上下工夫是不行的。目前在教学内容的安排上有两种教学模式：一是围绕近现代史的主题主线，突出重点，把教材体系整合为新的教学体系，专题教学模式；二是基本以教材上、中、下三编为体系，把握主要内容，进行模块教学。这两种教学安排，重点大学以前者为多，普通高校多数则选择后者。但无论选取哪种教学模式，教学方法改革的取向都是以学生为中心，教师的主导和学生的主体能够通过双向互动，加深对历史事件和历史过程的理解，认同历史发展的走向和必然趋势。循着这一教学改革思路和教学理念，“纲要”课理论教学培育社会主义核心价值观的方法途径，重在利用一切有利于增强教学内容吸引力的教学资源，调动学生学习的积极性和能动性，以达到更好的教学效果，为此可在教学中注重以下方式方法的运用。

合理运用多媒体教学手段。“纲要”课教学中运用多媒体教学已成为成熟的教学手段，但能够合理利用丰富的图片、影像资料和教学内容完美衔接的教学课件却不多见。目前“纲要”课多媒体课件存在的问题主要体现为：一是运用文献、图片、影像资料的滥

化现象，大量的堆积和重复，冲淡了教学内容的深刻分析和历史内涵的深化；二是文献、图片、影像资料的运用和课程内容讲授的衔接节点错位，没能融为一体，使其效果最大化。“纲要”课程教学时数有限，资料的运用一定要在少而精上下工夫，这需要在把握整体教学内容体系的基础上，筛选出最有说服力和代表性的文献、图片、影像，运用多媒体技术使二者完美结合，增强教学内容的直观性、生动性和吸引力，从而还原部分历史真实场景，使教学效果最大化。

积极运用新兴媒体，将课堂教学延伸到网络、微博，弥补课堂教学的局限性，使师生互动交流突破时空的界限，使价值引导的作用常态化和持久化。课堂教学的地位和作用毋庸置疑，教师应充分发挥主观能动性，来调动一切积极因素，积极培育社会主义核心价值观。但毕竟课堂教学的时间、空间、课时、手段是有限的，而新兴媒体的兴起和运用恰好弥补了这一不足。在教学中可以使大量的历史教育资源延伸到网络，使学生在课后访问专题网址：比如鸦片战争纪念馆、辛亥革命纪念馆、中共一大会址纪念馆、井冈山革命纪念馆、延安革命纪念馆、抗日战争纪念馆等，通过对重大历史事件的了解进行专题讨论；再比如访问毛泽东纪念馆、周恩来纪念馆、瞿秋白纪念馆等，通过对革命领袖人物生平事迹的了解，写出心得体会；还可以利用网络使学生观看《建党伟业》、《长征》、《井冈山》、《开国大典》等红色历史电影电视剧，丰富学习内容和加深对教材的理解。可以借助微博这一新兴媒体交流平台，老师有针对性地设置课堂上无法充分展开的专题讨论话题，在课后师生互动共鸣中平等地交流，用社会主义核心价值观净化学生的心灵世界。

注重利用音乐、歌曲等反映时代精神的先进文化，烘托课堂教学氛围，激发学生内心的历史责任感和爱国热情，激发学生对历史发展趋势和历史结论的认同感。爱国革命歌曲是时代精神和先进文化的精华，是历史悲怆的呐喊和民族奋起的号角，是穿透时空的精神力量，给人以无比的激情和前进的动力。一首《我的家在东北松花江上》，把人们自然带回到“九一八”日本发动侵略战争后满目疮痍的东北大地上；一首《义勇军进行曲》，仿佛身临其境中华民族到了最危险的时候，我们每一个人都应该义无返顾地奔赴抗日的战场；一首《黄河大合唱》，顷刻间人人胸中澎湃，爱国的激情似火一样在燃烧；而一首《毕业歌》，由然使莘莘学子心中涌动起历史的责任感和时代的使命感。在教学的过程中巧妙地运用这些元素，能够起到无可替代的理想、信念、价值观的教育作用。

注重从文化选择和文化发展的视角，引导学生形成先进文化必然代替落后文化的历史意识，加深学生对社会主义核心价值观的认同，抵御多元文化不良的影响。马克思历史唯物主义告诉我们，一部人类文明史就是先进文化不断代替落后文化发展的历史。鸦片战争后中国由传统社会向现代社会转型，文化的选择经历了自觉性、自信性不够到自觉性、自信性逐步增强并进而充满自信的曲折发展过程。由最初的被迫和不十分情愿学习外来文化，到民族觉醒主动引进和学习外来先进文化，再到不是一味地模仿外来文化和否定传统文化，从中国的实际出发自觉地顺应时代要求和世界历史发展的趋势，充满自信地以马克思主义为指导，借鉴和吸收古今中外优秀的文化，创造出富有中国特色的新民主主义文化和社会主义文化的发展过程。所以，在“纲要”课教学中加强对学生文化发展意识的培养，注重从文化的视角解读“历史和人民选择了中国共产党，选择了马克思主义，选择了社会主义道路”等历史结论，这无疑会加深学生对社会主义核心价值观的认同。

2. “纲要”课实践教学培育社会主义核心价值观的方法途径。“纲要”课课程在积极探索通过理论教学培育社会主义核心价值观方式方法的同时，在实践教学方面也应积极探索行之有效的方法途径。目前，经过多年的探索，各地高校形成了多种实践教学方案和多样的实践教学模式。但通过实践教学培育社会主义核心价值观的方法途径拓展的空间仍然很大，从形式的多样性到实践的有效性都有待进一步提高。

培育社会主义核心价值观重在实践。没有实践就不会有切身的体悟和感受，就不会有心灵的升华和内在的本体自觉。“纲要”课实践教学培育社会主义核心价值观，历史的和现实的资源都很丰富，可多方位、多渠道、多形式的开展。第一，加强大学生实践教学活动中培育社会主义核心价值观的有效性。大学生实践教学活动中培育社会主义核心价值观的方式方法很多，比如：谒拜革命先烈，缅怀为国家和理想而献出生命的前辈的丰功伟绩，进行理想信念教育；参观革命遗址、名人故居、大型展览等，进行爱国主义教育；走访老红军、老八路、老革命，进行革命传统教育；走访成功企业家，感悟创业教育；参观社会主义新农村建设，进行国情教育等。所有这些活动，要有预案、有计划、有组织、有收获，要求写出心得体会和调查报告，要开展实践教学活动展览、评比、交流，也可以组织网上讨论，起到课堂教学难以发挥的教育作用。第二，大学生实习活动也是实践教学培育社会主义核心价值观的一个重要途径。比如到机关、工厂、学校、农村，可体验改革创新的时代精神、先苦后甜的奉献精神、艰苦奋斗的责任精神等。第三，利用暑期社会实践活动，组织学生重走长征路、走访井冈山、延安、西柏坡等，通过自己亲身的感悟，结合教学内容，通过报告会等形式和同学交流、共同分享身心的体悟和收获。第四，加强大学生校园文化建设中社会主义核心价值的教育作用。大学生校园文化建设中培育社会主义核心价值的方式方法很多，比如：指导学生剧社或社团排演《江姐》、《长征组歌》等爱国主义剧目，在学生中公演，使大学生对革命精神有所体悟，提高大学生践行爱国主义精神的自觉性；利用重大历史纪念日开展图片展览、历史知识竞赛或革命歌曲、诗歌朗诵等活动，以此为契机和载体，使学生感悟革命和建设的巨大成果来之不易，增强大学生的社会责任意识等。

总之，“纲要”课教学积极培育社会主义核心价值观方法途径的探索过程，就是以社会主义核心价值体系观教育为中心，把整体教学方案变为具体的教学活动的复杂过程，有赖于理论教学和实践教学方式方法的有机结合。其中理论教学和实践教学是主体，师生互动、学生互动是根本，把理论内化为价值观念指导自己的行为是目的。用何种方式方法把已确定的教学的目标充分展示在精彩的课堂和学生的实际生活，这需要教师在事前精妙的构思，也基于教师的学识和能力。

（作者单位：江苏理工学院）

医学人文教育对于培育医学生社会主义核心价值观的作用

顾曼丽

医学生人文教育是提高医学生道德品质的重要途径，处于社会转型关键时期的当代中国社会，医患关系呈现出日益紧张的趋势，医患矛盾频频发生，这也从一个侧面角度反映出医学生道德教育的必要性。党的十八大报告中提出：倡导富强、民主、文明、和谐，倡导自由、平等、公正、法治，倡导爱国、敬业、诚信、友善，积极培育和践行社会主义核心价值观。习近平总书记也曾指出：核心价值观，其实就是一种德，既是个人的德，也是一种大德，就是国家的德、社会的德。国无德不兴，人无德不立。因此在我国当前形势下，只有真正落实医学人文教育，才能更好地实现社会主义核心价值观的目标。

中共中央办公厅、国务院办公室印发的《关于进一步加强和改进新形势下高校宣传思想工作的意见》中强调指出：意识形态工作是党和国家一项极端重要的工作，高校作为意识形态工作的前沿阵地，肩负着学习研究宣传马克思主义，培育和弘扬社会主义核心价值观，为实现中华民族伟大复兴的中国梦提供人才保障和智力支持的重要任务。因此培育医学生的核心价值观是为实现中国梦提供人才保障的重要途径，特别是在医患关系亟需改善的当代，实现中华民族伟大复兴离不开所有人的团结合作，更离不开医学生的努力，而医学人文教育作为医学教育的重要内容，贯穿在医学教育的各个环节之中，对于培育医学生的社会主义核心价值观具有不可或缺的作用。

一、社会主义核心价值观的层次分析

在社会主义核心价值观的内涵中，富强、民主、文明、和谐是国家层面的价值目标，自由、平等、公正、法治是社会制度层面的目标，爱国、敬业、诚信、友善是公民个人层面的价值目标，这三个层面共同组成社会主义核心价值观的追求目标，但是这三个层面并不是相互脱离，毫无关系的，国家层面是中国特色社会主义总体建设的价值目标，社会制度层面的价值目标是实现总体目标的重要保障，公民个人层面的价值目标是中国特色社会主义道德建设的出发点，这三者是密不可分，互相渗透的，对于社会主义核心价值观的把握只有把握其中的内在关系，才能真正把握其内涵。

1. 富强、民主、文明、和谐是中国特色社会主义总体建设的价值目标。为了推进中国特色社会主义事业建设进程，党的十八大提出建设中国特色社会主义的“五位一体”总布局，即经济建设、政治建设、文化建设、社会建设、生态文明建设，而社会主义核心价值观中的国家层面的目标就包含在这“五位一体”的总布局中，富强是经济建设的价值目标，民主是建设中国特色社会主义政治民主，文明是文化建设的价值目标，和谐不仅是社会的和谐，更是生态的和谐，也正因此，对于社会主义核心价值观的建设国家层面的建设就是中国特色社会主义总体建设的价值目标，经济富强是为建设社会主义打下坚实的物质基础，政治民主是建设中国特色社会主义的重要内容，文明进步为建设中国特色社会主义提供坚定的精神支持，生态及社会的和谐则为建设中国特色社会主义提供有效平台。

2. 自由、平等、公正、法治是中国特色社会主义制度建设的价值保障。中国特色社会主义制度建设离不开自由、平等、公正、法治的价值保障，中国特色社会主义政治和经济制度体现了每一个个体的平等地位和权利，没有自由平等与公正法治，就没有真正健康的中国特色社会主义制度。在这之中，人民当家作主的人民民主专政是平等的表现，最具广泛代表性的人民代表大会制度保证了人民通过各种途径和形式参与国家以及社会事务的自由权利。在中国特色经济制度中，公有制为主体体现了每一个人在生产资料分配中地位的平等，同时，按劳分配原则也确保了具有不同生产要素的劳动者对劳动产品进行平等分配的权利。权利平等又是法治的最本质的规定，自由、平等和公正表明社会为个人提供了一个充满活力的的环境，法治为这一环境提供最可靠的保障，由此可见，自由、平等、公正、法治是社会主义经济制度、政治制度和法制体系的价值保障。

3. 爱国、敬业、诚信、友善是中国特色社会主义道德建设的出发点。爱国、敬业、诚信、友善作为社会主义道德建设的政治道德、职业道德以及社会公德，是社会主义社会公民应该具备的道德品质，同时也是社会主义道德建设的出发点。首先，在中国特色社会主义实践中，爱国情感与社会主义紧密相连，当代中国人坚持的中国梦，只有坚持社会主义道路才能够实现，爱国就是坚持社会主义道路不动摇，其作为社会主义道德建设的出发点同时也是建设社会主义的重要前提，不仅如此，爱国主义能够激发公民积极投入社会主义建设之中，能够实现中华民族伟大复兴，最终也能进一步升华公民的爱国主义情感。其次，敬业作为公民的职业道德，贯穿于整个职业生涯之中，敬业的职业态度与社会主义制度密切相关，社会主义制度决定每一个人在生产资料的分配中拥有平等的地位，因此公民在职业活动中的敬业态度就是对社会主义制度的认可以及拥护。诚信和友善作为社会公德是公民自身道德品质的表现，在市场经济条件下，诚信就是信守契约精神以及法治的观念，友善就是在追求经济利益的同时坚持立身处世的品质，特别是在医患关系亟待改善的当代，诚信和友善就是建设中国特色社会主义道德最重要的出发点。

二、医学人文教育与社会主义核心价值观

1. 医学人文教育概念界定。人文教育是关于人的思想，人的道德品质的养成方面的教育，人文教育的实质就是人性教育，核心就是人文精神的培养。医学本身也是极具人文精神的学科，医生是救死扶伤的天使，医术也被誉为“生人之术”，并且随着生物—心

理—社会这一新的医学模式的建立，人们的观念逐渐从“以疾病为中心”到“以人为中心”开始转变，这样的转变提醒我们，作为医生不仅需要具备治愈疾病的技术，更需要的是高尚的个人品质，因此，作为人文教育在医学领域的特殊应用的医学人文教育就显得至关重要。医学人文教育就是在一般人文教育的基础上，将人文精神与医学这一特殊的学科相融合，其主要内容是培养学生尊重生命、热爱生命、敬畏生命的观念，核心是尊重人的价值，最终培养出人格健全，品质高尚的社会主义合格医学人才。

2. 医学人文教育与社会主义核心价值观的关系。从医学人文教育与社会主义核心价值观涉及的领域来看，两者具有天然的关系，两者讨论的问题都是有关思想的问题。价值观从其根本上来看关注的是人的思想认识问题，社会主义核心价值观是马克思主义学说中国化的最新理论成果，是符合社会需要的价值观和思想认识。医学人文教育是从根本上树立关注人的价值，尊重人的价值的意识，从而解决关于人的复杂问题，通过对人的思想教育来实现思想境界的提升，由此可见，医学人文教育与社会主义核心价值观有很多共通的地方，都是为了解决人的思想问题，围绕人而展开的教育，两者具有紧密的联系。

3. 医学人文教育对于培育医学生社会主义核心价值观的作用。作为未来的医务工作者，医学生必须具备良好医德，医学人文教育中的重中之重就是对医学生医德的培育，而对医学生的医德培育也包含社会主义核心价值观的重要内容。医学人文教育对于医学生社会主义核心价值观的作用体现在医学人文教育的各个环节中，在核心价值观的国家、社会、个人三个层面中都有所渗透。

首先，国家层面。“富强、民主、文明、和谐”是社会主义核心价值观国家层面的价值目标，是医学生社会主义核心价值观教育的重要内容。在医学人文教育过程中对医学生进行的传统文化的教育，例如在医学伦理学课程中对于古代医家思想的传承，在医学文学课程中对我国传统文化的学习，可以使医学生树立强烈的民族认同感，让学生在各种思潮、各种社会价值观的冲击下能够真正地建立起民族自信心，坚定走中国特色社会主义道路的自信，同时也使医学生成为建设中国特色社会主义的重要力量，最终实现富强、民主、文明、和谐。

其次，社会层面。自由、平等、公正、法治是中国特色社会主义制度建设的价值保障，在医学人文教育的过程中，对于自由平等和公正法治思想的教育有利于医学生树立强烈的社会责任意识，进而推进医学生社会主义核心价值观的构建。第一，对于医学生进行的卫生法学教育使其明确医生的权利与义务，明确什么样的医疗行为是合法的，什么样的医疗行为是违法的，培养医学生的法制观念以及公正意识。第二，对于医学生进行的医学伦理教育就是使其在道德层面确立医患平等的观念，并将其贯彻到医疗实践中，同时认识到只有在平等基础上才能实现个人自由全面的发展。由此可见，医学人文教育主要环节对于医学生自由、平等、公正、法治价值观的培育具有重要作用。

再次，个人层面。爱国、敬业、诚信、友善作为中国特色社会主义道德建设的出发点，同时是医学生社会主义核心价值观教育的基本内容。在医学人文教育过程中，对于医学生个人道德品质的教育是重中之重，医学人文教育的目标就是培养出人格健全，品质良好的社会主义合格医学人才。在医学人文教育过程中，对于医学生个人品质的教育与培养有利于社会主义核心价值观的培育，其中又突出表现在对学生医德教育的过程中：运用不同的道德问题引发学生思考并讨论，形成自己的看法，引导学生正确处理在医疗实践中遇到的伦理道德问题，最终培养出同情、仁爱、责任、诚实、细心、无私、奉献等美德。这些美德的养成也是医学生立足社会的重要职业品质，同情、细心就是对患者的负责任的基础，同时也是敬业精神的培养，诚实、无私是对医患平等的维护，同时也是诚信精神的培养，仁爱、奉献是对医患关系和谐的追求，同时也是友善的体现，由此可见，医学人文教育是培育医学生社会主义核心价值观的重要途径。

三、医学人文教育在培育医学生社会主义核心价值观过程中的现实途径

1. 理论学习中的社会主义核心价值观渗透。通过理论教育对医学生进行社会主义核心价值观的教育，将社会主义核心价值观渗透到医学人文教育的各个环节中。首先在医学伦理学课程中运用案例教学、讨论教学等方法让学生了解在医疗卫生实践以及在医学发展过程中可能发生的医学道德问题，并向学生讲解不同的解决办法，使医学生树立正确的价值观，在这一过程中真正的培养医学生同情、仁爱、责任、诚实、细心、无私、奉献等美德，最终增加其对社会主义核心价值观的认知。其次，卫生法学课程的学习可以培养医学生的法治思维，树立法律意识，在处理医患关系，面对医患冲突时，学会使用法律武器加以约束调整，遵守法律义务，维护患者及自身的合法权利。最后，在医学文学、医学心理学等其他医学人文课程教育过程中渗透社会主义核心价值观理念也是培育医学生社会主义核心价值观的必不可少的手段之一。医学文学中对传统的继承以及发扬，医学心理学对患者心理的认识等都有助于医学生在理论学习过程中树立社会主义核心价值观。

2. 情感体验中的社会主义核心价值观传递。通过情感体验的方式塑造医学生的人文价值观念，并在这一过程中加入社会主义核心价值观教育是培育医学生社会主义核心价值观的重要途径。首先，在校园文化中融入社会主义核心价值观，利用校园文化对医学生进行“润物细无声”的影响，使医学生把社会主义核心价值观内化于心，外化于行。比如在校训中的价值观渗透，南京医科大学的校训“博学至精，明德至善”中就内含了社会主义核心价值观的理念，再比如校园中的物质文化雕像等都是通过校园文化进行耳濡目染的情感体验，促使医学生社会主义核心价值观的建立。其次深入开展主题教育活动，比如在医学院校中开展“诚信、友善”这类思想教育活动，不仅为医学生的人文价值观念的塑造搭建一个有效的教育平台，而且可以在这一过程进行有效的社会主义核心价值观培育。最后通过一系列的人文讲座，更进一步的加强对医学生

的人文精神的培育，并且在这其中有效的融入核心价值观理念。

3. 意志自律中的社会主义核心价值观融入。要想真正的将社会主义核心价值观融入医学生的价值观中，就必须在理论指导以及情感体验的过程中，引导医学生正确的认识自己行为的社会意义，在增加其行为自主选择能力的基础上控制自己的言行以达到意志自律。这一过程不仅需要长期艰苦的努力，而且需要结合一些措施进行强化的训练，从而将外在的约束与导向转化为自我的约束。首先是对医学生正确的人生观、价值观、世界观的引导，在医学人文教育的各个环节中均有渗透社会主义核心价值观的内涵，有利于医学生树立正确的思想。其次是要引导医学生不断的自我反省，在教学过程中，充分运用案例，让学生设身处地、换位思考，联系实际不断地进行自省，最后是强化对意志的锻炼，真正做到百炼成钢。

4. 实践活动中的社会主义核心价值观检验。利用实践机会，真正去检验医学生在学习中认知的理论，感受到的道德情感以及通过自律建立的价值观念是确立社会主义核心价值观的最终途径。医学生可以利用假期时间，去医院或者社区接触患者，与患者交流，并且在这一过程中检验自己已经形成的社会主义核心价值观的各个方面，在实践中加深对社会主义核心价值观的理解，认可自己已经形成的价值观的正确性，内得与己，外得与人，同时能够及时弥补自己可能存在的价值观认识的不足，及时得到反馈，弥补自身的不足，更进一步塑造全面的社会主义核心价值观，最终成为一名合格的社会主义医学人才。

（作者单位：南京医科大学康达学院）

简论习近平的青年成才观

王光霞

治国之要首在用人。处于伟大历史复兴进程的中国就处在这样一个人才时代，这是一个全球化人才流动空前激荡的时代，也是国家软实力不断加剧的竞争时代。国际上，要在经济、科技、文化、教育、安全等领域，展开全方位合作，分享借鉴彼此有益经验。党的十八大以来，习近平总书记对青年成长成才问题作出了一系列重要论述，指明了当代青年成长成才的正确方向，明确了广大青年追逐梦想的历史担当。随着施政目标的全面推进，习近平的人才战略思想凸显，即青年人的素质和本领直接影响着“两个一百年”目标的实现，影响着“四个全面”战略布局的实施，影响着中华民族伟大复兴中国梦的实现进程。

一、高远的人才理想：实现中国梦

习近平总书记的人才使命是实现中国梦，作为最有精神感召力的中国梦凝聚了社会转型期的民心，获得最广大人民的认同。

习近平的人才思想是对中国共产党光辉思想的传承和弘扬，体现了我党对人才本质的深刻认知与人才自觉，“志当存高远”，一个人的理想志愿只有同国家的前途、民族的命运相结合才有价值，是对马克思主义指导思想的高度肯定，一个人的信念追求只有同社会的需要和人民的利益相一致才有意义。2013 年 5 月 4 日，习近平在同各界优秀青年代表座谈时告诫青年同志，要把理想信念建立在对科学理论的理性认同上，建立在对历史规律的正确认识上，建立在对基本国情的准确把握上。青年人立志与坚定理想信念是我们面对纷纭复杂形势的定力之本，一个伟大国家和民族的发展不能缺失理想，没有文化的积极引领，没有人民精神世界的极大丰富，没有全民族精神力量的充分发挥，一个国家、一个民族不可能屹立于世界民族之林。有理想就有人生的精神动力，有信念就能开辟美好未来。

以习近平为总书记的新一届中央领导集体一上任就提出了具有伟大精神感召力的中国梦。中国梦以民族的伟大复兴和寻常百姓共享人生出彩的机会为核心，激发了中华儿女的共同追求。实践证明，只有社会主义才能救中国，只有中国特色社会主义才能发展中国。并且指出，实践是提高本领的途径。社会实践为青年认识社情提供基础，社会实践是认识社情、国情、民情的第一步。青年只有亲自到广阔的基层中去，到人民群众中间去，亲身参与社会改革发展实践，才能掌握第一手资料，才能对一个地方的社情民意有所了解和认识，使创新与创造变为可能。自觉担负起中华民族最深沉的精神追求的使命。为此，当代青年要多动腿、多动脑，以寻常百姓之心为心，要加强本地区的社会调查研究，善于观全局，善于辨国家与世界大势，通过自己亲身的社会实践达到对我们国家的人口、“三农”问题等最基本、最核心的问题的心中有数，这样才能为日后开展工作奠定坚实基础。中国梦的价值感召不单是着眼于国家发展的现实利益，更是一次价值上的逾越，被提升到国家治理的文化“价值高度”，习近平及其人才思想是接地气的，他一再把人才事业和实现中华民族伟大复兴的中国梦、和深化改革放在一起去看，体现了中国共产党人把党的人才理想和精神追求播撒在中华民族的心坎上。

习近平的人才思想不是突兀的，站在全局的战略高度，拥有宽广的历史视野。历次党代会反复重申社会主义精神文明建设的重要意义，将人才建设视作精神文明建设的一个重要方面来抓，是我党对人才本质认知和人才自觉的体现。正是在这一背景下“实现中华民族伟大复兴，人才越多越好，本事越大越好”、“人才集聚，多多益善”。十八届三中全会提出坚持以人民为中心的工作导向，坚持把社会效益放在首位、社会效益和经济效益相统一，以激发全民族创造活力为中心环节，同时指出，理想指引人生方向，信念决定事业成败。2013年6月28日，习近平在全国组织工作会议上的讲话指出，没有理想信念，或理想信念不坚定，精神上就会“缺钙”，就会得“软骨病”。一个精神上“缺钙”的人，是不可能承担时代所赋予的历史重任的。人的理想信念是人生目的的最高体现，也是人生发展的内在动力。凝聚了国家、民族、人民、个人的共同理想的中国梦是全国各族人民的共同理想，也是青年一代应该牢固树立的理想追求，也是当代青年应该牢固确立的人生信念。从党的人才自觉，可充分感觉对人才的理解越来越全面、越来越深刻。

在习近平的人才思想中，道德建设被提到“以德立国”的战略高度，修业必先修德。近代教育家蔡元培先生也说过：“若无德，则虽体魄智力发达，适足助其为恶。”“德”是每个人成长成才的前提和基础，一个人的“才”只有与“德”相匹配，道德不仅是推动社会发展的重要手段，以“德”为引领，才能真正成为国家和人民需要的栋梁之才。更是社会文明进步的重要目标，正像习近平总书记说的那样：“道德之于个人、之于社会，都具有基础性意义，做人做事第一位的是崇德修身”、“一个人只有明大德、守公德、严私德，其才方能用得其所”。人才建设需要各领域、各民族和每个人的广泛参与，以全民族文化素质和文化意识的提升释放实现伟大复兴的正能量，释放出人才战略信号，开放不仅仅把目光局限在13亿，更放眼全球70亿。海内海外、本土国际，择天下英才而用之。这样的人才观才能支撑建设文化强国的重任！

二、深远的文化情怀：国际竞争力

习近平总书记的人才思想不是空中楼阁，，在十八大、十八届三中五中全会都提到了建立人才制度优势。同时中华民族历来以“礼仪之邦”著称于世，深深扎根于中华民族文化的深厚沃土中。

人才作为国家综合国力的重要标志，不仅走向历史的前台，还越来越进入国家政策的中心，人才成为国家发展战略的重要组成部分，要放眼全球，和对人才聚集度最大的那些国家，一比高下。国无德不兴，人无德不立。学者认为，讲文明、懂礼貌是中华民族的传统美德。优秀传统文化凝聚着中华民族自强不息的精神追求和历久弥新的精神财富，我们今天所建设的中国特色社会主义也是物质文明和精神文明全面发展的社会主义。怎样创建优势？靠改革、靠创新，靠大环境的营造。青年是引风气之先的社会力量，一个民族的文明素养很大程度上体现在青年一代的道德水准和精神风貌上。释放出人才战略信号，灵活。为此，广大青年一定要大力加强道德修养，注重道德实践，自觉弘扬爱国主义、集体主义、社会主义思想，积极倡导社会公德、职业道德、家庭美德和个人品德，带头倡导良好社会风气，以自己的实际行动促进社会道德进步。

在习近平同志为核心的中央领导集体施政目标中，人才已成为科学发展的支撑点和价值之源。人才的凸显不仅表现在自身作为经济社会发展的动力和引擎，环境好，则人才聚、事业兴，还表现在增强国家认同感的凝聚力与核心价值观建构的支撑上，“环境不好，则人才散、事业衰”。社会是一个大熔炉，社会实践是一把双刃剑，经过三十多年的改革开放，社会发展日趋开放和多元，更是检验广大青年成色好与坏的试金石。广大青年在社会实践过程中，一些人能够坚定理想信念，能够不受外界所惑，能够练就“金刚不坏”之身，练就过硬本领。也许也有一些人就此丧失了理想和信念，沾染上社会的一些不良风气，甚至会走上违法乱纪的道路。对此，我们必须全面辩证看待，毕竟最终经受住社会考验的青年才是我们党和人民所需要的。社会实践为干部经受考验提供契机，改革任务是改善环境，不是零敲碎打地挖几个人才，而是全产业链去调整，“改革人才培养、引进、使用等机制”，“改革破除政策壁垒”，甚至一路追溯到教育体制，努力形成有利于人才成长的育人环境。

人才自信使我们勇于亮出中国特色社会主义旗帜，任何美好的理想，都不会唾手可得，都需要经过不懈努力。所谓中国特色主要源自独特的文化传统，独特的历史命运，独特的国情。每个国家和民族的历史传统、文化积淀、基本国情不同，其发展道路必然有自己的特色。自强不息、艰苦奋斗不是一句简单的口号，必须落实到每个人的行动上。习总书记指出：中华民族在5000多年的文明发展进程中创造了博大精深的中华文化。在新的历史条件下，继续弘扬中华民族自强不息、艰苦奋斗的精神，既是贯彻落实“四个全面”战略布局的内在要求，也是当代青年成长成才的必由之路，中华文化积淀着中华民族最深沉的精神追求，包含着中华民族最根本的基因，广大青年要牢记“空谈误国、实干兴邦”，代表中华民族独特的精神标识，立足本职、埋头苦干，从自身做起，从点滴做起，中华文化是中华民族生生不息、发展壮大的丰厚滋养。广大青年要用勤劳的双手、一流的业绩成就属于自己的人生精彩，要勇于创业、敢闯敢干，努力在改革开放中闯新路、创新业，不断开辟事业发展新天地。这是党中央对当代青年提出的殷切希望。中华优秀传统文化是中华民族的突出优势，是中华民族自强不息、团结奋进的重要精神支撑，是我们最深厚的文化软实力。

提高国家文化软实力，必须夯实人才的根基。这个根基是坚持走中国特色社会主义文化发展道路，弘扬中华优秀传统文化。青年人只有勤学才能练就过硬本领。学习是成长进步的阶梯，实践是提高本领的途径。青年人的素质和本领直接影响着“两个一百年”目标的实现，影响着“四个全面”战略布局的实施，影响着中华民族伟大复兴中国梦的实现进程。2013年5月4日，习近平在同各界优秀青年代表座谈时指出：青年人正处于学习的黄金时期，应该把学习作为首要任务，作为一种责任、一种精神追求、一种生活方式，树立梦想从学习开始、事业靠本领成就的观念，让勤奋学习成为青春远航的动力，让增长本领成为青春搏击的能量。在知识更新日趋加速的今天，人们要想跟上时代发展的步伐，就必须不断学习。青年代表着民族的希望，代表着国家的未来。广大青年只有努力从我国改革开放和社会主义现代化建设伟大实践中汲取智慧和力量，不断增强知识更新的紧迫感，如饥似渴地学习知识，掌握学问，增强素质，提升能力，才能成为勤于学习、勇于担当、甘于奉献的栋梁之才，才能完成时代赋予的历史重任。尤其是改革进入攻坚期、深水区，更加呼唤人才、渴求人才。弘扬马克思主义文化理想和信仰，不仅管当前，更要管长远。什么样的人才将迎来大发展的机会？习近平说了一句意味深长的话“人才政策，手脚还要放开一些”。

三、平远的文化视野：科学用人观

习近平总书记的人才思想是开放的，社会实践为当代青年进步提供舞台。海纳百川，体现了对人类共同价值的追求。

习近平的人才思想契合了世界发展潮流，空谈误国，实干兴邦。其以人为本的执政理念和促进人的自由全面发展的理想感召，已经作为一种现代文化价值观，当前，我们国家正处在全面深化改革的关键时期，改革发展任务十分繁重。社会改革发展实践为青年增加阅历、提高才学、增长才干提供了大好机遇和广阔平台。人才规律是科学用人观。为中国的现代化事业和民族伟大复兴奠定精神基础。人才有成长的规律，顺木之天，避免急功近利、拔苗助长；它扎根于中华民族探索现代化的实践和借鉴西方优秀文化成果及其现代性立场上，人才有流动的规律，挖渠引水、筑巢引凤。请进来也得走出去，国际组织人才培养推送工作方兴未艾。人才有使用的规律，竞争和合作，物质激励与精神激励，才赋与财富，辩证统一。体现了对人类共同价值的追求。

和而不同是中国的文化精神，也是建构和谐世界的基础。邦之兴，由得人。人才蔚，国运兴。时代呼唤创新，青年渴望创新。习近平曾反复强调，创新是民族进步的灵魂，是一个国家兴旺发达的不竭源泉，也是中华民族最深沉的民族禀赋。青年人是社会上最富活力、最具创造性的群体，理所当然应该走在创新创造的前列，做锐意进取、开拓创新的时代先锋。青年人创新，勇于开拓进取这是一种境界，更是人类应该追求的目标。“苟日新，日日新，又日新。”携手解决人类共同面临的各种挑战。生活从不眷顾因循守旧、满足现状者，也从不等待不思进取、坐享其成者，而是将更多机遇留给那些勇于创新的人们。创新是当今时代发展的主旋律。从中寻求智慧、汲取营养，为人们提供精神支撑和心灵慰藉，面对日益复杂的国际局势和国内全面建设小康社会、全面深化改革、全面依法治国和全面从严治党的艰巨任务，今天的中国比以往任何时候都更需要创新驱动。无论是稳中求进推动转型发展，还是激发活力构筑文化强国，无论是完善制度机制提升治理能力，还是加强环境治理建设美丽中国，无不需要发扬开拓进取、勇于创新的精神。正如习近平总书记所指出的："要着力把科技创新摆在国家发展全局的核心位置"、"科技发展的方向就是创新、创新、再创新"。经过创造性转化和创新性发展的中华文明，将同世界各国丰富多彩的文明一道，为人类提供正确的精神指引和强大的精神动力。一个开放的中国，正与全球共享自身发展机遇，让世界对中国的发展充满期待。

习总书记说："我们在实现中国梦的道路上勇于探索、不断前行。"习近平的人才战略观是一脉相承的。早在2010年，他就提出，要深刻认识、自觉遵循人才成长规律，注重把握客观性，避免片面性，切实提高人才工作科学化水平。释放出的人才战略信号，是务实。青年人笃实：坚持求真务实，"空谈误国，实干兴邦"，这是人们从历史经验教训中总结出来的至理。《礼记》在谈到治学时说："博学之，审问之，慎思之，明辨之，笃行之"。在这五个阶段中，"笃行"是目标、是归宿、是结果，它要求我们必须把学到的知识运用于实践，自觉做到知行合一。毛泽东曾大力倡导"实事求是，力戒空谈"。邓小平也曾告诫全党："世界上的事情都是干出来的。不干，半点马克思主义也没有。"习近平曾多次强调，"道不可坐论，德不能空谈"、"人世间的一切幸福都需要靠辛勤的劳动来创造"。反对空谈，强调实干，是我们党的一个优良传统。社会实践为青年进步提供舞台。如果在此过程中，不主动、不上心、甚至"两耳不闻窗外事"，不关心国家的发展和社会的真正进步，那么就会在干部培养过程中"掉队"，最终工作能力上不去、实践经验提高不了，成长进步就会受阻。为此，青年要用好社会实践这个有利平台，在提高自身综合素质的同时多做推动国家和社会发展进步的事情。当今，聚才用才应该包括国内国际，就是要择天下英才而用之。一个国家没有这样的眼光、这样的胸怀是很难快速发展起来的。

（作者单位：长江大学）

接受理论视野下思想政治教育接受规律及模式选择

徐永赞

接受是社会生活中常见的现象。人们对待外部事物都存在一个能否接受、怎样接受以及接受效果等问题。随着解释学、接受美学和传播学等学科的发展，接受理论研究日益成为学界研究的新视角。对于思想政治教育而言，其实效性的取得归根到底取决于受教育者对思想政治教育内容接受的实效性。为此，我们应借鉴接受理论，探求思想政治教育存在的内在规律，实现教育模式的改革和创新。

一、接受理论研究概览

从发展历史来看，有影响的接受理论主要有解释学、接受美学和传播学。它们从不同角度对接受问题进行了相关研究。

1. 解释学对“接受”的认识

对”接受”问题的关注最早可追溯到古希腊的解释学。解释学的研究目的旨在寻求正确解释的原则和方式，以期达到对语言材料和经典文献全面准确的理解。现代解释学的代表人物海德格尔认为，被理解者必然与理解者相互影响，理解总是受到后者“前结构”的制约。所谓的“前结构”由“前设”、“前识”和“前有”组成。“前设”是对对象“预先已有的假定”，“前识”是“预先有的概念系统”，“前有”就是“预先有的文化习惯”。“前结构”是人的一种存在状态，是理解的条件和基础，接受者不能从没有“前结构”的存在状态中完成理解与接受。

海德格尔的观点被他的学生伽达默尔继承和发展。伽达默尔发现，无论是接受主体还是接受客体都融入到了特定的历史环境中，真正的理解不是要去消除这些特定历史现实带来的影响，而要去适应这些历史性因素。这些历史性制约因素构成了解释者的“成见”。伽达默尔认为这种“成见”是一种合理性存在，并认为它是一种积极的因素。在此基础上，伽达默尔提出了“视野融合”的概念。他认为，作为被解释的对象有它形成的特定历史条件视野，而作为解释者来说，也有它客观存在的现实条件视野。因此，在接受过程中总是并存着两种视野，只有当这两种视野“融合”在一起，才会产生真正意义上的理解。

2. 接受美学关于“接受”的诠释

在美学理论中很早就有关于“接受”的思想。20 世纪 70 年代初，以读者对文学作品的接受现象为研究对象的“接受美学”在德国发展并成熟起来。接受美学将研究重点放在作者和现实的关系上，其集大成者是康士坦茨学派的尧斯。尧斯认为，每一历史时期的社会环境都有其特定性，读者的个人经历和文化素养也千差万别，因此不同的读者对同一接受对象的理解会不尽相同。尧斯将这种差异归因于不同读者的“期待视野”有所差异。“期待视野”就是读者已经有的阅读经验、思维惯性或知识结构，以及读者本身的实践活动，对生活的切身体验，等等。正是由于不同的期待视野，造成了不同读者对同一作品理解的千变万化。

3. 传播学关于“接受”的研究

20 世纪中期，美国兴起了一门新兴的学科——“传播学”。传播学对大众传播过程中的接受问题进行了研究。早期阶段的传播学关注的重点是大众传播媒介的重要作用，而对受众的地位和作用没有给予足够的重视和研究。研究者认为，在大众传播过程中，受众的地位好像是一个处于等待状态被动挨打的“靶子”。相反，大众传播媒介的力量特别强大，经过反复作用就能控制受众的思想感情、语言行为，能够把“各式各样的信息从一个人的大脑中‘灌输’到另一个人大脑中”，就好像子弹击中靶子那样快速有效。之后，这一观点遭到了传播学后期研究者的质疑。事实证明，大众传播媒介的功能并不是强大到快速神奇；受众也不只是像“靶子”一样被动挨打，其对传播信息的接受要受到自身主体性因素的诸多影响。正如传播学学者雷蒙德·鲍尔在《顽固的受传者》一文所言：“可以看到，传播媒介的结果在广大受传者中是千差万别的，这是由于受众在心理结构上是千差万别的。”可见，传播学的研究从“靶子论”转变到了“影响有限论”，进一步说明了接受的主动性。

二、接受理论对思想政治教育的启示

上述解释学、接受美学和传播学关于接受的有关理论研究均表明，接受者在接受过程中都会表现出其存在的主体性。这为思想政治教育理论研究提供了新的思路。作为接受对象的思想政治信息，它与接受者之间不可能是全盘接受，而是相互生成、相互发展的关系。接受理论对思想政治教育有着重要启示，特别是对受教育者主体性有了更为深刻的认识。

1. 选择性

选择性是接受者主体性的首要表现。一般来说，接受者总是关注与自己切身利益、兴趣爱好、社会阅历、个性特征等一致的信息，而忽视那些与自己无关、相差甚远的信息。选择性表现在以下几个方面：首先是选择性注意。面对令人目不暇接甚至存在着冲突和矛盾的信息，接受者首先要有所取舍，注意那些与自己有关的信息。其次选择性理解。接受者会依据自己的价值观念、思维方式等对选择的信息作出自己的理解。再次是选择性记忆。接受者总是选择那些自己关注度高、能够理解掌握的信息加以记忆，而淡忘那些认为无关紧要的信息。最后是选择性实践。接受者会把已经注意、选择和记忆的信息，运用到自己的实践中去，通过实践检验的信息才能留在自己的脑海，完成最后的选择。

2. 能动性

如前所述，解释学提出的“前结构”和“视野融合”旨在说明接受者所具备的接受能力；接受美学提出的“期待视野”，体现了读者的接受期望。传播学的研究证明受众不会消极接受与自己无关的信息，不只是充当被动挨打的靶子。这些研究都表明，接受者在接收信息时无不发挥着积极的能动作用，影响着接受效果。

3. 超越性

受教育者在接受教育的过程中能够自我反省，不断进行批判否定、更新发展进而改变自己的理念和行为。鲁洁教授在论及主体性时指出："主体性，即能自觉认识、把握、超越各种现实客体的限制和制约，能在与客体关系中取得支配地位，能按照自主的目的能动地改变现实客体的一种特性。"陈秉公教授在分析人格动力结构时把超越性称之为"反省力量"。显然，超越性是人的主体性的集中体现，也是人"自觉"存在方式的体现。正是有了这种超越性，思想政治教育接受者不断提高自己的思想政治认知能力和实践能力，朝着理想人格迈进。

三、思想政治教育接受规律探析

思想政治教育接受作为一种社会现象，其内部必然存在一定的规律。列宁指出："规律和本质是同等程度的概念。规律就是关系……本质的关系或本质之间的关系"。可见，对事物规律的认识就是对事物本身所固有的本质的、稳定的"关系"的认识。下面，我们从考察思想政治教育接受活动的几对关系入手去探究其存在的规律，为实现思想政治教育有效性提供理论依据。

1. 受教育者和教育者的双主体互动规律

受教育者和教育者无疑是思想政治教育活动中两个最为活跃的因素，考察二者是一种什么样的关系尤为重要。我们认为，思想政治教育是受教育者接受教育和教育者实施教育的辩证统一。受教育者和教育者都是思想政治教育的主体，其中受教育者是接受主体，而教育者是施教主体，思想政治教育活动的运行过程是受教育者与教育者的双主体互动的过程。在思想政治教育过程中，教育者担负着组织实施思想政治教育的重要功能，发挥着重要作用，是实施教育主体。受教育者具有一定的期待视野和接受格局，并据此开展对教育内容的选择获取、整合内化、外化践行和反馈调节等活动，是接受教育的主体。教育者和受教育者处于一种互动的关系之中。一方面，教育者在组织教育活动中，首先要掌握受教育者的接受需求，确定培养目标和层次，因材施教，组织思想政治教育活动，并通过自己的人格魅力去影响受教育者。另一方面，受教育者首先要对教育者形成感性认识，对其所传导的教育内容进行价值判断和理性思考，并在不断的反馈调节过程中增减接受的内容，外化为实际行为，以螺旋式上升的认识形式达到对教育内容的理解与把握。

思想政治教育受教育者和教育者构成一对矛盾，其双主体互动在不同阶段有不同的地位和表现。在思想政治教育活动初期，教育者是活动的组织者，居于主导地位，受教育者对教育者、教育载体、教育内容等要逐步适应，此时二者的互动表现为教育者对受教育者的积极引导和帮助，教育者是矛盾的主要方面。随着思想政治教育活动的不断深入进行，特别是受教育者在整合内化教育内容时，会更多地发挥其选择性、能动性。在外化践行和反馈调节阶段，受教育者还要收到来自外界的反馈信息，调整创新，发挥其超越性作用，受教育者由矛盾的次要方面跃居为主要方面，决定着思想政治教育的最终成败。

2. 受教育者定向期待与创新期待辩证统一规律

接受美学研究表明，接受者由于主体性的存在，充满着富有个性的接受期待。在此基础上，我们认为思想政治教育受教育者的接受期待包含定向期待和创新期待，共同构成期待视野。定向期待是受教育者对教育者和教育内容的初始期望，希冀接受活动对自己有益。而创新期待是在接受过程中受教育者发挥能动性，调节自身积极适应外部，达到超越原定目标的新境界。定向期待是创新期待的条件和基础，创新期待是定向期待的发展和超越。创新期待又会形成新的定向期待，形成下一轮次的接受活动的“前结构”。

思想政治教育受教育者的定向期待和创新期待辩证关系表明，为取得教育实效，教育者要了解掌握受教育者的定向期待，把握其定向期待处于什么层次，受什么因素影响，在此基础上找到恰当的接受载体开展思想政治教育实施活动。同时，教育者更要善于发现受教育者的创新期待，因为只有促进创新期待的实现，才会最大程度地调动受教育者的能动性和超越性，实现思想政治教育的持续动力支撑，取得最佳效果。

3. 受教育者的主动性与受制约性辩证统一规律

受教育者处处时时存在于与外界的普遍联系之中，既表现出积极的主动性，同时必然又要受到各个方面的制约。受教育者的主动性是思想政治教育能够进行的前提，表现为自主选择、整合内化和创新接受。首先，由于接受期待视野的存在，受教育者选择与自己有关的内容，并在自身具有的接受格局基础上进行选择。其次，受教育者要对接受内容进行整合内化，把新信息与原有信息融合在一起，形成新的思想意识。受教育者在经过与外部环境的接触后，还要对收到的反馈信息进行分析，再次，对接受内容进行选择取舍，形成新的接受格局，完成对自身的超越。

然而，受教育者不可能脱离外部世界而独立存在，必然要受到诸多方面的限制，表现出受制约性。首先，社会存在决定意识，受教育者的意识形成和发展最终决定于社会存在。其次，接受活动还受到接受过程中其他构成要素的制约，不同的接受载体、途径、方式等也会形成不同的接受效果。再次，外部环境还时刻发挥着动力和导向功能。一般而言，受教育者的主动性体现着其个体需求，受制约性体现着社会要求。思想政治教育接受既要符合社会要求，又要符合受教育者的个体需求，其最终结果是达到二者之间的妥协平衡。因此，思想政治教育必须坚持受教育者接受的主动性与受制约性相统一，既不能单纯迎合受教育者的需要，也不能一味强调社会价值的要求，而应体现个体价值取向与社会主导价值指向的吻合。

四、思想政治教育的模式选择

基于对思想政治教育接受规律的认识，如何加强和改进思想政治教育工作，我们认为，应积极施行以下思想政治教育模式。

1. 认知突破与实践体悟结合模式

认知突破就是受教育者在教育者的引导下，发挥自己追求真理的内在品性，突破自己现实生活中遇到的认识局限，实现思想政治认知水平提高的过程。在传统的传授模式下，教育者往往是直接告诉受教育者有关知识，但很少思考这些知识和受教育者自身存在什么必然联系，没有对受教育者的接受视野和接受期待予以足够重视。这种情况下受教育者往往缺乏接受思想政治教育的动力。因此，认知的突破离不开实践体悟。实践体悟就是将思想政治教育寓于丰富多彩的实践活动中去，使受教育者在亲身体验过程产生认知、情感和意志等方面的变化，达到接受教育的活动。在实践过程中，由于受教育者是以主体身份参与其中，具有课堂上所不能产生的现实感、零距离感，从而能够有效地发挥其选择性、能动性和超越性，能够有效地促进思想政治教育接受的选择获取、整合内化、外化践行和反馈调节各环节有效运行，提高接受过程的整体效率。例如，大学生亲身参加到各种形式的社会实践活动中去，通过感同身受，特别是通过改革开放以来取得的举世瞩目的伟大成就，可以极大地增强对中国特色社会主义道路的信心和民族自豪感。而这些教育效果往往是课堂教学所不能达到，所不能取代的。

2. 显性思想政治教育与隐性思想政治教育结合模式

显性思想政治教育是指受教育者明显感觉到教育目的的教育形式。以高校为例，目前进行显性思想政治教育的模式为思想政治理论课课堂教学和有关部门组织的政治教育活动。作为高校大学生思想政治教育工作的主渠道，课堂教学发挥着重要的不可替代作用，而有关部门组织的政治教育活动发挥着积极的导向作用。但除加强和改进显性思想政治教育外，我们还应重视隐性思想政治教育的开发和利用。正如美国著名教育学家柯尔伯格在《学校的德育环境》中所言："事实上，我们可以通过开发隐性课程所提供的资料最有效地实现道德教育的目的……因为隐性课程乃是一种比其他任何正规课程都更有影响的课程。"思想政治教育的内容极其丰富，涉及人的世界观、人生观、价值观、政治观、道德观等，显性教育形式不能满足如此内容丰富的教育需要，而众多的隐性教育资源弥足显性教育的不足。例如，文化活动、大众传播、人际交往等都能实现隐性思想政治教育功能。随着网络技术的日益普及应用，微薄、博客等新的信息沟通方式日益大众化普及化，这里面都隐含着思想政治教育的机遇和空间，思想政治教育工作者应及时跟上时代的发展，更多地运用隐性教育资源，发挥其润物无声、易于接受的优势，提高思想政治教育影响力，扩大覆盖面。

3. 教育与自我教育结合模式

前苏联著名教育家苏霍姆林斯基指出，只有能够激发学生进行自我教育的教育才是真正的教育。成功的思想政治教育是实现受教育者的自我思想政治教育，使其能够自觉运用马克思主义基本立场和观点，解决自身思想政治等实际问题。因此，在开展受教育者与教育者共同参与的教育活动外，还要使受教育者能够进行自我教育。只有实现自我教育，才能充分发挥受教育者的主体性，获得持续耐久的动力，养成克己内省、善思慎独的好习惯。当前，除注重受教育者个体的自我教育外，还应特别重视自我教育组织的培育和引导。在思想政治教育实践中，自我教育组织发挥着重要作用，是进行自我教育的有效形式。以高校为例，学生会、研究生会和学生社团等学生组织是开展思想政治自我教育的基本形式，有着兴趣一致、目标相近、容易沟通、榜样示范的优势。高校党委要高度重视这些学生组织，加强领导和指导，加大支持力度，给予较大的发展空间，引导开展丰富多彩、健康向上的活动，发挥其重要的自我思想政治教育作用。

（作者单位：河北科技大学）

个体道德态度养成的机制与路径*

杨宇辰　卢　洋

道德态度“主要指道德生活中的对他人、对群体的行为、品质人格等所持有的一种稳定的看法”。[1]，它贯穿道德养成的全过程，是社会主义道德建设内化的结果和外化的依据。帮助人们养成正确的道德态度，建立科学合理的态度体系，从而指导人们的道德行为，无疑是社会主义道德建设的重要内容，也根本上决定着社会主义道德建设的效果，因此从态度的视角对道德养成进行研究具有重要的理论意义和实践价值。道德态度构成的系统性决定了其养成机制的复杂性，如何把握这种规律性，有针对性地选择策略和路径，是道德建设中需要解决的重要现实问题。

一、个体道德态度养成的内在可能性与现实必要性

1. 道德态度的习得性决定了个体道德态度养成的现实可能性。个体的道德态度不同于本能，不是生而有之的，而是通过后天的社会学习获得的；不经学习就具备的、与生俱来的行为倾向不是态度。道德态度的养成与个体社会化的过程是一致的，培养良好道德态度的过程，就是一个从不具有道德观的、自利倾向明显的婴儿到符合道德规范的社会人的道德升华过程。另外，道德态度的产生归根到底源于个体被社会接纳和认可的需要。作为社会性的存在，人只有积极参与社会生活、赢得社会认可才能获得归属感的满足，才能在社会中生存和发展。正是对偏离的焦虑、恐惧以及对社会认可的渴望，促使个体主动地选择、践行社会道德要求，据此形成自己的道德态度。再者，形成的道德态度具有主观能动性，可以反作用

于个体在社会中的适应性。道德态度一旦养成，便成为个体人格特征的重要组成部分而具有相当的稳定性，如果养成的道德态度是积极的和正确的，会促使个体与社会环境保持良性互动，有利于个体身心发展，反之，则会阻碍个体在社会生活中的适应性，影响个体在社会中的生存和发展。

2. 道德态度养成是个体道德养成的难点问题和关键环节。态度是人的思想观念的核心，道德态度因其贯穿道德养成的全过程并且具有相当的复杂性和系统性，在道德养成中是关键问题和难点问题，居于核心地位。首先，道德态度的养成影响着个体在道德生活中的判断和选择。道德态度具有认知功能，某种意义上是储存在个体头脑中的道德经验和知识的总和，它总是和一定的对象相联系。这种对象性特征决定了它作为一种关于某一道德对象的一般性解释，可以被个体用来对尚不明确的道德情境进行解释和推断，弥补信息的不足，从而简化了现实。道德态度的这种认知功能影响着个体对道德生活的真实知觉，特定的道德信息会被个体既有的道德态度所过滤、筛选甚至是曲解，个体据此得出自己的道德判断和选择。其次，道德态度的养成影响个体道德实践活动的能量和水平，可支配和决定人们的道德行为。如果个体的道德行为达不到道德态度所要求的水平，道德态度将作为动力推动道德行为水平的进一步提高和道德实践的进一步发展。再者，道德态度的稳定性决定了它一旦养成，改变难度将很大，久而久之就凝固成为个体人格的重要组成部分，形成个体固定的反应倾向，从而影响和制约着道德养成的效果。

二、个体道德态度养成的演进机制与实现过程

1. 个体道德态度养成是认知、情感、行为倾向三要素协调发展的结果。道德态度内在的包含了认知、情感、行为倾向三个成分[2]，是他们共同构成的复杂系统。认知、情感、行为倾向要素在道德态度的养成过程中是互相影响、互相制约、互相作用的，从而构成具有明显个体差异性的整体反应系统，任何一个部分的改变都可能引起其他部分的变化，道德态度养成的过程是认知成分、情

感成分、行为倾向成分协同发展的结果，其内部机制是：道德态度养成首先从道德认知养成开始，经由道德情感的强化，再形成行为的倾向性而对道德行为产生动力作用。其中，认知成分是基础，情感基于认知、决定行为倾向，起到承前启后的桥梁和中介作用，而行为倾向是道德情感成分发展和强化的结果。个体对态度对象的了解和判断以认知所获得的信息为依据，在此基础上，才产生了对这一对象的情绪体验和行为倾向，因而形成了相应的态度。因此，道德态度是道德认知活动的结果和反映。态度的情感成分通常是在认知基础上理性抉择的结果，这使得道德情感以道德认识为理性前提，接受认知成分的导向和控制，使主体情感活动保持方向性、有序性和可控性。但是，如果对某一道德客体仅仅有认知或者情感评价，仍然不是真正意义上的态度，态度作为一种从心理到行为的准备过程，没有行为倾向因素的参与是无法对行为产生意动效应的。实际上，当我们判定某个人对某一对象具有某种道德态度时，主要是指他在认知和情感基础上的某种行为倾向性，而排除了他的其他行为倾向性。需要注意的是，认知要素、情感要素、行为倾向要素之间的关联程度不尽相同：对于绝大多数道德态度来讲，认知成分的独立程度更高，情感成分的评价功能更强，情感与行为倾向的关联程度高于认知与情感的关联程度。三者构成的道德态度系统具有自发的调节功能，各成分之间通过联动而互相作用。三者如果能够协调一致，将会有助于形成强度较大而清晰度较高的道德态度，态度转化为行为的可能性也随之增大。

2. 个体道德态度养成是由外而内、由浅入深的渐进过程。由上分析可知，道德态度并非个体生而有之的，是个体在社会生活中逐渐将社会道德规范内化为自身的认知、情感、行为倾向的结果，这就决定了道德态度养成的长期性和曲折性，要经历一个漫长的由外而内、由浅入深的渐进过程：先是行为上的依从和模仿，然后是情感上的认同和接受，最后是认识上的相信和转变三个阶段。这是态度从无到有、从低水平到高水平发展的客观过程。三个阶段中认知要素、情感要素和行为倾向要素起作用的方式和水平不尽相同。起初，个体只是为了满足某种物质或精神的需求或为了避免遭受惩罚而在行为上遵从某种道德要求，这种行为并非真正出于个体的内心意愿，个体也并没有形成对该道德要求真正深刻的道德情感和道德认知，只是个体行为趋利的权宜之计，往往是迫于外界压力采取的暂时性行为，当外在压力消失时，道德行为的依从就可能消失。行为依从在道德态度形成的过程中是普遍现象，在个体早期社会生活中，道德态度的形成很大程度上依赖于大量的行为依从。道德行为依从的日常化和经验化，将强化个体对相应道德规范的情感和认知，个体将逐渐自觉自愿地认同这些道德要求，道德态度的养成进入了一个新的阶段。在这一阶段，道德态度的情感成分增加，个体对所在群体的外在道德要求逐渐产生积极的、肯定的情绪体验和评价倾向，从内心里赞同、接受其道德规范，当外在压力消失时，个体的道德态度仍可能与道德规范一致。虽然个体并未产生深刻、系统、清晰的道德认知，情感认同也并不稳定，尚未实现与整个态度系统真正的融合，但情感成分的增加极大地推进了个体道德认知的发展，为个体内化道德规范奠定了基础。之后，进入道德态度养成的最后一个阶段——内化阶段，随着道德认知的深入发展和系统化，个体把情感上认同的态度跟自己已有的道德认知、信念、价值进行内在结合，完全相信和真正接受了外在的道德要求，并将这种要求纳入自身的价值体系，抽象化为道德价值观，逐渐固化为个体人格的重要组成部分并具有了内在驱动力的作用。这一阶段，道德认知成分的改变占主导地位，个体的内在认知发生根本改变，内心真正发生了变化，稳定的道德态度最终养成。这时个体的道德态度和行为不再需要外在约束，而是能够自觉甚至是自动化、无意识地践行道德要求，是道德态度的认知成分、情感成分、行为倾向成分全面形成并且相互融合、协调化、系统化的阶段，也是道德态度养成的最关键环节。这时的道德态度将具有很大的稳定性，再加以改变难度将非常大。

三、个体道德态度养成的实践路径与策略选择

1. 个体道德态度养成要营造良好的社会生活环境。既然道德态度是个体在社会生活中后天养成的，是一个由外而内的渐进过

程，社会环境就可能通过规范、准则、宣传教育、风俗文化等多种方式对个体的道德态度产生无处不在的影响；不良的社会环境是形成不良道德态度的重要原因，良好的社会环境是培养积极道德态度的重要基础。良好社会环境的营造是一项系统工程，要从家庭、学校、社会多层面入手，协调推进。一是要高度重视家庭对个体道德态度养成的影响作用。家庭成员的道德态度和行为是儿童首先进行社会性模仿的对象，家庭的道德氛围、道德规范、道德言行和家庭成员对个体的道德要求和期望，将会对个体道德态度产生终生影响。家庭作为一种社会关系的突出特点就是情感关系密切，而情感要素在道德态度养成的过程中起至关重要的作用，因此要充分利用家庭环境的情感优势，在家庭成员间形成互相尊重和关爱的气氛，与儿童建立可以信任和值得依赖的情感关系，从而促进家长对儿童示范和榜样作用的发挥。当然，这要求家长身教重于言教，首先端正自己的道德态度，建立健康合理的态度体系，并注意对儿童道德态度的模仿作出明确要求和适当引导。二是要巧妙利用同辈群体关系促进道德态度的养成。同辈群体是个体道德态度养成的重要环境因素，尤其是青少年时期，随着心理和生理的成熟以及逆反期的出现，个体会有强烈的社会认同的渴望，逐渐疏离长辈群体，努力融入同辈群体。在实践中首先要对同辈群体存在的合理性和积极作用加以肯定，对良性同辈群体和不良同辈群体区别对待，不可一概加以阻止和否定，在此基础上对群体成员给予关心和引导，满足成员尤其是青少年的情感需求，避免他们被不良群体吸引。对良性的同辈群体要积极引导发挥其优势，促进其感性因素向理性因素的升华。要重视同辈群体中核心人物的影响力，对群体的核心人物要重点加以引导和关注，以起到“教育一个带动一片”的效果。三是要充分发挥大群体的凝聚力和引导力。这种大群体可以是个体所在的班级、学校、单位乃至整个社会。群体的道德规范虽然不具有强制力，但会以群体道德舆论的形式对偏离规范的个体产生巨大压力，产生“软约束”。新闻媒体是道德舆论的重要载体，要充分发挥在道德风尚构建中的主观能动性，扶正祛邪、扬善惩恶，以正面宣传为主，对符合道德规范的道德态度大力加以提倡和弘扬，辅以舆论监督，对背离社会主义道德准则的非主流道德态度加以遏制和鞭挞。另外，群体成员在态度上对道德规范的遵守，还有赖于群体强大的内聚力。可以通过有意识地培养和强化群体成员间相似性的途径，也可以通过设定群体道德目标强化成员之间协同合作的方式，还要注意调动和发挥群体中道德权威和道德榜样的示范作用和影响作用，同时注意加强群体组织机构建设和文化建设等。

2. 个体道德态度养成要采取循序渐进的路径和方法。在道德实践中要充分认识到道德态度养成的复杂性和长期性，注意路径的渐进性和方法的层次性，不能急于求成。一是要循序渐进地提出道德态度养成的目标和要求。在道德态度养成的目标设定和内容选择上，要考察具体对象的道德发展水平和实际承受能力，分析其可接受范围，如果目标与个体的实际道德水平差距较大，则要将一个大目标切分为一系列小目标，逐步提高要求。二是通过适度重复、社会奖惩逐步强化个体对道德要求的积极情感体验。当个体接受一个小的道德态度改变的要求后，适当的奖励和肯定可以增加个体对相应道德态度的积极情感体验，满足个体获得社会认可的内在需求，增加个体进一步改变态度的内在动力。当个体表现出与目标态度不一致的道德态度时，适当的惩罚又可以激发个体对不良道德态度的厌恶情感体验，消除其进一步持有该态度的动机。而对于道德要求的适度重复是促使个体道德态度转变的有效策略，其原理同样是可以强化个体的积极道德情感。这种重复要注意技巧，例如对道德要求的重复一定要建立在个体对此态度已经有积极情感体验的基础上，重复的频率要适度，重复的方式最好要多样、丰富。三是促进道德态度到道德行为的飞跃是道德态度维持的关键。可以通过控制道德情境对态度向行为转化的干扰、唤醒个体道德态度中的情感成分、强调道德态度与个体核心价值的关联性等策略，积极促使道德态度最终转化为道德行为。另一方面，道德态度养成既然是一个由外而内的深化过程，道德行为就可以作为外在经验引导个体的道德态度，所以可以通过控制道德行为的途径来促进道德态度的养成，让个体持续重复某种道德行为（有时必须是强制的），或者严格限制个体的不道德行为，增加道德态度养成过程中的正向经验，减少负向经验。对于道德态度尚未成型并且行为依附性强的未成年人，这一路径尤为有效。

3. 个体道德态度养成要调动个体的主观能动性。道德态度由外而内的养成过程说明，道德态度最终能否养成取决于外在道德规范能否内化为个体自身的道德准则，而这种内在变化的过程高度依赖于个体自身特点和主动性。因此，在道德态度养成的实践中要充分调动个体的主观能动性，一是要利用不同对象的特征有针对性地展开道德态度的教育。个体自身的人格特征、道德生活经验、智力水平等都会对道德态度养成的效果起到重要影响。如，智力水平高、道德生活经验丰富的人，不易接受意义浅显、内容简单的说服教育，因此要想对其道德态度产生影响，不仅要提出详细、有说服力的道德要求，并且要解释清楚这种要求的原因和根据，同时提出有利与不利双面的论据；而对于智力水平较低、道德生活经验缺乏的人（如未成年人），提供太复杂的教育信息反而会使其产生困惑和不解，干扰其对道德要求的理解，对这样的教育对象应本着形象生动、有趣有益的原则，避免用过分概括化和抽象化的说教方式，只需要简单明了地提出具体要求并且在合适情境下多次重复就能够取得良好的效果。二是道德态度养成要充分调动个体自我教育和说服的主动性。道德态度作为个体的一种内心应对倾向的构建，无论是运用什么样的教育和影响策略，最终要内化为个体内心的标准和倾向，一定要通过个体自我教育说服才能实现。在道德态度教育中要避免简单灌输，在对教育者特征有清晰了解的前提下要通过多种方式启发他们的积极思考，通过对问题的积极思考，个体在自身的认知体系中为答案寻找论据，这就是个体自我说服的过程，而且个体通过主动思考能够使内心的态度和信念产生更加紧密的联系，个体对源自于自身的答案也更容易产生积极情感评价，从而有利于相应道德要求的内化，并且经过个体主动加工过的态度改变更为持久和稳定。三是要鼓励个体以不同方式参加道德实践，增加有利于道德态度形成的直接经验。道德态度是个体在社会生活中道德经验积累的结果；态度中的认知成分与一个人的知识密切相关，具备较多的相关知识更容易养成相应的道德态度。道德态度养成的实践可以采取多种方式，要贯穿于个体的学习、工作、社会活动以及日常生活的方方面面，既可以是个体发挥主观能动性自我学习、自我演练、自我践行的过程，也可以是由社会、群体、学校或单位发起和组织，多人共同参与，有明确目的和指向，有引导有组织的过程，如道德讨论、志愿服务、爱心捐助、社团公益、道德角色扮演等活动。组织道德实践，要向个体强调相关道德实践的意义，鼓励他们自觉进行实践；讲清实践的正确方式，以及实践中可能遇到的困难和解决方法，以提高实践的效率，防止在实践中产生道德挫败的负向经验而影响道德态度的养成；实践过程中要注意检查督促，对于实践的效果要及时加以评价，肯定实践成绩，指出其中的不足，表扬先进，鼓励后进，以进一步强化道德态度养成的正向经验刺激，消除负向经验的消极影响。

注释：

［1］马向真．道德态度及其转变［J］．学术研究，2007（8）．
［2］郭毅然．道德态度论纲［J］．中国矿业大学学报（社会科学版），2011（3）．

（作者单位：南昌工程学院）

［基金支持］国家社科基金重大招标项目：中国特色社会主义道德体系研究（12&ZD093）；江西省社会科学“十二五”规划项目：道德态度养成的机制及现实路径研究（14KS15）；南昌工程学院思想政治教育研究课题：社会主义核心价值观培育视域下的道德态度培育研究（2014SY01）。

人的全面发展理论与思想政治教育的内在联系初探

安永友

《关于进一步加强和改进新形势下高校宣传思想工作的意见》中对于高校思想政治提升队伍整体素质。这一措施就在原则上决定了我们的高校应将高校思想政治课教师的理论水平提升到一定的高度，对于马克思主义的整体观念要有一个清醒的认识，不能将马克思主义的理论各个部分区别对待，要视作一个整体来进行研究与教学。否则，高校思想政治课也在很大程度上不能达到其预期的目的。马克思关于人的全面发展理论与高校思想政治课本身就具有不可分割的理论渊源。

一、马克思关于人的全面发展理论的内涵

马克思、恩格斯从《德意志意识形态》开始，在以后的系列著作中正式提出并系统阐述了“个人全面发展学说”，是与人的片面发展相对而言的。“它的本来含义是指每一个人的智力，体力在社会生产过程中尽可能地多方面地、充分地、自由地、和谐地发展，最根本的是个人劳动能力的全面发展”，“使人们成为各方面都有能力的人，就能通晓整个生产系统的人”。马克思关于人的全面发展理论包括三个方面，人的能力的全面发展、人的社会关系的全面发展以及人的个性自由的发展。

1. 人的能力的发展

能力发展在人的全面发展中占有重要的地位，是人的全面发展的核心内容，包括人的体力、智力、劳动能力、道德力等。人的能

力按照不同的标准可分为不同的类型。根据主体的不同，人的能力可分为个体能力和集体能力，而个体能力的发展是人的全面发展的对象。根据性质分，可分为自然力和社会能力，其中自然力是指天然存在的能力，比如体力、感觉力等。社会能力是指后天获得的，根据状态分，可分为潜力和现实能力。根据生理基础可分为人的体力和智力。随着人们的需求不断发展，社会会随之创造出迎合人类需求的新事物，这就需要人的能力的不断提高，才能接受社会的挑战。因此，人的能力的发展是人全面发展的重要内容。

2. 人的社会关系的发展

马克思认为，人的本质在其现实意义上，是一切社会关系的综合。所以，人的社会关系的发展是人的全面发展理论的又一重要内容。人是社会存在物，人的全面发展离不开社会关系，人的能力的施展和发挥离不开他人，离不开社会关系。人们在生产活动和交往活动的过程中，不断发展着社会关系。在日益丰富的社会关系中，人会获得越来越多的发展，成为越来越全面的人，社会关系的发展决定着人的全面发展。因此，人的社会关系的发展是人的全面发展理论的又一重要内容。

3. 人的个性自由的发展

人的个性自由的发展与人的能力的发展、人的社会关系的发展紧密联系，不容分割。人的个性的自由全面发展是人的全面发展理论的目标和宗旨。个性是指个体在物质活动和交往活动中形成的具有社会意义的稳定的心理特征系统。个性内涵非常丰富，是人的心理倾向、心理过程、心理特征以及心理状态等综合形成的心理结构，是一个人在思想、性格、品质、意志、情感等方面不同于他人的特质，个性又叫人格。个性发展在人的全面发展中有着重要地位，人的个性影响人的一生，指引着人们的努力方向，在很大程度上决定了人的发展。可见，人的个性自由发展对人的全面发展有多重要。

马克思关于人的全面发展理论的内涵是我们把握其与思想政治教育内在联系的基础，在此基础上，深入探究人的全面发展理论与思想政治教育的关系具有重大的意义，可以指导思想政治教育良好地开展，有利于大学生思想政治素质的提高。

二、人的全面发展理论与思想政治教育的内在联系

1. 人的全面发展是思想政治教育的目标

思想政治教育是用一定的思想观念、道德规范作用于教育对象，实现教育对象的自由而全面发展。马克思主义理论要求我们进行全面的教育，从人的德智体美劳等全面发展人才，缺一不可。人的全面发展理论，是我们确定教育方针、教育目的和思想政治教育任务、目标的重要理论依据。实现每一个人的自由全面发展是马克思主义的最高价值目标。只有明确人的全面发展这个目标，思想政治才能沿着健康的轨迹运行。面对复杂多变的社会形势，越来越多的要求全面发展的人才，不仅仅注重人专业知识的提高，更是要求人的思想道德素质达到一定的层次。这就要求明确思想政治教育的目标，从各个方面提高人们的素质，以适应社会的发展。

2. 思想政治教育是实现人的全面发展的途径

通过思想政治教育，人们可以树立正确的世界观人生观，确定自己的理想信念和立场，从而实现人的全面发展。人的全面发展不能离开理论教育和实践锻炼，思想政治教育恰好提供这样一个平台。人的全面发展是一个与经济、社会、政治、文化等多重因素相联系的复杂的过程，在此过程中，必然会受到经济条件和社会基础等的制约，这是因为人的能力的发展落后于时代的要求，难免会造成束缚和制约，这就需要通过一定的教育提升人们的水平，而思想政治教育的作用就在于通过一定手段来提升人的精神层次，实现人的全面发展。在我国社会生产力进步的条件下，精神层面的缺陷越来越明显，因此，通过思想政治教育，帮助人们树立正确的三观，坚定政治立场，为实现共产主义目标而奋斗终生才是推动人全面发展的重要途径。

3. 人的全面发展与思想政治教育相辅相成

马克思关于人的全面发展理论与思想政治教育是不可分开的，二者相辅相成。一方面，马克思关于人的全面发展理论奠定了思想政治的理论基石。马克思认为人的全面发展是一个长期的过程，这

就决定了人的全面发展是一个不断完善的过程，人的全面发展的每一次完善，就给思想政治教育提出了新的要求，思想政治教育需要不断改进不断提升，才能实现人的全面发展这个目标。因此，马克思关于人的全面发展理论为思想政治教育的发展与创新提供了理论基础和支持。另一方面，思想政治教育为人的全面发展提供精神动力。因为思想政治教育是实现人的全面发展的重要途径，而人的全面发展又是思想政治教育的目标和归宿。人的全面发展需要多方面的支持，是一个艰巨的任务，而思想政治教育在一定程度上提高了人们的思想素质，道德水平，这有利于人的全面发展，为人的全面发展提供了支撑。

把握了马克思关于人的全面发展理论的内涵，了解了思想政治政治教育与人的全面发展理论的内在联系，有助于人们正确把握思想政治教育的目标和宗旨。促进人的全面发展是马克思主义关于建设社会主义新社会的本质要求。我们要在发展社会主义物质文明、精神文明和政治文明的基础上，不断推进人的全面发展。马克思关于人的全面发展不仅仅是个人的发展，而是一种理想的社会状态，是生产力高度发展，物质产品极大丰富的结果，是马克思主义的最高价值目标。

因此，在进行思想政治教育的过程中，要以人的全面发展理论为依据，为目标，为导向，为任务，坚持一切为了人的全面发展而服务的方针。牢牢把握思想政治教育这个平台，为人的全面发展提供可能性条件，思想政治教育是人全面发展的关键，根据“人的全面发展”的新要求，必须开创思想政治教育新局面，创新思想政治教育的内容和方法，始终坚持以人为本，不断推进思想政治教育的时代化和科学化。当代思想政治教育突出“双主体”，也就是响应了以人为本的方针，有利于实现人的全面发展，从而培养出一代又一代全面发展的社会主义接班人。

在经济和政治文化快速发展的今天，人们往往忽视了道德精神的发展，这严重不利于建设中国特色社会主义，不利于实现中国梦。只有认清思想政治教育与马克思关于人的全面发展理论的关系，以思想政治教育为平台，以人的全面发展为目标和任务，才能有利于实现人的精神道德的发展，从而实现人的全面发展，响应党的号召，为社会主义建设培养有理想、有道德、有文化、有纪律的社会主义接班人，实现中华民族的伟大复兴开辟道路。

（作者单位：中共陕西省委党校）

论公民道德态度养成

杨宇辰

道德态度主要指道德生活中的对他人、对群体的行为、品质人格等所持有的一种稳定的看法。它贯穿道德养成的全过程，是社会主义道德建设内化的结果和外化的依据。帮助人们养成正确的道德态度，建立科学合理的态度体系，从而指导人们的道德行为，是社会主义道德建设的重要内容，因此从态度的视角对道德养成进行研究具有重要的理论意义和实践价值。道德态度构成的系统性决定了其养成机制的复杂性，如何把握这种规律性，有针对性地选择策略和路径，是道德建设中需要解决的重要现实问题。

一、公民道德态度养成的内在可能性与现实必要性

1. 道德态度的习得性决定了公民道德态度养成的现实可能性

公民的道德态度不同于本能，不是生而有之的，而是通过后天的社会学习获得的；不经学习就具备的、与生俱来的行为倾向不是态度。道德态度的养成与公民社会化的过程是一致的，培养良好道德态度的过程，就是一个从不具有道德观的、自我倾向明显的婴儿到符合道德规范的社会人的道德升华过程。另外，道德态度的产生归根到底源于公民被社会接纳和认可的需要。正是对偏离社会的焦虑、恐惧以及对社会认可的渴望，促使公民主动地选择、践行社会道德要求，据此形成自己的道德态度。再者，形成的道德态度具有主观能动性，可以反作用于公民在社会中的适应性。道德态度一旦养成，便成为公民人格特征的重要组成部分而具有相当的稳定性，如果养成的道德态度是积极的和正确的，会促使公民与社会环境保

持良性互动，有利于公民身心发展；反之，则会阻碍公民在社会生活中的适应性，影响公民在社会中的生存和发展。

2. 道德态度养成是公民道德养成的难点问题和关键环节

态度是人的思想观念的核心，道德态度因其贯穿道德养成的全过程并且具有相当的复杂性和系统性，在道德养成中是关键问题和难点问题，居于核心地位。首先，道德态度的养成影响着公民在道德生活中的判断和选择。道德态度具有认知功能，某种意义上是储存在公民头脑中的道德经验和知识的总和，它总是和一定的对象相联系。这种对象性特征决定了它作为一种关于某一道德对象的一般性解释，可以被公民用来对尚不明确的道德情境进行解释和推断，弥补信息的不足，从而简化了现实。道德态度的这种认知功能影响着公民对道德生活的真实知觉，特定的道德信息会被公民既有的道德态度所过滤、筛选甚至是曲解，公民据此得出自己的道德判断和选择。其次，道德态度的养成影响公民道德实践活动的能量和水平，可支配和决定人们的道德行为。如果公民的道德行为达不到道德态度所要求的水平，道德态度将作为动力推动道德行为水平的进一步提高和道德实践的进一步发展。再者，道德态度的稳定性决定了它一旦养成，改变难度将很大，久而久之就凝固成为公民人格的重要组成部分，形成公民固定的反应倾向，从而影响和制约着道德养成的效果。

二、公民道德态度养成的演进机制与实现过程

1. 公民道德态度养成是认知、情感、行为倾向三要素协调发展的结果

道德态度内在的包含了认知、情感、行为倾向三个成分，是他们共同构成的复杂系统。认知、情感、行为倾向要素在道德态度的养成过程中是互相影响、互相制约、互相作用的，从而构成具有明显公民差异性的整体反应系统，任何一个部分的改变都可能引起其他部分的变化，道德态度养成的过程是认知成分、情感成分、行为倾向成分协同发展的结果，其内部机制是：道德态度养成首先从道德认知养成开始，经由道德情感的强化，再形成行为的倾向性而对

道德行为产生动力作用。其中，认知成分是基础，情感基于认知、决定行为倾向，起到承前启后的桥梁和中介作用，而行为倾向是道德情感成分发展和强化的结果。公民对态度对象的了解和判断以认知所获得的信息为依据，在此基础上，才产生了对这一对象的情绪体验和行为倾向，因而形成了相应的态度。因此，道德态度是道德认知活动的结果和反映。态度的情感成分通常是在认知基础上理性抉择的结果，这使得道德情感以道德认识为理性前提，接受认知成分的导向和控制，使主体情感活动保持方向性、有序性和可控性。但是，如果对某一道德客体仅仅有认知或者情感评价，仍然不是真正意义上的态度，态度作为一种从心理到行为的准备过程，没有行为倾向因素的参与是无法对行为产生意动效应的。实际上，当我们判定某个人对某一对象具有某种道德态度时，主要是指他在认知和情感基础上的某种行为倾向性，而排除了他的其他行为倾向性。需要注意的是，认知要素、情感要素、行为倾向要素之间的关联程度不尽相同：对于绝大多数道德态度来讲，认知成分的独立程度更高，情感成分的评价功能更强，情感与行为倾向的关联程度高于认知与情感的关联程度。三者构成的道德态度系统具有自发的调节功能，各成分之间通过联动而互相作用。三者如果能够协调一致，将会有助于形成强度较大而清晰度较高的道德态度，态度转化为行为的可能性也随之增大；如果认识、情感、行为之间互相抵制和冲突，态度系统一般会自发地引导协调一致的结果，最终会以一种较为妥当的方式予以表达，从而达到一种系统的准稳定状态。

2. 公民道德态度养成是由外而内、由浅入深的渐进过程

由上分析可知，道德态度是公民在社会生活中逐渐将社会道德规范内化为自身的认知、情感、行为倾向的结果，这就决定了道德态度养成的长期性和曲折性，要经历一个漫长的由外而内、由浅入深的渐进过程：先是行为上的依从和模仿，然后是情感上的认同和接受，最后是认识上的相信和转变三个阶段。起初，公民只是为了满足某种物质或精神的需求或为了避免遭受惩罚而在行为上遵从某种道德要求，这种行为并非真正出于公民的内心意愿，公民也并没有形成对该道德要求真正深刻的道德情感和道德认知，只是公民行

为趋利的权宜之计，往往是迫于外界压力采取的暂时性行为，当外在压力消失时，道德行为的依从就可能消失。道德行为依从的日常化和经验化，将强化公民对相应道德规范的情感和认知，公民将逐渐自觉自愿地认同这些道德要求，道德态度的养成进入了一个新的阶段。在这一阶段，道德态度的情感成分增加，公民对所在群体的外在道德要求逐渐产生积极的、肯定的情绪体验和评价倾向，从内心里赞同、接受其道德规范，当外在压力消失时，公民的道德态度仍可能与道德规范一致。虽然公民并未产生深刻、系统、清晰的道德认知，情感认同也并不稳定，尚未实现与整个态度系统真正的融合，但情感成分的增加极大地推进了公民道德认知的发展，为公民内化道德规范奠定了基础。之后，进入道德态度养成的最后一个阶段——内化阶段，随着道德认知的深入发展和系统化，公民把情感上认同的态度跟自己已有的道德认知、信念、价值进行内在结合，完全相信和真正接受了外在的道德要求，并将这种要求纳入自身的价值体系，抽象化为道德价值观，逐渐固化为公民人格的重要组成部分并具有了内在驱动力的作用。这一阶段，道德认知成分的改变占主导地位，公民的内在认知发生根本改变，内心真正发生了变化，稳定的道德态度最终养成。这时公民的道德态度和行为不再需要外在约束，而是能够自觉甚至是自动化、无意识地践行道德要求，是道德态度的认知成分、情感成分、行为倾向成分全面形成并且相互融合、协调化、系统化的阶段，也是道德态度养成的最关键环节。这时的道德态度将具有很大的稳定性，再加以改变难度将非常大。

三、公民道德态度养成的实践路径与策略选择

1. 公民道德态度养成要营造良好的社会生活环境

既然道德态度是公民在社会生活中后天养成的，是一个由外而内的渐进过程，社会环境就可能通过规范、准则、宣传教育、风俗文化等多种方式对公民的道德态度产生无处不在的影响；不良的社会环境是形成不良道德态度的重要原因，良好的社会环境是培养积极道德态度的重要基础。

一是要高度重视家庭对公民道德态度养成的影响作用。家庭是公民在社会生活中最早的社会关系，家庭成员的道德态度和行为是儿童首先进行社会性模仿的对象，是公民道德态度养成的最初的人际参考者，家庭的道德氛围、道德规范、道德言行和家庭成员对公民的道德要求和期望，将会对公民道德态度产生终生影响。家庭作为一种社会关系的突出特点就是情感关系密切，而情感要素在道德态度养成的过程中起至关重要的作用，因此要充分利用家庭环境的情感优势，在家庭成员间形成互相尊重和关爱的气氛，与儿童建立可以信任和值得依赖的情感关系，从而促进家长对儿童示范和榜样作用的发挥。

二是要巧妙利用同辈群体关系促进道德态度的养成。同辈群体是公民道德态度养成的重要环境因素，尤其是青少年时期，随着心理和生理的成熟以及逆反期的出现，公民会有强烈的社会认同的渴望，逐渐疏离长辈群体，努力融入同辈群体。在实践中首先要对同辈群体存在的合理性和积极作用加以肯定，满足成员尤其是青少年的情感需求，避免他们被不良群体吸引。要重视同辈群体中核心人物的影响力，对群体的核心人物要重点加以引导和关注，以起到“教育一个带动一片”的效果。

三是要充分发挥大群体的凝聚力和引导力。这种大群体可以是公民所在的班级、学校、单位乃至整个社会。群体的道德规范虽然不具有强制力，但会以群体道德舆论的形式对偏离规范的公民产生巨大压力，产生“软约束”。新闻媒体是道德舆论的重要载体，要充分发挥在道德风尚构建中的主观能动性，扶正祛邪、扬善惩恶，以正面宣传为主，对符合道德规范的道德态度大力加以提倡和弘扬，辅以舆论监督，对背离社会主义道德准则的非主流道德态度加以遏制和鞭挞。

2. 公民道德态度养成要采取循序渐进的路径和方法

在道德实践中要充分认识到道德态度养成的复杂性和长期性，注意路径的渐进性和方法的层次性，急于求成将违背了道德态度养成的基本规律，其结果会适得其反。

一是要循序渐进提出道德态度养成的目标和要求。在道德态度养成的目标设定和内容选择上，要考察具体对象的道德发展水平和实际承受能力，如果目标与公民的实际道德水平差距较大，则要将一个大目标切分为一系列小目标，逐步提高要求，正如《菜根谭》中所讲“攻人之恶勿太严，要思其堪受；教人之善勿太高，当使人可从”。

二是通过适度重复、社会奖惩逐步强化公民对道德要求的积极情感体验。爱尔维修曾说过，我们选择德行的力度是“与人们用以奖赏它的快乐成正比例的”，当公民接受一个小的道德态度改变的要求后，适当的奖励和肯定可以增加公民对相应道德态度的积极情感体验，满足公民获得社会认可的内在需求，增加公民进一步改变态度的内在动力。当公民表现出与目标态度不一致的道德态度时，适当的惩罚又可以激发公民对不良道德态度的厌恶情感体验，消除其进一步持有该态度的动机。

三是促进道德态度到道德行为的飞跃是道德态度维持的关键。可以通过控制道德情境对态度向行为转化的干扰、唤醒公民道德态度中的情感成分、强调道德态度与公民核心价值的关联性等策略，积极促使道德态度最终转化为道德行为。另一方面，道德态度养成既然是一个由外而内的深化过程，道德行为就可以作为外在经验引导公民的道德态度，所以可以通过控制道德行为的途径来促进道德态度的养成，让公民持续重复某种道德行为（有时必须是强制的），或者严格限制公民的不道德行为，增加道德态度养成过程中的正向经验，减少负向经验。

3. 公民道德态度养成要调动公民的主观能动性

道德态度由外而内的养成过程说明，道德态度最终能否养成取决于外在道德规范能否内化为公民自身的道德准则，而这种内在变化的过程高度依赖于公民自身特点和主动性。

一是要利用不同对象的特征有针对性地展开道德态度的教育。人格独立性强甚至有反社会倾向的人，往往拒绝外在影响，否定权威，对外在说服教育有强烈抗拒；自尊水平高、自我防卫性强的人有自我保护的态度，对外在的影响和说服警惕性较大。针对这样的道德教育对象，教育者首先要与其建立起良好的关系，取得他们的信任和敬佩，同时要表现出对他们的尊重和关切，强调与他们的共通性和相似性以促进共情，然后逐渐引导他们道德态度的养成，切不可贸然提出道德要求而激起他们的抵触和反感。对性格顺从、依赖性强的人则可以更多地运用教育者的权威和群体的压力促进其道德态度的养成。另外，智力水平高、道德生活经验丰富的人，不易接受意义浅显、内容简单的说服教育，因此要想对其道德态度产生影响，不仅要提出详细、有说服力的道德要求，并且要解释清楚这种要求的原因和根据，同时提出有利与不利双面的论据；而对于智力水平较低、道德生活经验缺乏的人（如未成年人），应本着形象生动、有趣有益的原则，避免用过分概括化和抽象化的说教方式，只需要简单明了地提出具体要求并且在合适情境下多次重复就能够取得良好的效果。

二是道德态度养成要充分调动公民自我教育和说服的主动性。在道德态度教育中要避免简单灌输，在对教育者特征有清晰了解的前提下要通过多种方式启发他们的积极思考，通过对问题的积极思考，公民在自身的认知体系中为答案寻找论据，这就是公民自我说服的过程，而且公民通过主动思考能够使内心的态度和信念产生更加紧密的联系，公民对源自于自身的答案也更容易产生积极情感评价，从而有利于相应道德要求的内化。

三是要鼓励公民以不同方式参加道德实践，增加有利于道德态度形成的直接经验。道德态度是公民在社会生活中道德经验积累的结果；态度中的认知成分与一个人的知识密切相关，具备较多的相关知识更容易养成相应的道德态度。道德态度养成的实践可以采取多种方式，既可以是公民发挥主观能动性自我学习、自我演练、自我践行的过程，也可以是由社会、群体、学校或单位发起和组织，多人共同参与，有明确目的和指向，有引导有组织的过程，如道德讨论、志愿服务、爱心捐助、社团公益、道德角色扮演等活动。组织道德实践，要向公民强调相关道德实践的意义，鼓励他们自觉进行实践；讲清实践的正确方式，以及实践中可能遇到的困难和解决方法，以提高实践的效率，防止在实践中产生道德挫败的负向经验而影响道德态度的养成；实践过程中要注意检查督促，对于实践的效果要及时加以评价，肯定实践成绩，指出其中的不足，表扬先进，鼓励后进，以进一步强化道德态度养成的正向经验刺激，消除负向经验的消极影响。

（作者单位：南昌工程学院）

道德成长对大学生全面发展的促进作用

宋雪霞

教育的根本任务是立德树人。立德树人就是基于教育本质定位而对培养什么人、怎样培养人作出的总回答。与之相对应，道德成长则是从受教育者角度而言。立德树人与道德成长是一体两面，从对应视角分别表征教育的本质功能、核心价值。在立德树人视域下，道德成长是受教育者内在本性与外在素质相协调、合规律性与合目的性相统一的自觉和谐的成长。因此，教育过程是教育者实施“立德树人”与受教育者实现“道德成长”相统一的过程，换而言之，是实施教育根本任务与实现教育根本目的相统一的过程。

一、个性化发展：大学生内在道德成长

人的全面发展是指人的各种素质能力在现实条件下得到充分有效的发展。个性发展是一个人在思想、性格、品质、意志、情感、态度等方面不同于他人的特质，是个人内在潜力的彰显和张扬。大学生内在道德成长意义上的个性化发展，是指大学生个体在道德需求、生活习惯、性格能力、情趣爱好等方面形成的不同于他人的相对稳定的道德规定性、表征性。全面发展是个性发展的基础和前提，个性发展是在全面发展基础上的选择性发展，二者是辩证统一的。

（一）道德成长是受教育者体现鲜明个性特征的发展

把立德树人确立为教育的根本任务，就是希冀克服教育的纯粹技术化倾向和流水线模式，不单纯培养专业技术上的有用之才，而

明确以德为核心，以德为先、育人为本，通过立德树人，力求促进学生道德成长。在市场经济日趋发达的今天，人们往往过度迷信市场导向，片面理解就业导向，“热门”、“好找工作”、“高薪酬”几乎成为选择专业的主导理念，并由此冲击、制约着高校的学科专业设置和人才培养模式。不仅在职业教育领域如此，而且在整个高等教育领域普遍存在这样的“教育误解”。在到处是大学城、新校区的繁荣景象下，相当一部分不同类型、不同层次的高等学校呈现日渐趋同、千校一面的态势，其学科专业设置也日趋雷同，人才培养模式缺乏个性差异。

道德成长是人性的成长，是人的生存方式、生活方式、学习方式的优化和提升，因此也是学生人格完善的内在需要。学生道德成长与一般性的专业成长有本质区别，但道德成长并不排斥专业成长。在学生品德心理结构中，道德需要处于重要的地位，是个性心理特征的基础，更是人行为的直接动力。道德成长首先是受教育者自身的道德需要，学生没有对道德的需要就不会有道德的内化，就不会有自主、自觉的真正的道德行为，更谈不上道德成长。道德成长不是外部因素作用的直接结果，而是受教育者根据自身的道德需要进行选择、吸收、内化的结果。道德教育只有贴近不同受教育者的生活实际，引起各具个性特征的情感共鸣，唤起各具个性色彩的需要和兴趣，才能达到教育的预期效果。

（二）道德成长是受教育者合规律性的循序渐进的发展

道德成长的规律性，是指受教育者自身认知水平、意志品质、行为能力的发展变化与一定的经济社会发展条件相适应，由低到高、由浅入深、由单一到综合的循序渐进的成长过程。一种典型现象是，近年来校外培训产业如火如荼，相当程度上反映了全社会对教育的急功近利倾向。对青少年各个发展阶段人生观、价值观、道德观培育的缺位，使适应学生成长规律的思想启蒙、心灵滋养、人性发现、人文关怀成为真空地带，这与道德成长的规律性、健全人格的循序渐进是相背离的。所谓人与人竞争的“起跑线”，其实纯属商业炒作、人为制造恶性竞争的假象。

虽然，我国早已进入高等教育大众化时代，但长期形成的精英教育意识仍根深蒂固地渗透于社会各领域。固守精英教育理念的家长和学校，往往围绕考试，鼓励学生“拔尖”，攀登金字塔的塔尖；迷信题海战术、魔鬼训练，开足马力向孩子灌输实用知识、应用技能，却偏偏忽视作为一个普通而真实、平凡而健康的“人”的培养。道德成长是合规律性的，在人生四季里，应当是什么季节开什么花，每个阶段都活出人生的精彩，无需学“反季节”蔬菜一样去抢市场；人生道路应当是遵守交通规则，不得闯红灯，没有值得不顾沿途风景去抢先到达的终点站。人生经历具有不可逆性，应当遵循自身规律，珍惜每个阶段，无需刻意追求“赢在起跑线上”，更不可拔苗助长。

（三）道德成长是受教育者合目的性的丰富生动的发展

道德成长体现立德树人的合目的性价值取向。立德树人既要求对受教育者实施科学文化知识和专业技能的教学，也要求围绕教学过程的内外环境、条件、环节、要素，贯穿育人、树人的终极关怀，始终关注人的健康成长、人的全面发展，使教育可亲可爱、具体生动，富有人情味、道德性。中华传统教育思想历来重视道德修养，如“三纲八目”、“慎独”，这些传统道德要求之所以成为经典流芳百世，是因为其蕴含着宝贵的思想道德精华，其合理内核、精华元素应当很好地继承和发扬。在物质和文化元素都日趋丰富多样的今天，我们不提倡做“苦行僧”，但倡导弘扬艰苦奋斗的精神；我们不主张做“清教徒”，但倡导培育积极向上的健康情趣，追求正当合理的快乐幸福。

道德成长既要脚踏实地日积月累，也要仰望星空高瞻远瞩。教育是合目的性的行为，教育的本质不在“制器”而在育人，学生的成长目标是既要成才更要成人。当前，素质教育已经成为中长期教育改革发展的战略主题，但现实中的情况要复杂得多，应试教育和素质教育的博弈战打了 20 多年，至今仍然不分伯仲，有时应试教育还要占上风。合目的性的道德成长过程，就是要使受教育者在丰富生动的实践中不断地觉醒与领悟，从而日益真切地认识自我、升华自我，依据“真实的自我”自由自觉地建构与完善“理想的自我”。

二、社会化发展：大学生外在道德成长

社会化发展是人的全面发展的必由之路。大学生社会化发展，就是大学生的学习生活、思想观念、心理态度等与一定的社会习俗、制度规范融为一体、相互影响、相互作用的过程。作为大学生外在道德成长的社会化发展，是大学生的道德认知与道德行为在合乎社会主流道德价值取向的条件下，适应、融入并积极促进社会道德完善的过程。

（一）道德成长是受教育者在社会环境里的开放性、适应性发展

道德成长的开放性和适应性，是指个体在社会化进程中对各种道德元素的吸纳、汲取与创新，或者认同、包容与妥协。当然，开放中有甄别，适应中有批判，这才是道德成长，否则就谈不上成长。大学生道德成长离不开社会大环境。作为市场和社会主体的公民都需要道德成长。2013 年全国“两会”上，公民道德成长成为代表委员们热议的一个重要话题。“感动中国年度人物”评选被誉为“中国人的年度精神史诗”；“全国道德模范”、“身边好人”、“最美”系列人物……的评选表彰，有力推动了公民道德建设以及社会主义核心价值观教育的蓬勃开展，生动展现了国民素质日益提高和公民道德成长的时代画面。持续释放的全社会思想道德、精神文明的正能量、正效应，为增强大学生道德成长的开放性、适应性营造了良好的大环境，为大学生走出“象牙塔”开辟了阳光大道。个体的道德成长不是孤立的、封闭的，大学生社会化发展，首先意味着受教育者自身对社会、对外部环境的开放、适应与融入。这种开放性与适应性，是人之为人、人的生存和社会化发展的必由之路，表现为个体与外界的关系、人与人的关系、人与社会关系的和谐。

（二）道德成长是受教育者与社会群体间的协调性、共生性发展

在走向文明、和谐的当今时代，无论国内、国际，我们所倡导

的道德成长，以及人与人之间、个体与群体之间、群体与群体之间，都要着眼于当前与长远的结合，着眼于当下与未来的衔接，着眼于可持续发展，这就要求竞争具有协调性、共生性而非排斥性、抵触性。核心概念就是“多赢”、“共赢”，彼此之间和而不同、宽容包容，大家共同进步、共同发展、共同成长。

社会化发展是大学生道德成长的关键环节，社会化发展的方式、路径、效果如何，影响着大学生的人生旅途，其中的核心仍在于道德本身的生成土壤与培育条件。亚当·斯密在其著名的《道德情操论》一书中说道：“那三种体系——把美德置于合宜性之中的体系，把美德置于谨慎之中的体系，以及认为美德存在于仁慈之中的体系——是迄今为止对美德的本质所作的主要说明。”这些特性在亚当·斯密眼中是美德的本质所在，那么，更加说明大学生社会化发展过程中的道德成长，个体与他人、与群体、与社会的关系，应当是适中合宜而非盲目无度，是谦逊谨慎而非粗俗鲁莽，是爱心仁慈而非冷漠无情。值得强调的是，大学生道德成长的协调性、共生性不仅表现在人际关系上，还应特别表现在人与大自然，以及社会与自然的关系上。大学生关注、参与社会建设的同时，同样应关注并身体力行地参与生态文明建设。

（三）道德成长是受教育者在社会实践中的自主性、生长性发展

实践证明，完全依靠灌输是远远不够的。要从根本上改变道德教育效果欠佳的现状，就必须改进道德教育方式方法，通过激发和调动学生的潜在能力、禀赋气质、情商性格等，使其对自身的修养目标、道德要求、发展前景有比较清晰的认识和理解，而不是盲目听从、囫囵吞枣，不是无的放矢、随波逐流。美国教育家杜威指出：青少年在连续的和进步的社会生活中所必须具有的态度和倾向的发展，不能通过信念、情感和知识的直接传授发生，它要通过环境的中介发生。在校园生活和社会实践中，大学生置身于高校道德小环境和社会道德大环境之中，难免要面对和接触业已形成框架模式的公共道德语境、道德原则、道德评价体系，如何引导大学生通过各种途径去学习实践、辨别选择，直至产生道德需要的动机和接

受的愿望，这是增强道德教育效果，达到立德树人目的的前提和基础。

从道德成长角度考虑，要在社会实践中努力使大学生个体产生自主的道德需要、理性的道德认可，认同接受公共道德意识、道德规范，从而实现潜移默化的道德内化、道德升华、道德生长。促进学生自主性、生长性发展，就是要通过丰富生动、活泼多样的社会实践活动，贴近实际、贴近学生思想感情，调动学生的主动性、积极性、创造性。如，把道德教育领域从世界观、人生观、价值观教育延伸到科学文化、网络科技、生态环境、社会建设等各个领域，真正使道德扎根于现实的土壤，落地生根、开花结果，使学生的道德成长与时代同步、与社会同行，从而使大学生人格心灵、道德品质得到健康充盈全面的发展。

三、主体性发展：大学生自觉道德成长

马克思在《1844 年经济学哲学手稿》中指出："一个种的全部特性，种的类特性就在于生命活动的性质，而人的类特性恰恰就是自由自觉的活动。"人具有实践性，是"自由的有意识活动"的存在物。主体性是人作为实践活动的主体所具有的本质特征，其基本内涵是主体在作用于客体的实践活动中表现出来的能动性、自主性、主动性和创造性。大学生缺乏主体性，就难以积极自觉地去理解、选择、追求道德成长，也不可能以高度的自觉性、责任感去审视、分析、判断、评价、衡量道德现象和道德问题，而只能消极接受、被动盲从。一个缺乏主体性、处在较低的他律水平层次的消极接受者、被动服从者，从健康成长、全面发展意义上讲，也可能恰恰是其精神萎靡、情感昏迷和道德沉睡的表现。主体性发展就是要唤醒这样的"道德沉睡"，增强道德修养的自信活力，从而推动其自觉道德成长。

（一）在日常生活的体验中感悟道德成长

人是日常生活中的人，大学生道德成长的舞台首先是在"苟日新、又日新、日日新"的现实动态的日常生活中。陶行知先生

说过："没有生活做中心的教育是死教育；没有生活做中心的学校是死学校；没有生活做中心的书本是死书本。"道德是人的道德而非物的道德，人的本性是道德的根本特性。人总是为有一定意义的生活而存在。毋庸置疑，人在日常生活中需要有相应的行为规范，但这不是人生的全部，人生的目的在于使自已觉得生活有意义。现实生活中，许多人人生价值和意义的理解往往只狭隘地局限于地位和金钱。实际上，真正有价值有意义的人生，需要激发自身的潜质，建立良好的道德关系，在和谐融洽的社会环境中感受道德成长。从实现人生价值意义的视野看道德成长，道德不是可有可无的，更不是需要被动应付、违心接受的额外负担。道德成长不是在尽义务，而是在获得人生权利。促进大学生道德成长，就是要让大学生接受道德认识、形成道德情感并实践道德行为。长期以来，丰富生动的道德变成了死板面孔的规则和教条，道德教育自然就被简单化、模式化，甚至妖魔化。现实生活中的道德成长比这样的概括、抽象要丰富生动许多。人不是为了规范而生活，人生是在丰富多彩的日常生活画卷中展开的，而且每个人的人生画卷都不一样。因此，道德教育要引导大学生以日常生活为基础，秉持自然素朴、自在平凡的道德信念，以一种合适自身条件的良好状态，以小见大、由浅入深、由低到高，促进责任担当、生态敬畏、终极关怀，趋向和谐融洽的主体性（道德人格）发展。

（二）在道德冲突的淬炼中促进道德成长

受教育者走向道德成长，必然要不断面对道德冲突，不断进行正确的道德选择。道德冲突本质上是义务冲突。大学生道德成长必然要面对诸如家庭伦理关系与社会伦理关系、宗法伦理关系与社会伦理关系、社会伦理关系内部之间等各种义务冲突。如何处理这些冲突，需要大学生作出道德选择。当受教育者自身遭遇或直接置身于这些现象、情境和问题的焦点，与此类人和事面对面的时刻，如何应对道德冲突，又如何作出道德选择，这是道德成长的试金石。责任和义务是道德要求的两个方面，由于道德主体的意图、动机等道德意识状态存在主体性、主观性和个性上的差别，对责任、义务的理解把握也存在差别。意志自由与责任意识的理解和把握特别需要在不断的道德冲突和道德选择中持续得到淬炼。古罗马著名思想家西塞罗说："生活的全部高尚寓于对责任的高度重视，生活的耻辱在于对责任的疏忽。"在现实生活中，每个人都不可避免要面对形形色色的道德冲突，大学生也不例外。面对无数次的道德冲突，面对真刀真枪的道德考验、实践检验，在道德选择中寻求自身恰切的人生答案，经受这样的道德淬炼，必将有力促进道德成长。

（三）在核心价值的引领中实现道德成长

道德成长的高级形态一定是与社会主流意识形态紧密联系的。当代大学生道德成长离不开社会主义核心价值观的指导和引领。社会主义核心价值的终极指向就是人的自由而全面的发展。《共产党宣言》指出："代替那存在着阶级和阶级对立的资产阶级旧社会的，将是这样一个联合体，在那里，每个人的自由发展是一切人的自由发展的条件。"在《资本论》中马克思也强调，共产主义是"以每个人的全面而自由的发展为基本原则的社会形式"。人的全面发展是指思想道德素质、科学文化素质、健康素质（包括身心健康）的全面提升。社会主义核心价值观是人们对社会主义价值的性质、构成和评价的根本看法和态度，是对社会主义价值体系内容的高度凝练和概括。

（作者单位：福建工程学院）

大学生诚信教育探析

宋俊杰　周霜梅

大学生诚信教育是思想政治教育的重要组成部分，对个人以及社会的发展有着非常重要的意义，目前我国大学生诚信道德主流是好的，在价值观上是呼吁诚信的。他们普遍对党和国家忠诚；学习上求真实；人际关系真诚和谐；经济生活诚实守信，但同当前社会诚信问题一样，在一些大学生中也存在着诚信缺乏问题，大学生诚信状况不容乐观。

一、当代大学生诚信缺失的主要表现

1. 学习学术作弊抄袭

在学习上弄虚作假、考试作弊、跑分要分；在学术上剽窃抄袭、东拼西凑。作业完全抄袭，或在网上下载粘贴复制抄袭，甚至有人完全冒盗用别人的文章；考试作弊的手段层出不穷，防不胜防；更有甚者，为了通过考试、入党、评先等目的，私下给老师送礼套近乎、求情，以求老师多给分，给高分。这些都显示一些大学生在学习和学术上的不诚信表现。

2. 经济生活失信背诺

当前，有些大学生不按期偿还国家贷款、恶意拖欠学校学费、借同学钱不还等现象在高校普遍存在。国家为了解决贫困家庭子女上大学的经济困难，让大学生以自己的身份、人格和信誉为担保，给予贫困大学生优惠的国家助学贷款以完成学业。这本是一件利国利民的好事，然而部分学生不讲信用的行为却使得这项政策难以为继。

3. 人际交往见利忘义

现实交往中的诚信缺失。表现为一些大学生做人不真诚，心口不一，当面一套背后一套，阳奉阴违；少数大学生出尔反尔，说话不算数，承诺不兑现；遇到不平事或者同学有困难冷眼旁观。虚拟交往中的诚信缺失。由于网络的虚拟化特征，网民可以匿名存在，撒谎、盗窃、诈骗等丑恶行为在鼠标的点击中发生，在 BBS 中发表一些不负责的言论；少数大学生还在网上传播虚假信息、黄色垃圾，制造电脑病毒，甚至有的走上了电脑犯罪的歧途。

4. 求职就业弄虚作假

随着社会就业难的问题产生，大学生就业面临越来越大的压力，出现了一些大学生在求职就业弄虚作假，以求得在就业中胜人一筹，竞争到好的职位，表现为在求职过程中，有些大学生在求职履历上做文章，涂改成绩、夸大事实、制造假证件、虚构经历，绞尽脑汁玩手段。

二、当代大学生诚信缺失的主要原因

大学生诚信缺失的原因是多方面的，从表层看源于部分大学生素质不高，道德观念薄弱；从深层看，这种现象有其深刻的历史、社会成因；从纵向看，从小学到大学的整个教育系统的诚信教育存在偏差；从横向看，学校、家庭和社会尚未形成培育大学生道德品质的合力，学校正面教育的效果也往往被负面的社会现象所抵消。

一是诚信环境的不良影响。人的本质在于他的社会性，作为社会一员的大学生，必然受到社会各种思潮和现象的影响。在现在社会上，诚信缺失问题随处可见，难免不会影响在象牙塔中的大学生。教育工作者诚信形象失范，对学生的诚信有致命的影响。当今时代是信息时代，著名高校的教师，特别是某些知名教授失信事件的败露，无疑会给每一个对此有所思考的大学生以冲击，并在其心中投下阴影。

二是学校诚信教育缺乏实效性。高校开设德育课主要内容是对大学生进行人生观、价值观，以及社会主义道德教育，缺乏诚信方面的内容。在德育课教学中，强调大学生对社会负责任的多，对自己行为负责任说得少；大道理讲得多，而对大学生的生活细节和身边小事教育相对较少，缺乏道德实践特别是诚信的实践教育。这些造成学校的诚信教育实效很差。

从教育效果的评判标准看，不少学校以考试分数高低来衡量教学的成效和评定学生的好坏，把“知识”作为评判教育质量的唯一标准，而忽视了学生道德的教育，忽视了学生“怎样做人”的培养。

三是家庭诚信教育偏失。当代大学生大部分是独生子女，家庭的娇生惯养及过分呵护，使他们对社会甚至对自己的责任感都相对地缺乏。对个人与社会、社会的光明面与黑暗面、小事与大事之间的关系缺乏全面理解和认识，使他们容易将观察了解到的一些社会消极现象当做社会本质，从而误导他们失去诚信观念，甚至发生与公民道德规范相背离的行为，影响学生诚信品格的养成。

四是大学生自我修养与诚信实践缺失。从人的心理发展来看，20 岁左右的年龄正值世界观、人生观、价值观形成的时期，正所谓：“性，犹湍水也，决诸西方则西流，决诸东方则东流。”由于市场经济利益杠杆的作用和教育失误等众所周知的原因，社会上和大学生身边普遍存在着许多不遵守诚信道德原则的现象，它们给缺乏是非判断能力的青年学生以误导。

三、拓展和创新大学生诚信教育的途径

1. 拓展大学生诚信教育的主渠道

高等学校思想政治理论课是大学生思想政治教育的主渠道，作为思想教育中的道德教育主渠道理应是高校思想政治理论课。拓展诚信道德教育的渠道，主要有四个方面：首先，教师要以身作则，时时事事讲诚信，给学生作诚实守信的榜样；其次，课堂教学要随时注重诚信教育。课堂是教师教书育人的主阵地，一定要充分发挥其育人的强大功能，把诚信教育落到实处；再次，充分利用学生课外活动，充分依靠全体教师，特别是辅导员、班主任，依靠各种学生组织，通过开展各种有益的活动深入细致、有针对性地进行诚信教育，将诚信教育应融入学生教育、管理的各个环节，纳入学生的

入学、日常管理、就业指导的全过程，常抓不懈，使诚信教育与大学生日常生活和学习更加贴近。最后，建立网络化的立体诚信教育和评价体系，实现传统与现代的有机结合，互相补充，共同渗透，搭建网络化的大学诚信教育平台探索新的教育载体，拓展诚信教育工作空间，在最大的范围内实现最佳的大学生诚信教育效果。

2. 拓宽大学生诚信教育的实践途径

开展多种活动进行宣传和教育。学校要充分利用一切宣传舆论工具，充分发挥其文明窗口的作用，如利用广播、报刊、橱窗、宣传栏等，大力宣传诚信教育的社会意义，褒扬诚实守信的先进典型；广泛开展以诚实守信为主题的多种形式诚信实践活动如“学术诚信周”、宣誓与签名、演讲、讲故事、征文比赛、辩论赛、无人报刊销售等，积极营造“以诚信为荣，以失信可耻”的良好风气和氛围。通过宣传引导，引导学生自主参与、自我教育、自我提高、自我完善，更加关注诚信，思考诚信，践行诚信。

充分利用互联网和图书馆。高校图书馆应每年对新生开展如何正确引用文献的培训，引导大学生如何避免考试作弊和论文抄袭，培育优良的诚信品质。与此同时，高校图书馆应利用图书馆的资源，为教师提供鉴别大学生是否抄袭的帮助，通过提供大量的文献和相关链接，指导教师如何对学生进行学术道德教育和识别舞弊。

3. 加强培育学校、家庭、社会相结合的大学生诚信教育环境

在学校，积极培育大学生的诚信教育环境。高校要制订有关大学生学术诚信条例。条例对考试作弊、论文抄袭等学术不诚实行为，从定义、表现形式到处罚规则和申辩程序，都作出详尽的规定。新生入学时，可要求在干什么出诚实的保证，未签署此承诺书，则不得注册入学。建议在校期间，大学生每人应该有一本道德手册，名为“三省笔记”，用通俗易懂的语言，记载着各种道德规范，把诚实守信列为重要的内容，要求大学生定时学习。

在家庭，家长们要教育孩子诚实守信，并先作出榜样，做到经常教育孩子“不要撒谎”。教育心理学家普遍认为，孩子在四五岁

时是培养其价值观和辨别是非能力的最主要的时期，97%的孩子的品性是在这个时期养成的。因此，在青少年诚信教育体系里，家庭是道德教育的重要场所，父母则是孩子的道德教育的启蒙者。家长应该非常注重为孩子营造一个真诚的氛围，从日常生活小事做起，树立遵守社会公德、做良好公民的形象，为下一代作好榜样。

在全社会建立个人信用信息服务机构，开展对公民社会信用的评估，督促人们培养诚信的习惯。在这方面，我们可以借鉴德国的一些作法。德国用以监督社会成员是否遵守社会秩序的最好途径就是社会信用记录。德国中央银行设有专门掌管社会成员包括企业和个人信用信息的服务机构，从事信用评级、信用管理等业务。有过不良信贷信用记录的客户在以后的生活中会碰到很多困难，如申请贷款时会被拒绝或者支付高利率，要想用分期付款方式购买一些大件商品时，也会被商家拒绝。即使在日常生活中，德国的这种监督也是无处不在的。就拿乘车买票来说，如果逃票被查到，就会写入个人的信用记录，成为终生的污点。

4. 加快大学生诚信道德规范的制度法规建设

首先要加强教育制度的改革和建设。各级教育主管部门在导向方面，应有意淡化以的大学生成绩来评定高校教育质量的一贯做法，改变过去的评价大学生优劣只按学习成绩决定的简单方法，加大学生德行方面的分值权重。高校要结合实际，加强大学生的诚信教育，提升其人文精神；教育的内容、方法要与时俱进，体现时代精神，要使大学生感到“有用”、“爱听”，以使大学生懂得遵守基本的规则，做到既敬且畏。

其次，学校建立个人信用档案，现代社会的信用管理离不开对个人行为的记录、评判和制约，而没有记录，就谈不上评判信用意识和制约违约行为。大学生信用档案要在细致、深入的操行掌握上，建立一系列科学规范的诚信指标，通过对日常素材的不断积累、更新，定期对其信用档案进行分析，形成在毕业之前对其诚信品质（信誉）作出一个最后的公正的、恰当的评价。

最后，全社会要把信用监督制度落实到用人制度中去。对于不诚信者，不仅要使他受到舆论的谴责，而且要在行为上受到限制，通过这些办法，让每个学生都认识到，诚信是进入社会的通行证，人们自然就会去注意这些问题。

（作者单位：武汉大学　江汉大学）

大学生诚信教育法制化的构建

李　蔚

诚信一直是人类文明史上重要的道德规范。在儒家思想中，诚信是为人之道的中心，是一个人立身处世的根本原则。在现代社会中，诚信往往超越道德内涵，表现为法律和制度的形式。大学生作为未来社会的中坚力量，承载着中国的希望，他们的行为，特别是在诚信领域的表现，越来越多地被人们所关注。

一、缘起：大学生诚信缺失的现状

当今我国面临的“诚信危机”，已威胁到我国社会主义和谐社会的构建和社会主义市场经济的健康发展，即便是相对“纯洁的”大学校园，诚信缺失现象也随处可见。

（一）学习诚信的缺失

1. 考试作弊现象严重

自 2005 年媒体首次报道六级泄题事件之后，现在的英语等级考试中经常出现“考前作弊广告满天飞，考后泄题新闻层出不穷”的问题。这一问题甚至从高校走向社会，延伸到公务员考试、专业技术资格考试、事业单位招聘考试等国家重要考试中。

2. 学术造假成风

高校是学术研究的阵地，承担着国家科学创新的重担。但有的大学生在完成实验任务时随意修改数据，直接抄袭他人成果撰写学术论文，蒙混过关。

（二）经济生活方面的诚信缺失

1. 拖欠助学贷款

学生在办理助学贷款时不需要提供担保或抵押，本是一种带有政府行为的助学工程，更是一种诚信契约。但是，少数大学生拖欠助学贷款的行为时有发生，其失信行为直接对抗到国家法律。

2. 故意拖欠学费

故意拖欠学费的现象和金额每年呈递增趋势。近年来，有的学校对欠费学生扣发毕业证，虽然比较有效但缺乏法律依据，所以有些学生将母校告上法庭，造成尴尬的局面。

3. 弄虚作假骗取助学金

设立困难补助金是为了体现社会公正，促进教育公平，教育部制定《高等学校学生及家庭情况调查表》对贫困生进行界定，而《调查表》具有主观性，在中国这种人情社会中很难保证其真实性，极少数大学生因为利益的驱使而选择了失信行为。

（三）择业过程中的诚信缺失

1. 简历上弄虚作假

在求职时，用人单位主要看大学生的个人简历，而根据首因效应，第一印象非常重要。有的学生为了增加简历含金量，通过伪造获奖证书、篡改成绩单等方法为自己做虚假包装。

2. 面试不实事求是

就业的严峻形势给大学生心理上造成了很大的压力，一些大学毕业生为了获得工作岗位，花很大力气去研究面试对策，揣摩用人单位心理，在面试时隐瞒不利信息，编造出令对方满意的答案。

3. 不履行就业协议

面对竞争日趋激烈的就业市场，大学生都希望尽早落实就业单位，在择业时急于求成，草率签订就业协议，然后“骑驴找马”，随意毁约。“人往高处走”的心态虽然可以理解，但这并不能作为失信的理由。

二、分析：当前大学生诚信教育存在的问题

20世纪末，在我国高等院校快速发展的浪潮下，大学生诚信教育越来越被管理者重视，并在不同时期呈现出不同的时代特征。但是，当代大学生诚信教育还存在不少问题，主要体现在下面几个方面。

（一）当代大学生诚信教育缺乏针对性

1. 当代大学生学习诚信教育不全面

诚信制度应与培养目标保持一致，形成系统。学习由教与学共同组成，仅从学生层面而不从教学层面考虑学习诚信制度建设是不可取的。

2. 当代大学生经济诚信教育有漏洞

相对于目前的大学生助学贷款管理制度，学费管理制度还不够完善。在“不让每个考上大学的学生因为家庭贫困不能上学”的国家政策下，取得毕业证的条件并不包括缴清学费。虽然有的高校用扣发毕业证的方法强行要求学生交学费，但这种不妥当的做法与国家政策及相关法律法规相违背，并不被国家和社会认同。

3. 当代大学生就业创业诚信教育不完善

就业难，是一个社会问题，但在当前的就业机制下，这一压力主要压在了大学毕业生和高校身上。毕业生能否就业关系到大学生的生存问题，而毕业生就业率也是国家对高校的重要考核指标，影响着高校的招生计划人数，所以，大学生和高校都非常重视就业问题。然而，在当前中国大学生就业前景不容乐观的实现下，只要能就业，有的大学生不惜一切手段，甚至对简历造假，而有的高校也纵容大学生造假，以提高本校毕业生就业率。在就业问题上，只要有人走出了诚信缺失的第一步，按照心理学的从众效应，这种破坏社会秩序的行为一旦被打开缺口，就会被其他人效仿，扩大失信行为的范围。

4. 当代大学生诚信制度执行不严格

多数高校的诚信制度采取的是“严法宽行”的方法，执行力

不够严格，如学习诚信制度中的上课考勤管理，一般高校都从警告到开除学籍规定了对旷课的处罚，但很少学校会因学生旷课而开除学籍。虽然有学者提出“严法宽行”的执法方法体现了儒家和法家的结合，能够促进社会进步，但笔者认为“严法宽行”不宜用在大学生诚信教育制度上，仅因旷课几个学时就要面临学校处分的“严法”会使多数大学生陷入违规的境地，而学校又不会因为学生旷课而开除学籍的“宽行”的弊端在于，这既能够为制度执行者提供权力寻租的机会，更破坏了诚信制度本身应有的权威。

（二）当代大学生诚信教育滞后于当代大学生生活

1. 无法应对互联网时代的新问题

当代大学生诚信教育的着力点主要是大学生现实生活中的诚信，而近年来互联网的快速发展使原本虚拟的网络世界更多地变为现实生活。大学生网络金钱诈骗、网络恋爱不诚信等事件时有发生，这也给大学生诚信教育提出了新的课题。

2. 落后于大学生生活的变化

信息化的社会使大学生的生活变化非常快，难免造成诚信制度难以适应大学生实际生活。例如，在学习方面，手机、互联网的普及使学生课堂面临很多新问题，应如何处理；在情感方面，有的大学生抱着游戏的态度谈恋爱，不懂如何应对。

3. 滞后于大学管理方式的变化

我国大学的管理方式已发生很大变化，但有的诚信制度还停留在过去的管理模式上。如，对大学生诚信行为考核评价，通常的评价人为辅导员，客观性不强，也存在辅导员权力寻租的风险。

三、呼吁：大学生诚信教育法制化的构建

在中国传统文化中，我们用“善”和“恶”作为标准来应对各种社会冲突，在大学生诚信教育方面，我们通常很重视道德宣传和教化，而忽视了法律制度的强化作用。当今社会，越来越多道德层面的问题已经由法律来调整。笔者认为，诚信教育也应借助法制手段，通过道德的自律和法律的他律共同维护诚信，而大学生诚信

教育法制化本身也是社会法制的组成部分。

（一）建设全国社会信用体系、营造良好的社会大环境

2014年，《中共中央关于全面推进依法治国若干重大问题的决定》指出，要“健全公民和组织守法信用记录”。随着网络系统的发展，中国已可全国联网查询居民身份证、银行系统、大学生入学注册、毕业证、学位证等身份信息，这也为大学生诚信法制化提供了条件。

1. “互联网+”营造良好信用社会氛围

近年来，大家对信用的认识程度越来越高。“互联网+”概念的提出，使网络商家和购物者的信用等级评价发挥了巨大的商业价值。“互联网+”在改变生活的同时，也提升了全民的信用意识。

2. 全国社会信用体系建设初显成效

2012年，国务院通过了《征信业管理条例》，2013年，最高人民法院出台了《关于公布失信被执行人名单信息的若干规定》，使失信人在社会上寸步难行。这在制度上解决了我国诚信行为长期以来缺乏制度规范和监管依据的问题，是我们诚信法制化的第一次尝试。全国社会信用体系建设是事关国家全局的大事，大学生诚信制度也应纳入其中。

（二）建立全国统一的信用档案系统，制定诚信档案法律法规

2014年，教育部、共青团中央联合印发的《关于在各级各类学校推动培育和践行社会主义核心价值观长效机制建设的意见》指出：“探索建设学生诚信档案。”

1. 高校联网信用档案的提出

早在2004年，上海大学为提高该校大学生诚信行为，率先尝试，与上海资信有限公司创建了大学生信用档案系统，翻开了我国大学生诚信教育新的篇章，因信用档案系统实效性、操作性强，也被其他高校纷纷效仿。现在，应在全国高校建立一个联网的信用档案系统，成为大学生贷款和就业的依据。

2. 国家信用法制体系的完善

依法治国的进程对于大学生诚信教育有着重要意义，现在的大学生有较强的公民意识、法律意识，但这种意识更多体现在保护自身权益方面，对义务、责任的承担却是大学生较少考虑的问题。只有让失信者接受法律的制裁，才能使更多的人选择诚实守信。所以，通过完善立法，严格执法，加强法制宣传等途径完善国家信用法制体系的工作刻不容缓。

（三）构建法制化的高校诚信体系

作为一种道德意识，大学生诚信的提高不可能一蹴而就，这不仅需要学生自我道德意识、法制意识的提高，还需要社会、家庭、学校形成合力。要做到有效约束大学生失信行为，还要靠高校更严格的诚信教育法制化体系。

1. 建立高校诚信法律法规

2012 年，教育部修订《国家教育考试违规处理办法》，对在国家考试中作弊的学生及姑息、协助作弊的监考人员作出了明确的处罚规定。2015 年，《刑法》第九修正案将在国家考试中严重作弊行为纳入刑法范畴，加大了违反诚信的代价，新法实施后，国家考试作弊行为明显减少。只有对失信者进行重罚，才能体现法制的权威，从而增加诚信与道德的力量。

2. 建立高校诚信监督机制

学校应严格执行国家教育法律、法规，改革教育评价制度、管理方式，特别是建立校内信用监督机制，加强对大学生诚信教育的开展，对信用评价予以监督，这样才能落实法制。监督的对象不仅是学生，还要包括教师和高校管理者。

3. 建立高校诚信评价制度

大学生诚信教育的核心是学生。诚信素质的提高必须要信用评价制度来支撑。信用评价内容应涵盖学生学习生活的各个方面，涉及面既要广，又要量化，具备可操作性，还可以结合学校对学生的教学评价体系组成一个系统。使大学生信用档案成为他们进入社会的通行证。这是在当前大学生诚信缺失的形势下的一种新的教育公平制度，也是高校适应社会综合评价体系的新的尝试。

四、结语：法制化是构建诚信制度的方法

大学生诚信教育法制化不是目的，而是手段。在当前我国大学生诚信状况急待提高的现状下，在法治国家建设的过程中，强制手段的诚信教育制度必不可少，而且还要不断加强。英国法学家边沁说过："法律的目的是增长社会幸福的总和，所以，要尽量排除妨碍这种幸福的东西。"大学生诚信教育法制化也是如此，它的最终目标是要促进社会诚信状况的提高，从而增长社会幸福的总和，法制化的教育方式将比我们传统的道德教化那样更有效地排除诚信缺失。所以，对于大学生诚信缺失的问题，有必要通过制度方法给予根治，以促进大学生诚信状况的提高。

（作者单位：江汉大学文理学院）

高校服务型思想政治教育三维释义

曾　平　涂永红　吴新业

长期以来，我国高校思想政治教育普遍以“管住”“管好”学生为主要目的，逐渐形成了“重管理、轻服务”、“重教学、轻育人”的“管理型”思想政治教育模式。随着信息化、全球化、网络化和高等教育大众化时代的到来，思想政治教育实现由“以管理学生为主”向“以服务学生为主”的教育模式转变，已经成为思想政治教育改革的主要趋势。

服务型思想政治教育，即高校立足“以人为本”教育服务理念，借助完善的教育服务体系，用科学的思想观念、政治观点、法律法规和道德规范等内容对大学生成长成才实施有目的、有计划、有组织的影响，使他们形成符合中国特色社会主义建设所需的思想政治品德等素质的教育实践活动。主要可以从“以人为本”服务理念、“尊重大学生主体性”服务原则和“三贴近”服务要求等三个方面加以理解和把握。

一、以人为本的服务理念

思想政治教育工作的对象是人，它实际上就是教育人的工作，必须坚持以人的实际情况作为教育的根本。在工作中，既要坚持教育、引导、鼓舞和鞭策教育对象，又要做到尊重、理解、关心和帮助教育对象。坚持“以人为本”的服务理念，能够使思想政治教育满足时代、社会和学生发展的需要，能够使高校比较准确把握大学生的思想政治教育服务需要动态，进而为有效地开展思想政治教育提供正确的航标，从而真正实现思想政治教育的实际效果的有效提升。服务型思想政治教育的基本教育理念即“以人为本”，充分实现由“教师本位”向“学生本位”的回归。“以人为本”服务理念主要体现在以下三个方面。

（一）尊重大学生人格平等

服务型思想政治教育必须立足于尊重大学生人格平等。教育者与大学生的人格平等是学与教关系融洽的前提。当代大学生是思想感情丰富、内心体验细腻、生活追求多元化的享有独立人格的人，思想政治教育者应当接纳、关注和爱护大学生的个性、兴趣爱好和生活方式等。在教育过程中，思想政治教育者应当真诚地对待大学生，在人格平等的基础上尊重彼此之间的差异，主动回应大学生的思想诉求，认真听取大学生的意见和建议，做到因材施教，帮助他们解决学习、生活等方面的困难，帮助他们顺利实现成长成才的愿望。

（二）满足大学生成长成才需要

需要是人们积极实施某一个行为的动力，是人们在日常生活中对生理机能和具体事物所提出要求的主观反映。人们具体的、多样化的各类需要，推动人们不断从事探索世界、征服自然、创造生活等各项实践活动。马克思和恩格斯认为，“人以一种全面的方式，也就是说，作为一个完整的人，占有自己的全面的本质”。即人的需要具有全面性，主要表现为物质满足、社会交往、精神享受和自我发展等方面的需要。美国著名社会心理学家马斯洛的需要层次理论也明确指出，人类需求主要包括生理、安全、社交、尊重和自我实现等五个方面的需求。在高校，这些“人的需要”集中表现为大学生成长成才的需要，具体现为生理健康、心理健康、人身安全、人际交往、情感归属、人格平等、自我价值实现等方面的需要。服务型思想政治教育最主要的任务之一就是有针对性地为大学生提供满足这些方面需要的思想政治教育领域的各种服务，通过与时俱进、开拓创新的探索思想政治教育新方法、新途径，激发和调动大学生自觉地接受思想政治教育服务的积极性，进而提升思想政治教育的实效性。

（三）夯实大学生全面发展基础

“以人为本”即是要从大学生成长成才的实际入手，全面夯实大学生成长成才的基础。中共十八大报告强调，教育要坚持立德树人的根本，即培养全面发展的中国特色社会主义建设者和接班人。在“培养全面发展的中国特色社会主义建设者和接班人”的过程中，高校思想政治教育的重要作用是其他方面教育所不能替代的。但是，长期以来，在传统教育思想的影响下，高校普遍片面重视思想政治教育的政治功能和社会功能，而对于其关注“大学生终极追求的人文价值”等其他功能的重视不够。这种片面强调思想政治教育的政治功能和社会功能却忽视其所要改变的每一个活生生的、现实的社会人的思想政治教育需要现状，严重背离了思想政治教育的初衷。《关于进一步加强和改进大学生思想政治教育的意见》（以下简称《意见》）强调，思想政治教育应当“以大学生全面发展为目标”。所以，思想政治教育应着力服务于大学生思想道德修养、身心健康、个性发展和科学文化素养等方面水平的提高，为大学生全面发展夯实基础。

二、尊重大学生主体性的服务原则

人的主体性，是人作为活动主体的质的规定性，是在与客体相互作用中得到发展的人的自觉、自主、能动和创造的特性。思想政治教育活动是以有意识的大学生为直接对象的教育活动，大学生是学习活动的主体，教师则是教育活动的主体，二者在这一活动中相互依存，共同促进这一活动的顺利开展。但是，长期以来，高校教育者忽视学生的主体性，把学生当做无生命力、无思想、无感情的客体对待，片面追求学生的思想和言行的标准化和模式化，以培养物化的人为其目标。在传统教育活动中，随着教育观念的固化，作为教育对象的大学生逐步被贬为像物一样的没有能动性的被动改造的教育客体；作为教育对象的大学生就这样沦落为被改造的“物”，大学生的主体性就这样沦落为“物”的被动改造性。这种将大学生简单地置于受教育的客体地位、将其当做既定思想政治教育的被动接受者、漠视其自我教育能力的做法必然压抑和泯灭大学生的主体性，必然严重影响传统思想政治教育的实际效果。因此，弘扬、尊重与促进大学生主体性的充分发挥，是实现思想政治教育模式转换的必然要求。服务型思想政治教育即是强调由“教师主体性”向“大学生主体性”的理性回归。“尊重大学生主体性”应当着重做好三个方面工作。

（一）强化“主体性”教育理念

服务型思想政治教育是在反思传统灌输式教育弊端的基础上产生的，在师生的信息交流过程中，它强调师生之间的平等交流，要求教师树立学生作为教育接受主体的意识，认可并尊重学生作为接受教育的主体地位，着力发展学生作为教育接受主体的各种能力，使每一个学生既成为合格的社会公民，同时又成为一个具有独特个性的个人。“受教育者的主体地位，主要是通过调动人的积极性、主动性和创造性来培养人的主体性。”所以，在思想政治教育中，强化“主体性”教育理念的关键在于实现学生由“教育客体”向“学习主体”的转变和“被动学习”向“主动学习”的转变，引导大学生积极主动地将教育内容内化为自己的思想政治素质、外化为自己的言行举止，最终实现教育者实施教育与大学生自我教育有机结合的目的。

（二）理顺师生关系

长期以来，在高校思想政治教育活动中，师生关系被单纯地理解为教育者和受教育者的单一关系。在这种关系中，教师以居高临下的主体身份地对大学生进行“用心良苦”的思想政治教育，大学生则被看做是被动的教育客体，其结果必然导致思想政治教育效果不佳。“尊重大学生主体性”就是要充分肯定大学生在教育教学活动中的主体地位，建立教育者与大学生相互尊重、平等交流的“互为主体”的新型师生关系。

（三）注重实践育人的教育方式

传统的思想政治教育以理论“灌输”方式为主，此种教育方式中教师和大学生之间分工明确，大学生只能被动、消极地参与各种思想政治教育活动，所以，在大学生眼中，思想政治教育是一件枯燥无味的事情。“尊重大学生主体性”强调在教育方式上实现由“灌输”向“实践”的转变，强调教师应当引导学生积极主动融入思想政治教育活动，这种融入主要通过日常教育、社会实践以及师生之间的交往予以充分实现。当前，实践育人已经成为新时期思想政治教育的重要途径之一。《意见》指出“实践育人是新形势下大学生思想政治教育的有效途径”。《教育部等部门关于进一步加强高校实践育人工作的若干意见》也强调，理论学习与实践学习的紧密结合是大学生成长成才的必由之路。在教师的正确指导下，鼓励大学生积极参与“自我教育、自我管理、自我服务”的实践活动，通过这种亲身参与的教育实践，强化大学生的主体意识，提升大学生的主体能力，彰显大学生的主体人格，最终实现思想政治教育实际效果的有效提升。加强实践教学环节，要建立和完善实践教学机制，通过形式多样的实践教学活动，增强思想政治教育效果。

三、“三贴近”的服务要求

《意见》强调思想政治教育要“贴近实际、贴近生活、贴近学生”，这既是高校思想政治教育改革创新的指导思想，也是服务型思想政治教育的基本要求。

（一）贴近实际

“贴近实际”是思想政治教育有效开展的立足点。高校应当立足于复杂多变的国际环境、改革开放实践、全面建设小康社会与和谐社会建设等客观现实，从大学生成长成才需要的实际出发，不断丰富具有时代特征的教育内容。“思想政治教育内容，是指根据一定的社会要求和针对受教育者的思想实际，经教育者选择设计后，有目的、有步骤地输送给受教育者的思想意识、价值观念、政治观点和道德规范等信息。”思想政治教育内容科学与否、能否满足大学生成为合格社会公民的需要，这既是决定大学生是否愿意积极主动融入思想政治教育活动的关键，也是提高思想政治教育针对性、实效性的关键。在网络大众化、世界多元文化冲突加剧、社会价值观多元化和高等教育大众化背景下，高校思想政治教育应当立足于“以理想信念教育为核心，以爱国主义教育为重点，以思想道德建设为基础”，与时俱进地整合思想政治教育内容。本文认为，“贴近实际”的思想政治教育内容，不仅应当包括理想信念、爱国主义、法治思想、道德修养、社会主义荣辱观和心理健康等内容之外，还应当增加彰显时代特色的教学内容，如生态道德、网络伦理、生命观、幸福观、就业和创业能力、人际交往能力、闲暇能力等。

（二）贴近生活

服务型思想政治教育强调，教育活动应当回归大学生的生活世界，教育者应当深入到社会现实生活和大学生日常生活中，准确掌握大学生的思想动态以及他们面临的新情况、新问题，切实提升思想政治教育针对性和实效性。服务型思想政治教育应从以下四个方面“贴近生活”。

1. 融入大学生生活。即在思想政治教育工作中，高校应当从立足于大学生活特点、大学生身心发展规律等实际情况，全面关注大学生的理想信念、道德修养、学习能力、课余生活、人际交往、身心健康、创新创业素质等方面的活动，积极地以恰当的方式融思想政治教育于大学生的日常生活之中。

2. 反映大学生生活。即在思想政治教育工作中，高校应当在充分考虑到大学生的思想实际、人生价值、自我尊严、教育潜能等现实情况的基础上，建立健全有利于大学生成长成才的制度，为思想政治教育活动的有效开展提供制度保障；在教育服务上，就是立足于高校和大学生素质现状，按照教育服务人性化和科学性原则，确立教育服务目标，选择教育服务方式，形成有效提升大学生思想政治素养的教育服务机制；在教育教学上，就是立足于大学生思想道德素质状况及其成长成才需要，以大学生现实生活中的教育资源为内容和载体，以大学生喜闻乐见的教育方式方法开展充满生活色彩、富有生活气息和情感关怀的教育活动。

3. 服务大学生生活。即在思想政治教育工作中，高校应当牢固树立服务理念，健全服务机制，始终站在大学生的立场，从衣食住行、专业学习、身心健康、课余生活等方面着手，把解决大学生的思想问题与其他紧迫的现实有机结合起来，全方位、多领域地拓展大学生生活内容和生活空间，为大学生成长成才夯实基础。

4. 引导大学生生活。即在思想政治教育工作中，高校应当以社会主义核心价值观为指导，对大学生的思想政治问题进行解疑释惑，引导大学生科学理性对待社会热点、焦点问题，丰富和拓展大学生政治生活方式与空间，调动大学生政治参与热情；坚持以正确的生活观、消费观、交往观引导大学生锻炼自我管理、自我教育和自我服务的能力，帮助大学生以较好的人文素养、良好的生活习惯、乐观的生活和人生态度驾驭大学及其未来的生活；坚持以正确的择业教育引导大学生调整择业心态、提高择业能力、养成良好的职业道德和行为习惯，帮助大学生顺利实现就业。

（三）贴近学生

服务型思想政治教育需要高校从当代社会和大学生的特点出发，着重运用以下教育方法开展教育活动。

1. 慕课教学法。慕课（MOOC）即“大规模在线开放课程”的简称，起源于美国。慕课教学法融合数字化、信息化和网络化等现代技术，遵循以学生的学为中心的教育理念，重构了师生在教学过程中教与学的关系，是兼顾发挥教师主导作用和满足学生自学需要的全新教学模式。慕课教学法，要求在对教学目标和教学内容认真梳理的基础上，教师聚焦教学重点、难点、疑点问题，科学设计若干“微课程”基本教学单元及其“微课程”教学的问题体系，通过教师课内教学、学生课外学习两个层面开展教学活动，真正实现了课堂教学由教师中心向学生中心的充分转变，极大地增强了思想政治理论课的教学效果。

2. 网络教育法。在互联网时代，网络聊天、网络购物、网络游戏、分享微信和微博、网络生活角色扮演、上传和下载视频与图片等网络行为已经成为大学生日常生活不可或缺的组成部分，也是他们日常生活的重要交往手段。因此，高校应当通过思想政治教育主题网站（网页）、Email（QQ、微信、微博）等组织和开展网上网下结合的主题活动等网络教育手段，为广大学生提供思想政治引导、实际问题处理等相关服务，不断增强思想政治教育的针对性和实效性。

3. 朋辈教育法。这种教育方法是指通过教育者有意识地把朋辈的模范行为和先进事迹树为标杆，供其他同学模仿和学习，从而起到影响、感化、引导和激励的教育作用。高校通过评选大学生身边各类可信、可亲、可敬先进人物的活动，挖掘和弘扬蕴藏在他们身边的精神力量，并通过表彰奖励、媒体宣传、面对面交流、事迹汇编等形式，教育他们积极进取、奋发成才。在高校思想政治教育过程中，应当注重充分发挥优秀学生朋辈参与学校思想政治教育的积极性，使优秀学生朋辈成为周围同学学习的榜样，提高思想政治教育的实际效果。

4. 实践教育法。实践是人类认识产生的源泉和基础，也是检验真理的唯一标准。人的认识、道德品质、行为习惯、生存能力等都不是与生俱来的，必须通过社会实践才能获得。实践育人不但是现代教育理念的必然要求，而且也是马克思主义哲学的必然要求。实践教育法强调教育者根据思想政治教育需要，有目的、有计划、有组织地安排大学生参加思想政治法律道德等主题调研、各类教育基地参观、志愿服务等社会实践活动，使他们在实践活动中培养良好的思想道德素质和健康人格。

（作者单位：闽西职业技术学院）

基金项目：2009年度福建省社会科学规划研究合作项目——高校思想政治教育功能的优化整合（2009B2015）；2013年福建省教育厅教育科研项目——以人为本“服务型”思想政治教育模式创新探究（JA13429S）。

高校学生社团对大学生德育工作的作用浅析

孙红旗

2015年7月中宣部和教育部联合颁布《关于印发〈普通高校思想政治理论课建设体系创新计划〉的通知》(教社科［2015］2号),《通知》强调,努力强化实践教学,建设与课堂教学相互促进的思想政治理论课第二课堂教学体系。高校学生社团是校园文化建设的生力军,是开展学生第二课堂活动的重要载体和阵地,当前高校学生社团的蓬勃发展,为高校德育工作者借助第二课堂向学生进行思想道德教育提供了非常好的平台。

一、高校学生社团的类型界定

高校学生社团在我国的发展已有一百多年的历史,我国高校最早出现的学生社团严格意义上讲可追溯至1904年,当时的青年进步学生为了抗议日本与沙俄在我国东北发动的不正义战争,在京师大学堂发起成立了抗俄铁血会。我国现代意义上的高校学生社团是1919年五四运动前后大批涌现出来的,它们是那个时代新文化运动和五四爱国运动的直接产物。可见学生社团的最早出现乃是时代脉搏与学生群体中思想脉搏共振的合体。当今我国大学校园里的学生社团种类繁多、五花八门,已成为活跃校园文化生活强有力的载体,更是大学校园里的一道靓丽风景。2004年10月中共中央、国务院发布《关于进一步加强和改进大学生思想政治教育的意见》(中发［2004］16号),成为新时期指导我国大学生思想政治教育的纲领性文件,《意见》强调开展大学生思想政治教育工作要依托班级、社团等组织形式，在支持和引导大学生社团自主开展活动的同时，要加强对大学生社团的领导和管理。

高校学生社团是由共同的兴趣爱好者为达到某种目的，按照一定章程自愿组成的群众性学生组织。就高校学生社团而言，名目繁多，但不外乎以下几种类型：①理论学习型社团。这类社团以学习和研究政治理论、时事政治和社会热点问题为主要内容，成员以追求共同的政治理想和信念为宗旨，他们通过开展理论和实践相结合的社团活动，把思想政治教育与学生自身的成长教育相结合，是弘扬主旋律，发挥正能量，开展高校德育工作的重要园地。②学术科技型社团。这类社团主要依托学生自身的专业学科背景，积极与学生专业学习相结合，通过开展各种形式的讲座、竞赛、研讨等活动，既能促进学生深入学习专业知识和学科理论，又能锻炼学生的实际操作能力和创新能力，是第一课堂的有益补充。③公益志愿型社团。这类社团以奉献爱心，服务社会，帮助他人，锻炼自我为宗旨，积极从事各种社会公益和志愿服务，既拓宽了学生认识社会、了解社会的渠道，又培养了学生助人为乐的意识，很好地展示了当代大学生良好的精神风貌。④文化艺术型社团。这类社团是学生依据自己的兴趣爱好和艺术特长组建起来的，他们通过开展各式各样的文学艺术讲座、演出、比赛等活动，为培养自身的兴趣爱好、发挥个人特长、提高文化艺术修养提供了很好的平台。⑤体育健身型社团。这类社团具有活动丰富，活跃度高的特点，融娱乐性、竞技性和健身性为一体，符合当代青年学生的身心发展特点，是最受学生欢迎的社团类型。

二、高校学生社团对德育工作的作用分析

德育工作是指教育者按照一定的社会或阶级要求，有目的、有计划、有系统地对受教育者施加思想、政治和道德等方面的影响，并通过受教育者积极的认知、体验和践行，以促使其形成一定社会与阶级所需要的思想品德的教育活动。新形势下，要进一步增强高校德育工作的实效性，除了要注重相关课程的理论教育之外，还应注重通过高校学生社团活动进行以实践为主的道德养成教育。

高校学生社团在德育实践中所起的作用，主要表现以下几个方面：

1. 学生社团活动有利于大学生之间的交往。社会交往相似性原理认为，因为社会背景、籍贯、生活习俗等方面的相似，可以促使交往对象相互吸引，从而结成相对亲密的人际关系。高校学生社团拥有广泛的群众基础，在学生中存在广阔的市场，成员间共同的爱好、共同的追求、共同的奋斗是学生社团产生强大凝聚力的内在条件，这些因素把众多的兴趣、爱好、志向相投的同学汇聚在同一面旗帜下，并且为了实现自己的目标进行不懈努力，社团活动为他们提供了合适的场所，搭建了一个有力的平台。在社团活动中，人与人之间的交往，不仅仅满足了成员的活动需要，而且对他们扩大知识视野、增长人生经验、培养集体意识也是大有益处的，成员间很容易获得感情上的共鸣，产生心理上的“亲合力”，灵活多样的学生社团活动为大学生德育教育的渗透提供了极好的舞台和载体。此外，高校学生社团辐射面广，影响大，不同的社团成员互相交叉重叠，不少学生同时参加二个或二个以上的社团，这些学生成员成为了学生社团的二次媒介，把德育教育信息播洒在非社团成员的大学生中。

2. 有利于培养学生良好的心理素质。高校学生心理健康教育与思想政治教育二者之间有着十分紧密的联系，良好的心理状态是接受思想政治教育的前提，良好的思想道品质的产生、发展、变化要受到个体心理发展的影响和制约。当前，很多学生因为学业、就业、生活各方面的压力加大，导致其心理负担日益加重，心理适应能力面临严峻挑战，他们思想上有了解不开的结，往往是与同学不愿谈，与老师无法谈，结果就形成了心理障碍，甚至引发心理和行为异常。而在社团活动中，由于社团成员有共同的志趣爱好，有共同语言，成员间的互相鼓励、安慰和帮助，可以有效缓解因苦恼、痛苦、不满、困惑、压抑的心理变异和冲突等不适症状。社团集体活动方式要求成员之间友好相处，互相帮助和支持，学生社团活动促进了学生的心理和性格健康地发展。社团活动过程讲求热心参与、倡导奉献，培养和树立社团的集体荣誉感，这对于参与者的心理训练如激发好胜的竞争心、树立坚定的自信心、锻炼顽强拼搏的意志力、提高自我激励能力等有很好的功效。因此，通过社团活动能引导学生正确认识自我，塑造他们健全的心理，以适应当前时代和社会发展的需求。

3. 有利于学生的挫折教育和个性发展。学生在社团活动中往往表现出强烈的集体荣誉感，高校德育工作者可以以社团活动为载体，有效地对学生进行爱国主义、集体主义教育，同时还可以对学生进行挫折教育和个性培养，以利于学生个性发展。学生社团活动因为具有艰苦、激烈、紧张以及竞争性强等特点，学生在参加社团活动过程中，总是伴随着强烈的情绪体验和明显的意志努力，这样有助于培养学生勇敢顽强、吃苦耐劳、坚持不懈、克服困难的思想作风，有助于培养他们团结友爱、机智灵活、沉着果断、谦虚谨慎的意志品质，这对于学生树立正确的竞争意识、培养抗挫折能力有着重要意义。

4. 有利于学生进行自我教育和自我管理。学生社团活动无论是自我需要还是服务他人，始终是社团成员在正规课堂教育活动之外，主动、自愿、合乎理性的选择。这种主动性体现了一个学生对周围事物的敏感度和判断力，体现了一个学生的综合素质。它既是高校学生社团的潜在效应，也是创造性人才的发展、培养与成长的途径，具有极强的培养人、塑造人、教育人的功能。然而社团的教育功能主要不是通过硬性的灌输来实现的，而是通过社团活动以及其形成的外部环境和氛围、成员间的相互作用实现于潜移默化之中的。开展社团活动的过程，就是学生自我表现、自我发现、自我管理、自我教育、自我发展的过程，活动的开展离不开学生主体意识的发挥和参与创造，这就为学生进行自我发现、自我管理提供了极好的条件和场所。通过组织或参加社团活动，学生可以极大地提高实践能力和创新能力，提高其综合素质。由于学生社团活动具有选择的自主性、目标的指向性和行为的自觉性，在具体活动中，学生社团成员并没有感觉到来自外部的强制要求，因此在某种程度上具有更好的教育效果。

5. 符合高等教育改革发展的趋势。随着高等教育改革的不断深入，完全学分制在高校的逐步实行，高校后勤社会化改革的进一步深化，使部分高校原有的以行政班级为单位的教学管理模式和校内住宿管理模式被打乱了，传统体制下班集体的概念随之淡化，学生从“班级人”、“学院（系）人”、“学校人”转化为相对意义的“社会人”，这些新情况对传统的以行政班级为单位进行德育教育的模式带来了巨大冲击和挑战。传统的行政班班集体由于人员分散而导致育人功能弱化，使得高校德育工作失去了一个载体，也使高校的德育工作出现了新的“盲区”和“空白点”。而高校学生社团是基于其成员的共同爱好、兴趣而组成的群众性组织，社团成员通过参加社团组织的活动，培养能力、接受教育，从而为高校有效地开展大学生德育工作提供了一个新的载体。

（作者单位：邢台职业技术学院）

校园公益广告的思想政治教育功能初探

程　锦　闫　朦

在广大学生的生活中，校园公益广告与学生联系密切。校园公益广告作为广告的一种特殊形式，日益受到广大学生的关注。它以简单生动丰富的形象传播时代需要的价值观念、政治观点和道德规范。这使得校园公益广告具有了一定的思想政治教育功能，与思想政治教育的其他方式有着异曲同工之效。我国的校园公益广告的刚刚起步，存在一些问题。深入探析校园公益广告及其思想政治教育功能，对于提高思想政治教育的实效性具有十分重要的意义。

一、校园公益广告与思想政治教育的内在联系

（一）校园公益广告的含义

校园公益广告就是在校园里，不以营利为目的的，无偿向广大学生传播社会所需要的思想观念、政治观点、道德规范。促使广大学生在思想和行为上朝着有利于自身和社会发展的方向转变的传播活动。公益广告是指为公众利益服务的，旨在以倡导或警示等方式传播公益观念，促进社会精神文明发展的非商业性广告。与通过推销商品或服务产生商业利益的商业广告不同，公益广告本质上是广告主体对社会的自觉奉献和无偿馈赠，所宣传的通常是能够代表多数成员共同利益的行为或观念。

（二）校园公益广告与思想政治教育的内在联系

校园公益广告是以大众传媒为自身载体的校园公益广告，贴近

社会、贴近学生，很容易得到广大学生的认可，潜移默化中发挥着它的思想政治教育作用。思想政治教育功能是指思想政治教育对教育对象和社会生活所能发挥的积极的有利的作用或影响。校园公益广告与思想政治教育之间具有内在的必然联系。

校园公益广告具有价值引导作用。学校的思想政治教育内容主要是对学生进行马克思列宁主义、毛泽东思想和中国特色社会主义的教育。使学生树立远大的共产主义理想，为建设中国特色的社会主义增砖添瓦。校园公益广告正好也向学生传播这些思想，并将社会公德、职业道德、恋爱婚姻家庭美德所倡导的内容具体化。

校园公益广告对广大学生具有教育功能。校园公益广告对学生具有约束规范行为，激发精神动力，塑造个体人格的作用，例如，“我的中国梦”校园公益广告，向学生传递了积极正确的价值观念，在潜移默化中教育他人都应该有中国梦，并实现自己的中国梦。

（三）校园公益广告的独特优势

1. 简便易行性

从校园公益广告的表达效果来看，简单易行，没有硬性要求学生必须做什么以及怎样做，而是将宣传教育的内容寓于特色多样的公益广告中，以温和、易于接受的方法去改变广大学生的内在精神世界，包括人生追求、价值判断和价值选择。

2. 通俗易懂性

这是校园公益广告实现教育目的的重要保证。校园公益广告往往比较具体、简单、平易近人，内容更加通俗易懂。校园公益广告的成功在于创新形象的传播方式。校园公益广告采取学生熟知的学习和生活实例，经过加工处理，以通俗易懂的手法表现出来，吸引他们的眼球，博取他们的好感，从而达到很好的收视效果。

3. 形式多样性

校园公益广告的表达形式多种多样，它借助现代传播媒体，如通过制作视频，微博、微信朋友圈等新兴媒体，潜移默化的向学生传播社会主义核心价值观等，学生的听觉、视觉等器官受到校园公益广告的冲击，在意识中留下深刻的印象。

4. 社会热点性

校园公益广告涉及的便于紧跟社会热点问题、难点问题、学生最关心的问题，更能吸引广大学生的关注与共鸣。校园公益广告通过呼吁广大学生对某一社会性问题的关注，使其认识到自己思想和行为的不足，进而规范行为举止。

二、校园公益广告思想政治教育功能发挥中存在的问题

我国校园公益广告自诞生以来，发展比较快，但是我国校园公益广告仍然存在很多问题。校园公益广告的思想政治教育功能发挥的现实情况与我国社会发展的要求还有一定的距离，还无法全面适应当前思想政治教育的需要。

（一）学校对其思想政治教育功能存在认识误区

公益广告以提倡社会新风尚、弘扬爱国主义精神、宣传优秀民族文化、倡导社会公德为根本，立足于使更多的公民树立健康文明的行为规范。在我国，政府是公益广告的主导部门，历年的公益广告主题大多是由政府部门拟定。在学校的公益广告中，主要是对国家的相关政策，包括国家在政治、经济、文化领域的政策变化，涉及的多是宏观的社会问题，而对学生学习生活有关的问题涉及较少。这与校园公益广告提高学生整体文化素养、满足学生需要的本质目的相背离。校园公益广告不应该与政治宣传混为一谈，不应该过于重视政治功能，而忽视了关注学生真正的需要，学生的个体生存功能、个体发展功能、个体享用功能都有应该被校园公益广告所宣传。

（二）校园公益广告重形式轻内容

校园公益广告作为思想政治教育的一种新型载体，承载着大量的思想政治教育任务，校园公益广告要想实现其思想政治教育功能，需要让它的内容丰富多彩，真正满足学生多方面的发展需求。但是，有一种倾向值得注意，就是思想政治教育者却更注重形式的

千变万化，不管内容是否真正体现社会热点，一味追求形式。

（三）校园公益广告创作水平不高

改革开放30年来，我国出现了很多精彩的校园公益广告，例如《一双筷子》《尊重和保护学生创造力》等，影响了很多学生。但是校园公益广告事业在我国起步晚，发展速度缓慢，制作水平低下，形式陈旧，与我国社会发展的现实需要也有一定的距离。

（四）广告教育功能缺乏时效

近些年来，党和政府高度重视校园公益广告的发展，开展了有关多种多样主题的校园公益广告活动，如“相互关爱，共享生命”“情系残疾兄弟姐妹，奉献一份诚挚爱心”等。有些广告在当时具有一定的社会热点性，但是放到当前的情况下不免有些陈旧过时。还有些广告在实际工作中，没有得到很好地落实，仅仅是昙花一现，活动结束后，这一热潮很快降温，没有长期坚持下去。

三、影响校园公益广告思想政治教育功能发挥的原因分析

（一）学校缺乏“以人为本”的意识

学校对广大学生的真正需要重视不够。首先，学校其领导要坚持具体问题具体分析的马克思主义观点，真正地深入广大学生的学习和生活，了解他们的内心，了解他们的需求。其次，校园公益广告作为发挥思想政治教育的重要载体，承担着对学生的思想政治教育，而学校更关注对学生的政治教育，忽视思想道德教育及学生的需要。出现这样的问题，与某些学校的功利化有一定的关系。

（二）广告主题设置单一缺乏创新

校园公益广告重形式轻内容的主要原因：首先，校园公益广告主题设置单一。校园公益广告应该主要反映校园生活，而我国校园公益广告主要是对党和政府的大政方针的宣传，却很少有与广大学生生活学习息息相关的校园公益广告主题内容。对广大学生来说，

这些校园公益广告的主题比较空洞。其次，对于校园公益广告来说，丰富多彩的创作形式，不仅可以使校园公益广告在众多广告中独树一帜，而且能使公益广告淋漓尽致地发挥其思想政治教育功能。而我国校园公益广告创作形式缺乏创新，主要是以干巴无味的说教、生硬简单的口号以及粗糙简单的图文组合等直接陈述的方式向广大学生传递思想政治教育内容。这样的创作形式不仅不能给广大学生带来感官上的冲击，更别提给学生带来情感上的共鸣。这严重制约了校园公益广告的发展。

（三）广告理论探索缺乏资金人才支持

学校是校园公益广告理论探索的重要部门，近些年来虽然进行了有关校园公益广告的思想政治教育功能方面的一些理论探索，但是这些理论探索还远远不够。政府强调重视校园公益广告的发展，更多的是政策法规的支持，没有真正地深入了解校园公益广告的现状及问题，政府给予的资金和人才支持远远不能解决这些问题及进行理论探索。广告界中大部分是由企业组成的，有的企业为了在激烈的市场经济斗争中取得有利的竞争的地位，开始把竞争市场开辟到学校，开辟到广大学生中。企业通过赞助的形式为校园公益广告的理论探索提供人力财力支持，这些支持都是建立在为企业带来更多商业价值的基础上。

（四）对校园公益广告思想政治教育功能重视不够

校园公益广告的思想政治教育功能缺乏时效性，主要是思想政治教育者对校园公益广告思想政治教育功能重视不够。首先，与校领导及老师的知识水平、专业素质、能力素质有很大的关系。教师如果有较高的思想政治教育能力素养，就有很大可能创造性地运用校园公益广告的形式和丰富多彩的内容对广大学生进行时效性的思想政治教育，使学生的灵魂在一定时期内接受到洗礼。其次，校园公益广告对学生的影响是潜移默化的。校园公益广告并没有与学生的息息相关的学科和教学活动结合起来，只是单独的广告宣传。

四、发挥校园公益广告的思想政治教育功能的对策

校园公益广告与思想政治教育的完美结合，有助于扩大思想政治教育的视野，丰富思想政治教育的内容和载体，增加思想政治教育的时效性。如何才能充分发挥校园公益广告的思想政治教育功能呢？我们可以从以下几个方面来思考。

（一）增强学校领导以人为本的意识

学校领导在重视政治功能的同时也要重视广大学生的真正需要，遵循思想政治教育学规律。首先，校领导要鼓励思想政治教育者在进行思想政治教育时要树立以人为本的意识。校园公益广告的主题应源自广大学生的日常生活，更加贴近学生的学习和生活。例如，根据学生的心理特点设置校园公益广告的主题，定期向广大学生征集公益广告的主题，然后结合专业人士的意见，选择出校园公益广告主题选择范围。其次，思想政治教育者要善于主动捕捉校园公益广告的信息，积极将校园公益广告的价值观念、道德规范、时代精神融入到思想政治教育中去。最后，学校要灵活把握政府的方针政策，结合广大学生的学习和生活，制作出既宣传政府大政方针又满足广大学生需要的校园公益广告。

（二）重视校园公益广告思想政治教育功能的发挥

首先，校领导要积极培养思想政治教育者利用校园公益广告进行思想政治教育的能力。思想政治教育者应该将校园公益广告引入课堂，活跃课堂气氛，更好地发挥校园公益广告的思想政治教育功能。其次，学校可以举办思想道德校园公益广告征集比赛，定期开展优秀的公益广告展播。再次，校园公益广告思想政治教育功能的实现关键还是全体学生动员，这就必须有足够的广大学生参与互动的平台。校领导及思想政治教育者要积极构建广大学生参与校园公益广告的互动平台。最后，思想政治教育的对象具有突出的广泛性，这就要求校园公益广告利用其广泛性优势，充分发挥思想政治

教育功能。充分利用各大媒体的传播，是校园公益广告发展的一大趋势。第一，电视媒体仍然要作为发挥校园公益广告舆论引导的主流作用，因此要进一步规范电视媒体日常工作。第二，网络媒体信息海量化，信息传播和更新的快捷性，传播手段的兼容性，传播方式的交互性的特点。要充分利用网络媒体的特性，使校园公益广告的思想政治教育功能更大范围的作用于更多的人群。第三，传统媒体的作用不容忽视，广播、报纸、路牌等传统媒体仍然有广大的市场，运用它们发布同一校园公益广告，形成规模效应，促成学生最大范围的接受校园公益广告所要表达的价值观。

（三）提高校园公益广告创作水平

提高校园公益广告的创作水平必须加强校园公益广告的制作团队建设。首先，政府要制定方针政策，鼓励顶尖校园公益广告制作团队的建设，为校园公益广告制作人员和宣传人员提供业务培训和学习的平台。其次，要充分发挥我国广告界、广告协会的作用，建立专门的校园公益广告协会，根据学生的实际需要进行创作。针对校园公益广告的创作，要做定期的评比和奖励，使校园公益广告的质和量协同发展。最后，学校要积极建立自己的公益广告制作团队，鼓励老师和学生加入校园公益广告的制作团队，创作出符合学校实际情况的校园公益广告作品。

（四）加大校园公益广告资金支持力度进行理论探索

政府、学校及广告界对公益广告的发展应加大资金投入，加强校园公益广告的理论探索。首先，政府应积极了解校园公益广告发展中存在的问题，根据实际情况，每年定期拨出足够的资金支撑校园公益广告的创作，并设置专门的机构进行创作、指导和监督。其次，学校作为校园公益广告的主要创作部门，理应更加重视校园公益广告的发展，学校应拨出一定的资金支持校园公益广告的理论发展，创作出更多贴近学生学习和生活的校园公益广告。最后，校园公益广告也是广告业的一部分，广告界对校园公益广告的发展及理论探索也应承担一定的责任。广告界应对校园公益广告的发展及理论探索提供一定的资金支持，为校园公益广告的理论探索的发展作出贡献。

（作者单位：陕西省委党校）

高校校园雕塑的教育功能研究

吴继金

一件杰出的雕塑作品，用罗丹的话来说："一切都是思想，一切都是象征。"当代著名的艺术家汉斯·哈克指出："不论艺术家愿意与否，艺术作品总是带着思想意识的标志，即使它们并不为某个确定的、有名有姓的主雇服务。"历史唯物主义认为，雕塑作为一种艺术形式，是社会意识形态的构成因素之一，是社会生活的反映，是为自己赖以存在的经济基础服务的。革命导师列宁非常重视雕塑的社会功能，强调发挥雕塑艺术在教育人民中的作用。十月革命胜利后不久，列宁领导的苏维埃政府就颁布了《人民委员会关于撤除为沙皇及其奴仆建立的纪念碑和拟定俄国社会主义革命纪念碑计划的法令》和《关于共和国纪念碑》的法令，确定了通过宏伟的造型艺术来宣传革命和社会主义建设的方针。

大学校园是大学生学习和生活的主要环境，是教育的场所。大学校园雕塑就是隐性教育的重要客体和载体之一，它运用物质材料为视觉和触觉提供的实体艺术造型，是构成了校园环境建设和校园文化中的重要组成部分。因而，大学校园雕塑在性质上比一般雕塑更带有明确的文化意图，其价值倾向和伦理性色彩更为鲜明、强烈。特别是我国的大学校园雕塑，一般具有纪念性、象征性、激励性、装饰性等特点，突出思想审美、重视德育潜化，或着重表现人类的智慧和对真善美永恒的追求，因而其隐性的教育功能更为鲜明。大学校园雕塑不仅美化了校园环境，并且积淀着历史、传统、文化和社会的价值，蕴含有巨大的潜在教育意义。人本是环境的产物，美的校园环境自然而然，不管你是有意还是无意，它都会对人的生理与心理产生影响，使受教育者在欣赏和享受美感的同时，不知不觉地得到思想的净化和启迪，潜移默化地受到教育，不容易产生逆反戒备心理和对抗情绪。从对学生的影响效果上看，虽不能立竿见影，但却是一种潜移默化的影响，具有“累积性”、“迟效性”、“稳定性或持久性”。

一、精神激励作用

大学时期是人一生中接受知识和品行训练的黄金时间，青年学生对社会的认识、对“真、善、美”的鉴别以及人格的形成、体能的健全，在这个时期内将得到全面、系统的培养和锻炼。大学校园是大学生学习和生活的主要环境，作为一种特殊的意识形态和群体意识，校园文化通过特定的人文环境的熏陶、渗透和升华，将其长期培育和积淀的传统作风和学术气息等转化为环境中人们共同的观念追求、价值标准、行为规范，从而不断作用于校园文化主体，实现育人的目标。人是环境的产物，“校园文化是一种无形的力量，具有强烈的导向、凝聚和规范作用”。[4] 校园文化是一种大学不可或缺的软实力，它将对学生的道德人格、伦理规范、思维方式等产生潜移默化的深刻影响，在塑造大学精神、培育学生积极向上精神面貌方面具有重要的作用。

在不同的大学校园里会看到不同的雕塑，其中有以历史上或现实生活中的人或事件为主题的纪念性雕塑，有具有纪念、教育、美化、说明等意义的主题性雕塑，还有美化生活空间、起到装饰作用的装饰性雕塑等。通过欣赏这些雕塑，我们可以初步了解和领悟到不同地区不同学校的深刻文化内涵。这表明雕塑是营造大学校园文化的有力的手段之一，是其形成的重要因素之一。

高校校园雕塑这一校园文化的缩影，有着很强的文化价值，是一种精神的凝聚，是校园文化的传承。它以其丰富的艺术内涵和文化价值对校园文化建设具有重要意义，是校园文化建设中不可忽视的一环。文化大师季羡林先生这样评价过大学校园的名人雕塑：“北京大学立起了蔡元培，还有李大钊先生的像，国外送来了塞万提斯铜像。当初有人不理解，认为校园本来就小，还要放那么多的

‘死人’干嘛。其实这哪里是‘死人’，是精神。”这就说明校园雕塑不只是一些塑像而是一种精神的存在，这是一种精神和传承的情感，具有一种文化价值。文化的传承在高校不仅仅体现在学术的纵深发展，更在于精神意义上的继承与发扬，可以说这是不可或缺的。许多校园雕塑的题材是名人的造像（尤其是曾在本校学习和工作过的著名学者、政治人物），如北京大学的蔡元培像、冯友兰像、闻一多像，南京大学的陶行知、徐悲鸿、李四光、竺可桢等纪念性雕塑，中山大学孙中山的铜像等则是大学精神的很好载体。哈尔滨师范大学的行知广场上陶行知的塑像，人民教育家陶行知先生迈着轻快的步伐似乎是要去给同学们上课，并有这样的提记：“哈尔滨师范大学在历史进程中曾称为行知师范学校，特立此像，以彰前贤，以励后学。”雕塑家创作这件雕塑就是想秉承这样一种精神：让同学们感觉到陶行知这位伟大的教育家每天都能和大家在一起，让每一位教师都能感受到他们在延续先生的路没有停歇。在主雕塑周围的浮雕墙上则表现着几十位中外科学家，这些时代伟人与同学们伸手可触，大家都可以轻松叫出他们的名字，说出他们的事迹，在情景交融中得到与名人的精神交流。

厦门大学校园内《世纪的嘱托》群像雕塑，主题是爱国华侨（厦门大学的创始人）陈嘉庚先生与一名当代学生促膝谈心，他双手抚握着那名男生的手，周围的4个男女学生静心聆听、如受重托。作品旨在进一步体现老一辈的爱国精神及对青年的殷殷希望，使陈嘉庚的精神与学生永远在一起、与历史长存。在南京大学，雕塑大师熊秉明先生的作品《孺子牛》就安放在这里，大师自题：“这是中华民族的牛：他是忍辱负重的牛；他是任重道远的牛。”激励学生们努力学习知识并懂得奉献于人民的精神。东北师范大学的校门整体修筑成为一个巨大的“师”字形，其外侧铸刻着校名，内侧铸刻着校训（以此提醒师生员工出校后的行为方式）“为人师表”，校园内正对校门的建筑物是庄严而凝重的图书馆，象征着知识和力量。图书馆前面是宽阔的草坪，草坪的中间矗立着在苍松翠柏掩映下的成仿吾（我国著名的教育家，解放后东北师范大学第一任校长）雕像，给人以肃穆而神圣的印象。仅此一项，就在第一时间把该校校园文化的态势淋漓尽致地展现在了人们面前，使人们一踏入这座校园，就产生一种净土圣地的感觉，于是学子们就清心寡欲地做起了他们应该做的三件事："第一，是学习；第二，是学习；第三，还是学习。"就像沉淀的历史一样，无论世事如何变迁，好多为学校的发展建设与壮大做出过巨大贡献的先辈们所做的一切努力是无法磨灭的，所有的丰功伟绩在一座雕塑的赫然挺立中成为永恒。于是雕塑起到了重要的教育意义，不仅仅是一座无声无语的雕像，更重要的是从雕塑本身我们体会到了一些东西，如果能从简单的塑像中领悟到该如何继承与发扬塑像背后的启示与精神实在是很难得。

罗丹在谈到雕塑等艺术品时说过："不是由于它给人或多或少的舒适的感觉，而是由于它引起人的思想；看到的线条和颜色，自身不能感动人，而是渗入其中的那种深刻的意义。"什么是"意义"？罗丹又说："它使这些人在自己身上发现从来不知道的宝藏。他给他们种种新的理由、新的内在光明，来热爱人生，来做人。"大学校园雕塑作为反映或记载人类历史文化表现的一种形式和校园环境中重要的景观语汇，尤其是纪念性的雕塑，往往体现了该校的历史、文化和风格，是学校精神的标志，也是历史进程的缩影。大学校园雕塑这种独特的艺术语言是一种对人类自身生存价值、生命意义、进取精神加以肯定的艺术，对人们的精神产生着深刻的、潜移默化的作用，激励人们热爱人生、热爱生活、产生奋发向上的精神。大学生通过对校园雕塑——这种精神所物化的对象的解读，直接使自己与雕塑作品建立起整体的关系，从而获得其中的"教育意义"，形成自己的观念思想，产生情感、态度的"再体验"，在与雕塑的对话中，力求使自己活生生的现实性与从雕塑那里获来的感受处于最紧密的和谐之中，以致于两者以一种和谐的方式产生共鸣，人文精神就这样得到了确认和建构。

二、思想教育功能

大学校园雕塑作为一种造型艺术，总是要构以其特有的象征性符号或语言及其形成的氛围和环境表达某种"意义"，或者是反映一定的情绪和感受，或者是阐明某种思想和观念，进而使人们受到感染与教化。这就是我们所说的：不管是纪念性、标志性校园雕塑，还是抽象型、装饰性的校园雕塑，在性质上都带有明确的文化意图，依存于它所处的文化情境，一般都是有主题的，蕴含着某种价值倾向和伦理性内涵的。只不过有些是直接的，有的是隐藏的。这就使得校园雕塑具有道德教化的功能。

位于古城西安的第四军医大学，坐落在办公楼前的华山抢险战斗集体雕塑分外抢眼：大理石的基座上，12 名参加华山抢险的第四军医大学学员们“行进”在异常艰险的华山石道旁。他们有的挺起身子背着伤员，有的抓着道路两旁的铁链扶着伤员，有的抬着担架，深一脚浅一脚艰难前进。这一群雕成了军医大学员无私奉献精神的象征。每年新生入校后，学校都要组织大家在这里接受入学教育；每年学员毕业前，都汇集在这里向抢险的英雄告别。华山抢险战斗集体群雕不仅是第四军医大学最亮丽的风景，而且意图十分明显，目的性很强，主要是对学员进行教育。

在素有“将军摇篮”之称的国防大学校园内，有一座“精武报国雕塑园”。在教学区的空地处、墙壁上、草坪间、树林旁，蓦然出现的一座座雕塑作品，总是让人眼前一亮、激动不已：《孙武著书》、《精忠报国》、《毛泽东抗大讲学》、《狼牙山五壮士》、《转战于白山黑水的抗日勇士》、《虎门销烟》、《两弹元勋》、《航天英雄》、《跨越》、《长征》……这些雕塑有的刻画我国历史上著名的民族英雄和爱国志士、记录重大的军事事件和军事人物，有的反映时代精神和社会主义现代化建设的伟大成就，有的突出校园学习氛围，还有的体现新时期中国军人胸怀世界、视野开阔的崭新精神风貌，满园散发着忠贞不渝、不怕牺牲、爱军尚武、立志报国的英雄气息。无论是青铜的还是花岗岩的，无论是浮雕还是座雕，在它们起伏的材质表面和坚实的体块深处，都蕴涵着一种内在的生命力量。国防大学政委赵可铭在回答记者提问时，这样说道：“任何理性都需要用激情来点燃，国防大学应该大胆用雕塑来宣传榜样，充分发挥以精武报国为核心内容的军事文化的熏陶育人作用。”战略教研室教授徐焰说：“榜样的力量是无穷的，可以通过宣传民族英雄、爱国志士，更加形象地弘扬民族气节和爱国主义，激发学员学英雄、爱祖国的内在动力和积极性。”“精武报国雕塑园”既充分体现了国防大学军事院校的特色，其政治教育的色彩也是非常浓厚的。

孔子是中华民族历史上伟大的思想家和教育家，他在政治、经济、教育等方面提出了一系列主张，创立了以“仁、义、礼、智、信，温、良、恭、俭、让”为核心的道德理论，构成了中华民族传统文化的基础，开拓了中国乃至东方文化的先河。在中国大学树得最多的名人塑像是孔子。不仅一些师范院校、综合性大学都树有孔子塑像，就是像一些理工、农医类以及文科等专业院校也有孔子的塑像。大学是教育的场所，是培养人才的摇篮，在大学校园中树立大教育家孔子的雕塑自然也是情理之中的事了。这不仅是对孔子的缅怀，而且更重要的是用孔子的思想教育广大师生。当然，雕塑本身的内涵并不是让大家每天去雕像前顶礼膜拜孔子，而是孔子的儒家文化思想对后世产生了深远影响，对我们今天有着举足重轻的借鉴意义。

大学校园雕塑体现了“文以载道”的属性，每一座校园雕塑均蕴含有一定的道德追求。学生通过对校园雕塑的解读，不仅掌握一定群体的环境知觉，同时从雕塑作品中领会特定文化的设计思想、态度、情感和价值观，受到潜移默化的影响。而这首先体现为对学生价值判断的影响，校园雕塑能对学生产生巨大的道德潜化作用，激发学生对道德原则、道德规范在情绪上的认同，产生共鸣，同时对道德理想、道德建构产生向往之情。使他们的行为由自发变为自觉，由他律变成自律，从而达到对学生进行隐性思想教育的目的。

三、审美功能

苏霍姆林斯基说过：“没有审美教育就不会有任何教育。”黑格尔曾精辟地指出：理性的最高行动是一种审美行动，真和善只有在美中才能水乳交融。审美教育是非常重要的，是塑造大学生完美人格、提升审美素质、培养高尚道德情怀的必然途径，是促进大学生全面发展的重要组成部分。正如席勒所说：“文明的最重要的任务之一，是使人在他纯粹的物质生活中也受形式的支配，使人在美的王国能够达到的范围内成为审美的人，因为道德状态只能从审美状态中发展而来，而不能从物质状态中发展而来。”这就说明审美教育其实也是一种间接性的思想道德教育，只不过是隐性的和潜伏的。

大学校园雕塑首要的功能就是审美，不管是纪念性、标志性校园雕塑，还是抽象型、装饰性的校园雕塑，都具有审美教育功能。雕塑的价值首先在于审美，一件雕塑作品的价值首先取决于是否能给人以美的享受。如果它不具有这种审美作用，它就不能吸引人、打动人，也就不能更好地发挥它的社会教化作用。作为三维空间的实体，雕塑给人的感觉必来自于它的形体。形体美是雕塑艺术形式的灵魂。大学校园雕塑作为校园文化景观的重要组成部分，它是艺术家从现实生活中提炼出来美然后通过实体材料将这种美进行物化的结果，不同于平面的绘画，它更多的是通过立体的、多彩的、直观的艺术形象，将美凝固在空间之中，并与周围环境共同营造出一种特殊的情感氛围，进而对师生的思想、情操、行为、习惯起熏陶、渗透和影响的作用。因此，大学校园雕塑在大学生的审美教育中有着不可替代的作用。

著名物理学家杨振宁先生曾说：“校园里的雕塑对于学生有极大的影响，写实的和抽象的雕塑都会变成他们几年大学生活的一部分在他们的记忆中，雕塑常常比建筑有更长远的影响，因为雕塑通常具有升华的深层抽象意义。”大学校园雕塑通过实体的材料所构成的有感染力的造型以渐进、反复渗透的审美方式日积月累地、潜移默化地对学生发挥其美育功能。学生首先对雕像的外在形式和整体环境气氛产生的第一印象开始后，继而将可能沿着由雕塑家通过作品和环境所暗示的导引方向，不断领略作品内容和各个角度展示的外形美。此时，欣赏者便可根据各种印象对作品作出综合性的审美评价，特别是当人们的视线与雕塑所展示的最佳角度发生契合时，往往会在刹那间引起人们深刻的心灵感应，从而进入一种雕塑审美的佳境，并由此触发一系列审美联想的心理活动。在优秀的校园雕塑艺术品面前，深刻的体会和感受能激发学生强烈的美感，在人的心灵上打上深深的烙印，可以使学生在轻松愉快的氛围中，在自然而然的情景中，不知不觉地受到“美”的熏陶和滋润。

不管你是有意还是无意，大学校园雕塑都会对人的生理与心理产生潜移默化的影响。席勒说：“我们听完一段美的音乐，感觉就活跃起来；我们读完一首美的诗，想象力就恢复了生气；我们看完一座美的雕像或建筑，知性就苏醒了过来。”纵观古今中外、不同地区、不同时代的优秀大学校园雕塑，莫不以其各自不同的艺术风格，展现出它们独特的气质和神韵，使人身临其境，便会感受到一种直叩人心的情感共鸣和心灵震撼，从而受到熏陶、感染和教育，陶冶净化出美好的心灵，塑造出美的高尚情操的全面发展的人。

总之，大学校园雕塑不仅是一个使人爽心悦目美化环境的道具，更是体现学校文化品位的一种途径，是潜移默化心灵的感召，是无言的意识形态的引导，因而具有隐性教育的功能。

（作者单位：湖北美术学院）

浅析新媒体背景下高校图书馆在大学生人生价值观教育中的积极作用

王凤云

在新媒体背景下，大学生是高校网络社会的主体，而网上信息鱼龙混杂、泥沙俱下，对世界观、人生观、价值观还未完全成熟定型的大学生会产生某些不良影响。人生价值观指导着大学生的生活方向，影响着他们的道德品质和道德行为，决定着他们一生的价值目标和生活道路。树立正确的人生价值观是高校的使命。高校图书馆是知识、情报、信息的重要源泉，是大学生的第二课堂，是大学生经常光顾的场所，是大学生进行自主学习与社会实践的重要基地，其环境文化、制度文化与馆员素质是大学生价值观教育的重要载体，在大学生人生价值观教育中发挥着积极的不可替代的作用。

一、高校图书馆环境文化在大学生人生价值观教育中的隐性教育作用

1. 图书馆环境文化是以一种显性的方式存在，却发挥着隐性的潜移默化的教育作用。图书馆的环境文化是通过图书馆建筑艺术、图书馆内部环境的美化以及图书馆的卫生环境等几个方面去实现的，是一种文化环境，是一种具有教育作用的文化宝库，可以对大学生的行为习惯产生直接影响。高校图书馆不仅是信息传播地，更是各种各类文化的集散地，往往是学校里建筑环境最有特色的地方，其环境文化会处处流露着学校的文化传统、办学理念和文化精神。优美、舒适、洁净的图书馆外在环境可吸引大学生更多的关注，促使大学生情绪愉快，总想花更多时间来到图书馆。干净、整

洁、和谐的图书馆内在环境无形中可以约束大学生不良的行为习惯，如：乱扔垃圾、随地吐痰、不爱护公共设施等一切不文明行为习惯。另外，高校图书馆设计一些符合大学生的学习兴趣的建筑、馆藏等标识，如优美程度、灯光效果、噪音控制，空气指标等，图书馆墙上张贴的各种提示性标志、各种名言警句等，无时无刻不在默默地教育学生要遵守社会秩序，要有良好的公共道德。长期受图书馆健康文化环境熏陶的大学生，就能够掌握独立获取知识的能力并养成良好的学习习惯，并能增强克服困难，探索真理的勇气，从而树立马克思主义科学的人生观，从而达到精神和心理的完善。

2. 良好的图书馆环境文化，能够激发大学生的人文理念，这是大学生树立正确人生价值观的文化基础。人文理念是高校图书馆吸引并满足大学生合理要求的重要因素。高校图书馆以馆舍、设备、管理、信息资源作为吸引力，来满足大学生的求知欲望，吸引大学生来图书馆读书及开展其他活动。一所大学的人文理念，在某种程度上是体现在其建筑风格等物质文化上。过去，衡量图书馆好坏的标准主要是看馆藏资源量的大小，而今高校图书馆更注重人文关怀。高校图书馆浩瀚的藏书和中外期刊、资料等是对大学生进行人生价值观教育的宝贵资源，拥有的完整系统的文献资源保障体系，能够很好满足大学生的信息需求，学生在图书馆不仅可以查阅与本专业相关的文献信息，而且可以接触到其他学科的报刊、图书等，通过吮吸各方面的精神食粮，不断完善自身的知识结构，开发智力、开阔视野、启迪灵感、活跃思维，从无形的图书馆环境文化里激发大学生的人文理念，鼓励大学生弘扬正能量，发扬无私奉献的精神，成长为人生价值观正确的高素质的复合型人才。

3. 良好的图书馆环境文化，有利于提高大学生的学习质量，这是大学生树立正确人生价值观的前提条件。大学生学习主要靠自学，图书馆是满足这种需求的最佳场所，自觉必须要有图书资料。在图书馆，大学生可以自主支配学习时间，根据自己的兴趣、爱好汲取文化食量，在拓宽知识面提高能力的同时，提升思想道德素质。图书资料的质量和规模是一所学校的文化底蕴的体现，图书馆环境文化要围绕优化大学生知识结构这一育人目标，在馆藏上既要包括自然科学类、人文社科类、综合学科类图书等全面类型，又要在突出学术性的同时兼顾通俗性、应用性，还要注意反映最新科研成果，既要有纸质图书的“历史弥香”，也要有电子阅览的“新鲜体验”，要对各类书籍信息进行分门归类，对有害信息进行筛选说明，这有利于提高大学生学习的质量，让大学生从中获取正确的信息和知识，做到学识和成长与时代同步。

二、高校图书馆内在的制度文化在大学生人生价值观教育中的显性教育作用

1. 高校图书馆内在的制度文化对大学生人生价值观具有规范作用。高校图书馆仅仅有良好的物质文化环境是不够的，还需要有一些成文或不成文的制度来规范和约束大学生的行为，否则大学生就会纪律涣散、秩序混乱，就有可能会滋生学生不良的学习、生活习惯，引发学生不良思想的形成，也影响正确人生价值观的形成。在“互联网+”环境下，数字化阅读的浪潮已势不可挡，经调查，数字化阅读增速明显高于传统阅读，其中手机和微信阅读的增长最快。所以，高校图书馆要建立和完善各项制度，发挥出它的最大效能，规范学生的学习、生活行为。高校图书馆可制定制度，学生进什么阅览室就遵守什么室的规定，尤其是要让学生戒除学生贪玩游戏的毛病。例如可利用电子阅览室，让学生熟悉《普通高等院校图书馆工作规程》，学习只能了解先进信息技术，实现文献信息查询的自动化、网络化，利用计算机检索、光盘检索和多媒体阅览服务，借助网络化信息，开展多种高层次的互动信息服务，实现学生、教师和图书馆之间的互动，帮助学生从网上获取丰富的文献资源，培养学生主动搜集情报，达到自我养成的教育目的。

2. 高校图书馆内在的制度文化对大学生人生价值观具有指引作用。高校图书馆制度文化应该充分地尊重、爱护、关心、引导大学生，充分调动大学生的积极性，指导大学生养成良好的行为习惯。制度是学校对大学生进行精神引导的保证，也是大学生完善自我的方式。学生在学校期间不仅要学习科学文化知识，还要学习规范法规，大学生通过图书馆制度文化学会做人、学会做事，把图书

馆制度与学生共同进步、共同成长相结合，培养学生正确的人生价值观。高校图书馆可通过制度设立“新书报导栏”、“专题书目推荐栏”、“热点图书评介栏”或办“导读小报”等，向大学生宣传介绍最新图书出版动向，指导学生阅读，提高阅读质量。利用节日、纪念日，如每年的“五一”、“五四”、“七一”、“十一”等节日，邀请知名专家教授和学者开设相应的讲座，对学生进行爱国主义教育，增强学生强国富民的使命感和责任感，从而提高学生为中华之崛起而发奋读书的意识。

3. 高校图书馆内在的制度文化对大学生人生价值观具有导向作用。在学生这个特殊群体中，高校图书馆制度要成为引导学生激发学生进行读书学习的措施，使学生在不知不觉中受到思想教育。高校图书馆应根据学校教学及大学生素质教育的需要，改善馆藏结构，不断地、及时地补充馆藏文献，达到既可以满足大学生专业知识学习的需要，又能满足大学生素质教育的需要。图书馆不能墨守成规，要大胆采用现代信息网络技术可以有计划地收集实施素质教育、开展教育科研的各种文献资料，在采购过程中注意藏书的兼容性和合理性，对哲学、文学、美学、艺术、伦理学等方面书籍进行合理的补充与强化，重点放在学术专著、文化经典、文学名著、精品声像资料等类别上。与此同时，对老版本及破损严重的图书应该进行及时剔除并补充，使藏书保持优化状态，要努力促进文献资源建设登上一个新的台阶，通过制度引导大学生得到更方便快捷的现代化信息服务，受到良好的思想熏陶。

三、高校图书馆馆员在大学生人生价值观教育中的示范作用

1. 引导学生树立为人民服务的理念。培养、造就能适应时代发展高素质的图书馆员，是实施大学生人生价值观教育的可靠保证。高校图书馆员必须牢固树立“服务育人，管理育人”的根本宗旨。图书馆员是大学生在图书馆接触的老师群体，随着现代信息技术的发展，带来了图书馆管理方式、工作重心、服务手段的重大变化，图书馆员应该向大学生提供优质、高效、便利的服务，以大

学生满意程度的高低作为衡量自身工作的标准。高校图书馆员应该改变传统的服务方式，进行主动服务，有效服务，互助服务。大学生在享受这一服务过程中，自觉进行社会实践，牢记党的宗旨，把自己培养成为一定文化水平、专业知识、勇于奉献，追求社会价值、思想素质好、事业心强的人才。

2. 引导学生发扬集体主义精神。高校图书馆是高校的重要组成部分，是对大学生进行文化教育的重要基地。在进行文化素质教育的过程中，图书馆员要主动推荐阅读书目，方便学生借阅；举办各种文化讲座，进行阅读指导；开展丰富多彩的文化活动，丰富大学生的学习生活；通过真诚的服务和完善的管理，发挥自己的主体作用。大学生在浩如烟海的图书资料与信息面前，往往是眼花缭乱、无所适从。这就需要图书馆员将无序的信息管理疏导、组成有序的信息然后传递给学生。高校图书馆员面对角色的转变，除了广博的知识和利用新技术的能力，还需要精诚团结，互敬互爱，爱馆如家的集体主义观念，这对大学生也会产生积极影响。图书馆员还可以针对大学生的特点，在大学生中组织多种形式的活动，培养大学生的集体主义观念，举办各种“读书演讲赛”、“读书交流会”、“知识竞赛”、“读一本好书、评一本好书”和精美书刊展等活动激发学生的阅读需求，调动他们的积极性。还可以重视和支持具有阅读性和交流性的学生社团组织的活动，如文学社、读书会、文艺沙龙、科技协会等，并给予具体指导，真正发挥图书馆第二课堂的作用，帮助大学生形成集体主义观念。

3. 引导学生修养高尚的道德品质。高校图书馆是培养大学生高尚品德的基地。在高校这个教书育人的场所，馆员的文化知识水平、道德品质、人格力量、治学态度对学生价值观的形成起到最直接的影响作用。图书馆员要掌握图书馆学理论、方法和技术，增强服务意识，利用自己的馆藏文献及信息网所能收集到的各种信息，对图书资料进行深加工的提炼，把最新文献资料、有效信息提供并介绍给广大学生。在图书馆这个获取知识的圣地，良好的学术环境与浓厚的学习气氛起着一种“有形无声”的教育功能，对大学生的求知起到一种良好的激励作用，能够陶冶学生情操、美化学生心灵，从而引导学生走向一条健康向上的道路，使大学生自觉或不自觉达到“润物细无声”的美学教育效果，进而提高综合素质。图书馆员的自身素质、知识水平、技能等方面对大学生学习的影响也日益重要。

培养和造就具有正确人生价值观的人才，是高校图书馆的根本任务。大学期间是大学生人生价值观形成的重要时期，在新媒体下，大学生的价值观由于受多方面不良信息的影响，往往会有偏差。高校图书馆作为高校精神文化的象征，必须通过图书馆环境文化、制度文化与图书馆员素质等特有的优势，加强对大学生进行人生价值观教育，为培养德智体全面发展的高素质接班人做出贡献。

（作者单位：湖北警官学院）

从朴素辩证思维方式看我国诚信观的文化特征

谢珍萍

诚信观是人们对诚信的内涵、作用及其践行等问题的主要观点和基本看法。我国的诚信观颇具本土文化特色，学界在对比中西诚信文化传统时早已得出类似结论。而在我国本土文化熏陶中成长起来的一代又一代人，最常用来认识世界和解决问题的思维工具即是朴素的辩证思维方式。为此，本文拟从朴素辩证思维方式这个角度切入，对我国诚信观的文化特征展开分析，以期探索出适合我国社会需求、更具本土针对性的诚信教育的路径。

一、我国文化中的朴素辩证思维方式

朴素辩证思维方式可以反映出中国人的认知特点和解析问题的习惯，带有明显的中国传统印记。对我国产生深刻影响的儒、道、释三家思想本身即极具辩证思维特征。古代思想家们简洁的表述中随处可见富有辩证意味的语句，如“物生有两，相反相成”，“和而不同，执两用中”等。我国民间常用的具有辩证思维特征的谚语也比比皆是，如“祸福相倚”、“乐极生悲”、“吐故纳新”、“见微知著”、“否极泰来”等。跨文化研究学者通过实验和调查等实证研究方式也证明了辩证思想是被我国大众所普遍接受的观念。

在中国人的思想观念中，最能体现辩证思维特征的当属矛盾观念和中庸观念。笔者以为，这两种观念也是影响中国人较为深刻较为普遍的观念。矛盾观念就是阴阳两面互相依存，没有阴就没有阳，没有阳也不会有阴。在中国人的心目中，甚至邪与正都是互相依赖的，而不是绝对的。中国人的心目中没有绝对邪恶和绝对神圣的事物，这是西方的朴素认识论所没有的。中庸观念强调不偏不倚和调和折中，讲求因时因地因事因物制宜。在对中国人的实验中我们发现，当只呈现一方面的信息时，中国人与美国人的判断没有什么区别，都有一种自然的偏好；将两种对立信息同时呈现时，中国人的判断明显受到朴素辩证唯物主义论的影响，即将事物一分为二，觉得一件事物可能不是想象中那么对，也可能不是想象中那么坏，中间可能是最好的判断。当代学者杨中芳提出中庸实践思维体系观念，指出“中”作为行事思考准则，是依情境不同而施以不同程度的行为准则，考量后寻找对具体情境而言最“恰如其分”的行事选择。具体执行德行时，要达到最大的效果，在“太过”与“不及”之中找寻一个均衡点，相当强调“自我约束”及“灵活变通”的力量。孔子强调“适中”的变通性和灵活性，他强调道德实践既有原则性，也有灵活性。孟子在此基础上提出“权”的观念，把注意力集中在如何选择适用于某一具体情境的最佳行动方案上。孟子也常用“思”字来表示权衡之义，而非知解之“思”，他常提“因时损益”，即是在时间的变迁中，获得最恰当的均衡点皆有不同。

二、我国诚信观的文化特征

从古至今，人们对诚信的理解皆有不小差异，这里难以尽述。但从最基本的含义看，判定个体是否诚信须做两方面比较：一是横向的表里比较，看个体外在的言行举止与内在的想法是否一致；二是纵向的言行比较，看个体先前和之后的言语及行为是否一致，前后有无自相矛盾。在我国传统社会，诚信的内容和要求是多方面的，但最基本的是以诚为本，取信于人，与朋友交，言而有信；为人思诚，信以行义，信近于义，言可复也。诚信之德在于言行一致，表里如一，讲究信用，遵守诺言。观察不同人在上述两方面的应对和处理，其实不难发现，中国人在践行诚信时并未追求表与里、言与行严丝无缝的一致。当现实条件需要表与里、言与行不一致或相矛盾时，个体就启动朴素辩证思维方式来看待和应对问题，寻求绝对诚信与相对诚信的统一。

西方道德教育发展史上，对诚信观有两种颇具代表性的思路。一种是道德绝对主义的观点，认为诚信是源于传统且为当前社会所需要的一种美德，是无须加以质疑的绝对的普遍的道德准则。人对诚信的遵守是无条件的，完全不为当事人的主观因素和具体情境所影响。康德的“绝对命令”即为典型代表。建立在道德绝对主义理论基础上的诚信，可以称为绝对诚信；另一种是道德相对主义的观点，认为诚信与情境密切相关。人会因地域、民族和文化的不同而对诚信有不同理解，个体也会因所处的社会现实条件、当下自身情况和周围利益博弈的约束而对诚信有不同感受和行为反应。诚信与道德主体的需要直接联系，在不同的情境下将导致不同的选择后果。因而，诚信是条相对的有条件的道德准则，而非恒定的普适的道德律令。杜威、皮亚杰、哈特肖恩和梅等学者都持这种观点。哈特肖恩和梅花了三年时间，对一万多名八至十六岁学生进行实验研究，发现诚实的行为更多地受直接情境的影响而不是受内在道德原则的支配。建立在道德相对主义理论基础上的诚信，可以称为相对诚信。

我国诚信思想的发展遵循着不同于西方的推进路线。由于朴素辩证思维方式的影响，我国的诚信观反而能将明显对立的理念加以兼容并收。既不只在绝对意义上来理解和追求诚信，也不只在相对意义上来解读和践行诚信，而是致力于达成绝对诚信与相对诚信的统一。这种统一既要求个体将绝对美德意义上的诚信作为做人做事不懈追求的目标，又要求个体依不同情境能够采取相宜的对策。以儒家思想为例。儒家批评绝对诚信的僵化和教条，孔子曰：“言必信，行必果，硁硁然小人哉！”与此同时，儒家又要保证诚信不因权变而成恶德，一则将“诚”推定为“明善”，《中庸》有云“自诚明，谓之性；自明诚，谓之教。诚则明矣，明则诚矣”；二则将“仁”、“义”等范畴置于“信”之上，孟子曰：“大人者，言不必信，行不必果，惟义所在。”也就是说，个体要在不同的情境中，在善或仁、义的指引下，灵活践行诚与信。

三、绝对诚信与相对诚信的统一

当个体身处两难选择的情境中或是遭遇互相冲突的力量作用时，中国人倾向于用朴素辩证思维方式来应对，如前文所述的矛盾观念和中庸观念自然融入应对的全过程。此时个体坦然接受种种矛盾冲突，积极设法协调各方力量，把握好进退的时机和尺度，致力于寻找适宜的策略和方法，做到原则性与灵活性相结合，普遍真理与特殊情况相结合，展示出传统文化的智慧。绝对诚信与相对诚信的统一即是这方面智慧的典型体现。个体在践行诚信时如何看待事实和规则、如何表达情感、如何选择行为目标，中国人对此类难题的回答可以用“守经达权”来概括。这样既坚持了绝对诚信意义上的原则，又不反对相对诚信意义上的随机应变。守经达权式的统一充分揭示了朴素辩证思维方式对诚信观的影响。

1. 诚信之对事实和规则的认知：外圆内方

“圆”取圆融、圆通之意。钱钟书说“圆”是“以圆转形容天运，道心之周流灵活”。“方”取方正、方直之意。钱钟书论“方”是“直立而不挠，素白而不污”。诚信实践的主要问题是如何面对事实和客观规律、礼仪法度、规章制度等规则。在思想上，实践诚信要求“方”即要求从表到里、前后始终都尊重事实和坚持规则。那么如何尊重事实和执行规则呢？尽量不要硬碰硬，要讲究尊重事实和执行规则的技巧。这就是“圆”的要求。讲诚信要“圆”就是要求个体学会随机应变，灵活变通，与外界环境相处融洽，减少冲突和阻力。至方则迂直、呆板、不合时宜，俗话说的“太较真”、“认死理”；至圆则圆滑、世故、圆媚，俗语常比作又滑又溜的泥鳅，“见人说人话，见鬼说鬼话”，无从辨真假。至方与至圆皆不可取，而外圆内方才能既坚持了诚信原则又能将事情做得圆满。正如《菜根谭》中写道，“作人无点真恳念头，便成个花子，事事皆虚；涉世无段圆活机趣，便是个木人，处处有碍”。

一言蔽之，个体实践诚信时要有方有圆。既要表里如一和始终如一地坚持事实和规则，又能诚心诚意地根据情境的不同作出尊重事实和合乎规则精神的行为。不仅如此，在方圆之间还提倡外圆内方。修养“诚”的工夫就是要尽心尽力地思考不同情境的要求，权衡其中的利害关系，保持和的大局。可以灵活变通，特殊情况特殊处理，但是不能突破底线。如果突破底线，个体为人处世就成了世人所不齿的“外圆内圆”，诚信的原则已荡然无存。

2. 诚信之情感表达方式：路曲心直

“曲”者弯转、不直，“直”者直线、不弯曲。就情感表达而言，“曲”取迂回、间接之意，“直”取直率、直接之意。中国人表达情感往往不主张直来直去，而是强调在迂回、含蓄的表达过程中透露着真心真意，此即为“路曲心直”的情感表达方式。如果一个人说话太直，会被斥为无礼莽撞，而听的人可能会介意，视之为对己的冒犯。所以，个人的意见、想法、感受或建议往往需要采用间接的方式提出来，如讽谏、借古、托言、自谦等。然而绝不能因为一个人多绕了几个弯、多说了几句曲言，就看不到他的真心真意，而将此人下定论为虚伪、谎话连篇。西方人往往不理解中国人的情感表达方式，而将之推定为虚伪。明恩溥按西方人的思维评述中国人的行为，就得出了这样不准确的结论。他提出中华民族不重视真实性，中国人的真诚得不到保证，在中国随处可见虚假的谦虚、虚假的礼貌和虚假的同情。

这样看来，似乎路“曲”了心就难以“直”。某个人说话做事，一路行来多迂回几次、多弯几个曲，心意好像就摸不清、猜不透了，那么他的真诚、守信体现在哪呢？道家很早就发现，在环境的制约下可以采用相反相成的策略，例如欲扬先抑、以退为进、大智若愚、以讷为辩等。是故“路曲”并不能改变“心直”，反而有利于保证“心直”。“路曲心直”的情感表达既不驳对方情面又能让对方愉快地接受，岂不两全其美？相反，“路直心直”则可能会伤人伤己，横生矛盾，最后两败俱伤。因此，情感表达虽然也可直率张扬，但含蓄内敛却是更为不错的选择。这种情感表达方式虽然表现在外的手段与内心真正的目的不一致，但个体的原初动机和最终目的仍能做到表里如一、始终如一。当然，如果采取的是不择手段就另当别论了，那已经演变成了“路曲心曲”，虽然能最终达到目的，那也是充满了阴谋和欺骗，已经完全背离了诚信。

3. 诚信之行为目标选择：名副其实

名实思想起源于先秦诸子百家争鸣。从先秦语境至现代语境，名实主要在三个层面上使用，有三种主要含义：（1）在日常生活层面，名实指名誉与实际功利、名声与实际价值和标准；（2）在语言逻辑层面，名实指概念与实在、名称与实物；（3）在伦理政治和社会治理层面，名实指名位与实际权力和职责、名分与实际规范和秩序。从本质意义上讲，“名”是一种呈现于外的形式上的符号和象征，“实”是包含其中的实际内容。名实关系的最理想状态是“名副其实”，即名与实是完全相符的。但名实关系是动态的，名实经常发生矛盾甚至分离。于是社会实践中常出现“名不副实”的情况，即名与实可能呈现出完全不相符或不完全相符的面貌。诚信行为的追求目标自然是“名副其实”，排斥“名不副实”。

中国人强调的名实关系往往不是“实至名归”，而是“名先实后”。考察儒家伦理政治思想，其“正名原则”一直影响至今。孔子主张理政要“先正名”，而后才能名正言顺，否则，“名不正，则言不顺；言不顺，则事不成。事不成，则礼乐不兴；礼乐不兴，则刑罚不中；刑罚不中，则民无所措手足。”于诚信行为而言，在现代市场经济条件下，由于市场主体间信息不对称，诚信的获得也往往是先做“名”，如定位、宣传、造势等，而后努力下工夫使实际内容与“名”相称，形成“名”与“实”相辅相成的局面。当然，如果之后做“实”的工夫没跟上，导致名实不相符甚至分离，那就只能计入不诚、无信之列了。为此，儒家特别强调做“实”的工夫，要求个体从自己的内心世界做起，通过自我修养来实现自我完善。这也就是修“诚”的功夫。儒家要求个体不仅在表现于外的行为层次上做到表里如一，还要在内心意念层次上做到表里如一。孟子提出“反身而诚”，《大学》提出“诚意”、“慎独”、“毋自欺”，《中庸》提出“诚之”，皆表明儒家在道德上着重“心理的内观”，君子要对自己的良心负责，凡事但求“心安”、求“问心无愧”。实践诚信者在“名”与“实”之间如何选择和协调呢？答案是“俯仰无愧天地，褒贬自有春秋”。行为效果上能不能有“名”，交给后人或是社会大众吧，个体能做的努力，只是从良心、从行为动机上去求“实”。当然，“名副其实”是最终的行为目标和最理想的行为结果。

四、对我国诚信教育的启示

民族文化影响着生活在其中的人的行为模式、认知体系、无意识结构、价值观认同等诸多方面。任何一种观念的产生和更新都需要关注本土文化的内生性因素。诚信文化的现代化还是要立足于本土，在本土的诚信传统中生长出本土的诚信现代化。自然诚信教育也要回看滋养人们至今的本土文化传统，从中寻找适合本土情况和需求的教育内容、手段及方法。如前文所述，我国的文化传统已显示，中国人习惯采用朴素辩证思维方式来解读世界和社会。也正是在朴素辩证思维方式的作用下，我国的诚信观表现出绝对诚信与相对诚信的统一。显然，与此相对应的本土诚信教育模式非常需要立于朴素辩证思维方式的角度，同时能够涵盖绝对诚信观和相对诚信观。

绝对诚信观的教育通常采用美德教育模式。这种模式有一系列具体方法，如讲授诚信的内涵、叙述诚信的故事、明确诚信行为的标准、树立诚信的榜样、加强诚信的行为训练、培养出自内心自觉的诚信习惯等，意在让受教育者理解、认同和接受诚信是一种美德和普遍准则，需要受教育者无论在何种条件和情况下都要遵守和践行诚信；然而诚信终究会受情境影响而表现出相对性。相对诚信观的教育则采用情境教育模式。这种模式不再关注诚信的至上性，而将注意力集中在诚信行为产生的外在情境和个体的内在动机上。此时教育者与受教育者是平等主体关系，而不是权威者与服从者的关系。教育双方通过对话等多种互动方式，贴近受教育者的内心诉求，回归当下现实生活的种种情境，讨论个体诚信选择时可能面临的种种矛盾冲突，意在将抽象的绝对的诚信规则具体化、生活化，充分尊重个体诚信选择与否的差异性，最终让受教育者在不违背诚信的前提下能针对不同情境采取恰当的对策。

美德教育中的诚信具有崇高性，情境教育中的诚信则具有现实性。我国的诚信教育适宜综合这两种模式，选取能同时兼顾美德教育与情境教育的方法和手段。一直以来我国的诚信教育传统都比较重视美德教育，但我们不能好高贪大求全，不能忽略个体诚信行为养成的过程、遭遇和环境。教育者宜将诚信教育目标分出不同层次，视绝对诚信为最高目标和努力方向，视相对诚信为可行的现实选择，在不同层次采取相应的方法，以共同促成诚信在受教育者身上留下印记。

（作者单位：福建江夏学院）

传统观念的扬弃改造与现代观念的孕育完善

储著斌*

社会主义改革进程，属于社会实践的范畴，是受人们的思想观念直接支配的。人们有着什么样的心理状态、思想观念与思维方式，就会对改革产生出什么样的看法与态度，实施什么样的行为。中国共产党在领导改革开放的实践中，非常重视思想观念的作用，一再要求全党和全国人民必须实现思想观念变革即“换脑筋”，破除落后的、各种“左”和右的错误思想观念，树立起科学的、正确的、与改革开放进程相一致的思想观念。这些都属于人的观念现代化的范畴。人的观念现代化，就是在现代化的坐标体系下，在由传统观念向现代观念的发展过程中，人的思维方式、思想观念和精神状态从传统向现代的动态转化，表现为传统人格向现代人格的深刻转型，是人的思想观念方面的根本性变革。中央指出，在新的历史条件下全面深化改革，就要勇于冲破思想观念的障碍，勇于突破利益固化的藩篱，破除妨碍改革发展的思维定势，做好承受改革压力和改革代价的思想准备。[1]全面深化改革中，首先就要处理好解放思想与实事求是的重大关系。改革作为一场改变人的思维方式、思想观念与精神状态的伟大革命，就是思想解放的过程。“在新的时代实践中，同样需要新的思想引领，仍然需要以解放思想为先导。不进行思想的大解放，就不会有改革的大突破。解放思想不是脱离国情的异想天开，也不是闭门造车的主观想象，更不是毫无章法的莽撞盲干”，[2]而是仍然需要进一步立足于改革的实践推动。

一、市场经济体制促进传统观念的扬弃改造

我国目前进行的现代化，本身就是一场深刻的社会变革，从一开始就是相对于传统而言的，走向现代化就意味着走出传统，超越传统。要实现现代化，就必须对传统进行再造，而不可固守；必须极力摆脱“旧的拖住新的、死的拖住活的”的崇古意识和历史惰性。不是“传统轻易不能丢”，而是“传统轻易不能留”；不是“关起门来都能过”，而是“关起门来不能过”（特别是在信息化与网络化的时代）。即便是传统中被视为优秀的部分，也面临着现代化的挑战和考验，也要在现代化的潮流中实现转型、升华。

其一，正确判断我国面临着的传统观念的来源与现状，通过发展社会主义市场经济，变革这些旧观念和错误观念。我们要实现从传统人到现代人的转变，那么传统人的“传统”来自哪些方面呢？中国作为一个文明古国，悠久历史与精深文化源远流长，是世界上未曾发生文化断裂的文明古国，这就使中国具备了一个典型传统社会的品格；中国又是一个有着两千年封建制度的社会，推翻封建制度不到一个世纪，对于封建主义的流毒又一直未能彻底肃清；在近半个世纪里还经历着马克思主义中国化过程中极“左”思潮的浸染、干扰以及社会主义建设探索时期来自苏联实践的计划经济的观念束缚。再一个就是改革开放以来形成的某些“新传统”。[3]来自于上述传统文化、封建文化、极“左”思潮和计划经济以及“新传统”这几个方面的影响，构成了我们思想观念方面的传统性。改革开放就是一场深刻的思想革命，不破除种种封闭保守、陈旧错误的思想观念，就不可能有真正的、深层次的改革开放，这也是在全面建成小康社会新时期中国当代文化建设与发展的一项历史使命。

其二，对于资本主义的思想观念，不能一概排斥，而是要在实践中加以检验。西方现代化的科学技术，是西方文化的结晶。在看得见的物质成果的背后，是一系列看不到的更为广阔的更为深厚的文化背景作为基础的。当然，中国改革开放与现代化建设发展到今天，已经很少有人再盲目排斥外来文化了。对待资本主义国家的思

想文化要做具体分析，笼统斥之为“腐朽”思想肯定是不现实的，全盘接受也肯定是错误的。

其三，要在传统文化现代化过程中实现人的观念现代化。20世纪80年代，我国思想界、学术界与知识界普遍地兴起了一股“文化热”。从学术层面看，其所环绕的中心始终没有离开传统文化与现代化的关系问题。尽管对待这一问题有不同的声音和主张，但是主要的倾向还是对传统文化的批评，有时甚至是很激烈的“批判”态度。无论是明确的西化论者还是声称属于马克思主义的人，基本上都将中国的落后乃至社会诸多问题与中国传统文化挂钩，认为传统文化中太多的负面因素和沉重的文化包袱，成为中国走向现代化的重大阻力和障碍。从90年代初开始，情况有了很大的变化，出现了新的分化和走向，肯定和主张弘扬传统文化的人越来越多，有的甚至对传统文化持基本肯定乃至全盘肯定的态度。这一方面与中国经济社会发展过程的变化相关联，另一方面也与国际范围内的文化保守主义思潮的兴起相关，特别是与现代新儒家尤其是当代港台地区以及海外新儒家学术思想影响的日益扩大相关联。总的来说，这些讨论主要是围绕着对中国传统文化的评价以及中国文化发展的方向进行的。有人具体研究了中国文化在价值观、思维方式各个方面的特点，认为其正好可以和西方文化形成互补，在此基础上才能建立起真正现代的同时又是中国的文化，为此提出了“综合创新”的观点，指出对传统文化的全盘否定和全盘肯定都是不可取的，传统中有不少有价值的东西，经过改造可以为现代所用。[4]

二、改革开放实践推动现代观念的孕育完善

改革是我国不可逆转的历史潮流，我国的国民从总体上是拥护改革的；但也有人叶公好龙，当改革触及自己的利益，甚至只是眼前的利益时，或者仅仅是改革打破了自己的心理平衡甚至只是一时的心理平衡时，这些人思想深处的求稳怕乱意识就重新占据上风。尤其是当改革出现某些失误，或产生某些副作用的时候，他们对改革便本能地产生抵触情绪，并进而把有些与改革无关的不良社会现

象，甚至是本属于改革对象的一些社会问题，都记在改革的账上。这些人并不是直接去反对改革，而是把求稳怕乱的思想渗透本是促进改革的“安定团结”、“稳定压倒一切”等方针之中，反过来阻滞改革的步伐。具体来说，改革实践对人的观念现代化具有三个方面的推动和促进作用：

第一，改革开放促进新观念的产生。任何社会改革的出现，至少需要满足两个基本条件，一是经济上的动力，二是思想观念的变化。如果没有思想观念的转变，觉得现实中的一切都是好的，改革它干什么？率先起来改革的人，就是那些最早反映了现代化历史要求，具有初步现代化观念的人。在现代化观念未被人们接受甚至被视为异端邪说的时候，改革者就会被孤立和打击。纵观中国历史，自从改革以来，有许多改革者的道路都是艰难坎坷的，有的被送上断头台，有的被罢官免职，有的被送上被告席，有的被点名批评，也有的被流言蜚语（也就是舆论的一种自发形式）弄得抬不起头来。这正是旧观念对新观念的压制、控制、抑制，旧人格对新人格的摧残。历史上有多少改革家想冲破传统的禁锢，推动历史前进，但大多以失败而告终，正所谓“自古改革无善终”，反映了中国改革之难。在西方历史上，也同样存在这类想象，人类科学观念的启蒙不就是从伽利略开始的么？因此，我们必须认清传统的消极力量。最先反映历史要求的人成为罪人，在历史上屡见不鲜。在社会主义条件下，这种现象仍然存在，但是不应该再继续下去了，保护改革家的改革积极性，才能保护新的人格与新的观念。

第二，改革开放的深入推进新观念的完善。改革家并不是天外来客，也不是什么“超人”，他们只有在改革过程中才能不断深化对事物的认识，对客观世界的认识，对改革进程中具体方针、政策、策略的认识。这种深化使人的观念更新从质到量、从初级的质到深层次的质的转变，从而使人的现代化观念更正确地把握现代化的要求，才能具有较大的号召力和推动力。深圳在改革开放 30 周年之际，从两百余条以简明语言或关键词表达的思想观念中选取了 10 条，这就是成为影响更大的“深圳十大观念”。我国的 30 余年的改革历程中，以经济观念而言，农村的改革最初搞“包产到户”，受到广泛的反对，后来提出“联产承包责任制”才逐步被接受；从“有计划的商品经济”到“社会主义市场经济”更是开阔了人的眼界。从政治观念而言，改革之初提出“伯乐相马”，后来发展成为“赛马取材”，到现在的“建设人力资源强国”，显然是民主观念、人才观念的进步。在国家治理层面，最初要“广开言路”，显然还是权威、一把手决策，后来提出“决策科学化、民主化问题”，才开始进入问题的实质；一开始要建设“法制”，发展到“法治”，将法治看作治国理政的基本方式，要求各项工作要以法治思维和法治方式加以实现，这都是民主观念、法治观念的变化。此外，价值观念、伦理观念、消费观念等，都经历了质的转变，才逐渐完善起来。

第三，改革开放实践推动着现代化观念的扩张与传播。改革成果的扩大，从农村到城市的改革，是从社会最底层发出的呼声，具有最广泛的群众基础。但是，许多人在改革之初由于受到传统观念的束缚，对自己的要求没有明确的意识，对表达自己要求的人也不理解，因而对改革持观望态度甚至是否定的态度，这是很自然的。随着改革的深入，特别是“全体人民共享改革成果”后，他们从改革中得到了利益，经受了改革的反复，吸取了教训，从而实现了态度、观念、心理、思维上的转变，由改革的阻力变成了动力。正是在改革的实践中，人们随着生活条件、社会关系和社会存在的改变而抛弃了旧观念，接受了新观念。具有现代观念的新人的成长，反过来又推动了改革，推进了现代化的进程。

三、经济社会发展凸显现代观念的活力生成

人的观念现代化，从本质上讲也是一个发展问题，是观念的发展问题。只有在大力发展生产力的条件下，促进经济、社会、科学、文化、教育等方面的协同发展，才能促进人的现代化的发展。这是因为，生产力的发展为人类社会和个体人的发展提供了物质基础，决定着人类社会发展的状态。同时，生产关系的发展对人的观念现代化发展也有着非常重要的作用，“生产力和生产关系——这二者是社会的个人发展的不同方面”。[5]当然，两者中间，生产力

是决定性因素，其发展水平在很大程度上决定着人的观念现代化。社会主义社会的根本任务就是解放和发展生产力，为人的观念现代化创造物质条件。大力发展社会生产力，实现国民经济又快又好发展，根本目的就是为了满足广大国民日益增长的物质文化生活需要，以保证人的观念现代化的实现。

第一，“观念思想是需要的反映”。马克思主义这一基本论断，揭示了在社会主义条件下推进人的观念现代化，要在大力发展生产力的过程中，注重以社会和谐促进人的需要及其利益诉求，进而促进人的观念现代化。新世纪新阶段，我国经济社会发展已进入人均GDP从1000美元向3000美元跨越的关键阶段，从国际经验看，这个阶段既是发展黄金期，又是矛盾凸显期；经济增长速度明显加快，但同时由此带来犯罪案件、经济纠纷、民事纠纷、信访数量的增长速度也很快，社会问题多发、社会结构不稳定的问题大量出现；以建立社会主义市场经济体制为目标的改革，一方面打破了原有的利益格局，另一方面催生了大量的利益主体和利益群体，形成了多元化的利益格局，不同利益主体、利益群体之间的矛盾尤其是利益层面的矛盾成为常态，人民内部的物质利益矛盾出现了前所未有的复杂局面等现象说明我们面临的发展机遇前所未有，面对的挑战也前所未有。新的思想观念、思维方式与精神状态就在这些机遇和挑战中生成。

第二，人的观念现代化要立足于改革伟大实践的推动，这是实现思想观念变革的物质基础。观念的变革往往触及人们的灵魂，突破长期形成的根深蒂固的思维方式、思想观念。促进和推动人们思维方式和思想观念的深刻转变，是改革开放作为新的伟大革命的一个突出标志。改革开放始终以解放思想为先声，不断引导人们打破落后思维方式、思想观念的束缚；更重要的是，这一新的伟大革命从根本上改变着落后思维方式、思想观念赖以存在的社会条件。在我国，与几千年小农经济相联系的狭隘、保守的思维方式、思想观念，曾使我们的祖先一次又一次丧失了实现社会变革的大好时机。近代中国积贫积弱，直至沦为西方列强任意宰割的对象，与这种落后的思维方式、思想观念有着很大关系。新中国成立以后，这种落后的思维方式、思想观念又被或多或少、自觉或不自觉的沿袭下来，成为固守传统社会主义模式、搞闭关锁国的重要思想根源。改革开放的一个最大功绩，就是从变革旧的机制体制入手，以社会主义市场经济改造和取代自然半自然的小农经济，从而造成了落后思维方式、思想观念必须主动改变的社会现实。正是在改革开放的有力推动下，自觉转变思维方式与思想观念，树立起与时代发展潮流相适应的新思想、新观念，已经成为当代中国的一大人文景观。改革开放的历史进步性，见证了人们思维方式、思想观念转变的空前深刻性。30 多年来，党和国家推进改革的新方针、新政策、新思路、新举措能够不断确立并得到有力贯彻落实，广大人民群众能够以立足中国而又放眼世界、尊重传统而又开拓未来的精神面貌和姿态投身改革开放事业，是与整个民族思维方式、思想观念、精神状态的深刻转变密切相关的。[6]

第三，解放思想没有尽头。早在改革开放之初的 1980 年，邓小平就已经指出，“今后，在一切工作中要真正坚持实事求是，就必须继续解放思想。认为解放思想已经到头了，甚至过头了，显然是不对的。”[7]他的这一思想为之后历届中央所继承和发展，并为改革的伟大实践所证实。改革开放以来，在现代化的坐标体系下，中国面临的现代化形势与环境，既承受着从农业社会到工业社会、从传统社会到现代社会转型的“第一次现代化”的冲击，又经受着这一转型与现时代全球化、信息化、民主化浪潮相互叠加的“第二次现代化”的挑战。“人”是现代化中最为核心的要素，从某种程度上讲，把人放在什么样的位置，体现了一个国家现代化的质量。在推进社会主义现代化的过程中，中央做出了改革开放以来“人的思想观念多元多样多变”的论断，得出人的“思想观念深刻变化”的科学结论，而改革被认为是一场促进人的观念现代化的思想革命。十八大以来，中央提出了“实践发展永无止境，解放思想永无止境，改革开放永无止境”的战略判断[8]，在当代中国继续实现思想解放，进一步推进人的观念现代化，就要形成“多元中立主导、多样中求共识”的价值导向，以社会主义核心价值观为引领，在改革的伟大实践中勇于突破思想观念的障碍。

参考文献：

[1] 中共中央关于全面深化改革若干重大问题的决定辅导读本［M］. 北京：人民出版社，2013：7.
[2] 中共中央宣传部．习近平总书记系列重要讲话读本［M］. 北京：学习出版社，人民出版社，2016：50.
[3] 樊浩．中国大众意识形态［M］. 北京：中国社会科学出版社，2012：17.
[4] 张岱年，程宜山．中国文化与文化论争［M］. 北京：中国人民大学出版社，1996：180.
[5] 马克思恩格斯全集（第46卷下册）［M］. 北京：人民出版社，1980：291.
[6]本书编写组．胡锦涛在纪念党的十一届三中全会召开30周年大会上的讲话学习读本[M]. 北京：人民出版社，2008：163.
[7]邓小平文选(第2卷)[M]. 北京：人民出版社，1994：364.
[8]本书编写组．十八大报告学习辅导百问[M]. 北京：党建读物出版社，2012：8.

（作者单位：江汉大学）

此文是作者2014年国家社科基金西部研究项目（14XKS024），“当代大学生马克思主义观教育研究”项目的阶段性成果。

传统儒家精神气质与当代公民价值观涵养

涂爱荣

源远流长、博大精深的中华优秀传统文化，积淀着中华民族最深沉的精神追求，包含着中华民族最根本的精神基因，代表着中华民族独特的精神标识，是中华民族生生不息、发展壮大的精神滋养，是社会主义核心价值观的源泉。中华优秀传统文化就其内容而言，其主体是儒家文化。传统儒家的精神气质和道德精髓，能够而且应该成为涵养社会主义核心价值观尤其是公民价值观的源头活水。

一、道德情怀：传统儒家精神气质

儒家文化很大程度上是一种道德文化，成圣成贤的道德追求、杀身成仁的道德志向、为民立命的道德责任、见利思义的道德准则等道德情怀，构成儒家精神气质的重要特征。

1. “成圣成贤”：儒家道德追求

从道德追求上看，儒家崇尚君子型人格、希圣希贤、力求止于至善。儒家所崇尚的理想人格包括君子、贤人、圣人三个不同层次，反映了道德境界的差异。儒家经典《论语》对君子的品质做了大量篇幅的描述：“君子坦荡荡，小人长戚戚”、“君子喻于义，小人喻于利”、“君子怀德，小人怀土；君子怀刑，小人怀惠”、“君子周而不比，小人比而不周”、“君子泰而不骄，小人骄而不泰”等，通过将君子的品格与小人的品格进行对比，阐述君子的高尚道德境界。宋明儒学开山鼻祖周敦颐疾呼希圣希贤：“圣希天，贤希圣，士希贤”，周敦颐这一道德目标既具有超越性又具有现实的可操作性，既激励世俗之人跃出现实感性生活的限囿，达到那神圣与纯洁的精神境界，又为作为道德境界极致的、世俗之人可望而不可及的“圣”列出了一个效法的序列：“圣”者效法天地而行，“贤”者效法圣人而行，“士”者效法贤者而行。而且，周敦颐相当深刻地指出，人们若坚定地“希圣希贤”，即使最终不能成“圣”，亦可接近成“贤”；即使不能成“贤”，亦可近于善，最终到达“至善”境界。

儒家经典《大学》在其开篇中所确立的修身纲领就是：“大学之道，在明明德，在亲民，在止于至善”，而“至善”是儒家提出的修身的道德标准。儒家道德理想的人格就是那种能够“止于至善”的“圣人”，就是那些至善至诚、名昭日月、德配天地的最圣明的人。《大学》中进一步提出达到这种“至善”境界的道德修养路径：格物——致知——诚意——正心——修身——齐家——治国——平天下，这是一个由小及大、由近及远的道德目标。

2. “杀身成仁”：儒家道德志向

道德志向的确立有助于个体在追求道德理想的过程中，表现出一定的独立性、坚持性、自制力和意志力。在儒家道德思想体系中，特别重视道德志向的确立，认为人人都应当有明确的道德志向，即“志于道”、“志于仁”，儒家把弘扬仁、道作为人生的道德志向。孔子说，“志士仁人，无求生以害仁，有杀身以成仁”，儒家把“志”看做是人生的精神基石，认为道德志向是一个人的精神支柱和力量源泉，故孔子说，“三军可夺帅也，匹夫不可夺志也”，将“志”与“帅”对比，把“志”看成人的精神支柱，强调加强自我修养必须先确立道德志向。他认为人一旦确立了自己的目标，就当至死不渝地去奋斗，去追求。他甚至把对真理的追求以及人生理想的实现，看得比自己的生命还重要“朝闻道，夕死可矣”，孟子的“夫志，气之帅也”和荀子的“贫穷而志广”等观点，也都强调道德志向的重要性。对于如何坚守道德志向，孔子提出“刚毅木讷，近仁”，这种坚强毅力与意志是实现儒家最高道德“仁”所不可或缺的道德品性。孟子则主张在完善人格的道路上坚贞不屈、矢志不渝，“富贵不能淫，贫贱不能移，威武不能屈”。

在儒家看来，人容易被外在的各种诱惑和自身的欲望所左右而做不到坚持自己的志向。因此，要“志于道”、“志于仁”必须“三省吾身”、“见贤思齐焉，见不贤而内自省”、“君子慎其独”，增强道德自觉和自律，锤炼道德意志。

3. “为民立命”：儒家道德责任

儒家心忧天下、居安思危的忧患意识和“为天地立心、为生民立命、为往世继绝学、为万世开太平”的道德情怀，充满了道德责任意识。儒家忧患意识，基于对国家生存和人民生命的关怀，把国家和社会的利益放在首位，把个人命运同国家命运紧密联系起来，强调个人的社会责任感，以完成修身、齐家、治国、平天下的任务。儒家从“德之不修，学之不讲，闻义不能徙，不善不能改，是吾忧也”、“不患人之不己知，患不知人也”、“人无远虑，必有近忧”的对人生之忧提高到关乎人生成败、国家兴亡的忧国忧民的高度。“乐民之乐者，民亦乐其乐；忧民之忧者，民亦忧其忧。乐以天下，忧以天下”、“生于忧患，死于安乐”儒家思想中这些积极入世的品格，使儒家忧世悯民道德责任感得以升华。孔子说：“士不可以不弘毅，任重而道远。仁以为己任，不亦重乎；死而后已，不亦远乎。”其中满怀对国家、对民生命运的深厚关注之情，孟子则向往“居天下广居，立天下之正位，行天下之大道”的胸怀天下的境界。儒家的忧患精神是心系国家民族、忧国忧民博大道德情怀的写照。

儒家以修身、齐家、治国、平天下为己任，主张“穷则独善其身，达则兼济天下”，培养了一种深沉博大的忧患意识，反映了那种任重道远、以天下为己任，于国事民生不敢须臾忘怀的道德责任。

4. “见利思义”：儒家道德准则

儒家道德准则主要体现在义利观上。在处理义与利的关系问题时，孔子提出：“富与贵，是人之所欲也，不以其道得之，不处也；贫与贱，是人之所恶也，不以其道得之，不去也”，强调“不义而富且贵于我如浮云”、“君子喻于义，小人喻于利”，孔子所提倡的就是一种“见利思义”、“义然后取”、“义以为上”的义利观。当义与利发生冲突时，孟子明确表态说，“生亦我所欲也，义亦我所欲也，二者不可得兼，舍生而取义者也”，孟子提倡的这种“舍生取义”的精神，激励着一代代的志士仁人。在孟子看来，不应以利益为价值标准，而应以仁义为道德准则，他强调指出：“为人臣者怀仁义以事其君，为人子者怀仁义以事其父，为人弟者怀仁义以事其兄，是君臣、父子、兄弟去利，怀仁义以相接也，然而不王者，未之有也。”荀子肯定人有好利之心，他指出：“义与利者，人之所两欲也。虽尧、舜不能去民之欲利，然而能使其欲利不克其好义也。”他指出“义之所在，不倾于权，不顾其利，举国而与之，不为改视。重死，持义而不桡”，可见，孟子、荀子所强调的也是一种“义以为上”的精神，这与孔子的义利观是基本一致的。

儒家所强调的“重义轻利”的处世原则，就是要求人们在现实生活中超脱功利，追求道德仁义。儒家的义利观为人们明辨是非、善恶提供了明确的道德准则，提醒人们行为要知耻而有所约束，闻过则改，见贤思齐。

二、儒家道德精髓：当代公民价值观的源头活水

儒家道德文化内容极其丰富，这些思想的精华是我们民族精神中最宝贵、最优秀的东西，今天仍然具有时代价值，是涵养公民价值观的重要源泉。

1. “天下为公”的整体意识：“爱国”之源

儒家道德文化强调个体与群体、个体与社会之间的统一性，主张个体生命的存在与发展，必须同群体、同整个社会的存在与发展统一起来，这种整体主义意识，本质上是先公后私、天下为公的精神。《礼记·礼运》说：“大道之行也，天下为公”，把“天下为公”看做是“大道之行”的重要表现，看做是“大同”社会的重要特征；《诗经》中提出“夙夜在公”的道德要求，《尚书》中也有“以公灭私，民其允怀”的思想，西汉贾谊的《治国策》中也主张“国而忘家，公而忘私”，认为为官之人应该做到以公心战胜私欲。这些观点和主张，都显示了以民族、国家利益为重的思想。

我们今天倡导的爱国，很大程度上也强调以天下为公、以整体利益、国家利益为重的思想，可见，我们今天所倡导的“爱国”的价值观念不可能是无源之水，无本之木，而是渊源于中国传统文化尤其是儒家文化“天下为公”的整体意识，是植根于中国传统爱国思想之中，是中国传统文化尤其是儒家文化中“天下为公”思想之“流”。

2. “执事以敬”的职业操守：“敬业”之本

“业”一般指职业、事业，是人们的衣食之源、立身之本，也是个人实现人生价值的平台。儒家强调“执事以敬”的职业操守，《礼记·学记》中也讲“敬业乐群”，无论“敬事”还是“敬业”均指聚精会神、全心全意地做好自己的工作。儒家“执事以敬”的职业操守包括两个方面：

一是“主一之谓敬”，即办事认真，聚精会神，专心致志，兢兢业业。这一点更多强调的是对待事业的态度。《论语·子路》中“居处恭，执事敬”，《论语·季氏》中“君子有九思，……事思敬”，都是强调对事要敬。孔子赞子产“共行己也恭，其事上也敬”，宋明儒学家程颢说：“所谓敬者，主一之谓敬。所谓一者，无适之谓一。且欲涵泳主一之义，一则无二三矣。言敬，无如圣人之言。《易》所谓敬以直内，义以方外，须是直内，乃是主一之义，至于不敢欺，不敢慢，尚不愧于屋漏，皆是敬之事也”，就是说，“敬”就是“主一”，“主一”就是目标专一，一心一意，心无旁骛。朱熹也强调“敬”即是做事时专一集中，心部胡思乱想，他说，“主一即做这一事，且做这一事”，不要随随便便放弃。

二是“居敬穷理”，即探求事物规律，把握事物本质，成为行家里手。这一点更强调的是做好事业的方法。《易经·坤卦》：“君子敬以直内，义以方外，敬义立而德不孤。”就是说，只有通过“持敬”、“主敬”，才能保持内心世界的正直，只有在行“义”上下工夫，才能在处理自身与外在事物关系时，做到大方而合乎人伦物理。二程对“敬”字大加发挥，认为，“君子之遇事，无巨细，一于敬而已矣”，强调对待大事小情，只有以“敬”的态度，才能做好。又说，“入道莫如敬，未有能致知而不用敬者”，把“敬”

看作为学、修业的重要方法和途径。

“执事以敬”的职业操守是儒家伦理道德的理性积淀，它所包含的办事认真，聚精会神，一丝不苟，兢兢业业的办事态度和精神，也是当代公民职业道德培育的重要理论借鉴，是当代公民敬业精神培育的根本。

3. “推诚则信”的个体品格：“诚信”之基

诚与信是一个完整的统一体，不诚则不可信，信必见其诚，所以汉代王通说：“推之以诚，则不言而信。”宋明理学家程颢也说“诚则信矣，信则诚矣”。这些都表达了中国传统文化倡导诚信的思想。

诚，言为心声，对内诚于己，真实无欺。中国传统儒家文化中关于“诚”的思想极为丰富，孟子：“诚者，天之道也，思诚者人之道也。”荀子：“君子养心莫善于诚，致诚则无他事矣。”《中庸》中提出“君子诚之为贵”，儒家经典《大学》中更是把“诚”作为修身的起点，“意诚而后心正”，宋周敦颐则把“诚”提到“五常之本，百行之源”的至高地位。故程颢说：“修学不以诚，则学杂；为事不以诚，则事败；自谋不以诚，则是欺自心而自弃其忠；与人不以诚，则是丧其德而增人之怨。”

孔子说：“人无不信，不知其可也，大车无輗，小车无軏，其何以行之哉！”这表明，“信”是做人的基本品格。在《论语》中，孔子多次提出要把诚信作为主要的品德来培养，多次强调“主忠信”。他说，“主忠信，徙义，崇德也”，倡导“主忠信，行笃敬，虽蛮貊之邦，行矣”。他还说，“主忠信，毋友不如己者，过则勿惮改”，孔子在教育学生的时候，非常注意学生诚信品德的培养，“子以四教：文、行、忠、信”，强调“与朋友交，言而有信”、“信近于义，言可复也”。

传统儒家的诚信思想在当代公民诚信道德观和价值观的培育中，仍然具有不可忽视的现实价值，诚信思想作为一种不带时代烙印的价值观，具有超历史性、可继承性，可以为当代公民诚信道德观和价值观的培育奠定坚实的理论基础和实践基础。

4. “仁者爱人”的交往原则：“友善”之魂

《论语》中孔子呼吁“己欲立而立人，己欲达而达人”、“己所不欲，勿施于人”，主张“谨而信，泛爱众，而亲仁”，强调在人际交往中，要学会换位思考，设身处地为他人着想。孟子认为个体的仁爱表现是体现在良心之中的，他认为人天生就具有四种善心：恻隐之心、羞恶之心、辞让之心、是非之心，四种善心演变为仁、义、礼、智四种善德，“恻隐之心，仁之端也”，孟子所讲的“恻隐之心”、“不忍人之心”、“仁”都是指对他人的同情心，同情心就是良心、爱心，并且将这种爱心推己及人，做到“老吾老以及人之老，幼吾幼以及人之幼”。荀子也强调“仁者自爱”，这些都是儒家泛爱大众的思想表现。对于如何实施仁爱之心，北宋理学家张载说：“爱己之心爱人则尽仁。”张载所讲的也是一种推己及人的爱。宋代又一著名理学家朱熹也认为，“仁只是个爱的道理。理是根，爱是苗。仁之爱，如糖之甜，醋之酸，爱是那滋味”，表明人心有爱，其中必有理，此理便是心之仁。关于仁和爱，朱熹指出，“仁是体，爱是用”、“爱是仁之情，仁是爱之性”，认为仁爱强调的是爱之理，心之德，“仁则为慈爱之类”。

儒家强调的“仁者爱人”，其思想灵魂是人与人之间友爱、互助的价值追求，是以社会体系为关节点维护人际关系的一种友爱精神，其本质就是当代社会所主张的人文关怀，人性关怀。每一个人都希望别人、社会、群体能像自己的亲朋好友一样关爱自己，儒家“仁爱”思想反映了人内心的这种需求，是人性需要的彰显。

三、超越创新：传统儒家精神创造性转换和创新性发展

中国传统儒家文化积淀了千百年来中华民族在社会生活实践中的特有智慧与历史经验，其中包含不少富有哲理性、真理性的精华，但是受历史的、阶级的影响又不能不打上阶级的烙印，必然带有时代的局限性，必然是精华与糟粕杂处，在借鉴传统儒家精神气质培育和涵养当代公民价值观时必须坚持继承与创新相结合的原则，进行创造性转换和创新性发展，实现传统文化的超越与创新。

对于中国传统儒家文化，要具体问题具体分析。对中国传统儒

家文化进行剖析，可以发现存在着三种情形：其中一部分内容超越了历史局限，不论是在当时还是在今天，都属于思想精华，如大公无私思想、自强不息精神、诚实守信意识、重义轻利思想、贵和尚中精神等，这一部分可以合理吸收，直接或间接用来为培育和涵养公民价值观服务；还有一部分内容由于受当时社会经济条件的限制和封建旧制度的制约而形成的不利于公民价值观形成的思想，诸如愚孝愚忠思想、忠君即爱国思想等，都是儒家文化中的糟粕，要坚决予以摒弃；另外还有一部分内容是精华与糟粕交织，对此，我们必须进行辩证的分析和科学的扬弃，对其中的积极的、合理的因素实现创造性的转换，发挥其现实价值，如传统儒家文化中的“仁爱”思想，必须剔除其中森严的等级观念，对其注入人与人之间平等的思想，实现现代转换，充分发掘其中关爱他人的积极因素，把它吸纳到当代公民价值观的涵养中来，做到古为今用。

习近平总书记2014年2月在中央政治局集体学习的讲话中提出：“要使中华优秀传统文化成为涵养社会主义核心价值观的重要源泉，要处理好继承和创造性发展的关系。”中国传统儒家文化的道德精髓能够成为现代公民价值观的深厚基础，一方面要继承儒家道德精神，必须将现代公民价值观培育深深扎根于中国传统儒家文化的丰厚土壤中，使之成长为根深叶茂的参天大树；另一方面，还必须结合时代特征，必须具有开阔的视野、宽广的胸怀，放眼世界，展望未来，对传统儒家道德文化进行创新性发展。

（作者单位：湖北经济学院）

论先秦儒家礼乐文化的德育意蕴

韩云忠

先秦儒家礼乐文化主要是指以孔子、孟子、荀子等人为了社会各阶层的和谐共处而在政治层面、社会层面和人生层面所阐发的关于礼乐的价值取向、伦理观念、道德规范、理想人格、行为准则等思想，其中蕴含丰富的德育精华，对于当前我国的德育建设具有重要的借鉴价值。

一、奠定了中国人修身为本的修养理念

先秦儒家的伦理思想的价值取向以社会为本位，所做一切的目的是为了社会的和谐与有序，努力实现“天下有道”的社会理想。为了实现社会的和谐，以孔子为代表的儒家并没有把重点仅囿于社会，而是把目光投向了个人，认为个人通过修养以提高自身素质，是实现社会和谐有序的基础和前提，并强调个人的修养离不开礼乐，以礼修身，以乐养心，礼外乐内，相互为用。

孔子德育思想的核心目标即是培养“君子”，养成“君子人格和品质”（圣人是理想目标）。孔子认为，君子人格和品质的养成，离不开修身，修身的目的不仅是为了提升自身的素质和修养，还要为了他人的安乐，为了大家的安乐。据《论语·宪问》记载，孔子在回答子路何为君子时，明确提出了“修己以敬”、“修己以安人”、“修己以安百姓”的观点。

孟子继承了孔子的修身为本的思想，又进一步论证修身为本的必要性。孟子曰：“人有恒言，皆曰天下国家。天下之本在国，国之本在家，家之本在身。”（《孟子·离娄上》）而个人是以修身为

本，故孟子又提出“君子之守，修其身而天下平”（《孟子·尽心下》）的观点。孟子认为，君子的操守，从修养自身开始，然后才使天下太平。为了论证每个人修身的可能性，孟子提出“仁义礼智”是人所固有的“四善端”，只要努力修身养性，求取、保持善良之心，“人人皆可为尧舜”。

《礼记·大学》则是把先秦儒家有关修身的功用与方法之零散说法给予高度概括，并深化了修身思想。《礼记·大学》云：“自天子以至于庶人，一是皆以修身为本。其本乱而末治者否矣。其所厚者薄，而其所薄者厚，未之有也。”《大学》的条目虽有八件，其实上自天子，下至庶人，尽天下的人，一切都要把修身做个根本。也即格物致知，诚意正心，都是修身的功夫。齐家、治国、平天下，都是从修身上推去。所以，人之尊卑，虽有不同，都该以修身为本也。修身为本的“本”强调每个个体——全体民众乃至最高统治者都应该去修身，不分上下，这是超越上下关系的人伦大本。社会上层要用道德和自身的行为去感化，而不能用自己的权力和地位去以上凌下，只有这样，整个民族修养才能得到提升，全民才会有教养，这个社会才会是一个文明知礼的社会。因此，修身是为人之本，只有修养好自己的道德，才可能于家、于国、于天下有所贡献，这是中华民族几千年来的一个基本信条。

先秦儒家修身思想为后人继承发扬，修身之举蔚然成风。正人必先正己，己身不正，无以正人，这一思想深入人心。同时，从个人的修养来说，修身不仅为了自己，也是为了家、国、天下；不仅是个人的私事，而且也是个人所承担的责任和义务。个人的道德修养和齐家、治国、平天下，内圣和外王，这两个方面统一而不可分。这也就是说，一切都要从自己的修身做起。以天下为己任，为国为民，都要从自己的修身做起。顾炎武提出“天下兴亡，匹夫有责”的思想，首先是立足于自身修养，正是体现了为己与为国、为民统一的传统精神。

二、养成了中国人谦恭礼让的性格特征

谦恭礼让是礼乐文化的基本要求和体现。谦恭礼让思想中国古

已有之，早在中国最古老的典籍《易经》、《尚书》中，就谈到谦恭的问题。《易经》六十四卦中有谦卦，把谦虚分为三类：有名声而不自满，谓“鸣谦”；有功劳而不骄傲，谓“劳谦”；施恩惠于人而不自居，谓“撝谦”。《尚书》亦言：“满招损，谦受益。”明确昭示了谦虚这一道德修养的价值，表明中华民族的先人对社会、人生的深刻认识，而且把谦虚作为正确处理人与人关系的重要道德要求加以倡导。《周易》发挥了这一思想，提出了“人道恶盈而好谦”的思想，揭示人的本性是憎恶盈满，爱好谦虚。《易经·系辞下》亦云：“履，德之基也；谦，德之柄也。”这里强调，谦虚是道德的根本。先秦儒家继承了这些思想，又给予创造性发挥。据《论语》记载，子贡赞誉孔子具有“温良恭俭让”五种德操，其中“恭”和“让”就是指谦恭礼让。孔子也非常重视礼让，他在“礼”中注了“仁”的内容，使礼下之于庶人，要求全社会的成员在处理相互关系时都实行先人后己的礼让原则。

先秦儒家认为，谦恭礼让是巩固和发展合理人际关系的文明交际方式，能使人际关系和谐、社会有序。谦恭礼让之所以是文明的交际方式，是因为儒家主张的“礼乐”有节和文的双重作用。一方面是节制，因为人们之间的欲望、爱好、利益往往有矛盾，这就需要有适当的节制，并用礼乐规范来作为权衡的标准，用意志力量来对自己的情感、欲望有所节制，以便使自己的行为真正起到巩固良好人际关系的作用。另一方面是文，即文饰、美化。荀子认为，礼是“称情而立文，因以饰群”。（《荀子·礼论》）礼和人的情相称，有文饰、美化的作用。人们在交往时，讲礼节、礼貌，讲仪式，对群体、个人的行为都有美化作用，或者可以说使伦理关系取得了艺术形式。[1]谦恭礼让作为文明的交往方式，能够带来人际关系的和谐有序，因而是人们生活中不可或缺的。孔子曰：“君子敬而无失，与人恭而有礼，四海之内皆兄弟也。”（《论语·颜渊》）荀子曰：“人无礼则不生，事无礼则不成，国家无礼则不宁。”（《荀子·修身》）《礼记·曲礼上》亦强调：“人有礼则安，无礼则危。”可见，谦恭礼让是人与人之间架起的一座通往友好的必不可少的桥梁。在社会生活中，遵循礼让的原则，能够增进群体的团结、友爱、互助、和睦，有利于保持社会的稳定和发展。

此后，谦恭礼让思想得以继承发扬，从而成为中华民族的一种传统美德。唐代刘禹锡主张："以清俭自律，以恩信待人，以夷坦去群疑，以礼让汰惨急。"总之，在中国历史上，谦恭礼让不仅作为人们为人处世的标准，而且不断内化为人们的心理情感，构成了整个民族普遍稳固的性格特征。这一传统美德不仅使我们民族富于彬彬有礼的优雅气质、风度和性格，而且使得人际关系具有浓郁的人情味，使得人与人之间的关系亲切融洽、协调一致。这就是中国传统人伦之美的要义所在。从古至今，我们中华民族的谦恭礼让美德一直相沿不衰。许许多多类似孔融让梨的佳话，邻里之间相互谦让、和睦相处的佳话以及在公共场合、社会交往中人们普遍恪守的礼貌相处、对人尊重及相互谦让的优良品德，使中华民族具有优良的精神文明和美好的内在品格。

三、奠定了中国人重视礼乐教化的优良传统

先秦儒家崇尚教化，认为教化是使伦理思想观念形态向社会实践形态转化的基本途径。儒家教化具体表现形式为礼乐教化，实质是一种道德教化。

《周礼》的主旨是用各种礼仪形式来规范民众的行为，使其符合"礼"的要求。《周礼·春官·大宗伯》记载，大宗伯的主要职责是掌管"五礼"之事，即吉礼、凶礼、宾礼、军礼、嘉礼等五礼。通过这"五礼"实现对古代民众的教化、国家的治理。按照《周礼》的记载，西周地官大司徒"施十有二教"，用祭祀之礼教民尊敬；用乡射礼、乡饮酒礼之类的阳礼教民谦让；用婚礼那样的阴礼教民相亲；用乐教民和睦；用礼仪来辨别上下尊卑等级；用习俗教民安居；用刑法教民遵守礼法；用誓戒教民敬慎；用制度教民节制；用技艺之事教民技能。这些规定显示了礼乐在教化民众、治国安民方面的重要作用。西周学制分"乡学"与"国学"，予以实施道德教化。"乡学"中的教化内容，主要是"六德"（知、仁、圣、义、忠、和）、"六行"（孝、友、睦、姻、任、恤）和"六艺"（礼、乐、射、御、书、数）。"国学"的教化内容，主要见于

《周礼·地官·师氏》，即："以三德教国子：一曰至德，以为道本；二曰敏德，以为行本；三曰孝德，以知逆恶。教三行：一曰孝行，以亲父母；二曰友行，以尊贤良；三曰顺行，以事师长。""三德"、"三行"教育目的是为了"节民性"、"兴民德"，提高国子的道德素质和修养。乐教主要包括"乐德"、"乐语"、"乐舞"的教育。《周礼·春官·宗伯》记述了乐教的内容："以乐德教国子：中、和、祗、庸、孝、友；以乐语教国子：兴、道、讽、诵、言、语；以乐舞教国子，舞《云门》、《大卷》、《大成》、《大韶》、《大夏》、《大濩》、《大武》；以六律、六同、五声、八音、六舞，大合乐以致鬼神示，以和邦国，以谐万民，以安宾客，以说远人，以作动物。"乐教的目的是使各国亲睦，民众和谐，宾客安定，远人悦服。因此，中国古代的礼乐教化实质是以道德伦理为主要内容的行为规范教育。[2]

孔子对礼乐教化的历史经验进行反思，把夏商周三代之礼乐发展的历史联系起来，把礼乐教化从贵族的狭小范围推广到平民社会，使礼乐教化成为提高普遍人性和个体道德品质重要手段。孔子以"六艺"为教，特别重视以礼乐教化民众。孔子云："夫民教之以德，齐之以礼，则民有格心；教之以政，齐之以刑，则民有遁心。"孔子不仅坐而论道，而且身体力行，他"以诗书礼乐教，弟子盖三千焉，身通六艺者七十有二人"（《史记·孔子世家》），其弟子又代代相传，为中国的人文化成、道德教化作出了巨大贡献，也使得以儒家文化为主体的中国传统文化成为富有人文精神的民族文化。

孟子亦非常重视教化，明确提出"故沛然德教溢于四海"（《孟子·离娄上》），强调要"教人以善"（《孟子·滕文公上》），"善"的主要内容即是"孝悌"。孟子继承了孔子"富而教之"（《论语·子路》）的思想，明确提出在使百姓衣食丰足后，要设立学校进行教化，申明孝悌之理。"申之以孝悌之义"也就足"教以人伦"，要使"父子有亲，君臣有义，夫妇有别，长幼有序，朋友有信"（《孟子·离娄上》）。孟子也注意到乐所具有的审美教育作用，认为音乐是人的真情实感的必然表现，因而能产生感动人心的作用，甚至能改变社会风俗。同时，孟子主张，体现“仁义”之内涵的“仁声”（雅乐）会有更为强大的教化作用。“仁声”之教谓之“善教”，它以真情打动人、感动人，故而能使人相亲相爱，团结协作。

先秦儒家重视礼乐教化的传统为后人传承。汉刘向借曾子之口，阐明了礼的教化作用：“君子修礼以立志，则贪欲之心不来；君子思礼以修身，则怠惰慢易之节不至；君子修礼以仁义，则忿争暴乱之辞远。”（《说苑·修文》）他也谈到了乐教的作用：“乐之动于内，使人易道而好良；乐之动于外，使人温恭而文雅”，认为乐能使人摆脱粗野，变得温良、文明、文雅；在诗书礼乐的教化下，人很少有不为善的。

清朝经学家凌廷堪在谈到礼教化作用时，给予总结性评价。他认为，人天性善良，但容易受到环境影响，导致良知埋没，善性消退。为此，必须借助长期的学习，恢复善性。但是，学习不仅仅是增加知识，更重要的是德行的修养，这就需要学习礼。自古及今，所谓圣人之教，都是以礼为主线的。父子、君臣、兄弟、夫妇、朋友这五种关系至为重要，不可或缺，只有礼才能加以协调，使人人各得其份，各安其位。圣人深明其中道理，所以制作了士冠、聘觐、士昏、乡饮酒、士相见之礼，目的就是协调人伦关系。对于礼的学习不分血统贵贱，地位高低，少小拜师进学，勤于讲求，自然学有所成，心有所安，神志清明。这是儒家的修身途径，也是传统中国礼乐文明的教化之功。[3]总之，礼乐可以将生物学意义上的人提升、修养为文明、文雅、有道德的人；没有礼乐之教化，人只能停留在动物或野蛮人的层次，正如钱穆先生所言：“不有礼乐之文，犹今言无文化修养者。”[4]正是基于这样的认识和实践，儒家的礼乐教化传统被推崇备至并广泛流传，对中国人的道德修养和教化产生了深远影响。

四、培养了中国人重视道德追求的自觉意识

先秦儒家所推崇的礼乐教化实质是一种道德教化。重视道德教育和道德修养是儒家的优良传统。但是，先秦儒家在实施礼乐教化

过程中，不只是传授礼仪规范和道德原则，而是注重培养教育对象作为道德主体的理性自觉，激发出其自觉向善的内在动力。学者韩钟文认为孔子、孟子一生的道德行为，足以证明他们是把理性自觉视为道德教育的核心观念的。在思考和处理心与身、人与社会、感性与理性、人类与自然的问题方面，先秦儒家为后世的道德教育树立了典范。[5]

先秦儒家重视培养人的道德理性自觉意识，是为了解决当时现实的社会问题与人生问题。孔子面对春秋时子弑父、臣弑君等种种僭礼、失礼、违礼现象，痛心疾首，愤怒异常，“是可忍，孰不可忍”，因此，他曾试图恢复宗周社会的礼乐文明，重建有序的社会秩序。但是，面对当时的社会现实，孔子意识到宗周礼乐制度的恢复难以实现。因此，他“引仁入礼”，继承了宗周礼乐制度中维持社会和谐的积极因素，注入“仁”的精神内核，使压抑限制人、僵化机械的礼乐制度变为能够启发理性、熏陶心灵、引导行为的礼乐文化。孔子强调仁是人之为人的根本，礼是实现仁的要求和行为规范。孔子认为，要成为真正的人（仁爱之人，即君子、贤人)，具备仁德，不需要依赖外在的监督或压力，只需要依靠内在的理性自觉便可达成。君子理性自觉表现于外在行为是，不合礼义规矩的事不看、不听、不说、不做。由此可见，孔子主张通过启发培养人的主体道德理性意识，使人把外在的礼仪规范化为内在体认的理性自觉意识和信念，即把外在的礼仪规范化为内在的价值需要，从而成为君子或贤人。孔子认为，社会上君子、贤人越多，实现“贤人政治”即德政的可能性就越大，“天下有道”社会秩序的恢复才会成为现实。

从人性本善出发，孟子强调礼乃人心固有的，人当是自觉行礼的主体。《孟子·尽心上》云：“仁义礼智根于心”，《孟子·公孙丑上》又云：“恻隐之心，仁之端也；羞恶之心，义之端也；辞让之心，礼之端也；是非之心，智之端也。人之有是四端也，犹其有四体也。”他肯定礼是恭敬之心、辞让之心，把仁义礼智视为人天生有之的“善端”，使人把外在的道德规范内化为人的价值需要，从而确立了人自觉向善的主体意识和理性自觉。

总之，先秦儒家把德性或“行为的善”视为礼乐教化的最终目标，重点则落于道德主体性与理性自觉意识的培养上。孔子、孟子等人关注的是生命与德性，从培育德性的目标出发，以自己的生命本身为对象，由道德的实践，以达政治理想的实践，实现所谓“内圣外王之道”的建构。这种“内圣外王”的思想深深植根于中国传统文化的土壤之中，从春秋战国时代开始就影响着德育的发展方向与民族心理的构成。从孔子、孟子到蔡元培、梁漱溟、熊十力，他们都在自己的德育实践中贯彻这一思想。通过这些人的不断努力，培养了中国人重视道德追求的自觉意识，并使这一优良传统流传至今。

参考文献：

[1] 帅宝强，王士文主编．中国历代道德思想今鉴［M］．南昌：江西高校出版社，1997：100.

[2] 张自慧．礼文化与致和之道［M］．上海：上海人民出版社，2012：128.

[3] 凌廷堪．校礼堂文集［M］．北京：中华书局，1998：27.

[4] 转引自董子竹．论语真智慧［M］．长沙：长沙文艺出版社，2012：323.

[5] 韩钟文．先秦儒家教育哲学思想研究［M］．济南：齐鲁书社，2003：131.

（作者单位：山东师范大学）

管子朴素唯物辩证法思想探析

李　霞

管子（前723—前645年），名夷吾，字仲。管子是我国古代百科全书式的人物，他不愧为杰出的政治家、思想家、军事家和经济学家。管仲早年经商，后由鲍叔牙推荐，被齐桓公任为卿，历经四十年改革，富国强兵，使齐国成为春秋时期的第一个霸主。这里，我主要就管子的朴素的唯物辩证法思想进行探讨。

一、高瞻远瞩，重视教育，特别重视德育的重要性

早在春秋时期，我国教育理论就已经开始萌芽，并且初具雏形，其重要代表人物就是管仲。作为政治家的管仲十分重视教育，并且特别重视德育，他以伦理道德教育作为治国的根本纲领。管子将礼、义、廉、耻看作是国之“四维”，明确指明：“国有四维，一维绝则倾，二维绝则危，三维绝则覆，四维绝则灭。倾可正也，危可安也，覆可起也，灭不可复错也。”管仲以“四维”为思想政治教育的核心，强调“四维不张，国乃灭亡”。他提出，“一年之计，莫如树谷；十年之计，莫如树木；终身之计，莫如树人”，因为树人是“一树百获”。管仲以政治家的敏锐视角，阐明了“树人”关系到子孙后代的健康成长和国家的前途命运。

二、指明了经济基础在道德形成中的重要作用

管仲意识到经济基础在道德形成中的重要作用，其思想不仅在当时，而且对后世也产生了重大的影响。如管子在《牧民》篇中明确提出了“仓廪实则知礼节，衣食足则知荣辱”的命题；之后

韩非提出“让生于有余，争生于不足”；到西汉时期司马迁认为“礼生于有而废于无”。东汉王充也指出：“礼义之行，在谷足也。”在他们看来，物质充足，生活资料丰富，就为老百姓“知礼节”、“明荣辱”等道德认知准备了基本条件。这些思想揭示了思想道德观念对物质生产的依赖关系，精神文明对于物质文明的依赖关系，试图从社会物质生活条件中去寻找社会道德文明的最终源泉，这种朴素唯物主义的见解无疑是难能可贵的，在一定程度上猜测到了社会存在决定社会意识这一唯物史观的基本原理。

三、旗帜鲜明地主张将解决道德问题与解决经济社会问题结合起来

以管仲为代表的思想政治教育理论认为，物质生活条件决定人们的思想道德观念。因此，思想政治教育不应该就仁义谈仁义，就道德谈道德，而应当将解决仁义道德问题与解决经济社会问题结合起来。为此，他们不惜矫枉过正地提出重利轻义的主张，并且从人性的深层次肯定了趋利避害是人的本性。《管子·禁藏》有言：“故利之所在，负千仞之山，无所不上；深渊之下，无所不入焉。”管仲认为，仅仅依靠仁义是不能安邦治国的，唯有讲求功利才能实现国富民强。此后，管仲的后继者商鞅将仁义称为“六虱”之一，而韩非则将仁义列为“五蠹”之列，他们都旗帜鲜明地主张贵利贱义。韩非指出：“喜利畏罪，人莫不然。”他认为，好利恶害是人的本性，人性好利使得追逐利益成为人一切行动的驱动力，这也是正当的和正常的。

道德的核心问题是义与利的关系问题，即正确处理个人利益与集体利益的关系问题。利益问题，历来是人类行为的动机和归宿。马克思主义认为，人们奋斗所争取的一切，都与他们的利益有关。对利益的追求是人类社会发展的永恒动力。马克思指出：“‘思想’一旦离开‘利益’，就一定会使自己出丑。”道德规范和道德原则，总是从一定的经济利益关系中引申出来的。因此，正确理解利益是思想政治教育的基础。

总之，义与利之间并非是非此即彼的对立关系，义与利之间也

并不存在一条笔直的“楚河汉界”。相反，义与利之间是不可分割的辩证统一关系。其中，义是利的精神体现，利是义的物质基础。若重利轻义，则义利两失；若重义不轻利，则义利两得。义与利通过每个完整的人，在每个具体的事件和具体的过程中融会贯通。如果离开利来谈义，那就违背了唯物论；如果离开了义来谈利，那就违背了辩证法。当代思想政治教育的根本目的，就是唤起人们对自身根本利益和长远利益的认识并努力为之去奋斗，从而真正实现义与利的有机统一。

（作者单位：江汉大学文理学院）

二程德育思想对高校德育工作的启示

李慈慈

程颢、程颐（以下简称二程）是我国历史上颇有影响的思想家和教育家。他们在当时的社会背景和人生体验中，体贴出“天理”二字，以此为思想的逻辑起点，营造出“存天理，灭人欲”为核心的理学体系，其教育的根本是德育。二程教育理念强调明理修德，重视道德素质的重要性。在他们卓有成效的德育理论中蕴涵着道德信念、道德情感和道德行为三个阶段，即从知、情、意三个方面进行教育，这是符合道德品质培养的辩证规律的，值得我们学习借鉴。

一、二程的德育思想

二程的德育思想十分丰富，对现代人们德育教育仍具有启发作用。其德育思想具体包括：

1. 学为“人”

二程主张德育的宗旨在于学为“圣人”。他们提出“君子之学，必先圣人而后已。不至圣人而自已者，皆自弃也”。[3]简言之，二程所描述的“圣人”，就是一个具有伟大的政治抱负，关心国家民族忧患，具有完美的道德品质的理想人物。他们认为，孔子就是“圣人”的最高体现，其次是颜渊和孟子。二程把“孔颜乐处”视为人生修养的最高境界，强调精神上的极大丰富，忽视物质享受。

2. 明明德，亲民，止于至善

在德育内容上，二程主张学习儒家的经典著作，他们认为“经所以载道也”。二程推崇《大学》，把《大学》中“明明德，亲民，止于至善”作为学者进德修业的必修科目。二程生活的年代虽然距今有一千多年，但是他们的“明明德，亲民，止于至善”的伦理思想始终都不会过时。

3. 因人施教

在长期的教育实践中，二程发现：“西北东南，人才不同，气之厚薄异也。”因此，他们注意了解众多学生的不同性格特点、才能和兴趣，并施以不同的教育。他们说：“或因人材性，或观人之所问意思而言及所到地位。”这种“因人材性”和根据学生的实际情况出发，根据不同专业、学生特点、未来就业方向等，进行有的放矢的教育方式，从德育方法这个角度来看，是值得我们批判地吸取的。

4. 养正于蒙，禁于未发。

二程认为，道德教育要从幼童时期抓起，因此他们提出“禁于未发”的原则，即把不良的习惯消灭在未发生之前。具体来说，童蒙教育的主要思想是：在童蒙时期必须对幼童施行先入为主的道德思想教育，在有了较牢固的德育基础之后，对出现的不良道德行为的影响或恶劣环境的干扰，才会有抗御的能力。

二、高校德育中的学生道德失范现状

目前，我国青少年道德现状的主流是积极、健康向上的，但与我国社会主义建设和现代社会的发展要求相比，一些青少年的道德失范行为应引起我们的注意，具体表现在以下两个方面：

第一，传统道德意识薄弱。传统道德意识主要包括：孝敬父母、诚实守信、勤俭节约。这些品德规范虽然形成于传统社会，其中的一些内容已经随着时代的变迁发生变化。但其具有的规范性的指导意义是提高青少年道德水准和社会精神文明建设的最基本也是最重要的要求。而一些青少年认为传统的品德观念已经过时。由于社会宣传导向上的误导和不孝敬老人现象的频繁出现，这种不良的社会风气给青少年造成思想观念上的错误引导，导致部分青少年家庭观念淡化、不孝顺父母不尊敬长辈。

诚实守信是做人的基本要求，青少年中出现的不诚实行为应引起重视。陈会昌教授在《孩子为什么说谎话》一文中，讲过这样一个事例：北京有个大学生在美国攻读博士学位，有一次在实验室里用公用电话打了40分钟的长途，导师问他有无此事，他一开始还不承认，后来才被迫承认错误。结果，导师立即开除了他。导师是这样解释开除该学生的原因：像这样不诚实的学生，不能保证他在写博士论文的时候不用假的数据。这个例子说明了诚实守信对于一个人的重要性，另外一方面也反映了不诚实守信是青少年中较为容易出现的现象。让青少年学会诚实，因为不诚实的行为既会对青少年自身产生长远不良影响，也将成为社会不诚信的隐性因素。关于勤俭节约的传统思想品德，主要受西方社会拜金主义思想的侵蚀和我国经济发展的影响，许多青少年认为没有必要再勤俭节约，他们普遍以自我为中心，贪图享受，喜欢攀比，缺乏适度消费观念，把勤俭节约视为“小家子气、抠门”，这点也不得不视为传统品德意识的薄弱，应该引起关注。

第二，缺乏道德调控能力，产生不良行为。道德调控能力是公民将社会普遍的道德规范内化为自身的道德修养的能力，是一种道德上的自律。由于受当前重智育轻德育的教育理念的影响，德育严重缺失，一些青少年道德调控的自觉性和控制能力比较差。当青少年在遭遇社交、学习、就业、恋爱等挫折时，不能正确地面对失败和理智地调节、控制自己的情绪，从而产生不良行为，甚至升级为令人发指的暴力事件。

不良行为是指青少年违反社会公共生活准则和有关行为规范，或者不能良好地适应社会生活，从而给社会、他人和本人造成不良影响或者危害的行为。青少年的不良行为主要表现为厌学逃学、青少年性越轨、青少年团伙越轨、沉迷网络等。更为严重的甚至出现纠集他人结伙滋事、偷窃、吸食毒品等犯罪行为。我们在对青少年所犯罪行感到触目惊心，为他们的青春感到惋惜的同时，也不由得思考如何避免类似悲剧的发生。

第三，高效思想政治理论课课堂，学生的学习积极性不高。学生对于思想理论课学习兴趣不足，学习成效难以得到及时的量化检验。

三、二程德育思想对高校德育的实践性意义

我国目前的教育现状是重视智力教育，忽视德育教育。社会经济不断发展，整个社会是进步的，然而作为肩负着未来世界建设重任的青少年，其频频出现的道德失范行为，却可以看作是一种道德滑坡现象。二程的德育思想虽时隔久远，但其积极丰富的思想，对于我国德育教育的开展具有很强的指导意义。怎样形成高效青少年崇高的道德信念，养成优良的道德行为呢？

首先，掌握知识。二程认为要形成道德信念首先要了解道德范畴，把道德信念建立在掌握知识的基础上。在德育过程中，他们认为应既注意对学生认识的提高，又重视具体方法的指导。方法一：因材施教。因材施教既是教育原则，也是德育方法。二程指出“西北东南，人材不同，因而，君子教人，或引之，或拒之，或各因所云者成之而已”。即要求教育者必须了解学生的不同性格、特长、才能、旨趣而施以不同的教育，“强猛者当抑之，畏缩者当充养之”。这种因材施教，以学生的个别差异为依据，符合教育的科学规律。方法二：启发诱导。二程认为老师施教应在能引起学生感情上共鸣时，乘机启发，才能取得最佳效果。“不愤不启，不悱不发，待其诚至而后干也。举一隅，不以三隅反，则不复也，既告之必待其自得也。愤悱，诚意见于辞色也。”正是启发学生接受教育的积极性，促使学生开动脑筋，独立思考，自觉践行。

其次，重视启蒙教育，防范未然。二程认为德育要从幼童时期开始。他们说：“未发之为蒙，以纯一未发之蒙而养其正，乃作圣之功也。发而后禁，则杆格而难胜，养正于蒙，学之至善也。”二程主张对学生的教育，要在“智愚未有所立”的儿童时期就加以施行，使之走正道。他们赞赏古人的做法：“古人生子，能食能言而教之小学之法，以豫为先。人之幼也，知思未有所主，便当以格言至论日陈于前。”意思是：在蒙童期必须施行先入为主的道德品质德育，当孩子有了牢固的道德心理品质之后，才能够对外界的不良影响有足够的抵御能力。二程有一段非常形象的论述：“豕之有牙，既已难制，以百方制之，终不能使之改，惟其势，则性自调

伏，虽有牙亦不能为害。如有不率教之人，却须置其楚，别以道格其心，则不须楚，将自化矣。”即强调启蒙教育的同时，也要坚持禁于未发的原则，把不良习惯和不良品质消灭在发生之前。

再次，树立榜样。二程认为圣人是崇高道德的化身，学以至圣是程氏的德育目的。至圣就要以先贤为榜样，揣摩圣人的气象。程氏为学生列举出先贤的名单，并描述了他们的心理状态和气象脸谱。孔子为大圣，气象非凡，使人仰之弥高，钻之弥坚；孟子亚圣，眉宇间有英气存焉；颜子贤者，箪瓢陋巷，不改其乐，近圣人气象。他们一再强调学圣人，必观其气象。学者不学圣人则已，欲学之，须玩味圣人气象，不可只于名上理会。二程所说的气象实际就是人的风度气质，是人的内在素质的外在表现。为青少年树立道德上的榜样，实现道德上潜移默化的作用，是值得我们学习的德育方法。

二程的德育思想给我们带来了许多启发。关注高效德育中青少年的道德失范行为，挖掘我国传统德育思想中的经典教育方法，注重青少年个体差别，以及树立榜样作用，对于提高我国德育教育的时效性和全面性，强化青少年道德水准将具有长远积极的影响。

（作者单位：浙江交通职业学院）

黄炎培职业道德教育思想的实践性特征

王彦威

职业道德教育是高校德育的重要组成部分。长期以来，包括职业道德教育在内的我国高校德育，一直面临着内容工具化、手段强制化的困境，与社会现实需要相脱节。为此，加强大学生社会实践，扩大其社会参与，深化其社会认识，发挥其自我德育的主体精神，以更有效地融入职业生活，就成为大学生职业道德教育的重要途径。而相较于一般的本专科教育，高职教育更强调应用性，要求更强的操作能力，提供更多的实习机会，整个教育方式更具实践性。所以，如何结合社会实践推进高职职业道德教育，是摆在高职德育工作者面前的一大课题。在这方面，我国职业教育奠基人黄炎培先生的观点与实践一直富有启发意义。

一、黄炎培的职业道德教育实践与基本理念

黄炎培（1878—1965 年）是我国近代职业教育事业的主要创建者，中国近代职业教育的开端就以他创立中华职业教育社为标志。经过长期的理论探索和不断的试验研究，他创建了一套符合中国国情的职业教育理论体系，直至今日仍不失其实用价值。其中，职业道德教育是黄炎培职教理论中最具特色、最为重要的组成部分。

早在担任江苏省教育司司长期间，黄炎培就敏锐觉察到当时教育制度的弊端在于：“学不致用”、“脱离社会，脱离生活，毕业于学校而失业于社会”、学生“无新知识以应用于实际，无新人才以从事于改良，教育不与职业沟通”。他指出，“全国中学四百有三

所而甲种实业学校仅九十有四所”且“毕业升学三分之一，谋事而不得二分之一”，如此则“教育不与职业沟通，何怪百业之不进步?”因此，大力推行职业教育，刻不容缓。

1917 年 5 月，黄炎培在上海正式创立了中华职业教育社。其宗旨明确定为：1. 为改良教育做准备；2. 替学生谋服务社会的准备；3. 替中国和世界谋增加生产的准备。其所附设的第一所中华职业学校，深受社会与民众好评。学校起始主打学科为培训铁工、人工两工种，后扩展至珐琅、纽扣、职业师范、商科、文科和机械制造等专业。作为学生生产实习的基地，学校附设各种工场。随着办学经验的积累提升，各种类似的职业学校在全国各地如雨后春笋般涌现出来。

黄炎培凝练地概括了职业教育的特质与目标：“使无业者有业，使有业者乐业。”“一方面，通过一定知识和技能的传授与训练，使学生具有从事社会职能需要的一技之长，获得谋生的本领，即‘使无业者有业’；另一方面，通过一定的职业陶冶和思想品德的培养教育，养成学生热爱职业、吃苦耐劳、乐在其中的献身精神，进一步使其有所发明、有所创造，为社会尽到自己的义务，即‘使有业者乐业’。”显然，使学生能够体会职业之“乐”，热爱本职工作，全身心投入工作之中，是职业教育较高层次的目标。这就要求把职业道德的培养训练作为职业教育的重要任务，培育学生成为认知与品行双合格的“职业人”。黄炎培强调，职业道德教育的基本指导思想是：教育要讲求实用性，培养德才兼备的人为发展生产、发展民族经济服务；在教育方法上，教育必须与实践相结合，在社会生产和生活的服务中使人立德成才。

二、富有现实针对性的职业道德规范体系

进行职业道德教育的前提，是完整的职业道德规范体系的存在。而作为中国近现代职业道德教育的初次探索，在黄炎培面前其实并无先例可循。因此，黄炎培必须完全根据职业教育本身的需要，参考中国优秀传统文化，经过艰苦的理论思考和实践尝试，才能形成一整套相对完善的职业道德规范。黄炎培的职业道德规范的

主要内容，分别是敬业乐群、劳工神圣、人格完整、爱国主义。

敬业乐群。这是黄炎培职业道德教育思想的核心，也是最基本的职业道德规范。在黄炎培的观念中，“敬业”即“对所习之职业具嗜好心，所任之事业具责任心”；“乐群”即“具有优美和乐之情操及共同协作之精神”，要做到“利居群后，责在人先”。阐而言之，“敬业乐群”即是说：体认职业之真正意义在于服务社会，为此须养成高度责任心、勤劳的工作习惯、互助合作之精神；养成理性服从之美德、稳健的改革精神，以及对所从事职业的兴趣；养成经济观念和科学态度等。

中国传统观念大体是轻视生产劳动，蔑视职业教育的。社会上“劳心者治人，劳力者治于人”、“非以职业为贱即以职业为苦”等观念在黄炎培看来实属“职业教育之礁”。他针锋相对指出，无论受教育到何种程度，能将所学应用于社会、造福人群才最重要，如果空读书而无实际操作，缺乏实践能力，于社会无任何实际贡献。黄炎培以“敬业乐群”为中华职业学校校训，并亲书于匾额，悬之于学校礼堂两侧，时时告诫学生，耳濡目染深入人心。“敬业乐群”原则，黄炎培及其同仁后又将其具体化为中华职教社《职业训育标准》。在各科通用标准外，还依农、工、商、家事各科特点，制定了专门具体的标准。

劳工神圣。此一观点黄炎培继承于其师蔡元培，是当时很新潮的看法，促进了很多知识青年走近工农大众。黄炎培讲“劳工神圣”，不仅为了尊重劳动、劳动人民及其劳动成果，也有助于树立职校学生的自尊自信心。凡以体力和脑力劳动付出为他人及社会奉献成果者都是劳工，从工人、商人、农民至教育界人士。中华职校毕业生，当时以从事农工商的中下层人才为主，因此“要使人们明了，世界文明是人类手和脑两部分联合产生出来的。作工自养，是人们最高尚、最光明的生活”。树立“劳工神圣”的道德观念，每个受教育者都要拒绝不劳而食，至以既能从事脑力劳动又能从事体力劳动为荣。

黄炎培批评中国传统教育只教人读书，而不教人动手；另一方面又将广大劳动人民拒之学校门外，将他们工具化乃至牲畜化。他坚持“做学主义”，主张从做中学，在学中做，将职业学校教学的基本原则定为“手脑并用”、“做学合一”。“劳工神圣”的观点也被贯彻到教学管理之中。如，中华职校学生入学填写誓约书，第一条即“尊重劳动”。学校章程：“学生除半日工作外，凡校内一切洒扫、清洁、招待等事，均由全体学生轮流担任。”全体师生一律着短装，便于动手操作。课程表规定授课与实习时间各半；黄炎培还亲笔题写“劳工神圣””匾额悬于校办工厂。

人格完整。黄炎培把“人格”定义为人服务社会的“公民资格”，是“立身之稳”的“必要条件”。完善人格是职业道德训练的基础。他一再强调人格修养之重要性，说，“做人最小限度，须让我做一世清清白白、堂堂正正的人”，这是做人的底线。无论环境和条件如何变换，人都要爱惜自己的人格价值，坚持行动的方向，不能轻易动摇。他经常告诫学生，在职业生活中：1. 自私自利，以自己为中心的人不可重用；2. 过于圆滑，投机取巧的人不可重用；3. 不洁身自好的人不可重用。“九·一八”事变后，他着重要求青年加强四种人格修养：“一、高尚纯洁的人格；二、博爱互助的精神；三、侠义勇敢的气概；四、刻苦耐劳的习惯”。黄炎培形象地提出一句著名的口号，要求学生养成“金的人格，铁的纪律”。所谓“金的人格”，强调其坚贞果敢，做人博爱互助、勇敢无畏、勤劳刻苦等。所谓“铁的纪律”，强调学校一整套严格的规章制度必须得到坚决遵守与维护。

黄炎培指出，职业教育绝非“仅仅教学生职业，而于精神的陶冶全不注意，把一种很好的教育变成器械的教育，一些没有自动的习惯和共同生活的修养。这种教育，顶好的结果，不过造成一种改良的艺徒，决不能造成良善的公民”。他抨击当时教育将学生培养成“贫于能力而富于欲望”。而“夫职业教育之目的，一方为人计，曰以供青年谋生之所急也；一方为事计，曰以供社会分业之所需也”。因此职校毕业生在具备一技之长的同时，必须明白“人格一经毁损，其人见弃于群众，哪有功名事业可言”，因此“欲全人格，行动必须非常谨严，操守必须非常竣洁”。

爱国主义。职业道德的第一要义是“为群服务”，扩而言之，国为最大之群，因此“服务勿忘爱国，爱国勿忘服务。”早在1926年，黄炎培就明确提出了“大职业主义”，要求搞职业教育不能局限于小天地，应积极参加社会运动。“九一八”事变后，他更直接将职业教育与救亡图存联系起来。1935年3月，在黄炎培的倡导下，中华职教社力邀一众专家拟订了《复兴民族的行为标准》，以为职校学生职业道德修养的新要求。黄炎培深信，只有社会实现民族解放、民权平等、民生幸福，职业教育才能真正造福人群；反言之，职业教育的努力会加速民族解放、民权平等、民生幸福的社会到来。

黄炎培一直深信，贫穷和愚昧是中国社会直接面对的两大难题，将两者同时解决才是正确的挽救措施。所以他“十分信仰教育为救国唯一方法”。然而，当时腐朽没落的教育现状，无论教育制度还是教育方法，也无论普通教育抑或实业教育，距离面向民族、面向社会、面向经济、面向生产的要求都差之甚远。教育与社会脱节，学习与服务背离。因此，才、德并重的职业教育，便成为他实现“教育救国”梦想的根本途径。

三、塑造良好职业道德品质的实践路径

如何践行职业道德规范，养成良好的职业道德品质？在黄炎培看来，主要不能依靠教师的理论传授，而应该让学生在日常学习生活中、在与教师密切接触中、在职业技能训练过程中，实现自我体悟、自我教育。

首先，教师的身教重于言教。职业道德教育“第一要义即为群服务，第二要义即以身作则”，教师严格要求自己，率先垂范是职业道德教育的首要方法。教师的一言一行，是学生模仿的最直接样板。他指出：“教育者，所以养成未来之人物，恃感化以为作用者也。苟非其人，一教员之影响足以及数百青年，一教官之影响足以及一方教育，此其所养所化，尚复何望？”他认为，教育的关键在教师，而不在教法。学生的无教养，厌服勤，耻劳动，必以其教师无教养，厌服勤，耻劳动为先导。为此他一方面要求教师必得先敬业乐业，做学生职业道德的表率；另一方面，师生关系必须良

好，要有情感、信仰的交流，教师首先充分了解学生的实际情况和思想动态，然后教学相须，寓教于乐，方能达成潜移默化之功效。

其次，职业场所的道德熏陶。黄炎培强调，职业技术训练应到实际的职业环境中去实施，某种职业学校不能远离相应的职业区域，否则学生实习和训育难以开展。只有置身真实职业环境下学生才不至于“理想日高，事实日远”。而且欲养成适应某种职业生活的道德品质和行为习惯，只有置身于其实际环境。因为许多重要品格，如坚韧、耐劳、守约、服从、责任心、自动力，以及为人处世之道，只有在实际的职业环境下操练才能养成。黄炎培特别重视学生的锻炼、实习，极尽可能派学生到工场、农场、商店、银行、合作社等实际职业场所中去实习，要求严格按照《实习规则》训练各科学生的职业行为，养成该职业独具的行为习惯与道德修养。

再次，学校生活的道德演练。黄炎培的职业道德教育强调“训”与“练”。所谓“训”，要求教育者反复讲解某事项、某行为的正反面理由或处理办法，不断开导学生；所谓“练”，要求受教育者被督促、诱导去实行，在反复练习中逐步成其习惯定型。“训”属于“知”，“练”属于“行”。在职业道德教育中，知行必须合一。在教学管理中黄炎培也致力于养成学生适应职业生活的习惯。中华职校实行半工半学制，极其看重学生自己动手；校内不用一名校役，一切的校内洒扫、清洁，以至房屋修缮，均由学生完成；同时鼓励学生到校外兼职为大众服务。这些职业道德实践活动的展开，促进了学生的职业道德由认知到情感的转化，使其对劳动、职业形成强烈的兴趣与爱好，从而实现“乐业”，激发更大的创造力。

最后，时刻进行的自律自省。黄炎培坚持，“各级各类学校，都应实行学生自治，养成学生自律、自动、合作互相的优良习惯”，是开展职业道德教育的有效途径。在中华职校，实行高度的学生自治，学生自己组成自治团，基本的规章制度由自己制定并自己遵守，学生自主自治的习惯得以养成，自由思想进一步形成，自我才能进一步完善，职业兴趣进一步激发。此外黄炎培还勉励学生自我克制，自我磨砺和锻炼，以去除“娇养之风，游惰之风，浮夸之气”等职业生活之累。黄炎培还曾提出著名的“学商业的学生自省七条”，希望商科学生每天自我拷问一遍，以进德修业，日有所得。这种自省方法是对我国优秀德育传统的继承与发扬。

理论必须结合实践，而且实践第一，这是黄炎培职业道德教育内容与方法上鲜明的实践性特征。黄炎培每每忧虑于中国教育的最大问题，在于学校与社会沟通不畅，教育不能反映社会需要，知识与实践相脱节，学校教育脱离于生产和生活实际之外。为此必须强调学校教育要“活用各种知识技能于实地”。学工的下工厂，学农的进田园，学商的到商场。要“打破平面的教育，而为立体的教育”，“渐改文字的教育，而为实物的教育”。在各种职业实践中磨炼道德修养与情操。黄炎培先生高举教育救国大旗，以创建中国新职业教育为己任，不断实践、总结、开拓，创造性地走出了一条中国特色的职业道德教育发展道路，其深刻的职业道德教育理念与丰富的实践成果，功及当代，照亮未来。

（作者单位：广东职业技术学院）

民族伦理与社会主义道德的内在关系

王　萍

民族伦理作为各民族文化中的精神价值支撑，在历史的发展和演变中，已经与中华民族融为一体，成为中华伦理文化的重要组成部分。社会主义道德是以中华伦理文化为根基的社会主义制度的价值准则和行为规范体系，从文化形态上厘清民族伦理与社会主义道德的内在关系，是新时期筑牢中华民族共同体意识的重要问题。

一、民族伦理与社会主义道德的一致性

社会主义道德是新时期中华民族共同体的道德规范体系，是中国56个民族共同遵循的价值准则。在中华民族多元一体格局的历史演进中，熔铸了民族伦理与社会主义道德一致性的内在基础。

（一）政治一体化是民族伦理与社会主义道德一致性的政治基础

政治一体化是一个多民族国家内部民族关系在政治上的反映。在我国，政治一体化是指统一的中华民族是我国56个民族共同认同的政治实体，我国宪法序言中鲜明地指出："中华人民共和国是全国各族人民共同缔造的统一的多民族国家。"中华民族既是一个民族共同体概念，也是一个国族概念。

政治一体化形成于中华民族多元一体格局的历史演进中，在中华民族五千年的发展史中，从传说中的炎黄时代到夏朝的建立，从春秋战国时期到秦王朝实现了中国历史上的第一次大一统，从魏晋南北朝到隋唐，从五代十国至辽宋金元，直到明清时期，奠定了我国统一多民族国家的基本版图。在数次的民族大融合中，民族结构

由松散到越来越紧密，中华民族共同体意识的文化和心理特征逐渐形成，并不断强化。而1840年鸦片战争之后的100多年间，亡国灭种的危机则把中国各民族的命运更加紧密地联结在一起。各族人民在共同抗击帝国主义侵略的历史过程中，深刻认识到只有把自己的命运和中华民族的整体命运紧紧连接在一起，才有前途，才有希望。在近代反侵略、反分裂的伟大进程中，中国共产党团结和带领各族人民，共同缔造了新中国，实现了国家的高度统一和各民族的空前团结，统一的中华民族成为中国各民族的普遍认同和根本归属。

新中国成立后，在民族区域自治制度的治理模式下，各民族对国家政治共同体的认同不断上升，各民族在统一的政治框架下同呼吸共命运的理念逐渐深入人心，这种对统一国家的共同认同，构成了民族伦理与社会主义道德在文化基因上的同一性。

（二）爱国主义是民族伦理与社会主义道德一致性的情感纽带

爱国主义首先是一种深厚的情感，是一种对自己生长的国土和民族所怀有的深切的依恋之情，这种感情最终升华为一种认同感和归属感，从而成为调整个体与国家、民族之间关系的重要道德规范。

爱国主义作为一种传统，形成于统一中华民族的形成过程中。在中国历史上，爱国主义一直是动员和鼓舞各族人民团结奋斗的一面旗帜，是各族人民共同的精神支柱。在维护国家统一和民族团结，抵御外族侵略中，爱国主义都发挥着重要作用。在近现代史上，当国家遭受列强侵略，中华民族到了生死存亡的时刻，正是依靠爱国主义精神，才将各民族团结起来，共同抗击帝国主义的侵略。在1937年的抗日战争中，从兴安岭到五指山，日寇占领区的汉、满、朝鲜、蒙古、回、达斡尔、鄂温克、鄂伦春、赫哲、黎等各族人民以及云南的许多少数民族都直接参加了抗日斗争。正是各族人民的万众一心、同仇敌忾，才使我国取得了近代以来第一次反侵略战争的完全胜利。

在五千年的历史发展中，在血与火的淬炼中，中华民族形成了以爱国主义为核心的民族精神，成为多元一体中华文化的根基和中华民族生生不息的精神支柱，在民族伦理与社会主义道德的对话中，发挥着情感纽带的重要作用。

（三）扬善抑恶的价值追求是民族伦理与社会主义道德具有一致性的价值纽带

作为一种伦理文化，民族伦理回答的是关于善恶的基本问题，倡导的是一种具有普遍性的道德价值。社会主义道德作为一种特定社会形态的道德体系，它既有关于特定社会制度和历史时期的道德内容，也有作为基础性构成的道德价值内容，即同样主张和倡导扬善惩恶。这种相同的价值追求构成了民族伦理与社会主义道德具有一致性的价值基础。

民族伦理文化内涵的价值体系延伸到民族发展的各个生活领域，形成了不同生活领域里的道德准则和规范，这些价值观念和道德规范主要表现为如何调节人与社会、人与人、人与自然之间的关系。如在社会公德方面，倡导人们要爱国敬业，遵纪守法，扶弱济贫，乐于助人；在人际关系中，要求人们诚实守信；在对待自然方面，主张善待自然、保护自然；在家庭伦理方面，提倡父慈子孝，尊老爱幼，家庭和睦等。民族伦理中的这些价值理念和道德要求体现在各少数民族的喜好、风气、民约、乡规乃至禁忌之中，渗透到社会生活的各个方面，并在社会生活的各个领域中发挥着重要作用。

这种在价值层面上的一致性，从根本上来讲，是人们在生产、思维、情感等方面表现出的共同性特征，由此使得人们在善恶观念和行为准则上表现出一定的趋同性，并进而表现为一种相同或曰统一的价值观念，也就是习近平总书记所讲的：讲仁爱、重民本、守诚信、崇正义、尚和合、求大同的核心价值。这种共同的核心价值构成了民族伦理与社会主义道德具有一致性的价值纽带。

二、民族伦理与社会主义道德的互补性

民族伦理的独特性，书写了中华伦理文化的多样性和差异性。

这种多样性和差异性，使民族伦理与社会主义道德表现出一定的互补性。这种互补性一方面体现为社会主义道德为民族伦理的发展提供了方向，另一方面民族伦理又为社会主义道德在民族地区的深入传播提供了重要的支撑。

（一）社会主义道德为民族伦理的发展提供了方向

从文化发展的方向上来讲，马克思主义文化理论认为，文化发展的先进方向与人的发展具有一致性，其核心都是追求人的自由和全面发展。而人的自由全面发展是在社会历史的发展进程中得以不断实现的，即在由传统社会向现代社会的演讲过程中，人的自由和全面发展得到了进一步的实现。

有社会学家从文化的角度区分了传统和现代社会。德国社会学家滕尼斯就把传统社会与现代社会区分为以民风、习俗、惯例、宗教等维系的“乡土社会”和以契约、法规和公共舆论维系的“法理社会”。一般说来，从传统社会向现代社会的转型经历着理性化和个体化的进程。“传统社会中绝大多数人凭借着习惯、传统、风俗、经验、给定的规则等自在的文化模式生活于相对狭小的范围中。而人的现代化意味着把个体从这种自然状态中提升出来，使之成为适合现代科学技术和社会化大生产发展需要的，具有主体意识、批判意识、技术理性的自由自觉的和创造性的个体。”从传统社会到现代社会转变过程中人的存在方式的变化，可以看出文化进步的实质是人自身的发展。

社会主义道德规范体系，着眼于更高社会发展阶段的要求，并不断引导人们向更高的道德境界攀登。由此，较之于民族伦理主要依靠习惯、风俗等给定规则体系的文化模式，社会主义道德规范更彰显了人的主体性地位，体现了伦理文化的进步方向，从而为民族伦理在世俗生活层面的价值取向、人生追求和行为准则等提供了文化发展方向。

引导民族伦理文化向社会主义道德方向的发展，也是传承和创新民族伦理文化的客观需要。民族伦理文化作为一个民族的精神传统，回答着这个民族来自何方和曾经怎样走过的问题。而社会主义道德则昭示着民族伦理文化如何重新塑造自我以及它所携带的文化基因的走向问题。在各民族交织的公共道德生活中，民族伦理文化将被赋予新鲜血液，民族传统将被作出更富有时代气息和体现现实需要的解释，甚至将从根本上对民族传统文化作出结构性的调整和变革，从而实现民族伦理文化的创造性转换和创新性发展，不断实现民族伦理向普遍伦理的提升和发展。

（二）民族伦理为社会主义道德在民族地区的深入传播提供了重要支撑

各民族作为社会主义大家庭中的一员，其对社会主义道德的接受和认同，关系着社会主义精神文明建设的大局，也关系着中华民族共有精神家园的构建。民族伦理作为民族成员的道德文化基因，影响和关涉着社会主义道德在民族地区的深入传播。

民族伦理所包含的价值观念和行为准则，为社会主义道德在民族地区的深入人心提供了道德价值支撑。一方面，民族伦理所提供的道德规范和道德评价体系，为社会主义道德在民族地区的传播提供了道德认知的基础。比如，在家庭伦理方面，民族伦理所倡导的要孝敬老人、夫妻和睦、兄弟互助等伦理道德规范，对促进家庭和睦、社会和谐，形成良好的道德风尚，都发挥了积极作用。同时，民族伦理所形成的道德舆论评价机制，为社会主义道德在民族地区的传播营造了良好的道德氛围。在日常道德生活方面，民族伦理提倡对自我的道德约束，倡导诚信、友善、勤劳等道德价值观，这就为社会主义核心价值观在民族地区的推进创造了丰厚的土壤。民族伦理还通过一系列的禁忌来约束和规范民族成员的日常行为，提倡过自我约束的道德生活，如在生活习惯上，反对奢侈浪费，禁止饮酒和赌博等，要求积极履行宗教功课，提高自身的道德修养。民族伦理所提供的这些道德原则和行为规范，为社会主义道德在民族地区的深入推进创造了条件，也为中华民族共有精神家园的建立提供了重要的道德价值文化资源。

社会主义道德作为社会主义制度的道德规范体系和价值准则，要扎根于民族地区，就必须要与民族伦理相结合，实现社会主义道德的民族化。社会主义道德的民族化，本质上是要为社会主义道德寻求一种民族化的实现形式，只有将社会主义道德转化为每个民族的内在自觉的伦理活动，社会主义道德才能真正得以实现。

三、民族伦理与社会主义道德的内在张力与历史消弭

作为两种不同的伦理文化体系，民族伦理与社会主义道德的差异性一方面实现了二者在资源和价值上的互补性，同时这种差异性也使二者在实践生活领域中表现出一定的内在紧张甚至是冲突。这种内在紧张甚或冲突的张力，集中表现在作为多民族国家内部成员的民族身份和公民身份中。

（一）民族伦理与社会主义道德的内在张力

我国作为一个统一的多民族国家，其内部成员从身份上来讲，存在着公民身份和民族身份两种认同。公民是相对于国家而言的，关涉社会成员与国家之间的关系，主要表现为对国家的认同和忠诚。同时，我国公民又是分属于不同民族群体的，具有不同的民族身份，主要指社会成员与民族共同体的关系。这两种不同身份所可能产生的内在张力，一方面表现为一种历史文化差异，另一方面则表现为一种社会结构性的差异。

历史文化的差异，主要是两种不同的伦理文化价值观之间的差异。每个民族都有区别于其他民族的、历代传承的民族特性，这种民族特性构筑了一个民族的内部认同，同时也强化了与他者之间的边界。民族伦理文化作为一个民族深层的价值结构，从善恶观念上体现了民族的特性，如在道德评价的标准上，在道德情感的表达上，在道德行为的准则上，都会表现出差异性。

各民族成员在社会结构方面存在的差异主要表现为在社会主义市场经济发展的过程中，各少数民族与汉族之间在经济收入和社会政治权利方面存在的实质性差异。始于 20 世纪 80 年代的改革开放，开启了中国各民族大发展的历史契机，其后，中国社会最突出的变化就是社会利益结构的重大变化。在改革开放的三十多年，中国社会不同地区、不同文化群体和不同民族的人们在追求利益的诉

求和能力方面存在着广泛的差异，这种差异一定程度上造成了西部地区和少数民族地区及其人民的生活水平之间的差距问题。这种社会结构上的差异，会产生或者导致各民族成员对共同体国家的认同危机。

（二）民族伦理与社会主义道德内在张力的历史消弭

要化解由两种不同的伦理文化价值观念所产生的民族身份和公民身份之间的张力，就需要不断强化各民族成员的公民身份认同。从文化上来讲，最根本的是要增强各民族人民对国家和民族的认同感，强化其对主流文化的认同，没有对主流文化的深层次认同，中华民族共同体的建构就失去了安身立命的根基。

民族伦理与社会主义道德所分别建构的公民身份和民族身份在历史文化上的差异，是由于自然的、历史的的客观原因而形成的，这样的差异只是有可能造成误解进而形成一种张力，但伴随着中华民族共同体公共生活领域的不断扩大，各民族之间交往交流交融的不断加深，这种文化之间的内在紧张是容易消除的。但这两种身份在社会结构上的差异，则相对很难消除。理解这种社会结构上的差异，需要先回到对文化根本意义的理解上来。在最根本的意义上，文化作为人类实践活动的对象化，是人的生存方式和活动方式，它并不是独立于社会活动的，而是内化于社会的政治、经济、社会生活等一切领域之中，从而作为社会运行和社会发展的内在机理和动力机制。市场经济的发展引起民族地区成员原有的血源性、地缘性关系逐渐转向经济性关系，从而对民族地区原有的发展方式产生了强烈的冲击。当地区经济发展差距不断扩大的时候，很容易导致民族成员对国家的认同危机。要解决这一危机，需要国家不断加强和提高调节控制民族认同的各种机制，推动民族地区从原有的社会关系向新的利益机制和分配资格所要求的认同关系转型。

在现代化的图景中，在社会主义市场经济的运行中，增强少数民族对统一多民族国家认同的根本出路就是缩小民族之间在经济收入、社会权利等方面的差距。一旦不同民族之间消除了这种结构性差距，其对国家，对社会主义公民身份的认同就有了坚实的保障。

要缩小各民族之间的结构性差异，需要进一步贯彻落实以民族平等为基本主张的民族政策。新中国民族政策追求的目标是各民族不仅在法律上平等，事实上也要平等，要给少数民族更多享受各种权力的机会，创造让他们能够与汉族站在同一起跑线上发展的条件，让他们尽快赶上来，从而真正实现各民族在政治、经济和文化上的完全平等，实现中国各民族共同发展繁荣，共同团结进步。

各民族共同团结奋斗，就是要把各族人民的智慧和力量凝聚到全面建设小康社会上来，凝聚到建设中国特色社会主义上来，凝聚到实现中华民族伟大复兴上来，进一步强化各民族成员对国家的向心力。在伦理文化层面，深化各民族成员对国家的凝聚力和向心力，需要充分发掘并重组民族伦理文化的基因，实现民族伦理文化集体记忆的时代重构，不断寻求中华民族多元一体的基因密码，筑牢中华民族共同体意识。

（作者单位：宁夏职业技术学院）

思想政治教育专业学生自主学习“三七”模式探索

朱春燕

实现中国梦的伟大理想，需要全党全国人民的同心同德。思想政治教育工作越发凸显其重要价值。我校思想政治教育专业是一个具有较为悠久的历史的专业，曾经为武汉市大中学校培养出了大量的优秀教师，也有众多毕业生在武汉市党政机关、企事业单位担任重要的领导职务。现在尽管因为就业前景的原因已经停招，但是研究和探讨思想政治教育专业的教学模式，以应对未来教学任务的需要仍然是一个非常重要的课题。

一、当前思想政治教育专业教学模式的现状

我校思想政治教育专业过去在定位上一度是以培养中学教师为主，培养目标具有一定的局限性，在专业设置上也不能适应学生就业以后的多样化需求。虽然在 2012 年的培养方案的修订中，按照学校突出市场需求指导思想进行了调整，把学生的培养目标定位为“本专业培养德智体美全面发展、具备马克思主义理论、政治学和思想政治教育理论方面基础扎实、政治坚定、知识面宽、综合素质高并具有创新精神和实践能力，能在企业、政府部门、事业单位和学校从事管理、教学和思想政治工作的应用型高级人才”。但是因为对“应用型”认识存在误区，对本专业优势的认识不足。从毕业生的培养效果来看，这种调整不仅没有改变过去“就业面较窄”的问题，反而丧失了本专业的传统优势。

经过对用人单位的考察及综合分析当前湖北省高校思政专业的

就业趋势，目前，大家已经达成了以下基本的共识：

一是现在除了专业技术要求极强的工作岗位以外，大多数就业岗位在招聘中看重的是员工的综合素质（至于专业技能可以通过在岗位上进行再学习），只要具备了一定的理论水平、较强的写作和表达能力，思想政治教育学生将具有广阔的就业前景。在教学中要从夯实学生的理论基础、提高学生的基本能力入手，通过学生自身素质的提高应对多变的市场需求，这样才能真正达到拓宽就业途径的目的。

二是改革未来教学模式的目的是为了促进本专业的更好发展，但是不能丢掉本专业长期以来形成的优势。过去思想政治教育专业毕业的学生具有理论水平较高、写说能力较强的优势，但这几年因为对“市场需求”的狭隘理解，教学中放弃了对学生基本能力的培养“扎实深入”，在课程设置上涉及面太广、撒胡椒面，导致教师和学生的精力分散，大大影响了教学质量。

二、改革目标：提升学生思想积淀和思维能力

思想政治教育学生的培养目标是“能在企业、政府部门、事业单位和学校从事管理、教学和思想政治工作的应用型高级人才”。在未来的工作岗位上他们担负着对群众进行思想政治教育、组织群众、发动群众的工作。

何为本专业的“应用型”，即较高的理论素养和一定的写作能力与口头表达能力。因此，一个好笔头、一副好口才是他们在大学期间所必须培养的基本素质，但就目前学生毕业论文的撰写和答辩表现来看，其中大多数学生在写作和口头表达方面能力并不能够符合社会需求。学生的基本素质欠缺，终其原因一是因为缺乏思想积淀，二是缺乏平时有针对性地训练。

因此，思想政治教育学生的教学方式必须以提升学生思想积淀和思维能力为目标进行改革探索。

三、课程与教学资源建设方案

1. 专业基础理论课以更加突出专业优势夯实学生理论基础与

掌握基本的研究方法为目的

（1）增加核心课程课时，让学生把基础理论课学透、学扎实。

（2）增加科技哲学、社会科学方法论、思想政治教育方法论、组织行为学等课程，提升学生对研究方法（思维模式）的掌握能力。

（3）根据对原有的“科学社会主义”等课程进行调整，代之以“马克思主义发展史”，顺应学科发展需要。

2. 专业课以更加丰富学生人文涵养，突出拓宽知识背景为目的，增设中国传统文化、宗教学等课程

3. 对原有课程在时间安排上做调整，为了适应实践教学的要求，把关于调查研究方法的课程提前到第一学年

四、教学方式与方法的改革

教学方式和方法是落实教学目标的关键环节。在教学中可以在各门学科的教学中推行以培养学生自主学习能力为目标的“三七”模式，通过让学生“多读”“多练”丰富思想的积淀、训练学生思维能力。

1. 在每门课教学总学时中教师“教”和学生“自主学习”时间三七开

（1）重点是学生读马克思主义原著，辅之以读西方人文社会科学原著。精读马克思经典原著代表性篇目，在阅读总篇目中所占比例为七；选读有影响的西方人文社科原著，在阅读总篇目中所占比例为三。

（2）重点是学生思想表达能力的训练，辅之以教师引导。课堂上学生讨论时间占七，教师引导时间占三，让学生在讨论中进行思想碰撞，激发读书热情。

（3）重点是教师介绍新思想，辅之以对基本知识和原理的讲授。教师在教学时间的安排上，对某种思想的研究前沿介绍及各种思想比较性研究所占时间为七，对基本原理及篇目导读性讲解所占时间为三。

2. 考核环节的改革

考核环节是强化和检验教学效果的重要环节，适应教学方法改革的需要，考核环节将做以下调整：

（1）课程平时重点考察读书的落实情况。

通过写读后感和课堂讨论掌握学生学习状况。平时成绩中课堂讨论及表现占七，读后感的撰写成绩占三。

（2）课程期末考试中重视学生能力的综合评价。

考试成绩中课程论文撰写成绩在总评成绩中占七，基础知识及原理考核成绩在总成绩中占三。

3. 实践环节的改革

把实践环节作为加深学生对理论的理解、培养应用能力的一个重要的环节。

（1）在学年期末安排学生进行社会实践和调查活动

①实践场所选择一年在农村社区、一年在城市社区，另一年学生可根据自己的学习和实践情况进行自选。

②加强教师的指导，要求实践活动出发前有专人拟定专门的调查议题、调查提纲和调查问卷等。

③把调研报告的成绩作为获得学分的重要依据。

④社会实践教学的具体流程为：学生在每一学年第二学期开始拟定选题，读书搜集资料，确定指导教师，暑期前一个月提交调查提纲、调查问卷。第二学年期中提交调研报告。

（2）把毕业实习作为检验学生学习成果、增强学生对岗位适应能力的途径。毕业生可根据市场需求和志趣“自选”实习单位，解决过去统一安排实习单位增加用人单位负担、违背学生意愿的做法，更加保证实习效果。

五、教学团队的建设

自主学习和实践环节的强化对教师的理论水平和理论与实践相结合的能力提出了更高要求。既要求教师首先要把学生必读篇目读“精”，要求教师对本课程中所涉及的热点问题的前沿和研究动态有一定的研究。也要求在平时的教学和科研中更加关注现实问题。

因此，可以实行“课程召集人”制度。每门课将选拔一位教授及具有博士学位的教师作为课程召集人，并以每门课为单位成立教学团队。围绕课程教学定期开展教学研讨，真正实现以教学带动科研，并以科研促教学。

六、教学管理及成果评价

1. 教改管理

学院可以成立该门课的教学改革指导委员会，由学院分管教学副主任担任指导委员会主任，专业负责人担任副主任，各专业必修课教师担任委员，其职责为：

（1）推行教学改革方案

（2）落实改革所需条件

（3）对教改成果进行评估

2. 教改评价及方式评价方式

通过学生座谈、沙龙式探讨、读后感、研究报告及论文展示考察学生学习效果。

3. 评价步骤

（1）第一学年第一学期末开始进行教学成果阶段性评估；

（2）第一学年、第二学年以后进行中期性评估；

（3）第三学年末进行教改终期评估

七、结语

当前，各高校都特别重视思想政治教育教学的实效性问题研究，同时也非常重视该专业的综合改革，为教学模式的探索提供了契机。随着对学生自主学习的能力提升的重视，该专业的课堂教学安排及考试模式上可以获得更多的自主性。但在另一方面，这种教学模式也对教师的专业知识修养提出了更高的要求，教师在短时间内要更加有效地传授知识与发挥引导作用，就必须在课堂外做好功课，不断提升理论视野与科研能力。

（作者单位：江汉大学）

日常生活实践中的生命伦理诉求

唐桂丽

对大学生而言，社会实践常常是相对于学校生活而言的，常指大学生以学生身份参与的社会生活实践，得到在课堂上无法得到的经验或知识。由于学生大多数时间都在学校内，正规的社会生活实践需要学校、社会、学生等诸多方面的紧密配合，社会生活实践对于大学生而言，常常成为一个说起来容易，实施起来不容易的活动。然而，我们都忽略了一点——日常生活的实践。大学生虽然处于学校生活中，但他们也同时处于日常生活中，如何在日常生活实践中，提升生命的存在意义与价值，在当代有着其特殊的意义。

一、"日常生活"的被关注

1. 胡塞尔"生活世界"的意义

胡塞尔在《欧洲科学危机和超验现象学》中一开始就指出科学的危机表现为科学丧失了生活的意义，他认为现代人在让自己的整个世界观受实证科学支配的同时，"现代人漫不经心地抹去了那些对于真正的人来说至关重要的问题"。我们很容易以为，这个生活的意义指的是类似于康德所说的"道德必然性"，实际上，他指的是"人在与人和非人的周围世界的相处中能否自由地自我决定的问题"，也就是说，胡塞尔提出了一个独立的"生活世界"，即人相处于其间那个周围世界，也即人在这个生活世界中的生存问题。胡塞尔认为这个"生活世界"是"前科学"的，"我们本身生活在这个世界中。我们人的身体的存在方式是与这个世界相适应的。但是在这个世界中的我们看不到几何理念的存有"。也就是说，无论由几何式的反思主体建立的理性逻辑世界，还是建基于心理学基础的纯粹精神主体建立的超验世界，它们虽然都是人构建起来的，也是近代整个欧洲思想的精髓，但它们在本质上是非生命式的，是超出生活世界之上的，也是他指责为欧洲科学危机的实质，丧失生活意义，因为它们凌驾生活世界之上，没有进入生活世界本身，自然没有生活意义。在《生活世界现象学》中，胡塞尔进一步对生活世界做了说明："我们正常的实践的生活整个的得以进行的那个日常的共同世界"，这个世界我们通常只是熟悉它们，使用它们，他主张用一种他称为的"沉思"的方式展示它们，生活世界才会真正被揭示出来。胡塞尔就这样把生活世界凸显在我们的视域中，开启了后来的哲学家们对日常生活世界的关注、批判与反思。

2. 海德格尔对"日常生活"反思

海德格尔认为人是通过生存来表明他的存在的，那么在世则是其生存的方式，也是存在状态的显现。而人是首先被抛入日常生活中，通过与人共在的方式来显现他的存在。因此，对"日常生活"的反思是海德格尔对人的生存论分析中不可或缺的环节。在海德格尔看来，人在日常生活中不是作为自己去在，而是作为"常人"去在的："可称作日常生活'主体'的那种东西：常人"，可见，常人就是扎根于日常生活中的存在者，人们通常用"他人"来指代在日常生活中杂然共存的人们，而海德格尔则用"常人"取代"他人"，目的是不想将"常人"放在自我的对立面，"常人"也就是某种我，是以众人平均在世的观念或态度去存在着的那个我，是以"公共意见"的方式去生存的那样的我，用海德格尔的话来说，我首先是"作为这个常人而'被给予'我'自己'的"。海德格尔的"常人"由于是以"公共意见"的方式杂然共存于日常生活中，它不是自我以"本真"的方式去生存。这个"公众意见"似乎给自我如此生存提供了生存理由，并承担了责任，自我在"常人"的状态下，不必烦神我为何如此生存诸如此类的问题，自我只需照着"公众意见"如此生存就行了，他被"卸除"了在日常生活中的责任，不用"操心"和"烦神"。海德格尔认为人们在日常生活中，以“常人”的方式去生存，实际上“就是那个在最初错失自身和遮蔽自身的东西”，即人们在日常生活中隐藏自己，并非“本真”的自己，“本真”的自己只是“常人”的例外，而人们通常是以“常人”的方式生存于日常生活中的。这样海德格尔揭示出了人们在日常生活中被“公众意见”所控制，从而处于被遮蔽的“非本真”状态，日常生活世界成为人隐藏自己的处所。

3. 列斐伏尔的“日常生活批判”

《日常生活批判》和《现代世界中的日常生活》这两本著作无疑使列斐伏尔成为“日常生活转向”中的核心人物。列斐伏尔认为，在早期，日常生活通常被视为一种烦琐无奇的、微不足道的、无关紧要的东西，而被纯粹思想所摒弃。而实际上，日常生活乃是我们的哲学批判进入到的最深刻最直接的外部世界与社会世界的汇聚地。它还是人类的本性欲望的所在地与入口处。在这个意义上，他给日常生活下了个初步的定义：“日常生活在某种意义上是一种剩余物，即它是被所有那些独特的、高级的、专业化的结构性活动挑选出来用于分析之后所剩下来的‘鸡零狗碎’，因此也就必须对它进行总体性的把握。而那些出于专业化与技术化考虑的各种高级活动之间也因此留下了一个‘技术真空’，需要日常生活来填补。可见，日常生活是被专业和技术人士所忽略的地带，却是一切活动的汇聚地，由此，列斐伏尔开启了一个日常生活的新领域，即他不再从国家、社会或意识形态等领域进行其社会批判，而是从日常生活领域开始其社会批判。与早期将日常生活视为一个向来被人们误解和遗忘的领域并主张重视日常生活批判的人不同，在后期，他更多揭示了现代世界中流行的问题对日常生活的剥夺与侵蚀。首先，他从现代社会流行的技术统治的特点出发，提出我们只剩下文化的碎片或专业化的科学这些碎裂的东西，而这些技术统治却将日常生活推向了它的反面，即非理性的神秘主义日常生活中的泛滥与兴风作浪。其次，随着现代社会成为“消费被控制的官僚社会”，日常生活被彻底地商品化，日常生活已经不再是某种充盈人的丰富主观性潜力的场所；它变成了社会组织的‘客体’，日常生活已经变成了思考的对象与组织化的辖区”。最后，随着现代社会进入一个由图像和符号主导的社会，日常生活中有生命力和创造性的东西逐渐消弭，日常生活也逐渐成为一个受图像、符号和传媒控制的人的自我复制的过程。与这种控诉相对应，他也提出了理想化的日常生活模式——“节日”，节日的复活标志着娱乐与日常生活冲突的和解，标志着人类异化的超越和民众庆典精神的复苏。

4. 赫勒“日常生活”的价值

赫勒对日常生活的探究有着其自身的特点，他把日常生活界定为，“使社会再生产成为可能的个体再生产要素的集合”，也就是说，他是从个体生存的角度来界定日常生活，那样日常生活是个体生存预先既得的一个给定场所，并成为“我们的生活方式的生存基础”。日常生活虽然是个体在生存中预先给定的，但个体在生存中也不断使自身对象化于日常生活中，于是日常生活又是不断成长着的，“他通过塑造他的世界（他的直接环境）而塑造自身”，即作为“被塑造的世界”日常生活是在成长着的，同时，塑造日常生活世界的人也是成长着的。

总之，日常生活世界被20世纪哲学家所关注，看来日常生活世界是一个新的研究对象，但实际上日常生活实践本身却早就存在，由于其日常性，也由于人们生活其间而不自知，所以才在20世纪才成为哲学家们关注的对象。

二、“日常生活”关注与生命意识重心的转移

1. “日常生活”关注与生命意识的回归

从上面几位哲学家对日常生活的关注来看，首先体现了一种生命意识的回归。胡塞尔对生活世界的强调，将生活世界与科学和逻辑的世界相区分，指出科学和逻辑的世界丢失了人的味道，实际上意味着将人从思维主体还原为生命体。其实这种还原在现代西方哲学开启的时候就在进行，叔本华在用意志取代表象作为世界本原时，作为认为主体的人就已经被作为生命体的人所取代。生命意志成为叔本华分析世界和人的关键性要素；尼采对生命强力的推崇，使人成为一个激情四溢，充满生命力量的人；海德格尔同样反对将人视为形而上学意义上的人道主义者，主张人只是一个在世界中去

生存的存在者，作为生存者，他与天地神人在一起，他们不是一种对象化的关系，而是一种照料、看护与操心，用他的话而言，是一种诗意的栖居。20 世纪人们所提出的主体性黄昏，并非真指人的死亡，而是指那种将人仅仅视为认识主体的人类中心主义思想的死亡。整个 20 世纪，对情感、意志、本能等非理性主义思想的研究，不同程度上，与人的生命意识回归相关。

2. 生存的关注与生命意义探寻

在传统社会中，生命的意义一直以来有着比生命本身更重要的位置。西方一直以来有著名的“苏格拉底之死”做楷模，苏格拉底为了他的理想和信念，不惜用生命来捍卫；中国有生与义不可兼得时，“舍生取义”之说。这些说法和做法中，都有把生命的意义放在高于生命本身的位置上。

现代社会中，随着对日常生活的关注，生存首先有了先于生命意义的位置。如前所述，海德格尔认为在日常生活中，人是作为“常人”非本真的活着，但这种非本真的“常人”状态却是人生存的常态，而本真的状态则是人生存特例。也就是说，人并非每时每刻都为某种生命意义而存在，人们或许更多地沉沦于日常生活中，混迹于世界中，与他人共在于世，他们或“闲谈”着、“好奇”着，或处于“两可”间，总之，人非本真的活着的时候远多于他本真的活着的时候。

萨特则是直接提出了“存在先于本质”的说法。“人首先是存在——人在谈得上别的一切之前，首先是一个把自己推向未来的东西”，也就是说，人首先得活着，然后才能去创造他的生命意义。在萨特那里，意识是一种意向性的活动，这种对意识的理解已经典型地不再把人作为一个反思主体，而是作为一个生命体来看的，作为生命体我会对外物有某种意向，所以，萨特的意识不是概念式的，而是包括想象和情绪在内的，它本身就是自由的。萨特的自我意识是在感觉到他人的注视下，才唤醒的自我的意识，这种自我意识虽然是在意识中对自我的意识，但他也是生存论意义上的，因为它是在与他人的相处中才唤醒的，因此，这个自我意识就是那个在生存的我，而不是那个逻辑主体。萨特对自为存在的强调，是因为它是被意识活动所意向的存在，也就是说，我们可以去自由想象和情绪化外物，外物因着我们的想象和情绪而变得与自在的事物不同。因此，于萨特而言，人在存在的同时，也就在自由地想象和情绪化着事物，这样，离开生存就不可能有高于生命的形而上的意义。

刘怀玉在总结列斐伏尔对日常生活的批判特点时，也注意到了这一点，他认为他不是从日常生活之外的某种人本主义理想尺度来批判与俯瞰日常生活，而是从日常生活内部的矛盾与生命力中研究日常生活。他关心的不是“来自何处”而是“向何处去”。日常生活既不是本真的原始状态，也不全是单调与琐碎、异化与沉沦的无意识黑夜，而是永远保留着生命与希望的矛盾着的异质性世界。人类的幸福与希望不能诉诸日常生活之外而日常生活之中。

3. 普通人的生命价值

韦伯在研究宗教信仰与资本主义精神的关系时，指出现代工业资本主义的扩张必然同时伴有世界的“祛魅”。“祛魅”过程“可被界定为那些充满迷幻力的思想和实践从世上的消失”。这不仅表明宗教信仰的衰落或走向理性化，还表明“传统世界观分裂成不同专业知识的各具特色的专家领域，特别是那些科学、道德和艺术中的诸领域”。更重要的是，它还表明与这些领域相关的问题和价值不再包含于一个具有涵盖性的信念体系中，也就是说，没有一个信念系统支持那些不同的专家知识领域。他提出我们进入了一个“作为专家而没有灵魂，耽于声色而缺少内心”的时代。韦伯所说的“祛魅”发生在封建社会向资本主义社会转型的过程中。让·波德里亚认为“至少在西方生产主人公的传奇现在已到处让位于消费主人公”，这样消费不是作为生产和消费的结合过程来体验，而是作为“奇迹”来对待，作为一种神话、一种传奇来信仰。消费社会中一个主要的特征，就是所有的物品都会成为“消费品”。后现代社会，由一个精英时代向大众时代的迈进。

传统社会是等级特权社会，人被分为贵族与平民，贵族享有特权、生活安宜，他们的生活常常是让人倾慕的，成为伟人、英雄、贵族或接近上帝的高尚的人，是那个年代人们的梦想。现代社会是市场经济社会，商品、货币、生产、交换、消费主宰着整个市场，企业主或投资人、企业的管理者、商品的生产者还有消费者构成社会的基本人群。市场经济追求的是利益，看的是效率，能在市场经济中立于不败之地的，常常是能者或强者，按西方英雄主义的传统而言，投资人和企业的管理者是备受注目和关心的人群，因为他们在商品的生产和经营管理活动中，处于重要的位置。然而，当社会告别短缺经济时代，而进入一个物质丰裕社会时，消费者获得了如神话或传奇般的位置，普通人，只要他是消费者，就能获得上帝般的位置，我们经常听到“顾客就是上帝”这样的警训。

胡塞尔在谈到日常世界时，相应地也提到平常的人，“作为平常人的世界而存在着的日常世界，它的生活是与一个平常的、在某个平常的经验类型中成为众所周知的事物的领域相关”。而海德格尔的“常人”既指一切人，而又指自我本身，是大家意义上的自我，因而也是普通意义上的个人。由于日常生活总离不开普通人，所以，普通人在日常生活中的生命伦理诉求，跟传统社会有很大的不同。日常生活中的生命伦理诉求具体体现在下面三方面：

其一，追求健康的生命意义。日常生活中，生存有了先于形而上的生命意义的特点，活着也就有了特别重要的意义，身体对于活着的人，也就有了特别的意义。因此，健康就成了日常生活中关注得最多的内容。我们以前的宣传模式中，常会有某领导、某军人、某教师呕心沥血，为老百姓、为国家、为学生，不惜损害健康，而做了什么了不起的事，这在过去一定会感动很多的人，但在今天，人们可能更多是一种婉惜，他们怎么就这么不注意健康呢？那些事真的有那么急吗？他们可以在拥有健康的前提下，再去完成那些事的。日常生活中，人们相聚在一起，谈政治、经济、人生大义、丰功伟绩的人越来越少，人们谈保健、养生、美容的越来越多。生命在健康地活着上，有了越来越重要的意义。

其二，休闲成为生命体有意义活着的另一层面的体现。学习、工作、创造、成功从来都是生命中非常重要的元素，为此，过家门不入，头悬梁锥刺股，放弃休息与娱乐，一直是我们所提倡的。然而当我们越来越栖身于日常生活中时，作为普通人休闲和娱乐在当代却有了不一样的意义。曾问一位年轻人，为何不急于搞科研、评职称，他的回答，不急，我得分出时间陪孩子看花、摘果、露营。工作和休闲在当代青年人那就有了同样重要的位置。生命的意义不仅体现在工作上，也体现在休闲上。

其三，家庭幸福感在日常生活中有着特别重要的意义。于普通人而言，家庭生活就是日常生活中的重要组成部分，父母、夫妻、儿女之间的相处，构成日常生活的点点滴滴。普通人或许更能够比伟人，为了亲情、爱情、友情放慢他们的学习和工作节奏，愿意更多地花时间与父母家人相聚在一起。沉湎于家人在日常生活中平平淡淡的相处时光，于普通人而言，就是他们每天所做之事。

综上所述，关注日常生活中普通人的生命伦理诉求，在当代有着特别重要的意义。

（作者单位：江汉大学）

自杀的价值观浅析

马　兰

自古以来，生与死是人类永恒的话题。没有什么比生死问题更能引起当代生命伦理学的关注与审视，生命伦理学也称为生命哲学，其内容十分丰富，与死亡相关的研究包括了死亡的诠释、死亡的本体论、自杀、安乐死、堕胎、尊严死亡、临终关怀、死亡教育、基因工程、人工智能等，并涉及跨学科的学问。其中“自杀”的议题经常会引起不少的讨论，有大学生自杀、官员自杀、留守儿童自杀、农妇自杀、学者自杀、商人自杀，等等，无论性别、年龄、职业、阶层、古今、中西，似乎都正在或已经上演不少的自杀事件。下面就从伦理学的角度探讨自杀是不是道德的？并分析中西不同文化下是如何看待自杀的，为现实的“自杀”问题提供伦理学的分析。

一、自杀的定义与分类

根据法国社会学家杜尔凯姆的定义，“由死者自己完成并知道这种结果的某种消极或积极的行动直接或间接地引起的死亡叫做自杀”。按照这个定义，自杀者是在深知其结果的情况下完成的。杜尔凯姆还将自杀分为三类：利己、利他以及失调的形态。在这儿，我们不讨论其社会性和心理学的成因及因素，而是按照伦理学的进路分析，将自杀分为两类：为自己而自杀的为己性自杀和以为他人的缘故的为他性自杀。为己性自杀，如畏罪自杀、无力偿还债务而自杀、不堪病痛折磨的自杀、无法忍受至亲逝去的自杀、为了补偿过错而自杀、为了不受屈辱而自杀，等等。这类为己性自杀，是为了解决私人性的问题而自杀，在道德上是否允许？是否能得到伦理上的辩护？如，有的末期癌症病人为了不再受到病痛的折磨，主动选择安乐死。认为这种为己性自杀是合乎道德的，是以“死亡权利”作为论证依据。按照这种价值观，在人生中，只要行为不伤害到他人，个人的行为完全可以自己决定，没有生的权利，但有死的权利。当今西方社会，推动安乐死的合法性在某些法律界人士看来，是宪法应赋予的法律权利。可是，依据西方的传统，尤其是启蒙时期前的欧洲，认为为己性自杀在道德上是错误的，这是怯弱的行为，甚至是一种罪恶。古代西方人受基督教的影响，认为生命是上帝所赐予，因此也是上帝所拥有，所以，自杀僭夺了上帝的主权。这也是基督教反对为己性自杀的最大理由。同样的，在中国古代，受到先秦儒家思想影响，认为生命是父母所赐予，也是父母所拥有，因此，自杀僭夺了父母的主权。

为他性自杀，是指为他人的缘故而自杀，如，为了君主、国家、朋友、信仰，等等。香港浸会大学的哲学教授罗秉详认为，为他性自杀不等同于“利他性自杀”，利他性自杀是以他人的利益而自杀，是以后果为本的，虽然为他性自杀也是后果为本，但含义更广泛，还包括了表达自己为某人或某些人的委身而自杀，为国家或朝廷的死谏；士为知己者死的自杀；为恩公的自杀；为拯救他人性命的自杀；为报仇的自杀；为爱情的自杀。这些为他性自杀在伦理学上可以分为两类：一类是以后果为本的，也就是为他人带来利益的自杀；另一类是表达出委身，义不容辞，不管是否带来他人的利益，全然以他人为中心的献身。如屈原的自杀，是以死相谏、以身殉国，中国主流的意见始终认为屈原这种为他性自杀是值得赞扬的。南宋时期的很多将士，因蒙古人入侵中原，国家将亡，很多人选择了自杀殉国。文天祥也不例外，他的名句“人生自古谁无死，留取丹心照汗青”至今影响深远，为后人所赞颂，书写了成仁取义的人伦关系，表达为他性自杀的道德性。

二、自杀与儒家生死价值观

早期儒家伦理思想非常明确地表明，肉身生命不具有最高的价值，孔子说：杀身成仁。孟子说：生，亦我所欲也，义，亦我所欲也，二者不可得兼，舍生取义者也。依据这样的价值观，仁义才具有最高的价值，杀身成仁与舍生取义都是美德，为仁和义的自杀是义不容辞的责任。并且会用褒义的“殉”、“节”、“忠”、“孝”来表达这种为他性自杀的伟大，当然也是合乎道德与伦理的。古代中国有很多类似的观点，如：李白的“不可死而死是轻其生……可死而不死是重其死”；韩愈的“曲生何乐，直死何悲”、“不畏义死，不荣幸生”；欧阳修的“宁以义死，不苟幸生”；关羽说“勇将不怯死以苟免，壮士不毁节而求生”；等等。这种以生命的代价唤醒现实或是进行抗争，不仅不会引起鄙视，还被推崇，影响至今。1927年6月2日，清华大学教授王国维先生，自沉于北京颐和园的昆明湖。他的自杀引起不少的讨论，很多人都为之惋惜。这种为他性的自杀取向甚至更是表达了“殉”或“节”的仁义，作为楷模，至今为后人颂扬。还有一类为他性自杀在中国古代社会也是常见的，即女性的为“节、烈、贞、孝”自杀，如，为刚刚去世的丈夫自杀；为反抗逼迫再嫁而自杀；为守身如玉而自杀；为节操自杀；为守礼仪而自杀，等等，这种在一种特定的道德规范下的道德义务或是道德选择，无论主动还是被动的，是当时社会所允许甚至认可的行为。实际也是体现了中国传统的“三不朽”中的“立德”的崇高品德，是中国传统文化的重要组成部分。

另一方面，儒家的传统又提倡“身、体、发、肤，受之父母，不敢毁伤，孝之始也”。孝道要求子女对双亲尽奉养的义务，要求爱惜自己的生命。除了以孝为依据反对为己性自杀，也有反对屈原的为他性自杀的论证。实际上，大部分的道德上的争论都是以为他性自杀。从利益与代价的角度来看，认为屈原为昏庸的国君而死是不值得的，应保留性命，则对社会、政治或文化作出更大的贡献。司马迁的忍辱负重，成就了伟大的《史记》，也成就了他的美德，支持的如宋代儒学的代表陈亮与叶适，他们批评主流的儒家学说过分强调了个人的道德，忽略了其对社会及政治上的建树。也就是说，超越个人的身心之痛的人生，也是仁的一种表现，达到了治国平天下的境界，超越了个人修身的局限。再如，春秋时期的管仲，没有因为辅佐的君王之死而殉君，相反地却协助新的齐王，稳定皇室内乱，使齐国成为当时的五霸之首，自己也成为名相为后人所赞赏。可见，为他性自杀的伦理争论在儒家内部主张的思想看也不是完全一致的。

三、自杀与道家生死价值观

道家的生命观是一种与其内在的整体主义的生命-宇宙观对应的价值观。《老子》中讲道："道生一，一生二，二生三，三生万物"，"天得一以清，地得一以宁，神得一以灵，谷得一以盈，万物得一以生……"。《庄子》中有类似的表达："生也死之徒，死也生之始，孰知其纪！人之生，气之聚也。聚则为生，散则为死。若死生为徒，吾又何患！故万物一也……"。在道家看来，这一套自然主义的道之本体的生命观是在不断变化与循环的，生死在循环的变化中，所有万物最终是"气聚气散"的变化，生亦死，生亦死。可见，道家是不避讳谈死的，而生死齐一，以求超越生死之分。道家以宇宙的变化透视了生死的本质，宇宙大化，天地自然，生生死死，生命循环。"独立而不改，周始而不殆。"一切从道出发，生生不息、变化不居，然后再次复归于初始。道家的自然的循环观是明确地反映在生死问题上。庄子曰："方生方死，方死方生。"庄子认为，人生的最高境界非生亦死，同儒家的安身立命不同，道家不再将死亡看作生命以外的、完全属于超越于实体的话题。

将死亡看成自然的现象不意味着道家是支持"自杀"，相反，道家主张"顺自然"而亡，自杀显然不符合道家的主张。因为人是自然的，生命是自然的，死也要自然，该死的时候，死到达散的时候自然才能死去，而不要选择主动的死亡方式。老子强调：人法地，地法天，天法道，道法自然。顺应天命的无为，按照事物本身发展的趋势去行为，不要刻意追求生命的死亡，才是最好的珍惜生命的方式。庄子也告诫后人："不能自胜则从，神无恶乎！不能自胜而强不从者，此之谓重伤，重伤之人，无寿类矣。"也就是说，不顺其自然，强行而为，会伤害到自身。庄子虽然比较豁达地看待死亡，但同样重视生命的尊贵。即使是帝王将相完成了伟业，功成名就了，也比不上拥有生命的重要。他批评过因功利而轻重的行为，“今世之人，居高官尊爵者，皆重失之，见利轻亡其身，岂不祸哉”。意思是说位高而轻生，可谓是本末倒置，得不偿失，所以庄子是反对轻生的做法的。无论是为己性的自杀，还是为他性的自杀，都不符合道家的顺自然而为的无为思想。按照伦理分析的进路，无论结果与目的如何，自杀都不是好的方式，道家的自杀观，更符合伦理学中义务论的论证方式。所以，自杀在道家的语境中是不道德的价值取向与行为。

四、自杀与当代“尊严死亡”价值观

在现代医学技术高速发展的背景下，依靠一些先进的医疗设备保留生命，如，呼吸机，在一些人看来是对生命的不尊重，并要求安乐死。安乐死是指死的时候安安乐乐，“蓄意寻死，自我了结”，明知行为带来的死亡后果，仍然主动实施，在一定意义上，安乐死也视为自杀。虽然安乐死也有医师协助自杀，但也是根据病人的主观意见和客观的医疗条件，可见安乐死与自杀有着紧密联系。伦理上赞成安乐死最主要的论证来自“死得有尊严”这个理由。尊严（dignity）都有多种释义，汉语中的尊严释义通常指“对个人或社会集团的自身价值和社会价值的自我肯定和不可贬损性”。“尊严”一词也是伦理学和生命伦理学的一个基本的概念，康德认为，“人……都自在地作为目的而实存着，他不单纯是这个或那个意志所随意使用的工具。在他的一切行为中，不论对于自己还是对其他有理性的东西，在任何时候都必须被当做目的”。他所理解的尊严也是作为整体的人类所具有的尊严，就是那种超越一切价值的、在人格上所具有的不可冒犯、不可亵渎、不可侵越或不可剥夺的一种社会性的精神特质。

在西方国家，出于对痛苦的逃避、对生命尊严的维护，许多晚期癌症病人会明确提出安乐死，实际上是主观选择了自杀。再如，阿尔茨海默症、帕金森病、肌萎缩侧索硬化及四肢瘫痪，这类病人的生命质量降到最低，生不如死。活得痛苦，不如早点结束生命，这才是仁爱的表现。生命的价值是建立在生命的质量上，当病人不能忍受痛苦的生存，生命便不再值得继续。赞成安乐死的人，用安乐死来对抗痛苦的生存，表现对生命的尊重。这类论证通常以康德的“人是目的”理论为基础，要求把人看作目的而非手段，以满足拥有这一生命的人过有意义生活之需要。因此，单纯追求生命存在是缺乏意义的，只有这种生命存在可以满足拥有它的人的需要，生命存在才有意义。

实际上，无论对屈原的死，还是对王国维的死，儒家会大加赞赏他们为他性自杀的原因也可推论到今天我们讲的“尊严死亡”。尊严死亡的行为在古代中国相当普遍，因为“生命中不能承受之辱”，便舍生取死，避免尊严受辱。《礼记》上记载：礼不下庶人，刑不上大夫。当大夫犯罪受惩治时，有的士大夫选择自杀，以避免受刑带来的耻辱，保存尊严。古代中国人对尊严死亡的理解与现代生命伦理学提倡的尊严死有共通之处。都是在生命受到威胁，为使死亡方式更有尊严的情况下选择的自杀方式。不同的是，儒家关心的是死亡的道德正确性，即个人的自杀是在仁义的范围内，超出这个范围则不是儒家所主张的价值。而当今提倡的尊严死亡更多关心的是死亡的权力，即尊严死是一种人的权利，或是作为一项权利的人的尊严。值得注意的是，当今相当多中国知识分子是接纳这种“尊严死亡”的生死价值观的，一方面受到了西方人权的观念的影响，另一方面是对儒家的道德抉择死亡的赞同。

当然，无论古今中外，无论什么社会，无论什么身份的个体，对待生死的态度既受到各自传统文化的影响，也是多元价值观的使然。对于“自杀”的争论，赞成与反对的伦理主张都有其合理的一面，无论基于儒家或是道家、宗教或是尊严死亡的论证，我们承认所有的相关争论都是有意义的。只要生命存在，这个话题就不会结束。

（作者单位：江汉大学）

论高校廉洁文化教育与大学生成才的耦合机制

陈　军

大学生是国家宝贵的人才资源。大学时期则是大学生价值观念塑造成型的关键时期，他们在这个时期接受的廉洁教育程度决定了之后的行动逻辑和思维框架。步入大学校园的大学生，处于世界观、人生观和价值观形成与发展的关键时期，这一时期的他们离不开思想上的教育和引导。而在现今现代化快速发展时期，经济体制深刻变革、社会结构深刻变动、利益格局深刻调整、思想观念深刻变化，社会转型正在以加速度的态势推进，“互联网+时代”、“大数据时代”、“新媒体时代”、“人工智能”等标签不断涌现，“快速”、“虚拟”、“智能”、“信息爆炸”等成为时代特征，当代大学生在这样的大背景之下成长，思想更加活跃、行动更富个性，价值观念多样化成为他们极具代表性的时代特性，同时也使得大学生文化认同教育面临了更多的挑战与困境。

廉洁文化本质上属于社会意识的范畴，核心是“人”。高校廉洁文化教育将大学生群体作为教育对象，在大学生中开展廉洁文化教育是新形势下的必然要求，既是对传统文化的传承与发扬，也是在党和国家的政策号召下的具体行动。近期，兰州大学、北京体育大学、北京航空航天大学、中国矿业大学（北京）、重庆师范大学、广东财经大学、温州大学、福州大学、镇江高专艺术设计学院等国内高等院校先后开展了廉洁文化教育系列活动，大批廉洁社团的建立、廉洁领袖夏令营的开展、廉洁文化教育实践活动的实施、廉洁教育宣讲的推行，表明高校廉洁文化教育已逐步形成体系化的行动方案。

一、廉洁文化及廉洁文化教育的时代价值

（一）廉洁文化的本质内涵

"文化，天地万物（包括人）的信息的产生融汇渗透（的过程）。"这是对文化一词最本质最凝练的阐释。中华文化，历经几千年的锤炼与传承，形成了独有的特质并屹立于世界之林。廉洁文化作为中华文化的重要部分，不仅是约束社会人行为取向的动力机制，也是营造纯洁社会环境的重要思想引领。从意涵层次来看，廉洁文化可以分为微观、中观、宏观三个层面。微观层面主要表现在个人修身方面，传统儒家思想认为，修身是齐家治国平天下的逻辑起点，早在孔孟时代就有相关论点的提出，孔子的"正己"、"克己"之说，孟子"修身以俟之，立命也"之言，到后来"清心为治本"、"俭以成廉，侈以成贪"的清心养廉与戒奢以俭之论点；中观层面主要体现在从政方面，传统廉洁文化的廉洁从政层面，是指官吏秉持廉洁理念并在做官、为吏、从政中表现出来的工作方式、生活习惯、行为举止等，从"公生明，廉生威"到"公正无私，一言而万民齐"，再到"踏石留印，抓铁有痕"，"廉洁无私、正直公道、执事以敬"之深意尽显；宏观层面主要表现在治国理政范畴，廉洁文化的治国理政层面，是指在国家政体、政治治理方面的廉政理念、法纪制度以及治理路径等。西周的"六廉"制度，汉代举孝廉制度，到北宋欧阳修"礼义廉耻，国之四维"及清朝"四格八法"等，都体现了治国理政层面廉洁的重要性。从表征结构来看，廉洁文化融合了"廉洁"的特性与"文化"的普适性，具有丰富的内涵与外延，"廉"指清廉之义，"洁"取洁白之义，意指不贪污、不腐化、洁白无垢。置于高校大学生群体之中，"廉洁"一词有其特殊含义，指学生作风正派、行为得体、观念正统，而高校大学生"不廉洁"的主要表现有铺张浪费、攀比成风、生活糜烂、考试舞弊等。

（二）廉洁文化教育的时代价值

廉洁文化是中华传统文化的重要遗产。廉洁文化教育既是对中华传统优秀文化的传承，也是对当今时代精神与要求的贯彻。教育部《关于在大中小学全面开展廉洁教育的意见》中明确了廉洁教育的政策指向，《联合国反腐败公约》中指明了将廉洁文化教育落实为公共教育的实践方向。毫无疑问，廉洁文化教育得到了极大的关注。对当代大学生廉洁文化教育，具有重要的价值意义，首先，是贯彻社会主义核心价值观的现实需求。社会主义核心价值观的贯彻离不开社会成员的共同努力，高校大学生作为其中的重要力量，其作用不言而喻，加强高校廉洁文化教育有助于培养大学生廉洁意识，促进不廉洁行为的矫正塑形，引导社会正面价值导向。其次，是推进高校文化建设的内在需求动力。大学生是高校文化建设的主力军，其自身道德品质观念与行为活动直接影响校园文化建设的程度，加强廉洁文化教育有利于促进风正气清的校园环境。最后，是促进大学生坚定理想信念的重要理论工具。大学时期是大学生理想信念树立的关键时期，当前出现的大学生铺张浪费、过度消费、生活奢靡、考试作弊等现象的发生，从根本上说是理想信念歪曲的表现，加强廉洁文化教育，树立高校大学生廉洁文化意识，塑造大学生廉洁行动，是大学生坚定崇高理想信念形成的重要促因。总而言之，置于现今价值观念多元的环境，高校廉洁文化教育，于时代发展、大学生成长成才具有长远的意义。

二、高校大学生廉洁文化缺失的现状及原因剖析

（一）当前高校大学生廉洁文化缺失的现象揭示

当前普遍认为，廉洁教育的对象主要是党员干部，这一观点是在长期实践过程中形成并固化的，具有其合理性，但从本质上考究，廉洁文化教育的对象不能局限于党员干部，而应该是社会大众，将廉洁文化教育的对象范畴缩小无疑犯了以偏概全的错误。广大青年大学生作为中国特色社会主义的建设者和接班人，是一个特

殊而重要的群体，对他们进行廉洁文化教育，显得尤为重要。因此，加强高校大学生廉洁文化教育，实现廉洁文化教育端口前移，是构建廉洁文化社会环境的关键环节和必然前提。然而，近几年学生廉洁文化缺失现象层出不穷、屡见不鲜。在多元化的价值观念影响之下，以"金钱万能论"、"金钱至上，唯利是图"、"纵欲奢靡"等为代表的不廉洁现象有所抬头，高校大学生群体中浪费型、攀比型、奢靡型、舞弊型现象愈演愈烈，与当前国家倡导的社会主义核心价值观背道而驰。通过各大媒体门户网站，高校大学生廉洁文化缺失现象举不胜举，笔者从中选取具有代表性的案例进行分析阐释，具体如下表。

表1　　**高校大学生廉洁文化缺失表现**

类型	现　象	典型案例	案例描述	来　源
浪费型	铺张浪费、不重节约	一餐倒掉1000多公斤！中国高校食堂浪费了多少粮食？	中国农业大学曾有一组调查数据显示，全国一年仅餐饮浪费的蛋白质、脂肪，就高达1100万吨，这相当于2亿人一年的口粮。部分高校食堂倒掉的残食，甚至一顿就超过1000公斤！	中青在线(北京)2016.11.2
攀比型	物欲横流、攀比成风	大学生透支消费严重，直言是攀比心虚荣心作祟	中国青年报社会调查中心对2000名大学生的调查显示，55.3%的受访大学生每月生活费为1000~2000元。77.8%的受访大学生称身边透支消费普遍。	中国青年报(北京)2016.10.11
奢靡型	生活奢靡、不计后果	女生拍裸照卖身还债，裸贷或沦为色情交易	报道称，大陆校园"裸贷"问题愈演愈烈，因为受害者是以裸体持身份证件，外加个人、家庭资料作为抵押，一旦无法按时还款，债主就会威胁要公布裸照，就有女学生最后卖身还债。	南方财富网2016.10.16

续表

类型	现　象	典型案例	案例描述	来　源
奢靡型	生活奢靡、不计后果	95后女大学生校园贷30万本金需还50万，父亲卖房还债	报道称，95后女生小于(化名)向多个校园贷平台借款本金30万元，并部分提供“裸条”担保。如今，利滚利，小于要偿还借贷平台总计本息达50多万元。相关借贷“裸条”被发至网络。为此，她精神濒临崩溃。无奈之下，小于父亲只能将家里仅有的住房挂在网上售卖，“填坑”还债。	网易新闻 2016. 11. 15
舞弊型	心存侥幸、考试舞弊	大学生作弊现象严重	据新浪网调查显示，大学生中在考试时偶尔作弊的占40. 34%，经常作弊的占21. 66%，从来不作弊的只占26. 51%。	新浪网 2007

（二）高校大学生廉洁文化缺失的原因剖析

1. 高校大学生廉洁文化教育的观念误区

观念是行动的先导，观念正确与否直接影响行动的方向。目前，大学生铺张浪费、消费无度、生活糜烂、考试作弊等不廉洁行为的出现，很大程度上是观念认知不深刻所导致，这种观念认知不深刻又往往由个人与社会大环境的刻板印象造成的。首先，大学生对廉洁文化的认知不深刻，廉洁文化之于大学生，亦远亦近，“近”在廉洁文化所导向出的行为表征与学生日常生活作风紧密相连，“远”在廉洁文化行为与大学生所处的特定环境显得遥不可及。正是这种亦远亦近的原因，使得大学生对廉洁文化的认知陷入盲区，让实则重要的廉洁文化显现出不重要的外像。其次，社会刻板印象的存在致使公众对廉洁文化教育对象的理解有所偏差，当前普遍观点认为，不廉洁等同于腐败，而腐败的群体是拥有权力与资源的官员干部，大学生没有腐败的条件。深究其实质，这种观点犯了两个的错误，一是将不廉洁与腐败两者概念混淆，二是将对象群体范畴缩小。因此，学生个人认知不深刻加之社会刻板印象的存在，使得高校大学生廉洁文化教育陷入观念误区，纠正之路任重道远。

2. 高校大学生廉洁文化教育的环境困境

一方面，学校廉洁文化教育缺乏针对性。当前，在国家和社会的号召之下，高校普遍开展社会主义核心价值观、中华传统文明的内容学习与精神领悟等一系列贯彻活动，整体而言，大学生对传统文化的认知水平有所提高，显现出的行为素养更是有明显的提升。但是，需要指出的是，在高校大面积铺开传统文化教育的同时，我们也应清晰地认识到对诸如廉洁文化等专项条块的教育针对性不强，大学生都在普遍地学习传统文化，致使很多人能在“面”上掌握却无法实现“点”上的深入理解。另一方面，高校廉洁文化教育过程缺乏持续性。高校廉洁文化教育是一个持续化的系统工程，犹如高楼大厦的建设，不可能一蹴而就，亦不可能实现空中楼阁，高校廉洁文化教育的推进是观念推广、过程实施、制度保障、后期反馈一系列过程的集合，这个过程强调持续有序。而当前，高校普遍开展了很多的相关教育活动，内容丰富、形式多样，但是整个过程的衔接与连续不强，致使高校廉洁文化教育的持续性效果不能显现。

三、高校廉洁文化教育与大学生成才的耦合机制

（一）契合机制

加强大学生廉洁文化教育是加强和改进大学生思想政治教育的重要内容，是大学生自身健康成长的需要，更是培养社会主义合格建设者和可靠接班人的重要保证。高校的目标指向是育人成才，提升学生专业素质、道德品质，培养“四有”青年大学生。廉洁文化教育与高校育人成才教育工作的推进能够有效地融合，实现无缝连接，具有高度契合性。

首先，大学生成长成才是高校廉洁文化教育的目标所指。在高

校廉洁文化教育中，大学生是最基本、最动态的因素，同时也是廉洁文化教育实现的主体因素和基本前提。正所谓，青年兴，则国家兴；青年强，则国家强；青年有希望，则未来的发展就有希望。大学生的特殊角色决定了他们首先是文化争夺和价值塑造的对象。在多元文化和多样复杂的文化环境中，大学生对不同文化表现出不同的感知与认同，从而形成了不同的文化行为与文化理念。归根结底，“培养什么样的人、如何培养人，是我国社会主义教育事业发展中必须解决好的根本问题”。

其次，高校廉洁文化教育是促进大学生成才的重要手段。促成大学生成长成才的途径与手段是多种多样的。高校廉洁文化教育的关键是以廉洁教育为切入点，依据大学生成才的价值取向与普适标准，以培养德才兼备的大学生为目标指向，其作用体现在思想养成与行为塑造两方面，一是有利于培养青年大学生不贪、不受、节俭、为民、务实、清廉等道德品质，二是有利于促进学生正心、修身、齐家等行为模式的塑造。

（二）黏合机制

1. 转变观念，促进廉洁文化教育端口前移

有学者在相关研究中指出，当前普遍存在一个观念误区，即认为廉洁文化教育的目标群体是拥有权力的人。单纯将拥有权力的人作为廉洁文化教育的目标指向，不仅犯了以偏概全的错误，更将廉洁文化教育的端口延后。大学时期是学生价值观念塑造成型的关键时期，他们在这个时期接受的廉洁教育程度决定了之后的行动逻辑和思维框架。因此，转变观念，促进廉洁文化教育端口前移到大学时期，不仅是有效预防腐败之风的前置措施，也是培养大学生成长成才的关键抓手。

一方面，加强高校大学生廉洁文化意识的培养。意识是行动的先导与指南，廉洁文化意识的培养是抵制大学生不廉之风的前提环节。将学校廉洁意识培养和法制、道德教育相结合，提高大学生的政治法律素养。采用循序渐进、由浅入深的渗透方式，把廉洁教育与法制、道德教育融入大学生的生活和学习中。另一方面，加强高

校大学生廉洁行为的塑造。廉洁行为的塑造是一个长期的系统过程，不可能一蹴而就，在这个过程中，大学生之间的相互影响与促动非常关键，即一个廉洁行为可以带动一小部分廉洁行为，一小部分廉洁行为能够营造一个风清气正的大环境。组织大学生参观廉政文化基地和反腐倡廉专题展览，到法院、监狱开展现场警示教育等，让廉洁教育落到实处，引导大学生提高廉洁意识，锤炼生活作风，增加反腐倡廉的信心。

2. 营造环境，加强校园廉洁教育网络构建

当前高校浪费型、攀比型、奢靡型等现象的产生，给社会敲响了警钟。现在的浪费、攀比、奢靡有可能诱发的是以后的腐败、不廉洁等深层次的问题。要将这些问题在萌芽阶段得到根治，必须构建校园廉洁教育多中心网络体系，营造廉洁文化在校园、廉洁文化入人心的教育环境。

首先，发挥教师教育的主导作用，促进大学生学业成才。教师教育是润物细无声的过程，在廉洁文化教育中起着关键作用。这在德国哲学家亚斯贝尔斯优美的描绘中窥见一斑，教育事业是“一棵树摇动另一棵树、一朵云推动另一朵云、一个灵魂唤醒另一个灵魂”。发挥教师教育的主导作用，一方面，要将强课堂教育，将廉洁文化“三进”工作落实到实处，推进廉洁文化教育进校园、进课堂、进学生头脑，以廉洁文化教育为学生塑型充脑，促动学生以良好的行为作风开展学习，提升专业学习能力；另一方面，应加强行为管理教育。针对当前高校一部分大学生铺张浪费、攀比成风、奢靡无度等现象，高校应适时出台相应的规章制度，管理工作者应加强学生行为管理，规范学生廉洁行为。

其次，突出学生党员的示范作用，带动大学生思想成才。学生党员是高校学生中综合素质高、思想积极的先进学生，他们在学生群体中扮演的是排头兵的角色，发挥着先锋模范作用。因此，突出学生党员示范作用，一方面要加强学生党员的廉洁文化教育，毋庸置疑，学生党员是高校廉洁文化教育的重要目标指向，学生党员廉洁文化教育在一定程度上影响高校学生廉洁文化教育的效果。另一方面，发挥学生党员的示范带动作用，正如毛泽东同志所说，“只

要我们党的作用完全正派了，全国人民就会跟着我们学”，亦然，学生党员在思想、生活、学习上发扬朴素、廉洁、吃苦耐劳之风必将带动周边同学的廉洁意识认知与廉洁行为塑造。

最后，重视校园媒体的促进作用，推动大学生作风成才。在高校校园中，校园媒体是校园文化构建中不可忽视的力量。同样，在高校廉洁文化教育过程中，校园媒体在教育宣传、环境营造等环节起着非常重要的作用。据此，应充分发挥校园媒体的作用。一方面，加强校报校刊、校园广播、校园网络、校园公众平台等媒体的建设，坚持和引导有利于廉洁文化教育的舆论导向。另一方面，应加强校园媒介与高校行政管理、学生社团活动的互动结合，将高校廉洁文化教育中的典型案例、榜样力量适时宣传推送，定时开展廉洁教育讲座、廉洁文化知识竞赛、廉洁主题观影、廉洁图片展览等活动，借助互联网平台进行线上线下的教育学习互动，达到更好的教育效果。

3. 整合力量，推进“高校、社会、家庭、个人”多中心廉洁文化教育体系

多中心主体的合理性在公共治理中得到了理论与实践的佐证，公共治理理论认为，多中心治理主体模式改变了单一主体模式的滞后性、狭窄性等缺陷，有利于营造多元主体共同参与的网络化环境。在廉洁文化教育过程中，多中心主体的参与无疑会增强教育面的铺盖范围及教育过程的持续力度。廉洁文化教育是高校、家庭、社会、个人等多中心主体共同推进开展的系统工程，需要指出的是，在这个系统工程中，高校不仅在廉洁文化教育中起的主导作用，而且在引导社会、家庭、个人等主体进入多中心教育体系中发挥着主导作用。高校作为高等教育的重要场所，它有相对自身的特殊性与独立性。需要注意的是，学生的教育是高校、社会、家庭、个人自身等多方因素共同作用的结果，因此，大学生廉洁文化教育，必须使学校、家庭、社会、学生个人联动起来，形成整体合力，发挥 1+1+1+1>4 的合力作用。首先，高校教育是大学生廉洁文化教育的主要方面，在整个教育活动过程中扮演主导角色，起主导作用，推行高校廉洁文化教育，必须从高校教育做起，建设廉洁

的校园教育环境与廉洁的校园形象，发挥学校教育的引领作用。其次，家庭教育是大学生廉洁文化教育的必要补充，在整个教育活动过程中扮演添加剂的角色，起到补充作用，家庭教育中，家长是孩子的主要模仿对象，家长的行为与思想对孩子的影响很大，因此，家长应严格要求自身在生活作风、消费观念、人生信念等方面的日常行为，以身作则带动孩子在成长过程中树立正确的消费观、物质观、人生观、价值观。再次，社会教育是大学生廉洁文化教育的保障环节，在整个教育活动过程中扮演粘合剂的角色，起到保障监督作用，社会教育主要是以调动社会大众共同构建社会教育环境，从而达到大众受教的效果，在这个过程中最重要的是环境的营造与媒介的宣传，因此，要加强对大学生的不廉洁现象的揭示与批评教育，增强对先进事迹的跟踪报道，鼓励大学生向善、向美、向廉。最后，自我教育是大学生廉洁意识培育的关键环节，起转化作用，自我教育的核心在于“自我”，关键在于转化，在接受学校、家庭、社会等不同层面的廉洁文化教育时，关键点在于如何实现接受到的教育转化并根植为自我的思想意识，因此，加强对外部教育的接受力，提升自我转化能力，做好自重、自省、自警、自励，为自身的全面发展打下夯实的思想基础。

（作者单位：江汉大学）

三、思想政治理论课教学改革

冲击　回应　改革：多元社会思潮视域下的高校思想政治理论教育

杨伟才

当前，我国正处在社会变革和转型期，随着经济全球化的不断发展和改革开放的持续推进，多元社会思潮相互激荡，对我国的社会发展和人们的思想观念产生重大的影响，高校思想政治理论教育也由此受到来自国内外多元社会思潮的强烈冲击。因此，积极应对社会思潮的挑战，持续推进思想政治理论教育的改革创新，努力增强思想政治理论教育的实效性，是我国高等教育面临的重大课题。

一、冲击思想政治理论教育：社会思潮的性质使然

当前高校流传的多元社会思潮，一方面对于高校思想政治理论教育丰富内容素材、拓展研究空间，帮助大学生开阔视野、活跃思维等方面有着一定的积极作用。但另一方面，西方社会思潮绝大多数因本质上代表和反映资产阶级的价值观，其性质与高校思想政治理论教育是相对立的，故对思想政治理论教育效果的弱化和消解是显而易见的，对思想政治理论教育产生了强烈的冲击。

1. 造成大学生理想信念动摇。当今的大学生大多没有读过马恩的经典著作，他们对马克思主义的认知往往仅限于教师在课堂上的讲解，对马克思主义的基本立场、观点和方法，既知之不全，也悟之不透。此时，新自由主义、“普世价值”论、民主社会主义等西方社会思潮的流传，一些西方强势学者的只言片语，就会使得一些大学生不假思索地认同或接受，因而造成了不少大学生对马克思主义的认知困惑，对社会主义道路、共产主义社会理想产生怀疑，

大大消解了高校思想政治理论教育对大学生马克思主义信仰教育的成效。

2. 造成大学生价值取向混乱。随着改革开放的不断深入和社会生活的急剧变化，多元社会思潮竞相“粉墨登场”，一些社会思潮新奇的观点和诱人的话语极易吸引人们的眼球，对于涉世未深的大学生而言，难免会导致价值判断上的错乱。例如，后现代主义思潮的“反传统”、“反权威”、“反中心”、“反单一”等主张，引发了一些大学生的价值冲突和思想混乱。有的大学生行为方式随意化，游戏人生、道德失范、是非不分、荣辱不辨；有的价值取向功利化、世俗化，追求感官刺激与肉体享受，奉行享乐主义、拜金主义；有的社会责任缺失，只图索取、不讲奉献，个人利益至上。这些都表明后现代主义思潮给当今大学生带来了价值建构的迷惘和对人生意义理解的困惑。又如近年来流传的“普世价值”论，也直接干扰着大学生的价值判断。一些人把西方资产阶级的平等、民主、自由等奉为“普世价值”，把以美国为代表的西方制度模式和价值理念视为“人类文明主流”。实际上“西方‘普世价值’偷换了价值观念和价值事实的概念，混淆了真理性话语与政治性话语，是在以抽象的共同价值观念为幌子，推销其具体的资本主义观念和制度”。[1]“普世价值”论似是而非的观点容易导致价值观尚未成熟且又缺乏相应理论基础的大学生产生思想认识上的疑惑，甚至方寸错乱，社会主义核心价值观教育由此受到严重的干扰和挑战。

3. 造成大学生对社会问题认识的困惑。高度介入社会热点问题是当代社会思潮的一个显著的特点。而随着我国改革在深水区的不断推进，一些社会问题日渐显现出来，如分配不公、两极分化、官员腐败、环境污染、就业压力等问题，致使一些关注社会热点问题的大学生在心理和思想认识上产生极大的困惑。在这样的情势下民主社会主义宣扬的所谓“自由、平等、友爱、正义、民主、互助”，新自由主义鼓吹的资产阶级自由化、私有化、市场化，这些社会思潮及其观点不仅在理论上容易错引大学生对社会问题的误读与曲解，而且还可能会强化大学生对当下社会现实的不满情绪。再者，中国的改革开放是在理论准备相对不足的情势下起步的，理论常常滞后于实践，使得理论因准备不足导致对实践解析能力的弱化，这种情形现今在某种程度上依然存在，这就造成了当一些与理论反差大的社会热点问题出现时，大学生难以从理论上（尤其从主流意识形态中）找到合理的诠释，从而产生了对马克思主义作为主流意识形态理性权威的深切怀疑，导致把关注点转向其他社会思潮，试图从一些社会思潮中寻求解读中国现实社会问题的答案。

二、回应社会思潮：思想政治理论教育的使命所在

高校思政课是对大学生进行思想政治教育的主阵地和主渠道，面对汹涌来袭的多元社会思潮，“思政课教学要敢于发声，敢于亮剑，在大是大非面前，在尖锐理论问题面前具有‘思政课不讲谁讲，思政课不回答谁来回答’的强烈责任感和使命感”[2]。因此，回应多样化社会思潮的挑战，这既是思想政治理论教育改革的需要，也是思想政治教育所担负的政治使命之所在。

1. 回应多样化社会思潮的挑战是高校思想政治理论教育改革的需要。面对多元社会思潮的冲击和挑战，高校思想政治理论教育不能一成不变，教育的内容、手段和方法必须随着社会现实的发展变化而不断改革创新，使思想政治理论教育同社会发展变化和受教育者的发展成长需要相结合，否则，就会大大弱化思想政治理论教育的成效。目前，高校思想政治理论的教育中，教师过多地偏重于对教材的阐释与讲解，在把教材体系向教学体系转变方面仍显欠缺，因而在一定程度上影响了思想政治理论教育的成效。如果教师在教学中能在遵从教材基本架构的基础上，选择与教育内容相关的社会思潮及其观点加以比较分析，这样既可以用教学内容中的科学原理驳斥和批判错误的社会思潮，也可以用正确的社会思潮丰富和支撑教学内容。再者，从高校思想政治理论教育的方法论原则出发，也要求我们在进行思想政治理论教育时，不能照本宣科，而应紧密联系社会现实和大学生的思想实际。回避当代社会思潮，就离开了大学生们关心的社会热点和理论问题，也就脱离了大学生的思想实际，思想政治理论教育就会陷入无的放矢的说教，就会与教育

对象形成隔阂，其实效性就难以得到有效的保证。因此，要积极回应和主动评析社会思潮，不断推进高校思想政治理论教育的改革与创新，使高校思想政治理论教育在与多元社会思潮的碰撞和比较中不断注入新的内容，发挥更加重要的作用。

2. 回应社会思潮的挑战是用马克思主义占领高校思想政治教育阵地的需要。习近平总书记强调指出：“我们必须把意识形态工作的领导权、管理权、话语权牢牢掌握在手中，任何时候都不能旁落，否则就要犯无可挽回的历史性错误”。[3]这一重要论断，充分说明了做好意识形态工作和占领思想政治教育阵地的极端重要性。高校思想政治理论教育者如果对一些错误的社会思潮装聋作哑、放任自流，或是投鼠忌器、隔靴搔痒，就可能使高校思想政治理论教育的主阵地丧失应有的地位和作用，是政治上严重失职的表现。唯有坚持原则，积极回应社会思潮，对错误的社会思潮及其观点旗帜鲜明地予以批驳，才是高校思想政治教育者必须做出的正确选择和所要担负起的政治责任。

3. 回应社会思潮的挑战是提升大学生辨析社会思潮能力的需要。对于世界观、人生观正在形成，政治理论基础和分析问题能力薄弱的大学生来说，要对一些错误思潮的观点及其危害有充分的认识和鉴别，并作出正确的应对是不现实的。因此，积极主动回应社会思潮，努力增强大学生辨析社会思潮的能力是高校思想政治理论教育不可推托的责任。高校思想政治理论教育具有深刻的理论性和严密的逻辑性，在教育中如果能用马克思主义基本原理来分析多元社会思潮，特别是那些对大学生的思想行为产生严重干扰的社会思潮，通过摆事实、讲道理的方式向大学生指出错误社会思潮理论根基的荒谬之处，在理论对话和交锋中彰显马克思主义理论的科学性，这样在增进大学生对马克思主义的认同感、充分认识错误社会思潮危害性的同时，也培养了大学生如何用马克思主义的基本立场、观点和方法分析、鉴别社会思潮，增强抵御错误社会思潮干扰的免疫力和与各种社会思潮交流对话的能力。

三、推进改革创新：高校思想政治理论教育回应社会思潮的必然选择

社会思潮多元化是当前高校思想政治理论教育面临的主要形势，面对汹涌来袭的社会思潮，我们“一定要胸怀大局、把握大势、着眼大事，找准工作切入点和着力点，做到因势而谋、应势而动、顺势而为”。[4]努力寻求加强和改进思想政治理论教育的方法与路径，不断提高思想政治理论教育的实效性，积极回应社会思潮的冲击与挑战。

1. 更新教育理念。教育理念是教书育人的旗帜和灵魂，是教育运行的基石和教育目标实现的关键，它决定教育教学内容、方法和手段的选择。因此，高校思想政治理论教育要有效应对社会思潮的冲击，就必须着力推进改革，更新教育理念。为此，一要树立以生为本的教育理念。现代人本教育论认为，教育应以人为本，尊重人的意义和价值，弘扬人的主体和个性，丰富人的生命和生活，促进人的全面发展。而传统的高校思想政治理论教育由于过于倚重强调教育的政治功能和社会价值，而往往忽视了对学生的内心关切和主体价值的关注，因而当一些打着关注人的心理需求和体现人的主体价值招牌的社会思潮传入大学校园时，就迅速俘获了大学生的心，这在一定程度上显露了高校思想政治理论教育存在的问题，必须引起我们的高度重视。所以我们要更新思想政治理论教育的理念，坚持以学生为本，在教育中更加贴近社会实际、贴近现实生活、贴近学生关切，注重把握学生思想脉搏，关心学生的利益诉求，用真情实感来感化学生，真正体现思想政治教育中对学生的人文关怀。二是要树立民主开放理念。教育实践证明，学生优良品性的培育与教师的民主、宽容和开放的教育理念紧密相连。在全球化、信息化和开放化的社会发展新常态下，各种思想文化交流交锋不断加剧，对于在高校校园内流传的社会思潮，用堵的方式关门教育是不可取的。回应社会思潮最好的方式就是开门教育，将社会思潮纳入高校思想政治理论教育的范围，注重吸收正确的社会思潮或一些社会思潮中的正确观点来充实和丰富思想政治理论教育的内

容，对错误的社会思潮旗帜鲜明地予以批判。在思想政治理论教育的过程中，教师要充分发扬课堂民主，可以组织学生围绕一些社会思潮展开讨论，鼓励学生踊跃参与、大胆质疑，让不同的观点在讨论、交流中碰撞，教师针对学生存在的问题进行解疑答惑，从而达到去除对错误思潮辨析的障碍，提升大学生对马克思主义的理论自觉和理论自信的目的。

2. 丰富教学内容。当前多样化的社会思潮已经对思想政治理论教育产生严重的冲击，高校思想政治理论教育如果绕开社会思潮，就会导致教育无法贴近社会实际和学生的思想实际。因此，在思想政治理论教育中，结合教育内容，有选择地重点评介一些社会思潮，这既可以丰富教学内容，也可以培养学生鉴别社会思潮的能力。在教育内容的选择上，一要分清轻重缓急，重点结合那些关系我国经济社会发展、对大学生产生重要影响和严重误导的社会思潮进行评析。近年来，“新自由主义”、历史虚无主义、“普世价值”论等社会思潮对我国社会发展和人的思想观念影响较大，对大学生正确的理想信念和世界观、人生观、价值观的形成产生严重的冲击(根据《人民论坛》的问卷调查，这几种社会思潮都位列在近 3 年社会关注的 10 大社会思潮之中)，应该引起我们的高度重视。二要兼顾教材与现实，根据教育内容和现实社会热点、难点以及大学生的思想实际选择社会思潮进行评析。因此，教师在备课时既要“备教材”，也要“备学生”。“备教材”就是要吃透教材，根据教材内容、篇章结构，选取与教育内容所关联的社会思潮进行有针对性的对比和评析；“备学生”就是要及时了解学生的思想动态，准确把握学生对社会现实热点问题的关切点，依此选定相关的社会思潮进行重点评介，这样使学生在比较分析中增强辨别各种社会思潮以及与其对话的能力。

3. 改进教育方法。高校思想政治理论教育必须针对社会思潮的特点及其对思想政治理论教育的挑战，采用行之有效的教育方法。一是问题探究法。探究式教育法为大学生营造了民主的学习氛围，可以较好地调动他们的学习的积极性和主动性。教师在评介社会思潮的过程中，可以结合社会思潮的某些错误观点和学生所关注的社会热点问题，组织学生查阅相关资料、发表演讲、开展讨论和辩论，给学生提供一个对各种社会思潮自由阐释自己观点的平台，在不同观点的交流和碰撞与老师的指导中形成对社会思潮的正确把握。二是比较分析法。思想政治理论教育要能够说服人，必须就有关问题同相应的社会思潮及其观点进行比较分析，通过说清事实、阐明道理，帮助学生分清是非，引导学生在比较分析中对多元社会思潮作出正确的判断和理性的应对。三是阶级分析法。这是评析社会思潮不可或缺的方法。尽管许多社会思潮都主张价值中立，但其背后总是代表特定阶级、阶层的立场和利益，因而在评析社会思潮时要善于用马克思主义的阶级分析法向学生阐明该思潮观点主张隐含的阶级属性和真实意图，进而增强大学生的政治敏锐性。

4. 拓展教育渠道。高校思想政治理论教育必须在注重提升课堂理论教学成效的同时，努力拓展教育渠道，积极探索多样化的教育形式，主动回应社会思潮的冲击。一是注重实践教育。当代大学生普遍存在社会实践的参与度较低、对国情、社情、民情了解较少、看问题理想主义色彩比较浓重等问题，对社会思潮中的一些理论和观点，常常会作出不切实际的误读和曲解。因此，要积极组织大学生开展社会实践活动，引导学生走出校门，深入到农村、乡镇、街道和企业，进行参观学习和调查研究，让大学生从中更好地了解国情和民情，了解改革开放和社会主义现代化建设的伟大成就，提高他们观察问题、分析问题、解决问题的能力，进而增强抵制各种错误社会思潮侵蚀的自觉性。二是注重网络教育。随着信息网络技术的高速发展，网络已深刻影响着大学生日常学习和社会生活，高校的思想政治理论教育必须根据信息网络时代的形势和条件进行改革与创新。一方面，高校思想政治教育者应该充分利用学校的校园网、思政网、BBS 等网络阵地开拓思想政治理论教育的空间，使网络成为思想政治理论教育的第二课堂。另一方面，要及时正面地引导网络信息的传播，在努力消除和弱化各种有害信息对大学生不良影响的同时，积极组织网络舆情力量，围绕大学生普遍关注的社会热点问题，有的放矢地做好网络舆情的导向工作，变被动应对为主动引领，从而牢牢掌握网络思想政治教育的主动权。此外，还可以通过讲座报告的方式针对当前对大学生影响较大的社会思潮进行专题教育；通过开设相关课程的方式，对关注和热心研究社会思潮的学生进行系统的教育。还可以通过组织形式多样、内容丰富的校园文化活动，为大学生搭建各种思想交流和自我教育的平台，让他们在自由、平等的对话、讨论中，表达对多元社会思潮的认识与理解，使他们学会在思想碰撞中多角度来思考问题，得出对社会思潮的正确认识。

参考文献：

［1］钟君．增强对社会主义意识形态的六大认同［J］．红旗文稿，2015（15）：9-12.

［2］李卫红．在高校思想政治理论课教研创新论坛上的讲话［J］．思想理论教育导刊，2014（11）：4-6.

［3］王伟光．牢牢掌握意识形态工作领导权管理权话语权［N］．人民日报，2013-10-08（7）．

［4］习近平谈治国理政［M］．北京：外文出版社，2014：153.

（作者单位：福建工程学院）

此文是作者2015年度福建省社会科学项目（FJ2015B002）、2015年福建省教育科学规划课题重点项目（FJJKCGZ15-031）的阶段性成果。

略论思想政治教育话语及其现代转型

林振东

作为一项借由对话语的操控来进行政治宣传、理论灌输、思想沟通、凝聚共识的特定教育实践活动，思想政治教育的有序开展和效果达成，有赖于一套规范而稳定的话语体系的高效运作。然而，随着社会转型的推进，时代的变迁和发展，社会差异化、价值取向多元化、文化全球化、信息网络化的日趋加剧，思想政治教育话语经受着前所未有的冲击和挑战。在这一背景下，对思想政治教育话语现代转型问题进行研究，不仅是思想政治教育研究的一个深刻理论课题，而且更是关乎思想政治教育话语权能否稳固的一个重大实践问题。

一、思想政治教育话语的概念及其特征

作为表征语言具体实践的一个术语，话语是指在特定的语境中按照一定语言规则、规律与规范表达出来，能够描述并建构社会关系乃至社会实体，并将人置于主体地位的复杂的符号系统。而作为一种特定的话语类型，思想政治教育话语则专指社会话语体系中代表社会主导意识形态并掌控社会话语权的一种话语。在长期的思想政治教育实践活动中，思想政治教育话语逐渐形成诸多稳定的规范性特点。

（一）话语主体的主导性

所谓思想政治教育话语主体的主导性，就是作为思想政治教育主体的教育者对思想政治教育活动的顺利开展起着不可或缺的主导

作用。在整个教育活动中，思想政治教育主体始终处于主导地位，借由对思想政治教育话语的表达来组织、激发并引导教育客体参与到具体的思想政治教育话语实践中，进而促使他们形成主导（或统治）阶级所要求的价值取向、政治素质和思想观念。可见，思想政治教育话语主体的主导性不仅影响着话语思想的表达，而且还关乎整个思想政治教育工作实效的取得，乃至于影响到整个社会思潮的发展趋向。鉴于此，思想政治教育话语主体要切实体现其主导性，就必须不仅具备符合本阶级要求的过硬政治素质与高尚价值追求，而且还必须具有高超的话语技艺和表达能力。

（二）话语内容的政治性

就学科属性而言，思想政治教育隶属于马克思主义思想政治教育学范畴，因而必然具有马克思主义一级学科的鲜明特点——政治性或意识形态性。在这里，所谓思想政治教育的政治性，就是指它由于从属于一个阶级、服务于阶级根本利益并维护阶级统治而表现出来的政治性和阶级性。相应地，作为表达思想政治教育目的的语言实践，思想政治教育话语也必定带有其所承载并为之服务的思想政治教育的意识形态性，要受到它孕育于其中的特定社会主导意识形态的制约和支配。因而，在具体的思想政治教育话语建构与实践过程中，不仅要彰显其作为一般思想教育的本质规定性，而且尤其要符合它归属于其中的马克思主义主流意识形态的政治立场和价值取向。这一特性是思想政治教育话语与其他教育话语相区别的根本之所在。

（三）话语形式的稳定性

思想政治教育话语是在特定的语境中根据一定语言规范建构思想政治教育内容的符号系统，从而呈现出一定的规范性与规律性。同时，话语形式也不是主观随意确定的，通常需要根据特定的语境来选定的。在一定时期和范围内，特定的语境是恒定不变的；相应地，据其所确立的思想政治教育话语形式也表现出一定的稳定性。值得强调的是，这种稳定性并不具有终极的意义，因为思想政治教育话语据以确立的语境并不是一成不变的，而是随着社会的发展与时代的进步而不断变化的。

（四）话语表述的直接性

思想政治教育话语要想达到最佳教育效果，就必须最大限度地优化教育者与受教育者进行对话、交流和沟通的话语方式。在思想政治教育话语实践中，教育主体为了能让受教育者尽快并深刻地了解思想政治教育内容，通常采取较为直接的表述方式，开门见山地直入主题。直接表述的话语表述方式无疑具有直接、明了、便捷等特点，不仅能够有效免除繁文缛节的弊琐和语意含混的两歧，而且还能够极大减少话语交往过程中的话语资源消耗，从而有益于提高思想政治教育的有效性。然而，正如一枚硬币的两面，思想政治教育话语表述方式的直接性也存在着生硬呆板、固化机械等不足，致使受教育者在接受教育时易于产生倦怠、抵触甚至反感等负面心理和情绪，进而在一定程度上消减了思想政治教育的实际效果。

二、思想政治教育话语所面临的现实困境

如前所述，思想政治教育话语作为社会发展的一个文化表征和产物，是在特定语境中产生的。一旦其孕育于其中的特定社会形态及其固有语境发生变化，这种既有的思想政治教育话语必定会陷入困境和危机。当前，我国社会正处于剧烈转型中，致使我国思想政治教育话语不可避免地陷入种种现实困境之中。

（一）理论视阈褊狭导致“玄学化”

毋庸赘言，每一个现实的、具体的人（无论是教育者还是被教育者）无一不是以生活世界为生存境域的。这是因为，人只有生存于精彩纷呈的生活世界中，才能使得其个体生命充满价值和意义，才能积极践履自主的道德行为。同样，作为人之特定实践活动的思想政治教育，也必定是产生并存在于生活世界之中的。然而，在社会转型过程中，思想政治教育却逐渐偏离了生活世界，日益趋向单向度、机械的科学世界，导致了一定程度的思想政治教育异化

现象。与这一过程相伴随，思想政治教育话语也日渐与生活世界相疏离，并为科学世界所占领。尤为严重的是，思想政治教育本身的异化还直接引发了其学科理论的异化，作为“经世致用之学”的思想政治教育理论也正日益异化为远离生活和现实的玄学。在思想政治教育理论异化状态下，本真的生活世界日渐淡出理论研究的视野，对人们的生活实践和现实世界真谛的探求不再是思想政治教育学科的治学方向；相反，对科学世界与自我世界的构筑则成为这一领域的显学，由此呈现出鲜明的“玄学化”趋势。这样，在思想政治教育实践异化及其所引发的理论研究“玄学化”的共同作用下，思想政治教育话语也日趋“玄学化”，越来越游离于受教育者的生活世界之外，越来越难以走进并碰触他们的心灵，进而思想政治教育主导话语越来越无法获得他们的精神认同。

（二）官样话语偏好引发“离散化”

随着社会转型的不断推进，社会利益格局正经历着巨大变化。在这一过程中，社会问题日渐凸显、社会矛盾日益频发，社会越来越呈现为多元化和异质化。作为社会状况的文化回应，曾一度稳固占据主导地位的思想政治教育话语不再具有公共性，一种全新的多元化和异质化的话语环境体系日趋形成，代表着不同利益和旨趣的话语系统呈现出一派相互碰撞、互为沟壑的繁杂景象。然而，思想政治教育话语未能及时而全面地把握这一语境变化，仍执着于传统的“文本话语”、“现成话语”和“学术话语”等官样话语，仍执着于标准化、模式化和理论化的语言和模式，因而未能将学术话语转换成通俗化、大众化的日常话语。尤为严重的是，随着网络信息化的不断发展，各种不同话语之间的隔阂与鸿沟日趋放大，思想政治教育话语越来越难以统合各种非主流思想，从而致使整个社会话语系统呈现出一派“离散化”景象。同样，思想政治教育话语对这一灵活性、高效性的传播方式也未能作出充分而有效的反应，仍固守着传统的概念堆砌式说教和照本宣科式宣传，对现代话语思潮及其传播方式还未能借由主导话语的引导、同化与融合作用来构建符合时代特征与潮流趋向的新型的公共性话语，从而造成主导性思想政治教育话语的空位和缺场。这样，在这种价值多元化语境下，社会成员所秉承的异质话语不断冲击并挑战着传统意识形态的主导话语，思想政治教育主导话语权威受到了冲击和解构，进而显现出难以弥合的话语隔阂和鸿沟。

（三）单向灌输偏执致使“虚弱化”

究其实质，思想政治教育是教育者通过话语交往实践对受教育者进行观念引导与价值塑造的过程，要求二者的自主参与双向互动。然而，在现实的思想政治教育过程中，思想政治教育者倾向于凭借自己的知识与信息优势牢牢掌握了话语权，借助自己的绝对权威将本应鲜活的政治理论和价值观念硬性地灌输给被教育者。这样，思想政治教育的公共话语空间异化为教育者的“一言堂”以及单向灌输的“独角戏”，致使思想政治教育话语权陷入“虚弱化”状态。从受教育者的视角看，思想政治教育话语权“虚弱化”主要表现为话语权弱化。在单向灌输式思想政治教育话语实践中，教育者无可置疑的权威地位不容受教育者对其教授内容有丝毫的辩解或质疑的余地，二者缺乏心灵的自由沟通与精神的平等交流，使得受教育者陷入欲说不能的境地，其话语权由此被“闲置化”和“边缘化”，对那些被硬性灌输的教学内容了无兴趣，无力也无意对其进行深入探究与思考，从而成了教学过程中被动的客体，呈现出话语权弱化的消极现象。然而，受教育者话语权弱化并不意味着教育者话语权的强化，相反，其话语权在很大程度上被虚化了。

（四）价值取向偏离造成“内卷化”

在其原初的意义上，“内卷化”（involution）是指当某种事物达到一定的发展阶段或形态会发生内卷、内缠、纠缠不清等状况。尤红姣和侯勇在《思想政治教育话语的现实困境及解困之思》一文中将其引入思想政治教育理论领域，意指思想政治教育参与者由于陷入价值迷失而致使思想政治教育话语陷入现代性危机与困境，未能有效发挥应具有的能力提升与道德塑造作用。在本文中，笔者也是在这一意义上使用这一概念的，特指当前思想政治教育实践存在价值取向偏离，致使思想政治教育参与者话语权出现虚化或弱化现象。一方面，从思想政治教育主体的视角看，表现为教育者职业能力或职业道德不能满足思想政治教育的现实要求。客观地说，之所以会出现教育主体“内卷化”，主要是由于我国高等教育规模的扩大对师资需求日益激增，以致于思想政治工作队伍专业水准和道德水平参差不齐。同时还应当看到，市场原则渗入及其引发的功利主义思想侵蚀也在相当程度上弱化了思想政治教育作为文化传播的价值魅力，致使教育主体出现道德淡薄化、学术功利化倾向，进而陷入一种价值迷失状态，出现职业倦怠现象。另一方面，从思想政治教育客体的视角看，表现为受教育者的政治水准和道德水平未能实现预期目标。究其根本，思想政治教育客体“内卷化”部分地应归因于以上所述及的思想政治教育话语体系中控制性话语偏好及其“填鸭式”灌输方式，但在更大的程度上在于工具性话语泛滥所致。市场经济体制下，思想政治教育话语的工具性价值日益上升，教育的内涵价值蜕化为外在实利追求，教育的价值目标正逐渐演变成塑造社会规范所需要的人才，用社会的需求压抑主体个性的发展，片面强调个体社会化进程，将受教育者培养成技术的工具，忽视了受教育者道德情感和个体个性化发展。

三、思想政治教育话语现代转型的重点与方向

针对上述种种现实困境，思想政治教育话语要实现现代转型，就应顺应其语境的变化要求，致力于推进话语价值取向、体系内容、实践方式、交流空域等一系列转变与革新。

（一）端正话语价值取向，实现从“工具话语”向“价值话语”的转变

毋庸赘言，思想政治教育话语具有工具属性，具有为统治阶级进行意识形态性辩护以及为社会塑造合格守法公民的功能。然而，它终归是一种教育话语，在其终极的意义上，其价值目标无疑在于促进社会个体的个性发展与人性张扬。然而，传统的思想政治教育倾向于将其话语仅仅限于工具属性和教化功能，而忽视了其所应具

有的价值与意义。在很大程度上，思想政治教育话语所面临的现代危机无一不最终归因于其价值偏离。为此，要摆脱思想政治教育话语现代性危机，就必须切实实现从“工具话语”向“价值话语”的转变。

一方面，在顶层设计层面上，要实现工具价值与终极价值的辩证统一。要转变思想政治教育理念，在注重思想政治教育话语对政治秩序稳定以及社会发展进步之实践效用的同时，强调其话语内容所蕴含的思想信息和价值取向对于人之发展的价值与意义。

另一方面，在具体操作层面上，提高教育者的业务素质和道德水准。教育者作为教育理念最终和直接的践行者，其业务素质和道德水准直接关乎教育理念能否得以实现。因而，要切实实现思想政治教育话语的价值转向，就必须针对目前思想政治教育从业人员专业水准和道德水平参差不齐问题，严把入职关口，并加大对思想政治教育教师队伍的业务培训和道德培养。

（二）更新话语体系内容，实现从“官样话语”向“日常话语”的转变

思想政治教育话语内容是思想政治教育理念和价值取向的载体和依托。因而，为了有效摆脱思想政治教育话语的现代困境，就必须在思想政治教育现代理念的指导下，着力于更新话语体系内容，实现“官样话语”向“日常话语”的转变。

其一，实现从“文本话语”向“人本话语”的转变。为了推进思想政治教育学科理论研究，研究人员固然需要共同遵从一套标准化、模式化的语言和模式。然而，正如以上所述及的，这一研究并不具有终极的意义，最终又必归于对社会个体的价值关怀。这就要求必须实现从“文本话语”向“人本话语”的转变。具体说来，就是要变革思想政治教育话语文本范式，破除思想政治教育话语所具有的模式化语法规则与文件规范等，在关注话语主体理想化期望以及话语内在关系理性原则的同时，坚持“以人为本”原则，注重人的个性发展，强调对人的发展需求的满足。

其二，实现从“现成话语”向“生成话语”的转变。就是要

摈弃现成性思维方式，不是把思想政治教育话语内容视作一种业已完成并被固定化的现实存在，而应将其看做一种随时代主题转换而不断更新的动态性生成性话语系统。当然，这种生成话语不是凭空产生的，而必须是在吸收传统思想政治教育话语各种营养的基础上发展起来的，是对传统思想政治教育话语的“创造性转化”和“创新性发展”。

其三，实现从“学术话语”向“实践话语”的转变。作为马克思主义理论学科体系研究活动，思想政治教育话语为了确立学术地位并加强与其他人文社会科学的学术交流与对话，固然需要建构一套学术话语体系。然而，作为一种有明确价值导向的社会实践活动，思想政治教育话语还必须根据当前语境的变化，将概括性、理论化的学术话语转换成通俗化、大众化的日常话语，从科学世界回归生活世界。因而，在思想政治教育话语内容建构过程中，既要注重据其学科特征来建构其学术话语体系，又要强调据其实践特色来创建其实践话语体系。

（三）变革话语实践方式，实现从“控制话语”向“互动话语”的转变

思想政治教育话语实践不是教育主体的“独角戏”，其顺利开展不仅要求教育主体作用的积极发挥，而且需要被教育者的积极参与。通过以上所述及的转变思想政治教育价值理念、更新思想政治教育话语内容两方面的努力，受教育者理论上的价值主体地位得以确立。然而，要想使其主体地位得以现实地确立，还必须将确立为话语实践主体。为此，就必须变革传统的话语实践方式，切实实现从“控制话语”向“互动话语”的转变。

一方面，将受教育者看作平等的话语实践主体。在思想政治教育话语实践中，教育者是话语内容的传输者与讲解者，以及话语方式的选择者与执行者，因而是无可辩驳的话语实践主体。然而，思想政治教育话语实践过程的顺利开展及其效用的最终达成，没有受教育者的主体性发挥是不可想象的。因而，还必须赋予受教育者思想政治教育话语实践主体地位，以切实保障其主体性的发挥。为

此，教育者必须改变以往高高在上的心理和姿态，承认受教育者的话语实践主体地位；同时，受教育者还必须增强对话语实践主体的自我意识，在话语实践过程中勇于并善于发挥自己的主体性与能动性。

另一方面，变硬性灌输模式为双向交流互动模式。在传统的思想政治教育话语实践中，教育者倾向于凭借其绝对权威来对受教育者进行单向灌输式教育，这与话语实践所应具有的双向互动性不相适应，极大地限制了受教育者主体性发挥。为了消解这一弊端，在具体的思想政治教育话语实践过程中，就必须摈弃传统的硬性灌输模式，进而确立教育者与被教育者之间双向交流互动模式，在双向平等互动的基础上，通过相互之间的话语交流与心灵沟通，来达到教学相长的目的。

（四）拓展话语交流空域，实现从“独享话语”向“共享话语”的转变

如前所述，随着社会形态的现代化转变及其引发的利益格局多元化，社会话语体系也日趋分化而多元，从而致使主流意识形态越来越难以对其予以引导与凝聚。面对这一局面，要切实发挥思想政治教育话语的统领作用，就必须改变其曲高和寡的姿态与现状，拓展它与其他话语体系进行话语交流的空域，实现从“独享话语”向“共享话语”的转变。为此，首先必须将社会中不同利益群体的合理化期望整合进思想政治教育话语体系中，体现并满足他们的利益、愿望和要求，从而拓展并完善主流意识形态主导下的社会共享价值体系，进而增强思想政治教育话语在整个社会话语体系中的影响力、凝聚力和号召力。

值得的强调的是，社会共享价值体系拓展与完善不仅仅在于其价值内涵自身的丰富与发展，而且还在于其价值内涵借以传播的话语交流空域的拓展与延伸。目前，随着信息网络技术的不断发展与广泛应用，社会话语交流主要空域已从现实生活空间转向网络虚拟空间。在网络虚拟空间中，人们相互之间存在关系跨越了时空阻隔。面对这一状况，我们的努力方向不是要重建思想政治教育教育

者话语霸权，而是要顺应信息网络化潮流，通过思想政治教育话语的现实的物理空间不断向网络技术所营造的虚拟空间拓展和延伸，重建思想政治教育话语在整个社会话语体系中的主导地位。为此，必须借助于强大网络技术和扩张能力，扩大了思想政治教育话语内容的信息储备，并用图文并茂、影像综合、交流互动等形式表达和再现思想政治教育话语内容。

总之，思想政治教育话语应顺应其语境的变化要求，致力于推进话语价值取向、体系内容、实践方式、交流空域等一系列转变与革新，实现从“工具话语”向“价值话语”、从“官样话语”向“日常话语”、从“控制话语”向“互动话语”以及从“独享话语”向“共享话语”等方面的现代转型。

（作者单位：闽西职业技术学院）

本文为福建省中青年教师教育科研项目“以人为本‘服务型’思想政治教育模式创新研究”（项目批准号：JA13429S）阶段性成果

论主体性培育在增强思政课教学实效性中的作用

王如平

主体性教育作为一种现代教育思想和理论，是对传统教育的继承和超越。它是指根据社会发展的需要和教育现代化的要求，教育者通过启发、引导受教育者内在的教育需求，创设和谐、宽松、民主的教育环境，有目的、有计划地组织、规范各种教育活动，从而把他们培养成为自主地、能动地、创造性地进行认识和实践活动的社会主体，其任务是培养学生的主体意识，发展学生的主体能力，塑造学生的主体人格，使人的潜能得到充分的发展。主体性教育既保留了传统教育的那些反映规律性的共同特征，又有自己独特鲜明的个性特征，即科学性、民主性、活动性和开放性，对当前深化高校思政课教学改革具有重要的指导作用。

一、高校思政课培育学生主体性的重要性

培养、发展人的主体性是当前教育改革的一个主题，也是深化高校思政课教学改革的重要突破口和关键选择。

（一）培育学生主体性是提高高校思政课教学有效性的关键

在思想政治教育过程中，教育对象的主体作用主要是通过受教育者积极自觉地接受外部教育影响，并主动地把教育要求内化为自身的思想品德来表现，这就要求受教育者在思想政治教育过程中要充分发挥自身的主体作用，并始终以主体的姿态把教育要求转变为自己的内在追求。没有这种主体作用，就不能使教育要求转化为受

教育者的思想政治品德；不坚持主体性原则，“内化”过程就难以完成，思想转化也不可能实现。

（二）培育学生主体性是实现思想政治教育“以人为本”的前提

“以人为本”在学生思想政治教育中最根本的标志就是“以学生为本”，坚持以学生为“主体”，彻底纠正“人的缺位”状况。从思政课教学角度来讲，就是尊重学生在教学过程中的积极性、创造性和主动性，给他们平等、自由的参与机会，让他们充分地实现自我教育、自我激励和自我完善，树立正确的世界观、人生观和价值观，促进学生思想、能力、个性全面发展。

（三）培育学生主体性是增强思想政治教育自觉性的需要

前苏联教育学专家苏霍姆林斯基指出：“只有当受教育者，不是依赖外在力量而靠内在的动力，根据社会需要和自己的需要，主动的调遣和丰富充实自己时，才是教育最大的成功。”激发受教育者的主体意识和培养受教育者的主体能力已成为主体性思想政治教育的长效目标，它有利于使受教育者意识到自己在教育过程的具体角色和责任，激发受教育者独立进行道德思考、道德判断、道德选择和道德监督的主体意识，并培养受教育者积极主动将外部思想道德内化为自己思想素质的主体能力，使受教育者从受动的教育客体转化为能动的教育主体。

二、高校思政课教学中学生主体性缺失的表现

传统高校思想政治理论的教学方式是“教师中心式”，导致了学生主体性的缺失，主要表现在以下方面：

（一）教学目标定位过于片面，忽视了学生主体的内在需求

1. 重知识轻能力

雅思贝尔斯曾经说过：“教育是人的灵魂的教育，而非理智知识和认识的堆积。谁要是把自己单纯地局限于学习和认知上，即使他的学习能力非常强，那他的灵魂也是匮乏而不健全的。”从根本

上讲，思政课教学的目的不是让学生简单地背诵现成的原理和结论，而是进行马克思主义世界观和方法论的教育，不断提高学生分析问题、解决问题的能力，学生是否真正接受和形成马克思主义的世界观，最终要通过他们处理实际问题的行动表现出来。相比而言，传统的思政课课堂教学更侧重于理论知识的讲授，容易忽视学习方法的研究和传授，忽视学生综合素质的提高和实际能力的培养。

2. 重智商轻情商

在思政课教学中，需要结合社会现实状况、历史要求和教学目标的具体需要，融合进对学生心理、情感、意志、习惯、理想、道德、行为、爱好、气质、性格、需要、动机等非智能因素的锻炼与培养，这些非智能因素作为同智商相对的人的必不可缺的根本素质——情商，在人的行为活动中是极其稳定的个性表现和特征。在人的成功中，智能因素所起的作用只占20%，而非智能因素所起的作用则占到了80%。在传统思政课教学中，比较注重对学生知识的灌输和智能的培养，而忽视了对学生非智能因素的有效培养，因此，难以使学生形成与个体全面、自由、和谐发展相统一的智力、意志力和道德行为能力等。

3. 重德育轻美育

真、善、美的有机统一对人的知、情、意有着特殊的完善及统合作用，对人有陶冶性情、开发智力、培养意志和完善人格的特殊作用。在传统思政课教学中，没有很好地运用美育原则，把硬性理论灌输同软性审美陶冶有机结合起来，不能将对自然美、艺术美和社会美的认识和鉴赏有机地融入教学中，将枯燥的理论说教变成富有审美趣味的、学生主动参与、积极发挥、自觉探索和提高的双向互动教育活动。因此，传统思政课教学不能让学生在教学过程中找到和发现美感，增长兴趣，收获真知乃至提高能力。

（二）教学方法和过程过于单一，抑制了学生学习的主观能动性

1. 重教师轻学生

在思政课教学中，一些老师没有树立“以学生为本”的教育

观念，仍然习惯于“以教师为中心”，“以课堂为中心”，“以教材为中心”，把学生当成被动接收器，这本身就是一种非道德的物性化德育，缺少人性化的内容。树立“以学生为本”的教育观念就要求思政课教学改变其“目中无人”的情况，重视学生的主体能动性，坚持既教育人、引导人、鼓舞人、鞭策人，又尊重人、理解人、关心人、帮助人，正确处理好教师的主导性和学生主体性二者之间的辩证关系，确立学生在思政课教学中的主体地位，努力培养学生的道德认识能力和判断能力，提高政治敏锐性和政治鉴别力，坚定正确的理想和信念。

2. 重理论轻实践

加强思政课实践教学，是理论联系实际，增强思政课教学现实感、针对性、实效性和主动性的重要教学形式。毛泽东主张教学与实践相统一，学以致用，把读“有字之书”与“无字之书”结合起来。习近平同志也强调指出：“与其坐而论道，不如起而行之。”目前，广大思政课教师仍以传授课本知识为己任，把思政课学习应有的广阔空间局限在课堂之内。尽管一些高校都在强调加强思政课实践教学，但很多是流于形式。同时对思政课实践教学开展情况缺少有效的监督和考核，导致思政课实践教学难以全面、深入、持久地开展。

3. 重灌输轻引导

目前，思政课教学的主要方法是灌输式，而采用互动式、研讨式和其他教学方式的很少。部分思政课教师教学注重学生的死记硬背，学生没有真正理解德育内容的实质。传统的“我讲你听”说教式教学模式却忽视了个别教育，忽视了学生的内在需要和自我教育，使主客体间很难产生统一的情感体验，学生很难从内心情感上接受或认同教学内容。因此，仅靠向学生灌输抽象的理论和规范，不顾学生的心理发展特点和内心需要，很难达到预期的效果。

4. 重言教轻身教

思政课的教学效果和威力与其他学科相比有所不同。一靠真理的力量，二靠人格的力量。然而，基于思政课的特性及大学生身心发展的年龄阶段性特征，即使是真理的力量最终还得借助思政课教师的人格来实现。正如俄国教育家乌申斯基所说：“在教育工作中，一切都应以教师的人格为依据，因为教育力量只能从人格的活的源泉中产生出来，任何规章制度，都不能代替教师人格的作用。”现行思政课教学在班级授课制和形势政策课讲座的情况下，教育被普遍简化为传授知识，无法发挥教育者人格在学生中所产生的示范、感染和净化作用。

（三）教学评估上侧重于认知分数，不利于学生健全人格的培养

思政课的教学评估不像其他自然科学那样相对直观和具备可操作性，它关涉到人的精神世界和价值引导的特殊领域。传统思政课教学评估没有充分考虑到这一特殊性，而以学生考试分数为依据来评价教学效果，造成了以下弊端：一是在学生方面，重认知结果的评价尺度，把学生导向了分数崇拜的深渊。二是在教师方面，理性化的教学评估，淡化了对大学生的人格培养，无法将大学生的健全人格养成全面纳入其中。

三、高校思政课培育学生主体性的策略选择

思想政治教育是一项作用于人的思想和行为、德和行的教育实践活动，必须把增强人的主体意识，培养和发挥人的主体性，作为促进人的全面发展的重要任务。

（一）培养学生的主体意识，增强学生学习的目的性

苏霍姆林斯基说：“如果教师不想办法使学生情绪高昂和智力振奋的内心状态，就急于传授知识，那么这种知识只能使人产生冷漠的态度，而使不动感情的脑力劳动带来疲劳。”这说明教学主导必然表现为学的主动，教师的教必须落实到学生的学上，教学追求的目标和结果一定要由学生的学体现出来。因此我们应强调学生学习的自主性、能动性及自主学习意识和自我汲取的行为，这才是“主导”与“主体”的最佳结合。一句话，教学过程的优化程度取决于学生参与教学的程度。可见，在思政课的教学过程中，教师就

要善于了解学生的学习需要，尊重并引导其兴趣和意愿，培养其意图和信念，使其产生强烈而正确的学习动机，只有这样，才能获得来自主体的最有效、最恒久的动力，不断增强思政课的吸引力和战斗力。

（二）改进教学方法方式，提高学生学习的自主性

必须改变传统思政课教学方式，使课堂教学过程成为师生交往、互动、共同发展的过程，体现生活性、人本性、时代性、开放性、指导性的特点，改变学生丧失能动性、独立性、创造性的被动学习状态，让学生的主体性在教与学双边活动中充分显现。

1. 在教学目标上，由以灌输课程知识为主向为以培养能力和综合素质为主转变

灌输课程知识的背后，实际上把学生看成一个呆板机械的“知识接收容器”，这是一个学生消极被动接受知识的过程，虽然学生有可能接收到相当量的知识，但这些知识不容易转化为学生的能力，更难成为其发展其他素质的基点，时间一长，连已接收的知识也可能忘得精光。美国著名教育家布鲁姆认为：知识的获得是一个主动的过程，学习者不是信息的被动接受者，而是知识获得过程的主动参与者。思政课要优化教学过程，必须改变单向灌输、以知识传授为主的传统教学模式。因为这种教学模式没有让学生真正参与到课堂的活动中，他们只是一个被动的受体，这样的方法不但严重地挫伤了学生的学习积极性，压制了学生创造能力的开发，而且助长了学生的学习依赖性，阻碍了学生的素质的提高。

2. 在教学模式上，由以教师为中心的“权威型”向以学生为中心的“民主型”转变

在课堂教学中，学生主体性的发挥的程度取决于教师所创设的教学环境的民主化程度。在相同条件下，课堂环境越宽松，教师的干预越少，学生的主体能力的发挥就会越充分。苏霍姆林斯基说：“只有能够激发学生进行自我教育的教育，才是真正的教育。”唤醒学生的主体意识，激发学生对课堂的期待、对学习内容的挑战，主体性教育才能产生运行的动力。从心理学角度来看，在宽松的学

习气氛中，为证实自身的存在意义，学生会有一种表现欲望，思维也会较平时活跃。思政课教师应有意识地改变自己的教学风格，让教学环境具有民主精神，以民主平等的态度，充分尊重学生的个性，鼓励学生大胆发表自己的见解，以认真的态度倾听学生的意见，而不能以传道者的面目出现，不能板着面孔说教，更不能动辄训人。这样学生才能变客体为主体，变被动为主动。

3. 在教学方法上，由单一型的“线形教学结构”向复合型的“立体教学结构”转变

传统的思政课就是一种单一型的“线形教学结构”，即以教师为中心的“教材—教室—教师—粉笔—讲台—黑板”的教学模式。要实现由“满堂灌”到“启发式”的转变，就必须对传统的“线形教学结构”进行改革，实现由单一型的“线形教学结构”到复合型的“立体教学结构”的转变。所谓“立体教学结构”包括各种符合大学生认知特点和教学规律，为大学生喜闻乐见和各种丰富多彩的教学方法，如案例教学、边讲边议、演讲辩论、答记者问、角色参与、直观教学、愉快教学、情景教育、电化教学等，这对调动学生学习主动性和启发学生积极思维具有重要作用。

4. 在教学评价上，由一元、封闭的教学评价方式向多元、开放的评价方式转变。

思政课的教学评价对其教学过程的影响是多元的，应体现学生的自主性、创造性和差异性。过去一张试卷定成绩的方式存在着严重的弊端，它严重束缚了学生个性的发展。思政课的教学评价应遵循导向性原则、整体性原则、过程性原则、客观性原则和发展性原则，如此才能实事求是地对思政课作出客观、公正、有效的评价。在评价过程中，既要考查学生掌握基本理论知识的水平，又要考查学生分析问题、解决问题的实践能力；既要考查学生的课堂学习情况，又要考核学生的平时表现；既要有期末考试成绩，又要有平时的表现成绩和社会实践成绩。这样，把学生对思政课的知识学习、平时表现和社会实践等多方面结合起来，学生成绩评价的空间变大了，变开放了，学生学习思政课的自主性也就提高了。

（三）开展以学生为主体的实践活动，增强学生学习的创造性

实践教学是思政课必不可少的环节。学生的成长依赖实践，不仅包括各种各样的教学实践，也包括各种形式的社会实践。主体性教育要实现“知、情、意、行”的有机统一，必须在课堂教学的基础上，更加重视开展以学生为主体的实践活动，引导学生走出“象牙塔”，使理论教育与社会实践结合起来。这样，一方面使学生在实践中深化理论认识，把道德认识转化为内心信念，树立科学的政治理念，养成高尚的道德品质；另一方面，通过自己的身体力行，学生在实践活动中可以进一步增强主体意识，增强自身发现问题、分析问题、解决问题的能力，加速学生的成熟过程。因此，我们要进一步完善思政课实践教学体系和保障体系，尽可能多地为学生创建优质的社会实践机会，鼓励他们通过社会实践促进自身发展，让学生在参与社会实践活动中潜移默化地提高道德修养、增加知识积累、促进心理和情感健康、确立正确的世界观、人生观和价值观，成为身心健康、才智充分、道德完善和自由发展的社会个体。

（作者单位：福建电力职业技术学院）

高校思想政治理论课课堂教学有效性探索

张瑞玲

思政课课堂教学的有效性，就是指在思政课教学过程中，教师所进行的一切教育活动都符合学生的思想品德状况的规律，才能够取得预期的效果。如何提高思政课课堂教学的有效性，当前各界大多从教师、学生以及环境三个方面同时开始着手研究，从教育者、学习者以及教育或者学习环境角度都提出了许多建设性的建议，如提倡教学过程中应以学生为中心进行教育，从而重新定义了教与学的关系。但笔者认为，不论如何定位教与学的关系，教学相长的特点决定了师生关系必须建立在平等沟通、合作信任和相互理解的基础上。

一、师生关系现状

学校是传道、授业、解惑的场所，高校担负着培养人才、服务社会的育人重任，而思政课的课堂教学是对大学生进行思想政治教育的渠道，课堂教学过程中师生关系是否融洽，不但直接关系到课堂教学的效果，同时也影响着我们育人目标的实现。

（一）课堂教学过程中，“以知识为本”的理念制约着师生关系

课堂教学以知识为本的理念制约着师生间的交往，双方不得不把主要的精力和时间都集中在课堂教学和书本知识的学习上，相互间缺乏人际交往的动机和愿望。当前思政课课堂教学处于一种误区之中：重视教师对知识的讲解，轻视学生认知能力的思考、分析、判断和创新能力的培养。思政课教师常常在课堂上不自觉地取代了

学生的根本地位，教师不仅是教学活动内容的制定者、教学过程的控制者、教学活动的组织者，而且是学生成绩和操行的终极评判者，对课堂教学有至高无上的权力，学生几乎成了教师的附庸，课堂的奴隶。“学”几乎等同于“听讲”，“教”几乎等同于“灌输”。特别是思政课往往采取合堂大班授课的形式，致使课堂上的学生少有表达自己见解的机会，处于被动学习的境地，造成学生学习积极性不高，思政课教学的有效性、实效性受到了影响。

（二）信息传递渠道的多元化，疏远了师生关系

随着社会的发展，信息传递渠道的多元化和教师社会角色语义的日趋单一，使学生不再像过去那样只能依靠教师获得知识，加之大学生大学期间独立性增强、自身活动的范围不断扩大、方式明显增多，因而内容更加丰富。因此，学生和教师之间除学习以外的联系自然减少，学生对教师的依赖关系也必然逐渐下降，导致教师在学生心理上的吸引力减弱，从而疏远了师生关系。

（二）受传统文化的影响，教师不能平视学生，影响了师生关系

中国是一个有着尊师重教传统的国家，人们把许多美好的比喻奉献给教师，教师是蜡烛，教师是园丁，教师是人类灵魂的工程师等。古今中外，人们都过分界定了教师的作用，都将教师摆在了一个较高的位置上。受这种传统文化的影响，有相当数量的教师在与学生交流中，心理上有较强的优越感，不愿主动接近学生，不能以平等的身份和学生沟通，这样就影响了师生关系。

生态环境、人工智能、电子商务、基因工程等现代科学技术的发展，要求思政课教学也必须体现人文科学和自然科学之间的有机结合，为构筑一个适应现代社会发展的新型课堂，思政课教学必须适应当前形势发展的需要，建立更加平等、互助和民主的新型师生关系。

二、构建新型师生关系的必要性

师生关系是学校中最基本的关系，也是课堂教学中最主要的人际关系，良好的师生关系有利于优化课堂教学环境，有利于教育教学活动的顺利进行，有利于学生健全人格的培养，最终有利于教学目标的实现。同时，师生关系一直是教育理论和人们关注的焦点，也是教育理论改革的重要部分，但由于其存在和构成始终是动态的，受到各方面因素的影响和制约。

（一）当今社会发展的需要

随着信息技术和大众传媒的迅速发展，学校学习已经不再是唯一的知识来源，教师也不再是某种知识的唯一拥有者，许多学生从互联网等大众传媒上获取大量信息，甚至比教师教授的信息量还要多。如果学生在学校里得不到较新的信息，学不到有用的知识，必然会逐渐对课堂教学产生厌烦情绪，对教师产生排斥和不尊重的心理。这就需要教师必须对课堂教学的内容和方式进行精心的设计，力争为学生提供他们需要的有用的信息，组织他们开展有意义、感兴趣的活动，通过积极的反馈，让他们看到自己刻苦学习的成效，由此才能使他们对课堂教学产生积极的效应和端正的态度。

思政课教师必须面对新的形势，努力使自己的课堂教学能够吸引学生，及时跟上时代发展的脚步。否则，会很快丧失在各方面的权威形象，难以胜任教师的工作。教师要和学生建立一种比以往任何时候都平等的关系，通过对话“互通有无”，共同进步，通过交心相互尊重，所谓“亲其师，信其道”，让学生在对老师认可、尊重的基础上，自然而然接受思政课教育的传递，使思政课教育在潜移默化中实现。

（二）现代教育发展的需要

现代的课堂教学思想是以现代先进的教育思想和理论为指导，以全面提高学生基本素质和创新精神为目标，充分体现学生的根本地位，实现教学过程各个要素及其优化组合为基本特征的教学实践活动。

这一活动的最终完成需要依靠师生互助和准确定位来达到其目标，良好的师生关系不仅是维持思政课教育教学活动顺利进行的基本条件和必要环境，而且是思想政治教育实现终极目标的内在动力。作为师生关系的主导方面，教师应为开创新型师生关系承担更多责任，付出更多努力。

苏联基础教育学者鲁普斯卡娅指出：教育新人就是形成人与人之间的新关系，教育的本质就在于建立个人与集体和社会这种实际联系和关系的体系，以保证个人的社会化。从社会学和教育学的角度来考察，教育的基本职能就是要构建一种新型的师生关系，以利于学生在和谐、愉快的氛围中健康成长。建立在平等基础上的师生关系，应以尊重为起点，爱为核心，以和为目标，以沟通为主要方式。

三、全新师生关系的建立

新型的师生关系是师生在平等基础上，在知识、人格、精神、道德等层面展开交流，通过师生在知识、情感、道德、灵魂各层面的广泛、深入的交流与共鸣，最终促进学生的全面发展。

（一）建立人格平等的师生关系

要建立全新的师生关系，首先要更新思政课教师主宰课堂的观念，树立一种师生平等、和谐共享、教学民主的观念，真心实意地与学生平等交流，让学生在学习中体验到一种不受压抑的愉悦情感，为他们的个性释放提供良好的心理环境。

其次，师生双方都要重新确立自己的角色定位。教师要由教育的操纵者、主宰者转变为引导者、激励着和指导者，学生由被动的受体转变为学习的主体。

再次，教师要为思政课课堂营造一种积极合作的思政课教学环境。教育家赞可夫说过：教学中一旦触及学生的情感意志领域，触及学生精神需要就能发挥高度有效的作用。所以笔者认为，教师当然是教师，但教师又不能太像“教师”，要亲切和蔼，不必过于“威严”；“教学，教学，又教又学”，学生要向教师学习，教师又要甘拜学生为师。只有这样，学生才能在平等和谐的课堂氛围中，任心灵自由飞翔，才能勇敢地去拥抱蓝天白云、去沐浴泽润雨露、去享受明媚阳光。

信息技术打破了人与人之间的时空界限，拓宽了人际沟通的渠道，师生交流趋于多样化。教师应更多地理解、信任，同情学生、关爱学生，爱护学生的自尊心，并通过提高自身的道德品质修养和情感素质，形成宽容、尊重的良好个性和人格魅力，开展与学生的平等对话，倾心交流，提高师生间的协作水平，建立和谐融洽的师生关系，让学生切身感受轻松愉快、民主平等的课堂氛围，真正体会到与教师的平等。

（三）建立相互尊重、相互理解的互助关系

信息技术的发展使知识更新进度加快，学习者通过多样化的手段可便捷快速地获得所需要的各方面知识，教师面临着要了解境况，研究新问题和重新学习的问题。教师要清醒地看到在生活经验、专业知识和思想道德成熟程度等方面，教师和学生虽然存在着差别，但在信息量、信息渠道方面教师未必一定多于学生。因此，教师要把“师道尊严”转变为师生平等的观念的同时，要理解学生的情感、态度和意向，教师既要做学生良好引导者、指路人，又要做学生的热心听众，还应该成为他们循循善诱的知心朋友。真正转变传统教育中“唯师是从”的师生关系，建立起主体间的相互尊重、相互理解互助的新型师生关系。

（三）建立起共同讨论、共同参与的教学民主关系

经济全球化带来知识的全球化。因此，知识的传递是多方面、多形式、多渠道的。也就是说，教师和学生获取知识、探索知识的途径是在同一层面上，不仅不是简单的教师传授，而是由社会媒体等来完成，但对某一知识的掌握和理解上，学生和教师有差异。由此，课堂教学成为一个包括学生之间、教师与学生之间相互讨论问题、相互交流信息、共同探索问题的开放空间。这就需要教师通过创设师生共同讨论、共同参与的民主教学氛围，引导培养学生使其形成良好的学习方法，养成提出问题，独立思考问题和有创意地解决问题的好习惯。从而建立与学生共同获取知识，共同探究知识，

共同讨论问题，鼓励并培养学生分析问题，思考问题和解决问题的能力。

总之，调整“师生关系”关系到思政课课堂教学的成效，它可以把思想政治理论课的呆板说教转变成学生能够接受的理论，潜移默化传递到学生的内心和灵魂深处，让学生真心接受和认同，帮助学生树立正确的世界观、人生观、价值观，确立积极的人生态度，弘扬乐观向上的进取精神和开放宽广的胸怀，从而增强思想政治理论课的育人效果。

（作者单位：乌鲁木齐职业大学）

提高高校思想政治理论课实效性的策略探讨

李志强

思想政治理论课教学是马克思主义教育工程的主要途径和环节。面对目前高校思想政治理论课（以下简称思政课）教学的“疲软”状态，唯有提高思政课教学的实效性才是解决其困境的关键。本文立足自己多年的教学实践，力图系统地探讨提升高校思政课教学实效性策略。该探讨不仅在理论上可以丰富马克思主义思政课教学的方法论，而且在实践上也可以给思政课教学的同行提供一些有益的借鉴与参考。

一、高校思政课教学实效性研究的基本概况

对于什么是思政课教学的实效性，大多数人都认为是通过思政课的教学活动对学生所产生的实际的效果和效率。从这个层面来说，实效性的含义是很明晰的。专家学者主要是从以下角度来研究思政课教学的实效性的，这些对策主要包括：（1）主体论对策。主要是通过提高教师和学生的主体素质来增强思政课的实效性；如从提升教师素质角度来提高思政课的实效性（张志强，2012）；从学生积极参与课堂教学的角度来提高思政课的实效性（零耀受，2011）。（2）客体论对策。主要是通过教材的不断更新来增强思政课的实效性。如从传承人文精神方面来提高思政课的实效性（孙德魁，2010）。从公民教育角度来提高思政课的实效性（王琳，2011）；）从情感教育的角度来提高思政课的实效性（姜志红，2013）。（3）手段论对策。主要是通过改进思政课教学手段和方式

的办法来增强其实效性。如从创设生活化课堂方面来提高思政课的实效性（陈善玉，2014）；从创新教学内容、方法、评价手段方面来提高思政课的实效性（陈志宏，2012）；从充分利用网络平台的角度来提高思政课的实效性（钟海燕，2014）。（4）实践环节论对策。主要是通过加强思政课的实践环节来增强其实效性。如从职业意识培养角度来提高思政课的实效性（谭玉兰，2014）；从联系社会热点问题角度来提高思政果的实效性（章军，2013）；从建立实践基地的角度来提高思政课的实效性（王彦东，2014）；（5）环境论对策。主要是强调改善学生思政课学习的大环境。如从教育环境因素方面来提高思政课的实效性（卢林华，2013）；从宏观系统与微观系统的角度来提高思政课的实效性（樊建政，2012）等。通过这些对策从不同角度来增强思政课的实效性。本文力图从策略论角度来论述如何在思政课教学中充分运用必要的策略，让学生能够从枯燥的学习中解脱出来，增强学习的针对性、技巧性，从而提高其实效性；要让学生真正感觉到：思政课是一门非常有用的能帮助人的课程，是关于为人处世之道的根本学问。

二、马克思主义理论课教学是项社会系统工程

1. 马克思主义理论课教学的战略与策略关系

提高高校思政课的实效性是我们一直在努力追寻的目标。其实马克思主义理论课教学是一项社会系统工程，其中当然包含了思政课教学所采取的战略与策略关系问题，这是我们必须要思考和面对的一对关系，如果处理不好，必然会顾此失彼。如果只讲战略，不讲策略，思政课教学就显得太高大上和空洞乏力；如果不讲战略、只讲策略，思政课就会显得推动方向而过于娱乐化。只有把这两者紧密地结合起来，才会真正有效地提高思政课的有效性。因此，加强思政课教学的策略研究显得尤为重要。

马克思主义理论课教学的战略是指提高思政课实效性的宏观的长远的影响全局的大因素与根本方面。主要包括国家宏观政策的历史发展变化与政治大环境的演变；改革开放的大趋势与马克思主义理论之间的关系；中国特色的社会主义理论与马克思主义理论之间

的关系；社会环境和人民大众对思政课的认可程度与预期；青年学生的成长与成才与马克思主义理论之间的必然关系等，都是影响思政课实效性的客观因素和基本方面，它们给思政课的实效性带来的影响是全局性、长远的。

2. 思想政治理论实效性策略及其特征

马克思主义理论课教学的策略是指提高思政课教学实效性的技巧与方法。策略本身就是一门艺术，也是事物生命力的重要保证。相比提高思政课实效性的战略而言，提高思政课实效性的策略是微观的、局部的、具体的，其基本特征表现在：（1）微观性。实效性策略关注的是一个小的方面问题。比方说：如何理解“半殖民地半封建”社会？对于这个问题的讲解，需要采取横向比较，纵向分析的方法，才能让学生明白“半殖民地半封建”的含义。(2)局部性。实效性策略不仅是微观的，又是局部的。比方说：如何理解社会主义核心价值观？对于这个问题的讲解，我们应当分层次分要求地对学生进行讲解。要从国家、社会和个人三位一体的角度来阐明社会主义核心价值观的整体性与内在统一性；要把学生的专业课与公共课内在结合起来等，通过这样的分析，提高思政课的实效性。(3）具体性。思政课实效性策略还是具体的生动的。这种具体生动性能极大地提高思政课的魅力和吸引力，提高政治教师的专业品位，让思政课变成一门关于为人处世的哲学，提高思想品德的仁学，超越时空界限的思想创客空间。因此，教师在教学过程中要善于引经据典，多引用英雄人物、先贤圣哲、创新创业表率等的亲身经历来阐明思想理论的智慧性、指导性与预见性。(4）多样性。思政课实效性策略也是多种多样的。内容的统一与形式的多样是思政课教学的必杀技能。教师在教学过程中要善于运用多样化的教学手段，特别是在讲授“毛泽东思想和中国特色的社会主义理论体系概论”这门课时，要充分运用视频音频资料，通过各种新媒体手段，让历史和现实交汇与碰撞，让现实和未来对话与衔接。

三、提高高校思政课实效性的基本策略

1. “抓大与放小”相统一的策略

这就是要求我们正确处理好思政课教学中的“大与小”之间的关系。首先，处理好思政课教学中的“抓大”策略。所谓思政课教学中的“大”即大趋势、大原则、大方向。政治教师要坚持从思政课的基本定位与基本职能来理直气壮地阐明“大”的方面，旗帜鲜明地表明正确的立场与观点，不能在遇到学生质疑时表现出一丝毫的迟疑和犹豫；坚持积极正面引导，给当代大学生以正能量。大趋势包括：当今世界发展的大趋势；当代中国改革开放发展的大趋势，未来社会发展的大趋势等。通过这些让学生对未来有一个正确的期待与向往。大原则包括：四项基本原则、共同富裕原则、共享发展的原则、互利共赢的原则等，这些原则要给学生讲清楚、讲透彻，不能有任何含糊，不能没有底气。大方向包括：社会主义的大方向，改革开放的大方向，走向共同富裕的大方向等，这些正确的政治方向，一定要让我们学生坚持不动摇，任何时候任何地方都不要放弃，否则后患无穷。所谓思政课教学中的“小”即各种社会热点问题，如“一带一路”政策、“亚投行”设立、腐败问题、环保问题、流守儿童问题、空巢老人问题、走秀节目现象、相亲节目现象等这些层出不穷的事情。老师在教学的时候要敢于直面现实，不回避，不遮丑、不带过，要深入浅出的讲出原因，讲出危害，讲出利弊；要让学生充分发挥自己的理解力、想象力，让他们表达自己的看法与观点，老师不要把自己的观点强加给学生，要倡导畅所欲言，给学生以自由想象的空间，以达到明辨是非的目的。

2. “不变与可变”相统一的策略

这是要求我们处理好在思政课教学中“理论创新与基本原理”教学之间的关系。首先，要充分把握好思政课教学中的“不变”。所谓思政课教学中的“不变”是指在“可变”之中的“不变”情况，即蕴涵在“毛泽东思想和中国特色社会主义理论体系概论”中的马克思主义的基本原则，毛泽东思想的精髓，中国特色社会主义理论体系的基本理论原则是相对不变的。这部分内容我们在讲课的时候要给学生明确地指出，并重点讲授，要让学生牢记，并要学会运用其来观察问题、分析问题和解决问题。其次要正确对待思政课教学的“可变”现象。所谓思政课教学中的“可变”是指思政课的教材和教学内容、教学形式总在变动、名称在不断修改，容易给学生造成一个政治课不可靠的错觉，给人造成政治课风见使舵的感觉。这个问题不可小看，我们老师一定要给学生讲清楚为什么思政课总在改变，是指哪些东西在不断变化。比方说，在对社会主义的认识上，我们就经历了一个从“社会主义特征论”到“社会主义本质论”的变化发展过程，这是因为人的认识水平本身有一个从感性到理性的过程，社会本身在不断地发展变化，我们的理论当然也在不断发展变化，不断完善，不可能一成不变。

3. “公共课与专业课”相统一的策略

这是要求我们教师在教学中正确处理好公共课与专业课学习之间的关系。要让学生明白上政治课与上专业课其实不是对立的，而是相辅相成的关系。因为时下绝大多数人都认为上政治课是浪费时间，还不如去上专业课或在政治课上看专业书。这其实是一个大误区。在多年的教学实践中，我非常注重将两者有机地结合起来，力争从专业视角切入思政课教学的基本原理，充分揭示公共课与专业课学习之间的共性与个性之间的关系，明确公共课的方法与观点对学生学习专业课的指导性。比方说，在讲到毛泽东思想的“道路”理论时，在分析了当时城乡发展不平衡状况时，毛泽东同志选择了到农村中去发展壮大革命队伍；相比之下，当今城乡发展依然很不平衡，城市就业压力很大，我建议我们的大学生到农村去创业、去发展。正如毛主席所说，农村是个广阔的天地，在那里会大有作为的。并例举大学生返乡创业的实例，这就讲出了思政课中的观点对学生的职业指导性，这样的课学生当然会欢迎。与此同时从专业理论学习中同样可以引申出思政课的基本思想。比方对于学习医护专业的学生，我们可以讲出中医学课程中的传统文化，讲出专业学习的社会意义与文化意义；讲出专业学习与解决民生问题之间的内在关系等。这些都增加了思政课教学的魅力。

4. “放得开与收得拢”相统一的策略

这是要求我们教师在教学过程中要正确处理好“放”与“收”的关系。首先，是“放得开”策略，即思政课在教学的时候，教师的教学内容跨度很大，上至天文地理，下至古今中外，历史都要在一堂课中承受时往来穿越，交叉进行，信息量一定要大，密集度也很高，让学生在短时间吸收到大量的有用的相关知识点、增加课程的可学性与丰富性；其次是“收得拢”的策略，即思政课的教学在“放得开”的基础上，要充分把握好每一个教学单元的教学目标，始终围绕教学目标来展开，最后要把全部的知识点和话题返回到本单元的教学目标上来，不要“无疾而终”，否则破坏了思政课教学的系统性、整体性与科学性。例如在讲到“毛泽东”这一节时，可以给学生扩充知识面，讲一点青年时代的毛泽东的成长故事；讲毛泽东同志的理想选择与中国革命之间的关系；讲他的爱情故事与革命道路的联系等，增强学生学习的兴趣。但总之要给予总结和归纳。明确告诉学生，毛泽东同志之所以能成为毛泽东思想的主要创始人，这与他自身的正确选择与卓越的实践是分不开的；毛泽东思想的产生是中国苦命与中国社会发展的必然。例如在讲到“社会主义改革开放”这一节时，可以从纵向与横向两个方面来深入分析中国对外开放的历史过程；分析中外同时期的对外交流历史状况，并由此向学生得出这样的结论：中国是一个非常注重对外交往与开放的民族；历史上的中国也有过闭关锁国的历史；中外同期相比，谁更开放谁更发展；任何一个国家，不开放不发展，就是要落后挨打，最终是死路一条。

5. “思维定式与非思维定式”相统一的策略

这是要求我们教师在教学过程中要解决好分析问题中的定型思维与非定型思维之间的关系。首先是注重“思维定式”策略。“思维定式”也称答题模式，它是依据马克思主义哲学原理而提炼出来的一套回答和分析问题的“公式化”思维定势和方法，能让学生以枯燥的政治课学习中找到一些共性的方法，让学生的学习变得简单而轻松起来。常见的答题模式有：“关系模式”、“条件模式”、“作用模式”、“意义模式”、“实现模式”等。例如“关系模式”，凡是要让学生回答诸如“解放思想与实事求是之间的关系”等之类问题时，告诉学生运用“关系模式”来思考就会变得很轻松很明朗，即回答两者之间是对立统一的辩证关系，表现在它们一方面是相互联系的，它们相互依存、相辅相成、不可分割；另一方面它们是相互区别的；它们在性质、方法、任务与意义上等方面有差别。凡是学生回答诸如“简答社会主义初级阶段理论的意义?”之类问题时，告诉学生运用“意义模式”来思考，即回答这个理论的提出一般有两个方面的意义：一是理论意义，它丰富和发展了马克思主义理论；另一方面是实践意义，它指导了中国社会建设的实践。这些模式有效回答学生“答题难”现象。其次，要注意“非思维定式”现象，“非思维模式”也称非固定答题模式。这种模式并不是说没有规律可循，而是一时半会还没有总结出其规律，需要我们去继续努力探索。这样可以激发学生的学习热情与好奇心，让学习理论变成轻松快乐的事情。

6.“政治教化与公民意识”相统一的策略

这是要求我们教师在教学过程中要解决好培养可靠的接班人与培养国家公民之间的关系。首先，政治课担负着为党培养合格的接班人的历史重任，这是政治教化的基本职能和核心任务。马克思主义理论和党的指导思想、路线、方针与政策最需要灌输的，思政课是以培养学生树立正确的政治方向和政治立场为目标和社会主义的可靠的接班人为己任。现阶段，我们的思政课就是要求学生坚定中国特色社会主义的理想信念，牢牢把握“四个全面”的战略大局，始终坚持维护党的领导核心地位，努力成为中国特色社会主义事业的可靠接班人；但是另一方面，除了这一高标准和先进性要求以外，我们还要注重普遍性要求的教育，即国家公民意识的教育。一个人就算无法要求他（她）爱党爱社会主义，但他（她）不可以不爱国家，不爱民族，不可以没有民主法制观念和公民意识。这种先进性要求与普遍性教育相结合的教学策略，有利于加强思政课教学的针对性，增强其说服力和吸引力。例如：我们在对学生进行“社会主义核心价值观”这一节教学时，就要给学生讲清楚在这些价值观众中，哪些体现了先进性要求，哪些体现了普遍性要求，并阐明了先进性的价值观与普遍性的价值观众的内在有机统一。

此外，思政课教学的策略还包括很多方面，需要我们不断地总结学习，比方说“被动接受与主动参与”相统一的策略；“统一标准答案与多元答案”相统一的策略等。

综上所述，开展思政课教学实效性策略的研讨是我们多年在教学实践过程中的沉淀的结果，也是一种创新的探索。尽管我们的探讨还很肤浅，但毕竟迈出了第一步，我们将继续努力探索，将不成熟的思路逐步变成成熟可行的讲课模式和办法，不断提高思政课教学的实效性，让思政课变成学生最受欢迎的课程。

（作者单位：江汉大学）

对艺术类学生思想政治课程有效性的几点思考

徐　战

在综合性大学，艺术类的学生也开设了思想政治理论课程。课程的教学目标与其他学科类学生没有差异，教学要求也是等同的。但在教学实践中，教师认识到教学对象的不同，导致教学过程存在明显的差异性和特殊性。认识和梳理这些差异和特质，探求针对性的有效教学方法，对增强艺术类学生思想政治课程的效果，达到思想政治课程的目标，应该有所裨益。本文将结合课程教学实践，对如何提高艺术类学生思想政治课程的有效性问题，作一粗浅的探讨。

一、准确把握学生特质是提升思想政治课程有效性的前提

目前，在艺术类学生思想政治课程中，与期望的教学目标结果有较大差异，并且这种差异贯穿于整个思想政治课程的教学过程之中。形成这种差异的原因有多种，但艺术类学生的思想、行为和心理的特点，是不能忽视的重要因素，这些特点直接影响到了思想政治课程目标的有效实现。

1. 有一定的政治热情，但政治意识较为幼稚

艺术类学生思想活跃，关注面较广，而且很少有框架和模式的限制，有自己的观念和看法，具有与众不同、较强的个性意识。但他们对理论的深层次内涵把握甚浅，课堂上的思想政治教学对学生正确的世界观和方法论的影响，远远没有被学生所内化。这些会影

响到他们对重大政治问题作出正确的分析判断，从而影响理想与信念的坚定性。

2. 人生价值取向过于功利和务实

艺术类学生思想上的若干重大问题，直接影响到了人生价值的行为取向。总体来说，他们的人生观积极向上，可同时伴随着相当的功利性和自我性。他们注重务实，过分地崇尚自我形象，追求奢华，攀比之风盛行，享乐主义弥漫。其结果必然会弱化集体意识和社会责任感，淡薄团队协作，缺少为他人服务和奉献的精神。

3. 心理发展上优势与劣势交织

艺术类学生有着所有青春期学生的心理特征。心理状况总体上是健康的，但也存在着诸多心理问题。他们情感丰富，性格开朗，兴趣爱好广泛，参与意识较强。但由于文化课高考分数的差距，很多学生特别是新生无法找到良好的学习方法，导致事倍功半。一些学生学习自信心受到打击，甚至会怀疑自己的所有能力，而成为高校中的另类学生。就业问题也是艺术类学生挥之不去的心理阴影。降分录取使他们底气不足，对自己毕业文凭的含金量、毕业后待遇等都表示质疑。

二、分析学生特质对教学的影响是实现思想政治课程有效性的保障

艺术类学生在思想、行为和心理上的这种特殊性，给思想政治课程教学带来了一系列的矛盾和冲突，这一系列的问题直接挑战思想政治课程的有效性。

1. 散漫的学风影响正常的教学秩序

艺术类学生通常都有张扬的个性和自我中心意识，加上艺术专业的特征，致使他们活动起来容易，安坐下来困难。在行为上，表现为缺乏自我约束力。学生上课迟到、早退、旷课，习以为常，而且不惧任何惩戒。课堂上随性表达，无边际蔓延，手机娱乐的替代，都成为课堂一景。和其他专业学生相比，明显缺乏踏实勤奋、刻苦钻研的学风，普遍欠缺良好的学习习惯。

2. 盲目本能的理论排斥影响教师的课堂教学

艺术类学生对待自己的专业课程较为认真，但对非专业课，特别是思想政治课程，有课程刻板印象，本能存有排斥心理。表面上，他们坐在教室上课，但大多数情况却是人在曹营心在汉。对理论的本能排斥，有时候也会引发到授课教师身上。对于教师课堂的理论灌输和必要的教学管理，在心理上可能产生叛逆与抗拒。而放大的傲慢与自卑心理情绪，一旦偶发事件出现，很可能一触即发，隐藏着同教师潜在的冲突激化。

3. 学习思维能力的差异影响教学目标的达成

艺术类学生有着活跃的形象思维和较强的感性认知，但理性思维能力不足，对事物的分析理解，以及对事物本质把握的能力不足。平常又忽视理性思维能力的锻炼和提高，其结果往往影响着他们对思想政治理论的深度理解。教师的教学难度大，教学效果不尽如人意，也影响了教学目标的达成。

三、采取具有针对性的教学方式是提高思想政治课程有效性的变革之路

基于对艺术类学生的特质，以及其对思想政治课程的负面影响，笔者以为，为了提高艺术类学生思想政治课程的有效性，应该变革思想政治课程教学，采取有针对性的教学思路。

1. 从社会主义实践成就入手，推导出思想政治课程要达到的目标

针对马克思主义理论的三大组成部分，对同学们的要求：一是要知道，二是要了解，三是要判别。而且“学马列要管用”。那么，如何知晓、如何运用呢？思路之一，就是从社会主义建设成就入手，推导出思想政治课程要达到的目标。

众所周知，我国的社会主义实践从未停息，建设成就令世人瞩目。教师可以针对学生眼见为实的心理，以大量的数据，让事实说话。在此基础上，推理出马克思主义哲学、马克思主义政治经济学和科学社会主义的理论逻辑关系，进而推导出马克思主义理论的科学性。虽然这样的教学目标，可能超出了艺术类学生的实际需要和接受能力。但起码在理论上，他们能够掌握一般性的马克思主义理

论的基本观点、方法、原则和世界观；在行为表现上，在政治觉悟和道德判断方面，有明确的是非观念，能够运用正确的理论，不至于出现思想上的偏离和混乱，做一名合格的社会人。

2. 以社会实践为教学媒介，解决思想困惑，进而展现理论的指导意义

艺术类学生对马克思主义理论不感兴趣、本能排斥，实际上也是对教科书式的理论不感兴趣。原因是理论的概念化、教条化、书本化，虽然表现形式有所不同，但其实质都是抽象于实际，即抽象于社会经济发展的实际，抽象于学生的实际需要与生活，可望而不可即。目前我们所涉及的马克思主义理论教材，基本上都是抽象统一的，当然这也是教材的特性特质。这种理论教材，只能用于教师备课。

在今天，我们如果不能满足学生在竞争社会、网络社会、信息社会等新领域的需要与发展，那么学生在这种针对性不强的教育倾向中，往往难以感受到教育的价值，容易造成对思想政治课程产生质疑和疏离，使教育的有效性下降。虽然艺术类学生是当代大学生的一个特殊群体，但也有着自己的个性要求和职业追求，也同样是社会化的一分子，他们要对社会时事做出自己的判断，需要在社会上找到自己的位置。教师应该满足学生的这类需要。可以以社会实践为教学媒介，解决学生的思想困惑。教师把抽象的理论和社会实践相结合，关注学生的思想动态，通过对社会实践的热点问题、事实问题，进行系统的、深入的分析，引导学生正确的思考，正确认识当代资本主义、社会主义发展的一系列问题，进而展现思想政治理论的指导意义。

3. 灵活教学，在教学过程中讲究方法，在方法上讲究艺术

第一，灌输的艺术。列宁告诉我们先进的思想，不可能是天生的，只能来自于灌输。长期以来，思想政治教学形成了灌输式的理论教学方式，但灌输的方式有多种多样，水到渠成是艺术的境界。无为无形的教育方法，使学生做到自我教育和自我塑造，也是思想政治课程完美艺术的最高形式。在聊天中引发自主讨论式教学，在讨论中引导启发式教育。从现实的具体数据的出发，通过横向比

较、纵向比较，对社会主义制度本身模式建立清醒认识。尊重学生主体地位，更要注意教师与学生的主体平等关系，把握语言艺术，思维艺术，以及情感艺术，营造融洽的学习氛围，鼓励学生大胆说出自己的想法，即使是不成熟、不正确的观点，也可以转变成讨论的话题，引导学生在对教学内容的讨论和交流中完成教学。在灌输中，根据艺术类学生长于形象思维，不喜欢刻板单调，感知能力较强这特点，加大情景式教学，吸引学生注意力，使学生对教学内容感兴趣，犹如身处实践环境中，通过对环境的亲身感受，体验感知教学。完成“由要我喝变我要喝”，使马克思主义理论成为自身发展的需求，通过对社会主义社会的感知，了解自身的定位，做到自我教育和自我塑造。

第二，教师“本”和“真”的态度艺术。我们党的思想路线是解放思想、实事求是，教师也要有实事求是的思想政治教育态度。思想政治课程教师本人必须有态度、有信仰，必须是这个制度的受益者和憧憬者。教师的理论授课艺术不是“演”也不是“秀”，而是本身执着信念所表现出的一种情绪散发，这种正能量的情绪附着于理论上散发出去，不是一味的揭露，不是一味地哗众取宠，而是“本我”和“真我”的感同身受，这样的说教才有力量，这样的理论才会被信服。

第三，管理的艺术和情感沟通的艺术。管理是无情的，规章面前，人人平等，家有家规校有校规，社会的方方面面都有规矩，遵守规矩才有可能生存发展。艺术类学生的思想政治课程教师应该让其明白，遵守纪律不是扼杀创造，人的成功，艺术上的创新和原则上的坚守是不可或缺的。要让学生感受到集体力量之美、规则统一之美。这既是教育过程，也是审美过程、娱乐过程，是自我教育、自我管理的过程，更要把它变为一种学习和享受过程。这也是教学管理的艺术境界。尽管管理是无情的，但教育是有情的。思想政治教育针对的是每一个个体，每个学生的状况是不一样的，有共性，但更多的是个性，需要我们的教师深入进去，走进他们的心灵。思想政治教师要有人情味，但这种人情味不是一味地讨好、无病呻吟，甚至是可有可无。它必须是独特的、散发教师个人魅力的、带有艺术气质的走进学生的心灵，开启他们的心智、感知他们的情绪。实际上，这就是关爱，是情感沟通的唯一通道。学生对教师的情感认同也非常有利于思想政治课程的教学，有利于学生对思想政治理论的接受与认同。

（作者单位：江汉大学）

思想政治理论课改革创想

张志臣　王　菲

高校思想政治理论课作为高校意识形态建设与宣传思想工作的主渠道和主阵地，肩负着学习、研究、宣传马克思主义，培养中国特色社会主义事业建设者和接班人的重大任务。面对日趋深入的全球化、市场化和信息化的发展境遇与生存状态，思想政治教育课程建设领域也出现了一些新问题和新任务，在课程管理的灵活性、课程内容的针对性、课程结构的协同性、课程体系的科学性、课程技术的适应性以及课程应用的实效性等方面都有待提高。根据我校“进步教育”的办学理念，思政课力求充分发挥《思想道德修养与法律基础》、《马克思主义基本原理概论》、《中国近现代史纲要》和《毛泽东思想和中国特色社会主义体系概论》四门思想政治理论主干课的主渠道作用，以期不断推进、深化思想政治理论课教育。

一、“基础”课坚守“做人”教育主线——“立德树人”

《思想道德修养与法律基础》课程教学要将社会主义核心价值观贯穿始终，以“做人”教育即“立德树人”为主线，针对大一新生的思想特点及成长成才的实际需求，确定教学内容，设计创新教学方法，建设大学生真心喜爱、终身受益的课程，并有力推进大学生思想政治教育进步计划。

（1）理论教学模块——将教材内容体系转化为教学内容体系，丰富、更新教学内容，增强教学实效性。

我们在完成教材的“规定内容”外，还要编写针对大学生思想实际的“自选内容”，使教学内容既包含社会热点、焦点问题，又满足大学生的成长成才的迫切需求，大致涵盖以下方面：帮助大学生顺利完成角色转变，在人生新的起点树立人生新的目标，将个人理想与中华民族伟大复兴的中国梦联系起来，培养大学生的担当意识责任意识；结合实际，阐释“爱国、敬业、诚信、友善”的含义和要求，引导大学生积极弘扬以爱国主义为核心的民族精神和以改革创新为核心的时代精神，深刻领会、自觉践行，依法理性表达自己的爱国热情；通过人生观教育，帮助大学生树立为人民服务为社会奉献的正确人生观；联系社会热点进行社会公德、职业道德、家庭美德、个人品德教育，帮助大学生深入理解加强社会主义道德建设的重要性，自觉提高自己的道德素质；贯彻十八届四中全会精神，教育学生弘扬社会主义法治精神，树立社会主义法治理念，增强学法遵法守法用法意识，做守法好公民，并不断增强建设社会主义法治国家的使命感和责任感，等等。

为此，我们将根据“基础”课的教学目的要求及我校大学生的认知水平，将上述内容按内在联系和逻辑关系设计成相对独立而又彼此相关联的十多个专题，大致包括：拥抱大学，开启未来；培养交往能力，和谐人际关系；追求远大理想，坚定崇高信念；做忠诚的爱国者；创造有价值的幸福人生；关爱心理健康，促进身心和谐；学习道德理论，注重道德实践；遵守道德规范，锤炼高尚品德；树立正确的爱情观；领会法律精神，理解法律体系；培养法制观念，遵守法律制度等。

课堂教学中我们将采用多种教学方法、手段及模式，激发大学生学习积极性。“专题讲座”是我们沿袭了很多年的教学方式，我们以此为主结合每个专题的具体内容选择教学方法，将专题讲授、案例教学、问题教学、故事讲述、视频播放、对话提问、课堂讨论等多种方式有机结合起来，提高课程教学的趣味性、生动性和吸引力，激发大学生的学习积极性，确实增强教学的实效性。

（2）实践教学模块——创新实践教学项目方案，拓展教育教学空间与平台。

我们要在已设计实施的“规划自己的大学生活”“做忠诚的爱

国者”“举案说法”“让感恩成为一种品质”“大学生社会公德意识调查”“衡水市区主干道盲人道现状调查”“校园、生活区高空危险物调查”“大学生宗教认知状况调查”“教室卫生状况调查”“在校生吸烟状况调查”“在校生睡眠状况调查”“早餐情况调查”等实践项目的基础上，创新适时、适情、适我的项目开展实践教学，使实践教学真正成为理论教学的补充和延伸。

二、“原理”课探索“进步教育主线”——知行合一

在多年来的教育教学实践过程中，马克思主义基本原理概论授课教师通过不断地探索、积累与反思，逐渐形成了以“进步教育”为主题、以学生全面发展为导向、以学生人文素质提升为目标的教育教学思路。教书与育人并重、思想塑造与价值引导同步、知识传播与文化熏陶共进。这主要包括以下诸方面。

（1）以课堂教学为主渠道，对学生进行思想政治教育，给学生思想水平的提高以助力。课堂教学是思想政治教育的主要途径，“原理”课教师高度重视课堂教育教学环节，认真备课、精心设计课堂教学的各个环节，做到内容与形式的最佳统一。例如在课堂教学中，每每通过一个精彩短小的视频、一个故事或者一个典型案例说明一个深刻的哲理，让学生在轻松愉快的氛围中接受新知识，并得到某种审美启迪。

（2）以对现实问题的剖析为突破口，培养学生分析问题的能力，助推学生认识水平的提升。一定意义上，现实社会才是真正的教材。“原理”课教育教学不是画地为牢、故步自封，而是把教学视野拉到整个宏大的社会现实之中，以现实存在的事实、问题等为教育教学的切入点，用马克思主义的辩证唯物主义和历史唯物主义为指导，对之进行理论上的剖析与认识，从而在直观形象的事实呈现中使学生分析问题的能力得到培养，进而使其认识水平获得提高。用一句歌词表达就是给学生一双“慧眼”，让他们能够把这个世界看得清清楚楚、明明白白。

（3）以精到的艺术性教学为方法，以知识、信息交流为载体，在给学生艺术化教学情境中再造学生美育之心灵。教育教学是艺术

化过程，“原理”课教育教学更需要艺术化。经过多年来的教育教学实践，“原理”课教师在苦练内功的基础上，把讲台变成了舞台，甚至有些教师将抽象的马克思主义理论在授课老师的精心调制下就变成了学生喜闻乐见、津津乐道、百尝不厌的审美大餐。这样的教育教学情境，要想学生心灵之美不提升，真的很难！

(4) 以对学生的人文关怀为抓手，培养学生的士子之心、担当情怀。教育教学不是单一的知识传授，不是枯燥的理论分析，而是一种人文关怀、情操展现。“原理”课程教育教学就是“爱的宣言”：仁人爱物——自爱、爱人、爱家庭、爱社会、爱生活、爱祖国、爱万物。古有士子之心，今须担当情怀。自爱就是古之修身，爱人、爱家庭、爱社会、爱生活、爱祖国、爱万物就是齐家、治国、平天下。

(5) 以文化播撒为手段，培养学生积极、阳光的精神品位、生命气象。马克思主义是意识形态，马克思主义更充满了深切的人文关怀。中国人民大学高放教授认为，马克思主义就是人学。人学就是人文之学，人文化之之学，即文化。一定意义上，“原理”课程教育教学，就是丰厚的文化之旅。“原理”教研室教师既注重对学生的意识取向以正确引导，也重视对学生的精神塑造、气质锻造。

教育教学是分层次的。最低层次是本能教育，即让学生不至于丧失“找食”的能力；其次是技能教育，大部分实用专业即是；再次就是知识教育（后二者如果走偏极易使学生失去“本能”）；最高层次则是文化教育，即成人教育。

在马克思主义中国化的今天，寻找优秀的传统文化与马克思主义的结合点，对学生进行生命品格、人生气象教育，从而使学生心态积极、心理健康，心中充满一片阳光，做新世纪的谦谦君子是原理课程教育教学的重中之重！

(6) 以学生的全面发展为目标，培育学生兼备不断发展的内在驱动机制，使学生生成不断进步的进取意识。世界是一个过程的集合体，一切都处于不断的运动、变化、发展之中。发展是永恒的过程。面对当下日新月异的时代，原理课程教育教学的一个基本点就是“植入机制”，即通过“原理”课的教育教学使学生内化生成一种不断进取的进步意识。

人与人之间的差别，一定意义上，就是意识差别。“原理”课在正视学生个性差异的基础上，同时给学生以激励教育、进步教育。一定程度上，大学教育的责任不是知识、不是技能，而是思想意识的激活与再造。思想意识的激活就是生命成长与发展永恒的内在驱动力，唯此，才谈得上学生的全面发展。

（7）以实践教学为保障，使学生在校外、校内的实践过程中落实体会进步之意义。实践教学是原理课程教育教学不可或缺的一部分。古人云：纸上得来终觉浅，绝知此事要躬行。故进步不是言说的，而是实践的。多年来，“原理”课程通过精心设计实践项目，让学生利用寒假、在校时间进行实践活动，从而尽最大可能为学生的成长进步服好务。

三、“纲要”课秉承“历史教育”，铸造“口述”史诗

《中国近现代史纲要》课与其他思想政治理论课的区别在于它是从历史教育的角度出发承载思想政治教育的功能。基于此，在教学中，以历史史实的介绍为依托，寓理论教育于历史教育之中，突出理论教育，使学生真正领会历史和人民怎样选择了马克思主义、选择了中国共产党、选择了社会主义道路是本课程的主要任务。围绕课程任务，结合我校进步教育的教育理念，在课程教学中主要强调和突出以下两点：

（一）专题教学（问题式教学法）与培养学生综合能力的统一

依据我校培养具有创新精神和实践能力的应用型高级专门人才的人才培养目标定位，及“纲要”课所担负的思想政治教育功能，在教学方法上纲要课突出专题教学，做到专题教学与培养学生综合能力的统一。

具体做法是，将每章内容整理、提炼出几个问题，并围绕这几个问题组织专题教学。在每章问题的设计上，坚持“三个突出”：一是突出课程教学的重点，二是突出思想政治理论教育的实效，三

是以"纲要"课"资政育人"的教学目标为指针，以教材为基点，突出与社会现实、大学生思想实际的联系。最终目的是使大学生通过了解国史、国情，培育民族自豪感和文化认同感，学会运用科学的历史观和方法论分析历史和现实，并使其掌握科学思维方法，形成自觉观照中国现实政治核心问题的习惯，提升他们的科学素质和人文素养，坚定其理想信念。如上课中讲到的问题"为什么说帝国主义侵略是近代中国贫困与落后的总根源？如何认识洋务运动的历史作用、失败原因及教训？为什么说没有中国共产党就没有新中国？"等。通过这样的教学方式，既澄清了疑点和难点，又能在每个问题的讲述中引入相关学术研究的最新成果，增强了课程的理论深度和说服力。

（二）突出口述史在教学中的运用，培养学生实践动手能力和独立思考的精神

口述历史是通过访谈者和受访者之间关于过去某一人物或事件的对话。访谈者以互动的方式与受访者合作，是访谈者和受访者共同参与制作的产物，是发挥学生学习主体作用的有效教学手段之一。

在教学上，将口述历史引入课堂教学，我们的做法有：

1. 通过播放口述史视频资料，将课堂教学由教师的"口说手写"，转向"让历史自己说话"的视听教学。如在讲"第五章　中国革命新道路"时，播放了《张学良口述历史》部分内容，让学生了解了背负着国恨家仇的张学良对于当时社会种种现状的态度，有助于学生领会"历史和人民怎样选择了马克思主义，怎样选择了中国共产党，怎样选择了社会主义道路"。

2. 利用假期，组织学生进行口述史的收集，锻炼学生的应用能力。结合"纲要"课的下编内容，在开课之前的暑期要求学生以自己的家乡为主进行口述史料的采访、整理，根据学生上交的作业来看，学生从这项活动中收获到的不仅仅是历史知识和史料的丰富，更重要的是对其思想和灵魂深处的触动，其实际价值超乎了我们的预想，是对学生进行世界观、价值观、人生观教育的良好途径。

四、“概论”课发挥“育人”精神，创新教学方法

（一）将育人放在首位

教师要以良好的言行影响学生，坚信“亲其师，信其道”的教育思想，教师注重通过各种方式加强与学生的沟通交流，面向全体学生，加强对学生进行政治思想素质教育，帮助学生确立科学信念、树立远大理想和正确的世界观、人生观、价值观，坚定跟党走中国特色社会主义道路的信心和决心。

（二）创新教学方法，激发大家学习兴趣

1. 新闻述评教学法。要求学生关注每周时政要闻、新闻热点，课上先由同学上台讲，讨论，教师总结。通过这种方式，一方面提高了同学们关注时政的意识、能力，增强了同学们的社会责任感，同时也能锻炼同学们的语言组织能力、表达能力，为以后走向社会奠定了一定基础。如这两年习近平总书记五四青年节和青年座谈讲话，大家都能关注到并在课堂上讲到，在同学们发言的基础上，教师进一步鼓励同学们珍惜大学美好时光，把个人理想抱负融入中国梦，才能让美好青春更加绚丽多彩，极大地激发了大家奋发向上的昂扬斗志，收到了较好的教学效果。

2. 视频播放法。在教学过程中选取合适的视频资料，帮助学生理解那些抽象的、远离学生实际生活的部分内容，收到了比单纯理论讲授更好的效果。我们选取了《正道沧桑——社会主义 500 年》《百年潮——中国梦》《复兴之路》等政论片的部分内容，进行辅助教学，很受学生欢迎，同学们看得津津有味，效果不错。

3. 学生主讲教学法。教师根据教学内容和现实问题，提前布置一些题目，由学生自愿报名上台讲，教师对学生的选题、论述、与课程内容的相关性，还有问题分析深度及语言表达（含脱稿程度）进行点评，引导学生掌握选题技巧，提升观察问题、分析问题的能力。表现好的同学在平时成绩中有所体现，充分调动了大家

学习的积极性，受到了大部分同学的欢迎。

（三）通过带学生们参观、访问、社会调查等形式加强社会实践

通过多种实践形式帮助大学生加深对党的基本理论、基本路线、基本纲领、基本经验的理解和认识，坚定同学们对中国特色社会主义道路、中国特色社会主义理论、中国特色社会主义制度自信。

近年来，我校思想政治课教师和学生参加了多次校外实践活动，开阔了视野，丰富了内心。如思政课教师利用暑期外出实践，2013年到南昌、井冈山等地，2014年到山东沂蒙山区、台儿庄战役遗址和纪念馆，2015年到河南红旗渠纪念馆、焦裕禄同志纪念馆实地学习，沿着党的足迹，重温红色记忆，将实践中所学所感引入课堂，受到学生好评。在每个学期中，思政课课堂也广泛开展“走出去”的实践周教学工作，如本学期分六批次带领2014、2015级逾500余名学生参加思政课实践教学活动，足迹遍及邯郸129师、西柏坡革命旧址、河北省博物馆、安平台城——全国第一个党支部纪念馆、孙犁故里和董子文化园、全国道德模范林秀贞展馆、周窝音乐小镇等地，学生们普遍认为收获颇丰并在课堂上进行感悟宣讲。马克思主义教学部也于学期末在校内举行为期多日的思政课校外实践活动学生成果展，得到广泛的支持和赞誉。

自思政课建设05方案实施以来，伴随着思想政治教育专业的设立和思想政治教育学科的建设，思想政治教育课程也不断创新，在课程的内容、结构和教学实施上取得了突破式进展，思想政治教育的知识化和课程化也迈出了重大步伐。面对思政课未来的发展，以《高等学校思想政治理论课建设标准》作为指导方向，我们需要进一步开拓创新思路、规范组织管理、教学管理、队伍管理和学科建设，高擎思政旗帜，引领进步思想。

（作者单位：衡水学院）

浅析网络背景下高校德育课案例教学法的运用

刘学刚

案例教学法是以案例为依托，以自主学习为基础，以交流为手段，以开发学生潜力、提高学生运用理论，分析解决问题的能力和促进学生综合素质提高为目的的一种理论与实践相结合的教学方法。自 1870 年兰格德尔在美国哈佛大学法学院首次提出案例教学以来，案例教学在世界范围内的发展与运用已经有一百多年的历史，如今已被广泛地用于各种专业和职业教育，在我国高校课堂教学中，案例教学也被广泛接受和运用。

高校德育课是大学开设的关于大学生世界观、人生观、价值观、道德观、法制观教育的课程。求知欲旺盛的学生希望德育课能够直面现实中的困惑，希望大学课堂上所讲授的理论、知识能够有效地应对现实问题，能够拨开层层迷雾，得出令人信服的结论，而不是枯燥无味的理论阐述。因此，鉴于高校德育课的性质及当代大学生新的思维发展特征需要高校德育教学更加注重案例教学的研究及运用。

一、案例教学法在高校德育教学中的价值

案例教学法作为一种先进的教学方法，在教学中具有突出的价值。体现在以下五个方面：

一是体现理论联系实际的原则，教学过程只有贯彻理论联系实际的原则，才能避免教师纯粹讲解理论造成的照本宣科，也能更好地通过案例的运用加深学生对理论的认识。

二是加强师生互动，在案例教学中，师生围绕案例进行诸如提问、答疑、讨论等形式多样的互动，有助于调动学生的思维，活跃了课堂气氛，形成和谐的师生关系和课堂氛围。

三是扩充教学内容，在案例教学中，教师通过展示教学案例，向学生提供了大量教材不曾涉及的信息，极大地扩充了课堂教学内容，实现了教师教学内容从教材体系到教学体系的转变。

四是提升学生的综合能力，在案例教学中，强调通过让学生在分析案例的过程中，在教师的启发之下，对案例进行解读，发现案例所反映的深层次问题，并通过组织语言进行表述。在这一过程中，学生的主观能动性得到了发挥，认识问题和分析问题的能力得到了提高。

五是提升教学实效，通过案例教学的实施，改变了传统教学的教师“一言堂”、“灌输式”教学格局，真正体现了教学过程中的教师主导、学生主体作用，在教学实践中大大提升了教学实效。

二、网络背景下案例教学法的发展

网络时代的教育环境与非网络时代有很大的不同，使得案例教学的诸要素都发生了很大改变。社会处于不断发展变化之中，这种变化为案例教学提供了丰富的教学素材，互联网带来了德育信息的时效性、社会性、便利性，使得互联网时代的案例教学已经与传统案例教学有许多不同。主要表现在：

1. 案例教学法的范畴更加宽泛。凡是理论联系实际的教学，以真实的场景呈现、探究、参与、实施的都可归为案例教学。例如基于建构主义学习理论、人本主义学习理论、情景学习理论、发展性评价理论、创业教育理论等项目式教学法、情景模拟教学法、任务驱动教学法、视频影像运用法、理论实践一体化教学法、创新创业训练等，都可归入案例教学法范畴。

2. 案例教学法依托的组织形式更加多样。不只在课堂进行，也可在课外进行，还可课内外结合进行；可以集中进行，也可分散进行；可以是大型的全局性的，也可以是某个过程某个片段；可以是综合训练，也可以是单项活动；可以是已经发生事实的追述、分析，也可以是未来路径的设计、探讨等。

3. 教学方法更注重人才培养模式的总体思考。案例教学不仅是一种课堂教学方法，更体现一种理论联系实际、培养学生创新思维的教育理念。大学课堂不仅是传授知识，更是以传授知识为载体训练学生思维的方式，所以这并不意味着案例信息必须是已经发生的事实，可以假设，可以虚拟，只要信息的各要素符合客观规律，情景模拟、虚实相间，一样能达到教育效果。

4. 学生的主体性地位更加突出，学生在案例教学中不只是分析问题、回答问题，归纳总结，甚至收集资料、制作案例、提出问题、组织讨论，都可以以学生为主。确立学生在案例教学中的主体性，让学生自觉地学，主动地学，探究地学，既训练了学生的思维，又能培养调研能力、信息处理能力、组织协调能力等，而且能充分激发学生潜能，提高学习兴趣。

三、网络背景下高校德育课案例教学法的运用原则

第一，案例教学必须紧扣课程内容，不能脱离基本原理。

教学所要达到的基本目的是，学生能够运用理论去指导实践，提高分析问题、解决问题的能力。案例教学是为提高课堂教学成果服务的，因此，首要的原则是案例教学应该紧紧围绕课程的基本内容。教师必须在理解基本原理和基础知识的前提下，安排案例教学的内容，比如案例的选择、案例的多少、案例的分解、案例的整合等，充分注意理论与实际的结合程度，才能发挥理论对现实的指导意义。

第二，在案例教学过程中，坚持以人为本的理念，调动学生的积极性。

一次教学过程成功与否的关键在于学生是否主动参与教学、主动思考教学内容，是否主动地运用原理分析问题、解决问题、将知识转化为自己的能力。心理学家经过研究发现，人的心理和思想上存在着一种“自身免疫效应”，指的是人的思想体系被某种区别于自身思想体系的外界思想干预时，无论这一思想是利好的还是有害的，人的心理和思想都会形成一个防护层，阻止其入侵。这一外界

思想被人感知的程度越大，它所受到的抵触也越剧烈。因此，如果德育把一些抽象的理论强加给学生，学生的主体性和自主性就被压抑了，就自然地会对德育的内容产生拒斥心理，引起逆反情绪，导致的结果就是教育成效甚微。鼓励学生充分表达自己对理论和案例的理解，教学过程是一种对话过程，在其过程中，调动学生的思考积极性，实现课堂互动。

第三，案例要恰当准确、真实可信、反映时代的价值观念。

大学生在网络资讯背景下，对各种不同的信息和知识有着敏锐的获取能力。这对课堂教学也提出了更高的要求，即在教学过程中，必须充分地重视各种信息的准确性、真实性，否则将引起学生对教师教学能力和素质的质疑，正所谓“信其师”才能“亲其道”。基本理论和基础知识的准确性和科学性自然不必多说。但对于案例，这个要求经常被忽略。案例是教师在课程基本内容之外，通过各种媒介而获取的与课程相关的内容，是每位教师根据教学需要而获取的信息。如果所使用的案例本身是虚假的、错误的，那么建立在案例基础上的分析也就失去了意义。另外，选择案例时，不能用陈旧过时的信息，而要注意案例的时代感、新颖感，能够反映时代的价值观、道德观。如果没有充分考虑价值观教育的逻辑起点，没有深度思考社会发展的理想信仰，就失去了德育的精神之根本，更无从谈及解决现代社会弊端、守护社会道德底线、拯救人类发展命运的问题。

第四，案例教学要针对不同的知识背景，不拘泥于某一个学科本身的知识范围。

德育课是面向不同专业学生开设的基础课，学生的专业背景都各不相同，因此，课堂上的诸多案例信息要考虑不同的学科内容，所涉及的领域要尽可能地广阔。一方面，学生看到自己熟识的领域，容易产生兴趣和认同感；另一方面，应该传达跨越学科的价值观。如果说德育是不成功的，那么其最大的失误就在于将科技精神和人文精神人为地割裂开来。现代社会，人们普遍关注人类物质进步所依赖的工具和手段，而忽略了人类文明的终极目的和价值。人才培养也被狭隘地理解为培养有科研能力、创新能力的人、培养对经济社会发展有贡献的人。一个有科研创新能力却没有人文精神的人，不但不会对社会作出贡献，在某些时候，甚至会产生破坏作用。

四、网络背景下高校德育课案例教学法的运用方式

案例教学的形式开展可多种多样，课堂上的举例说明，课程学习小组建设，课堂讨论，角色扮演，情景模拟，视频播放，课题研究，项目调查，创业实践，组织活动等。主要可以分为三大类：

1. 研讨性案例教学。这种是最基本的传统的案例教学法，主要用于加深对理论的理解、对现实的认识，培养认识分析实际问题的能力。案例的呈现形式可以是口述，可以是多媒体，可以情景模拟，介质可以是纸质文档，可以是电子文档，可以是视频，可以是真人演绎。案例的来源可以是老师，可以是学生。学生制作案例可以是老师提供线索，也可以完全由学生自编。案例的性质可以是成熟的、经典的，也可以是刚刚发生的、争议性的。案例教学的过程可以是对成熟案例的借鉴、总结，教师设计问题，学生对解决问题的思路、途径和办法进行评析，总结、归纳；可以是组织辩论会，对争议性问题进行辩论；可以学生自寻资料，自编案例并分析，用多媒体加以展示；可以学生自己提出问题，学生间交叉分析等。这种案例教学法比较适用于德育教学的理论部分。

2. 设计性案例教学。如果说研讨性案例教学是从现象到本质，从个案到规律，从事实回溯理论，设计性案例教学就是从已知到未知，侧重于培养学生的发散思维能力、想象能力、创新能力以及运用理论解决实际问题的能力；是案例教学法与“基于项目的学习”“体验教学法”“团队项目训练法”“基于工作过程的学习”等方法的综合运用。其核心是在充分整合资源的基础上，进行解决问题的方案设计。案例分析可以是前导，给学生提供思考和路径的借鉴。该教学更多地适用于德育课实践教学部分。

3. 实践性案例教学。它是传统案例教学法的扩展和延伸，通过学生自主实践，锻炼学生运用所学理论解决现实的社会问题的能力。一般应用在德育课教学实践部分。

以上三类案例教学法没有严格的界限，可单项训练也可综合运用，可团队合作也可个人操作，可以是一个完整的教学操作过程，也可以是教学中的某一局部某一环节。互联网所提供的丰富的资源和浩瀚的信息为广泛地多样化地开展案例教学奠定了坚实的基础。

五、网络背景下高校德育课案例教学法问题及对策

在我国高校德育课教学中，案例教学被教师广泛接受和运用，然而由于多种原因，在实际的运用过程中还是存在一些不足，效果不甚理想。存在的问题主要有以下几个方面：

1. 教学理念和教学过程方面。部分教师并没有深刻认识到案例教学的重要性，即使运用案例教学，很大一部分流于形式。教学理念模糊、教学方法处理不当，教学效果不佳。有的任意割舍案例教学过程，有的过分严格掌控讨论过程，学生不能积极参与到教学中去。

2. 课堂气氛方面。由于并没有完全消除传统教学以教师为中心的观念，有的教师并不希望有宽松的教学氛围，甚至害怕驾驭不了课堂局面；有的教师虽然运用案例教学，但整个过程中过于强调展示教师的作用，课堂气氛凝重，不利于调动学生参与的积极性和启发学生的思维能力。

3. 教学手段保障方面。案例教学需要模拟一定的实际情境，需要一定的教学投入，并建立专用的教学设施。如果教学经费投入少，而且教学基础设施不完善，难以达到案例教学的效果，不利于案例教学的开展。

4. 教师水平方面。许多高校缺乏相应的案例教学激励评估机制，对教师相关的案例教学培训也不够重视。对于教师来说，一方面缺乏案例教学的培训，另一方面缺乏网络制作技能，因此比较注重理论教学，使用的案例缺乏，形式单一，教学投入不足，难以引起学生共鸣。

5. 案例选编方面。案例是案例教学的基础，其适当的选编是案例教学成功的关键之一。我国高校德育案例选编方面存在诸多问题。如案例来源缺乏，国外案例过多，本土案例较少；案例比较老

化陈旧，时效性较低；案例选择不精练，缺乏典型性与亲和性。许多学校虽然重视案例教学的应用，但在案例的搜集、管理与选编等案例库建设方面仍然比较滞后。

针对以上问题，应采取如下对策：

1. 明确培养目标，更新教学理念，营造宽松的课堂氛围。案例教学要取得良好效果，具有明确的培养目标和清晰的教学理念至关重要。实施案例教学，教师应转变德育教学观念，以学生为中心，为学生提供宽松的课堂气氛，激发学生参与案例教学的热情；应看到学生的潜能，最大限度地调动每一个学生学习的积极性和创造性。

2. 建立促进学生积极参与案例教学的激励机制。案例教学能否成功的关键在于学生是否能真正参与到对案例的分析讨论中。因此，应建立促进学生积极参与案例教学的学习激励机制。案例教学教师应加强对学生学习过程的考核，发挥评价的激励引导功能。案例教学自身的特点决定了它重点考查学生的分析、判断、决策、交流等多方面素质，因此要对案例教学进行综合评价，评价过程应关注学生在整个案例分析、讨论和实施过程中的多重表现；教师应以课堂上学生在案例教学中的表现作为对学生成绩评定的重要依据。

3. 加强对案例教学的培训和投入。案例教学对教师提出了更高的要求，教师对案例背景应该非常熟悉，应具备一定的相关领域的经验和技巧。因此，案例教学要求教师应不断完善自身素质，从思想理念、知识水平和教学能力等方面提高自己，以案例教学的实施作为自我提升的一个良好契机。其中很重要的一方面就是教师需要不断更新教学辅助技能。一是对各种网络媒体资讯的剪辑和归纳的能力。作为德育教师不仅仅停留在以往的 WORD 文档处理，PPT 制作等简单技能上，还必须能够熟练地运用常用软件，如绘图软件、图像处理软件、3DsMax 制作软件，以及剪辑软件，PDF 软件，录屏软件，Flash 动画制作与演示软件等。二是文案资料的概括归纳能力。由于选取的案例一般都具有资料的广泛性、内容的复杂性和知识的综合性等特点，这就要求教师能在课堂有限的时间内准确把握、理解运用案例，并给出契合主题的分析评价总结。同时，学校教管部门应加强对案例教学的管理和评估，重视鼓励教师开展案例教学；积极组织案例教学能力培训，鼓励教师参与相关领域实践，撰写调研报告和案例；加大对案例教学管理和设备的投入，保障案例教学各方面的顺利开展。

4. 编写和选用更具针对性的教学案例，构建案例教学资源库。案例选择编用是案例教学的重要前提，没有符合教学要求的典型教学案例，案例教学就无法顺利开展。德育教师应以团队合作、资源共享的理念积极主动的参与案例选择和编写制作。如果有条件的话，还应学习借鉴国外大学及国内其他大学经验，积极构建案例教学资源库，建立完整的案例教学和管理系统。

综上所述，网络媒体的迅速发展既给高校德育课教学带来了丰富的资讯与平台，也带来了更大的挑战与难度。高校德育教学法研究是一个长期系统的工程，需要探究在德育教学实践中怎样把教学观点和理论变成学生自身的内在观念与需要，并在今后的生活中得到实际运用。案例教学法的深入研究以及多种教学法的完美配合，是高校每一个德育教师不断思考与完善的问题。只有这样，才能进一步提升高校德育课的实效性。

（作者单位：江汉大学）

网络环境下高校思想政治理论课学生自主学习模式研究

涂志明

一、思想政治理论课学生网络自主学习的现实价值

自主学习兴起于20世纪80年代，是伴随着西方教育心理学研究领域关于如何培养终身学习能力、独立思考能力的一些争论而出现的。当前大学生的主体都是95后，他们的生活和学习都与蓬勃发展的网络紧密联系在一起，拥有个人电脑和手机的学生比例接近百分之百，而且他们也善于通过网络来获取信息。作为一种新的教学模式，与传统以课堂讲授为主的教学模式相比，网络自主学习反映了时代要求，体现了其重要的现实价值。

第一，网络自主学习有助于学生学习兴趣的提升和教学目标的实现，提高教学实效性。

思想政治理论课教学应该实现知识、能力和价值观三个目标，是知识传授、能力培养和思想教育的结合。其根本目的是用马克思主义理论武装大学生的头脑，培育大学生高尚的道德情操，把大学生培养成坚定的马克思主义者，走中国特色社会主义道路的信念者，社会主义事业的合格建设者和可靠接班人。然而，任何教育领域的学习都是从学生的求知欲开始的，思想政治理论课的学习应表现为学生对马克思主义的强烈的求知欲。要实现这些目标，提高教学的实效性，就必须探索能调动学生学习积极性的教学方式、方法，使思想政治理论课成为学生真心喜爱、愿意接受，进而终身受益的课程。

思想政治理论课在高校属于公共理论课，由于内容的特殊性，与专业课相比较，学生的学习动力明显不如前者。随着智能手机在大学生群体中的普及，思政课一定程度上变成了玩手机课，教师的讲课形同虚设。对于教师提出的课堂讨论题，绝大多数学生毫无兴致，要么低头继续看手机，要么立马在手机上搜索答案，以至于“你问我答”这样的简单互动都难以互动起来，严重影响了思政课的教学效果。要改善这种情况，必须积极利用大学生热衷的网络，将课堂与网络有效地连接起来，把学习的主动权归还给学生，充分发挥他们自主学习的能力。

网络自主学习利用网络平台，可以将单一的讲授变成形式多样的信息交流。知识的认知、思考、考核以及反馈都能通过网络高效便捷地得到实现。通过网络学习平台能够在课前及课后弥补传统课堂教学的不足，从而提高教学质量。网络交流形式的多样化在客观上能够充实思想政治理论课的教学内容，拓展学生学习的空间与时间。同时教育者与受教育者之间学习信息的快捷传递与有效交流使得思想政治理论课教学做到因材施教，有的放矢。这些无疑都有助于学生学习兴趣的提升和教学目标的实现，提升教学实效性。

第二，网络自主学习有助于学生政治素养和思维能力等综合素质的提高，促进学生的全面发展。

思想政治教育的重要任务是加强素质教育，使学生既具备较高的政治素质，又有一定的理论修养；既具有创新精神，又具备明辨是非，正确分析问题和解决问题的能力。通过网络自主学习平台，学生能够从网络上了解改革开放和社会主义现代化建设的实际，将理论与实际相结合，较好地理解和把握基本理论的精神实质，学会客观地、发展地、全面地、系统地和辩证地观察问题、分析问题、解决问题，不断增强理论思维能力和创新能力。比如“概论”课程第七章“社会主义改革开放理论”的学习过程中，教师可以要求学生上网浏览关于改革开放的成就、十八届三中全会、WTO、一带一路战略、亚投行等相关文章和视频，结合教材的相关理论思考改革开放和全面深化改革的必要性和当前改革开放的新举措，这有助于学生对教材内容的理解、视野的开阔和思维的发散。

第三，网络自主学习有助于缓解思想政治理论课课程内容多与课时少的矛盾。

思想政治理论课新方案的四门必修课都是围绕着培养中国特色社会主义事业的合格建设者和可靠接班人这一目标而设立的，内容多，理论性强。以“毛泽东思想和中国特色社会主义理论体系概论”课程为例，该课程主要讲授马克思主义中国化的形成发展、主要内容和精神实质，不断增强中国特色社会主义道路自信、理论自信、制度自信，坚定中国特色社会主义理想信念。课程体系宏大，内容涵盖毛泽东思想和中国特色社会主义理论体系诸多领域和许多方面，学理性强，极其丰富而深刻。规定的教学时数只有 64 课时。在这么短的时间内教师只能选取一些重点内容详讲，有些内容一带而过，不可能深入下去。而网络学习平台能够缓解内容多与课时少的矛盾。为此，要科学合理地调整教学计划，使网络自主学习来弥补课堂时间的限制和空间的制约，做到学生自学与教师精讲相结合，学生体会与教师引导相统一。

二、思想政治理论课堂教学必须与网络学习有效融合

传统的教学方式大多是师生之间的传道、授业与解惑。但是，这种学习方式常常因时间、空间以及对象的固定化而使学习者受到一定的限制。互联网的出现则打破了这种局限性，它可以让学习者冲破时空的限制而遨游世界。但是，网络的便利与高效也使大学生过分依赖网络，而使其自主学习能力正在逐渐丧失。对于大多数大学生而言，网络成了他们学习的至高至上的需求：做作业找网络，写论文找网络，开卷考试找网络。

思想政治理论课网络自主学习能充分发挥利用网络的优势。但是，网络自主学习的实际效果与学生自控能力、教学平台的设计水平、教师的监控以及设备网络的建设等密切相关，并不能立即取代传统的课堂教学。现阶段，二者之间应该是相互补充、相互促进的关系。传统教学模式需要网络自主学习来推进教学改革。传统教学模式以课堂教学为主，课外实践教学为辅。这种教学模式较好地完成了思想政治理论课的教学任务，但是形式单一、内容不够丰富、

考核方式片面、教学效果不很理想等缺点也日益暴露出来。教学改革就是要直面困难，迎难而上去提高教学质量。网络自主学习在形式上实现多元，在内容上实现快捷更新，在考核上实现多样。网络是学生熟悉的新技术，学生更容易接受和掌握这种新鲜事物。网络自主学习模式的开展能更好地应对传统以课堂讲授为主的教学模式的局限性，从而提高思想政治理论课的教学质量。网络自主学习面临着一些困难，需要传统教学来补充。正如前文所提到的，网络自主学习具有一定的优势，但是并不必然会表现出来。因为有些困难如果不能勇敢面对并有效解决，将会影响甚至消解其优势。

其一，网络自主学习教学模式的可控性问题。思想政治理论课网络自主学习是指学习者通过网络平台在一定的思想政治理论课学习内容和学习总体目标范围内对具体的学习目标、学习方法、学习过程、学习评价与交流等方面进行自我设计、自我管理、自我调节、自我评价和自我转化的主动学习过程。网络是一个开放的世界，信息繁杂，良莠不齐，教师整合资源是一项困难工作。自主学习也需要学生有一定的自控能力和学习能力。另外，如何教给学生明辨是非、甄别信息的能力也是一个难题。既要监督考核学生的自主学习，又要进行有效的适时引导。所以，围绕“教学的实效性”这一核心目标，在传统教学过程中要注意关注对网络自主学习的监督与引导。

其二，网络自主学习教学模式的可操作性问题。涉及对该教学模式的整体设计。如何充分利用各个教学单位原有的网络学习模块对具体的思想政治理论课程进行网络自主学习的设计是一个长期的过程。这说明新的教学模式和原来的教学模式在一定时期会并存下去，并不会立即取代原有的教学模式。现代社会日新月异，学生思想素质不同并且正在发生深刻变化，教师必须想办法设计丰富的资源模块并采用灵活多样的教学方法引导他们去主动学，同时对他们的自主学习情况加强监督，做好评估，帮助他们逐渐增强学习毅力，培养他们的自主学习能力。利用不断完善的网络平台有效引导学生自主学习理论知识并实现其内化与外化的结合，需要传统教学的有效补充。正确处理两种教学模式的关系不仅关系着思想政治理论课网络自主学习的有序开展，而且也关系到思想政治理论课教学改革的顺利进行。在看到网络自主学习所代表的教学改革和实践的新方向、新趋势的同时，也应看到传统教学仍然具有较大潜力可以挖掘。对于二者关系应该辩证思考，针对不同的思想政治理论课可以进行合理搭配。如“马克思主义基本原理”、“毛泽东思想和中国特色社会主义理论体系概论”课程，由于其理论性较强，若以网络自主学习为主，则很难达到教书育人的目的，因此仍以传统教学为主，网络自主学习为辅的教学模式。如“形势与政策”课程，由于其教学内容主要着眼于国内外形势和国家的大政方针政策，具有极强的时效性特征，因此，突出网络自主学习的重要性便成为较优的选择。当然，在教学模式设计中必须充分认识到教无定法，为了达到相应的教育目的，教学实践无止境，教学探索亦永无止境。

三、思想政治理论网络自主学习模式的构建与实践

思想政治理论课进行网络自主学习有一定的基本条件。一方面，有关马列主义、毛泽东思想和中国特色社会主义理论的研究在我国进行的时间长、成果多、文献丰富，学生可以在互联网、网络图书馆等地方找到诸多可以信赖的史料、材料，因而有利于降低学习难度，使得学生在自学的过程中具备基础条件。另一方面，思想政治理论课程内容本身以思想认知领域的内容为主，学生在学习的过程中能够充分表达自己的意见、想法，在学习内容、学习方式和学习方法等方面的权利也比较自如，可以选择自己喜爱的方式进行学习。换言之，与理工科、史学等多种学科不同，学生自主学习思想政治理论课的自由程度更高。正因为以上两点原因，在网络自主学习模式下，思想政治理论课对大学生自主学习来说发挥程度更高、难度更低，这就使得自主学习具备了基本条件，能够得以实施。思想政治理论课网络自主学习模式的基本内容包括以下几个方面：

第一，网络自主学习模式合理使用网络资源的实践。

网络图书馆资源是大学生进行自主学习时最容易接触到的网络资源，而这一资源的品质也是相当高的。目前，在我国高校中，图

书馆的网站都接入了多种的网络图书馆资源的入口，具体来说，有期刊资源、电子期刊资源、电子书籍资源等。如果要自主学习《特色理论概论》中有关毛泽东思想的内容，大学生就可以在网络图书馆上找到诸多可以利用的材料与资源。学生可以搜索到与毛泽东思想形成相关的史料以及对毛泽东思想进行评价的书籍、专著和相应的论文集。此外，学生还可以收集到很多与毛泽东思想相关的素材并进行保存。如此一来，学生就掌握了大量的材料，能够为全面了解毛泽东思想打下坚实的基础与铺垫。

在对毛泽东思想有了最为基本的了解之后，学生可以根据教师的要求或者课本的例题，在网络图书馆中搜寻一些自己感兴趣的和毛泽东思想相关的内容，了解当代学者对毛泽东思想进行的最前沿的研究。为了找到这些内容，学生可以通过中国知网、万方等数据知识服务平台进行关键字检索，查阅近年来相关的一些期刊、杂志和报纸。同时，学生可以按照年代进行排序，了解国内研究的最新动向。一般来说，万方和中国知网提供的服务相近，与中国知网上收录的内容也有一定重合，为了获得有效资料，学生要学会查找、筛选研究文献。

对自主学习毛泽东思想的大学生来说，目前可以在中国慕课网搜索到国内一些著名高校比如武汉大学的思想政治理论课程的公开课。此外，学生还可以通过观摩国外大学的公开课课程，大致了解思想理论研究的思路，为学习毛泽东思想做好总体方面的引导，以便开辟更新的学习方向与思路。而同时随着我国慕课的不断推广，应当会有越来越多的与《特色理论概论》学习相关的慕课资源上线，这样对未来《特色理论概论》自主学习还是有很大帮助作用的。

论坛、社区、网盘资源也是重要的学习资源。许多论坛都有与思想政治教育相关的板块，学生只要进入到相关区域中进行搜索，就可以找到一定与自身学习相关的内容。同时，部分论坛、社区会提供一些网络图书馆中检索不到的内容，这些内容通常都以附件的形式或者上传网盘的形式提供下载路径，只要用心寻找，学生都能够找到相应的内容，并可以进行下载。从这一方面来说，论坛、社区能够成为学生学习的引导者，而这种功能是其他网络资源难以取代的。其实，现在很多网盘资源、云资源本身就是庞大的数据库，如果自主学习的学生经常使用这些资源，不妨在其中进行关键词的检索，也许会有意想不到的收获。网络图书馆、慕课、公开课、论坛、社区、网盘等具备不同的功能，能够形成不同的模式，可以拓宽大学生的学习平台，提供给大学生多种多样的学习资源，使得大学生能够更为自由地选择学习方式、学习时间和学习空间。

第二，网络自主学习模式学习过程中充分发挥新媒体强大功能。

教育工作者必须要适应新时代的要求，充分认识并善于发挥新媒体带来的好处，树立起将思想政治理论课自主学习与新媒体相结合的观念。首先，课前教师要做好自主学习模式的组织工作，将学生分成若干学习小组，以小组形式参与学习过程，形成良性竞争。教师要对学生进行正确的引导，使得学生在自主学习模式开展前能够对教学内容进行预习。在教学过程中，学生进入到网络教室后，可以明确本节课程学习的主要内容，以及学习目标。在学生的课堂讨论过程中，学生的讨论形式要呈现多元的特点。首先是学生可以通过互联网络，在网络上与其他同学进行交流。其次就是在实践环节，教师要组织学生更多的进行交流和沟通，对学习经验和成果进行分享。在课后复习阶段，主要就是帮助学生对自身学习到的知识进行检验和巩固，可以由教师出题通过网络发布给学生，学生回答完毕后，由学生在网络上相互进行评判。同时，也可以由学生依据课堂学习的内容进行题目的编制，然后小组之间能够相互考评。

第三，网络自主学习模式评价体系的构建。

由于考核方式具有明确学习导向作用，以考核方式为例，目前思想政治理论课常规考试方式是：理论考核、实践考核、日常考察。这种考核方式能较好评估学生对知识的掌握水准，却不够连贯也不够准确。网络自主学习模式易于实现传统教学模式下难以实现的评价主体的多元化，评价主体的多维化、评价目标的多元化、评价方式的多样化以及评价过程的连续化。网络自主学习可以将考核放到网络平台进行开展，考核内容不断更新，学生超越现实中的考试时间和空间进行自我考察和信息反馈，教师亦能及时进行高效快捷地跟踪，从而更准确掌握学生思想政治素质的提高轨迹。

（作者单位：江汉大学）

本文系武汉市教育局教学研究项目“网络环境下高校思想政治理论课学生自主学习模式研究”（项目编号 2013062）阶段性成果。

开放式教学中促进学生全员有效参与问题探究

张红霞

开放式教学是一种全新的教学模式，是在教师的引导下，通过一系列开放的教学环节，使学生通过自主学习、探究，掌握知识和技能，同时提高其综合素质和创新能力。思想政治理论课是大学生的必修课，是帮助大学生树立正确世界观、人生观、价值观的重要途径。思想政治理论课实行开放式教学，有着显而易见的学科优势，如学生通过课下查找资料，小组互助学习，课上观点的碰撞、激荡，更容易理解我们国家的大政方针和当今社会的热点、难点。它避免了传统教学中学习内容的灌输性，学生学习的被动性和思维过程的依赖性。我院思想政治理论课经过近两年的开放式教学探索改革，收到一些成效，深受学生好评，但并未实现学生主体性的教学要求，而且遇到了瓶颈性难题：学生参与度不够理想。小组互助学习中，少数小组能够高质量完成，多数小组敷衍了事，完成质量不高。有些小组由一名或几名成员完成，而个别成员未参与。开放式教学绝不以形式是否多样、课堂气氛是否活跃来衡量，也绝不能忽略学生的参与率。开放式教学的成功必须是班级学生的整体有效参与，只有实现这一目标，才能达到高校进行思想政治教育的目标，并真正实现现代教育的精髓与实质。

一、调动内驱力促进全员有效参与

苏霍姆林斯基在《给教师的建议》一书中提到："在每一个年轻的心灵里，都存放着求知好学、渴望知识的火药。"如何点燃这火药是非常重要的。开放式教学又以学生自主学习、探究为主，因此，调动学生的内驱力是解决问题的关键。

1. 激发学生主动参与兴趣

兴趣是最好的老师。兴趣来自哪里？首先是需求。学生需求什么？通过对我院2013级、2014级学生进行“毛泽东思想和中国特色社会主义理论体系概论”课（以下简称“概论”课）学情调查，其呈现的结果为：“概论”课你最喜欢什么？58.3%的学生选择观看视频，42%的同学选择实践活动。“概论”课你最不喜欢什么？80%同学选择教师单纯讲课。请谈谈你对“概论”课教学的建议，85%的同学建议增加小组讨论、互动交流。从调查结果来看，形象的、互动性强的教学模式是学生所欢迎的，灌输式的授课方式是学生不感兴趣的。你认为思想政治理论课教师应当充当什么角色？在马克思主义理论的传播者，学生发展的引导者和示范者，教学的权威者三个选项中，95%的同学选择了学生发展的引导者和示范者。可见学生希望教师引导他们探讨人生发展问题，探究理论的指导意义，思索当今社会发展中面临的重大问题，希望教师指导他们学会正确获取信息的方法和技巧，提高分析问题和解决问题的能力。思想政治理论课若要打造成学生真心喜欢的课程，教师首先要具有开放的教育理念，主动隐退，让出舞台，转变为导演角色，把学生视作学习的主体和知识的探究者，而不是被动接受知识和价值观的机器。其次要认真研究教材，整合教学内容，确立教学专题。教学环节的设计要针对学生的思想和生活实际，考虑学生需求，力求从学生的兴趣点切入，达到学生主动接受、积极参与、自动内化的效果。

兴趣还来源于成功的体验感。体验感越强，其兴趣越大。由于“概论”课的特殊性，理论性较强，因此教师在开放式问题设计上既要考虑教学目标的实现，还要考虑其难易程度及学生兴趣点。如第一章关于马克思主义中国化的原因，不能单纯讲解或让学生讨论此话题。学生第一感受就是问题高大上，不符合其兴趣点，自动生成抵触心理。笔者在教学设计上，先从肯德基这一众人皆知，尤其被年轻人所接受的快餐切入，由学生列举肯德基推出的符合中国消费者口味的品种，从而逐渐引出肯德基的中国化，学生小组讨论、分析其原因并归纳出文字性语言，教师引导各小组总结出主客观原因，学生各小组总结出肯德基中国化原因后，再引出马克思主义中国化原因，学生小组只要将“肯德基”这一主语改为“马克思主义”即可。翻开课本学生惊喜地发现他们探讨的原因与课本所述相差无几，那种成功的喜悦和满足感自然激发其学习的热情和日后参与的兴趣。

2. 释放被压抑的主动性

传统教学束缚了学生思想，压抑了其主动性。长期以来学生习惯被动学习，学习中欠缺独立思考。学情调查结果呈现出的学生对互动的渴望，与现实互动环节中表现出的消极行为，充分说明了学生内心的躁动和长期被压抑的个性的冲突。因此释放学生被压抑的个性，才能调动其内驱力。

释放被压抑的个性，必须建立民主、平等的师生关系，营造宽松、和谐、开放的学习氛围。学生在宽松的学习氛围和平等的师生交流中，失去了束缚感，才能敢于发表自己的独特见解，甚至提出质疑。也只有这种质疑不被压制，才能激发其强烈的解疑欲望。思想政治理论课若要形成全体学生积极探索、勇于表达观点的课堂气氛，教师需要突破教学理念，对于学生比较片面的观点，避免全盘否定。对于一些争议性问题，不设标准答案式的结论，允许学生保留不同观点。教师主要引导学生多角度思考社会现实问题，突破习惯思维定势，敢于提出新观点。最后教师结合学生探究结果，通过相关事例，分析比较，引导学生作出科学的判断。此外，教师要合理定位权威，抛弃“权威至上”的传统理念，在努力提高自己的专业水平和教学水平的基础上，接受可能被学生问倒的现实，把自己视为教学的组织者和学习者。只有这样才能在师生互动、生生互动中达到互相促进和提高。

二、强化外部推动力促进全员有效参与

1. 加大过程考核力度

有压力才有动力。近几年随着我院教学改革的深入，“概论”

课也注重了过程考核，平时成绩与期末成绩比由 3∶7，加大到 4∶6，但此举在调动学生主体性方面效果并不理想。大部分学生依然课堂参与度低，作业完成质量不高。究其原因，只要学生按时完成作业，出勤率高，期末考试认真作答，综合成绩都比较理想。学生挂科多因出勤率低或作业未完成所导致。考核导向决定了学生的努力方向，提高学生的参与度，除了从学生内驱力入手外，必须加大过程考核力度，从外部推动学生主动参与。

2015 年下半年，“概论”课实行了班级试点，将平时成绩和期末成绩占比调整为 7∶3，堵住了某些同学单纯依靠期末突击通过考试之路。同时取消占平时成绩权重比较高的考勤分。为防止个别同学的懒惰、挂靠心理，学习小组有原来的 4～5 人缩小到 3 人。教师在序言课将本学期开放式问题全部交给学习小组，并设置了活动分值，制定了详细的得分标准，使学生提前了解一学期需要研讨的内容。过程考核具体为：（1）考察学习小组完成研讨问题的质量。分课下完成和课上完成两部分。完成情况分为未完成、基本完成、完成较好、高质量完成 4 档。（2）考察学习小组课堂参与度。如讨论、发言等情况。参与度分为未参与、一般参与、积极参与三档。教师负责对各小组打分，组长根据组员的参与情况打分。另评选出由骨干学生组成的“概论”课评选委员会，委员会针对各小组表现打分。改变了以往学生在与不在课堂有差别，完成未完成作业有差别的粗放式考核，真正实现以学生完成作业的质量、参与的广度和深度、讲述问题的清晰程度等作为标准的精细化考核。

过程考核的精细化，要求教师布置作业详细、明确，并有较强的课堂把控能力。例如在建设中国特色社会主义经济专题里，设置了开放式问题“供给侧改革”。教师提前布置作业，提出详细要求：（1）了解概念。（2）运用通俗的语言表述概念。（3）列举相关事例讲述改革原因，形式不限。此环节可以语言表述，可以制作 PPT 讲述，可以播放或制作小视频。只要台下学生有收获，形式不限。课堂分享环节，形成台上、台下同学及教师多向互动，鼓励台下同学向讲解小组提出疑问，教师的角色要多变，根据实际情况选择作为听众方或讲解小组一员。

2. 表扬、鼓励是最好的推动力

青年人自尊心强，害怕出丑、遭到他人嘲笑。当前很多学生课堂不积极互动，用博弈论分析，没有充足把握而主动发言，有犯错的可能性，被嘲笑的可能性。“从学生角度考虑主动回答问题是需要付出‘成本’的。而安分地隐没于众人之中，既无被嘲笑可能，也可以不用思考。所以，选择‘不主动’策略对学生来说其实是有正得益的。”[1]教师要打破这种学生合作局面，对积极主动发言学生，回答准确的不吝真诚地表扬，回答有失全面的不惜诚挚地鼓励，尽量归因到学生的努力方面，使积极参与学生充分体验到自身价值。还可以考虑通过适当加分给予鼓励。在主动参与的学生获得满满正能量时，为保安全“隐藏”的学生必然会出现心理失衡，为了弥补这种不平衡，再加上身边正能量的感染，他们也会逐渐选择主动参与。教师的任务就是不断的刺激其他同学参与进来，不断地满足新加入者被发现、被肯定的成就感。这种心理上的满足会化为强劲的动力，促使他们积极参与，力求高质量完成探讨问题，形成全员有效参与的局面。这样从根本上改变了以往仅仅通过严格考勤将学生拉到课堂，消极被动听课的局面，使其不仅身在课堂，更能心在课堂。

当然，由于学生个性的差异及小组长组织管理能力的差异，难免会存在不积极或不参与的学生。对于不积极参与学生，教师及时与其沟通，了解具体情况并采取或研究相应的解决对策。对于明显未参与的个别学生，不予给分，教师为其额外布置其他探究性问题，并督促其参与及完成。对这类学生，有时教师的特别关注和督促既是压力，也是动力。

三、加大环境保障力度

教学环境对教学效果的影响举足轻重。教学环境包括班容量、桌椅模式，还包括课堂气氛和学习氛围等。我院思想政治理论课一般采取的是合班授课，班容量较大，学习小组多，课堂内难以达到各学习小组表达观点和见解，教师也难以了解所有小组学习情况，达不到个性化辅导的需求。目前思想政治理论课所使用的教室课桌椅不易挪动，不利于多样化教学活动的组织，影响了学生参与教学活动的行为与态度，妨碍了师生、生生之间的交流、互动，难以达到开放式教学所要求的效果。合理的班容量、适合开放式学习的桌椅布置，应该尽快提上日程，满足开放式教学之需。

当今社会已经进入了“互联网+”的时代。开放式教学需要信息技术的强有力支持。学生自主学习需要丰富的资源作支撑，这就要求网络的校园全覆盖。教室网络化尤其是当务之急，也是公共课教师普遍关心的问题。由于思想政治理论课是公共课，不宜占用学生大量课余时间，对于有些相对简单的学习、研究内容，会采用课内翻的形式，学生小组首先查找资料，研究学习，再进行小组互动学习阶段。目前学生只能使用自己的流量来进行此项活动，大多反映流量不够，个别学生甚至以没有流量为借口，消极对待或拒绝参与。这也是影响学生全员参与的不可忽视的因素。

在开放式教学中，促进学生全员有效参与，教师的努力探索是重中之重，但它的成功需要学院整体的协调、配合，需要软件和硬件的支持。教育学家苏霍姆林斯基认为：“真正的学校是一个积极思考的王国，必须让学生生活在思考的世界里。”[2]学生主动思考、积极有效参与，需要各学科教师的集体努力，需要良好学风的推进。目前我院极其重视开放式教学的探索和实施，在此大环境下，共同努力推进，实现《普通高校思想政治理论课建设体系创新计划》的要求，把思想政治理论课建设成为学生真心喜爱、终身受益、毕生难忘的优秀课程。

参考文献：

［1］张迪．如何鼓励大学生在课堂上主动举手发言——基于博弈理论的思考［J］．商情，2013（18）．

［2］苏霍姆林斯基．给教师的建议［M］．北京：教育科学出版社，2000：62.

（作者单位：石家庄职业技术学院）

高校政治理论课多媒体教学中主体性意识培养

高海燕

主体性教育，就是人的教育，是发展个性、培养创造性的教育。主体性意识，就是激发学生主动参与、培养学生个性、发展学生创造能力的一种意识活动。现代信息技术的突飞猛进，带来了学习方式的革新和教学手段的变化。信息技术与政治理论课教学的整合，使学生原先狭窄的学习空间，变得广阔无垠。学生的知识视野和思维领域，在这缩短了的时空隧道里得以拓宽。我们为政治课多媒体教学拍手叫好，但是，一个严峻的问题，不得不引起我们的思索，这就是：教师将现代教育技术运用到政治课教学的同时，却疏忽了学生主体性意识的张扬，学生放飞理想的翅膀，未经风雨的吹打，却被折断。现代教育技术高扬的旋律中奏出的不和谐的音符，使政治课多媒体教学出现了尴尬的局面，我们的心中顿时升腾起一种沉重的感觉。

一、政治理论课多媒体教学中抑制学生主体性意识发挥的主要表现

1. 以演示代替学习

在政治理论课多媒体教学过程中，有些老师并未真正认识到多媒体教学的特别意义，而是将其视作操作仪器，于是，一种演示型的教学模式，便主宰着课堂、贯穿着课堂的始终。以演示代替学习，将学生置于被动的学习地位，屏幕上呈现的教学设计、教学内容，均为老师的事先安排。这种把学生视为“看客”的课程，这

种以多媒体教学手段统治课堂的课程，不是教学的解放，而是教学的桎梏。

2. 以图解代替思考

构成多媒体教学课件的最基本的单位，是一幅幅色彩斑斓的静态图片和一张张妙趣横生的动态画面。我们必须承认，运用各色各样的图片来解说政治课本中的文字内容，确实增添了教学内容的趣味性和形象性，其本身包含着传统的教学手段无法企及的优点。问题在于，过多的图片将45分钟的课堂塞满的时候，学生的思维通道亦发生堵塞，思维流程也因此而中断。有些需要思考的深刻的哲学问题，来不及思考，就随图片遁跑得无影无踪；或者，必须思考的答案，无须思考，就在图片中显现出来。这种教学，窒息了学生思考的活力。

3. 以时髦代替传统

时下的政治理论课多媒体教学，存在着这样一种不可思议的现象：一些教师为彰显其教学手段的现代化，往往置教学目的、教学内容于不顾，带着一种猎奇的心理，令多媒体“赤膊上阵”，舍讲解求录像，舍解读求录音，舍板书求屏幕，舍粉笔求键盘，冷淡了对传统教学媒体的再利用。有的老师甚至完全抛弃了极其简便、极易操作的黑板和粉笔，刻意追求教学的外在形式，于是，教学上出现这样的咄咄怪事：本是在黑板上很容易写出来的内容，一些老师却偏要用鼠标在电脑屏幕上折腾半天，如此地“避近就远”、“避简就繁”，耗费了教学中极其宝贵的时间，增添了教学上的“繁文缛节”，降低了教学效率。

4. 以垄断代替个性

成功的政治理论课，应该是富有个性的。多媒体教学图文并举、声情并茂、直观形象，因而赢得教师的欢心。示范课、评比课，也常常将多媒体的应用，作为评定一堂好课的成功的重要依据。如此地重视政治理论课多媒体教学，本应无可厚非。可是，隐藏在这种教学评比背后的功利因素，却引领着多媒体教学走上了一条畸形发展的道路，引诱着一些年轻的教师走进多媒体教学的误区，于是，政治课多媒体教学课件的制作，一些老师在没有思考材料是否合适、目标是否明确的前提下，便被炮制而出。这样的课件，缺少针对性、缺少启发性，只是以无数张拼凑而成的画面充溢着课堂，垄断了整个教学的流程，不能不说是一种失败的课件，这样的教学，不能不说是一种失败的教学。这种标榜着现代教育技术手段的教学，其实是"填鸭式"满堂灌教学方法的再现或翻版。

5. 以人机交流代替对师生间的直接交流

以现代教育技术为平台的教学过程，是一个动态过程，教师、学生、教学内容、教学媒体四个要素必须互动，强调"自主、互动、创新"的教学模式。在这样的互动教学环境中，学生的非常规性提问、质疑、争辩甚至不满都会发生，因此，教师必须具有强大的包容性和亲和力，构建出和谐民主的课堂气氛，使学生产生满意、愉快的学习态度，化解掉不和谐因素。尤其不能让学生整天仅与电脑屏幕打交道，而忽略师生间的直接交流，教师应加强对学生的人文关怀，设法增加师生间的直接交流，因为，师生间的情感交流和互动是良好教学质量的前提，其教育价值是不可替代的。

政治理论课多媒体教学最直接的负面影响和消极作用，便是学生主体性意识的消逝、主体性精神的沦丧。政治理论课教学的实践，提醒我们的教师，应时刻记住这样的教训：教学的手段服务于教学的对象，学生是教学过程的主人。再完整的教学模式、再前卫的教学方法、再先进的教学手段，如果脱离了具体的教学实践和教学对象，其存在将总是徒劳无益的。不能张扬学生的主体性意识，政治理论课多媒体教学也就失去了它的现实意义和存在价值。

二、政治理论课多媒体教学中学生主体性意识培养的思考

由于教学过程是一个极其复杂的动态过程，所以，论及学生主体性意识的发挥，首先应该明确教学过程中处于主导地位教师的职责，明确教师定位于怎样的角色，才能最大限度地激发学生的主体性意识，因为外因是促使事物发展变化的条件。

1. 转换教师的角色，最大限度地激发学生的主体性意识

政治理论课多媒体教学，热切地呼唤教师的角色作出相应的转

换。这是新课程改革面向教师提出的要求，亦是教师面向教育未来的发展性建构。具体地说，教师应当做好以下的三个转换：

一是由知识的灌输者转换成学生的对话者。政治理论课多媒体教学中，我们的教师，有必要审视自己、重塑自己、重新对自己于教学中扮演的角色进行准确的定位。要把自己由多媒体的操作者、知识的灌输者、播道的先知者，转换成学生平等的对话者，而且属于对话中的首席。这样教学中“万马齐喑”的阴霾局面才会被打破，我们才会听到发自学生心灵深处真实的声音，学生也才会感到政治理论课多媒体教学的无穷乐趣。

二是由多媒体的被动使用者转换成教学的主导者。政治理论课多媒体教学，要解放学生，首先要解放老师，让老师明白自己是多媒体教学的设计者、组织者，让教师完成由多媒体的被动使用者到教学的主导者的角色转换。为此，我们的政治老师必须做好以下两方面的工作。首先，必须对自己设置的课件或网上下载的材料，进行取舍、润色的工作，使之适合所教班级学生的具体情况，真正成为教学流程重要的辅助手段，避免教学中以“演示代替教学”、“以图解代替思考”的现象的发生。其次，政治课教学的内容，如果仅仅囿于课本内容的解读，往往易流于空洞的说教，所以，多媒体课件的设置，必须突破课本封闭性的藩篱，主动融入现实生活。教学内容，一旦交融于生活，引进涤荡学生心灵的时代活水，就会产生无穷的磁力和张力，就会使学生内蕴的主体性意识内化为一种强大的动力。因此，新形势下政治理论课多媒体教学中的老师，不应是机器操作的被动者，而应是教学过程的主导者。

三是由学习结果的评价者转换成学习过程的激励者。应试教育魔杖挥舞下的教学，呈现着强烈的功利色彩。政治理论课多媒体教学，亦难免蒙上这样的灰色。社会上很多人总是以分数的高低、成绩的优劣，作为评价孩子有无前途的唯一尺度，这样的评价，有悖于教育的根本。因此，我们的政治老师，应该明确这样的道理：课堂多媒体运用的目的，并非仅是为了提高学生的分数、获得一个满意的学习效果，而是给学生创设一个参与的过程，让学生的主体性意识，在参与的过程中获得淋漓尽致的发挥。基于这样的宗旨，政治理论课多媒体教学中，我们的教师应将自己由看重学习结果的评价者，转换成学习过程的激励者。就活动流程而言，教师应大胆放手，让学生走进多媒体课件设置的领域。就教学操作而言，教师可以引领学生根据课本内容的材料，击键登录，遨游互联网为我们展开的广阔的天空，扩大自己的视野，充实教学的内容。这样的放手，一定会赢得广大学生热情洋溢的掌声。活动中，教师应以欣赏的眼光、肯定的语气，给予参与活动过程的每一位学生鼓励性的赞扬，让学生的心中永贮一份教师的期待和希望，让学生心中自尊的丰碑高高地耸立。

教师角色的转换，为学生主体性意识的张扬，提供了外在的驱动条件。要让学生的主体性意识得到充分的展示，最重要、最关键的工作是要从学生的具体情况出发，引导学生革除陈旧的学习方式，在崭新的学习方式中找回流失的自我，重归个性的家园。

2. 通过新的学习方式，引导学生找回自我，张扬个性，挖掘学生的潜能是学生主体性意识培养的关键

在自主学习中张扬学生的主体性意识。自主学习，是学生学习方式的一次重大飞跃，是一次质变。这样的质变，会让学生走出教师满堂灌的窠臼，构建自己主动学习的大舞台。自主学习，调动了学生主动参与的积极性，学生真正成为学习的主人。学生的自主性意识，在自主学习进程的推进中，得到了极好的张扬。

在合作学习中张扬学生的主体性意识。教师角色的转换，揭开了合作学习的帷幕。建立在师生互动、生生互动基础上的合作学习，采用分组学习、合作讨论、共同提高的学习方式，极易使学生成为学习的主动者。政治课多媒体教学中，学生与教师之间、学生与学生之间极具民主意识的合作学习、零距离交流，冲散了学生心中学习交往的块垒，使学生的主体性意识，如山涧的小溪，淙淙流淌。

在探究学习中张扬学生的主体性意识。教师引导学生进入主动探求知识的过程，使学生围绕某类主题收集材料、调查研究、分析原因、提出解决方法，这样的学习，就是探究性学习。政治理论课多媒体的引进，为探究性学习的开展，提供了技术支持，多媒体教

学中探究学习方式的运用，又会使教学别具特色，成为一道独特的风景。学生很想了解性格与职业之间有何关系。在课本内容学习的基础上，教师可以指导学生组成探究性学习小组，定下探究课题《性格对职业的影响》，并对活动开展的具体事宜作些布置：哪几位同学设计问卷、深入工厂、农村、机关单位调查研究，获得课题研究的原始论据材料，哪几位同学利用互联网搜集相关的资料、获得充实课题、佐证课题的理论参照材料，然后让小组所有成员交流初始阶段的收获和体会，并将第一手资料归类、分析综合、思考讨论，形成前一阶段的小结和后一阶段的活动计划。课题实施阶段遇到的难题，可以让学生寻求有关科任老师予以帮助，实在无法解开的难题，可以鼓励学生通过电子邮件请教这个领域的专家。最后阶段，让学生利用多媒体教学手段，形成结题报告，在全班或全校研究性学习交流会上交流。探究学习，活跃了学生的思维，锻炼了学生的各种能力。这一创造性的学习方式，纠正了学生传统的单向式抽象式的接受型学习的做法，使学生的学习变成主动式的体验式的选择型的学习。这是真正意义上的学习的革命，这种学习中的学生主体性意识张扬的力度，令我们叹为观止。我们为探究性学习拍手叫好。

让我们更新陈旧的教学理念，吸收先进的教学思想，采用科学的教学方法，接纳现代的教学手段，上好每一节政治理论课；让我们审视自己、转换角色，把爱心奉献给教育，把真情交融于学生；让我们关注学生的个性，挖掘学生的潜能，视教学为对话，视学生为朋友；构建学生主动学习的课堂，让学生的主体性意识在政治课多媒体教学中张扬。

（作者单位：江汉大学）

思想政治课教师在实践教学中的角色与责任

胡　慧

社会实践是大学生思想政治教育的重要环节，对促进大学生了解社会、了解国情，增长才干、奉献社会，锻炼毅力、培养品格、增强社会责任感具有不可替代的作用。

一、思政课教师在实践教学中的角色定位

思政课教师在实践教学中提供实践理论指导。按照“专兼结合”的原则，由思政课教师、团干部、辅导员、专业课教师（社会外聘教师）等共同组成课程组。由思政课教师进行课堂教学，提供实践理论指导；由校内外知名学者、专业课教师担任实践团队指导教师，给予实践具体专业指导；由团干部、辅导员协助进行课程管理和组织。课程集中讲授安排在实践前期和后期。前期采用大班授课形式，开设“社会实践概论”、“社会实践方法”、“实践报告撰写”三门课程。重点介绍社会实践的知识和方法，并要求学生在课后完成实践的各项筹备工作。后期采取小班研讨形式，通过座谈、演讲等方式，交流感受、展示成果，并由教师点评。学生在展开自主实践，实践形式可以从社会调查、社会服务与生产劳动、“三下乡”等7种实践类型中选择，教师进行分类指导。

二、思政课教师在实践教学中的有益探索

（一）思想政治理论课实践教学与理论教学的关系

思想政治理论课实践教学与课堂理论教学，是既相互联系又相

互区别的两个教学环节课堂教学一般以教师讲授为主，重在传导思想、政治、道德观念；实践教学则强调学生参与现实生活，在亲身体验和经历火热的社会生活中对所学理论的感悟、思考、提炼、深化，逐步内化和巩固成为自己的世界观、人生观、价值观。实践教学就是思想政治理论课教师根据课程的需要和教学大纲、教学计划，精心选择，在教师指导下，形成实践教学成果的教学活动。实践教学活动的形式应该包括：社会实践教学、学校实践教学、课堂实践教学。在实践教学过程中，学生的积极性、主动性被调动起来，他们不是教学内容的被动接受者，而是教学活动的积极参与者，通过亲身体验社会生活，直接参与教学活动，感知社会、体验人生，实现理论与实际的结合。但实践教学与课堂理论教学在思想政治理论课教学目标上是一致的，统一于思想政治理论课教学过程中，它们是思想政治理论课的两个教学基本环节，两者缺一不可，它们是相辅相成、相互促进、相得益彰的关系，在思想政治理论教育中发挥着不可替代的作用，两者没有主次、轻重之分。课堂教学与实践教学是同一教学过程的两个方面，而不是不同的两个教学过程。实践教学，其实质是课堂教学的延伸和深化，因此，课堂教学所教授给学生的理论知识要能对学生进行的实践教学起到真正的指导作用，而学生所进行的实践教学能对学生课堂中所学到的理论起到真正的强化作用。二者不能脱节。实践教学过程与课堂教学过程相渗透。学生的课堂学习与实践锻炼，教师的课堂讲授与实践指导相互贯通、相互交织。在教学环节的设计中，二者不是平行线式的线性推进，而是以多重的、长短不一的循环链的形式环环向前。实践教学主体与课堂教学主体活动相渗透。既有师生之间的互动，也有学生之间的互动。

（二）思想政治理论课实践教学的主要形式

1. 讨论、辩论式教学

讨论式教学是在老师的指导下，围绕教学中的中心问题，通过讨论获取或巩固知识的一种教学方法。一般采取分组讨论和自由提问两种方式。这是一种针对性强，有利于培养学生竞争意识、合作精神的仅次于讲授法的常用的主要教学方法。

辩论式教学是指在老师的指导下，围绕某一辩题，正反双方运用一定的辩论方法和所学观点，说明彼此对问题的见解，指出对方理论的矛盾，从而得出正确的认识的教学手段。这是最适合在大学生群体中开展，且深受大学生欢迎的实践教学形式。

2. 案例分析教学

案例教学就是通过对典型事例的分析和研究，使认识从具体到抽象，从个别到一般，从而掌握事内在规律性，达到以案论理的目的。案例的选择要难当，否则达不到教学的目的和效果。比如可举一些比较关注的“刘晓庆偷税漏税案”、“马加爵故意杀人案”等案例进行实践教学。案例教学的书面分析报告是整个案例教学中的重要环节。学生在结束课堂讨论后，把小组的分析以书面形式呈交老师，可以附带图表，也以制作课件。这个环节对学生非常必要，因为通过这环节锻炼了他们的实践能力和写作能力，同时也能丰富他们的人文社会科学知识，为适应知识经济时代对复兴人才的需求打下良好基础。

3. 情境模拟、课堂展示教学

课堂展示教学就是把授课内容的其中一个方面用演讲、表演、小品等多种形式表现出来。当代学生丰富、思想活跃，有很强的表演欲和探索欲，因此，给机会让学生充分在知识的舞台上尽情展示是大学生喜爱某课程的重要原因之一。每次实践教学环节中，都应根据不同专业的学生特点来为他们设计实践方式和主题。如在“概论”课中，可以发动有文艺特长的学生自编、自导、自演歌颂革命伟人的歌曲演唱会和诗歌朗诵会。让大学生更加由衷敬佩无产阶级革命家崇高的自我牺牲精神，无私的为人民服务思想，豪迈的英雄主义情怀。又如在“基础”课等课程中，可以结合音乐学院、美术学院学生的专业特点，开展一些音乐欣赏会、文艺讲评会、英雄模范、先进人物报告会等的思想政治理论课实践教学方式。这些实践教学形式容易使学生产生情感想象和情感共鸣，唤起学生的情感、以致内化为学生的需要，进而外化为其道为，达到“知行合一”的目的，最终提高教学的实效性。

4. 社会调查法

社会调查法就是对改革中的重大现实问题，对改革的难点、热点进行的有目的的考察和研究过程。社会调查不仅是对学生理论水平、社会经验、实际能力的锻炼，也是对学生分析问题、解决问题能力的考查。实践性教学环节是一项涉及面广的系统工程，在实际教学过程中，很难让每一个学生在授课学期都能走出校门，到社会上进行社会实践。一是任课教师教学负担重，二是教学经费有限，三是缺少相对稳固的实践教学基地，四是无法确保学生的人身安全和财产安全。如何从教师和学生的实际出发，开展形式多样又适合自己特点的实践教学模式，是需要思考的问题。社会调查法则是有效的探索。可以组织学生开展“课前调研”为主要形式的实践教学。这种形式“投入少、产出高”，切实可行。以“概论”课为例。首先，明确“课前调研”要求。本课的前置课程是“原理”课，通常我们是在“原理”课教学即将结束时给每位同学发出“概论”课“课前调研”的一纸通知。通知有三点要求：一是要求同学围绕课程内容，利用寒假就身边人、身边事、身边问题开展各种形式的社会调研，写出1500～2000字的调查报告。此要求是为了让学生了解社会现实，增强问题意识。二是要求同学列举自己关注的社会热点难点问题，以提高教师授课的针对性。三是要求同学提出开好这门课的建议，师生双方教学相长。此三项内容必须在上课的第一周交给授课教师，并由教师批阅、打分、点评。即通过引导学生有目的地参加各种社会实践活动，在实践中获得感性知识，促进知识向能力转化的方法。这种教学法可以说是思想政治理论课相关课程最常见的实践教学方式方法之一，是社实践中最重要的环节。随后，任课教师根据不同时期的教学内容和教学重点，给学生列出调查的参考题，学生利用课余时间，通过访问、谈话、市场调研或通过图书资料查询等多种形式进行深入调查，最后对所调查的问题做出理论分析，提出自己的建议，并完成一篇3000字左右的调查报告。通过走访工厂、农村、考察家庭或学校所在地区经济社会的历史和现状，加深了学生对中国特色社会主义的认识和理解，使学生充分认识到在当代中国，只有中国特色社会主义理论能够解决社会主义的前途和命运问题，坚定大学生立志成才、报效祖国的决心。

5. 研究性教学

研究性教学的目的是为了更好地调动学生积极探索、主动思考、参与社会生活的积极性，让学生在社会实践、调查访谈、查阅资料、相互合作的过程中去体会书本的理论，更好地了解自己、认识社会，提升自己的综合素质。它是一种学生自我教育、理论联系实际、促进知行统一的实践教学活动。“研究性学习”多以小组为单位来实施。老师讲解具体要求后，由学生根据任务组合成4人左右的小组，彼此分工合作，开展相关的文献查阅、调查研究、实践活动、讨论思考，最后完成调查报告、小论文、PPT课件等。成绩以小组为单位评定。为了更好地发挥学生相互教育的功能，可以安排学生撰写论文、调查报告，进行PPT的演讲、交流，最后由老师点评。学生参与的积极性很高，也很喜欢这样的方式。比如“校园文明（生活）调查”这一研究性作业，要求学生组成团队，分工合作开展社会调查，并完成一篇调查报告，还要将调研成果做成PPT，在课堂上交流。学生们都很认真，他们“寻找身边的感动”，“窥生活细节，见自律之斑”。调查涉及大学生活的方方面面。在完成这一作业的过程中，学生不仅学会了合作，锻炼了能力，同时也对大学生活、大学生的形象进行了反思，有些还对学校教育教学工作提出了建议，由老师汇总后上报学校有关部门。而研究成果的交流，更是给大学生提供了一个交流思想、展示才华的机会，满足了学生的参与热情。再比如，像“感受大学”、“大学校园道德现象面面观”、“校园法治面面观”、“城市主要交通道路人、车违章统计调研分析”、“自然之友环保宣传活动”、“两地书——手写书信寄回家”、“校园网络文明调查”、“我为低碳献计策”、“大学生道德素养与法律素养调查”、“大学生与诚信”、“公共空间中的人际交往”、“学生学习动机、态度调研”、“大学生心理健康状况调查”、“大学闲暇生活调查”、“大学生价值观调查”、“大学生活中的法律现象剖析”、“大学生形象调查”等实践教学活动的设计也都很有特色，取得了较好的效果。

6. 经典阅读教学

阅读教学是学生获取知识、提高综合能力的重要手段。一般是指课外提出的阅读建议和要求，在课堂内进行的交流互动。课外阅读是由教师统一开列书目，根据教学内容布置学生自学读书，撰写读书心得体会。教师在指导读书的过程中了解学生的思想状况，在课堂上实现有针对性的教育和引导。

7. 影像观摩教学

影像观摩教学是利用现代传媒手段进行教学的方法。其优点是能使学生获得丰富的感性资料，引起学生的学习兴趣，集中注意力，激发学生思维，扩大课堂教学容量。通过与课程内容紧密结合的音像资料的播放，引发学生对社会问题的思考和论争，达到增强社会责任感的目的。可能有人认为这不是实践教学，只不过是教学手段的变革，我们不这样认为。学生对社会的感受有直接的，比如参观考察、社会服务，但更多地还是间接感受。通过影像观摩的方式获得间接感受，效果也是非常好的。如在“形势与政策”课上，我们给学生播放了中宣部、教育部制作的《时事》片的许多内容，比如“节能减排——建设资源节约型、环境友好型社会”、“建设社会主义新农村”、“大学生村官在北京新农村建设中大显身手”等，使得学生对社会的了解更直接、更深刻了。此外，结合课程讲授内容，比如理想信念，可以播放《烈火中永生》、《离开雷锋的日子》；讲授爱国主义，可以播放《孙中山》、《东京审判》；在“纲要”课上，可以播放《八路军》、《脚踩祖国的大地》等资料片，这些都受到学生的极大欢迎。当然并不是看完就完了，教师们布置了思考题，要求学生写出作业，或者将其都纳入考试的范围。

（作者单位：江汉大学）

“马克思主义基本原理概论”课“问题链”式教学的几点思考

陈　菲

“问题链”式教学，即“problem-based learning”教学模式，简称PBL，是教师按照教学内容的要求，遵循学生的认知规律，将教材的知识点串联为一系列具有逻辑关联的问题集合，呈现在学生面前，引导其结合生活实践或原有理论知识自行思考、探讨、分析、解决问题的学习活动。实施“问题链”式教学法的步骤是：首先，提出问题。“问题”是联系教学过程各个环节的纽带。师生能否提出有价值的问题，对于教学能否成功起着至关重要的作用。爱因斯坦曾说：“提出一个问题往往比解决一个问题更重要，因为解决问题也许仅仅是一个数学上或实验上的技能而已，而提出新的问题、新的可能性，从新的角度去看待旧的问题，却需要有创造性的想象力，而且标志着科学的真正进步。”[1]第二，是引导学生分析、解决问题。提出问题的目的是为了解决问题，解决问题又是通过设置问题情境、组织讨论和教师讲解分析等环节实现的。第三，是归纳总结、引发新问题。经过提出问题、分析问题、解决问题等环节，在课堂结束前，教师还要将整个教学过程进行归纳。只有经过对各种问题的归纳，形成完整的体系，才能构成某一知识的全貌，并在形成知识的过程中上升到理论高度。“问题链”式教学是一种符合人的思维和认知规律的科学教学法。它集讲授、讨论、启发于一身，是推进素质教育、全面提升学生创新能力的重要教学方法。在“马克思主义基本原理概论”（以下简称为“原理”课）的教学中运用“问题链”式教学应把握好“核心主链”、“深化子链”和“承接链”的设计与运用。

一、预设核心问题，形成核心主链

所谓核心问题，就是依据教学的主体内容和主要思路，紧扣教学的目标与重难点而提出来的，能够统整全课或某一教学环节，具有较大思考空间，能激发学生探究欲望的问题。核心问题是“问题链”中最关键的环节，每一个核心问题都能构建起课堂的一个或多个教学板块，具有“一问抵多问”、“一问串多问”的效果。而把一系列核心问题进行有逻辑演进的串联，就形成了一节课或一个章节的核心主链。

对“原理”课的核心主链的设计，可以参照教材的章节安排，将每一个章节的教学内容整合设置为不同专题，每一个专题设计1~2个核心问题。在教学过程中就主要围绕这些核心问题展开，在核心问题之下可以再设置子问题形成深化子链。核心问题是教师在教学过程中遵循的基本尺度，是确保教学不偏离主题的依据。例如：绪论部分，可设置两个核心问题：（1）马克思主义是如何产生的？（2）为什么马克思主义能够跨越欧洲影响全世界且影响至今？第一章，可设置三个核心问题：（1）什么是哲学？（2）世界的本质是什么？为什么人类既要仰望星空，又要脚踏实地？（3）世界的存在状态？怎样正确认识世界和改造世界？第二章，可设置两个核心问题：（1）认识是从哪里来的？（2）求真还是求善？真理与价值的讨论；第三章，可设置两个核心问题：（1）人类社会发展有无规律可循？（2）影响和制约人类社会发展的重要因素有哪些？第四章可设置两个核心问题：（1）科学技术创造价值还是劳动创造价值？（2）马克思的剩余价值论——怎样认识无产阶级革命的历史必然性？第五章可设置一个核心问题：（1）当代资本主义的新变化——怎样认识社会主义代替资本主义的历史必然性？

核心主链是至关重要的，它决定着一个章节或一节课的设计与实施是否科学、合理与高效。问题链就是教学思路的进一步教学化设计，更具体，可操作性更强。问题链的设计一般遵循整体到局部的原则，先设计能统整全课或新授部分的主问题链，然后在主问题链下面再设计子问题链。

二、把握教学重难点，形成深化子链

科学地设计问题是“问题链”式教学法成功运用的基础。由于课程内容的难易程度不同以及学生认知水平的差异，因而在问题的设计上不能搞“大一统”，要紧密联系课程教学的重难点，做到重点突出和难点突破。同时，问题设计还要考虑学生的认知水平，如果问题的设计过于浅显，学生没有困惑，不用费力思考就能轻而易举地回答出来，激发不了学生的学习兴趣，不能激活学生的思维；如果问题的设计太难，明显脱离学生已有的知识水平也会弱化学生积极思考的动力。所以，问题的设计一定不能脱离教学内容和学生的认知水平，要有针对性。教师要针对提出的问题，运用恰当的教学策略，重视学生的主体地位，充分调动学生的学习积极性、主动性，把学生吸引到教学中来。通过师生共同探讨、发现、解决问题，培养学生的问题意识，锻炼学生的思维能力。

对于较为简单的知识点，可以通过提出问题，让学生自行思考，得出结论不作深入讲解。例如，“原理”课第五章关于“当代资本主义新变化”的原因，可以通过引导学生联系第三章唯物史观的基本知识，自己得出“是生产力和科学技术的发展导致了当代资本主义的新变化”这一结论。而针对学生难以自行通过分析和思考得出结论的问题，尤其是每一章节的核心问题，我们可以在核心问题之下，再设计子问题，形成子问题链，结合讲授、讨论、案例等方法层层推演、丝丝入扣地帮助学生理解教学重点和难点。例如，在“第五章当代资本主义的新变化——怎样认识社会主义代替资本主义的历史必然性?”的问题教学中，我们首先讲解当代资本主义新变化的五个表现；接着，教师在讲授的过程中，依次提出 5 个层次递进的问题：(1)“当代资本主义新变化的根本原因是什么?”(2)“当代资本主义新变化是否改变了资本主义的本质”?(3)“如何评价资本主义的历史地位”?(4)“资本主义能否解决自身的不治之症?”(5)“谁帮资本主义解决自身的问题?资本主义向何处去?”通过对这一系列问题的讨论、分析、讲解和佐证，帮助学生深刻认识到“当代资本主义的新变化依然改变不了资本主义的本质”、“资本主义国家周期性爆发的经济危机是资本主义的不治之症”、“生产资料的资本主义私人占有使资本主义自身无法克服的问题”、“要解决资本主义的不治之症只有扬弃私有制，走向公有制即社会主义”。在此过程中，教师对学生的积极发言给予及时的肯定，并在学生作答后，援引一些经典著作的语录以及现实的案例来强化学生对知识的把握和理解。在回答过程中，学生也可以发表不同的见解，以保持学生学习兴趣，使学生思维始终处于活跃状态，提升“问题链”式教学的实效性。

三、注重衔接，形成串联知识的承接链

“问题链”式教学还应当注重问题提出的艺术性。教师精心设计的问题能不能做到一提出就能抓住学生，引起学生的求知欲，这就涉及教师提出的问题是否具有启发性。有些比较贴合生活和学生自身的问题，本身就能激发学生探究的兴趣，也很容易唤起对学生知识的串联，教师可直接以疑问句的形式提出来让学生思考。例如，“原理”课中讲“物质与意识的辩证关系”时，教师可以直接提出“与围棋国手李世石对弈的阿尔法狗具有意识吗?”这样的问题本身就具有趣味性，学生易于接受便于思考，可以直接提出。

但有些问题提出之后，学生很难直接进行思考，这就需要教师先创设问题情境，如播放一段视频、讲述一个案例或者提出几个热点问题等，为学生深入思考打下良好的基础。例如，讲解“原理”课第二章“真理的绝对性与相对性”这个问题，就很难直接设问，这时教师可以先采用《DNA 权威技术的幻灭?》这样一个案例，在激发学生学习兴趣的同时，提出几个有层次的问题：(1)“DNA 技术是不是真理?”(2)“为什么 DNA 技术在少数人身上不适用?”(3)“案例说明真理具有说明特点?”通过案例来设计一个“问题链”让学生在分析案例的过程中，自觉地得出“真理具有绝对性和相对性”这一结论，很好地形成了前后知识的承接。

在“原理”课的教学过程中，还应当注意章节之间的承接链设计。“原理”课涵盖了马克思主义的主体内容，即马克思主义哲

学、马克思主义政治经济学和科学社会主义。这三个主体部分都具有相对的独立性，但从马克思主义的根本性质和整体功能讲，它们又是有着严密逻辑联系的统一体。正如恩格斯所说，马克思发现了人类历史的发展规律，发现了现代资本主义生产方式和它所产生的资产阶级社会的特殊的运动规律。“这两个伟大的发现——唯物主义历史观和通过剩余价值揭开资本主义生产的秘密，都应当归功于马克思。由于这些发现，社会主义变成了科学”。[2]因此，应注意把握马克思主义理论的整体性，在采用“问题链”教学的过程中，注重章节前后的逻辑关联。

参考文献：

[1] 爱因斯坦，英费尔德．物理学的进化［M］．上海：上海科学出版社，1962：66.

[2] 中共中央马克思恩格斯列宁斯大林著作编译局．马克思恩格斯选集（第3卷）［M］．北京：人民出版社，1995.

（作者单位：江汉大学）

马克思主义理论课程“问题式教学法”在实践中的一些思考

戴　浩

中宣部、教育部“05方案”将原来的马克思主义哲学基本原理、马克思主义政治经济学和科学社会主义三门课程合并为马克思主义基本原理概论一门课程，到如今已经实施十一年了。针对教学改革后教学课时不变而内容明显增加的实际情况，如何在有限的课时中保证教学内容的完整性，提高学生的参与度，加强教学的实效性，就成为我这十余年间教学实践探索中最为看重的部分。十余年间，我在教学过程中摸爬滚打，追踪学生考试成绩，摸索学生学习规律，总结教学各环节中的经验教训，从一系列教学方法中凝练了“问题式教学法”作为本课程的重要教学手段。目前看来，这种教学方法和手段在马克思主义理论课程教学实践中的效果还是比较明显的。

“问题式教学法”就是通过教师精心设置问题，学生通过思考解决问题，再经过老师重点讲解与点拨，举一反三，最终比较牢固地掌握新的知识点的一种教学方法。这种教学模式的重要之处在于教学任务是由师生合作共同完成，摆脱了传统“灌输式”教学模式的僵化，倡导学生自主学习和研究，培养学生独立思考的能力，能够比较有效地解决当前教学中存在的一些问题。我在实践这种新型教学模式的过程中，逐步形成了一套比较完整的教学步骤和环节，但也发现了其中的一些不足之处，希望能与诸位教学同仁共同探讨。

一、“问题式教学法”是对传统教学方法的补益

“05 方案”之前，我一直承担着马克思主义哲学基本原理的教学任务，马克思主义哲学史是马克思主义基本原理中的理论基石，理论性极强。培养学生的哲学思维本来就是一项很难的任务，何况还需要将理论同具体的实践融会贯通，再加上课时有限，如果仅仅凭教师课堂上掰开揉碎反复讲解灌输的话，效果是很不理想的。当时我就在教学实践中尝试着用提出问题——分析问题——解决问题的方式辅助教学，把学生课余时间利用起来，启发学生对一些现实问题进行思考和讨论，不仅激发了学生的兴趣，也增强了教学效果。“05 方案”之后，课堂学时有限和教授内容增多之间的矛盾愈加突出，此时我参加了江汉大学的“课改”，正式将“问题式教学法”引入课堂，并在实践中逐步完善。

（一）“问题式教学法”能弥补传统的“灌输式”教学的不足

“问题式教学法”实际上就是在教学环节中，变教师主体为学生主体，通过设置问题，让学生尽量利用更广泛的课余时间自主学习，学会主动思考和探索，焕发学生的主体意识，发挥学生的主观能动性。同传统的“灌输式”教学模式相比，是一次课堂的反转，能够加深学生对基础理论的掌握和理解，锻炼学生面对问题独立思考的能力，取得更好的学习效果。一直以来我国课堂教育以彰显教师主体地位的“灌输式”教学模式为主，这种教学方式有它的长处，在教学环节中，由熟悉教材内容的教师主导课堂，能够系统地、渐进地进行知识的灌输，突出难重点，有针对性地把握学生学习进度，将知识融会贯通，夯实学生学习基础。但是这种教学模式的弊端也是显而易见的，最大的问题就在于学生是被动地接受知识的灌输，久而久之，学习的能动性和积极性丧失，遇到问题习惯性地向教师所求所谓的“正确答案”，慢慢地失去独立的思考能力，更遑论敢于对固有的知识和理论进行质疑和创新。因此，教师的任务不仅仅是“传道、授业、解惑”，更重要的是启迪，在知识的灌输中应看重对学生的启发，激活学习的主动性和积极性，变被动接

受为主动汲取。

这种教学方式并非现代独创，在中西方教育史中都有其历史渊源，例如古希腊苏格拉底在教学中采用“助产士的方法”就是典型的对话式教学，从学生熟悉的具体事物入手，通过谈话，提问和讨论等方式，暴露出学生等“无知”，并进一步启发引导学生学会辩证地、具体地思考问题并养成习惯，形成独立思考和敢于质疑的精神；而在古代中国，这种对话式的、辩论式的学习方式更是儒家学说流传过程中的一种习惯，不断开拓中国传统文化发展和创新。有前人成功实践的案例在前，利于我们借鉴、创新和超越。在各种各样的启发式教学方法中，我最终选择了以问题为切入点，引导学生探索并最终解决问题的“问题式教学法”，作为我的课堂经常使用的教学模式。

实践证明，这种教学模式的改变效果是比较显著的。教学改革之前，在马克思主义哲学基本原理的课堂上，由于授课内容多，只能满堂灌，再加上江汉大学学生本身的基础相较于一类大学学生来说还是比较薄弱，对于基本哲学原理的理解有一定的难度，导致了“畏学——厌学“的恶性循环，上课积极性不高，教师往往在讲得声嘶力竭的同时还要耗费大量时间和精力来维系课堂纪律，教学效果极其不佳，学生教学评价分数也往往偏低。后来我在教学过程中逐渐渗透“问题式教学法”，不断完善具体的操作环节，最后是将课本有关内容凝结为若干个问题，学生分组选取其中的一个进行研究和讨论，最后形成自己的观点，在全班同学面前进行讲解，并回答其他组同学提出的各种问题。实践证明，这种方式能够将全班学生都聚拢在这种模式中，在动态的问答交流过程中发现原有知识的不足，加深对知识点的掌握和理解，最后经过教师点评分析，接受程度提升，学习热情大大增加，课堂气氛愈发活跃，教学效果显著，学生评价分数直线上升。可见这种教学模式还是相当受学生欢迎的。

（二）“问题式教学法”不能彻底对传统的教学模式进行清零

由于传统“灌输式”教学的弊端，近十来年间各学校纷纷推动教学改革，旨在变换教学主体，提升学生学习的主动性，“案例式教学”、“问题式教学”、“互动式教学”等概念不断升温；再加上网络等工具的发达与便捷，西方教学观念和教学模式的流入，微课、慕课等在线课程的出现，“翻转课堂”成为出现频率极高的新概念。这些新的教学模式对“灌输式”教育的批判和否定，实现了近代教育向现代教育观念上的彻底转变，即由教师主体向学生主体的转变，由被动式教育向主动式教育的转变。这种转变是积极的，进步的，迸发出巨大的活力。

然而，在推进教学改革的过程中，我以为当前的做法有些矫枉过正，认为教学改革需要对传统的教学模式进行彻底的颠覆，完全的抛弃，这是一种形而上学直线式的思维方式。况且在教学改革中，也出现了一些在对新的教学模式研究还不够深入，掌握运用不够娴熟的情况下，匆匆大规模大范围采用不同的新型教学模式，一味求新奇，求突破，使得教学形式重过教学内容，本末倒置的现象，造成了为改革而改革的情形，实际上扭曲了教学发展的规律，是教学改革的“异化”。

传统教学模式能长期存在，是有着其存在的价值和意义的。在以教师为主体的讲授过程中，教师能够对教学内容进行全局性、系统性的掌握，能够循序渐进组织教学，详略得当，重点突出，有利于学生在短短的课堂时间内有效吸取大量的知识，特别是有丰富经验的老教师，所讲授的内容是其多年来深入研究的成果的凝练，能对学生进行有效灌输的话，是十分有益的。因此我认为，新的教学模式和传统教学模式能够合理搭配，教师主体和学生主体能够灵活转换，营造一种“双主体”的学习氛围，这才是教学改革的发展方向。教学改革不应该是简单的“非此即彼”的选择，而应该在传统和创新中找到最佳结合点和切入点。

这种结合在我的教学实践中也得到了认可。在一开始进行教改的过程中，我也有过失误和教训。受到大刀阔斧改革课堂的思路的影响，怀着彻底颠覆传统陈旧教学模式的热情，我在第一个学期设计了大量的问题和案例，基本上是由学生主导课堂，采用研究——讨论——评析——结论的方式，的确调动了学生学习的热情，活跃了课堂气氛。但是不得不承认，作为一所二类高校，江汉大学的学生理论素养和学习能力实际上同一流大学的学生有着极大的差距，课堂上花团锦簇，考试成绩却不够理想。经过分析试卷，发现学生对于最基本的概念、原理的掌握都很欠缺，基础知识不够扎实牢固。经过反思这一学期的教学，我觉得仅仅从问题出发串联整部教材，教师仅仅做简单的评析而不是详尽的讲授灌输，对于我校的学生而言是远远不够的，他们难以从宏观上把握各个知识点之间的内在联系，难以系统掌握理解基本原理，无法深入吃透教材内容，导致对整本教材的学习是支离破碎的。所以在后来的教学实践中，我不断调整着教学改革的方向，一方面对教材进行系统的讲解，另一方面对难点问题、重点问题和热点问题以问题的方式提出，调动学生热情，激活学生热情，锻炼学生思维，培养学生自主学习的能力，企图在传统和先进的教学模式中找到平衡点和支撑点，这是一个循序渐进的过程。

二、"问题式教学法"的关键在于问题的设置

在"问题式教学法"实施的过程中，问题的选择与设置是至关重要的。我在梳理教材内容的时候，每一章节的内容都准备了相关的问题供学生探讨和解答。一般来说，这些问题不外"是什么"、"为什么"、"怎么办"三大类，而不同类型的问题，提问的方式也应有所区别。

（一）结合教学目标，设置适宜的问题

在马克思主义基本原理概论课程中，问题的提出大致有两种方式：其一是随堂提问，其二是课后分组研究讨论某项具体问题。一般来说，前者适合"是什么"和"为什么"类型的问题，后者适合"怎么办"类型的问题。由于课堂时间有限，随堂提问的问题应该紧扣教材相关知识点，能让学生在短暂的思考和讨论后较准确地表达。所以我在设置这些问题的时候，要么是围绕着基本概念，要么是结合学生的生活实际展开，问答环节控制在五分钟之内比较适宜。课堂讲授的过程中穿插一些随堂问题，一来可以变换课堂气

氛，活跃课堂，提醒学生集中注意力，二来能辅助教学，通过循循诱导，层层深入，在问答环节中加深学生对基本概念的理解，和灵活运用的能力。随堂提问的问题宜少而精，一般来说一节课3～5个小问题就足够了，过量则有喧宾夺主之嫌。每次课程结束时可以简单回顾一下学习的内容，帮助学生拟定线索，有助于他们课后复习，而这些重点内容在下次课堂提问抽答，检测学生学习效果的同时，也可以达到温故而知新的目的。课后分组研究讨论具体问题则完全是以学生为主体的学习模式。在梳理全部教材内容的基础上，我会在每章节设置一到两个略大的问题，这些问题最好不局限于某一个知识点，而是以某个知识点为重点，能将其他的知识点关联起来。这些年教改实践中，我每学期会提出五个此类问题，在学期开头把全部问题告诉学生，将学生按照专业分成五个对应的组，每组承担一个问题的研究，并按照教学进度将问题的讨论穿插在教学过程中。在讨论课上，不仅要求该组同学向全班同学展示他们小组对此问题的研究和讨论结果，更要求和鼓励其他组的同学在听过之后，对该组同学提出自己的疑问，从而调动全班同学的学习兴趣，也迫使同学们在研究讨论本组问题的时候端正态度，认真学习而不是敷衍了事，在学生讲——学生听——学生问——学生答的环节中推动对具体问题的认知。最后由其他各组同学按照事先拟定的评分标准对该组同学的讲述和解答问题的表现打分，在组与组之间形成竞争机制，刺激学生学习的主动性和积极性。当然，教师的讲评是至关重要的，能及时纠正学生自学过程中认知的偏差，弥补学生自学的不足。

（二）问题的设置应立足学生实际情况，将理论性与现实性相结合

马克思主义基本原理概论这门课程的受众是大学一年级的新生，江汉大学又是一所地方性院校，同名校相比，学生理论基础有些薄弱，所以问题的设置应该从学生实际水平出发，结合课本知识点，立足学生实际情况，找准学生的兴趣点，关注社会热点，富有话题性，能够激发学生讨论热情，不至于冷场。

随堂提问可以采用轻松活泼的方式，针对社会发生的一些热点话题，有关注点的题材，用提问和讨论的方式引导学生思考现象背后的本质，并将书本上的理论贯穿于实践中，在讨论中层层推进，加深理解，最终把教材内容和课堂讲授的知识内化为学生自己的思辨能力。例如针对青年学子对于“成功”的理解，在讨论中让学生认识到真理尺度与价值尺度缺一不可，重塑他们的世界观和价值观；在让学生谈谈对将来的职业规划时，引导学生思考不同时代不同的择业追求的原因，加深学生对社会存在决定社会意识这一原理的理解等。

分组研究讨论的问题则需要考虑全局，这类讨论如果过多，则会大大减少教师课堂讲授的时间，直接影响教学进度和教学效果。在十来年的教学实践探索中，我觉得每一学期 5 次左右分组研究讨论比较恰当，讨论的问题较为均匀分布在每一章节，这些问题基本上每学期是固定的，但也会根据学生的特殊性进行局部调整。例如十八大强调“生态文明”概念之后，对于化学、环境等专业的学生，我要求他们从唯物论、辩证法和实践观等角度分析“生态文明”和科学发展观内在的联系和现实意义；2008 年经济危机爆发后的几年间，都要求学生尤其是经济、金融专业的学生通过对这次危机的分析，理解把握经济危机的成因和实质；针对学生过分依赖百度等网络工具来获取各种信息的情况，在真理观章节中，要求大家讨论网络时代应该如何辨析各种言论的真伪等。像这样的问题，一来有一定的社会关注度和现实价值，二来尽量按照学生的专业来分配问题进行讨论，可以激发学生学习欲望和研究探索问题的积极性，学生的热情投入度较高，效果也很明显。

（三）问题的设置应难易适中，形成一定梯度

在“问题式教学法”中，我发现回答问题比较积极的，乐于参与问题讨论的，每个班上往往都是固定的那几个同学，而还有一部分同学，尤其是在人数比较多的较大班级中会有相当比例的同学整个学期都沉寂，使得这类教学新模式没有能够惠及整体学生。经过若干学期的追踪观察，得出了一些原因：有的同学是基础比较

差，问题比较难，不会回答；有的同学是比较内向，有回答问题的欲望，但是怯于人前表现；有的是从内心抵制这门课程，不愿意学习，更不愿意参与到讨论中来。为了解决这类现象，我在具体的教学中进行针对性的努力。

首先，从问题的设置入手，难易程度形成一定的梯度。可以提出一些简单明了容易回答的问题，适当照顾一下学习基础较差的学生；而对于成绩优秀思维活跃的学生，可以设置一些一定难度和深度的问题，尽量使全体学生都有机会参与到教学过程中并从中受益。

其次，参与讨论积极发言应有一定的奖励。为了把那些内向胆怯不敢发言的同学的参与积极性调动起来，我拟定了一套奖励机制，主动发言并正确回答问题的同学可以获得两枚星星奖励，点名回答正确的可以获得一枚星星奖励，星星积分比较高的同学可以获得较高的平时成绩。这套奖励措施出来后，同学们回答问题的积极性果然大大提升。当然，在课堂上还需注意有策略地多鼓励内向的同学，在课堂上锻炼他们的勇气。

最后，对于学习兴趣缺乏，不愿意关注课堂的同学，教师也应严厉制止这种现象。在发现这类同学神游太虚时，可以特定设置问题，点名要求回答，把他们的注意力强制性地拉到课堂教学中。不妨也采用一些惩罚手段。在课堂上我经常会针对上节课学习过的知识点发问，被点名的同学如果不能正确回答出已学习过的内容，将会被扣掉一定的星星，平时成绩分数也会适当降低。这种措施起到了一定的效果，但是在目前的教学实践中效果还不是特别突出，如何调动这类学生的学习积极性，我还处于继续探索的过程中。

三、“问题式教学法”不能忽视教师的主体地位

目前的教学改革的重点之一，就是在教学过程中变换主体，将传统教学模式中以教师为主体的方式，彻底转换为以学生为主体，以期最大程度调动学生学习的积极性，变被动接受为主动学习。这一改革是十分见成效的，符合教学规律。可是也有一些同志矫枉过正，将学生主体与教师主体彻底对立起来，认为两者是不可兼容

的，我觉得这种观念有不妥之处，教师主体和学生主体并非只能非此即彼进行选择，完全可以灵活自由切换成“双主体”的教学模式。无论如何，教师在教学中的主体地位不能泯灭。

在问题的设置，程序的制定，讨论时间长短的控制等方面，教师应有着绝对的主导权。一节成功的课程，看上去是学生自由讨论甚至热烈争论，实际上教师对话题的方向，讨论的内容都应该进行掌控，能随时把偏离的话题拉回到教学内容中来。

经过学生自主学习和讨论后，学生基本上能够把握基本的知识点，但是在自学中也存在各种问题，最为突出的就是他们对教材内容的掌握是零散的，不系统的，对某一个知识点认知可能很清晰了，但是很难对课本上所有的知识点之间的内在逻辑联系从宏观整体上进行掌握，这就需要教师提纲挈领讲解灌输，帮助把学生的知识点建构成知识树，保证知识的完整性和系统性。尤其是对一些难以理解的理论问题，还需要教师掰开揉碎灌输给学生，使学生的知识结构不仅仅浮于表面，还有一定的理论深度。

此外，“问题式教学法”不仅仅局限于教师设置问题，学生研究讨论回答，更进一步的是通过思维锻炼，学生能够敢于大胆质疑一些既定观点，达到推进和创新。而如何在教学中有意识地培养学生的“问题意识”，都要依赖教师的引导，不能彻底否定教师的主体地位。

总之，“问题式教学法”在我的教学实践中已经取得了可喜的效果，但是也不可避免地存在着一些不足之处，这些问题还需要在具体的实践中不断摸索着解决，以期找到更适合的方式和手段，推动教学改革不断深入。

（作者单位：江汉大学）

问题导向视角下的“中国近现代史纲要”课教学模式的构建

张才学

“中国近现代史纲要”（以下简称“纲要”课）是我国大学生必修的思想政治理论课之一。这门课程的双重性质（既是历史课又是思想政治理论课）以及学生对它的熟悉度（高中已经学习过），加之当今开放的社会环境和价值观念多元化，使得大学生乐于接受其内容，存在一定的难度。单向的理论灌输、单一的传授方法早已被实践证明无效，甚至适得其反。如何提高课程的教学实效，增强理论的说服力、感染力，是任课教师不断思考的重要问题。

一、提高“纲要”课的教学实效需要树立问题意识

“学起于思，思源于疑”，问题既是思维的起点，又是思维的动力。没有问题意识的课堂，是没有灵魂的课堂；缺乏问题意识的教学，是没有真实主题的教学。“纲要”课的教学要取得实效，同样需要有问题意识。假使教师没有问题意识，不关心学生头脑中存在的思想疑点，不了解与课程相关的理论难点、社会热点，教学便难有针对性；如果学生没有疑问，学习就会缺乏动力，思想认识水平便难以提高。可以说，师生问题意识的强弱，是决定“纲要”课教学实效性高低的重要因素。

增强问题意识要从两方面着手：一方面教师应树立问题意识；另一方面教师要有意识地培养学生的问题意识。宋代大儒朱熹曾指出：“读书无疑者，须教有疑；有疑者，却要无疑，到这里方是长

进。”教师具有问题意识，就会引导学生产生问题、思考问题，最终师生共同解决问题，即“无疑者，须教有疑”；教师具有问题意识，就会及时了解学生的思想疑问、课程的理论难点及学术和社会热点，教学就有针对性，此即“有疑者，却要无疑”。

二、问题导向视角下的“纲要”课教学模式

（一）问题设计路径选择

1. 基于重点与难点，遵循逻辑与历史的统一

“纲要”课程按照教材分上中下三编、十章内容，需要把握历史主流与本质，针对每一编和每一章的重要理论问题和热点难点，紧扣教学主线，遵循逻辑与历史的统一来设计问题。

近代史部分是中国社会变化最大，最激烈的历史，是中国一代又一代的志士仁人和人民群众为救亡图存和实现中华民族的伟大复兴而英勇奋斗、艰苦探索的历史。其目的是帮助学生了解国史、国情，深刻领会“四个选择”和一条道路，就是历史和人民是怎样选择了马克思主义，选择了中国共产党，选择了社会主义道路，选择了改革开放和中国特色社会主义道路。当然，这些也是“纲要”重点与难点。围绕“四个选择”和一条道路，它们之间或者它们本身内在的逻辑与历史的统一规律来设计问题，形成问题链，实施教学，让学生真正理解历史发展规律，正确认识历史选择，同时培养学生运用正确的历史观和运用历史唯物主义辩证方法发现问题、分析问题和解决问题的能力。

2. 基于重大历史事件与历史人物，活化历史，增强历史的亲近感

历史发展都有一定的关节点，抓住历史发展的关节点、关键环节，即重大历史事件和历史人物，有助于增加学生对历史的感性认识，也可调动学生的兴趣。

近代以来，中国面临“数千年未有之变局”“数千年未有之强敌”的局面，在追求中华民族独立、人民解放和国家的繁荣富强、人民的共同幸福的道路上，特别在每一个具有重要转折意义的历史

关头，历史事件的展现都脱离不了具有重大影响力的人物。他们的思想、修养，甚至性格等都对历史事件的发展有着举足轻重的影响。通过历史人物和历史事件的有机组合来设计问题，可以使历史人物不再是孤立、枯燥的个体，而是有血有肉、有情感的、丰满的人。例如，洪秀全与太平天国运动、李鸿章与洋务运动、孙中山与辛亥革命、毛泽东与中国革命道路的选择、邓小平与改革开放等。这些都是中国近代以来重要的历史事件与人物，通过历史人物引出历史事件、从历史关节点上宏观地梳理历史线条，可以起到提纲挈领的作用。同时，学生能够从历史人物身上体会到这些仁人志士的家国情怀，对塑造学生正确的人生观、价值观具有重要意义。此外，通过科学评价历史人物的功过，潜移默化地培养学生的唯物史观。比如在教学中涉及的历史人物李鸿章，可以说是一个颇有争议的人物。这位晚清重臣，其爱国还是卖国？学生对此存在疑问。通过学生自己查阅资料，在走近李鸿章的同时，走进那段历史。通过课堂上的辩论与教师点评，学生能够正确地认识到，在历史人物的评价中，要将其放在当时的历史环境以及后续对国家民族发展的影响上来界定，不能简单地采取贴标签或脸谱化的方式。

重大历史事件，特别是党内的重要历史纪念日，也是设计问题的重要方面，比如 2015 年是抗日战争胜利 70 周年，新文化运动 100 周年，2016 年是建党 95 周年，红军长征胜利 80 周年等，都可以结合该年度出版的影视资料、图书等引导学生去关注、讨论，不仅可以丰富和强化教学内容，同时也增强了课程内容的时代性。

3. 基于历史与现实，更好地把握未来

历史是从昨天走到今天再走向明天，历史的联系是不可能割断的，人们总是在继承前人的基础上向前发展的。了解历史可以更好地把握未来。所以，要在了解基本历史事实基础上，重视理论分析与总结，做到史论结合，论从史出，提高综合分析能力和理论水平，从宏观上了解历史的发展规律和对现实的启示意义。

在“纲要”课教学中，我们对此做了一些尝试。其一，从现实入手向学生提出现实问题，然后反观历史，到历史中寻找现实问题的答案。这样，学生从现实到历史了解到今天的发展来源于历史的积淀；又从历史到现实，以史为鉴，更深刻地认识了今天的世界。比如，中国为何形成了中国共产党领导下的多党合作的政治协商制度，而不是西方的两党制或多党制？这样，就可以引导学生从国民党与共产党之间的关系以及国民党、共产党与其他民主党派的关系中寻找其历史的必然性。其二，通过纠正“用现实眼光来评价历史事件”这种观点而提出问题。比如，一般认为，洋务运动失败的一个重要原因是清政府在办洋务的同时没有进行政治制度的变革，我们能否要求清政府也同时进行政治制度的变革？此类问题在于教会学生评价历史事件要从当时当地的历史条件出发，而不要苛求历史、苛求历史人物、超越历史阶段。其三，从学术界有争议的问题中提出问题。比如，以戊戌变法（或清末新政）与辛亥革命为例，说明革命与改良在中国近代历史发展中的作用。

在深度把握历史的同时，注重把课堂教学与学生关注的历史和现实社会问题结合起来方法，既抓住了学生的兴奋点，又实现了与学生的互动交流。比如，讲到资本帝国主义对中国的侵略及大国崛起之英国、日本等，可以贯穿中国坚持走和平发展道路，坚持合作共赢的外交理念。中西文化比较、交流和融合在中国近现代化中扮演着举足轻重的角色，将中西文化比较、交流与融合与“纲要”课程内容相结合，可以让学生更好地理解中国发展道路的选择和中国价值体系的构建，增强价值观自信，扩大主流价值观念影响力，自觉抵制“普世价值”思潮。

（二）关键环节的把握

1\. 课堂结构的设计

（1）课前问卷“查疑”

要使教学具有针对性，必须了解学生头脑中的所思所想。笔者所教授的对象主要是理工科的学生，由于高中文理分科较早，他们对中国近现代史的了解非常零散，对许多历史事件及人物一知半解。通过开课前的问卷调查，可以激活学生对中国近现代史的回忆，通过问题的设置激发他们的问题意识，使他们提前参与到课程教学中来。问卷调查设置的开放性问题，使学生自由地表达了他们心中的疑难与困惑。通过对所收集的疑难问题的分析，我们发现，大致而言，这些问题可分为以下几种类型：

第一，历史知识缺乏型。如问卷调查中，有学生对日本侵华战争的详情不了解、对台湾问题的历史和现状不清楚、对文化大革命不清楚。此类问题反映大学生尤其是理工科及医学类学生历史知识欠缺。对于此类学生较关心的重要的历史事件，应主要采取补充细节的讲授式教学方法，使学生了解事件的来龙去脉。

第二，理论水平欠缺型。大学生对近现代历史事件大多有一定了解，但是由于理论知识欠缺，他们对历史的了解是肤浅的。在大学的课堂里重温这段历史，他们希望教师能从理论的高度深入地解读历史。

第三，思想认识模糊型。在价值观念多元化的当今社会，不同立场的人站在不同的角度对同一历史事件或人物会有观点歧异的评价，传媒的发达使大学生很容易受社会舆论的影响，形成偏颇的甚至是错误的历史观。

第四，政治态度偏差型。当今的大学生大多属于90后，他们成长的环境使他们不能切身体会改革开放给中国带来的历史性剧变，也无法理解中国现状的历史原因，加之社会转型时期大量社会问题的出现，使他们对当今的制度产生怀疑。

（2）课堂因“疑”施教

通过对学生提出的疑难问题的分析与归类，我们就可以在课堂教学中做到因“问”施教、因“疑”施教，如对理论水平欠缺型疑难问题采取分析讲解法；对思想认识模糊型采取谈话法；对社会舆论误导型采取课题辩论法；对政治态度偏差型采取史实论证法等。这样，教学针对性得到有效增强。

围绕问题导向，设计课堂结构。从课堂角度讲，有课堂导入问题、课堂讨论问题、课后思考问题。关于问题的提出，目前采取的有3种方式，第一种：直接抛出→材料视频运用→学生思考讨论→解答。第二种：材料→问题→学生思考讨论→教师总结→解决。第三种：自学质疑，包括自我学习、文献查阅、提出问题，解决路径可选择问答互动式、案例展开式、情境模拟式、讨论辩论式等教学方法。

2. 教师的主导作用和学生的参与

通过问题导向将学生的主体地位和教师的主导作用有机统一起来。教师通过本学科知识体系，重点、难点问题的设计，唤起学生主动参与课堂教学的兴趣，形成师生之间的良性互动，激发学生的潜能，提高学生的积极参与度，以取得良好的教学效果。教师作为教学的主体之一，在教学中起着重要的主导作用，其有效的组织和指导是保障。教师的学术水平、教学理念和职业素养，是实现教学效果的关键因素。所以，教师的科研意识、学术及交流意识等至关重要。

3. 教学效果的评估与完善

在问题导向式教学中，问题设计是课堂开展的前提和基础，是决定课堂效果的关键因素。一方面，问题的设计，需要做好对教学内容的把握以及学生关心的问题的调研。另一方面，问题的设计与课堂效果，需要通过一定的评估加以验证，比如学生问卷的反馈、试卷的检测、学生座谈会以及同行教师研讨等，以实现问题设计的进一步优化，真正发挥问题导向在激发学生兴趣、调动学生积极性，培养学生素养及能力方面的作用。

4. 实践教学的作用与影响

课程实践教学对展开问题导向教学提供了补充和完善。其教学目的之一是培养学生独立思考问题和解决问题的能力。根据教学重点，选取学生感兴趣的热点问题，指导学生课后通过查阅文献资料、完成作业并进行课堂展示。实践环节在加深学生对问题理解深度和广度的同时，也是学生掌握规范研究方法的有效途径，对学生尽快熟悉和使用知网等学习路径提供了有效帮助。

三、实施效果及思考

1. 课堂气氛活跃，提高学生参与度

以问题为导向，借助“问题”这个要素进行教学设计。通过组织学生课后研究、课堂展示及讨论，引导学生去发现、体验和探究问题，充分调动了同学们的学习热情。课堂讨论过程中，师生互动更加频繁，不同观点的交锋、相同观点的补充，对大家都是一种启发。增强了课堂的趣味性，活跃了课堂气氛，从而提高了课堂效果。同学们表示这样的教学方式使自己的课堂注意力更加集中，进一步激发了学习兴趣；一些同学还会在课后查阅相关资料，利用课间和教师交流，进一步强化和拓展了学习内容。

2. 增强了思想政治课的理论魅力和价值认同

大部分学生对思想政治理论课程缺乏兴趣，带着不愿意学、不想学的情绪来上课，通过问题导向教学，不仅丰富了教学内容，达到学生认知再生，实现知识转化为逻辑，也让学生感受逻辑的魅力，提高了思想政治课教学吸引力和说服力。通过问题导入教学的推进，在有针对性地解决这些问题的同时，澄清学生认识上的误区，使学生从理论上认识到历史发展的规律性，达到求真、致用的目的。同时，在走进历史人物的过程中，近现代一代又一代仁人志士救国救民的理念和探索，使学生们深感自己对国家、社会的责任和担当。

3. 提高学生发现问题、解决问题的能力和自主学习能力

通过问题导向，以学生为主体，让学生自觉、主动地探索，掌握认识和解决问题的方法和步骤，逐渐形成自主认识问题、解决问题的能力，使学生从更深层面去考虑问题，有利于他们的独立性和创造性思维的发展。问题导向式教学中，在引导学生全面辩证分析问题的同时，潜移默化地将认识论方法灌输给学生，它与自然科学研究方法有其一致性和相同性。通过问题讨论和分小组研讨课题来学习，有助于大学生研究问题能力和整体系统思维能力的提高。在确定选题、查阅资料、思考讨论研究内容等方面的训练，有助于专业课的深入学习。问卷调查结果显示，学生通过这种方式的学习，在“如何查阅、组织资料”“增强了同学间的协作”等方面的收获十分明显，分别占到了81%和95%。

当然，在教学实施中也存在一些问题，需要进一步思考和总结。在“纲要”课程问题设计上，如何进一步结合学生特点、专业特点，从科学性和人文性出发，将人文素质教育、充实学生的人文底蕴更巧妙地蕴含其中；在调动学生积极性，鼓励学生参与到讨

论和探究问题中的方式方法还有待进一步探索。同时，也存在实践教学时数有限与学生自主研究需要细化指导问题的矛盾。调查问卷显示，学生在完成问题研究过程中，普遍认为教师还应该在选题角度、规范所研究内容的格式等方面予以进一步的指导。问卷同时显示，学生感兴趣的问题更多地集中在有争议的历史人物评价上，如蒋介石、袁世凯等，需要教师在结合教材内容的基础上，进一步增加对历史人物研究的深度，从理论上解决学生的需求和困惑。在问题链背后的理论问题上，也还有待提高，比如，道路决定命运，一个国家选择什么样的道路，是由这个国家的具体国情决定的，中国特色社会主义道路、理论、制度和文化自信是根植于中国几千年的历史中的。如何在“纲要”课程中通过问题导入，将中国几千年的文明史与中国近现代史相结合，增强学生把握历史发展规律、进一步坚定四个自信，还有待于我们进一步的思考和探索。

（作者单位：江汉大学）

本文是武汉市教育局2014年重点教研课题“问题逻辑视角下的思想政治理论课教学模式研究”（课题编号2014012）的阶段性成果。

"基础"课"行为导向教学法"的系统设计

张祖华

思想政治理论课（以下简称思政课）的改革要体现人的发展本位，促进学生全面发展。有效的思政课的关键在于激发学生的学习兴趣，增强课堂教学的有效性和实用性。以"思想道德修养与法律基础"（以下简称"基础"课）为例，研究和探索思政课行为导向教学法具有重要的理论和实践意义。实践表明，思政课行为导向教学，能有效地激发学生的学习兴趣，提高学习的积极性和主动性，增强思政课的实效性。

一、行为导向教学法的内涵与特点

行为导向教学法是指在整个思政课教学过程中，根据国家统编教材的内容创设学与教、学生与教师互动的真实或仿真的社会交往情境，以行为为导向，活动为载体，使学生同时用脑、心、手来进行学习，把行为过程与学习过程相统一。

行为导向教学法与传统教学法相比较，至少存在以下特点：

1. 教学内容模块化

行为导向教学是围绕教学任务来开发教学模块，并根据教学模块设计出一个个活动项目、活动情景、活动过程及活动方法，它的优点在于消除了传统学科教学的许多弊端。在行为导向教学中，通常围绕教学项目对教学内容进行整合，形成教学模块，而教学项目往往是从典型的社会交往、工作任务中开发出来的，模块内容突破了传统的学科界限，是以项目为核心，按照工作过程逻辑建构教学内容。

2. 学习过程全程化

行为导向教学采用的是以项目为核心的小组学习方式，这不仅有益于学生兴趣爱好的培养，而且有利于学生协作精神和责任意识的形成，体验个体与群体共同成长的快乐。同时，在行为导向教学中，学生参与活动项目的始终，改变了以往学生被动接受前人间接性经验的学习方式，并创造条件让学生积极主动地通过自身探索获得直接经验，为学生走向社会架起了桥梁。

3. 信息传递多样化

在行为导向教学中，信息传递的方式是多向的，教师可根据学生完成项目的成功与否、小组成员的评价来判断其获得信息的多寡与优劣，教师可以对那些没有掌握信息的同学采取补救措施，帮助他们掌握信息，直至他们获得完成项目所需的全部信息。只有多向交流传递，不断获得信息反馈，才是真正意义上的有效的信息传递。

4. 质量控制多元化

行为导向教学改变了传统的质量控制方式，其质量控制是多方面的，主要表现为评价方式、标准和主体的多元性。在评价方式上，行为导向教学把传统的笔试、口试转变为“考、做、评”相结合，不但用考试来监测学生掌握知识的程度，而且更强调运用“做、评”来考核学生做项目时运用知识、技能与解决问题的能力；在评价标准上，灵活运用评价标准，主要评价学生是否达到行为导向教学目标，关注学生在行为导向教学中的进步与成功；在评价主体上，采用小组“自评、互评”、集体互评与教师“点评”相结合方式，鼓励学生客观公正地评价自己的学习成果，鼓励学生之间的相互评价，通过相互评价，促进对自身学习成果的反思，教师对学生的评价更注重对学生学习的指导。

二、“基础”课行为导向教学法的系统设计

1. 教学内容设计

为贯彻落实高校思政课“05 方案”相关系列文件的精神实质，

体现高校思想政治教育的一般规律和大学生成长成才规律，以规范学生成长过程中的行为为主线，以分析解决学生成长成才过程中所遇到的实际问题为重点。在全国统编教材课程名称不变、内容不变、学时不变"三不变"前提下，依据大学生的成长轨迹与道德需求，重组教学内容，以项目任务为依据，开发教学模块，模块内容与个体行为或集体行为密切相关，以引导学生行为，提升学生素质。

大学生的成长轨迹与道德需求为大学德育内容提供了一个现实而清晰的路径。德育与个体的生活实践密切相关，而个体的生活是个体成长过程中的生活实践，是个体与他人、与社会关系的统一。因此，德育内容要植根于个体的生活与成长的世界，这样才具有深厚的基础和强大的生命力。沿着个体的生活成长的道德需求[6]把教材内容重组为"八个模块"（见下图）：树立人生理想讲理想信念；跨入大学校门讲学习道德；融入社会生活讲人际道德；面临职业选择讲职业道德；走入婚姻家庭讲家庭美德；保护生态环境讲生态科技道德；发展完善自我讲人生价值；自觉遵守法律讲法制教育。

"基础"课重组模块图如下：

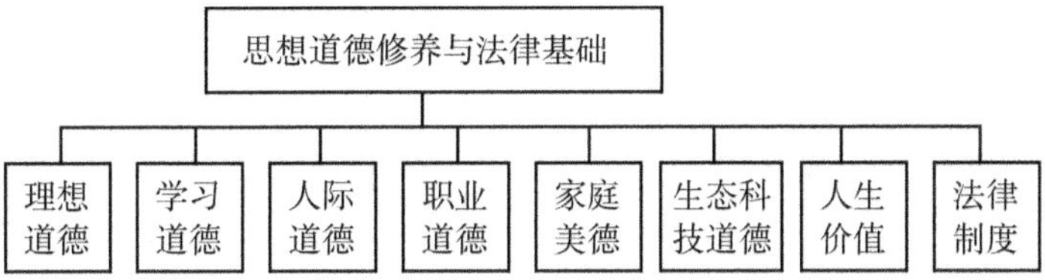

2. 教学方法设计

行为导向教学法要求师生共同创设出一种和现实情况基本一致或相类似的情境，使学生身临其境，在"真实环境"中引导学生，规范行为，提升素质和能力。为此，我们在教学过程中坚持以行为为导向，活动为载体，创新教学方法。

(1) 项目教学法。将一个相对独立的项目任务，交予学生自己完成，从信息的收集、方案的设计、项目的实施及成果的评价，都由学生自己具体负责。学生随着项目的实施，了解并掌握项目的整个过程及每个中间环节。教师仅仅是咨询者、指导者及答疑者。

（2）案例分析法。案例分析要求学生亲身经历解决问题的整个思维和工作过程，通过认识问题、深入了解问题、解决问题、陈述理由，并能得出相应的结论。

（3）角色扮演法。角色扮演是让学生在“真实的工作场景”中扮演不同的角色，亲身体验自身角色的内涵活动，又体验对方角色的心理、态度，充分体验现实生活中的各种角色，从而培养学生的合作能力、社交能力和创新能力，提升学生的综合素质。

（4）模拟教学法。模拟教学旨在营造人为环境或情境，使学生能够在模拟真实的氛围中，运用读、写、观察、表达、交流五种技能，学习必需的知识、技能和素质。模拟教学可以让学生得到“真实”意义上的职业熏陶与锤炼，由此获得各种能力，提高学生综合素质。

3. 活动项目设计

行为导向教学法坚持以“行为为导向，活动为载体”的教学理念，精心设计课堂活动项目，做到教学与活动有机统一，使原来的“教”中“学”转变为现在的“教”“学”“做”“育”相结合。为此，本课程精心设计九个课堂活动项目，每个项目与个体的实践行为、成长轨迹相关，增强行为导向的说服力，以规范学生行为，提升学生思想、道德、法律等素质。

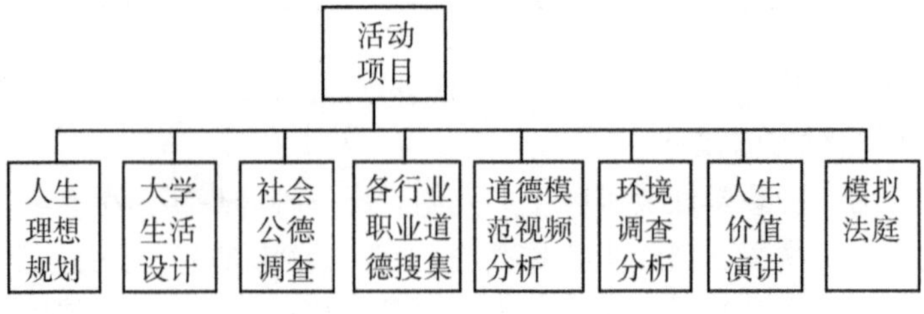

活动项目与教材内容一致，与教学模块相吻合，通过项目活

动，帮助大学生规划人生理想，设计大学生活，遵守社会公德，培养职业道德，树立家庭美德，保护生态环境，完善自我人生，增强法制观念。

4. 质量监控设计

教学质量控制是行为目标导向教学法取得成功的关键，贯穿于教学活动的始终。要确保行为目标引导活动的质量，就必须对整体系统工程跟踪控制，即时发现问题即时解决，教师的作用就是引导和规范。为此，我们设计的教学质量监控突出项目监控和学生行为监控。

（1）项目监控突出活动团队化、过程化

项目活动团队化：每一个项目的完成都要求团队合作，学生必须5人以上组成团队，自由组合，每个同学在团队中的分工必须明确，训练学生的分工协作能力，培养学生的团队意识、集体意识。

项目考核过程化：项目教学的最终成果一般以多媒体课件汇报、视频资料展示、演讲报告会、策划书、模拟现场等形式组成，但教师在评定成绩时不仅看结果，更要注重过程的考核。所以，在每一个项目的最终报告中学生都必须把团队从组建、分工到资料收集、材料汇总等整个过程记录下来，作为项目成绩的重要组成部分。

（2）注重学生日常行为的监测

行为导向教学法可以通过检验学生的日常行为和调查学生的到课率、喜欢度、满意度和美誉度来评价其效果。

检测学生的日常行为。由于"基础"课行为导向教学法是一种以"德为导向"的教学法，其整个学与教的过程就是引导和规范学生行为的过程，课堂上的行为表现可以直接反映出学生的学习效果，而学生的日常行为更能反映出教学的效果，因此，这种教学效果的评价重在检测学生的日常行为。

其次，调查学生的到课率、喜欢度、满意度和美誉度。在《基础》课的教学探索与改革中，我们同时对教学效果进行跟踪调查，从学生的到课率、喜欢度、满意度和学校督导部门的美誉度4个方面进行调查，其中学生的到课率是指各班级到课率的平均值；

学生的喜欢度与满意度是指从上该门课的全体学生中得出来的数据；学校督导部门的美誉度是指从学生的创新能力、责任意识和服务意识、自主学习能力、心理健康和法律维权4个二级指标中得出的数据。通过对学生的到课率、喜欢度、满意度和美誉度四个方面来评价行为导向教学法的效果。

三、“基础”课实施行为导向教学法的意义

行为导向教学法在培养学生能力方面有着传统教学法无法比拟的独到之处，主要表现在以下几个方面：

1. 有利于培养学生的创新能力

由于《基础》课行为导向教学法的实施，特别是案例分析法的运用，大大拓宽了学生的道德法律视野。原先的思政课记笔记背笔记的方式不复存在，所代替的是自由分析和讨论道德法律案例，这种宽松的教学场景有利于学生创造力和想象力的发挥。在分析讨论道德法律案例中，答案不是唯一的而是多样的；答案不是静态的而是动态的；答案没有最好的只有更好的。各方观点，百花齐放，争奇斗艳，成为了真正意义上的“道德论坛”和“法庭辩护”。

2. 有利于养成学生的独立能力

由于《基础》课行为导向教学法的实施，特别是项目教学法的运用，大大提高了学生独立完成项目任务的能力。项目教学法要求学生独立收集信息、制订计划、确定方案、实施方案、反馈信息、评价成果，通过多次重复的独立训练，有利于学生独立能力的形成，今后碰到新问题时，他们有了独立完成任务的经验，不会显得束手无策。

3. 有利于提高学生的协调能力

由于《基础》课行为导向教学法的实施，特别是模拟教学法的运用，大大提高了学生的合作协调能力。如学生在完成模拟法庭项目时，要在主审法官、法官、律师、原告、被告各项工作岗位之间轮换，每一工作任务都要和不同的对象进行合作，而且合作的方式不一样，有利于培养学生的适应能力和协调相处能力。

4. 有利于训练学生的应变能力

由于《基础》课行为导向教学法的实施，特别是角色扮演法的运用，大大提高了学生的应变能力。面对不同的场景，学生扮演不同的角色，必须在瞬间作出反应。同时，面对不断出现的新情况，不断地作出新的应对，因此，对提高学生的应变能力起很大作用。

四、“基础”课实施行为导向教学法的几点思考

1. 教师不适应

行为导向教学法要求教师不仅是知识的传授者，而且是教学情境、学习氛围、学习方式的营造者和引导者。教师当然也是学生知识的传授者，但更多的是引导者和咨询者，当学生很好地完成任务时，他可以微笑或者点点头，让学生感受成功的喜悦；当学生碰到问题或出现困难时，给予具体的引导和帮助，让学生在富有好奇性、吸引力与感性的氛围中获取今后生活的“金钥匙”。教师要从知识的传授者转变为教学组织、知识传授、问题咨询与技术指导者。行为导向教学法要求教师花很大的时间和精力去收集资料、设计项目、设计情景、实施项目，因此，教师要扩充知识面、多参与培训、多参加实践，再加上加强自身努力。

2. 教材不适用

现有教材的内容体系主要是为教师设计的，是从学科特点和知识的系统性角度考虑的，而不是为学生设计的，因而它只适合于传统教学，而不适合行为导向教学。因此，我们要在全国统编教材课程名称不变、内容不变、学时不变“三不变”前提下，依据大学生的行为实践与成长轨迹，重组教学内容，从教材体系向教学体系转变。围绕教学项目，开发教学模块，模块内容与个体行为或集体行为密切相关，以引导学生行为，提升学生的思想道德法律素质。

3. 课时不够用

“基础”课按照大纲规定是48课时，在传统授课方式下教师都觉得课时偏紧，更不要说进行行为导向教学了，因此，实施思政课行为导向教学要适当增加思政课课时。

要将行为导向教学法与思政课更好地结合，还有许多问题亟待研究，如教材开发、师资培训、班级条件、课时安排，以及如何建立相应的薪酬与激励机制等。行为导向教学法是职业教育教学领域的一种新思潮，创造性地把行为导向教学法与思政课相结合更是一种全新的实践，行为导向教学法突破了传统的课堂模式，教学效果显著。

（作者单位：无锡工艺职业技术学院）

不忘初心　继续前进　推进思想政治理论课改革

李　霞

习近平同志在庆祝中国共产党成立95周年大会上的重要讲话，以不忘初心、继续前进为主题，对加强党的建设、推进党和人民事业发展提出了明确要求，是指引我们党奋力推进中国特色社会主义伟大事业和全面推进党的建设新的伟大工程的纲领性文献。认真学习习近平“七一”重要讲话，要深刻理解其精髓要义，将讲话精神贯彻落实于高校思想政治理论课程之中，使之进头脑、进教材、进课堂，不断提高思想政治理论课的针对性和实效性，是当前和今后一段时间高校思想政治理论课教师的重要任务。

习近平指出：“坚持不忘初心、继续前进，就要坚持马克思主义的指导地位，坚持把马克思主义基本原理同当代中国实际和时代特点紧密结合起来，推进理论创新、实践创新，不断把马克思主义中国化推向前进。”高等学校的第一学科是马克思主义理论学科，高校思想政治理论课教师是马克思主义“圣火”的传播者，使命重大，责任光荣。对于高校思想政治理论课教师而言，不忘初心、继续前进，就是要在追求真理中坚定对马克思主义的信仰，真学真懂真信真用马克思主义。面对新的时代特点和实践要求；面对社会上“马克思主义过时论”的思潮；面对当前在实际工作中马克思主义在一些领域被边缘化、空泛化、标签化，在一些学科中“失语”、教材中“失踪”、论坛上“失声”的现象；面对思想多元化的95后青年大学生群体，马克思主义也面临着进一步中国化、时代化、大众化的问题。从高校思想政治教育视角深刻理解习近平讲话的精髓要义，我们需要用历史和现实向青年一代说明：马克思主义是我们立党立国的根本指导思想，是社会主义意识形态的旗帜和灵魂，是全国各族人民团结奋斗的共同思想基础。经典马克思主义的基本原理如唯物史观、剩余价值理论并没有过时。即使在当今西方社会，马克思主义仍然具有重要的影响力，在世纪之交、千年交替之际，马克思被众多的西方媒体评选为千年风云人物、千年第一思想家、千年伟人和最伟大的哲学家。马克思主义以其特有的先进性而葆其美妙之青春，马克思主义这种与时俱进的理论品质，正是它160多年来始终保持蓬勃生命力的关键所在，就连西方也公认这一历史事实。高校思想政治理论课教师要自觉坚持以马克思主义为指导，首先解决真懂真信的问题，自觉把中国特色社会主义理论体系贯穿教育教学全过程，并且转化为清醒的理论自觉、坚定的政治信念、科学的思维方法。今天，马克思主义并没有结束真理，而是开辟了通向真理的道路。正如恩格斯所指出："马克思的整个世界观不是教义，而是方法。它提供的不是现成的教条，而是进一步研究的出发点和供这种研究使用的方法。"

习近平指出："坚持不忘初心、继续前进，就要牢记我们党从成立起就把为共产主义、社会主义而奋斗确定为自己的纲领，坚定共产主义远大理想和中国特色社会主义共同理想，不断把为崇高理想奋斗的伟大实践推向前进。"高等学校的第一教育就是理想信念教育，对于高校思想政治理论课教师而言，不忘初心、继续前进，就是要在教学科研中坚定建设中国特色社会主义信念。对马克思主义的信仰，对社会主义和共产主义的信念，是共产党人的政治灵魂，是共产党人经受住任何考验的精神支柱。在我们党走过的95年奋斗历程中，一代又一代共产党人不惜流血牺牲、不惧千难万险，靠的就是坚定的理想信念。理想是人们追求的目标，信念是人们向着这个目标前进的意志和定力。没有理想就没有目标，没有信念就没有实现目标的动力。理想崇高，才能坚定信念；信念坚定，才能坚守理想。无论过去、现在和将来，理想信念都是中国共产党人的精神之"钙"，是党的精神谱系之"魂"。没有理想信念，或者理想信念不坚定，精神上就会"缺钙"，就会得"软骨病"。理想信念是鼓舞和激励人奋勇前行的不竭动力，是我们成就事业的重要基础。习近平指出："我们要把理想信念教育作为思想建设的战略任务，保持全党在理想追求上的政治定力，自觉做共产主义远大理想和中国特色社会主义共同理想的坚定信仰者、忠实实践者，在全面建成小康社会、实现中华民族伟大复兴中国梦的历史进程中充分发挥先锋模范作用。"高校思想政治教育的目标，就是要使当代青年要具有坚定的理想信念。高校思想政治理论课教师要始终把理想信念教育置身于大学生思想政治教育的核心位置，突出教育的连续性与长期性。由于当代大学生不同程度地存在政治信仰迷茫、理想信念模糊的问题，为此，我们要创新理想信念教育方式，潜心营造有利于理想信念教育的充满正能量良好环境，使大学生时刻充满学习和实践的激情和活力。对于每个青年大学生而言，坚定理想信念、把准政治方向是一门永不结业的必修课。越是价值多元、思想多变，越应保持清醒，坚定信仰、坚守理想。

习近平指出："坚持不忘初心、继续前进，就要坚持中国特色社会主义道路自信、理论自信、制度自信、文化自信，坚持党的基本路线不动摇，不断把中国特色社会主义伟大事业推向前进。"高等学校的第一课程是思想政治理论课，思想政治理论课的主线就是进行中国特色社会主义理论体系教育。对于高校思想政治理论课教师而言，不忘初心、继续前进，就是要在教育教学中坚持四个自信，不断把中国特色社会主义理论体系教育推向深入。高校历来是意识形态斗争的前沿阵地，国内外的各种思潮都在这里交流、交融、交锋，争夺话语权、主导权。我们要通过思想政治理论课教育教学，使当代青年懂得中国特色社会主义道路，就是在中国共产党领导下，立足基本国情，以经济建设为中心，坚持四项基本原则，坚持改革开放，建设富强民主文明和谐的社会主义现代化国家。中国特色社会主义理论体系，就是包括邓小平理论、"三个代表"重要思想、科学发展观在内的科学理论体系。中国特色社会主义理论体系是对马克思列宁主义、毛泽东思想的坚持和发展。中国特色社会主义制度，就是人民代表大会的根本政治制度，中国共产党领导的多党合作和政治协商制度、民族区域自治制度以及基层群众自治制度等基本政治制度。实现中华民族伟大复兴的中国梦，中国特色社会主义道路是实现途径，中国特色社会主义理论体系是行动指南，中国特色社会主义制度是根本保障，三者统一于中国特色社会主义伟大实践，这是党领导人民在建设社会主义长期实践中形成的最鲜明特色。除了道路自信、理论自信和制度自信以外，习近平还提出了“文化自信”，因为“文化自信，是更基础、更广泛、更深厚的自信”。习近平指出，“中国有坚定的道路自信、理论自信、制度自信，其本质是建立在五千多年文明传承基础上的文化自信”。对中华文化的自觉和自信，根本上有助于增强和丰富对中国道路、中国理论、中国制度的自觉和自信。

习近平指出：“坚持不忘初心、继续前进，就要统筹推进‘五位一体’总体布局，协调推进‘四个全面’战略布局，全力推进全面建成小康社会进程，不断把实现‘两个一百年’奋斗目标推向前进。”对于高校思想政治理论课教师而言，不忘初心、继续前进，就是要运用马克思主义的基本立场、观点和方法分析当前国内外形势，通过“形势与政策”课程，向大学生阐明经过改革开放近40年的伟大实践，我国已经形成包括经济建设、政治建设、文化建设、社会建设、生态文明建设在内的中国特色社会主义事业五位一体总体布局。五位一体总体布局的形成，适应我国经济社会发展的新要求，顺应人民群众的新期待，标志着中国特色社会主义事业进入一个新的发展阶段。党的十一届三中全会后，以邓小平为核心的党的第二代中央领导集体，深刻认识物质文明与精神文明协调发展的重要性，强调“两手抓、两手都要硬”。党的十二届六中全会把我国社会主义现代化的总体布局明确表述为“以经济建设为中心，坚定不移地进行经济体制改革，坚定不移地进行政治体制改革，坚定不移地加强精神文明建设，并且使这几个方面互相配合，互相促进”。党的十三届四中全会以后，以江泽民同志为核心的党的第三代中央领导集体，提出中国特色社会主义经济、政治、文化纲领，形成了经济建设、政治建设、文化建设三位一体总体布局。党的十六大以来，以胡锦涛同志为总书记的党中央对总体布局进行了新的探索和思考。党的十六届六中全会把和谐社会建设作为中国特色社会主义事业总体布局的一项重要内容确立下来，使总体布局发展为包括经济建设、政治建设、文化建设、社会建设在内的四位一体。党的十七大提出了生态文明的理念和建设生态文明的目标。在此基础上，党的十八大将生态文明建设纳入中国特色社会主义事业总体布局，正式形成了五位一体总体布局。五位一体总体布局将经济建设、政治建设、文化建设、社会建设、生态文明建设作为一个相互联系、相互促进的有机整体，共同推动中国特色社会主义事业发展。全面建成小康社会、全面深化改革、全面依法治国、全面从严治党是以习近平同志为总书记的党中央从坚持和发展中国特色社会主义全局出发提出的战略布局，是党中央治国理政的总方略，是实现“两个一百年奋斗目标、走向中华民族伟大复兴中国梦”的路线图。其中，全面建成小康社会是实现社会主义现代化和中华民族伟大复兴中国梦的阶段性战略目标，是现阶段党和国家事业发展的战略统领；全面深化改革是实现战略目标的关键一招、根本路径；全面依法治国是实现战略目标的基本方式、可靠保障；而全面从严治党是发挥党的坚强领导核心作用、为实现战略目标提供坚强组织保证的根本前提。“四个全面”之间是相辅相成、相互促进、相得益彰的关系。

习近平指出：“坚持不忘初心、继续前进，就要坚定不移高举改革开放旗帜，勇于全面深化改革，进一步解放思想、解放和发展社会生产力、解放和增强社会活力，不断把改革开放推向前进。”对于高校思想政治理论课教师而言，不忘初心、继续前进，就是要向大学生阐明改革必须坚持正确的方向，既不走封闭僵化的老路、也不走改旗易帜的邪路。当代大学生是伴随着中国改革开放的实践成长的新一代，他们既是改革开放成果的享有者，更是未来推进改革开放的生力军。改革开放是当代中国最鲜明的特色，是我们党在新的历史时期最鲜明的旗帜。改革开放是决定当代中国命运的关键抉择，是党和人民事业大踏步赶上时代的重要法宝。今天我们学习贯彻“七一”重要讲话精神，就是要同破解改革发展稳定的实践难题结合起来，坚定不移地走改革开放之路，坚定不移地推进供给侧结构性改革，坚定不移地补齐科技创新和信息化等短板，走好绿色转型、跨越发展之路。

习近平指出："坚持不忘初心、继续前进，就要坚信党的根基在人民、党的力量在人民，坚持一切为了人民、一切依靠人民，充分发挥广大人民群众积极性、主动性、创造性，不断把为人民造福事业推向前进。"对于高校思想政治理论课教师而言，不忘初心、继续前进，就是要坚持以学生为中心的教学和科研导向，解决为什么人的问题。为什么人的问题是一个根本性、原则性问题。马克思主义立场，就是人民大众立场。我们党是全心全意为人民服务的党，我们的国家是人民当家做主的国家，党和国家一切工作的出发点和落脚点是实现好、维护好、发展好最广大人民的根本利益，坚持立党为公、执政为民，把服务人民、造福百姓作为最大责任。习近平总书记在十八届中央政治局常委同中外记者见面时的讲话中，明确指出："人民对美好生活的向往，就是我们的奋斗目标。"这是新一届中央领导集体对人民期盼过上更美好幸福生活的积极回应，也是郑重的宣示和庄严的承诺，集中体现了我们党对人民的尊重，体现了我们党以人为本、执政为民的理念和全心全意为人民服务的不变宗旨，更体现了我们党始终站在人民群众这一边、站在人民利益这一边的根本政治立场。高校思想政治理论课必须坚持以学生为中心的问题导向。因为思想政治理论课如果脱离了学生，就会异化为封闭僵化的"经院哲学"和自娱自乐的思辨游戏，就不会有吸引力、感染力、影响力和生命力。高校思想政治理论课教师在传播马克思主义的同时，要把当代中国的马克思主义与当代大学生紧密地联系起来，聚焦大学生的成长成才。另外习近平还指出，坚持不忘初心、继续前进，就要始终不渝走和平发展道路，始终不渝奉行互利共赢的开放战略，加强同各国的友好往来，同各国人民一道，不断把人类和平与发展的崇高事业推向前进；坚持不忘初心、继续前进，就要保持党的先进性和纯洁性，着力提高执政能力和领导水平，着力增强抵御风险和拒腐防变能力，不断把党的建设新的伟大工程推向前进。

党的十八大以来，习近平总书记高度重视培养什么人、怎样培养人这一根本问题，反复强调落实“立德树人”、培养中国特色社会主义事业的合格建设者和可靠接班人。高等学校的第一任务就是立德树人。习近平同志在七一讲话中满怀深情地寄语当代青年，他指出：青年是祖国的未来、民族的希望，也是我们党的未来和希望。高校思想政治理论课教师要关注青年、关心青年、关爱青年，倾听青年心声，做青年朋友的知心人、青年工作的热心人、青年群众的引路人。贯彻落实习近平七一重要讲话精神对于高校思想政治理论课教师和当代大学生自身而言都是一项长期而艰巨的任务，任重而道远。

今天马克思主义随着时代、实践和科学的发展而不断发展，中国共产党不断把创新的理论成果转化为推动发展的强大精神力量，更加坚定了我们对马克思主义的信仰、对共产主义的信心、对中国共产党的信任和对中国特色社会主义的信念。从世界范围来看，把马克思主义作为一门显性学科来设立，作为高等院校的第一学科，把理想信念教育作为第一教育，把思想政治理论课作为第一课程，把立德树人作为第一任务，这是中国特色。在高校从事马克思主义理论教育工作，既是我们的职业，更是我们的专业和事业。向大学生传授马克思主义基本理论是历史赋予我们的重要使命和神圣职责，讲台虽小，责任重大，能力有限，责任无限。如果说当年马克思是“盗火”的普罗米修斯，那么，今天我们就是“圣火”的传播者和实践者，革命时期需要这样的传播者和实践者，建设时期需要这样的传播者和实践者，改革开放、全面建成小康社会的新世纪仍然需要这样的传播者和实践者。高校思想政治理论课教师要通过理论教学和社会实践，使广大青年大学生深刻了解近代以来中国人民和中华民族不懈奋斗的光荣历史和伟大历程，坚定不移地跟着中国共产党走，勇做走在时代前列的奋进者、开拓者、奉献者，在与祖国和时代一起成长的过程中共享人生出彩、梦想成真的机会，以实现精神成人和专业成才的统一。让青春在为祖国、为人民、为民族的奉献中焕发出绚丽光彩。

综上所述，只要我们坚持不忘初心、继续前进，通过全体思想政治理论课教师的共同努力，我们就能够真正使思想政治理论课成为当代大学生真心喜爱、终身受益、毕生难忘的课程。

（作者单位：江汉大学文理学院）

关于当代大学生学习马克思主义经典著作的检视与思考

肖 行

马克思主义经典著作是中国共产党的理论之本、中国特色社会主义伟大事业之基、中国共产党人的力量之源，对引导青年大学生成长成人成才具有至关重要的作用。在社会转型关键期的当下，引导中国特色社会主义伟大事业的未来建设者和接班人——当代大学生卓有成效地学习马克思主义经典著作尤为必要和紧迫。面对卷帙浩繁、内容广博的马克思主义经典著作，教育主体必须对大学生的学习现状、学习目的、学习内容、学习方法等作一番认真的检视与深刻的思考，否则，大学生对马克思主义经典著作的学习就无法收到应有的成效。

一、当代大学生学习马克思主义经典著作的现状

当代绝大多数大学生对马克思主义并不了解，即便是那些因一时激情或为学业所逼学习了马克思主义经典著作的大学生，要么因其抽象晦涩、枯燥乏味而无法深入下去，要么因学习存在着一些误区仅停留在表面，马克思主义的精神实质和思想精髓对他们而言依旧是知之不全、学之不透、模糊不清。目前，大学生对马克思主义经典著作的学习主要存在着三个误区：

（一）对经典著作认识方面的误区

当前，由于全球化浪潮、苏东剧变、世界社会主义运动遭受到严重的挫折等方面的原因，马克思主义经典著作或明或暗、或多或

少遭遇了冷漠，甚至受到了排斥。有些连读都没读过马克思主义经典著作的大学生，也受社会影响，信口开河、人云亦云地说马克思主义“过时了”、“倒退了”、“无用了”、“终结了”，认为当下学习马克思主义经典著作根本就没必要了。而实际上，马克思主义从未离开过我们，并且一直保持着蓬勃的生命力，始终放射出其永不褪色的真理光芒，中国特色社会主义所取得的伟大成就就是最强有力的事实。2008 年世界金融危机的全面爆发，使得欧美国家的人们纷纷将目光投向马克思主义，《资本论》的销量瞬间骤增，这些虽不能说明大家开始信仰马克思主义了，但至少可以说明有越来越多的人已经意识到了马克思主义的价值，马克思主义正以其真理的最强音震撼欧美，磅礴于全世界。不管是“无用论”还是“倒退论”、“虚假论”、“终结论”，其本质都是对马克思主义经典著作的否定，对马克思主义基本原理价值的否定，对马克思主义基本原理的真理性、科学性和有效性的否定，这是极不科学的，也是非常错误的。马克思主义是不会过时的，更不可能终结。教师要帮助大学生坚定马克思主义理论自信，要坚信“不能没有马克思，没有马克思，没有对马克思的记忆，没有马克思的遗产，也就没有将来。”[1]

（二）对经典著作学习态度的误区

当前，部分大学生在学习马克思主义经典著作的过程中，理论与实践相分离，拒绝具体问题具体分析，反对将马克思主义的基本原理与具体实践相结合，照本宣科，简单、机械地生搬硬套马克思主义的“本本”和字句，犯了教条主义的错误。还有部分大学生不认真学习马克思主义经典著作，学习只是为了考试拿学分、或只做表面文章，搞花架子，不求甚解，犯了形式主义的错误。还有的对马克思主义经典著作进行极不严肃地误读、肢解或断章取义，为我所用，犯了实用主义的错误。对马克思主义经典著作的学习，教师必须教会大学生用科学的态度来对待，必须坚持理论联系实际的学风，防止和反对教条主义、形式主义和实用主义的学习态度。

（三）对经典著作学习方法的误区

由于对马克思主义经典著作缺乏正确认识，部分大学生不愿意花时间和精力去读原著，更不用说下苦功夫、真功夫、细功夫，把马克思主义经典著作学透、学深，打牢马克思主义理论的基本功。他们只知道拾人牙慧，要么记几个时髦概念，要么记些精彩词句，或装点门面，或装腔作势、现炒现卖。这不仅是学风的不正，也是学习方法的不对头。这种以背一些名句名段来代替全面系统深入的学习，以看第二手材料来代替反反复复研读原著的学习方法，实际上是一种不值得提倡的本末倒置的做法，不可能真正学会马克思主义的精髓。

二、当代大学生学习马克思主义经典著作的意义

马克思主义是我国唯一的指导思想，马克思主义经典著作是我党和我国人民一笔最可宝贵的精神财富，认真“学习马克思主义经典著作，有利于从源头上完整准确地理解马克思主义，系统掌握马克思主义科学真理，也有利于深化对中国特色社会主义理论体系的理解和运用”。[2]中国共产党人正是努力学习和掌握了马克思主义经典著作中的马克思主义立场、观点和方法，学懂、学通、学精了马克思主义基本原理并创造性地加以运用和发展，我们党才不断走向胜利。当下，对于身为祖国的希望、民族的未来的当代大学生而言，学习马克思主义经典著作意义非凡，主要体现在以下几个方面：

（一）学习马克思主义经典著作，有利于帮助大学生准确掌握马克思主义

认真学习马克思主义经典著作，能帮助大学生从源头上系统、准确地掌握马克思主义各组成部分间内在的、本质的、有机的联系，深刻理解马克思主义的精髓，提高运用马克思主义的世界观和方法论观察世界，研究问题的看家本领。只有在学习马克思主义经典著作的过程中，大学生才能真正领会到马克思主义的无穷魅力，

真正领悟到马克思主义的科学内涵、理论逻辑和价值追求。正如恩格斯在谈到如何学习《资本论》时指出的那样，“对于那些希望真正理解它的人来说，最重要的却正好是原著本身”。[3]

（二）学习马克思主义经典著作，有利于帮助大学生坚定共产主义信念

纵观我党的发展史，共产党人就是在学习马克思主义经典著作的过程中确立并不断巩固自己共产主义信念的。1936 年，毛泽东同志在延安窑洞里接受美国记者斯诺采访时说，自己正是在 1920 年学习了《共产党宣言》、《阶级斗争》和《社会主义史》这 3 本经典著作，才开始树立起对马克思主义信仰的。他一再强调，“马克思这些老祖宗的书，必须读，他们的基本原理必须遵守”。[4] 1992 年邓小平同志在南方讲话里也深情地回忆道：“我的入门老师是《共产党宣言》和《共产主义 ABC》。”[5]江泽民同志也是在大学期间在宿舍里晚上打着手电筒读完《共产党宣言》后，才坚定自己共产主义信念的。事实上，一个不懂得马克思主义商品生产理论、剩余价值理论和帝国主义理论的人，根本就不可能真正懂得资本主义经济危机的必然性和“两个必然”理论，更不可能看到马克思主义的价值之所在。大学生只有通过学习马克思主义经典著作，才能从源头上完整准确地理解和系统掌握马克思主义科学真理，才能坚定他们的共产主义理想信念。

（三）学习马克思主义经典著作，有利于帮助大学生从根本上明辨是非

“研究原著本身，不会让一些简述读物和别的第二手资料引入迷途”。[6] “第二手材料”是一种对马克思主义的解释形态，必受到各版本作者或译者相关的文化传统、历史条件、知识结构和价值观念的制约，难免有一定的局限性、片面性，甚至是附加性，而经典著作则是马克思主义“原生形态”的直接阐述。认真学习经典著作，大学生才能搞清楚什么是需要长期坚持的，才能准确地把握马克思主义的精髓，才能发现历史和现实中对马克思主义的种种

误读，才能增强对附加在马克思主义上的种种伪马克思主义和反马克思主义的辨别力。比如，“马克思学”讲的“两个马克思”、“恩格斯反对马克思”、“马克思反对马克思主义”和“列宁主义反对马克思主义”等谬论。还有的坚持把马克思主义分为“传统马克思主义”、“现代马克思主义”和“当代的马克思主义”，或“原生态马克思主义”、“次生态马克思主义”和“再生态马克思主义”，这些提法的根本错误就在于否定了马克思主义的统一性，割断了马克思列宁主义、毛泽东思想与中国特色社会主义理论体系的一脉相承性。如果不读原著，只看这些二手资料就会影响我们对马克思主义整体性和一脉相承性的理解，更看不清这些“二手货”否定马克思主义，否定马克思主义在中国革命、建设、改革和发展各个阶段中指导地位的实质。可有的大学生读完这些二手资料后不仅不予以批判，反而鹦鹉学舌、人云亦云，甚至是自欺欺人地大加赞许，这显然是荒谬的。

（四）学习马克思主义经典著作，有利于帮助大学生提高自身的思维能力

习近平总书记在中央党校春季学期第二批入学学员开学典礼上指出：“阅读经典著作，本身就是增长知识、开阔眼界、增加思想深度和训练思维方式的过程，就是培养高瞻远瞩的战略洞察力和脚踏实地的工作作风的过程，会使我们在潜移默化中受到他们崇高风范和人格力量的熏陶，从而实现自己思想境界和道德情操的升华。”[7]马克思主义的基本立场、观点、方法及其整体联系，有利于培养大学生的战略思维、创新思维和辩证思维等能力。只有正确运用所学到的马克思主义的基本立场、观点和方法去分析和解决实际所遇到的问题，根据形势的发展变化正确地制定战略、策略和政策，大学生才能不断克服困难、赢得主动、制胜未来。

（五）学习马克思主义经典著作，有利于帮助大学生陶冶自身的道德情操

马克思主义理论体系博大精深，马克思主义经典著作不仅集中体现了革命导师扬弃既有成果，密切联系实际，坚持不懈、独立思考地探寻真理，把握社会发展规律的求真精神；也融合了他们为实现无产阶级解放和绝大多数人谋利益的崇高理想矢志不移、舍生取义、顽强奋斗的人格特征。学习经典，与思想先驱、革命导师面对面的“对话”，心与心的“交流”，在真理中徜徉，思想上共舞，让大学生充分感受到马克思主义经典作家博大的胸怀与无私的奉献，体验到他们非凡的经历与探索真理的勇气，体会到他们崇高的风范和人格力量，进而提升自身的思想境界和道德情操。

三、当代大学生学习马克思主义经典著作的方法

大学生学习马克思主义经典著作，不仅要掌握马克思主义基本原理，而且要认真领会和全面把握马克思主义的科学方法，并用其来指导自己对马克思主义经典著作的学习。

（一）要原原本本地读

马克思主义经典著作具有原创性、权威性和科学性，要真正理解和准确掌握马克思主义的精神实质和思想精髓，唯一有效的办法就是原原本本、认认真真、反反复复地研读马克思主义经典文本。对文本的研读最基本的要求就是要“忠实”，对于那些显在的文本，只要从原著的字里行间去读懂马克思主义经典作家的思想即可；而对于那些潜在的文本，则应从理论发展的角度，走进伟人，走进伟人所处的那个时代，了解他们的创作动机和思想发展的脉络，了解他们整个思想体系，在“忠实”原著的基础上，坚持“可能性”高于“实然性”的解读。要让大学生明白，学习马克思主义经典著作无捷径可走，试图抛开马克思主义经典著作去学习一些二手、甚至三手的资料，以期掌握马克思主义的精髓，是缘木求鱼的做法。注释性、解释性的二、三手资料不是不可以去读，也并不是一无是处，读这些资料不仅对理解马克思主义文本有一定的辅助作用，而且读起来也较通俗易懂。但要准确、系统地掌握马克思主义的精髓并自觉运用马克思主义基本立场、观点、方法分析实际问题，只靠阅读二、三手资料是行不通的。

（二）要理论联系实际

马克思曾引用歌德《浮士德》的一句话，“一切理论都是灰色的，唯生命之树长青”来阐述理论与实际的关系。要让大学生清楚地认识到，坚持与弘扬理论联系实际的学风，是学习马克思主义经典著作的根本方法。学习经典著作不是为学习而学习，为理论而理论，而是为了理论联系实际，指导实践。“要学会把马克思列宁主义的理论应用于中国的具体的环境”，“使马克思主义在中国具体化，使之在其每一表现中带着必须有的中国的特性，即是说，按照中国的特点去应用它”。[8]通过学习马克思主义经典著作，学以致用，用马克思主义科学回答现实生活中的一些重大理论问题，去解决我国经济社会发展过程中的重大实际问题。

（三）要精要管用

马克思主义经典著作卷帙浩繁，内容广博，一个人要想穷尽马克思主义所有理论是相当有难度的，甚至说是不可能的，所以，学习马克思主义经典著作要突出重点，精选精读。选择那些论述深刻、内容丰富、富有启发性和最具代表性的马克思主义经典著作。恩格斯曾为有志于研究唯物主义历史观的人列出了 4 本必读的马恩原著①。毛泽东同志在党的七大政治报告中明确提出要读《共产党宣言》、《社会主义从空想到科学的发展》、《在民主革命中社会民主党的两个策略》、《共产主义运动中的“左派”幼稚病》和《联共（布）党史简明教程》这 5 本经典著作。在党的七届二中全会上，他又将全党干部必读的马克思主义经典著作增加为 12 本。1963 年，毛泽东同志又提出学习 30 本经典著作的意见，包括马克思著作 8 本、恩格斯著作 3 本、列宁著作 11 本、斯大林著作 5 本、

---

① 必读的原著包括：马克思的《路易·波拿巴的雾月十八日》；《资本论》特别是其中关于工作日的第 8 章、关于资本原始积累的第 24 章；恩格斯的《反杜林论》特别是第一编第 9 至 11 章、第二编第 2 至 4 章和第三编的第 1 章；《路德维希·费尔巴哈和德国古典哲学的终结》特别是第 4 章。

普列汉诺夫著作3本。习近平总书记要求以10卷本的《马克思恩格斯文集》和5卷本的《列宁专题文集》作为权威教材，党员干部要精读其中的代表性篇目。

所谓精读，就是要投入大量的时间，踏踏实实、认认真真、反反复复、一字一句地读马克思主义经典文本，每读一遍都有新的理解、新的收获。通过精读马克思主义经典作家精选出来的上述篇目，抓住马克思主义的关键和"精髓"，领会马克思主义精神实质，掌握马克思主义的基本立场、观点和方法，并能自觉运用马克思主义基本原理认识和解决重大的理论和现实问题。

（四）要分层次地读

学习马克思主义经典著作，不应搞"一刀切"、"一锅煮"，必须去回应学习对象的层次性诉求，做到"深其深，浅其浅，益其益，尊其尊"，"学有所分"、"教亦多术"，一切因人而异。对一般大学生而言，可采取教与学相结合的办法，使马克思主义经典理论成为必修课，选择一些马克思主义的经典进行讲授。通过学习，帮助他们整体准确地把握马克思主义基本原理，树立科学的世界观、人生观和价值观，提高他们自觉运用马克思主义的能力。对一般的大学生党员而言，主要采取以自学为主的经常性教育，确定一定的书目和考核标准，通过学习，能做到真学、真懂、真信和真用。对大学生党员干部而言，他们对马克思主义的理解和信仰，事关中国特色社会主义伟大事业的可靠接班人，所以，应严格要求他们长期自觉坚持学习和研究马克思主义经典著作，以便将来更好地运用、丰富和发展马克思主义。

参考文献：

[1][法]雅克·德里达．马克思的幽灵[M]．何一译．北京：中国人民大学出版社，1999：21.
[2]习近平．做好新形势下干部教育培训工作[N]．学习时报，2010-10-25.
[3]马克思恩格斯文集(第7卷)[M]．北京：人民出版社，

2009：1005.
[4]毛泽东文集(第8卷)[M]. 北京：人民出版社，1999：109.
[5]邓小平文选(第3卷)[M]. 北京：人民出版社，1993：382.
[6]马克思恩格斯全集(第36卷)[M]. 北京：人民出版社，1972：200.
[7]习近平. 认真学习马克思主义经典著作 不断推进中国特色社会主义事业[N]. 人民日报，2011-05-14(1).
[8]毛泽东选集(第2卷)[M]. 北京：人民出版社，1991：534.

（作者单位：福建工程学院）

此文是作者2015年教育部人文社科研究专项基金课题（15JDSZK051），2014年福建工程学院教研课题（E3600086）的阶段性成果。

后　　记

中国伦理学会地方高校德育专业委员会2016年年会暨学术研讨会定于2016年7月23—24日在桂林召开。会议由中国伦理学会地方高校德育专业委员会和桂林理工大学联合主办，桂林理工大学马克思主义学院承办，江汉大学马克思主义学院协办，主题为“社会实践与高校德育”。会议收到论文70余篇，经筛选、修改后，编辑出版了本论文集。

论文作者以全国地方高校思想政治理论课教师为主，也有辅导员和其他德育工作者。收入本论文集的论文，多数突出了“社会实践与高校德育”这一主题，有较高的学术价值，并有很强的针对性和现实意义。由于种种原因，有些论文难免会存在不足之处，恳请读者批评指正！

论文集的编辑和出版，得到武汉大学出版社的大力支持，在此表示衷心感谢！

编委会

2017年3月